"十一五"国家重点图书出版规划项目

市场营销经典译丛

CENGAGE Learning

# 广告学

（第五版）

（美）托马斯·C.奥奎因
克里斯·T.艾伦
理查德·J.西曼尼克 著

兰天 译

# Advertising & Integrated Brand Promotion

Fifth Edition

Thomas C. O'Guinn
Chris T. Allen
Richard J. Semenik



东北财经大学出版社
Dongbei University of Finance & Economics Press
大连

图书在版编目（CIP）数据

广告学（第五版）/（美）奥奎因（O'Guinn，T. C.），（美）艾伦（Allen，C. T.），（美）西曼尼克（Semenik，R. J.）著；兰天译．—大连：东北财经大学出版社，2010. 8
（市场营销经典译丛）
书名原文：Advertising & Integrated Brand Promotion
ISBN 978 -7 -5654 -0055 -1

Ⅰ．广…　Ⅱ．①奥…　②艾…　③西…　④兰…　Ⅲ．广告学　Ⅳ．F713. 80

中国版本图书馆 CIP 数据核字（2010）第 138051 号

**辽宁省版权局著作权合同登记号：图字 06 -2008 -399 号**

Thomas C. O'Guinn，Chris T. Allen，Richard J. Semenik：Advertising & Integrated Brand Promotion，Fifth Edition



东北财经大学出版社出版
（大连市黑石礁尖山街 217 号　邮政编码　116025）
教学支持：（0411）84710309
营 销 部：（0411）84710711
总 编 室：（0411）84710523
网　　址：http：//www. dufep. cn
读者信箱：dufep @ dufe. edu. cn
大连图腾彩色印刷有限公司印刷　　东北财经大学出版社发行

幅面尺寸：185mm×260mm　字数：936 千字　印张：41 3/4　插页：1
2010 年 8 月第 1 版　　2010 年 8 月第 1 次印刷

责任编辑：李　季　王　龙　刘贤恩　刘东威　　责任校对：齐　新
封面设计：冀贵收　　版式设计：钟福建

ISBN 978 -7 -5654 -0055 -1
定价：88. 00 元

# 译者前言

非常感谢东北财经大学出版社编辑孙冰洁小姐的大力推荐，我承担了这本书——《广告学》的翻译任务。

翻译的过程充满了惊喜，惊喜于广告世界的绚丽多彩，惊喜于所学到的新知识、新理念。原著的作者是在学术界和商业界负有盛名的学者和实践家，他们对课题的精确把握和对新事物的应用研究让我敬佩万分。

同时感谢西南财经大学的周刚同学，感谢我的硕士研究生党秀梅、张成坤、刘颖、龚睿、于军华、韩愈、姜卓青、路少青、闫丽娟和王婷婷同学为翻译本书所做的一些基础性和技术性工作。

由于译者水平有限，本书的翻译难免会有些错误，敬请广大读者朋友指正。

译者 兰天

2010 年 3 月

# 前 言

2003年，当我们以新的标题《*广告和整合品牌促销*》（*Advertising & Intergrated Brand Promotion*）① 出版了本书的第三版之后，一些人便对这个标题产生质疑："难道这不应该起名为《广告和整合营销传播》（*Advertising and Integrated Marketing Communication*）吗?"我们对此反复推敲，现在更加坚定原有立场，即广告主和代理商等类似群体应把注意力集中在品牌和整合品牌促销（brand and integrated brand promotion，IBP）上，整合营销传播（integrated marketing communication，IMC）已经是过去的事情了，而且这个术语一开始就可能已经被误用。我们相信，我们的观点已经得到了验证。广告和促销都是有关品牌的，专业人员正在努力追求品牌知名度，并且以一系列不断扩大的广告和各种促进品牌建立的技术来赢得品牌竞争优势。我们将自豪而激动地在《广告和整合品牌促销》的第五版中为你展现所有这些技术。

我们要强调一点，《广告和整合品牌促销》第五版仍是市场上此类书籍中内容最新、思想最为成熟的一本。自从1998年出版了此书的第一版后，我们就一直让学生留意有关广告和促销产业最前沿的问题和挑战。我们最先用一个完整的章节论述互联网可作为广告媒介（1998）；最先使学生们在传统广告的架构上留意到网络代理商的出现（2000）；最先提出消费者正寻求并掌控他们的私人沟通环境（2003）；最先强调博客和数字视频录像机的重要性，以及它们在传播（或阻止传播）有关品牌信息中所起的作用（2006）。

**学生学习的有效资源**

作者本着高度的责任感，从一系列学术性出版物和贸易出版物当中寻求与广告有关的最传统和最新的当代思想。你可以从每一章的参考文献的广度、深度和通用情况体会到作者的责任心。在这种情况下，我们可以体会到这个最新版本的人性化的特点。你会发现新版书的内容和观点对学生的课堂体验来说是非常有价值的补充，对此我们充满信心。

我们保留了这本书以前版本中得到学生和老师好评的内容和章节。不仅如此，作为整合品牌建立过程中的一部分，广告在第五版中受到了更多的重视。真正的广告世界是围绕品牌开展的。因此在这本书中，我们已经涵盖了一套完整的广告和促销工具，其中包括广告主在对等交流环境下所面临的众多的机遇。我们将再一次引导市

① 考虑到中文译本名称的连贯性，本社仍将书名定为《广告学》。——编者注

场，将富含信息、充满娱乐元素的广告、插图、图片和图表（超过500个）印在质量上乘的纸张上，从而渲染每一个画面的特点。其中，广告处于最突出地位。

我们在内容的选择上非常挑剔，所有内容都接受了最严格的审查，并且我们定位于那些能够反映出行业重要变化的论题上。每一章都有一些新的内容和新的视觉效果，因为这些章节需要像广告世界那样以一种充满活力的方式不断发展。但是，即使在这种情况下，本书中仍包括许多熟悉而基础性的材料。我们认为，读者会发现第五版的一些变化是令人兴奋和引人注目的。

**第1章　广告的世界与整合品牌促销**。为了体现这个行业实践当中最新的发展、技术变化和在使用促销技巧当中的新挑战，我们对第1章作了重大的更改。从一开始，本章就让学生留意一个事实，即公司正在努力跟踪并了解消费者，看他们是如何以及在哪里想获得有关品牌的信息。大众媒体并不是一潭死水，它们会使用各种各样的新方式去接触广大消费者。

**第2章　广告产业的结构：广告客户、广告代理公司、传媒公司以及支持性组织**。正如第2章标题的变化所反映的那样，本章最为关键的变动之处在于增加了覆盖面更为清晰的媒体公司。先前版本的读者希望获得有着更为完整和清晰覆盖范围的媒介选择，现在我们做到了。本章想阐明这样的观点，那就是数年来，消费者一直是广告和促销的目标，但这些消费者正寻找相关的技术和媒介选择，以便对他们所见所闻的交流方式有更多的掌控。从聚友网（MySpace）到YouTube再到维基百科（Wikipedia），再到数百万计的个人博客，消费者一直在不断寻找他们能够控制的可以接触的信息环境，而不是任由广告主或媒体公司处于控制地位。另外，我们认为，Web 2.0技术将对广告和整合品牌促销产生影响。

**第3章　促销与广告品牌的演变**。本书继续有别于全面的对历史事件和促成当今的广告和促销实践的经济驱动力的新闻报道。在此，我们深入地探讨了在历史背景下，广告和整合品牌促销最近所发生的变化。这样才会让学生看到，什么才是真正的新生事物，什么又是历史的再现。

**第4章　广告与促销的社会、伦理及法规层面**。本章包含一个标题的变化（增添了“促销”一词）及对广告和促销过程中新的限制的讨论，如儿童食物和饮料的广告创意（如广告会使孩子发胖）和规范互联网促销的举动（有关电子商务的全球商务对话GBDe）。除此之外，对拒绝来电话黑名单状况的持续报道和反垃圾邮件的立法行动，以及对有关直接邮寄和互联网沟通的隐私议题的广泛讨论，本书都有阐述。

**第5章　广告、整合品牌促销与消费者行为**。本章对广告和消费者行为的社会（互动品牌社群）和文化方面给予了高度重视。这些观点与本章前半部分所展现的有关心理方面形成了鲜明的对比。没有其他的书能像本书这样表达两种观点的同时又能相互渗透。另外，本章强调公司的意愿，即允许品牌群体参与品牌交流的发展，事实上是品牌特征的发展。

**第7章　广告与促销研究**。本章进行了广泛的修改以反映在文案调查中的最新方法。此外，本章将广告和整合品牌促销的研究活动分为三个阶段：开发研究、文案调查和营销结果。在营销结果的那一部分，我们增添了对一些方法的讨论，这些方法用来估算因广告而增加的销售量。

**第 9 章　广告策划：国际视角。**本章内容经过了修订，以反映广告和促销不断变化的文化环境。这部分内容从来没像现在这么重要过。

**第 10 章　广告与整合品牌促销的媒体战略和媒介策划。**我们再一次对本章进行了大量的修改——注意，是大量。现在广告处在一个媒体环境时刻发生变化的时代当中，我们要确保学生拥有一个最前沿和最精确的视角。

**第 12 章　媒体策划：互联网上的广告与整合品牌促销。**对于本书的每一次新版，我们都认为，所有关于网络广告和 IBP 中的角色和作用的讨论，都应该从零开始。我们仍然为学生提供网络的基础知识以及有关互联网使用和上网行为方式的统计。但本书新版还紧随第 1 章和第 2 章中提出的议题，强调通过博客和个人网站进行互动交流的影响。就像当前的先进技术，比如 WiFi、WiMax 和 MobileFi，付费搜索得到了全新的发展。本章还把像 Facebook 这样的社区网站的发展机会和像插件这样的技术也包含在其中。最后，本章对类似于第二人生（Second Life）这样的虚拟环境的沟通潜力给予了充分的考虑。

**第 13 章　促销、销售点广告与辅助媒介。**本章采用了一个新的标题，并且相对于以前的版本来说，本章内容的位置进行了调换。辅助媒介（标志、目录广告等）现在已与促销和销售点广告合并在一起。我们觉得这些标题放在一起比较合适，而且使我们能够对第 14 章（见下）中的品牌娱乐和产品投放进行进一步的阐述。

**第 14 章　活动赞助、植入式广告与品牌化娱乐。**我们尝试将整本书保持鲜明的时代感，而本章最能体现这个特点。在将预算从传统的大众媒体转移到其他整合品牌促销选择的时候，公司在赞助活动、产品投放和品牌娱乐中的投资也已急剧上升。本章提供了最具有时代特点的案例和这三种强有力的整合品牌促销工具的应用。

**第 15 章　整合直复营销与人员推销。**本书的老读者会鉴别出此处做出了重大的改动。我们已经将个人销售添加到整合品牌促销的范围当中。尽管公司依靠传统媒体完成的都是过去个人销售任务的一些目标，但仍有一些产品种类和环境最适合选择直接销售。我们想让学生直接接触个人销售活动。

**第 16 章　公共关系、影响者营销和合作广告。**我们非常乐于向学生展示与权力营销相关的新内容，本章对此亦有强调。本章还广泛地讨论了权力营销、互动营销、buzz 和病毒式营销。

对于标题覆盖的新内容，以及关于《广告和整合品牌促销》第五版向学生们展示的、反映最前沿内容的、具有时代性的议题的讨论，以上这些例子只不过是皮毛而已。伴随着以前的第四版的出版，我们继续在每一章广泛采用书写的和具有视觉效果的例子来展示我们的观点。通读此书，你会发现此书运用的参考资料是从 2006 年到 2007 年的文献资料，并且数量极大。此外，本版书中的广告、案例和图片，超过 40% 是新加的。为了使本书更富时代性和相关性，我们努力工作，而且我们认为，我们做到了。

**我们编写这本书的原因。**当我们介绍《广告学》第一版的时候，我们以此种方式总结我们对广告的态度和热情：

广告代表着许多事情。它是大众文化，是资本增值的工具，是一种强加于人的外力，是一种释放，是压迫者，是解放者，是人文科学和戏剧的综合体。它是创意的流露，是信息的载体，它还帮助商业销售产品。总而言之，广告很有趣。

广告妙趣横生，本书表现了这种趣味性。广告也是生意，这本书表达了这样的观点。这个观点清晰地传达了一个信息。类似于商业的其他方面，广告和整合品牌促销是努力工作和谨慎策划的结果。我们明白创作一个好广告是一个巨大的挑战，而且对于创作的过程我们也给予了崇高的敬意。我们理解在商业、营销和创造性的环境下，广告和促销的意义。

本书由三位学术经验丰富、专业背景深厚的专家编写。我们是许多公司及其广告代理商的顾问。因此，此书是建立在真实世界的经验基础之上的。这本书不是一本有关广告业的“示范性的摆设书”；相反，我们强调广告主面临的挑战，也为他们提供可以应对这些挑战的整套工具和方法。

在出版了第一版之后发生的很多事情坚定了我们的决心，要去编写一本市场上最好的关于广告和促销的书。首先，我们从本书的应用者（你们当中超过500人）和学生那里了解到，这本书对广告实践部分的最真实的讨论（有时候是残酷），得到了大家的欢迎和褒奖。我们在这里并不是为广告加油喝彩，也不是为了告诉你广告的妙方是什么以及它在哪里。的确，我们钟情于广告，但是我们也知道它也不是一直那么美妙。有的时候它会使你工作起来很沮丧，尤其是当没有任何灵感的时候。我们知道也有一些针对广告的负面报道和评价，所以尝试着将广告放到真实的环境下。我们对待学生就像对待成人一样。当最好的答案是“没有人知道”的时候，我们会坦诚地告诉你一切。

对于前四次的编辑工作，我们十分敬重搞学术和从事广告实践的同事们，现在，我们更加敬佩他们。在对第五版的研究过程中涌现出的杰出行业人才，我们在此与你一起分享我们的成果和惊喜。这本书完全是真实世界的缩影，但是这个真实的世界也可以用一些卓越的学术思想来描述。这本书没有任何抄袭的地方，但我们对许多书的作者给予崇高的敬意。这本书追求坦诚、思想性和想象力，这才是最重要的。在保留一些观点的同时，本书也承认了人们之间的交流和消费者行为的复杂性。

我们竭力通过提供广泛的辅助性资料使过度劳累的教师的生活变得轻松些。而这些资料不仅有益于本书的讲授，并且会使学生对这个迷人的题目产生浓厚的兴趣。

学生不只一次地告诉我们，他们喜欢这本书。如果你喜欢前四版，我们相信你会更喜欢这一版。除了了解学生和老师对我们这一版书的反应，我们还花费了大量的时间浏览了他们对其他的广告教科书的满意和不满意之处。利用这些反馈，我们已经将数页书和图片，很多想法和智慧，专用于学生和老师，从而为他们创立一个平台。在此之上他们可以讨论当代最重要和本质上最有趣的现象：服务于品牌的广告和促销。

**从第1章到第16章**。正如我们在一开始所说的那样，《广告和整合品牌促销》第五版的不同之处在于它明确地承认了广告和促销完全是关于品牌的。品牌可以是商品或服务、事件或人（如政治候选人和演员），广告和促销是让商人将品牌注入到消费者的意识当中去。

第五版采用更宽的视野看待广告和促销。最近发生的事情表明，广告和其他形式的促销之间的边界变得越来越相互渗透。我们承认了此观点，但我们并没有小题大做，也没有忽视广告和促销过程中的基本要素。事实上，我们已经使老师获得所需内容这一过程变得非常简单。我们认为广告和促销应该在同一本书中讨论，正如他们协调后的整合应该出现在实践当中一样。

**组织的相关性和智慧性。**我们提供一个我们坚信其优越性的组织。本书的组织结构比较独特，而且受到读者的高度重视。与其一个部分含有 1 或 2 个章节，而随后的那一部分却含有 9 或 10 个章节，我们更愿意把这本书分为结构合理、安排得当的 4 个部分。教师和学生会发现这个方法具有相关性，充满智慧，而且很容易被接受。这本书的组织方法比较流行，因为它展现了广告和整合品牌促销过程与其在实践运用当中的过程是一样的。

**第 1 部分：方法：在商业和社会中应用广告和整合品牌促销战略。**这一部分要求学生明白广告和整合品牌促销到底是什么，并对它们是如何运作的有合适的看法。此部分包含核心基础内容（对此很快会有更多介绍）。这部分对广告和促销进行了整体的概述，纵观该行业的结构，并从历史的角度分析了其演变进程。本部分对专业人士和消费者所面临的主要的社会问题、道德伦理问题和调节问题都作了阐述。

**第 2 部分：策划：分析广告与整合品牌促销环境。**本部分列出了多种主要观点，以便大家理解如何才能有效地实行广告和整合品牌促销。对于其过程中的关键战略理念，其中包括消费者行为分析、市场细分、品牌差异化和品牌定位，本部分都不惜笔墨。之后，这部分就广告研究的类型发起了讨论，广告和促销策划人就依赖此种类型的研究来开展有效的广告和整合品牌促销。此外，本部分对“在真实世界里消费”以及广告和整合品牌促销是如何适应消费者的生活方式作了特殊的强调。这部分的最后两章为发展有关国内、国际广告和整合品牌促销计划提供了关键的组成部分。

不论你是在一所商业学校里的课程中，还是在广告/新闻课程中学习或者教授广告和促销，本书的前两个部分都为你提供了相关背景和观点，即身处 21 世纪的广告和整合品牌促销是如何转变成有力的商业和社会力量的。

**第 3 部分：在传统和“新”媒介中投放讯息。**这部分重点放在使用和运用所有媒体，其中包括数字媒体，去接触目标受众。这些章节对理解好的广告和整合品牌促销策略的执行方面起到关键作用。在这个部分你将会不仅学到有关传统大众媒体的知识，而且还有一系列新的媒体选择，以及通过这些选择，增强消费者在管理他们信息环境过程中的挖掘能力。

**第 4 部分：整合品牌促销。**该部分涵盖许多有关整合品牌促销的工具。因为采用本书的商业学校经常使用它们，所以我们将相关的四章放在一起。我们认为这样做对任何人都是有益的。在此，你会发现我们对产品投放、直接营销、品牌娱乐和权力营销的论述是最全面的。

**激发兴趣的基本原则。**我们殷切地希望我们的书可以继续对新标题和新事件的覆盖范围制定标准。本书承载着有关具有不断变化特性的广告和促销产业的特征，以及对其的见解和产生的共识。现在，我们已经在每一章中都合并覆盖了所有新议题。

本书与众不同的优势在于我们没有抛弃对广告和促销的基本原则的完整和高水准的论述和分析。没有真正地理解广告的基本原则，是不会感受到新媒体或新技术所发挥的作用的。而这再次使我们区别于市场中出售的其他书籍。《广告和整合品牌促销》第五版是市场上唯一的一本可以向观众保证，其对广告和促销的深刻的经济根源的讲述是十分清晰易懂的。并且，我们保证我们不仅对广告的商业环境，也对其社会环境都很清晰明了。去看看我们在基础方面的阐述是多么的完整吧！你一定会感到惊讶并被我们深深触动。

同时请注意，我们并没有在本书的最后才将合法的、道德的、社会的（第4章）和国际的因素（第9章）联系到有关广告和整合品牌促销的主流思想当中。大部分此类书将国际事件作为最后一章进行陈述，就像是事后的想法一样，但我们对有关全球课题的报导以特殊专栏的形式与文章联系起来，较早地进行分析和阐述，因为今天的决策制定者必须拥有全球视野。

**广泛的新式媒体覆盖面**。本书第3部分，"在传统和'新'媒介中投放讯息"对新媒体工具进行了深入的探讨。第12章全是关于网络上的广告和营销，还回顾了许多技术方法，这些方法现在不是十分新颖却仍在变化发展，利用它们可以接触并影响观众。第13章强调了所有的广告和促销可提供的与品牌进行"试探性"接触的新途径。但是新媒体覆盖的突出部分不仅限于此。第1章和第2章重点介绍了消费者如何使用新媒体来掌控自己的信息流。第5章阐述了新媒体对消费者决策的影响作用。

**整合品牌促销的完整范围**。如前所述，广告宣传和整合品牌促销都围绕着品牌。市场营销和广告界对此心知肚明，但近几年来，他们把更多重点放在了品牌推广上。因此，可以明确地说，本书是关于为品牌服务的广告与促销。进一步讲，这一定是整体成果，衡量整体成果已经成为了一种标准。本书第4部分对广告主采用的一整套推广工具作了详尽论述。我们刻意用大量文字来介绍促销、销售点广告、直接营销、个人销售、赞助、品牌娱乐、公共关系和企业广告等部分，本书近20%的内容和篇幅是用来介绍促销工具而不是广告。

**读者参与学习**。你会发现本书用生动、简洁的语言对广告基础问题提供了清晰、全面的解答，我们不会旁敲侧击，不逃避争议，敢于面对传统挑战。另外，风格迥异的内部设计以及数百张插图也是本书的特色（这是一本超值的广告学著作！）。阅读此书是一项充满乐趣的体验。

针对读者学习的标注很容易在书中找到。每章以列举*学习目标*开篇，（为了快速理解本章内容，浏览并阅读每章首页的学习目标。）各章根据每个学习目标来组织内容结构，并且*本章总结*也是对应每个学习目标来阐述本章主要内容的。

同时，我们认为让读者超出阅读范围来思考书中提出的问题会有一定难度，因此，你会注意到每章章末的问题都需要仔细分析而不仅仅是引述，*实践练习*将会帮助读者多方面学以致用，这个过程的练习要比学习教材收获更多。只要充分利用本书和附加材料，即使第一次学习广告学的任何年纪的读者都会拥有一次有成效的、有趣的学习经历。

**细看第五版特点**

**本书结构如何**　如我们之前讨论的那样，《*广告与整合品牌促销*》第五版分为4个主要部分，用以揭示广告和整合品牌促销的实际应用过程：

第1部分：方法：在商业和社会中应用广告和整合品牌促销战略。

第2部分：策划：分析广告与整合品牌促销环境。

第3部分：在传统媒介和“新”媒介中投放讯息。

第4部分：整合品牌促销。

新版本的新颖之处在于其独特的附录，这部分是由奥奎因主持的一对一访谈，来宾是对广告界和整合品牌促销领域持不同观点的三位真正权威人士：

弗雷德·克拉普（Fred Krupp），美国环保协会总裁。

基姆·纽珀特（Jim Neupert），雅培血管仪器部门营销副总裁（该公司并购了盖丹特（Guidant）公司）。

狄克·安东尼（ Dick Antoine），宝洁高级副总裁、全球人力资源主任。

**完整的教学/学习补充材料：**

补充内容：

**教学手册**。教学手册是由本书的主要作者之一理查德·J. 西曼尼克（Richard J. Semenik）精心准备的。我们认为，关键的课内资源，比如讲课梗概、PowerPoint的放映，不能简单地由作者以外的人士编写。这本手册经过了缜密的复核以更新所有以前的内容，包括全部讲课梗概，这些梗概为使用与本书配套的附属产品提供参考建议，以及本书中所有练习的参考答案。教学手册随附在教学资源CD-ROM里。

**PowerPoint**。本版书里的PowerPoint展示由本书主要作者之一理查德·J. 西曼尼克精心准备，品质极佳。本版作了大量改进，包括附加的广告案例及随附的讨论问题（参考答案在教学手册中）。所有广告均有注释，阐明其是如何展示本书提及的理论及概念的，并包含至少一个引导性问题，以便发起课堂讨论。PowerPoint展示随附在教学资源CD-ROM里。

**习题库**。综合而广泛的习题库紧紧围绕本书主要的学习目标，由佛罗里达海岸大学（Florida Gulf Coast University）的Christine Wright-Isak编写。每个问题都根据其所涉及的学习目标，答案所在页数以及问题的类型（定义型、概念型和应用型）被标记。根据种类对问题进行分组能在制作测试题的时候保持最大限度的灵活性，可以根据单个班级的需求或喜好量身定做测试题目。习题库里有判断正误题、多项选择题、情景应用题，以及简答论述题。书中总共有2000个问题，所有题目在明晰度和准确度方面都被仔细审查过。习题库随附在教学资源CD-ROM里。

**ExamView Testing Software 测试软件**。随附在教学资源CD-ROM里的电脑化ExamView Testing Software囊括习题库里的所有题目。这是一个与微软视窗Microsoft Windows兼容、易于操作的测试生成软件。老师可以增加或编辑题目、指示和答案，通过在屏幕前预先审查、随机选择或通过题号选择问题。不管是通过互联网、局域网LAN，还是WAN，老师都可以组织、实施一次在线测验。与你的销售代理联系，以获取订购信息。

**教学资源CD-ROM（0-324-56943-2）**。这张CD-ROM光盘包含了所有的教学支持内容——教学手册、习题库、ExamView和PowerPoint幻灯片——使教学工作者拥有全方位的能力，量身定做其教学体验。

**产品之窗网站（http://academic.cengage.com/marketing/o'guinn）**。产品支持网站以“教学资源”为特色，包含教学手册、习题库、PowerPoint和一个随附在Best of 2007：CLIO GOLD PLUS Collection上的综合视频向导。对于学生，我们在每章

都包含了以下内容：学习目标、用关键术语填字谜、互联网应用以及互动测验。学生还会发现一个关于营销沟通、IBP和广告的职业生涯部分，在这个部分里我们勾画出了这个行业里的五种新兴职业。

**视频内容：**

**Best of 2007：CLIO GOLD PLUS Collection（0-324-56941-6）**。获准的老师可以通过DVD或者网络得到此视频精选，这个精选中收录了2007年克里奥（CLIO）金像奖最棒的金奖和银奖得主。入围者包括Sony Bravia的“paint”，Combo的“Fever”，Dove Self-Esteem Fund的“Evolution”，Instituto de Apoio à Crianca的“Alzhermer's”，AIDS Awareness PSA的“Sugar Baby Love”，Coca-Cola的“Happiness Factory”，Toyota Yaris的“Chase”，Sprite的“Sublymonal”，Vaseline的“Sea of Skin”，Microsofe Xbox 360的“Cops and Robbers”，JCPenney的“Crazy Beautiful”，Sure Deodorant的“Go Wild”，Sears的“Arboretum”，Travelers Insurance的“Snowball”，Nike的“Swing”，Adidas的“Equipo”，Toyota的“Humanity”和Skittles的“Beard”。请联系您的销售代理以获取更多关于此项不断变化的补充内容的资讯。

# 目　录

方法：在商业和社会中应用广告和整合品牌促销战略

第1部分

第1章

广告的世界与整合品牌促销 …………… 3

1.1　引言：这个听起来熟悉吗？ …………………… 4
1.2　广告和整合品牌促销的新世界 ……………………… 5
1.3　什么是广告和整合品牌促销？ …………………… 7
1.4　广告作为一个信息传播方法 ………………………… 13
1.5　广告受众 …………………………………………… 15
1.6　广告——一种商业手段 ……………………………… 20
1.7　广告、整合营销传播、整合品牌促销 ……………… 40
本章总结 ……………………………………………………… 41
关键术语 ……………………………………………………… 42
问题 …………………………………………………………… 43
实践练习 ……………………………………………………… 44

第2章

广告产业的结构：广告客户、广告代理公司、传媒公司以及支持性组织 …… 45

2.1　引言：权力之战 ……………………………………… 46
2.2　不断转变中的广告业 ………………………………… 48
2.3　影响广告和促销业的趋势 …………………………… 49
2.4　广告业的行业规模和行业框架 ……………………… 54
本章总结 ……………………………………………………… 79
关键术语 ……………………………………………………… 80
问题 …………………………………………………………… 81
实践练习 ……………………………………………………… 82

第3章
促销与广告品牌的演变…………………… 83
3.1 广告的兴起…………………………………… 85
3.2 广告业的发展………………………………… 88
3.3 品牌娱乐 ………………………………… 124
本章总结……………………………………… 126
关键术语……………………………………… 127
问题…………………………………………… 127
实践练习……………………………………… 128

第4章
广告与促销的社会、伦理及法规层面 … 129
4.1 引言：我没有参加过这项活动！ ………… 130
4.2 广告的社会层面 ………………………… 132
4.3 广告的道德层面 ………………………… 148
4.4 广告的管制层面 ………………………… 151
本章总结……………………………………… 170
关键术语……………………………………… 171
问题…………………………………………… 171
实践练习……………………………………… 172

第5章
广告、整合品牌促销与消费者行为 … 177
5.1 引言：Ay Caramba！ ……………………… 178
5.2 角度一：消费者作为决策制定者 ……… 180
5.3 角度二：作为社会人群的消费者 ……… 204
本章总结……………………………………… 233
关键术语……………………………………… 234
问题…………………………………………… 235
实践练习……………………………………… 236

第6章
市场细分、定位与价值主张 ………… 239
6.1 引言：你怎样忍耐“难熬的上午” ……… 240

第2部分 策划：分析广告与整合品牌促销环境

6.2　市场细分营销战略以及对营销战略的评价 …… 241
6.3　识别目标市场 …… 244
6.4　优先考虑的目标市场 …… 254
6.5　制定定位战略 …… 257
6.6　在价值定位中把握好战略 …… 266
6.7　综合来看 …… 268
本章总结 …… 269
关键术语 …… 270
问题 …… 271
实践练习 …… 271

第7章
## 广告与促销研究 …… 273

7.1　引言：促销的是品牌，而不是产品 …… 274
7.2　广告和整合品牌促销调查 …… 278
7.3　第一阶段：制作广告和整合品牌促销前调查 … 279
7.4　第二阶段：文案调查 …… 292
7.5　第三阶段：结果 …… 307
7.6　客户策划 VS 广告调查 …… 310
7.7　对于信息测试的最后见解 …… 311
7.8　我们需要什么 …… 312
本章总结 …… 312
关键术语 …… 313
问题 …… 314
实践练习 …… 315

第8章
## 广告与整合品牌促销策划 …… 317

8.1　引言：精益求精的苹果公司 …… 318
8.2　广告策划和广告营销环境 …… 321
8.3　信息交流 vs 销售目标 …… 330
8.4　广告商在广告策划和整合品牌促销策划的地位 … 341
本章总结 …… 341
关键术语 …… 342
问题 …… 342
实践练习 …… 343

第3部分 在传统和“新”媒介中投放讯息

第9章
广告策划：国际视角 …… 345

9.1 引言：舒肤佳超人的营救行动！ …… 346
9.2 克服文化障碍 …… 350
9.3 广告全球化过程中面临的挑战 …… 358
9.4 世界各地的广告公司 …… 364
9.5 全球化与本地化的广告 …… 365
本章总结 …… 370
关键术语 …… 370
问题 …… 371
实践练习 …… 371

第10章
广告与整合品牌促销的媒体战略和媒介策划 …… 375

10.1 品牌媒介工具的广阔天地 …… 377
10.2 重大变化 …… 377
10.3 媒介策划的基本原则 …… 383
10.4 媒介策划 …… 387
10.5 媒介选择和整合品牌促销 …… 402
10.6 真正的交易 …… 406
10.7 电脑媒介策划模型 …… 410
10.8 防御传统广告 …… 413
本章总结 …… 413
关键术语 …… 414
问题 …… 415
实践练习 …… 416

第11章
媒体策划：报纸、杂志、电视和广播 …… 417

11.1 一个崭新的“传统”媒介世界 …… 418
11.2 媒介选择及其战略策划的考虑因素 …… 419
11.3 印刷媒介 …… 420
11.4 电视和广播：用于战略性策划 …… 437

本章总结……………………………………………… 453
关键术语……………………………………………… 454
问题…………………………………………………… 456
实践练习……………………………………………… 456

第12章

## 媒体策划：互联网上的广告与整合品牌促销 …………………… 459

12.1 引言：当旧媒体遭遇新媒体………………………… 460
12.2 无线化意味着新规则……………………………… 461
12.3 互联网在广告和整合品牌促销进程中的角色 …… 462
12.4 互联网的发展……………………………………… 464
12.5 网络空间概述……………………………………… 465
12.6 互联网广告………………………………………… 474
12.7 创建网站…………………………………………… 485
12.8 测定互联网广告的有效性………………………… 492
12.9 在电子社区里管理品牌…………………………… 496
12.10 广告、IBP与互联网的未来 ………………………… 497
本章总结……………………………………………… 500
关键术语……………………………………………… 502
问题…………………………………………………… 503
实践练习……………………………………………… 504

第4部分 整合品牌促销

第13章

## 促销、销售点广告与辅助媒介………… 507

13.1 引言：以守为攻…………………………………… 508
13.2 促销的含义………………………………………… 509
13.3 促销的重要性及发展过程………………………… 510
13.4 针对消费者促销…………………………………… 515
13.5 针对贸易渠道和企业市场的促销………………… 524
13.6 促销的风险………………………………………… 529
13.7 销售点广告………………………………………… 531
13.8 辅助媒介…………………………………………… 535
本章总结……………………………………………… 545
关键术语……………………………………………… 546

问题…………………………………………………………… 547
实践练习………………………………………………………… 548

## 第14章

## 活动赞助、植入式广告与品牌化娱乐……

…………………………………………………… 549

14.1　引言：整合品牌促销的缤纷世界…………… 550
14.2　为什么是广告业和娱乐业越走越近？………… 553
14.3　活动赞助…………………………………………… 555
14.4　植入式广告………………………………………… 563
14.5　品牌化娱乐………………………………………… 568
14.6　协调性挑战………………………………………… 575
本章总结………………………………………………… 577
关键术语………………………………………………… 578
问题……………………………………………………… 578
实践练习………………………………………………… 578

## 第15章

## 整合直复营销与人员推销 …………… 581

15.1　引言：不要给莱斯添乱……………………… 582
15.2　直复营销的发展………………………………… 583
15.3　数据库营销……………………………………… 590
15.4　媒介在直复营销中的应用……………………… 597
15.5　使用直复营销方式和/或人员销售方式达成交易…
………………………………………………………… 605
本章总结………………………………………………… 610
关键术语………………………………………………… 611
问题……………………………………………………… 612
实践练习………………………………………………… 612

## 第16章

## 公共关系、影响者营销和合作广告 … 615

16.1　引言：全方位思考打造品牌势力……………… 616
16.2　公共关系………………………………………… 620

16.3　影响者营销…………………………………… 632
16.4　企业广告…………………………………… 637
本章总结…………………………………………… 644
关键术语…………………………………………… 645
问题………………………………………………… 645
实践练习…………………………………………… 646

# 第 1 部分　方法：在商业和社会中应用广告和整合品牌促销战略

第 1 章　广告的世界与整合品牌促销
第 2 章　广告产业的结构：广告客户、广告代理公司、传媒公司以及支持性组织
第 3 章　促销与广告品牌的演变
第 4 章　广告与促销的社会、伦理及法规层面

本书第 1 部分，"方法：在商业和社会中应用广告和整合品牌促销战略"为我们广告学知识的学习奠定了基调。这部分的章节强调广告绝不局限于过去那些落后的大众媒介信息。毫无疑问，大众媒介仍然是广告宣传活动中的一个重要组成部分。但是现在的广告宣传更加具有多样性，富有煽动力，并且是整合品牌促销（IBP，这个定义后面将会讲到）不可或缺的部分。IBP 是使用各种不同的推销技术和工具（包括电视广告、ipod 广播等一系列工具）向顾客传达品牌信息的过程。但是广告和整合品牌促销绝不仅仅是为了传递这些信息，它们同样也是社会交流不可或缺的部分，而随着文化、科技、商业战略的改变，社会交流也在不断演变。这也是在信息传播之中彰显"品牌"重要地位的领域。我们都知道品牌这个词，因为品牌宣传每天都萦绕耳旁，日常生活更是离不开它们，如微软、耐克、潘婷、星巴克等。我们知道（并且了解）商标，因为公司使用广告和整合品牌促销使我们对它们有了熟悉和了解。但是我们也通过使用一些具体品牌并观察它们在社会中的发展情况来进一步了解它们。本书的第一部分总体上介绍了广告和 IBP 方法，这会让我们更多地了解品牌及其所要传递的信息。

**第 1 章　广告的世界与整合品牌促销**。这一部分介绍并且定义了广告和整合品牌促销两个术语以及它们在公司整体营销项目中扮演的角色。我们介绍了 IBP 的概念，它表明公司使用了更多的信息传播渠道与顾客进行交流，常常超越了广告和传统大众媒介。销售促销、活动赞助、直接营销、电影和电视节目插播广告、销售点展示、因特网、播客、人员销售、以及公共关系——IBP 的工具——都能使公司更具竞争力，培养顾客忠诚度，以此创造更多的利润。广告和 IBP 都被称为沟通载体。

**第 2 章　广告产业的结构：广告客户、广告代理公司、传媒公司以及支持性组织**。这一部分表明，有效的广告需要许多组织和拥有专业技能的人的参与，而不仅仅是创造和销售品牌的公司。广告公司、调查公司、制片辅助机构、设计师、媒介公司、网络开发人员、公共关系公司和网站门户都扮演着各自角色。本章节还强调产业结构的变迁。新媒介如流式视频、日志和一些新机构（如人才中介和产品投放公司），正推动着产业结构的改变，这一章介绍了产业的基础结构以及它们是如何伴随着市场和顾客偏好进化的。本章特别讲述了与广告公司相对应的推销代理商，他们的地位日益引人注目。

**第 3 章　促销与广告品牌的演变**。这一部分把广告和整合品牌促销（IBP）置于历史和当今的环境下予以讨论。由于企业实现自由经营，经济不断发展，以及传统惯例所产生的巨大影响，广告和 IBP 不断演变和升级。这也反映了社会价值、科学技术和企业管理实践在不断发生变化。

**第 4 章　广告与促销的社会、伦理及法规层面**。这一部分验证了广义的广告和 IBP 的社会层面。从社会的角度来看，我们必须理解广告和推销能够给我们的生活水平带来积极的影响，解决生活所需，支持通信媒介，同时当前还是一种艺术形态。反对的意见认为广告和其他推广活动浪费资源、宣传唯物主义，令人讨厌，给人造成干扰，非常老套或者诱使人做不想做的事情。道德层面主要关注信息的真实性、侵犯隐私、面向儿童的广告和推销，以及给备受争议的产品所做的广告和推销活动这几方面的问题。规章制度层面则强调除了政府的作用，消费者人权和社会价值观也施压于广告和 IBP，使其文化价值观在不断地变化和演进。

# 1 广告的世界与整合品牌促销

通过本章的学习，应该掌握以下技能：

- 1. 了解广告和整合品牌促销（IBP）的内涵，以及它们的作用
- 2. 讨论一个基本的广告传播模型
- 3. 描述广告和 IBP 听众分类法
- 4. 解释广告作为一种商业手段的重要性
- 5. 理解整合品牌促销（IBP）的概念以及广告在这一过程中扮演的角色

## 1.1 引言：这个听起来熟悉吗？

一个周五的晚上，你刚完成了 Anthro 公司网站上的一个在线小测验，这个测验的截至时期是晚上 11 点，而你提前几个小时就已经完成了。对于测验你感觉很好（实际上这使你在周五晚上有几个小时的空闲时间），之后你在聚友网网站（MySpace. com）上浏览你朋友的日志，想知道晚上的聚会和音乐会在哪举行。你注意到一些你很久没见的朋友正在举行聚会，于是你给你的两个好友发送即时信息，问他们是否想去聚会。然后你迅速登录 Ticketmaster 网站（http：//www. ticketmaster. com），因为红辣椒乐队（the Red Hot Chili Peppers）将要在校园举行大型表演（你已经在"表演通知"机构进行了注册并在这个下午收到了邮件），你想尽快拿到两张票。你的好友发来信息说他们打算去聚会，半小时后和你会合。在他们来这之前，你正好有足够的时间从 Amazon（http：//www. amazon. com）网站上购买 Deftones 的新 CD 并设置了你的 Slingbox（http：//www. slingmedia. com），这样你就可以在聚会时通过手机上网，了解运动中心（SportsCenter）网站上 NBA 的分数。

这听起来熟悉吗？如果你打算上网追踪一些重要事情的进展，那么你很可能非常熟悉这个情景（也许唯一不熟悉的是那个非常昂贵的电视转接盒，其实它就是一个让你从电脑或手机进入你的电视或者 TiVo 的一个装置，见图表 1—1）。对于那些想要你们了解他们的广告和宣传信息的公司来说，你和你的朋友们意味深长。在过去的 50 年里，公司主要使用电视、收音机、报纸、杂志和其他传统的媒体向顾客宣传公司的品牌，然而在这个周五晚上所发生的情景（可能是典型的）中，你几乎没有看到大众媒介广告，尽管你买了音乐票和一张 CD 并从因特网上获取了电视节目；相反，你自己拥有一整套可以自己获得信息的来源以浏览所有想了解的资讯，而不是一些公司想要让你看到和听到的信息。①

因此，公司将要做什么才会让你了解他们的广告和品牌信息呢？他们仍打算将自己的信息传递给你以及全球每一位像你一样正通过新方式获得信息的顾客。同时，这些公司将以一种全新的方式混合使用大众媒介和其他信息传播方式让大众了解自己的品牌。但是在大众媒介的具体运用上，公司正使用更多新的广告和推销技术，以弥补大众媒介广告的不足。②

你仍会在看你最喜欢的电视节目或最喜欢的杂志中看到广告，事实上，播放的广告还不少。但是如果你还没有看过这类公司的新式广告，你可就要抓紧了。如果你是一个视频游戏玩家，网上推出的一款你最喜欢的游戏中间掺杂了很多广告，价值实际在 10 亿美元左右。③ 下一次你去杂货店，正好你的购物车上设有一个电子显示器，指示你在选购商品之前刷一下你的会员卡，这样商店的电脑就能够为你准备一份过去购物的清单，以为下次购物提供方便。当你从一件商家促销的商品旁经过，购物车上

---

① Jessi Hempel, "The MySpace Generation," *BusinessWeek*, December 15, 2005, 86 – 94.

② Robert Levine, "Reaching the Unreachables," *Business* 2.0, October 2005, 109 – 116.

③ Jessica Ramirez, "The New Ad Game," *Newsweek*, July 31, 2006.

的显示器就会显示结算时你可以转变成现金使用的优惠券。在你购物回家的路上经过一个润滑油店时，你的手机可能会提示你注意油价优惠活动。[①] 欢迎来到广告和整合品牌促销的新世界。

图表 1—1

利用博客、电子邮件和即时聊天工具，像 Slingbox 这样的设备就能让消费者给那些试图向他们传递品牌信息的公司带来巨大挑战，从而通过这种方式掌控自己的信息环境。

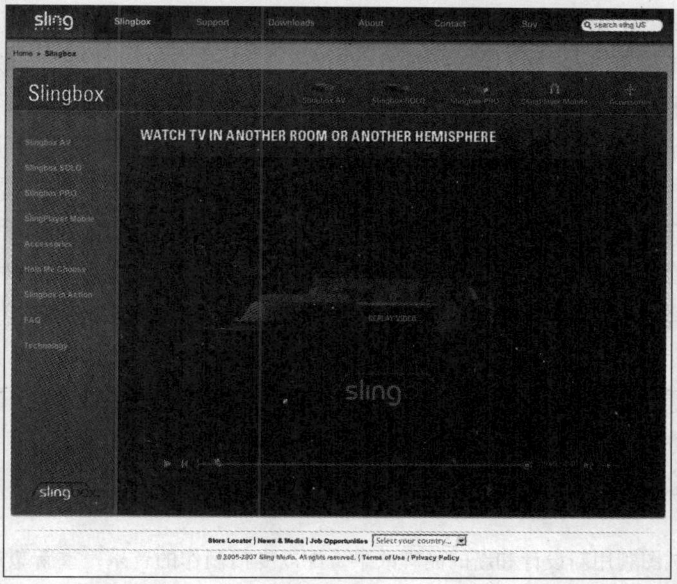


## 1.2 广告和整合品牌促销的新世界

正如本节引言部分所强调的，广告和整合品牌促销正在经历着巨大的变革。通过这本书和这堂课你将会知道公司正努力按照顾客期望的方式和渠道提供品牌信息。大众媒介并没有销声匿迹，反而是通过更多地接触顾客的新方法得以补充和完善。顾客的偏好和新技术正改变着现在的传播环境。你也会意识到信息、娱乐和商业信息之间的界限日趋模糊。正如一位分析家说的那样："数年前界限已经不存在了，当时很多棒球场都是以公司品牌命名的。"[②] 公司正转向品牌娱乐、因特网、影响力（名人营销）和其他传播技术来接触顾客，并使他们接收自己的品牌信息。你也将会读到关于广告为何被称作"Madison & Vine"，因为麦迪逊大街广告公司试图使用好莱坞娱乐业技术向消费者传递品牌信息。[③] 你可以登录网站 http：//www. adage. com/madisonandvine，了解像麦迪逊大街这样的娱乐代理商是如何通过真人秀节目（像"淘金者（Treasure Hunters）"）成功实现向消费者传递大量品牌信息的，而不像以前那样在节目中间插入 30 秒的广告时间。正如 Audi 美国公司副主席对这种"品牌—消

① David H. Freedman, "The Future of Advertising," *Inc. Magazine*, August 2005, 70 - 77.

② Question of the Week, Ad Infinitum, *BusinessWeek*, November 20, 2006, 18.

③ To see current "Madison and Vine" campaign strategies, go to *http*: *//www. adage. com/madisonandvine.*

费者生活方式”整合法描述的那样，他相信“针灸营销”能够帮你获得更加详细的信息。①

但是我们需要记住一点：无论科技如何变化或不管出现多少传播媒介，它们都是为品牌服务的。作为消费者，我们知道自己的喜好和所需。广告，不管这个方法本身如何，都有助于我们认识能够满足我们需要的品牌。记住：无论其在广告宣传或整合品牌促销上投资多大，不能满足我们所需的品牌永远都不会成功，不妨想想凯迪拉克的案例。20 世纪 50 年代早期，凯迪拉克在豪华车市场上所占市场份额高达 75%，其每年的广告费用也位居前列。但是到了 2007 年，市场股份却已经下跌到 9%，创造了汽车行业有史以来最大的亏损。凯迪拉克品牌出现了什么问题？一系列的产品失误使市场对这一品牌产生了怀疑。例如：1986 年推出的 Cimarron 使用的是雪佛兰底盘，并且这款车看起来属于廉价产品；1987 年推出的 Allante 跑车速度较慢并且出现液体泄露现象。而像凌志（Lexus）和英菲尼迪（Infiniti）这样的强劲对手则以拥有强劲动力和流行元素的产品以及有效的广告宣传打入市场。现在通用汽车对凯迪拉克再次注资，并且已经在品牌设计、广告和推销上耗资 43 亿美元以期待改变这一品牌在消费者心目中的印象（见图表 1—2）。广告（像泰迪熊、天空大爆炸和 Melikka 的专题广告）和产品重新设计（形式和外观戏剧性般的改变）是振兴品牌的重要工具。②

因此，当你在课堂上学习这本书的这些章节时，你将会学到有关广告运作和演变的内容。你还会了解到整合品牌促销中信息传播的新方法。

图表 1—2

通用汽车正试图利用新设计和新的品牌故事，配以专门制作的音乐，重新塑造凯迪拉克品牌，这与泰迪熊、天空大爆炸和 Melikka 的广告相类似。

① JeanHalliday, “Audi Taps Ad Whiz to Direct Branding,” *Advertising Age*, May 8, 2006, 4, 88.

② David Welch and GerryKhermouch, “Can GM Save An Icon?” *BusinessWeek*, April 8, 2002, 60 - 67; David Welch, “The Second Coming of Cadillac,” *BusinessWeek*, November 24, 2003, 79 - 80.

## 1.3 什么是广告和整合品牌促销？

既然我们假设信息传播现在处于一个动态的新环境中，那么我们考虑一下公司使用的工具：广告和整合品牌促销。我们先从广告开始。因为你每天都会接触一些广告——尽管就像所介绍的情景一样，你总会想方设法避开大多数广告——所以你对广告有自己的看法。但是你要知道，广告对不同的人有不同的意义。它是一笔业务、一种艺术形式、一个制度以及一种文化现象。对跨国公司（如百事公司）的 CEO 来说，广告是重要的营销工具，它能帮助公司建立品牌知名度和品牌忠诚度。对零售商来说，广告是让人们光顾自己商店的招牌。对广告公司的艺术总监来说，广告是对一个设想的创造性表达。对媒介策划者来说，广告是公司利用大众媒介向现有和潜在的客户传递信息的方式。对于网站经理来说，广告是吸引网民浏览其网站的方法。对于学者和音乐馆馆长，广告则是一件重要的文化作品、教科书和历史的纪录。广告对不同的人有着不同的含义。事实上，有时判断哪些内容属于广告的范畴是一件很困难的事。

尽管公司相信并且十分依赖广告，但是并不是每个人都能清楚地理解或看重这种方法。大多数人对于广告和广告的目的、广告能做什么、不能做什么存在严重的偏见。许多人认为广告欺骗他人，但很少欺骗他们自己。大多数人认为广告这个职业一半是魅力无限，一半是道德败坏的伪装大师或是一个病态撒谎者的职业。最糟糕的是，广告被看作是炒作、不公平的金钱交易、无聊的商业噪音、思想操控、后现代巫术或者欺骗。在一般人眼里，广告充其量就是娱乐和咨讯，偶尔有点精彩罢了。

事实上广告介于这两个极端之间。有时，广告效果非常好，但有时它又令人厌烦且毫无效果。广告可拥有巨大的创造力和娱乐性，但也可能只会令人厌烦。但有一点是肯定的：广告绝不是无关紧要的。广告在国际商务和我们的生活中扮演着至关重要的角色。它是我们的语言和文化中不可缺少的组成部分。它反映了我们看待事物和我们自己的思维方式。它既是复杂的信息交流过程也是活跃的商业活动。

而且作为一个商业手段，大大小小的公司都依靠广告打造自己的品牌——这是本书的核心主题。广告和整合品牌促销是企业组织培养品牌知名度和品牌偏好战略的关键。(见图表 1—3)

### 1.3.1 广告的定义

记住，不同的人在不同的环境看待广告的态度是不一样的，广告因此而备受争议，因此我们给广告下一个直观的定义：

**广告宣传**_是一种有偿的，以大众媒介为媒介的劝服性活动。_

就像定义所描述得那样，广告具有自己的特征。首先，广告是有偿的传播方式，公司或者机构通过这种方式传播自己的信息。用广告术语讲，为广告付费的公司或组织被称作**客户**或**赞助商**。如果一个传播方式无需付费，那么它就不是广告。例如，“宣传”这种推销形式就不是广告，因为没有人付费。以威尔·史密斯（Will Smith）参加大卫·莱特曼脱口秀，宣传他的最新电影为例，你认为它是广告吗？不是，因为影片制作人或者影片制作厂没有向大卫·莱特曼脱口秀支付播放费用。在这个例子中，这个节目邀请了一个风趣而且非常受欢迎的嘉宾，这位名人嘉宾出现了，人们就此了解了影片的内容。每个人都很高兴，但是没有出现广告——这可能属于公共关系，但不是广告。但是当影片制作商为威尔·史密斯的最新电影作品在全国范围内通过电视和报纸进行广告宣传时，制作商就要为此付费了。它是通过媒体途径接触消费者的，因此它最明确的定义就是广告。

图表1—3

美国广告集团（AAF）在这则广告里，凸显了广告在品牌建立上的巨大威力。AAF利用了因特尔公司的商标和品牌来传达信息。因为因特尔公司是公认的最成功的利用广告建立品牌、提高知名度的公司之一。http：//www. aaf. org

同样的道理，公开性的服务通告（PSAs）也不是广告，尽管它们确实看起来、听起来都像广告。它们并不像广告那样具有商业性，因为它们不像广告那样需要付费。它们是出于公共利益（非商业性质）考虑提供的一些信息。当你在广播里听到一则劝诫你远离毒品的信息时，这听起来很像一个广告，但是它是PSA。简单的说，PSAs在广告定义之外，因为它们是不付费的传播方式。

图表 1—4 和图表 1—5

它们都向观众传递了几乎相同的信息，但是其中一个是广告，另一个则不是。图表 1—4 是一则广告，因为 Trojan 公司为此支付了费用。而图表 1—5 是由英国健康教育局发起的，与 Trojan 有着相同的劝说意图，但它并不是一则广告——图表 1—5 是一个 PSA。为什么健康教育局的 PSA 信息不是广告呢？http：//www. trojancondoms. com

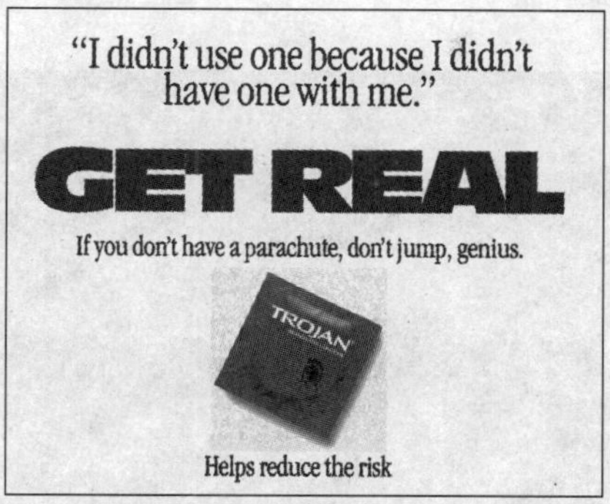


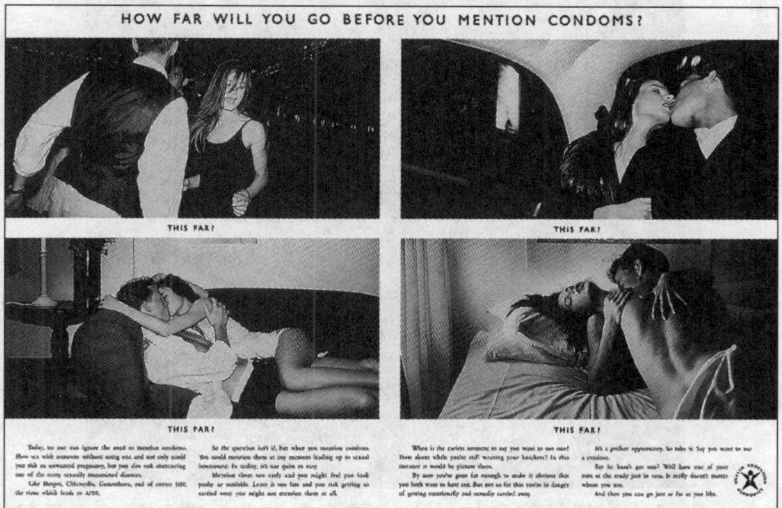


参考一下图表 1—4 和图表 1—5 的信息，这两个信息有类似的素材并提供类似的建议。图表 1—4 有说服的意图，是一种有偿的传播方式，并且使用了大众媒体。因此，它属于广告。图表 1—5 同样也有说服意图，也使用了大众媒介。但是它不是广告，因为它无需付费。PSA 很重要但经常仿效商业广告。

广告是大众传媒，也就是说广告是通过大众媒介传递信息的，它接触的不是一两个人而是一大群人。广告通过熟悉的媒介——电视、收音机、报纸、杂志和其他媒介（如直邮、广告牌、因特网、iPods）广泛传播，广告的大量媒介的特性创造了一个非面对面的信息传播环境，这也是广告与个人销售在传播方式上的不同之处。

所有的广告都有劝服的意图。坦率地说，广告是一种传播方式，目的是劝使人们从事某些活动。尽管有些广告明确表示其目的纯粹是为了传递信息，但其最终目的还是劝服。广告出于某一目的而告知顾客，而这个目的是为了让顾客喜欢这个品牌，最终出于喜欢而消费该品牌。看图表 1—6 的净水器广告，这则广告并没有太多广告信息，但是它很有意思。我们很多人会说：“我喜欢那个广告。”通过那样的反应我们可以看出，这个广告很有说服力。没有说服意图的信息可能是新闻，但绝不会是广告。

图表1—6

为了使广告成为交流工具，它就必须带着劝服的目的。即使这则 Pur 水过滤器广告的劝服性并不明显，但它的趣味性的确使观众产生了积极的反应，这能劝使人们尝试这个品牌。http：//www. purwater. com

关于这点，我们认为某种信息传播方式属于广告必须满足的三个最基本标准是：

（1）这种传播方式必须是有偿（付费）的；

（2）这种传播方式必须经过大众媒介传递给受众；

（3）传播的信息必须有说服意图。

这里有必要指出，广告是有说服力的信息传播方式，它说服人们接受的不仅仅是产品或服务，还可能是一种思想、一个人或整个机构。当高露洁和丰田制作广告时，就是产品广告，并且符合上述三个标准。电子商务、美国德尔塔航空公司（Delta Air Lines）、Terminix 或者你的牙科医生制作的服务广告，也符合上述三个标准。

## 1. 3. 2 整合品牌促销的定义

我们已经定义了广告，现在让我们看这本书另外的一个重要内容——整合品牌促销，或称为 IBP。要想全面了解整合品牌促销，首先我们需要定义 IBP 并且描述 IBP 过程中所使用的工具。然后我们可以谈论一下它和广告的联系和区别。首先是整合品牌促销的定义：

**整合品牌促销** *是广泛使用多种推销工具打造品牌知名度的过程*。

和广告的定义一样，整合品牌促销的定义也有多层含义。

首先，IBP 是一个过程，它也一定是这样。这个过程较为复杂，需要使用不同的方式加以管理。

其次，IBP 广泛使用了各种需要评估和安排的推销工具，这里列举了最重要的工具：

●大量媒介广告（电视、广播、报纸、杂志、广告牌等大众媒介）

●促销宣传（赠券、附赠礼品、打折、礼品卡、比赛、样品、试用品、回扣、定期用户方案、展销会）

●售点（店内）购买广告

●直接营销（目录营销、电话销售、电邮、直销广告）

●人员销售

●网络广告（横幅、弹式广告、网站）

●博客

●播客

●活动赞助

●品牌娱乐（在电视节目、网络和电影中加插品牌信息），同样归类于“广告—娱乐”

●室外指示牌

●广告牌、运输和航空的广告

●公共关系

●影响力营销（公共网络和说服力）

●公司广告

注意，上面的 IBP 工具清单中包含许多形式的广告。从大量媒介到影响力因素，这些 IBP 工具种类不同，跨度较大。所有的这些工具让销售者可以使用不同的方式向目标群体传递不同的信息，以实现更高的品牌曝光度。

再次，IBP 的定义强调所有这些工具要配合使用。也就是说，它们需要整合到一起以打造出强势而始终如一的品牌形象。一方面，大众媒介广告向人们传达了一个信息并且塑造了一种品牌形象；另一方面，网络宣传或人员销售又向人们传递另一个信息。这会使消费者对品牌的意义和关联性困惑不解——这是非常不好的。

最后，IBP 的定义明确说明公司所有广告和宣传活动的目的都是为了增加品牌曝光度。没有这些形式各异的信息，消费者很难了解某一品牌，并决定是否经常使用它。

## 1.3.3 广告、广告宣传活动和整合品牌促销

既然我们已经给广告和 IBP 下定义了，现在我们可以看一下其他一些重要的特性和定义。让我们从基础的开始：广告是某个人或组织为说服受众而投放的一条特定的

信息。广告宣传活动就是将一系列的广告整合在一起以传递一个连贯而完整的主题的过程。这一主题可能由几个要点组成，但是应该突出一个最重要的主题。成功的广告宣传可以是多种媒介播放同一个广告的方式，也可以是同时投放一系列视觉、感觉和信息相似的广告的方式。你可能熟悉“Got Milk”的宣传活动。再一个例子就是Altoids的广告，其广告宣传在视觉和感觉相似性这一点上做得非常出色。广告可能持续几周或几年，广告宣传活动是广告执行阶段最具挑战的环节。公司必须在一个复杂的环境下将信息传递给不同的受众，因此这需要对环境有敏锐的洞察力。

这是广告宣传活动一个重要的方面，值得我们好好考虑。在不知道受众已通过先前的广告对某一特定品牌了解多少信息的情况下推出的大多数广告都毫无意义。顾客对广告的认识都是通过他们的经历和先前该品牌的广告获得的。当你看到一个新的耐克广告，你对该品牌的理解也是来自你消费该品牌的经历和先前的广告，甚至一个新品牌或新产品的广告也是建立在受众对于产品、品牌和广告全面了解的基础上的。看了多年的广告，消费了多年品牌之后，受众对每次广告宣传活动更有感受。

IBP是如何使广告和广告运动相互协调的？正如我们先前讨论的，IBP就是整合使用多种广告宣传工具（包括广告）以培养和维持品牌知名度、品牌形象和品牌偏好。营销商将举办比赛、网站宣传、赞助活动和售点展示，这些与广告和广告运动结合起来就是所谓的整合品牌促销。宝马公司当年以 Mini Copper 打入美国市场的时候就使用了这一招，当时该公司的 IBP 活动使用了广告牌、印刷广告、互动网站和“游击“营销（雪佛兰越野车带着这种迷你轿车围着纽约城转了一圈）。宣传活动的每一部分都要相互协调以发挥功效。[①] 记住“协调”是 IBP 的关键，没有协调就没有整合品牌促销。消费者确实很少看到同一品牌会传递一系列毫不相关（常常令人迷惑）的信息。

## 1.3.4 广告的重点

整合品牌促销将是一个贯穿广告讨论始末的重要概念。这一词组出现在本书的书名中就足以证明它在当今市场营销中的重要性。因为消费者每天都会收到很多商业信息，面对许多商业诱惑，品牌和品牌标识给他们提供了一个筛选过量信息的方法。品牌及其打造的品牌形象有助于顾客快速识别和评估某一品牌与他们的生活及价值体系的关联性。任何一个不使用广告和 IBP 打造品牌知名度和品牌价值的营销商都将会被消费者所忽略。

我们将会贯穿全文研究这一概念和 IBP 执行的内容，同时揭示广告在此过程中的重要性。消费者与广告业、广告与广告运动之间的关系是我们接下来讨论的重点。

① John Gaffney, “Most Innovative Campaign,” *Business* 2.0, May 2002, 98 – 99.

## 1.4 广告作为一个信息传播方法

信息传播是人类存在的一个重要方面，而广告就是信息传播方式中的一种。想要全面了解广告，你必须对传播有一个整体的认识，尤其是大众传播。一开始，了解广告这一传播方式的运作流程至关重要。为此，让我们例举一个大众传媒的现代模型。我们从这个基本的传播模型开始，认识广告。

**大众媒介传播模型**

正如我们先前所说的，广告是一种以大众媒介为渠道的信息传播方式。它采用的不是面对面的渠道，而是经过一个媒介渠道（如广播、杂志、电视、建筑墙面或者网络）。大众传媒有很多值得推荐的模型，图表1—7展示的是一个当今大众媒介传播模型。这个模型显示大众传媒是一个个人、机构和消息互动的过程。它有两个主要的组成部分，表示半独立的过程：生产和接受。在生产和接受之间是一个适应和筹备的传播过程。这并不像听起来那样复杂，现在我们开始研究这个模型的每一个部分。

图表1—7　　**大众媒介传播模型**

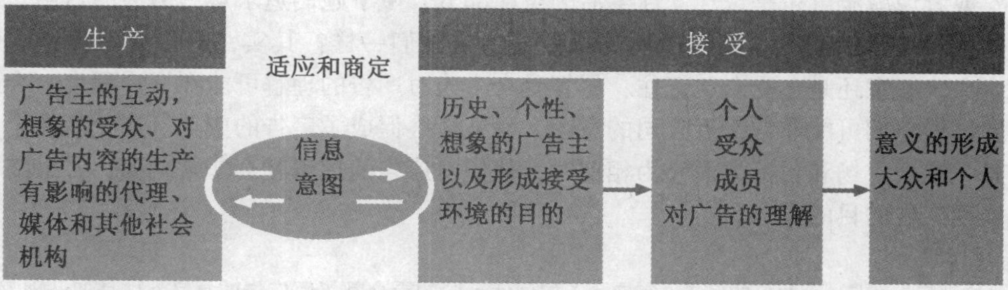


在模型的最左边我们首先看到的是传播产生的过程——制作大众传媒的内容。和其他大众传媒形式一样，广告也是许多组织的产品（比如网络、公司、广告代理商和政府）。这些组织相互合作制定传播内容（如印刷广告、电视广告、公司网站上出现的内容）。广告是公司信息，公司有关目标受众对信息欲望的预期，公司对于消费者将如何解释广告中的语言及图像的假设，以及信息传递媒介的规则和规定几方面因素相互作用的结果。广告很少是个人的产品；相反，正如这个模型所展示的，广告更应该称为信息接收者（人们）和信息传递者（公司和媒介公司）合作的（社会的）产物。

沿着模型继续向右，我们可以看见，连接生产和接受的是适应与商定的环节。适应与商定是消费者传播广告的方式，他们知道公司希望他们如何诠释广告（我们都知道广告的规则——说服消费者去消费）。消费者也有自己的需要、购买行为以及偏好。因为品牌具有人性化的特征，传递出一些社会信号，因此他们还知道其他消费者对这一产品及信息的想法。满足以上几点，如果消费者认为某个广告有意义，能够满足他们的需要，提供适合他们的产品和品牌，那么他们对此广告就有了自己的理解。

有趣的是，消费者接受和理解某一信息传播方式的整个过程，与公司所希望的截然不同。或者说，这种信息传播的受众必须适应竞争的力量、含义和安排，最后商定一种含义或者解释。这就是为什么说信息传播本身就是一个社会过程：信息对特定消费者的意义绝不等同于一个不食人间烟火的思想者的意义，而更像是对这个品牌和品牌信息的发布者（公司）和其他信息接收者（同类人群）承担潜在的社会责任。现在，不可否认这一观点迅速被人们接受，很少让人产生怀疑。但还是有的，这种处于意识层次的解释可能只占少数（仅仅是一种认知），但也可能占大多数（这是对广告深思熟虑、细心策划的加工），但总归还是对其有诠释。

需要强调的是，制作与接受的过程在一定程度上是独立的。虽然信息的制作者可以控制信息如何通过媒介进行投放，但他们不能控制，甚至不能密切监控接收以及诠释广告的周围环境。有些受众处于公司的视线之外，他们能够对广告形成自己的认识（当然，大多数受众的理解都不会过于离奇的）。同样，受众很少能够控制或者参与信息的制作——实际情况是公司自己制定他们认为受众喜欢的信息。鉴于信息交流的以上特点，这一模型证明了信息制作商与信息接收者都是“想象中的”，他们彼此没有进行直接接触，而只是对彼此有一个大致的印象。

图表1—7中的信息传播模型强调了至关重要的一点：广告必须做到因人而异。女性和男性对一个女鞋广告传递的信息有着不同的理解。图表1—8里减肥可乐Diet Coke的广告就是一则非常成功（但也备受争议）的广告，男性和女性消费者对其有不同的理解。例如，这是不是说男士喝减肥可乐就可以成为女性白领疯狂追求的对象？或者说减肥可乐是现代女性生活的组成部分，赋予她们追求魅力男性的自由，就像这些年来建筑工人（或管理人员）爱慕追求她们一样？其实，广告究竟传递了什么含义，答案还是在受众。记住：尽管受众个人对广告的理解可能在一定程度上有所不同，但他们可能非常接近公司的意图，而且最终促成了广告的成功。当受众在个人背景、社会立场和目标方面较为相似时，他们对广告的理解就会非常相似，并最终能够实现广告的目的。

图表1—8

这则广告就是一个很好的例子，它展示了如何使不同的受众都了解广告的意义。你是如何理解的呢？试想一下和你完全不同的人会怎么看，他会作出什么样的理解呢？（http：//www.cocacola.com）

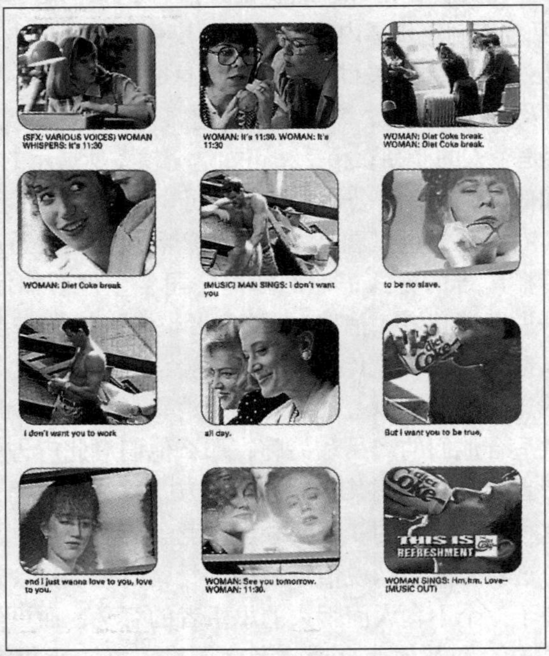

## 1.5 广告受众

我们一直在说受众，所以现在我们应该给它下个定义。用广告的语言讲，受众是由接收和诠释公司信息的个人组成的集合。受众可以是由家庭消费者、大学生或者商人组成的集合，任何一个大的人群都可以成为受众。目标受众是指由一个组织为了广告或者推销活动而挑选出的一群特定消费者。这些目标受众之所以被挑出来是因为商家已经发现他们喜欢或者可能喜欢这类商品，目标受众总是潜在的受众，因为公司不可能确定信息确实如他们计划的那样传递给了受众。顺便说一下，设定目标受众并不是什么不光彩的事情。设定目标受众仅仅表示公司希望通过广告信息与你接触。当Gap公司的广告将你列入目标受众，并且你也在电视上看到了这一广告，你会觉得是遇上了麻烦吗？当然不是！有些时候，设定目标与目标受众曾被赋予了一些消极的含义——忽略他们。

虽然公司能够对目标受众进行更加细的分类，但是人们习惯将其分为五大类别：家庭消费者、企业消费者、中间商、专业人士、政府官员及雇员。

### 1.5.1 受众类别

**家庭消费者**是最明显的受众，他们是大众媒介广告的直接目标。麦当劳、尼桑、美国米勒酿酒公司、the Cap和美国国际集团AIG保险公司拥有专为消费者市场设计的产品和服务，所以他们的广告是针对家庭消费者的。最新的资料显示，在美国大约有1.11亿个家庭，其中家庭消费者的数目接近3亿。① 这些家庭每年在零售业上的总消费大约有5万亿美元。② 这一巨大的受众人群正是广告业施展拳脚之处。在消费者广告的大标题之下，公司可以将受众再进行更细的划分。例如，公司可以这样界定一个目标群体：男士，25岁到45岁之间，在大城市生活，年薪高于5万美元。

**企业消费者**是那些具有商业性质、提供工业产品和服务的企业的广告重心。这类企业提供的工业产品和服务包括办公设备、生产机器、物料和软件等。当产品与服务的目标受众是这类消费者时，公司需要运用人员销售方式。这时，广告的作用只是为了在潜在用户中培养产品和服务的认知度，给他们一个良好的印象。非营利组织，如大学、一些科研机构、慈善团体和文化组织就属于广告受众中重要而与众不同的一类。图表1—9就是以企业为目标受众的一则广告。

**中间商**包括零售商（如提供消费性电子产品的电路城）、批发商（如提供建造工具的Castle Wholesalers）和经销商（如提供饭店所需品的Sysco Food Services）。他们是提供家庭与商业消费产品和服务生产商共同的目标。不妨举个例子，如果微软公司通过中间商渠道并不能完成Xbox产品的零售和批发目标，那么这个品牌就无法为目标客户所知。既然这样，那么将中间商作为广告的直接受众就会非常重要。企业可以使用各种广告提高中间商对产品和服务的需求。和这个团体进行沟通最常用的方式就

---

① "2005 Survey of Buying Power," *Sales and Marketing Management* (2005), 8, 13.

② Ibid., 17.

是采用人员销售。这是因为这个目标群体规模相对较小、容易辨认，而且通过人员销售方式就可以接触到他们。当广告的目标也是这一群体时，它也会发挥很好的效果，这一点我们会在后面“广告宣传——一种商业手段”部分有更多了解。

图表 1—9

RightNow Technologies 向各公司销售一种系统，用以降低销售成本和改进客户关系管理。当各商业组织投放广告时，其广告通常强调提高公司品牌的知名度。RightNow Technologies 正将高度的视觉冲击力与具体的广告内容相结合，以提高品牌认知度。http：//www. rightnow. com

**专业人士**形成了一个特殊的目标受众，他们包括医生、律师、会计和教师，或者其他经过特殊训练和获得认证的人群。这是一个特殊的类别，因为他们有专业化的需求和兴趣。以专业人士为目标观众的广告着重强调产品能够满足他们特定需求的特性。这类广告所运用的语言和图像常常较为专业，而且是一些内行人士很容易识别出来的情景。以专业人员为受众的广告主要刊登在**行业杂志**中。商业期刊正是以商业人

士为特别受众的杂志，多为一些专业性文章。

由于联邦政府、州政府和地方政府采购金额较大，因此**政府官员及雇员**自成一个类别。从大学到道路维护机构等一系列政府机构，其采购数量较大，商品生产商（如办公家具、建筑材料、机动车辆、化肥、电脑和商业服务）都利用广告宣传锁定政府机构。这类广告宣传主要使用直接邮件、商品目录和网络广告三种方式。

## 全球化专栏

### 再试试这一件吧

这是个全球性的难题。试想，如果需要你为一家销售女士内衣的店铺设计广告，那并不难。毕竟，Victoria's Secret 已经做得很好了，他们大胆地启用提拉·班克斯（Tyra Banks）和吉赛尔·邦辰（Gisele Bündchen）为代言人制作电视广告，更别说那些直邮目录了。内衣产品增长势头强劲，而且媒体也正在放宽对画面的限制。

然而，有一个小细节也许会使这一切变得困难。这家女士内衣零售商店的名字叫做 Al Mashat，地处沙特阿拉伯。你会问，那又怎样？女士内衣还是女士内衣，女人还是女人。的确是这样，但是，沙特阿拉伯也仍是沙特阿拉伯。Chase Design Group 咨询公司的创始人以及行政总裁马舸·蔡斯（Margo Chase）是这样清晰地描述这个最有问题的细节的："真正的问题在于，如何在一个不能展示女性照片的国度推销女士内衣。"无法展示穿着内衣的女性，这的确是一个让事情变得异常困难的重要细节。

那么，在这种情况下，你会怎么做呢？有一件事可以肯定，沙特阿拉伯的宗教文化和媒体限制不会因为有一些零售商店需要做广告就轻易改变。但还有一些细节可能会帮你走出困境：沙特阿拉伯的人口非常年轻化，有 42.4% 的人在 15 岁以下。另外，购物是沙特女性仅有的几种消遣方式之一。

你想到广告策略了吗？好吧，让我们来看看 Chase Design Group 是如何为 Al Mashat 策划广告活动的。首先，设计公司决定，如果不能运用女性形象的话，广告活动就必须依靠浓郁的、有质感的、分层次的、感官性语言。这类语言的一个例子是一首在广告和商铺招牌上都有展示的诗："让你和你的梦都沉醉在这件如诗般的睡袍中吧！"其次，为了实现这些语言的冲击力，一种特别的个性字体诞生了。最后，通过印刷广告、广播广告，以及直邮包裹，广告被投放市场。其中，直邮包裹里印着商店的标识，充斥着百花香，还有一张印在光彩的珍珠色纸上的邀请函。紧接着，另一项直邮活动开始了，它向未来的顾客寄出了价值 50 里亚尔（约 13 美元）的礼券。

所有这一切到底奏效吗？在商店营业的头一年，共收入 320 万美元。商店老板预计明年全年总收入将达到 500 万美元。

从中，我们应该认识到，在全球市场上，再小的状况都有可能限制我们使用广告的方式。但同时，我们也应认识到，即使前面似乎存在着难以逾越的鸿沟（比如不能在一则专为女性设计的产品的广告里，出现女人），广告的广泛性和创造性可以跨越任何障碍。

资料来源 Arundhati Parmar, "Out from Under," *Marketing News*, July 21, 2003.

## 1.5.2 受众地理分布

广告受众还可根据地理位置进一步细分。由于地理差异常会产生文化差异，几乎没有一则广告能够对全球消费者产生效果。如果一个广告应用于全球范围内而又几乎毫无差异，那么它就是全球性广告。只有为数不多的广告采用全球性广告战略，它们都是典型的有“世界公民”之称的品牌，它们的使用方法不会随着文化的不同而加以调整。使用一台索尼电视或者乘坐新加坡航空公司的航班出行都不会随文化和地理位置的变化而发生太多改变。图表1—10和图表1—11两则不同的劳力士手表广告显示出极度相似的吸引力，手表是另一类不会随文化变化而发生使用方法改变的产品。那些进行全球品牌营销的公司，如新加坡航空公司、IBM、索尼和Pirelli Tires，都在各显其能以制作出拥有相同的主题和外观，可以在公司品牌所及的全球各大市场上投放的广告。只有在该品牌和品牌信息能够向不同文化的人们传递相同的信息的情况下，全球投放战略才是可行的。全球化专栏特别介绍了这样一个情形：在美国，有种产品广泛采用广告方式进行宣传，如女士内衣，但是在一个拥有不同文化的地方——沙特阿拉伯，对其进行的广告宣传多少会更加复杂。

图表1—10和图表1—11

全球性广告适用于各个文化和地理区域无差异的品牌。这两则广告的唯一真正区别在于其语言（德语和意大利语），但在其他方面都相同，比如劳力士品牌对于一个喜好网球和劳力士形象的富豪的吸引力。劳力士还有一个有趣之处，它的网站只介绍产品，不售货（http://www.rolex.com）；相反，网站向上网者指明了其品牌专属零售商。那么，网络是否是劳力士最好的广告渠道呢?

当公司准备在本土之外根据市场情况投放不同的广告时，这种宣传方式就是**国际性广告**。由于产品和产品信息都需要根据市场进行调整，因此每个国际市场经常需要

独特的或是原创的广告。联合利华为其洗衣产品根据不同国际市场制作了不同版本的广告，因为不同文化区域中的顾客有不同的洗衣习惯。美国顾客习惯使用体积和功效较大的洗衣机和烘干机，并需要使用大量的热水，而巴西的家庭很少使用热水，并且是将衣服挂出去晾干。很少有公司能真正拥有跨文化吸引力并得到全球认可的品牌，而这恰恰是“全球性广告”不可缺少的内容。国际性广告与全球性广告的不同之处就在于，其为每个市场都量身定做不同的广告。

**全国性广告**可以普及全国各个地区。全国性广告是一个典型的用于描述在美国国内市场大众媒介上最常看到的一类广告的术语。国际性广告是否会使用大量的全国性广告？确实如此，这就是国际性广告和全国性广告的关系。

**区域性广告**的广告主是一些制造者、批发商、经销商和零售商，他们主要在一个相对较大但是又非全国性的范围内进行宣传。Albertson's 是一个地区性的食品杂货连锁店，在西部、西北、中部和南部共有 31 家店。由于该公司市场的特性，它只在公司店铺所在地进行广告宣传。

**地方性广告**与区域性广告十分类似，其目标受众在一个单独的贸易区域内，或者是一座城市，或者是一个州。图表 1—12 就属于这类广告。Daffy's 是折扣服装零售店，在纽约和新泽西市区内设有店面。像 Daffy's 这样的当地零售商，都使用各种地方媒介吸引消费者。在特殊的环境下，全国性的公司为实现特殊的广告宣传目标，会和某一市场的经销商共同分担广告费用。全国性公司和当地商人这种分担广告费用的行为称为**联合广告**。图表 1—13 是一个 TUMI 行李箱公司和它的某一零售商共同推出的广告。几年前，通用汽车重新设计了其与经销商的联合广告宣传，试图创办一次更加协调的整合品牌促销活动。①

图表 1—12

Daffy's（http：//www. daffys. com）是一家服装零售店，在纽约和新泽西市区内设有店面。它服务于本地市场。只在很小的地理区域活动的零售商使用本地性广告吸引消费者，通常依赖于报纸和电台广告吸引当地目标受众。

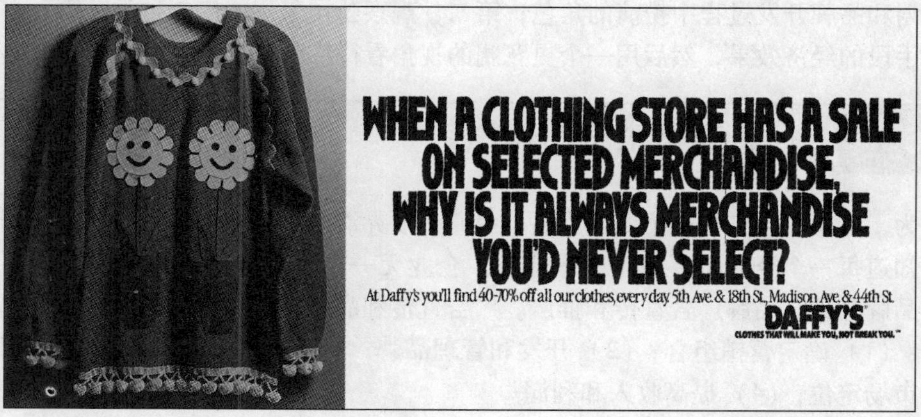


① Joe Miller, "Dealers Regain Ad Input as GM Revives Program," *Advertising Age*, October 16, 2000, 80.

图表 1—13

如果零售商在当地的广告宣传中注明了公司品牌，那么这些全国性公司通常就会与当地的零售商一起承担广告支出。这就是所谓的联合广告。图中，Shapiro Luggage，一家本地零售商，在其联合广告中注明了 TUMI 的品牌。http：//www. tumi. com

## 1.6 广告——一种商业手段

在此之前，我们已经讨论了广告是一种传播手段和公司向顾客传递说服性品牌信息的方法。但我们需要变换一下思维角度：广告是一种信息传播手段，但更是一种商业手段。无论对跨国性组织（如微软），还是对规模较小的当地零售商来说，广告是一个基本的商业工具，这个工具对于留住现有客户和吸引新客户至关重要。我们需要明白，作为一种商业手段，广告有三种功能：第一，我们思考一下广告在公司整体营销规划和品牌开发过程中扮演的角色；第二，观察公司采用的广告种类；第三，明确这一手段的经济效果，然后用一个更宽阔的视角看待广告。

### 1.6.1 广告在营销中的作用

为了真正领会广告这个商业手段，我们必须弄清楚广告在公司营销中的作用。首先要知道每一个企业都要制定营销决策。企业无一例外都要进行品牌开发、品牌定价、品牌分销、品牌广告宣传和推广。广告宣传和品牌推广与营销的四个重要方面有联系：（1）确定营销组合；（2）开发和管理品牌；（3）有效完成市场细分、市场区分与市场定位；（4）提高收入和利润。

1. **广告在营销组合中的作用** 营销的正式定义表明，广告，作为整体营销的一部分，是企业的主要营销工具之一。

**营销** *是计划和实施创意、产品和服务的设计、定价、推销和分销等工作以创造*

*令个人和组织满意的信息交流方式的过程。*①

企业的营销人员在对货物、服务及创意的构思、定价、推销和分销过程中承担着很多责任。很多人都知道营销中职责和决策的这四个方面就是所谓的**“营销组合”**。*组合*这个词是指混合使用各种战略。这些战略侧重点不同，在把品牌推向市场时，侧重点可以是商品、价格、推销（包括广告）、品牌分销。这样的混合或者组合，就产生了品牌的整体营销计划。广告宣传很重要，但是它仅仅是营销责任的主要领域之一，也仅仅是营销组合所使用的众多 IBP 工具中的一种。

一般来说，广告在营销组合中的主要作用是向目标受众传递品牌价值。但是这种价值绝不仅仅是品牌表现出的外在价值。确切的说，消费者真正追求的是品牌的内在价值，但他们也期望得到其他服务，比如方便的地理位置、信用周期、保证书、送货等。另外，一些情感价值，比如安全性、归属感、从属关系、兴奋度和声誉，也都会影响品牌选择。如果你对情感的重要性产生怀疑的话，那就请试想一下，一辆价值14 000美元的福特福克斯轿车和一辆价值 120 000 美元的宝马轿车都能把你从一个地方带到另一个地方。然而，它们可能在给人的刺激感和时尚感方面存在差距，而这正是问题的关键。人们追求的不仅仅是品牌的功能，还有品牌和其特征所产生的情感震撼。

由于消费者寻求不同的价值，营销人员必须明确应该突出何种营销组合，如何正确组织这些组合成分以吸引消费者。在决定信息内容和广告投放媒介的过程中，营销组合决策工作起着至关重要的作用。

图表 1—14 列出了在营销组合中最常考虑的因素。你们可以看到在每一个营销组合下的决定直接影响着广告信息的内容。重点是公司的广告宣传必须和公司整体营销战略保持一致，并弥补营销战略的不足之处。

图表 1—14　　**企业组织在进行营销组合时需要考虑的因素**

| 产　品 | 促　销 |
|---|---|
| 功能特性 | 广告的数目和种类 |
| 外观设计 | 销售人员的数量和素质 |
| 配套服务 | 个人销售项目的范围和类别 |
| 使用说明 | 销售促销——优惠、竞赛活动、抽奖活动 |
| 保证书 | 贸易展会 |
| 产品差异化 | 公共关系活动 |
| 产品定位 | 直邮或电话营销 |
| | 活动赞助商 |
| | 网络通信 |

① This definition of marketing was approved in 1995 by the American Marketing Association ( *http://www.marketingpower.com*) and remains the official definition offered by the organization.

续表

| 价　格 | 销　售 |
| --- | --- |
| 分级： | 零售商数目 |
| 高价策略 | 零售商所在地 |
| 竞争性平均价格 | 零售商类型 |
| 低价策略 | 销售名录 |
| 付款方式： | 其他未记录的零售方法——网络营销 |
| 现金结算 | 批发商的数目和类型 |
| 信用卡结算： | 存货——数目和地点 |
| 通用型 | 销售服务 |
| 限制型 | 信用卡 |
| 付息型 | 邮寄 |
| 租金型 | 产品展示 |
| | 销售培训 |

图表 1—15　　　　　　　**2007 年世界 20 大最有价值品牌**

| 2007 年品牌排名 | 2006 年品牌排名 | 排名变动 | 品牌名称 | 2007 年品牌价值（单位：百万美元） | 2006 年品牌价值（单位：百万美元） | 同比价值变动率（%） | 母公司 | 所属国 |
| --- | --- | --- | --- | --- | --- | --- | --- | --- |
| 1 | 1 | 0 | 可口可乐 | 65.32 | 67.00 | -3 | 可口可乐 | 美国 |
| 2 | 2 | 0 | 微软 | 58.71 | 56.93 | 3 | 微软 | 美国 |
| 3 | 3 | 0 | IBM | 57.09 | 56.20 | 2 | IBM | 美国 |
| 4 | 4 | 0 | 通用电气 | 51.57 | 48.91 | 5 | 通用电气 | 美国 |
| 5 | 6 | 1 | 诺基亚 | 33.69 | 30.13 | 12 | 诺基亚 | 芬兰 |
| 6 | 7 | 1 | 丰田 | 32.07 | 27.94 | 15 | 丰田 | 日本 |
| 7 | 5 | -2 | 因特尔 | 30.95 | 32.32 | -4 | 因特尔 | 美国 |
| 8 | 9 | 1 | 麦当劳 | 29.39 | 27.50 | 7 | 麦当劳 | 美国 |
| 9 | 8 | -1 | 迪斯尼 | 29.21 | 27.85 | 5 | 华特迪斯尼 | 美国 |
| 10 | 10 | 0 | 奔驰 | 23.57 | 21.79 | 8 | 戴姆勒 | 德国 |
| 11 | 11 | 0 | 花旗 | 23.44 | 21.46 | 9 | 花旗集团 | 美国 |
| 12 | 13 | 1 | 惠普 | 22.19 | 20.46 | 9 | 惠普 | 美国 |
| 13 | 15 | 2 | 宝马 | 21.61 | 19.62 | 10 | 宝马 | 德国 |
| 14 | 12 | -2 | 万宝路 | 21.28 | 21.35 | 0 | Altria | 美国 |
| 15 | 14 | -1 | 美国运通 | 20.83 | 19.64 | 6 | 美国运通 | 美国 |
| 16 | 16 | 0 | 吉列 | 20.42 | 19.58 | 4 | 宝洁 | 美国 |
| 17 | 17 | 0 | 路易威登 | 20.32 | 17.61 | 15 | 路易威登 | 法国 |
| 18 | 18 | 0 | 思科 | 19.09 | 17.53 | 9 | 思科 | 美国 |
| 19 | 19 | 0 | 本田 | 17.99 | 17.05 | 6 | 本田 | 日本 |
| 20 | 24 | 4 | 谷歌 | 17.84 | 12.38 | 44 | 谷歌 | 美国 |

资料来源 BusinessWeek, August 6, 2007, 59 - 64.

2. **广告在品牌管理中的作用** 关于广告的作用，要明白其中关键的一点：它在品牌开发和管理中扮演着重要的角色。此前，在广告学的讨论中，我们一直提及品牌和整合品牌促销。关于品牌我们都有自己的见解，毕竟我们每天都在消费品牌产品。品牌的正式定义是：区分商家货物或者服务的名称、术语、符号、标志或其他特征。[①] 广告在品牌开发和管理中扮演着重要的角色。在很多方面，品牌都是公司最宝贵的资产，它使公司可以不间断地与市场保持有效的信息交流。

*《商业周刊》*杂志与市场分析咨询公司 Interbrand 的合作，使其品牌名称的价值提高了 1 美元，这一结论是在汇总销售额、收入和未来潜在和不确定的销售额的基础上得出的，没有考虑品牌带动消费效应。图表 1—15 列出了 2007 年世界 20 大最有价值的品牌。通常，品牌名称比品牌的年销售额更具有价值。可口可乐——世界上最有价值的品牌，其年销售额仅为 200 亿美元，但其品牌价值却高达约 650 亿美元。

如果广告无法有效地向观众传递信息，那么该品牌就会处于竞争劣势的地位。办公用品供应商——Staples 仍在用一种过时的广告宣传方式做最后的挣扎，这种广告活动有一个非常有特色的活动口号——“是的，我们做到了”。顾客一直抱怨商品缺货和销售人员态度散漫的问题。因此公司营销副总裁希拉·古德曼（Shira Goodman）断定顾客期望公司能够为他们购物提供方便，即足够的存货和积极服务的职员。经营上作了调整后，Staples 引进了“Staples：一切为了方便”活动，活动的标志是那些制成“方便”字样的红色大纽扣。同时，商店也单独销售这些红色纽扣。现在，清晰明了的广告和全国范围内佩戴“方便”纽扣进行无声宣传的办公人员帮助 Staples 在办公用品零售行业遥遥领先。[②]

对每个组织来说，广告以五种重要的途径影响着品牌的开发和管理工作。

**信息和说服力** 目标受众主要通过广告信息了解一个品牌的特色和价值，少数情况下也通过整合品牌促销的推销工具（除网络之外，大多数促销工具较少依靠信息进行宣传）。但是广告在传递品牌价值信息和说服听众方面效果最好。在营销组合中将信息传播作为目标的也就只有广告。Verizon、Sprint Nextel、T-Mobile 和 AT&T 正激烈争夺 2.5 亿手机用户，因此分析人士认为品牌化在这个亿万计的手机市场上至关重要。[③] 手机品牌和瓶装水的营销与广告宣传在很多方面非常相似。每种手机的功能都很相似，因此消费者有很多备选品牌，瓶装水也是这个道理。

**新品牌开发或者品牌扩展** 当企业向市场推出一个新品牌或者扩展现有品牌使用范围时，广告宣传就变得尤为重要。**品牌扩展**是调整现有品牌适用于一个新的产品领域，如士力架冰激凌是从最初的花生夹心巧克力发展而来的，Ivory 洗发精是从原来的 Ivory 洗碗液研发而来的。在把品牌扩展下的产品推向市场时，做好广告和 IBP 工

---

① Peter D. Bennett, *Dictionary of Marketing Terms*, 2nd ed. (Chicago: American Marketing Association, 1995), 4.

② MichaelMyser, “Marketing Made Easy,“ *Business* 2.0, June 2006, 43 -45.

③ Alice Z. Cuneo, “Cell Giants Plot $1.5B Ad Bonanza,” *Advertising Age*, October 6, 2003, 1, 44.

作非常重要——研究者认为这项工作非常重要，因此他们建议管理者增加广告预算。[1] 公司常常配合使用广告和其他促销活动（如促销和售点展示）来完成这项工作。Mars 公司（著名的糖果供应商）当年进行品牌扩张时，把 Uncle Ben 牌大米做成了碗装微波速食米，包括意大利、墨西哥和中国等口味，其在广告上投入了大量的资金。[2] 图表 1—16 是一个知名品牌的品牌扩展广告，该扩展产品和最初产品完全没有任何关联。

图表 1—16

广告帮助公司实施品牌扩展战略。图中，著名的品牌佳洁士被扩展到牙刷领域。一个获得普遍认可的品牌在品牌扩展过程中起到了什么作用呢？

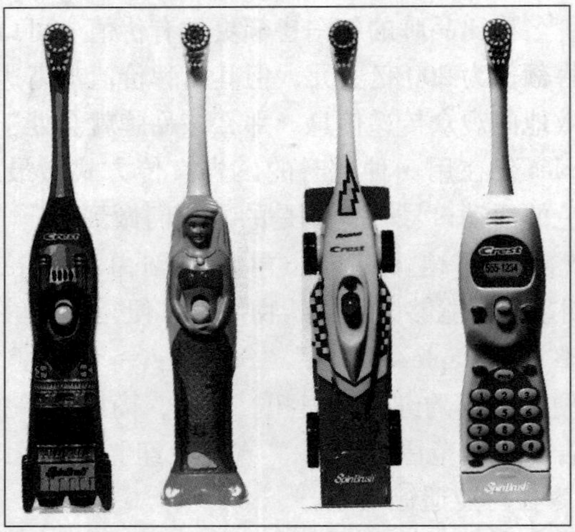


**在消费者中培养和维持品牌忠诚度** 消费者对品牌的忠诚是公司最重要的资产之一。所谓品牌忠诚度是指消费者反复消费某一品牌，完全不考虑其他品牌。这样的忠诚度可能是因为个人习惯，或因为该品牌名称在消费者心中处于绝对优势，也可能是因为很少下意识联想品牌形象，还有可能是因为其消费的品牌对他们有特殊的含义。

品牌特色是培养和维持品牌忠诚度过程中最重要的影响因素，广告宣传也是如此。广告向消费者展示品牌的有形价值和无形价值。广告和整合品牌促销为了维持品牌忠诚还会增加一些激励成分。直接营销能够根据顾客情况随时调整信息沟通方式和内容，其他推销工具也提供这类有价值的交流方式，以建立和强化这种长期而积极的品牌联系——比如“飞机常客”或者“老顾客”活动。当公司在消费者心中打造和维持了一个积极的品牌形象，公司就拥有了一份**品牌资产**。[3] 尽管获得品牌资产需要

---

① Douglas W. Vorhies, “Brand Extension Helps Parent Gain Influence,” *Marketing News*, January 20, 2003, 25. This concept was verified in academic research as well. SeeFranziska Volckner and Henrik Sattler, “Drivers of Brand Extension Success,” *Journal of Marketing*, vol. 70 (April 2006), 18–34.

② Stephanie Thompson, “The Bowl Is Where It's At for New Frozen Meal Lines,” *Advertising Age*, August 14, 2000, 4.

③ Kevin L. Keller, *Strategic Brand Management: Building, Measuring, and Managing Brand Equity* (Upper Saddle River, NJ: Prentice Hall, 1998), 2.

经历很长一段时间，但是短期的广告活动对长期的成功也至关重要。[1] 卡夫（Kraft）在应对竞争对手联合利华发起的新一轮的 Imperial Whip 宣传活动，保护其卡夫奇妙酱（Kraft Miracle Whip）品牌的过程中，公司战略制定者非常清楚生活化广告的宣传效应。就在联合利华降低 Imperial Whip 品牌的价格之前，为了保护 Miracle Whip 高达 2.29 亿美元的销售额和品牌资产，卡夫投入大量资金进行电视广告宣传。[2]

**打造品牌形象和品牌意义** 正如我们在营销组合部分讨论的那样，广告能够解释品牌如何满足消费者的需求和期望，体现品牌令人满意的使用价值，因此在吸引顾客方面它扮演着非常重要的角色。但广告的作用不限于此，它能够将品牌形象和品牌意义与消费者的社会环境以及更大的文化环境联系起来，以此向消费者真实地传递出人性化的信息。

Schiff 产前维生素的广告就是一个打造品牌形象和品牌深层意义的典型事例（见图表 1—17）。广告传递的信息不仅仅是孕期营养保健的好处，还传递出对未出生或即将出生孩子的关心与爱护。该品牌的口号“远非日常所需”抓住了一个概念：维生素的作用绝不仅仅是吸收叶酸。IBP 中使用的其他推销工具，如人员销售、促销活动、活动赞助或者互联网等，都不能取得这种创造效果或能向消费者传递品牌的深层含义，这一点我们会在本书后面的章节中讲到。

**在行业内培养和维持品牌忠诚度** 批发商、零售商、经销商和代理商似乎不会忠诚于某一品牌，但是如果某品牌制造商给予了他们合理的支持，他们就会更支持该品牌。广告，尤其是广告和其他品牌促销的结合使用对这些人来说就是一种支持。营销商向同行提供销售培训、辅助性广告材料、销售点广告展示、奖品（类似于钥匙链或帽子）和安全交通特别宣传。Exide——一家电池公司，为了成为 NASCAR 比赛官方电池供应商，每年投入几百万美元赞助该项活动。Exide 市场和销售部副经理麦克·迪沃曾经说过：“我们的分销商和他们的顾客大都是该活动的粉丝，所以我们愿意这么做。”[3]

同样要知道，行业内的买主（批发商、零售商、分配者、代理人）是新品牌或品牌扩展成功的关键，这一点我们在前面目标受众——同行受众中已经讨论过。如果不能与中间商（批发商和零售商）合作，那么营销商成功推出一个品牌的希望就非常渺茫。这是 IBP 在广告宣传中的突出之处。这是因为与其他推销形式相比，同行很少就广告信息作出回应。在整合品牌促销过程中帮助这些中间商开办展览、竞赛，进行人员销售以及广告宣传都有助于品牌的成功。研究也表明，零售商接受品牌扩展是新产品成功的关键。[4]

3. **广告在市场细分、市场区分和市场定位中的作用** 广告在营销中的第三种作用是其有助于公司执行市场细分、市场区分和市场定位工作。

---

① Kevin L. Keller, “Conceptualizing, Measuring, and Managing Customer-Based Brand Equity,” *Journal of Marketing*, vol. 57 (January 1993), 4.

② Stephanie Thompson, “Kraft Counters Unilever Launch,” *Advertising Age*, August 25, 2003, 4.

③ Beth SnyderBulik, “The Company You Keep,” *Sales & Marketing Management*, November 2003, 14.

④ Franziska Volckner and Henrik Sattler, “Drivers of Brand Extension Success,” *Journal of Marketing*, vol. 70 (April 2006), 18–34.

图表 1—17

这则 Schiff 的广告信息传递出维他命更多的意义，维他命远远不止是每日所需营养那么简单。这则广告还向消费者传递了什么信息呢？http：//www. schiffvitamin. com

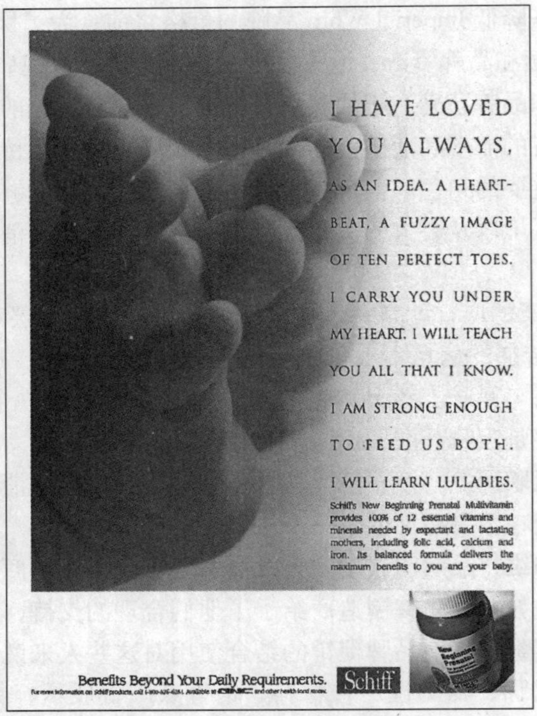


**市场细分**是把一个规模较大的、多样化的市场分解为若干个分市场或者部分，这些细分市场的顾客需求相似性更大。市场细分的根据是顾客需求因人而异，而且一个人在不同情况下的需求也会有所不同。汽车市场可以根据购买者不同的需要和愿望，将其按照汽车种类进行细分。营销战略一个重要的方面就是确定哪些群体需要并打算购买大型车或小型车，豪华车或经济车，跑车、轿车或小卡车。除了需求标准，市场还常常依据顾客的特性（参考人口统计学）进行细分，如年龄、婚姻状况、性别和收入等，这些数据数量庞大并且越来越与产品偏好和用途有关。广告在市场细分过程中的作用是制作能够满足那些需要和愿望的信息，然后通过合适的媒介将其传播出去。例如，Bayer 的阿司匹林品牌具有四个不同的设计。通常，Bayer 是用来缓解头痛的；Bayer 81 毫克肠溶阿司匹林用于解决胆固醇和心脏问题；女性用的 Bayer 附加补钙功能；儿童用的 Bayer，剂量较小而且可以嚼碎。Bayer 阿司匹林的每款设计都符合特定消费者的需要和特征。（见图表 1—18）

**差异化**是企业创造一种有助于消费者将该企业品牌和竞争对手品牌进行区分的感觉上的差异。请注意这个定义强调的品牌差异是消费者感觉上的差异。这种感觉上的差异可以是有形的差异也可以是图像或风格所产生的差异。现在我们来看一下一则芬迪手表广告（见图表 1—19）。一块 20 美元的天美时手表和一块 12 000 美元的芬迪手表时间准确性几乎一样。但就像之前讨论过的一样，这两个品牌在样式和寓意上都有所不同。区分的关键在于消费者认为品牌之间是有差别的。如果消费者没有感觉上的差异，那么产品是否存在差异是无关紧要的。差异化是所有营销策略中最关键的一个。如果一个企业的品牌在消费者看来并无特别之处，也无特殊吸引力，那么消费者没有理由在和其他竞争产品比较之后仍选择这种品牌，或者愿意以更高的价钱购买“更好”或“更有意义”的品牌。瓶装水（依云）、香蕉（奇基塔）或肉类（尼曼牧场）的营销商们就是运用出色的广告和品牌战略使他们的品牌从众多品牌之中脱颖而出的。[①]

图表 1—18

在公司考虑消费者的需求和个体差异并以此细分市场时，广告起到了非常重要的作用。Bayer 除了减轻头痛的常规阿司匹林，还生产三种不同的款式，这样既能满足消费者需求（专门针对女性的补钙阿司匹林），又能顾及消费者的个体差异（专门针对儿童的低剂量阿司匹林）。http：//www. bayeraspirin. com

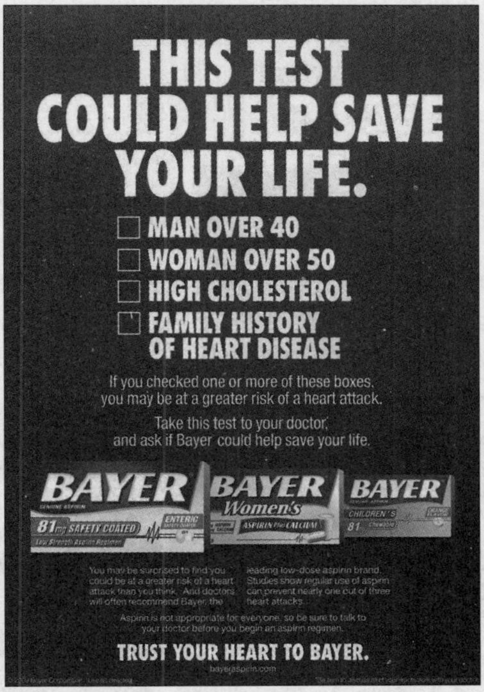


## 正确行事专栏

### 老银行发现新媒体

正如你在本章所看到的那样，广告和整合品牌促销正经历巨大的变革。虽然广告仍非常重要，但是随着越来越多的促销选择的出现，其他传递信息的方式也受到青睐。

让我们来看看 Wachovia，这家德高望重、历史悠久的银行吧。这家银行利用传统的广告网络向它的颇为保守却非常忠诚的顾客传递信息。然而首席营销官吉姆·加里蒂（Jim Garrity）核查了公司的营销支出，其结果使公司将新旧方式融合，

---

① PaulKaihla, “Sexing Up a Piece of Meat,” *Business* 2.0, April 2006, 72 – 76.

向新老顾客投放广告。他青睐于使用结果一目了然的网络广告，以及赞助像职业高尔夫锦标赛这样的活动，他认为这样的赞助可以使公司更高效、更精确地确立目标市场。

加里蒂并没有完全放弃广播电视广告。这家银行每年仍在这个传统媒体上花费5 000 万美元。但这5 000 万美元只是广告预算的30%——几年前这个比例还是37%。Wachovia 也并没有制定极端的预算再分配计划：未来在广播广告上的支出要少而精；更加注重有线电视，它能更好地确立小市场的受众；更多的预算将花费在像网络广告这样的“新媒体”上。这些支出将持续服务于公司与现有的1 500 万个家庭与商务客户之间的关系，但如同加里蒂指出的那样，“与此同时，公司将不得不试图去赢得新顾客”。在这一点上，使用新媒体要比使用传统的大众媒体更有效果。

那么，在我们发现拥有传统顾客群体的传统广告主也在越来越多的 IBP 工具中扩展其促销预算的时候，这标志着一个时代的到来：广告和 IBP 更趋多样化和复杂化。

资料来源 Jon Fine, “Reworking the Ad Mix,” *Bussiness Week*, October 23, 2006, 28.

图表 1—19

广告对于区分营销策略来说至关重要，它明显地区分了公司品牌和其竞争品牌之间的差异。这款昂贵的芬迪手表与一块 20 美元的天美时手表几乎同样准确。但是你却不会看到天美时也推出类似的广告。这则广告是如何帮助区分芬迪与天美时的呢？http：//www. fendi. it

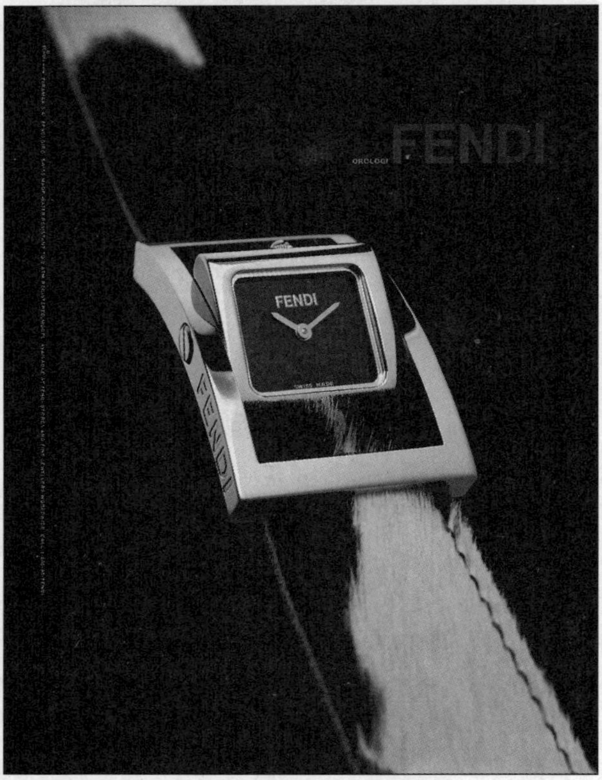

为了让广告帮助其在消费者心中建立一个区别于其他竞争对手的品牌，该广告可以突出该品牌的性能，或者打造一个独特的品牌形象。对于广告来说，其首要任务就是要传递一种与众不同的信息并且能准确无误地与企业品牌联系在一起。

**市场定位**是一个设计品牌的过程，其目的是使该品牌在目标消费者心中占据一个与其他品牌相比更具优势和价值的地位，然后将这种品牌特色通过广告传递给观众。像市场区分一样，市场定位取决于品牌有形或无形特征在观众心中的印象。消费者通常会在心中为其所青睐的品牌留置一块感觉空间，认识到这一点我们就不难理解市场定位的重要性了。感觉空间从很多角度——如质量、口味、价格或社会来显示价值——反映了与其他品牌相比，该品牌在消费者心中的印象。公司正运用更多元化的广告和整合品牌促销组合以成功进行市场定位。“正确行事专栏”对此有详细的论述。

现在有两种定位决策。企业必须为其品牌作**外部定位**的决策。也就是说该品牌将要进军与市场上所有竞争品牌相关的市场。此外，公司在权衡其他类似品牌后，需要完成**内部定位**。依据外部定位策略，公司需要通过设计特色、定价、分销、促销或广告宣传战略打造出该品牌独特的竞争优势。一些品牌定位于最具竞争力的产品类别，如宝马550i，定价约十万美元。其他品牌定位于低端市场产品，如雪佛兰 Cobalt，定价约 15 000 美元。

要想实现有效的内部定位，或者在公司自有生产线内开发不同种类的产品（比如 Ben&Jerry 冰激凌生产商就提供了多种不同的口味，见图表 1—20），或者打造能够满足不同消费者需求和愿望的广告信息。宝洁公司洗衣粉品牌的内部定位和外部定位都很成功，这得益于公司出色的产品设计和广告宣传。由于宝洁公司的一些品牌产品差别较大，定位也就不同（比如液体皂和固体皂）。其他差别较小的商品则通过广告形成了独特的定位。宝洁的一个品牌在广告宣传时就着重突出了其对儿童衣物的强力去污功效，另一个品牌则强调其防脱色功效。这样，广告成功地完成了内部和外部定位工作。

第 6 章我们将详细探讨组织在市场细分、产品区分和定位过程中可采用的方法策略。现在，我们要知道广告在将市场策略付诸实践过程中的重要作用。

**4. 广告在增加收入和利润中的作用**　很多人认为营销（以及营销过程中的广告宣传）的基本目的可简单归结为两个字：创收。营销是一个组织唯一以盈利为根本目的的部分。备受推崇的管理顾问及学者彼得·德鲁克（Peter Drucker）说过：“营销和创新产品产生结果：其余所有都是‘成本’。”[①] 彼得·德鲁克所说的“结果”是指收入。营销的目的是为了增加销售额，并最终为公司创造收入。

广告在提高销售额——公司增加收入的重要手段——的过程中扮演着重要的角色。就像我们看到的那样，营销组合创造了价值，而广告则在此基础上向受众传递具有说服力的产品、价格或者分销方面的信息。然后这类广告再突出一些品牌特征——价格、情感及实用性——进而吸引目标受众，于是广告为营销目的——创收，作出了直接贡献。但是它不应该对销售额和收益负全部责任，因为它还没那么大能耐。一些机构错误地将广告看作一把万能钥匙——模棱两可或是无能的市场策略的救星。我们

① Peter F. Drucker, *People and Performance*: *The Best of Peter Drucker* (New York: HarperCollins, 1997), 90.

不应将广告作为保证销售的唯一手段。一个品牌拥有了一个成熟而完整的营销组合——包括出色的广告宣传，其销售额自然就增加。

图表 1—20

在单个产品类别里有多个品牌的公司，需要将这些品牌进行内部定位，使它们在消费者心中被区分开来。Ben&Jerry 就通过强调其每个冰激凌的不同口味完成产品的内部定位。http://www.benjerry.com

广告对利润的影响更加复杂。当广告使产品和服务价格浮动空间更大时，就会产生这种效应。广告可以通过以下途径影响价格的浮动：（1）规模经济效应；（2）降低需求弹性。当市场对某一品牌需求量较大时，产品的生产数量就会增加，同时**规模经济**效应就会进一步降低单位生产成本。生产成本降低是因为固定支出（贷款、设备支出等）分摊到了更多的产品之中。

广告在实现规模经济中的重要性有多大？高露洁同时生产数以千计的牙膏然后再大批量地运往仓库，这种做法大大降低了每单位固定生产成本和运输费用。通过降低单位固定成本，高露洁每出售一管牙膏就会获得更大的利润。与此同时广告还通过向市场宣传品牌特色和实用性刺激需求，进而实现规模经济，并最终实现更高的单位利润。

还记得之前我们探讨过的“品牌忠诚度”吗？它和广告配合使用可以实现另一个经济效应——降低价格弹性和增加利润。当消费者忠实于某一品牌时，他们通常对该品牌商品涨价不太敏感。从经济学的角度说，这就是**无弹性需求**。当消费者对价格不那么敏感时，公司就可以更加灵活地提高价格和增加收益。广告通过说服并提醒消费者选择该品牌所带来的满足与价值的方式直接服务于培养品牌忠诚度，进而使需求无弹性。最近，一次大的调研活动也支持这一说法。研究发现，通过创建强势品牌和提高价格来增加利润的公司比那些依靠削减成本创收的公司获得的利润更高——前者的利润水平是后者的两倍。这次调查采用了一个真实的案例——路易威登。这家奢侈手袋（每个1 000美元或更多）和其他奢侈品生产商，保持了45%的经营利润。①

## 1.6.2 广告种类

到目前为止我们已经从最基本的定义到如何帮助公司刺激需求和增加利润等多个方面探讨了广告。但要真正理解广告，需要回顾一下以信息传递方式为标准的广告基本类型。了解了这些，你才算真正理解了广告。

1. **基本需求刺激和选择性需求刺激**　一个公司正试图增加市场对公司整个系列产品的需求。基本需求刺激挑战性较强，而且成本较高，同时调查显示这种刺激行为可能只对新产品产生作用，对品牌扩展产品或存续时间较长的产品（也称为成熟产品）没有效果。1970年VCR进入消费市场是一个基本需求刺激的成功案例。面对一个全新的产品，公司必须使消费者相信该产品的价值并且正在热卖。当模拟式磁带录放机最初进入美国市场时，RCA、松下和Quasar（见图表1—21）利用基本需求刺激广告来告知家庭消费者新产品的价值以及该产品（VHS摄像机，一种家庭从未见过的产品）录制电视节目的便利。

对于那些试图刺激成熟商品基本需求的企业，尤其是那些同业协会来说，结果不那么尽如人意。液态乳加工业者推广协会和佛罗里达州柑橘管理部门都尝试过用广告刺激所有种类的牛奶和橙汁的基本需求。

图表1—22和图表1—23就属于这样的例子。尽管“胡须”宣传活动是广受欢迎并且还赢得了奖项，但是每年活动期间牛奶消费量都会减少。② 高达数以亿计的广告投入似乎收效甚微。尽管刺激基本需求的尝试降低了牛奶的整体需求（这件事还不确定），但是这个结果并没有给人留下深刻的印象。尽管如此，我们也不应该对此感到惊讶。几十年的研究明确表明，在成熟产品（橘汁、牛肉、猪肉和杏仁都曾被试验过）中推行基本需求刺激方案的任何努力都不会成功。③

---

① The research study is reported in Robert G. Docters, Michael R. Reopel, Jeanne-Mey Sun, and Stephen M. Tanney, *Winning the Profit Game: Smarter Pricing, Smarter Branding* (New York: McGraw-Hill, 2004); the information on Louis Vuitton was taken from CarolMatlack et al., "The Vuitton Machine," *BusinessWeek*, March 22, 2004, 98-102.

② U.S. Bureau of the Census, *Statistical Abstract of the United States*: 1995, 115th ed. (Washington, D.C.: U.S. Government Printing Office, 1995); "Got Results?" *Marketing News*, March 2, 1998, 1.

③ For an excellent summary of decades of research on the topic, see Mark S. Abion and Paul W. Farris, *The Advertising Controversy: Evidence of the Economic Effects of Advertising* (Boston: Auburn House, 1981); and J. C. Luik and M. S. Waterson, *Advertising and Markets* (Oxfordshire, England: NTC Publications, 1996).

图表 1—21

当有创造性的新产品进军市场时，通常使用一种所谓的基本需求刺激的广告类型。基本需求刺激试图通过使消费者熟悉产品本身的价值而不是此产品系列品牌的价值来增加对整个系列产品的需求。这则早期的 VHS 刻录机广告就是一个非常经典的、对新产品进行基本需求刺激的例子。

图表 1—22

通常是由同业协会和如液态乳加工业者推广协会和佛罗里达州柑桔局这类团体，而不是由专业制造商采用刺激基本需求的广告。但问题是，那并不奏效。现在已经证明，刺激基本需求对于成熟产品（如牛奶）是没有效果的，但是，对于那些市场新军来说，比如 PDAs 和 MP3 播放器，还是很合适的。http：//www. gotmilk. com，http：//www. elsie. com

图表 1—23

这则推广橙汁的广告，同样试图刺激基本需求，或对这一系列产品而不是对某一品牌的需求。多年的研究表明，一个行业内的各个层次广告与行业内整体需求之间没有联系。广告似乎只适合于选择性（品牌）需求刺激。http：//www. floridajuice. com

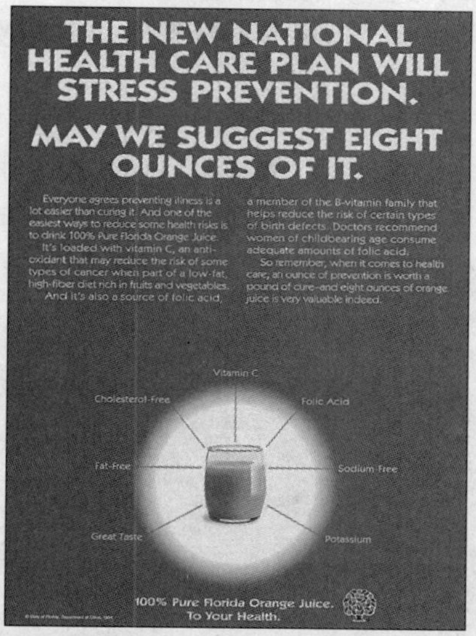


尽管一些公司已经实施过基本需求刺激方案，但是广告的真正威力体现在刺激市场增加对特定公司品牌需求方面。这就是所谓的**选择性需求刺激**。选择性需求刺激广告的目的是突出公司品牌独特的优势。例如，比较图表 1—24 中大肆吹捧产品优越性的热带产品广告和图表 1—23 中的基本需求刺激广告。

图表 1—24

选择性需求刺激广告着重于品牌在提供满意度方面的优越性。在这则广告中，Tropicana 利用独特的品牌特征吹捧其品牌橙汁的优越性。把这则广告与图表 1—23 中的基本需求广告相比较。http：//www. tropicana. com

2. **直接回应广告和延迟回应广告**　有一种广告衡量的是消费者的回应速度。**直接回应广告**要求消费者立即作出回应。像“拨打免费电话”或者“在今晚午夜之前邮寄 19.95 美元”这样的广告就是直接回应广告的例子。大多数直接回应广告宣传的产品都是消费者熟悉的产品，这些产品在出售时无需检验而且成本较低。然而，随着免费热线、网站数量的不断增加，信用卡不断普及，越来越多的消费者也对高价产品作出直接回应。(见图表 1—25)

图表 1—25

直接回应广告要求消费者立即采取行动。注意在这则 Bowflex 的广告里，广告恳请消费者拨打免费电话或者登陆网站索取免费的 DVD 或者下订单——寻求消费者的直接回应。

**延迟回应广告**使用的是图像主题和信息主题，这些主题突出了品牌效益和令人满意的品牌特色。这类广告试图培养消费者对品牌的认知度和偏好，但是它并没打算短期内实现这一目标，即刺激观众立刻作出回应。总的来说，延迟回应广告是想要培养消费者的品牌认识度，强化品牌效益，培养整体品牌偏好以及打造品牌形象。消费者实际进行购物时，延迟回应广告传递的信息就会发挥作用。我们在电视上和杂志上看到的大多数广告就属于延迟回应广告。图表 1—26 的降低过敏反应的清洁剂的广告，它向我们展示了这类广告的基本形式。这则广告不仅传递了做一个好妈妈的信息，而且展示了该品牌真实的性能（一张图片和一条延迟回应型信息）。

3. **公司广告和品牌广告**　公司广告不是为了推销某一特定品牌，而是为了培养消费者对整个公司的喜爱程度。运用企业广告较为出色的企业有微软、菲利普斯石油公司、通用电气和 IBM。以菲利普斯石油公司为例，这家荷兰电子和医疗仪器公司就利用企业广告，克服高端技术种类过宽的障碍，实现了公司品牌形象的统一。[①] 像本章所看到的那样，**品牌广告**向消费者传递的是某个公司待售品牌的具体品牌特征、品牌价值和品牌效应方面

① KerryCapell，“How Philips Got Brand Buzz，” BusinessWeek.com，July 31，2006，accessed at *http：//yahoo.businessweek.com* on August 1，2006.

的信息。相比之下，在企业宣传方面有经验的公司已经制作了企业广告并赢得了消费者对整个公司的喜爱。这种广告形式也会影响到公司股东，当股东看到优秀的企业广告，他们就会对公司增加信心并向公司进行长期投资，并长期持有公司股票。

图表 1—26

延迟回应广告试图强化品牌效益，培养整体品牌偏好。这则宣传所有去污剂的广告就是延迟回应广告的一个范例。它为品牌打造出了形象，而不是像图表 1—30 里的 Bowflex 广告那样，要求消费者立刻作出行动。

中间商（主要是零售商）使用的是另一个类型的企业广告。中间商使用的企业广告称之为**机构广告**。像诺德斯特姆（Nordstrom）、家得宝（The Home Depot）和沃尔玛等零售商做广告是为了说服消费者到他们商店购物。这些零售商偶尔也会在广告中打出某一特定生产商的品牌（诺德斯特姆特别宣传倩碧化妆品），广告的主要目的是让广告受众去他们的商店购物。例如，联合百货公司（Federated Department Stores），投资 3.87 亿美元宣传它国内的品牌商店——梅西百货（Macy's）和布鲁明戴尔百货（Bloomingdale's）。Federated 品牌战略来自营销调研，调研结果显示，目标受众认为“购物是种享受”①。

## 1.6.3 广告的经济效应

到目前为止，我们将广告作为一种商业手段的讨论仅仅局限于单个企业的层面。如果不知道广告对一个国家整体经济体系的影响，我们就算不上真正了解了广告。（这不是该书最有趣的地方，但却是最重要的话题之一。）

1. **广告对国内生产总值的影响** **国内生产总值**（GDP）是一个经济体内生产商

① Mercedes M. Cardona, “Federated Focuses Campaign on Macy's,” *Advertising Age*, December 8, 2003, 6.

品和服务总价值的衡量指标。以前我们讨论过广告在营销组合中的作用。现在回想一下：因为有助于公司制定营销组合战略，所以如果产品符合市场需求，价格合适，分销畅通，广告就能增加公司的销售额。鉴于此，广告和 GDP 在以下方面存在联系：向市场推出新产品（如 DVD、微型计算机、互联网或新能源）时，广告能够提高消费者整体需求水平。随着新产品需求的增加，随之增加的消费开支会提高零售额、新房开工率和企业在制成品和资本设备上的投资。新产品和创新产品的销售额会最终影响 GDP 的数值。①

2. **广告对商业周期的影响** 广告对业务下滑有稳定作用，有迹象表明，许多公司在衰退时期都会增加广告以走出下滑趋势。

3. **广告对竞争的影响** 有人说广告使竞争更加激烈，从而促使公司追求更好的产品、生产工艺和其他竞争优势，这些将会使整体经济受益。另外，广告能够帮助公司打入新的市场，这样经济体内也产生了竞争。例如，图表 1—27 是一家塑料制造商进军其他包装材料领域的广告。

图表 1—27

广告影响着已经存在的经济体内的竞争环境。这则塑料制造商的广告就旨在与其他包装材料制造商进行竞争。http：//www. americanchemistry. com/plastics

① There are several historical treatments of how advertising is related to demand. See, for example, Neil H. Borden, *The Economic Effects of Advertising* (Chicago: Richard D. Irwin, 1942), 187 - 189; and John Kenneth Galbraith, *The New Industrial State* (Boston: Houghton Mifflin, 1967), 203 - 207.

并不是所有人都认为广告激化了竞争。批判家指出未取得竞争优势而支出的广告费用对很多工业来说往往是不利的。如果这样，广告成了进入一个行业的绊脚石，也就是说，公司可能有能力以各种方式与同行竞争，但是如果广告费用过高，公司会连基本的运营资金都无法负担。从这个角度来说，广告实际上能够降低行业内竞争者的数量。①

**4. 广告对价格的影响** 广告备受争论的一个原因便是广告对消费者支付的商品和服务价格的影响。既然我们看到公司在广告上投入的资金高达数百万美元甚至数十亿美元，那么如果没有这些广告费用，产品和服务的价格必定会降低很多，是这样吗？错！

企业的广告支出因行业不同，其在销售额中所占的比例也有所不同，最低的是汽车和零售行业，该比例约为2%，最高的是个人护理、奢侈品行业，该比例为30%。图表1—28列出了特定行业中各企业的广告支出和销售额的比率。记住：广告支出和销售额不存在一种稳定和可预测的关系。本田的广告支出高达14亿美元，但是销售额仅增加了约51亿美元，欧莱雅的广告开支比本田还多10.5亿美元，但是销售额仅增加了49亿美元。沃尔玛投入了107亿的广告费用，但却增加2 710亿的销售额。这些相同的条件使我们很难明确广告与销售之间的关系。

图表1—28　　**某些行业广告支出占销售额的比例**　　单位：百万美元

| 行业 | 广告主 | 2006年美国广告支出（百万美元） | 2006年美国销售额（百万美元） | 广告支出占销售额的比例（%） |
|---|---|---|---|---|
| 汽车 | 通用 | 3 296 | 129 041 | 2.6 |
| | 福特 | 2 577 | 81 155 | 3.2 |
| | 大众 | 419 | 18 262 | 2.3 |
| | 本田 | 1 351 | 51 648 | 2.6 |
| 计算机 | IBM | 517 | 39 511 | 1.3 |
| | 戴尔 | 883 | 36 100 | 2.4 |
| | 微软 | 912 | 29 730 | 3.1 |
| | 惠普 | 829 | 32 244 | 2.6 |
| 药业 | 百时美施贵宝 | 691 | 9 729 | 7.1 |
| | 雅培 | 374 | 11 995 | 3.1 |
| | 默克（Merck） | 1 024 | 13 808 | 7.4 |
| 食品 | 卡夫食品 | 1 423 | 20 931 | 6.8 |
| | 雀巢 | 1 315 | 24 889 | 5.3 |

① This fundamental argument about the effect of advertising on competition was identified and well articulated many years ago byColston E. Warn, "Advertising: A Critic's View," *Journal of Marketing*, vol. 26, no. 4 (October 1962), 12.

续表

| 行业 | 广告主 | 2006 年美国广告支出（百万美元） | 2006 年美国销售额（百万美元） | 广告支出占销售额的比例（%） |
|---|---|---|---|---|
| | 凯洛格（Kellogg） | 765 | 7 349 | 10.4 |
| | 金宝汤（Campbell Soup） | 564 | 5 120 | 11.0 |
| 个人护理 | 宝洁 | 4 898 | 29 462 | 16.6 |
| | 联合利华 | 2 098 | 17 222 | 12.2 |
| | 雅诗兰黛 | 1 031 | 3 446 | 29.9 |
| | 欧莱雅 | 1 456 | 4 942 | 29.5 |
| 零售业 | 沃尔玛 | 1 073 | 271 534 | 0.4 |
| | 塔吉特（Target） | 1 157 | 59 490 | 1.9 |
| | 嘉普（Gap） | 489 | 12 807 | 3.8 |

资料来源“100 Leading National Advertisers,” *Advertising Age*, June 25, 2007, 5 - 14, Reprinted with permission. © Crain Communications, Inc., 2007.

广告费确实增加了产品成本，这些成本最终必将转嫁到消费者身上。但是这种影响是在不考虑广告降低某些成本的基础上。因为这些成本降低也会使价格降低。第一，消费者搜寻产品或服务的时间和精力减少了。第二，就像先前讨论的一样，规模经济会直接影响到成本，然后是价格。规模经济通过增加固定成本分摊单位的方法降低了生产成本。成本降低了，消费者支付的价格也就降低了，这是因为企业想依靠更低的价格获得竞争优势。这种影响在个人电脑的价格和性能上体现得最为明显。20 世纪 80 年代初期，一台运行速度大约为 1 兆赫，拥有 64K 总内存的苹果Ⅱe 电脑定价为 3 000 美元。今天，不超过 600 美元就可以买到一台速度比原来快几百倍，内存比原来大很多的电脑。惠普和戴尔等公司现在的广告支出（即使考虑通货膨胀的情况）要比苹果公司在 20 世纪 80 年代的广告支出多，这是不争的事实。

**5. 广告对价值的影响**　价值是营销成功的关键。**价值**在现代营销和广告中指的是顾客的一种看法或者感觉，他们认为一个品牌提供的满意度远远超过了获得该品牌所支付的成本。当前消费者的这种价值观念来自于他们期望每笔交易都物有所值。广告能够让消费显得更有价值。我们可以想想瓶装水的品牌效应。广告大大增加了品牌在消费者心中的价值，结果是我们愿意花钱购买水龙头流出的毫无成本的水。

广告还通过增加品牌的象征意义和社会意义影响消费者的价值观。**象征意义**指的是产品或者服务对于消费者那种无法言传的意义。以品牌服饰 Guess 牛仔装或者 Doc Martens 鞋子为例，它们对一些消费者来说是彰显自我的象征。图表 1—29 是一则 Ray-Ban 太阳镜的广告，该广告意在打造一种象征价值。事实上，所有品牌商品在一定程度上都依赖于象征价值，否则它们只会成为无标记的货物而不是品牌产品（如马铃薯）。

图表 1—29

广告提升品牌对于消费者的象征意义。在这则广告里，Ray-Ban 太阳镜是如何提升品牌象征意义的呢？http：//www. ray-ban. com

**社会意义**指的是一种产品或服务在社会背景下的含义。例如，社会地位可以用很多产品来彰显，如汽车、饮料和衣服，人们使用这些产品作为界定社会等级的标准。图表 1—30 是一则服务广告，该服务有明显的社会等级之分。产品和社会等级的这种联系常常满足了消费者提升社会等级的需要。

图表 1—30

正如一件商品或服务所包含的意义远不止其使用功能一样，广告也向消费者传递社会意义。这则联合航空公司的广告就用如此一种方式展现了其服务。http：//www. ual. com

各个领域的研究人员一直认为事物（包括品牌）绝不仅仅代表事物本身。它们

还具有文化、社会、消费者层面的意义。① 这些意义常常和外部特征一样成为品牌的组成部分。这点非常重要。既然广告是树立品牌形象的必要手段，那么它会直接影响消费者对品牌价值的认知。消费者觉得某一品牌价值越高，他们就越愿意花钱购买该品牌。如果消费者觉得古奇（Gucci）手表、尼桑（Nissan）小汽车或者四季（Four Seasons）酒店价值高，那么消费者就愿意支付额外的钱获得此价值。图表 1—31 的 Waterford 水晶和图表 1—32 的古奇手表，都是消费者愿意高价购买的品牌。

图表 1—31 和图表 1—32

Waterford 水晶和古奇手表都是消费者愿意花大价钱购买的商品。两者的价值都在于其代表了最高水准的工艺，这种工艺本身或许在市场上不值这么高的价格，这时可以创造独一无二形象的广告就显得非常必要。古奇网站（http：//www. gucci. com）是如何提升消费者对其品牌价值的认识？与 Waterford 网站（http：//www. Waterford. com）相比较，评价谁更有效地传递了其品牌的价值。

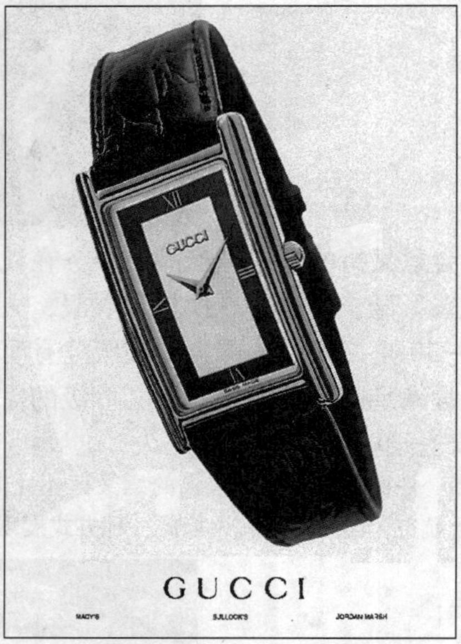


## 1.7 广告、整合营销传播、整合品牌促销

正如我们前面介绍广告和 IBP 时所讨论的那样，广告是众多宣传工具中唯一一个能够感染和说服消费者的工具，明确这一点非常重要。准备了解广告和 IBP 时，还有一点区别需要特别注意。

大约从 1990 年开始，人们就将混合使用多种宣传工具的做法称作**整合营销传播**（IMC）。但是正如本章通篇所强调的那样，21 世纪，宣传策略的现状要求战略的重

① For an historical perspective on culture, consumers, and the meaning of goods, see Ernest Ditcher, *Handbook of Consumer Motivations* (New York: McGraw-Hill, 1964), 6. For a contemporary view, see David Glen Mick and Claus Buhl, "A Meaning-Based Model of Advertising Experiences," *Journal of Consumer Research*, vol. 19 (December 1992), 312 - 338.

点应由传播转向品牌。

回忆一下本章开始部分对整合品牌促销的定义：整合品牌促销（IBP）是指协调使用多种传播工具，包括广告、培养和维持品牌知名度、品牌形象和品牌偏好。IBP和IMC的区别相当明显。IMC强调沟通能力本身并强调信息协作和信息协同的必要性。IBP将重点放在信息传播的协调和增效上，但其程度远远超过了IMC。在IBP里，重点是品牌而不是信息传播。IBP着力打造品牌知名度、品牌形象和品牌偏好，因为他们意识到协调宣传信息除了依靠传播，还依靠品牌效应。目前，有关IMC的调查和出版物很快意识到品牌在传播中的核心地位。①

## 本章总结

1. 明确什么是广告和整合品牌促销以及它们的作用

既然广告已经普及，你对该术语有自己的定义便合情合理。但是，对广告真正的见解远远超越了我们日常所看到的那个表象。作为一种传播方式，广告具有自己的特色，并且可以通过以下三个基本因素加以识别：有偿性、使用大众媒介、说服性。广告是一种特定的信息，公司运用这种信息去说服消费者，一次广告宣传活动是指特定时间内，公司在同一主题下策划的一系列说服消费者的广告和其他的宣传活动。整合品牌促销是指协调使用多种传播工具，包括广告、培养和维持品牌知名度、品牌形象和品牌偏好。

2. 讨论一个基本的广告传播模型

若广告没有在公司和受众之间传递信息，那么该广告就不是一则成功的广告。广告是向大众传递信息，有许多模型可以解释广告作为一个交流平台的运作原理。本章介绍的模型突出考虑一些基本的因素，如信息制作过程和信息接收过程，同时这个模型还说明消费者按照自己的方式诠释广告。

3. 描述广告和IBP受众分类法

我们可以给广告一个简单却清晰的定义，但广告也确实存在很多形式，服务于不同的目标。理解广告的复杂性和多样性的一个方法就是按照受众类别或者地理分布的标准对广告进行分类。例如，可以以家庭或者政府官员作为广告受众划分广告类别。从另一个角度来分，广告可以分为全球性广告和地方性广告。

4. 解释广告作为一种商业手段的重要性

各类组织机构大都运用广告以实现商业目的。无论对大的跨国公司（如宝洁公司）还是规模较小的地方性企业（如San Diego动物园）来说，广告都是营销这一重要手段不可缺少的组成部分。营销组合有两个组成要素，一个是广告，另一个是公司的产品、产品价格和分销系统。企业要想实现营销目标，就必须将广告和这些营销要素协调使用。知道广告在营销中扮演的角色非常重要，没有什么比打造品牌知名度和

---

① A special issue of the *Journal of Advertising* (vol. 34, no. 4, Winter 2005) featuring research and perspectives on IMC contains several articles that focus on the integrated brand promotion aspects of IMC.

品牌资产更加重要。类似的，除了广告之外，公司也开始使用其他各种信息传播方法，这就是我们所说的整合品牌促销。也就是说，公司正在运用很多传播工具，如公共关系、活动赞助、促销活动和广告，以达成信息传播目标。

5. 理解整合品牌促销的概念以及广告在这个过程中扮演的角色

整合品牌促销是指协调使用多种传播工具，包括广告、培养和维持品牌知名度、品牌形象和品牌偏好。营销商将广告和其他宣传工具协调使用就是我们所说的整合品牌促销，这种营销方式重在突出品牌特色和品牌价值。注意，“协作”这个词是这个定义的核心。广告行业经过30年的发展逐渐认识到，广告营销元素的整合与协作是成功传递信息和长久维持品牌形象的关键。

## 关键术语

advertising 广告宣传
national advertising 全国性广告
internal position 内部定位
client，or sponsor 客户或赞助商
regional advertising 区域性广告
economies of scale 规模经济
IBP 整合品牌促销
local advertising 地方性广告
inelasticity of demand 无弹性需求
advertisement 广告
cooperative advertising，or co-op advertising 合作性广告
primary demand stimulation 基本需求刺激
advertising campaign 广告宣传活动
selective demand stimulation 选择性需求刺激
audience 受众
marketing 营销
direct response advertising 直接回应广告
target audience 目标受众
marketing mix 营销组合
delayed response advertising 延迟回应广告
household consumers 家庭消费者
brand 品牌
corporate advertising 公司广告
members of business organization 企业消费者
brand extension 品牌扩展
brand advertising 品牌广告

members of a trade channel 中间商
brand loyalty 品牌忠诚度
gross domestic product（GDP）国内生产总值
professionals 专业人士
brand equity 品牌资产
value 价值
trade journals 行业杂志
market segmentation 市场细分
symbolic value 象征价值
government officials and employees 政府官员和雇员
differentiation 差异化
social meaning 社会意义
global advertising 全球性广告
positioning 定位
IMC 整合营销传播
international advertising 国际性广告
external position 外部定位

## 问题

1. 当顾客试图寻找可以自己控制获取信息时间和方式的渠道时，广告主应该如何调整其信息？传统媒介，如果有的话，在新环境下扮演什么样的角色？

2. 我们说广告的目的在于说服受众，这句话是什么意思？不同类型的广告是如何以不同的方式说服其受众的？

3. 解释区域性广告、地方性广告和合作性广告之间的区别，并说明如何辨别合作性广告。

4. 直接回应广告的目标和延迟回应广告的目标有什么不同，解释直接回应广告日益受到营销商青睐的原因？

5. 区分全球性广告和国际性广告。你认为国外消费者会和美国消费者一样对通用公司新推出的凯迪拉克流行品牌广告作出积极回应吗？为什么？

6. 广告如何影响品牌管理和品牌开发工作？如果培养品牌忠诚度是一个目标，那么你能列举一些运用广告宣传打造品牌资产的成功案例吗？

7. 如果公司开发了一个新的运动鞋系列，价格具有竞争性，并且分销中零售店的选择也较为适宜，那么你认为公司还需要作广告宣传吗？价格合理的优质产品也需要广告宣传吗？

8. 现在很多公司投资数百万美元赞助一些活动（如 NASCAR 大赛、滚石音乐会），将公司名称和这些活动联系在一起。这些活动的赞助广告符合这章给出的广告和整合品牌促销的定义吗？

9. 细分市场如何使企业把广告费用花得恰到好处？

10. 如何定义 IBP？IBP 和广告有什么样的联系？如何区别 IBP 和广告行业先前关注的 IMC？

## 实践练习

1. 本章将广告受众划分为五大类。针对每一类别，举一例广告加以说明。分析每则广告的风格和所传递的信息，然后判断这些信息是否在目标受众之间产生效果。这些广告成功或者失败的原因是什么？你是否觉得为每类广告受众寻找广告案例有些困难？如果是的话，解释一下为什么你会出现这种情况以及揭示了这类广告的哪些本质和方法。

2. 很少有广告或者品牌能引起世界上所有消费者的共鸣，因此公司必须按照地域制定战略性的广告投放方案。举四个你最喜欢的日常生活中使用过的品牌。判断每一个品牌是否适合使用全球性广告、国际性广告、全国性广告、区域性广告、地方性广告或者合作性广告，给出你的理由。

3. 现在，手机和无线计算产品已渗透到了美国生活的每个角落。从某些角度看，任何一个电话或者服务供应商与其说是一个品牌倒不如说是没有标志的商品。但是也有重大例外。我们可以回忆一下媒体和消费者当年对苹果（iPhone）手机发布会和 AT&T 手机服务专营合同（专门针对此款手机）的高度关注。从现有广告宣传活动中举例说明广告对手机产品或者手机服务价值的影响。比较广告与苹果手机发布会的不同。广告如何影响新产品的象征价值和社会意义？

4. 以小组形式讨论以下情形：假设你被一个公司录用，为运动服饰制造商 Under Armour 生产的一种新篮球鞋制定一个广告宣传方案。这家位于马里兰的企业今年的发展速度非常快，但是并没有像耐克和阿迪达斯等品牌一样获得全球认可。除了重点使用广告宣传这种新篮球鞋外，你们小组还建议使用哪些宣传工具以达到整合品牌促销的效果？说明如何协调使用这些工具以取得最大效果。

# 2

# 广告产业的结构：广告客户、广告代理公司、传媒公司以及支持性组织

通过本章的学习，应该掌握以下技能：

- 1. 讨论广告演变和营销行业的重要发展趋势
- 2. 描述广告和营销行业的规模、结构和参与者
- 3. 讨论广告和营销公司扮演的角色、提供的服务及收费标准
- 4. 明确策划、执行广告和整合品牌促销活动过程中重要的外部辅助机构
- 5. 讨论媒体在执行广告及整合品牌促销过程中所扮演的角色

## 2.1 引言：权力之战

在广告和促销行业对权力的争夺从来没有停止过：品牌之间的争夺，公司之间的争夺，公司和媒介之间的争夺，财力雄厚的大广告主与资金丰沛的大零售商之间的争夺。但是那些旧式的强者争夺与现今21世纪的权力争夺相比就小儿科了。据估计，普通消费者一天内可看到1000~5000则广告![1] 结果如何：消费者厌倦了这些铺天盖地的广告并且在寻找方法逃避广告。现在消费者都乐意并且急于利用新技术以加强对信息环境的控制，因此当前权力争夺的重心是广告业如何适应这种新技术的发展。更直接地说就是，没有人愿意在观看自己喜欢的电视节目时突然插进一则30秒广告，广告业如何克服这一难题呢?

几十年来一直成为广告和促销目标的消费者们正在寻找各种技术和媒介以增强他们对所见所闻的控制。从MySpace、YouTube、Wikipedia到数以百万的个人博客，消费者们正在寻找可以控制个人信息曝光的信息环境，但绝对不是广告公司或媒介公司操控的环境。事实上，消费者们在彼此交流方面做得很成功，《广告时代》（一份广告行业的重量级行业刊物）提名"消费者"为"2006年最佳广告公司"，以此表明消费者控制力发生的变化。[2] 与广告主、广告和营销公司、媒介都在挣扎着彻底改造的传统的信息流动技术相比，"消费者之间的大众合作"可称得上戏剧性的变化。[3]

我们都生活在新技术时代——但是技术过去是如何起作用的呢？旧的系统这样运作：首先，广告主（如耐克或者美国运通）和广告代理商（如Leo Burnett或者J. Walter Thompson）合作策划真正有创意的电视广告、广播广告、报纸广告、杂志广告或者户外广告。其次，广告主和广告代理商会向媒介（如NBC电视或者赫斯特报系（Hearst newspapers））买下投放广告的时段或版面，这样作为消费者的你看电视或读晨报时就会看见广告了。不要误会，这种流程仍在使用——而且是大量使用。像电视、广播和杂志等主要媒介每年可在全球敛集将近6000亿美元的广告收入，而像Hearst Corp. 这样的私人媒介公司每年的广告收入也达数十亿美元。[4] 但是，广告主、广告公司和媒介接触消费者（这类消费者不断寻找可以自我控制信息的途径）的方式正发生着很大变化。一些有识之士认为我们真的正在进入一个全新的时代，这个时代的产业正发生着日新月异的变化。让我们更深入地看一下这个行业究竟发生了怎样的变化。[5] 从消费者方面来说，随着新闻、信息、娱乐媒介种类的增加，"媒介分割"让消费者得到实惠，而这却成了广告公司的一大难题。那些"追求控制"的年轻消费者们行为方式大大不同于之前习惯了有线电视的消费者。今天的消费者们坚持使用

---

① Matthew Creamer, "Caught in the Clutter Crossfire: Your Brand," *Advertising Age*, April 2, 2007, 1, 35.

② Teressa Iezzi, "You Got All the Recognition, but Agencies Did Great Work in 2006," *Advertising Age*, January 15, 2007, 15.

③ Robert D. Hof, "The Power of Us," *BusinessWeek*, June 20, 2005, 74-82.

④ Tom Lowry, "A Whole New View at Hearst," *BusinessWeek*, June 6, 2006, 87-88.

⑤ Bob Garfield, "The Chaos Scenario 2.0: The Post Advertising Age," *Advertising Age*, March 26, 2007, 1, 12-14.

PC、iPod、TiVo或者Slingbox（第一章中已经介绍），因为它们具有便利性和吸引力（可以自我操控）。然而，消费者追求控制信息却有很大的讽刺意味。广告和媒介产业的传统结构可能永远改变了，但是原有传统结构的目标没有改变——凸显品牌。事实上，当消费者选择他们愿意了解的说服性信息及其了解渠道时，消费者导向的变化会使产品品牌变得更加重要。

就那一点而言，品牌在广告业和促销业中的重要性已是第一章的核心主题。而且广告和促销代理商以及他们的媒介合作者正试图采取某种方式将品牌置于消费者控制的新环境中。[①] 一些人提出的方案是"顺应大众需求"，即广告公司和媒介公司允许消费者参与广告内容的制作（参加全美超级橄榄球广告大赛）。另一些像可口可乐之类的企业认为消费者不会再容忍被动的电视广告或杂志广告。而且，品牌正以更微妙、看起来更自然的方式成为消费者日常生活的一部分。可口可乐的做法中有这样一个部分：为福克斯电视台美国傻瓜节目的评委席赞助价值2 000万美元的可口可乐牌口杯（见图表2—1）。[②] 另一个例子是向那些同意看广告的玩家免费提供在线视频游戏（仅在美国就有超过一亿的玩家）。[③]

图表2—1

像可口可乐这样的广告主（过去每年在电视广告上投入大约2亿美元）意识到很大一部分消费者越来越有办法抵制它的广告。TiVo和消费者可以控制内容的媒介如聚友网（Myspace）能让消费者选择阅读信息的时间和方式！相应的，大广告主正在寻找更多不同的方式接触消费者，通过一些宣传技巧，如在电视节目中展示产品以及赞助活动，将它们的品牌变成消费者生活方式中越来越重要的一部分。http：//www. cocacola. com

① ErickSchonfeld，"Tuning Up Big Media，" *Business* 2.0，April 6，2006，61－63.

② Dean Foust and Brian Grow，"Coke：Wooing theTiVo Generation，" *BusinessWeek*，March 1，2004，77－78.

③ Beth SnyderBulik，"Ad Dollars Flow into Online Games，" *Advertising Age*，March 26，2007，10.

像可口可乐这样的广告主已经意识到变化并且在尽力顺应这种变化，大型媒介公司也是一样。NBC Universal 常常被称为“典型”根深蒂固的老式媒介结构的大传媒公司。但是现在 NBC 通过允许广告主利用互联网上巨大的数字视频资源制作广告的方式吸引广告主。① 其他的媒介公司像 Viacom 在媒介主导的节目领域如 Nick at Nite 也采取了类似做法。与此类似，MTV Networks 提供新的媒介分销渠道，如宽带通道 MotherLoad，这些都和喜剧中心的节目制作有关。②

当然，若不考虑互联网，这个谈论就是不全面的。现在互联网“广告”（并不是我们一直谈论的对等的信息交换方式）费用已超过了 200 亿美元，主要形式包括弹出式广告、电子邮件、横幅式广告、付费搜索和其他的广告形式。③ 这听起来似乎是一大笔收入（事实也的确是一大笔收入），但是仍不及全球传统媒介广告收入的十分之一。但是一些分析家相信互联网将会最终成为传递信息的主要方式，而传统广告“将更像是引导人们登录公司网站的一个方法”。④ 这可能有些夸大其词——但也可能没有渲染。Google 正打算采用广播广告战略，而且每个人都在努力探寻在不疏远消费者的前提下有效通过互联网向手机和 iPods 发送信息的方法。⑤

就像接下来的章节所强调的那样，广告业的变化也不是什么新鲜事了。但是该行业变化的速度和复杂性比此前任何时期都更具挑战性。这一章将会介绍广告业的产业结构和所有引领变革和接受变革洗礼的参与者。

## 2.2 不断转变中的广告业

引言部分举例说明了那些正在影响广告业的深刻复杂的变化。说广告业处在不断变化之中，这个说法看起来似乎过于夸张，实则不然。如果你考虑了技术、经济条件、文化、生活方式和商业道德方面的变化，其中一个或者多个商业和社会力量总是在影响广告和促销行动。

本章重点介绍了产业当前的变化以及过去的演变历程。当我们思考这种变化及其他的影响时，我们需要明白广告的基本流程以及它在组织中扮演的角色一直都未改变：无论技术、经济条件、社会或商业道德发生了怎样的变化，它终究是说服目标受众的信息传递方式。广告和促销的根本角色和目的并未改变，也不会改变。

为真正理解广告业不断转变的方式和转变的复杂性，我们有必要知道广告业是一个跨越幅度较大、复杂性较高的行业。接下来这部分强调了影响变化的趋势。我们会关注传播行业中广告和促销工具的应用以及这种管理实践的不断转变。沿着这个思

---

① Jon Fine, “Now, an Ad from Our Network,” *BusinessWeek*, November 27, 2006, 26.

② Tom Lowry, “The Dilemma Vexing Big Media,” *BusinessWeek*, July 3, 2006, 94 - 98.

③ CatherineHolahan, “Advertising Goes Off Radio,” BusinessWeek. com, December 7, 2006. Accessed at *http: //www. business week. com*on December 7, 2006.

④ Peter Henderson, “Internet Ad Growth PressuresTV to Change,” Reuters, December 2, 2005. Accessed at *http: //www. news. yahoo. com*on December 2, 2005.

⑤ Frant Barnako, “Google Radio Ads Ready to Roll,” *Internet Daily*, November 28, 2006. Accessed at *http: //www. marketwatch. com*on November 29, 2006.

路，我们将要认识这个过程中扮演不同角色的所有参与者，特别是广告主以及他们的广告和促销代理商。

## 2.3 影响广告和促销业的趋势

广告公司通常在使用传统大众媒介（如普及度较高的电视和广播）还是使用针对性较高的新媒介（如私人邮件、网络电影、播客或其他促销方式）之间拿捏不定。但是最终，重要的不是新技术所带来的网络和新的信息传播机会，而是重点关注品牌、品牌形象以及向目标市场传递整合后具有说服力的品牌信息。这一过程所采用的媒介可能是网络，也可能不是；可能是电视，也可能不是。关键是使用合适的媒介取得恰到好处的说服效果。

为了明白那些影响广告业和促销业的变化及促销工具的应用，让我们考虑一下市场的五大趋势。

### 2.3.1 阻止企业合并和全球化——或者反之？

从 1999 年到 2002 年广告业经历了一场合并热潮。从事全方位服务的公司不断兼并或合并同行和互动式商店。此次浪潮始于 Leo Burnett（总部在芝加哥的从事全方位服务的老牌公司）和 MacManus 集团合并建成了年销售额达 17 亿美元的 Bcom3 集团，该集团在 90 个国家设有 500 个分公司并拥有 16 000 名员工。此次合并浪潮也有外国公司的加入，日本公司 Dentsu 也在协议中占有一席之位。两年后，总部位于巴黎的 Publicis 公司买下了整个 Bcom3 集团，到 2007 年成为了一个价值达到 51 亿美元的全球代理集团。① 另一个全球代理集团，Interpublic 公司，在 1998 年到 2002 年期间以 50 多亿美元的成本兼并了 300 多家公司。现在，Leo Burnett 作为一个独立公司再度出现，而在 1998 年到 2002 年期间合并的大多数公司却不复存在了。

兼并和全球化为顾客提供种类更加齐全的服务的同时也带来了问题。不是所有的顾客都喜欢巨头公司。在一次调查中，在约 300 个接受调查的公司中仅有 43% 的公司认为找一家提供全方位服务的公司非常重要。跟那些提供专业化服务的小公司相比，他们觉得巨头公司可能缺乏创造性。② 而且随着公司规模不断扩大，招揽新业务时就可能会因为潜在新顾客和老顾客从事相同的业务而产生不可避免的利益冲突。更大并不总意味着更好或更盈利。Interpublic 的疯狂并购并没有明显增加净利润，但并购所带来的沉重负债却使公司举步维艰。分析家们现在认为这些大公司需要合并，处理亏损的业务，以更好经营自己原有的业务。

那些巨头公司不可能分解他们通过兼并建立起的王国。一些广告主很乐意由一家广告公司全权负责他们的整合品牌促销工作。但是公司来自债务、利益冲突及把广告

① Matthew Creamer, "Stars Align for Big Bang, the Sequel," *Advertising Age*, December 4, 2006, 1, 37.

② HillaryChura, "Marketers: One-Stop Shops Could Compromise Creative," *Advertising Age*, June 16, 2003, 6.

资金向非传统媒介转移方面的压力非常大，所以可能会出现不理想的合并结果，但也可能不会。最近都在传 Interpublic 和 Publicis 将要合并组建一家几十亿美元的巨头公司。① 关键是广告公司都在千方百计满足广告主的需要，为他们寻找最有效的接触顾客和传递信息的方式。

## 2.3.2 媒介扩散、合并和“多元化业务”的媒介组织

产业的另一个层次——媒介的层次也同时出现了扩散与合并现象。有线电视频道、直接营销技术、网络渠道和新媒介（如播客）的大量出现大大增加了人们的选择。媒介控制力和广告收入一直是许多媒介公司存在的动力。历史上一直有法律限制媒介公司对媒介的控制力。2003 年，联邦通讯委员会放宽一个长达十年的限制媒介所有权的条例。现在单个公司可以拥有家庭覆盖率达 45% 的电视台——过去这一比例不能超过 35%。此外，联邦通讯委员会也投票决定终止对“交叉持股”的限制，允许一个公司在一个城市同时经营报纸和广播台。②

电视业合并不再受限制。各类媒介公司总是试图追求更广的业务范围，因此出现了所谓的“多元化业务”媒介组织。③ 想想巨头媒介公司 News Corp. 及其控股公司——News Corp. 包括电视网络（Fox）、报纸（世界范围内超过 20 种报纸）、杂志（Gemstar-TV Guide International）、卫星（DirecTV），和有线系统（Fox News）——的变革。News Corp. 全球控股公司可实现 400 亿美元以上的收入，经营业务遍布全球。现在公司以拥有对等媒介领域的 MySpace 为荣。和 News Corp. 一样大的最终多元化业务公司可能是 Disney，它拥有 ABC 广播网络和 ESPN 有线网络集团，还有 10 个其他的有线电视台、15 个广播台、24 个网站、8 项播客业务、视频点播，以及图书和杂志——Disney 可使用其中任何一种方式吸引受众。

为了不输给对手，网络公司组建了自己的媒介集团。InterActiveCorp（IAC）已经吸纳各类优秀的网站组建了自己的媒介帝国，它所控股的公司包括 Ask. com、Match. com、Ticketmaster 和 Lending Tree。这些网站的收入加起来大约有 70 亿美元，使得 IAC 几乎和更知名的网络公司如 Google 规模相当，但是 IAC 更加多元化。反过来，媒介工具的变革也促生了一些出售、管理及咨询新媒介工具的新专业公司（见图表 2—2）。

## 2.3.3 媒介分化和分裂

该行业的媒介公司和代理公司由于合并存下的仅是一些大公司，但是这并不意味着媒介选择的空间也变小了。事实恰好相反，现在接触消费者的途径比以前任何一个

① Creamer, “Stars Align for Big Bang, the Sequel,” 1.

② David Ho, “FCC Votes to Ease Media Ownership Rules,” *Washington Post*, available at *http://news.yahoo.com*, accessed on June 2, 2003.

③ Nat Ives, “Special Report: More Than Magazines,” *Advertising Age*, March 12, 2007, s1 - s6.

图表 2—2

媒介的扩散已经引起广告业和营销产业的媒介分裂。这个变化的结果之一是新的专业化媒介涌现出来，出售并管理新的媒介方式。DoubleClick，这些新媒介公司中的一个，管理目标是邮件信息。http：//www. doubleclick. net

时期都多。1994 年消费者可以收到 27 个电视频道。今天，美国每个家庭平均能收到 100 多个频道。1995 年，三个非常成功的电视广告节目就能赢得 80% 的女性观众。到 2003 年，达到这个比例却要 97 个电视广告![①] 从电视广告、虚拟广告牌、横幅式网络广告到广告博客，不断出现的新媒介带来的行业混乱使广告突破和创新的空间越来越小。广告主对广告日益失去信心，因此在线交流工具、电影和电视中穿插品牌、售点展示和赞助活动等促销手段对广告主越来越具有吸引力。例如，全美超级橄榄球广告大赛中的广告商曾以无规则性和破天荒的广告费（一个 30 秒的广告费用大约在 250 万美元到 300 万美元之间）而“大震声威”，他们现在已经转而使用捆绑式的促销手段增强广告的效果。为了克制全美超级橄榄球大赛这种混乱的情况和惊人的费

① Matthew Boyle, “Brand Killers,” *Fortune*, April 11, 2003, 89 – 100.

用，Miller Brewing 每个游戏日分销几千个 Miller Lite 充气椅。这种充气椅是全国性常规广告活动（该活动每年在 Super Bowl 广告大赛之前举行）的搭售产品。[①]

考虑到行业混乱所带来的对广告业的强烈冲击，广告商和他们的代理公司都在反思他们与消费者的交流方式。从根本上讲，为了通过更多的途径与更多的消费者接触。他们在促销工具的种类上投入了更大的精力，广告商的这种做法对传统媒介来说是一场浩劫。下面我们来看两个广告主的例子——强生和通用汽车。2007 年，强生宣布把 2.5 亿美元的广告投资由传统媒介——电视、杂志、报纸转向包括网络和博客在内的“数字媒介”。更具戏剧性的是，同年通用汽车广告费用总额减少 6 亿美元，放弃了所有传统媒介的同时增加了网络广告的费用支出。[②]

广告主正在转移他们在传统媒介的广告支出，这是因为他们期望促销活动（如 Miller 充气椅）、赞助活动、新媒介工具和公共关系代替传统媒介成为支持和提升品牌广告宣传的方法。事实上，一些广告主正通过利用好莱坞大牌公司在电视节目和电影中安插他们的广告。在电影和电视节目中安插广告的费用是巨大的。像我们之前谈论过的，可口可乐在*美国偶像*中出镜的费用相当于 2 000 万美元的传统媒介费用。[③]

## 2.3.4 消费者控制：从博客到 TiVo

历史上广告主控制了信息和信息流动，人们只能通过大众媒介单向获取信息。但是，就像引言部分强调的那样，现在的消费者对于收到的有关产品类别和每类产品品牌的信息拥有了更大的自控能力。消费者上网浏览网页，他们选择、浏览信息或者购物就是最简单和明显的例子。但是现实已经变得更复杂了。兴趣相同的消费者经常光顾并且可以表述事实、观点、个人经历的博客和网站正成为一个新的、成熟的产品及品牌信息的来源。博客曾一度被批判为 13 岁女孩的“一时的涂鸦”和科技怪物的胡言乱语，现在博客变得更完善和有组织性了。网络服务公司，像 Blogdrive、Feedster 和 Blogger 正使博客操作更加简单、进入更加方便。调查公司 Gartner 预言博客将在 2007 年达到发展的顶峰，拥有个人网页的人数达到一亿时，博客会呈现稳定的发展趋势，非亲朋好友访问的博客仅有 2 万个。Gartner 的分析员预计当大多数对这个现象感兴趣的人退出该系统时媒介的新颖性也就逐渐消失了。[④] 但是那不是阻止像波音和宝洁之类的大公司向该媒介（该媒介的受众包括消费者、公司员工和公众）投资的理由。[⑤]

就像之前讨论的那样，消费者控制另一个新的、富有戏剧性的例子是数字录像机（如 Tivo）和控制机（如 Slingbox）使用的增加。分析家预计数字录像机的出现将会

---

① BetsySpethmann, “Pre-Game Warmups,” *Promo Magazine*, December 2000, 33 – 34; Bruce Horovitz, “Gee-Whiz Effects Make Super Bowl Ads Super Special,” *USA Today*, January 30, 2004, B1 – B2.

② Jack Neff, “J&J Jolts ‘Old Media’ with $250M Spend Shift,” *Advertising Age*, March 19, 2007, 1, 29; Jean Halliday, “GM Cuts $600M off Ad Spend—Yes, Really,” *Advertising Age*, February 21, 2007, 1, 25.

③ Betsy Streisand, “Why Great American Brands Are Doing Lunch,” *Business* 2.0, September 2003, 146 – 150.

④ Kim Hart, “Portrait of aBlogger: Under 30 and Sociable,” *Washington Post*, July 20, 2006, D5.

⑤ Stanley Holmes, “Into the Wild Blog Yonder,” *BusinessWeek*, May 22, 2006, 84.

使电视广告的观众减少30%。这会使美国广告业收入减少约200亿美元，并且广告主和他们的代理公司预计到2010年，美国所有观看电视的家庭中大约有39%的家庭具有“跳过广告”的能力。[①]

广告主和他们的代理公司将需要适应这个概念：消费者对他们选择的信息拥有越来越大的控制力。他们如何应对这一现象？创新是一个解决方法。广告的信息性和娱乐性越强，消费者愿意看广告的可能性就越大。另一个解决方法是在节目的下方播放广告信息，这种方法虽然创新性不强但效果确实不错。最近，TiVo正推动着一个听起来不可思议的服务全面展开：广告拦截。[②] 打算采购贵重物品（如汽车、家用电器）或者度假的消费者可能了解更多品牌的信息。另外，如“要做就做最好”专栏所讲的那样，消费者越来越重视保护他们的信息交流权。

## 正确行事专栏

### 拒绝来电，拒收邮件，拒绝短信，拒绝交流了吗？

消费者在尽力运用他们的权力来控制个人的信息交流环境。这章讨论以邮件和博客为媒介的对等交流方式及通过类似TiVo和Slingbox控制者这样的装置以躲过广告的方法。但是消费者控制交流环境的努力还没有结束。自2004年以来，美国大约有1.39亿的消费者把他们的家庭电话号码列入联邦及州的“拒绝来电”名单上以阻止电话广告及促销活动骚扰他们的生活。（美国大约有3.2亿人口，而且有一半人还不到18岁。）类似的，消费者可以使用弹出窗口屏蔽软件和垃圾邮件屏蔽软件（屏蔽效果不同）使他们的电脑摆脱广告主其他宣传形式的骚扰。

现在超过12个州正在考虑采用类似于“拒绝来电”的“拒收邮件”名单。这样消费者就可以阻止营销商直接向他们的传统邮箱发送邮件而且还会惩罚那些侵犯消费者权利的广告主。从很多方面来看，这种方法比“拒绝来电”名单更有效果，因为这一活动更容易确认侵权广告主的身份和其侵权行为的证明。如果“拒绝来电”和“拒收邮件”方案付诸实施，那么实施“拒绝短信”方案还会远吗？消费者认为他们的移动电话属于隐私物品，随着向移动电话和iPods发送短信广告的行为更加猖獗，发起一场“拒绝短信”的运动也就不足为怪了。

Nielsen BuzzMetrics的分析家皮特·布兰克肖（Pete Blackshaw）认为“我们已经看到了消费者权利和广告侵权最激烈的对抗”，他还认为走出困境的方法是营销商敞开大门吸引消费者。凯迪拉克的新任营销主管利兹·万祖拉（Liz Vanzura）表示：“TiVo和原始的控制方法正在扼杀我们。我们不得不给消费者更多的理由来听我们讲。”Frito-Lay是那些为了让消费者熟悉自己的品牌而不断变换招数的广告主之一。这家小营销商签约让自己的Lay品牌出现在辛迪加真人秀——家庭组合（*Home Team*）中，这意味着你将会通过电视广播看到更加自然的Lay产品。

广告主最应吸取的教训是不能仅仅因为技术提供了传播途径，就认为应用这种

---

① DavidKiley, “Learning to Love the Dreaded TiVo,” *BusinessWeek*, April 17, 2006, 88.

② Ibid.

技术不会错。广告主用新技术获得了更强的宣传实力，消费者也可利用更多新技术来阻止这种宣传——或者至少能有效地忽视他们。最后，只会产生一个答案，“做到最好”，以消费者感兴趣的观看或者收听方式实现这种诺言。

资料来源 David Kiley, “A New Spark Plug for Cadillac,” *BusinessWeek*, March 20, 2006, 80–82; Ira Teinowitz and Ken Wheaton, “Do Not Market,” *Advertising Age*, March 12, 2007, 1, 44.

### 2.3.5 Web 2.0

讨论广告业的趋势就不能不讨论 Web 2.0。那么究竟什么是“Web 2.0”？Web 2.0 是由 O'Reilly Media 于2004 年发明的一个词组，它指以网络应用为基础的第二代服务媒介——如社交网站和 wikis——都是强调在用户之间的在线合作和共享。O'Reilly Media 最初仅将这个短语作为会议的代名词，但是现在它已被广泛使用。

我们已经讨论了与 Web 2.0 相关的行为所带来的影响，但不是每一个人认为这样的现象真的就是一种现象。因为网络公司（如 MySpace）的活动和信息提供公司（如 Wikipedia）的服务从万维网（World Wide Web）出现的早期就已经成为网络技术的一部分，一些分析家怀疑 Web 2.0 究竟是否真的是一种创新。

Web 2.0 的拥护者认为人们使用技术的方式发生了重大变化，应该将其认定为网络世界的创新。当想到每天全世界通过 YouTube 上传的视频达到 70 000 个之多时，你就很难再对网络技术的应用产生质疑了。[①] 再想想，Google 深信网络技术的这一应用，因此花了 16.5 亿美元采购了 YouTube。IBM，美国传统企业的鼻祖，认为 Web 2.0 的意义绝不仅仅是“年轻人在彼此的 Facebook 网页上发表评论”这么简单。[②] IBM 也正将开拓博客、wikis、播客、社会传播网和 RSS（Really Simple Syndication），使其为公司所用。Web 2.0 当然会有质疑者，因此你要意识到 Web 2.0 是信息传播领域又一个在应用广告和促销工具时考虑的元素。另一个例子是第二人生，它是一个虚拟网络，其特点是大量的布告牌广告和明显的品牌效应。

接下来的几年，这些趋势和他们带来的变化将会使广告主不得不重新思考广告和 IBP。同理，广告公司也需要思考他们的服务方式与信息传播方式。正如你所看到的，像宝洁、IBM、米勒酿酒公司和通用汽车之类的大客户一直在寻求创新的项目以提高其广告投资的效果。打造有说服力的信息这一目标仍没有改变——吸引消费、培养品牌偏好——所以我们将传播环境的发展动态和广告行业框架的变化作为本章的中心话题。

## 2.4 广告业的行业规模和行业框架

为了全面理解广告业的行业框架，首先我们来了解一下广告业的规模。从第 1 章

① Lev Grossman, “Invention of the Year,” *Time*, November 13, 2006, 61–65.

② Tom Lowry and Robert D. Hof, “Smart Move or Silly Money 2.0?” *BusinessWeek*, October 23, 2006, 34–37; Maggie Rauch, “Virtual Reality,” *Sales & Marketing Management*, January/February 2007, 18–23.

我们得知，广告业规模宏大，美国各类广告投入资金总和超过3 000亿美元，而在全世界这一数字接近6 000亿美元。各类促销活动（包括广告在内）资金投入超过10 000亿美元。①

影响广告业行业规模的另一指标是单个公司的广告开支。图表2—3显示了美国前20名广告主在2005年和2006年的广告投资金额。一年的广告开支达到数百万美元，对最大的广告主来说，数十亿美元的投资额确实是一个相当可观的数字。然而，我们必须意识到，通用汽车公司投入的32亿美元的广告开支仅占其销售额的2.6%。类似的，宝洁公司投入的48亿美元仅占其销售额的6%。所以尽管绝对投资数额看起来巨大，但相对投资数额看起来就比较适度了。此外，请注意图表2—3中的20个广告主中，有9位广告主的广告开始出现下降趋势。

图表2—3　**2006年美国前20名广告主**　金额单位：百万美元

| 公司名称 | 2006年的广告支出 | 2005年的广告支出 | 变动比例（%） |
|---|---|---|---|
| 宝洁 | 4 898.0 | 4 587.9 | 6.8 |
| 美国电话电报 | 3 344.7 | 2 653.6 | 26.0 |
| 通用汽车 | 3 296.1 | 4 110.1 | -19.8 |
| 时代华纳 | 3 088.8 | 3 518.3 | -12.2 |
| 弗莱森电讯（Verizon Communications） | 2 821.8 | 2 481.3 | 13.7 |
| 福特汽车公司 | 2 576.8 | 2 611.8 | -1.3 |
| 葛兰素史克集团（GlaxoSmithKline） | 2 444.2 | 2 249.8 | 8.6 |
| 华特迪士尼 | 2 320.0 | 2 291.7 | 1.2 |
| 强生 | 2 290.5 | 2 669.4 | -14.2 |
| 联合利华 | 2 098.3 | 1 943.5 | 8.0 |
| 本田 | 1 995.3 | 1 783.2 | 11.9 |
| 索尼 | 1 994.0 | 1 801.8 | 10.7 |
| 戴姆勒克莱斯勒集团 | 1 952.2 | 2 181.2 | -10.5 |
| 通用电气 | 1 860.2 | 1 979.9 | -6.0 |
| 斯普林新一代（Sprint Nextel） | 1 775.2 | 1 715.2 | 3.5 |
| 麦当劳 | 1 748.3 | 1 656.8 | 5.5 |
| 希尔斯罗巴克公司（Sears Roebuck&Co.） | 1 652.8 | 1 715.3 | -3.6 |
| 欧莱雅 | 1 456.3 | 1 464.2 | -0.5 |
| 卡夫食品 | 1 423.2 | 1 428.9 | -0.4 |
| 梅西百货（Macy's） | 1 361.2 | 1 346.7 | 1.1 |

资料来源"100 Leading National Advertisers," *Advertising Age*, June 25, 2007, S-4.

① "100 Leading National Advertisers," *Advertising Age*, June 25, 2007, S-4.

总而言之，美国前100名广告主在2006年的广告开支超过1 050亿美元，与2005年相比同比增加了3.1%，呈现出健康的增长态势。[①] 而且，毋庸置疑，广告投资的快速增长与广告业的无序经营有关。广告也许会迅速成为它自己最大的敌人，图表2—4显示了整个20世纪和21世纪初期广告业的增长情况。

图表2—4　　从美国建国之初到21世纪的广告支出

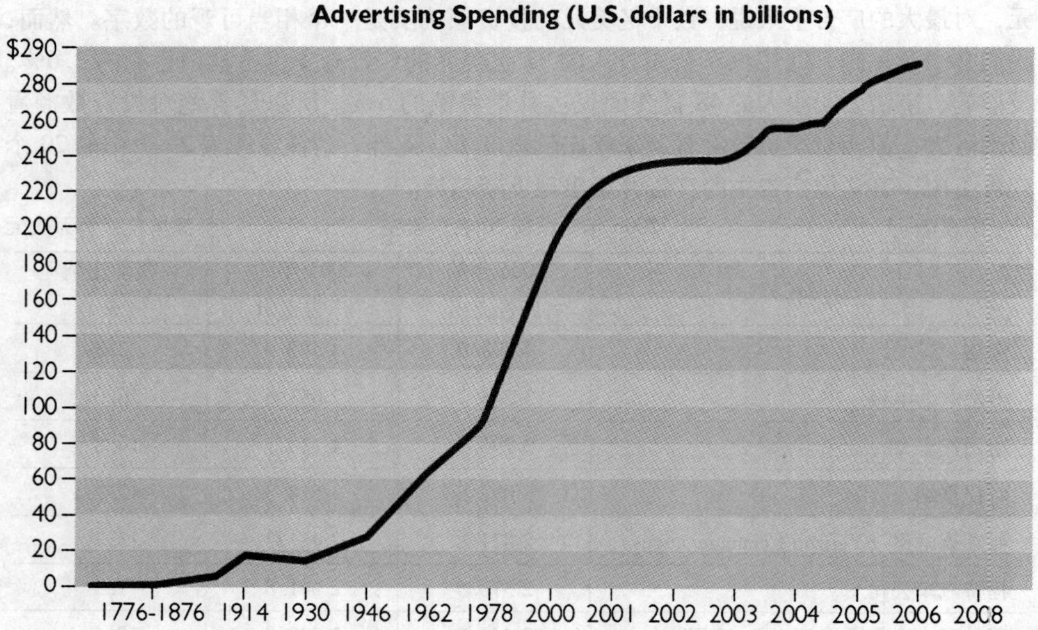


资料来源 "100 Leading National Advertisers," *Advertising Age*, annual estimates. Reprinted with permission. © Crain Communications, Inc., 2007.

除了投资规模，广告业的行业框架也是关键点。当我们了解广告业的行业框架之后，我们就会知道广告制作*参与者的角色以及行业流程*。广告业实际上拥有一个才华横溢、各有专长的人才库，他们负责完成与广告策划、准备和执行等有关的各种任务。图表2—5展示了广告业的行业框架——各类行业参与者。

图表2—5展示了一种广告制作流程：首先，*广告主*（如Kellogg）与*广告公司*（如Grey Global Group广告公司）达成交易，接着广告公司与各类*外部辅助机构*（如Simmons Market Research Bureau）签订（或待签订）专业服务合同，最后*媒介机构*（如the TBS cable network）投放广告，这样广告信息就传到了一个或者更多*目标受众*那里（比如你）。

请注意图表2—5左边的虚线。此虚线表明广告主并不总是需要广告公司提供的服务，而且广告主或广告公司也并不总是寻求外部服务机构的服务。一些广告主可以直接与媒介组织联系发布广告信息或实施促销战略。如果广告主专门设有广告部门或宣传部门，这些部门能够为广告宣传提供所有的资料，或媒介组织（尤其是广播、电视、报纸）能在资料筹备过程中提供技术支持，广告主就会和媒介机构直接合作。

---

① Bradley Johnson, "Top 100 Spending Up 3.1% to $105 Billion," *Advertising Age*, June 25, 2007, S-2.

新兴的互动媒介也为广告主提供机会与娱乐制片公司（华特迪斯尼、索尼、SFX Entertainment 等娱乐制片公司）直接合作，在其制作的影片、电视节目或者娱乐活动中投放品牌广告。并且你会看到，许多新媒介代理商向广告主提供其通过新媒介实施广告宣传所需的创意和技术支持。

图表 2—5　　　　　　　　广告业的行业框架和行业参与者

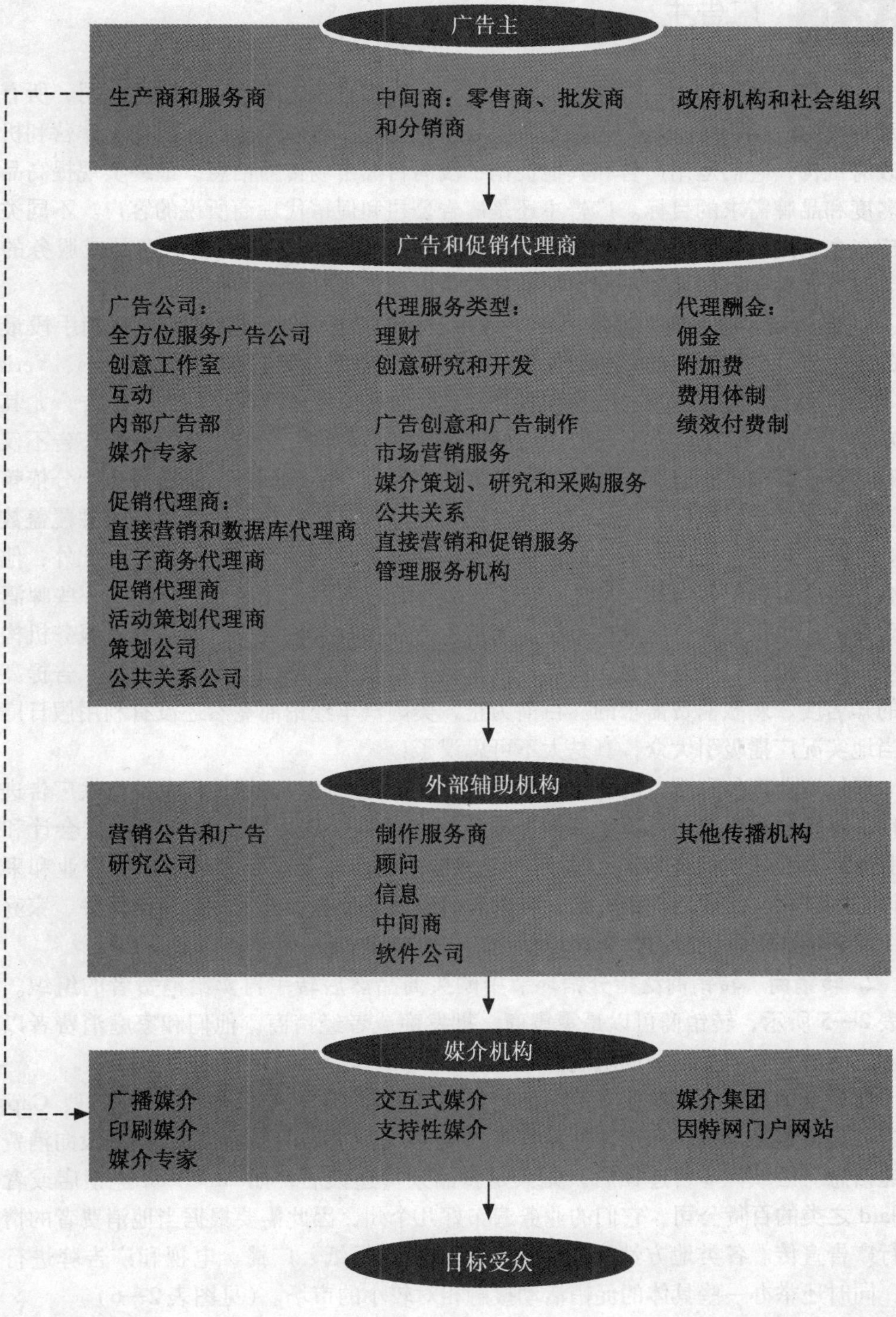

广告行业框架的每一个层次都比较复杂。所以我们要一个一个分析，并重点分析广告公司的性质和活动。当你需要策划一次广告或者整合品牌促销活动时，与你合作的广告公司或者促销代理商便是最宝贵的资源。因为广告公司或者促销代理商是广告创意的中流砥柱，并且是广告制作的重要环节。

## 2.4.1 广告主

广告行业框架的第一个层次是广告主。从你们当地的宠物店到跨国公司，所有类型和规模的机构团体都从广告的效果中寻求利益。广告主是指商业机构、非营利机构和政府机构，它们运用广告和其他促销手段向目标市场传播信息，最终实现提高品牌知名度和品牌需求的目标。广告主还是广告公司和促销代理商所说的客户。不同类型的广告主采用的广告宣传形式略微不同，这主要取决于他们销售的产品或服务的类型。以下几种类别描述了不同类型的广告主以及广告对他们的作用。

1. **制造商和服务商** 提供消费产品和服务的全国性大型制造商是促销手段最主要的使用者，他们每年的宣传费用通常为数百万美元。宝洁、General Foods、Verizon 和 Merrill Lynch 四家公司的产品和服务都是面向全国或者全球市场的。广告，尤其是大众媒介广告，对于这些公司打造品牌知名度和品牌偏好至关重要。但是广告不仅对国有企业或跨国公司有利，区域性或地方性的家庭产品或服务的制造商也十分依赖广告宣传。例如，区域性乳制品公司的牛奶、奶酪和其他乳产品销售市场通常覆盖数个州。这些公司常常使用区域性的报纸媒介和杂志媒介刊登广告进行宣传。此外，他们还会在整合品牌促销（IBP 非常适合区域性营销）中赠送优惠券和样品。一些啤酒厂和葡萄酒厂也仅定位于区域性市场。当地生产商相对来说较少，但是地方服务机构却很多。医疗机构、美发沙龙、饭店、汽车经销商和文艺部门都是通过利用广告提高自己的知名度、刺激消费需求的。目前为止，美国汽车经销商竟然还没有利用假日广告和当地实况广播吸引大众，真是太不可思议了！

提供商业产品和服务的公司也利用全球性、国家性、区域性以及地方性广告进行宣传。IBM 公司（提供计算机和商务服务）和德勤（Deloitte）公司（提供会计和咨询服务）都是提供商务产品和服务的全球性公司。在全国和区域内供应农业和采矿业设备的公司常常使用促销方式，咨询和研发公司也是如此。提供清洁服务、家庭日用织品和记账服务的地方性公司也使用广告进行宣传。

2. **转销商** 转销商泛指分销环节中购买商品然后转手再卖给消费者的组织。如图表 2—5 所示，转销商可以是零售商、批发商或者经销商，他们和家庭消费者以及企业之间的交易不受地域的限制。

拥有全国性或全球性业务范围的零售商是最常见的转销广告主。沃尔玛、Gap 和麦当劳公司都是全国性和全球性零售商的代表，这些公司使用各种促销手段向消费者传递信息。区域性零售连锁店，尤其是食品杂货连锁店，如 Albertson 连锁店或者像 Dillard 之类的百货公司，它们的业务遍布好几个州，因此需要根据当地消费者的情况进行广告宣传。各类地方性小型零售商店则使用报纸、广播、电视和广告牌进行宣传，同时还举办一些具体的促销活动接触相对较小的市场。（见图表 2—6）

图表2—6

广告不是 Microsoft 或 Nike 等全国性大公司的专利。像 Rocky Mountain Choppers 之类的区域性和地方性的商业机构也可有效利用广告进行宣传。http：//www. rmchoppers. com

批发商和经销商，如 Ideal Supply 股份有限公司（该公司是提供爆破设备和测量设备的承包服务）是一类业内完全不同的经销商。严格来说，这些类型的公司仅与企业交易，因为他们在产品分销渠道中所处的位置要求他们要么将产品卖给制造商（采购产品之后再加工成其他产品的商家），要么卖给零售商（将产品销售给家庭消费者的商家）。有的时候，一些商业机构虽称自己为批发商，但也向社会促销。这样的机构事实上扮演着零售商的角色。

批发商和经销商很少会利用电视和广播等大众媒介进行广告宣传。他们的主要广告媒介是一些行业出版物，目录广告诸如黄页（电话号码簿）和同业名录，直接邮件和公司网站。

3. **联邦、州和地方政府** 你可能对将政府划分为广告主感到不可思议，但是政府每年的广告投资却高达数百万美元。美国政府通常位于美国广告业前50大广告主之列，其每年仅广告一项开支就超过10亿美元[①]。如果加上IBP的其他支出，如宣传册、招聘会和招聘办公室的人员销售开支，那么美国政府每年在广告上的费用很容易就超过20亿美元。联邦政府在广告和促销上的开支主要集中在两大方面：征兵和解决社会问题。举个例子来说，美国政府定期举办具有普及度较广的征兵广告宣传活动。[②] 美国军队“Army Strong”宣传活动使用电视、杂志、报纸和美国征兵网站上的互动游戏（名为“America's Army”）进行征兵宣传。（见网址 http：//www. goarmy. com）

4. **社会组织和非营利组织** 社会组织在全国、州和地方进行广告宣传的情况非常普遍。美国大自然保护协会（The Nature Conservancy）、联合劝募会（United Way）、美国红十字会（American Red Cross）和文艺团体通过广告提升组织的知名度，筹募资金，并试图引导公众行为（如制止吸毒和鼓励乳腺健康检查）。此类组织机构通过大众媒介和直邮宣传他们的事业和服务（见图表2—7）。每个州都有其独具特色的州际组织，如市民反饥饿协会（Citizens against Hunger）、城市艺术委员会（a state arts council）、旅游办公室（a tourism office）、经济发展委员会（an economic development office）和历史协会（a historical society）。当地社区的社会组织，从计算机俱乐部到兄弟会，再到社区托儿所，都具有各式各样的特殊利益。社会组织同主要跨国公司的基本广告目标相同：刺激需求和传递信息。大型跨国公司使用的是全国性或全球性广告，而当地机构则使用地方性广告向消费者传递信息。

这些广告主听起来是否耳熟？答案是肯定的，在第1章中，我们曾将这些广告主定义为一类特殊的消费者。他们既是广告的目标受众，同时又是广告主。

## 2.4.2 广告主在整合品牌促销中的角色

我们曾说过很少有广告主专门动用人力和资金进行战略规划，然后统筹有效用的广告和整合品牌促销项目，于是在广告业就产生了广告公司这一重要角色。但是在广告公司提供服务*之前*，广告主要扮演另一个重要的角色。为了协助广告公司出色完成任务，各类广告主（如上文提到过的）必须在和代理商进行交流之前充分作好准备。广告主的角色包括以下六个方面：

- 充分理解并清晰地描述公司的品牌给消费者带来的价值
- 充分理解并清晰地描述与其他竞争品牌相比本公司品牌的市场定位

---

① The 2006 ranking for the U. S. Government was 29th at ＄1. 13 billion annual spending on advertising, “100 Leading National Advertisers,” *Advertising Age*, June 25, 2007, S－4.

② Bob Garfield, “Army Ad Strong—If You Totally Forget We're at War, “*Advertising Age*, November 13, 2006, 57.

图表 2—7

政府机构、社会组织和非营利组织，可以像企业一样有效利用广告传递信息。美国红十字协会通过此则广告向美国家庭宣传“预防灾祸计划”的重要性，如火灾或其他灾难。请看美国红十字广告是如何凸显其培养品牌知名度的——就像企业那样。http：//www. redcross. org

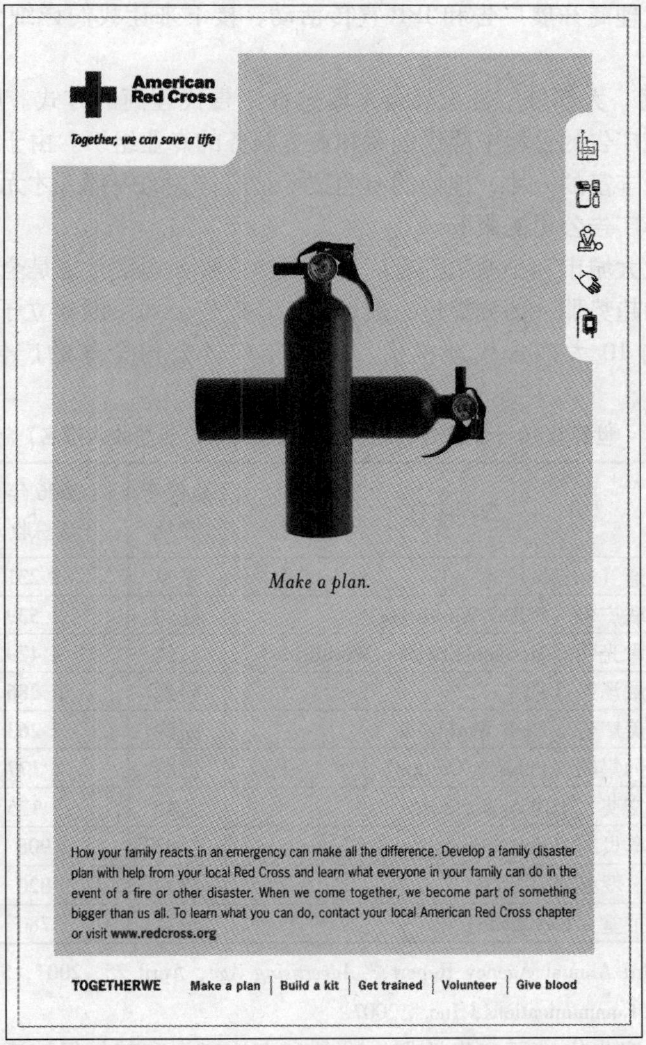


●清晰地描述公司短期和长期的品牌目标（如品牌扩展、国际市场推广）

●确定最有可能对品牌产生良好反应的目标市场

●确定并管理最有效的供应链或分销系统

●将广告和其他促销手段纳入组织整体营销战略之中，以此提高品牌知名度

一旦广告主履行上述六方面的职责，那么广告主即应利用广告公司所提供的服务有效地、创造性地开发品牌市场，这一顺序绝不能颠倒。但这并不是说，广告主完成和优化以上工作并不需要代理商的协助；相反，广告主在没有做好自身工作，也没为合作作好准备之前就与代理商建立合作关系是错误之举。

## 2.4.3 广告和促销代理商

幸运的是，熟谙广告和促销的专业代理商完全弥补了广告主在该领域的不足。广告主依靠各类代理商开展广告和 IBP 宣传活动，接下来让我们详细介绍一下这些代理商。

1. **广告公司** 大部分广告主都会采取选择广告代理商的方式。广告公司是在计划、准备和实施广告的过程中提供创意和业务服务的专业组织。由于广告公司拥有一批专业的、经验丰富的人才，他们的专业技术是广告主的内部人才无法比拟的，所以许多公司会选择广告公司的服务。

美国大多数大城市和小城镇都有广告公司。广告公司常常也是全球性企业。我们在影响广告业的趋势那一部分提过，最近几年，广告公司不断建立子公司。图表 2—8 展现了世界前 10 大广告代理机构。2006 年广告公司全球的广告收入达 282 亿美元①。

图表 2—8　**世界前 10 十大广告代理机构（按全球的广告总收入排名）**金额单位：百万美元

| 排名 | | 公司名称 | 总部所在地 | 2006 年全球总收入 | 变动比例（%） |
|---|---|---|---|---|---|
| 2006 | 2005 | | | | |
| 1 | 1 | 电通（Dentsu） | 东京 | 2 231 | 2.2 |
| 2 | 3 | 天联广告（BBDO Worldwide） | 纽约 | 1 539 | 8.0 |
| 3 | 2 | 麦肯光明（McCann-Erickson Worldwide） | 纽约 | 1 479 | 1.2 |
| 4 | 4 | 智威汤逊（JWT） | 纽约 | 1 286 | 3.3 |
| 5 | 5 | 恒美广告（DDB Worldwide ） | 纽约 | 1 263 | 6.2 |
| 6 | 6 | 阳师集团（Publicis Groupe） | 巴黎 | 1 177 | 2.0 |
| 7 | 7 | 李贷艾（TBWA Worldwide） | 纽约 | 1 135 | 19.4 |
| 8 | 8 | 里奥贝纳（Leo Burnett） | 芝加哥 | 908 | 2.2 |
| 9 | 10 | 杨·罗必凯（Y&R） | 纽约 | 820 | 4.1 |
| 10 | 9 | 博报堂（Hakuhodo） | 东京 | 780 | -1.0 |

资料来源“63rd Annual Agency Report,” *Advertising Age*, April 25, 2007, S-4. Reprinted with permission. © Crain Communications, Inc., 2007.

以下是协助广告主进行广告计划，准备和实施工作和其他促销活动的专业人士：

客户策划人　　促销和活动策划人
行销专员　　文案撰写人
业务主管　　直接营销专员
媒体购买商　　广播和电视制片人
艺术指导　　网站开发工程师
客户策划主管　　调查人员
首席执行官　　互动媒介策划人

① “63rd Annual Agency Report,” *Advertising Age*, April 30, 2007, S-4.

首席财务官　　　　　　　　　　美工
首席技术官　　　　　　　　　　技术人员——印刷员，电影编导等
公关人员
创意总监

如上所列，一些广告公司可以给广告主提供许多服务，包括创意性的活动策划、电子战略和效果评估等一系列服务。从上述列表我们还可以看出代理商实际就是一个企业。广告公司像其他企业一样都设有首席执行官、首席财务官和首席技术官的职位。职位不同，薪金也就不同。大型代理机构的首席执行官年薪可达数百万美元（2005 年 Barry Diller 从 InterActiveCorp 公司获得的薪金和股份总额达 2.95 亿美元），而媒介策划人年薪约为 5 万美元。① 当然那些薪金差距主要取决于代理商位于大城市市场还是小区域市场。

对广告主而言，有几种类型的广告公司可供选择。但是这些广告公司的专业技能水平和所提供的服务是大不相同的，所以广告主应深入了解广告公司的背景，然后选择满足自己需要的代理商。以下就几类主要广告公司作简要描述：

**全方位服务代理商**　全方位服务代理商通常配有一批专业广告人员，这些人能够满足客户的所有促销需要。通常这种代理商也能为客户提供机会在全球范围内扩大影响力，奥姆尼康集团（Omnicom Group）公司和 Dentsu 公司就是这类代理商。全方位服务代理商不一定就是拥有数百名甚至数千名员工的大型机构，拥有几十名雇员的小型公司也可为大型公司提供全面服务。Crispin Porter + Bogusky 公司是一家位于迈阿密州（而不是纽约或洛杉矶），创意水平较高的小型全方位服务公司。该公司曾为 VW、Burger King 和 Mini USA 三家公司②策划过较有创意的宣传活动。同样，并不是每一家全方位服务代理商都建立在数亿美元资产的基础上。CramerKrasselt 是一家中型代理商，他每次都以较小或中等资金实力建立了稳定的国际客户群。此公司很少有超过 2 千万美元的订单，虽然像 AirTran、Allen-Edmonds Shoes、Rexall 和 Bombardier ATVs 这样的客户带来的都是小额业务，但公司现在的年收入仍可达数百万美元③。

**创意工作室**　创意工作室主要提供创意、广告文案撰写和美工等方面的服务。广告主可以使用这种服务使信息主题或单个的广告更具创意。一位广告专家曾说过："如果广告主想要的是创意，而且是大量的创意，以便从中挑选并按照自己意愿进行整合，那么他们就不会选择全方位服务公司。他们都喜欢创作迅捷、创意新颖、收费的点子工厂。"④ 创意工作室就是这类"点子工厂"。一些大型全球代理商，如 McCann-Erickson Worldwide 和 Leo Burnett 公司，模仿各家创意工作室的特色建立了自己的创意工作室。实际上，随着广告业的不断发展，创意工作室可能成为全球性全方位服务代理商扩张—收缩—扩张发展模式的受害者。但可以确信的是，世界上仍存在一些大型创意工作室，如 Fusion Idea Lab 公司。（见网址 http：//www. fusionidealab. com）

---

① Bradley Johnson, "Diller Leads Top Execs in 2005 Pay," *Advertising Age*, December 4, 2006, S-2.
② DavidKiley, "The Craziest Ad Guys in America," *BusinessWeek*, May 22, 2006, 72-80.
③ HillaryChura and Kate MacArthur, "Cramer-Krasselt Thinks Small," *Advertising Age*, September 11, 2000, 32.
④ MartinSorell, "Agencies Face New Battle Grounds," *Advertising Age*, April 13, 1998, 22.

创意工作室最大的优势在于具有适合特定广告主的专业技能，但这也成为了其最大的束缚。随着广告主转向使用 IBP 宣传战略并且加大 IBP 方面的投入，在他们看来，创意工作室可能会带来额外的开支和工作，这是他们负担不起的。然而，正如你将了解的一样，创意方面的投入对成功创建品牌十分重要，所以创意将成为这一过程中的重要环节，而创意工作室能很好地实现这种价值。

**互动代理商** 互动代理商帮助广告主为新兴媒介，如互联网、博客、多媒体信息站、光碟和交互式电视，提供信息传播方式。互动代理商侧重使用网络解决方案进行直接营销和与目标市场沟通（见图表 2—9）。互动代理商为宝马、甲骨文、任天堂和美国军队提供服务。但 1999 年，在经营互联网业务中的一些实力薄弱的投机商被淘汰时，互动代理商并未幸免于难。许多代理机构轻易地就倒闭了，有些被大型代理商收购了。今天，甚至一家中型全方位服务代理商都可为客户提供互动服务。事情确实如此，许多广告主都将所有 IBP 业务交给他们的全方位服务代理商，其中包括互动媒介业务。

图表 2—9

新兴媒介时代滋生了很多擅长制作条幅广告和建立公司网站的互动代理商。Bluestreak 公司是一家目标明确的代理商——为营销商和代理商提供基础设施用于策划推广宣传活动，以此创造更高的点击率。请登陆 http：//www. bluestreak. com 网站，查看该公司的经营理念和经营目标。

互动代理业下一次变革的领军力量将是虚拟代理商。虚拟代理商是一个网站(http://www.pick-n-click.com)。通过这个网站，在使用者支付统一的费用之后就可以制作电视广告、印刷广告、广播广告和互动广告。Zimmerman 代理公司（奥姆尼康集团的一支）正将上述想法变成一种主流，像特许经销商和汽车经销商等分支庞大的公司可以利用这种方式，根据不同地域和竞争需要迅速而有针对性地作出回应。①

**内部广告部** 内部广告部通常指公司直属的广告部门，该部门负责策划广告和准备广告材料。广告部门有两大优势：其一，能够增强广告和促销过程每一个阶段员工之间的协调性和对业务的控制力。在此方面做得较为出色的广告主有 Gap、Calvin Klein 和 Revlon 公司，他们都是依靠自己的广告部完成大部分广告宣传任务。广告主自己的员工了解市场营销活动，并对其有控制权，如产品开发和分销策略。其二，公司可以省下付给外部代理商的佣金从而获得所有利润。公司自己完成广告制作工作确实很有诱惑力，但却存在两个严重的缺陷。首先，内部制作缺乏客观性，这使得广告的每个制作环节都受到限制。其次，在人才知识的广度和深度层面，内部广告部永远无法与外部代理商相媲美。

**媒介专家** 严格来说，媒介专家不是代理商。媒介专家是专门从事于采购媒介时间和空间，并向广告公司和广告主提供媒介策略咨询的机构。随着媒介种类的激增和促销工具（不包括广告）的广泛使用，媒介和促销工具的战略性合作变得更加复杂。Starcom MediaVest Group 就属于这类媒介专家（见网址 http://www.starcommedia.com)，该公司是总部设在巴黎的 Publicis Groupe 公司的一个子公司。Starcom 有一个由接近 3800 位设计师组成的完整的工作网络。这些设计师在媒介管理、网络和数字传播、回应媒介、娱乐营销、体育赞助、活动营销和多文化媒介方面都非常精通。Starcom 公司在全球 104 个国家拥有 110 个办事处，业务的重心是帮助许多世界知名公司树立品牌形象。

使用媒介专家的另外一个好处就是与代理商或广告主相比，媒介专家买进媒介时间的成本更加低廉，这是因为他们采购媒介的数量较大。并且，媒介专家通常留有时间和版面，所以能在紧要关头为广告主提供广告安排。许多年来，媒介采购服务机构一直是广告业的组成部分。然而，最近几年媒介策划已纳入采购媒介版面的任务中。荷兰的消费产品大型联合企业联合利华曾经决定将其价值 5.75 亿美元的媒介采购和策划任务委托给 MindShare Worldwide 这家专业化代理商，广告主现在发现采购媒介版面的公司对于媒介战略也有独到的见解。②

2. **促销代理商** 广告主依赖广告公司协助公司开展促销宣传活动的同时，许多专业化的代理机构常常也会进入这一领域，他们就是促销代理商。这是因为广告公司，甚至是提供全方位服务的广告公司，其核心业务是广告，对其他促销业务仅提供一些关键性的辅助性服务。在传播媒介不断推陈出新的今天，这一解释尤为贴切。促销代理商能够处理任何事情，包括发放样品、活动促销和校园促销搭售等。以下描述

---

① Jonah Bloom, "Zimmerman's Virtual Agency Marks the Rise of Machines," *Advertising Age*, January 15, 2007, 15.

② RichardLinnett, "Unilever Win Affirms MindShare Strategy," *Advertising Age*, December 4, 2000, 4.

了代理商的类型以及他们提供的服务。

## 全球化专栏

### 西班牙语、汉语和荷兰语的代理商发展良好并逐步增长壮大

市场全球化给美国国内外专业服务代理商带来了巨大的发展机遇。随着美国国内说西班牙语消费群体的快速增长，向这些消费者提供广告和促销服务的西班牙语代理商也不断发展。这些代理商经历了两位数的发展阶段，其中迈阿密和洛杉矶的代理商年增长速度可以达到30%和40%的水平。现在，每年西班牙语在线投资已超过1.5亿美元，还有更多的拉美代理商正建立新的互动机构。

中国以GDP的巨大增幅和持续扩大的贸易顺差著称，但在满足由经济增长带来的广告和促销材料需求方面仍感到力不从心。事实上，一些代理商极力寻找足够多的有才之士去填充在创意、研究和媒介方面的许多空缺，以此立足点出发，代理商将他们所处的形势描述为“危机”。但是他们称此危机是有益的，因为对人才的需要意味着市场在增长，商业发展良好。当数字传播获得发展机会时，商业就发展得尤其好。中国拥有1.2亿网民（仍在快速增长）、7.91亿手机用户（这是千真万确的）。在中国，互联网是继电视和报纸之后第三大信息传播媒介，大约有10%的广告投资流向了互联网领域。

阿姆斯特丹已发展成一个知名的代理市场。最近Sony公司打算雇用一家新代理商负责公司在美国的所有创意工作，于是该公司在阿姆斯特丹委托了一家名为180的小型独立代理机构。但是Sony公司发现荷兰那些水平较高的创意工作室的时间并不是很早，Adidas、Ikea和Coca-Cola公司与阿姆斯特丹主城区的工作室已经合作很多年了。为什么这座城市独具艺术气息，能够吸引创意方面的人才，呈现出多样化特征呢？一位代理商的高级主管是这样回答的：“阿姆斯特丹允许我们与世界接触，但没有被任何文化所吞没。”

资料来源 Laurel Wentz，" Look at Them Grow：U. S. Hispanic Agencies Thrive，" *Advertising Age*，December 4，2006，31；Laurel Wentz and Normandy Madden，" China's Ad World；A New Crisis Every Day，" *Advertising Age*，December 11，2006，6；Jack Ewing，" Amsterdam's Red-Hot Ad Shops，" *BusinessWeek*，December 18，2006，52.

**直接营销和数据库代理商** 这些代理商（有时也称为直接回应代理商）提供许多不同的直接市场营销服务。直接营销代理商和数据库代理商的业务之一是维护和管理邮寄名录数据库。这些公司能够使用邮寄或电话营销策划直接营销活动，或者是使用各类媒介策划直接回应宣传活动。这些代理商帮助广告主建立目标消费者数据库、合并数据库、准备促销资料，然后举办宣传活动。在很多情况下，这种代理商都设有执行中心以确保客户收到通过直接邮寄订购的产品。Direct Media股份有限公司（网址：http：//www. directmedia. com）是世界上最大的清单管理和清单经纪公司，在国内消费者市场、全球消费者市场和企业同行交易市场为客户提供服务。

这些代理商的创立目标是向客户提供创意和制作服务。这些公司利用传统媒介，如广播、电视、杂志和报纸，设计并帮助客户实施直接回应广告活动。同时，一些公司为客户提供专题广告片：一部长约5分钟~60分钟的信息节目，旨在宣传品牌并

向消费者直接供应商品。AdProducers. com 是一个全世界专题广告制作商的在线社区。它是广告提供商 Ad Producer. com/Entertainment Producer. com 的一个组成部分。

**电子商务代理商** 新的电子商务代理商数目庞大而且种类繁多，因此很难对它们划分类别。电子商务代理商利用电子商务处理各种与促销相关的策划和执行活动。注意，这些代理商与上面讨论过的互动代理商不同。这些代理商不制作网站广告也不设计条幅广告，而是利用电子媒介——尤其是互联网——帮助公司进行各种促销活动。他们开展抽奖活动、发放优惠券、发放样品和开展回应宣传活动（见图表 2—10）。例如，24/7 Real Media（见网址 http：//www. 247media. com）这样的公司向广告主提供在线优惠券、在线竞赛和在线忠诚度项目的服务。老海军（Old Navy）、美国航空公司（American Airlines）、世界自然基金会（the World Wildlife Fund）、思科（Cisco）和 3M 公司与电子商务代理商签订合同，拓展它们的 IBP 宣传活动。这类新式媒介电子商务机构还包括 DoubleClick（在本章的图表 2—2 中），该机构提供与网络广告、目标技术、整套广告管理软件解决方案、直接回应网络广告和以区域和地方性企业为客户的网络广告等有关的服务。看待这些新兴电子商务代理商的最好办法就是要知道他们能够使用新媒介技术开展各类促销活动，这类代理商通常精通网络解决方案。

图表 2—10

电子商务代理商通过网络为广告主提供高度专业化服务。像 OptinEmailMarketing. net 之类的专业代理商向广告主提供如电子邮件营销战略和网站开发等服务。

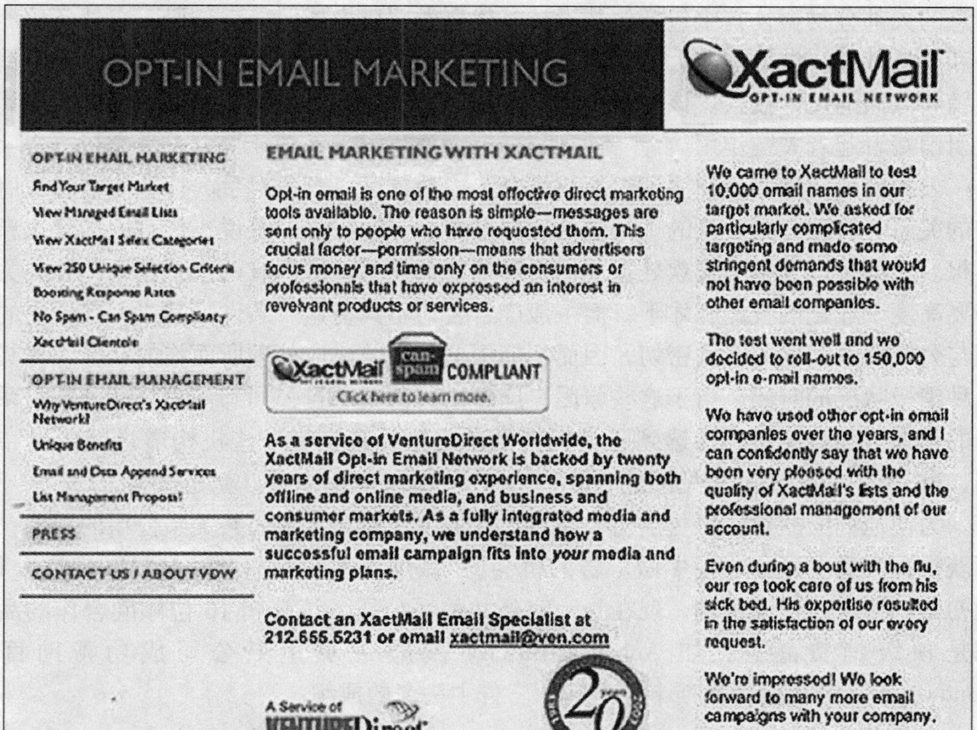


**促销代理商** 这些专家为广告主设计，然后开展竞赛、抽奖、特别展览或优惠券

活动。这些代理商专门从事消费者促销活动并集中精力从事降价销售、发放优惠券、发送样品、给予回扣、提供保险费等工作，认识到这一点非常重要。其他公司专门为广告主设计贸易市场销售促销活动以帮助其开展促销活动，促销的目标受众是批发商、零售商、小贩和转卖者。这些代理商是设计激励项目、贸易展会、销售竞赛、店内促销和售点宣传材料等方面的专家。

**活动策划代理商** 家庭消费者或者企业消费者也可以成为活动的赞助方。活动策划代理商和组织者是寻找场址、确定活动时间和促销团队人员安排方面的专家，促销团队人员包括：音响或视频师、餐饮服务人员、安全专家、表演人员、名人和其他活动所需人员。活动策划组织也常常负责活动的广告宣传和新闻界的报道。如果某广告主是活动的唯一赞助商，如 PGA 高尔夫球锦标赛，广告主的主管将与活动策划代理商密切合作。如果该广告主只是其中的一个赞助商，如 NASCAR 比赛，那么该广告主对活动策划工作的控制权非常有限。

**设计公司** 在广告和促销过程中，设计师和绘图专家并没有得到足够的信任和重视。如果你从事广告或促销行业，你的设计者将是你最先接触并且是最重要的合作伙伴之一。设计师很少参与战略策划工作，他们主要负责广告和 IBP 的执行工作。从最基础的层面来说，设计师帮助公司设计公司标识——识别公司的图标，和其他提高公司知名度的视觉效果标志。这个标志会出现在各种事物上，包括广告、产品包装、公司办公文具、商务名片和指示牌等。图像设计师除了设计公司标志外还设计用于传递信息的大部分材料，其中包括包装设计、优惠券、店内展示、宣传册、户外条幅、简报和直接邮件。世界上最大的消费者包装商品公司之一，最近进一步加大了对营销和促销各方面的设计投入。该公司声称，在商店中，对产品的包装和展示而言，设计对吸引消费者起着关键作用。①

**公关公司** 这些公司协调组织与媒介、当地社区、竞争对手、行业协会和政府机构的关系。管理公共关系的工具包括新闻发布、专题报告、游说、代言人和公司新闻简报。大部分广告主不喜欢处理他们自己的公共关系，原因有两个：其一，公共关系需要高度专业化的技能和才干，而一般广告公司不具备这一条件。其二，广告主的经理与公共关系问题关系太密切，因而不能根据公众的反应处理所面临的状况，尤其是一种消极状况的时候。由于这些原因，广告主，甚至广告公司都寻求外部公共关系公司的帮助。随着英特网渗透到各类促销活动之中，甚至有一些机构通过网络发布新闻，PR Newswire 公司（见网址 http：//www. prnewswire. com）就是这类公司。

为使他们的品牌标识更加引人注目，广告主一直在寻求公共关系公司的帮助，从而获得在大量电影和电视中做广告的机会。② 威廉·莫里斯（William Morris）公司，起初是一个人才代理机构，现在是一家公共关系公司。该公司 16 位顾问合作的品牌都是顶级消费品牌，如 Anheuser-Busch。威廉·莫里斯公司成功帮助百威（Budweiser）公司摘得奥斯卡奖之啤酒广告主头名的成绩。

---

① Jack Neff, "P&G Boosts Design's Role in Marketing," *Advertising Age*, February 9, 2004, 1, 52.

② Betsy Streisand, "Why Great American Brands Are Doing Lunch," *Business* 2.0, September 2003, 146 - 150.

## 2.4.4 代理服务

广告和促销代理商提供广泛的服务。广告主需要一家大型的、全球性的、能提供全方位服务的广告公司来策划、筹备并执行其广告和整合品牌促销活动。另外，创意工作室可以提供恰当的服务组合。类似的，一家大型促销公司可能负责管理促销活动，而设计公司可能只负责设计工作。然而，最重要的一点是，在任何广告公司接受雇用之前，广告主应与代理商就其所提供的服务进行谈判并达成协议。图表 2—11 显示了全方位服务广告公司典型的组织结构，这类公司还提供大量的整合品牌促销服务。下面介绍的是广告和促销代理商通常提供的服务种类。

图表 2—11

全方位服务广告公司的典型结构。注意到此种结构不仅包括广告服务，还包括整合品牌促销。

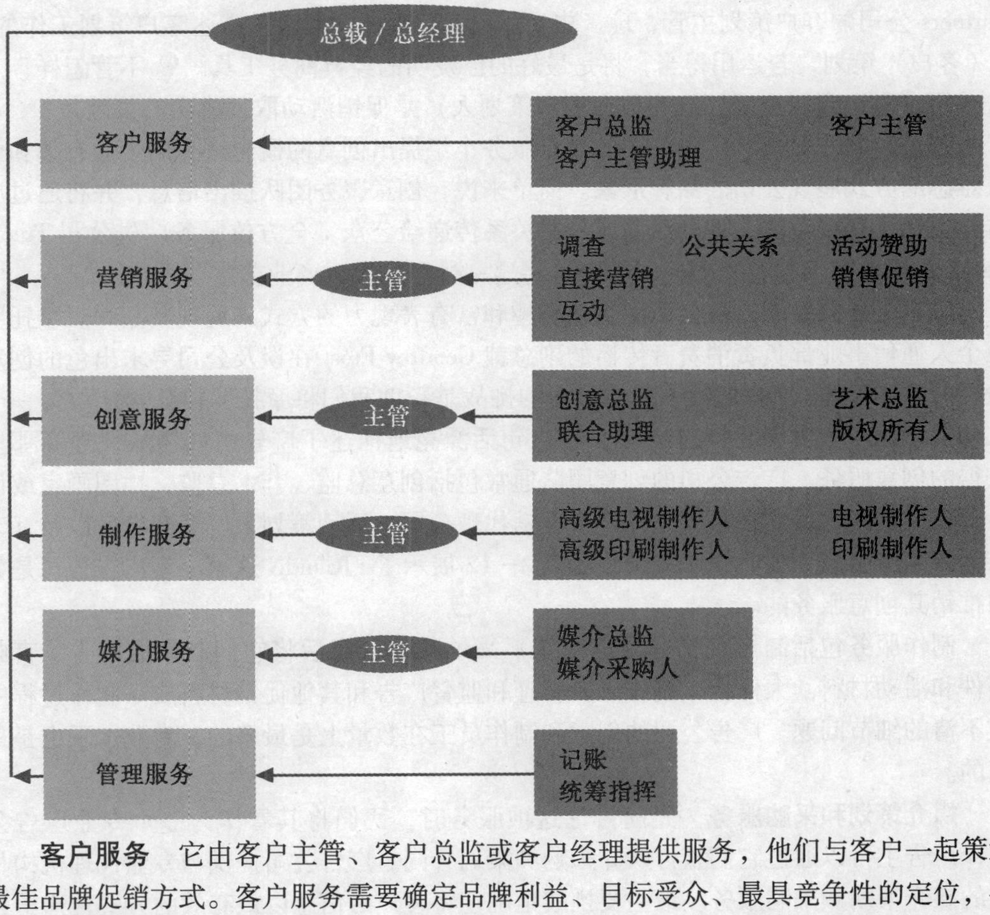


**客户服务**　它由客户主管、客户总监或客户经理提供服务，他们与客户一起策划最佳品牌促销方式。客户服务需要确定品牌利益、目标受众、最具竞争性的定位，再制订完整的促销计划。在某些情况下，广告公司的客户服务包含基本的营销和消费者行为调查，但总的来说，这些信息应由客户提供。事实上，了解目标细分、品牌价值和定位战略是广告主的责任。

同时，客户服务经理和客户合作利用广告公司的创意服务将文化和消费者价值观转化为广告和促销信息。最后，他们与媒介服务商合作就最佳传播途径制定一个有效的媒介战略。客户服务最基本的一项任务就是将各广告代理团队的创意、制作和媒介服务控制在预算之内并按时完成。

**营销调查服务** 广告公司向客户提供的调查服务通常就是代理商定位调查（由商业调查机构实施）。这种调查与客户的市场或广告促销目标有关。调查小组会帮助客户解释此项调查的信息，并将它传达给创意和媒介人员。如果现行调查不充分，代理商会亲自组织调查。如同之前在客户服务部分提到的那样，一些广告公司能将目标受众中的消费者汇集在一起，对提出的不同广告版本进行评估，并以此确定信息是否有效传达。

很多广告公司都已设立客户策划人的职位，以协调市场调查工作。客户策划人在组织中的地位与客户主管相当。客户指派的客户策划人要确保收集活动材料的每一阶段都要进行调查。一些代理公司的领导者，如 Chiat/Day 的 Jay Chiat 认为客户策划是迄今为止最好的新商务工具。[①] 其他一些人评估时更加慎重。Goodby，Silverstein& Partners 公司的客户策划主管，琼 · 史迪尔（Jon Steel）是这样描述客户策划工作的："（客户）策划，若运用得当，将是最好的已发明的经典商务工具。"[②] 不管怎样，广告公司正意识到调查（标志为任命客户策划人）是促销活动取得成功的关键。

**创意和制作服务** 广告公司的创意服务小组提出创意的概念——用生动有趣和令人难忘的方式展现公司的品牌形象。简单来说，创意服务团队推出信息，并将通过广告、促销、直接营销、赞助活动或公共关系传递给公众。全方位服务广告公司 Tracy-Locke 的退休首席执行官 Howard Davis 将这一过程称为"商业艺术"。[③]

客户会强烈要求广告公司用生动有趣和富有表现力的方式来展现其品牌。摩托罗拉个人通信事业部负责消费者传播的副总裁 Geoffrey Frost 在谈及公司寻求出色的创意途径时这样说道："我们给予广告公司的挑战是帮助我们将摩托罗拉公司定位为一个已切实掌握未来发展趋势的公司。"[④] 这句话漂亮地描述了广告主期望从代理商那里获得的创意服务。广告公司的创意团队通常包括创意总监、艺术总监、插图画家或设计师以及文案人员。在某些专业广告促销代理公司，活动策划人、竞赛专家以及互动媒介专家将会成为核心团队成员。图表 2—12 展示了 FJCandN 这家小型广告公司是如何推销其创意服务的。

制作服务包括制作人（有时是主管）采纳某些创意后将它们制作成广告、直邮信件和活动材料。大体上，制作人要管理和监督广告和其他促销材料成品制作过程中数不清的细节问题。广告公司的创意和制作员工在数量上是最多的，专业水平也是最高的。

**媒介策划和采购服务** 先前讨论这项服务时，我们将其看作为一个专业广告公司，广告主可以通过它们签订媒介采购和策划合同。广告公司提供与专业代理机构相似的媒介策划和采购服务。最主要挑战是确定将客户的信息以最有效的方式传递给目

---

① Jon Steel, *Truth, Lies & Advertising: The Art of Account Planning* (New York: John Wiley & Sons, 1998), 42.

② Ibid, 43.

③ Howard Davis expressed his views in this regard during a keynote speech at the Montana State University College of Business delivered on December 13, 2000.

④ Tobi Elkin, "Motorola Tenders Brand Challenge," *Advertising Age*, August 14, 2000, 14.

标受众的途径。媒介策划人和采购人员测试各种方法最后推出一套符合客户预算的有效的媒介策划方案。但是媒介策划和采购并不只是简单地购买广告版面、确定礼券分发时间或安排活动时间。代理商可以实施多种媒介战略以加强信息的影响。广告公司正帮助客户对众多新媒介进行归类，比如可录式光盘、盒式录像带、互动媒介以及网络。客户要求在几乎每个整合品牌促销计划中都应用网络媒介。为了满足这种需求，很多大型代理公司，比如 Omnicom、Chiat/Day、Fallon McElligott，几年前就都建立了自己的互动媒介团队。媒介策划人、媒介采购人员和媒介调查人员是在媒介领域中三种最常见职位。这也正是客户花费最多的服务项目，而且也非常重要。

图表 2—12

从大型的全球性广告公司到小型的地区性代理企业，所有广告公司都为客户提供了范围广泛的服务。这一过程最大的贡献者可能就是创意服务。图中，FJCandN 这家地区性代理公司，曾劝说客户“目标要更高”。这种推销该公司创意服务的方法相当有创意。

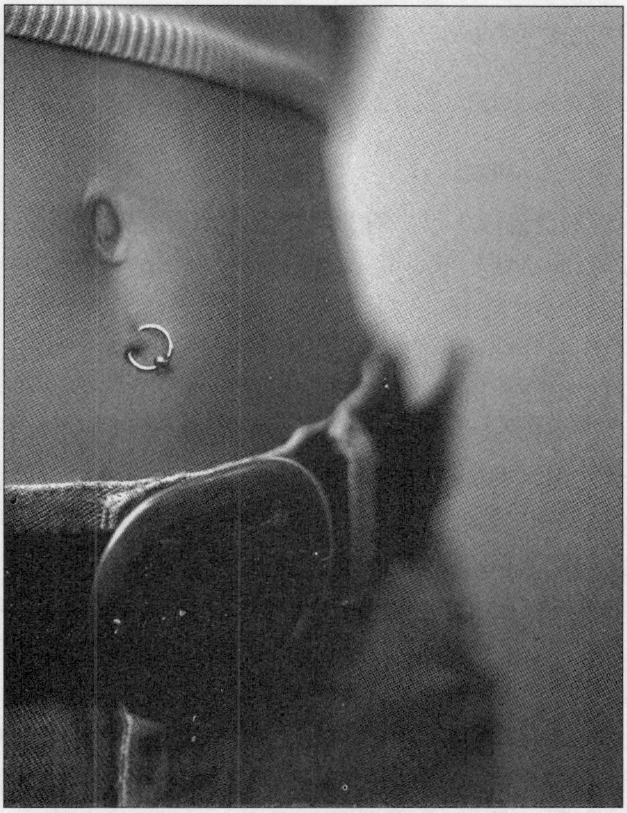

**管理服务**　和其他企业一样，广告公司也必须管理他们的商务活动。代理公司设有人事部门、会计出纳部门和宣传部门，还有在外从事代理促销工作的销售员工。对客户来说最重要的是流程协调部，该部门负责管理监测工程进度情况以确保按时交工。统筹指挥经理要保证创意团队和媒介服务相互协调，以保证在规定期限内将促销资料传递给印刷厂和媒介机构。这项工作需要极大的组织能力，也是为客户提供其他服务的关键部门。

## 2.4.5 代理报酬

广告公司获得报酬的方式与其他专业机构有所不同。会计师、医生、律师和咨询顾问的薪金通常采用服务费制度，而广告公司一般将报酬建立在佣金和附加费的基础上。促销代理商偶尔会收取佣金，但更多的是以费用或合同为基础。我们将具体看一下现在最普遍的四种代理费支付方式：佣金制、附加费制、费用制和绩效报酬制。

**佣金制**　佣金制是传统的广告公司报酬支付方式，它是以广告主的媒介投资总额为基础计算而来的。按照这种方法，媒介公司收取金额的15%归广告或促销代理公司所有，作为其为广告主制作广告、促销活动的报酬。唯一的变动是户外媒介的支付比率通常为$16^2/_3$。图表2—13展示了按照传统佣金制计算代理报酬的方法。

图表2—13　　**按照传统佣金制计算代理报酬**

| | | |
|---|---|---|
| **广告公司收取客户** | $1 000 000 | **获得电视时段** |
| | − | |
| **广告公司付给电视媒介** | $850 000 | **获得电视时段** |
| | = | |
| **广告公司赚取** | $150 000 | **15%的佣金** |

近15年来，特别是最近3年，随着消费者应用媒介的改变，佣金制的优越性遭到了广告主和代理商的质疑。正如很久以前，一家大型的全方位服务代理公司总裁所说的那样，“它正诱导我们出错。在其他传播方式，比如直接营销或公共关系可能效果更好时，这一报酬制度会让我们选择使用网络电视、全国性杂志和广播”。[①] 大约一半的广告主运用以媒介支出为基础的佣金制来作为代理报酬的支付方式。但是，最近一项调查显示，只有约14%的广告主仍按传统的15%的比例支付佣金，更多的客户选择其他的佣金比例，通常把协商后的比例作为支付代理报酬的基准。然而，甚至以媒介为基础的佣金制也遭到抨击。宝洁全球营销官吉姆·施腾格尔（Jim Stengel）几年前就为报酬制的变革奠定了基础，当时他在一次媒介会议上告诉美国广告代理协会以媒介为基础的报酬模型（该模型以30秒插播广告为基础）已经“破裂”了，这个行业需要认清当前消费者应用媒介的复杂性。[②] 这一信息间接地质疑了整个以媒介收入为基础的报酬体系。

**附加费制**　另一种计算代理报酬的方法，就是对代理商从外部供应商获得的各种服务按一定比率征收附加费。在很多情况下，代理商需要从外部承包商那里获得美术、插图、图片、印刷、调查和制作等服务。现在，代理商与广告主达成一致，对这些服务加收一定比例的费用。在这个行业，附加费如此盛行的原因在于许多促销代理商提供的服务没有使用传统媒介。因为传统的佣金制是建立在媒介费用的基础上，所以这些代理商无法获得工作报酬。这样就出现了附加费的报酬制度，外部服务的一般加成比例为17.65%～20%。

---

① Patricia Sellers, “Do You Need Your Ad Agency?” *Fortune*, November 15, 1993, 148.

② Jeff Neff and Lisa Sanders, “It's Broken,” *Advertising Age*, February 16, 2004, 1, 30.

**费用制**　这是一种与顾问或律师收费体制非常类似的体制，即广告主和代理商就提供服务种类商定每小时费用率。每小时费用率可以参照部门内平均薪酬标准，也可协商确定所有服务的小时收费水平。这是促销代理报酬最常见的计算标准。

费用制的另一个版本就是固定费用制，或者客户与代理商就某个项目签订合同。因此，代理商和广告主必须就服务类型、代理商提供此项服务的部门、服务期限等问题达成一致。此外，双方必须明确哪些供应品、材料、差旅费和其他费用是在固定费用之外支付的。固定费用制很有可能导致客户和代理商之间的关系出现裂缝。因为诸多可变因素，很容易导致分外的工作失去控制。正如在职业道德专栏所讨论的那样，当此类矛盾发生时，客户与代理商之间的关系会遭到损害，彼此之间就会失去信任。

代理商大都强烈反对这种费用体制。他们认为，创造效果不能用“工作时间”来衡量，而必须以“代理商为客户所创造素材的价值来衡量”。[①]

**绩效报酬制**　最近，很多广告主和代理商都致力于开发一种名为“按结果付费”的报酬方式，它以约定结果的完成情况来确定代理商的报酬。历史上，代理商不同意按结果评估，因为所谓结果常常限指销售额。影响销售额的关键因素是代理商所无法控制的，比如产品特征、价格策略和分销项目（即整体营销组合，而不只是广告或IBP）。代理商也许同意按销售额获得报酬，但更多时候（也更适合），评估结果的主要标准是传播目标，比如知名度、品牌识别度以及目标受众对品牌特征的了解程度。

这一报酬体制最艰难的一项任务就是协调所有的代理商与他们获得报酬的方式。正如你所看到的那样，越来越多的广告主不断拓宽促销方式和获得代理服务机构帮助。在这里，IBP 的关键就是整合代理商的传播方式。当所有代理商共同努力、相互协调时，不仅可以完成 IBP，代理商之间还可以建立更加良好的业务关系。[②]

## 职业道德专栏

### 我当然信任你——遇见我的审计员时如是说

广告主和代理商过去有一段很长的历史，生意成交时握手是主要的礼节。但是，时代已经变了。如同本章开始所述，和客户有 20 年甚至 30 年交情的代理商也正被弃之如敝屣——很少举行庆祝仪式。客户与代理商之间纯粹靠信任建立关系的时代一去不复返了。当通用电气这样的广告主将他们的代理商称为“松散的组织”的时候，你就可以肯定这个行业的氛围已经彻底地改变了。这对最近的一个大联邦陪审团指控两位代理公司行政官的欺诈案无济于事，这两位行政官涉嫌在国家毒品控制部门开展的一项活动中，欺骗美国政府，获得额外的劳务费。

那么，究竟是什么取代了握手和酒桌上的寒暄之礼，成为客户与代理商之间关系的基础呢？猜猜谁正成为晚宴的贵客——审计员。如今，广告主都聘请外部机构来仔细核查代理商从创意到开单的每项工作。有一家叫 Firm Decisions 的审计公司，它是一家国际广告公司审计公司，扮演着广告主与代理商中间人的角色。

---

① Lisa Sanders and Alice Z. Cuneo, “Fed-Up Agencies Quit Punching the Clock,” *Advertising Age*, January 27, 2007.

② AllenWinneker, “Avoiding Bonus Envy,” *Promo Magazine*, November 1999, 35 – 37.

以公司的实际工作为例：在一张代理商报销的发票中，公司发现代理公司的一名员工在一个月（包括周末）记录的平均工作时间为17个小时每天，有一天甚至是26个小时。Firm Decisions的创始人大卫·布鲁克赫斯特就这次审核不带任何感情色彩地说道："即使这是事实，那她又有多高的工作效率呢?"

友好合作伙伴关系的时代已经逝去，审核员的工作似乎也越来越多。虽然这并不是说代理商效率低下或者广告主对代理商的工作非常不满意，但现在，事情确实不像过去那么惬意了。

资料来源 Claire Atkinson, "GM Ad Boss Takes Agencies to Task," *Advertising Age*, June 30, 2003, 1, 26; Erin White, "Making Sure the Work Fits the Bill," *Wall Street Journal*, February 5, 2004, B8.

如果这一长串的代理商和晦涩难懂的报酬计划还不够复杂，那我们就再复杂一些，来考虑一下数量众多的外部服务商，以及他们的代理机构是如何创造和实施促销活动的。

## 2.4.6 外部辅助机构

尽管广告公司为客户提供了众多服务，并在不断增加服务种类，广告主在促销活动的策划、筹备和执行上仍然依靠专业的外部辅助机构。外部辅助机构就是向广告主和代理商提供专业服务的机构或个人。我们将在下面的部分讨论一些最重要的外部辅助机构。

1. **营销与广告调查公司**　在广告的策划阶段，很多公司要依靠外部的帮助。例如，Burke和Simmons这样的调查公司，利用专案小组、调查或试验为广告主进行原始的调查，以帮助他们了解潜在市场或消费者对产品或服务的看法。其他调查公司，如SRI International，则是例行收集数据（如从零售商店的扫描仪），然后出售这些数据。

促销活动开始后，广告主和代理商也会检测促销活动的效果。当广告或促销活动进行了一段合理的时间后，如Starch INRA Hooper这样的公司就会对印刷广告进行认知度测试。其他公司，比如Burke，则对广播广告进行日后记忆测试。一些公司专门进行信息测试以确定消费者是否发现了广告信息的亮点，是否理解了广告信息。

2. **顾问**　各类顾问专门从事与促销有关的不同领域工作。广告主可以在策划阶段寻求营销顾问的帮助。创意和传播方面的顾问在有关信息战略和主题的问题上，可以提出深刻的见解。在活动策划和赞助方面，顾问可以为广告主和代理商提供专业咨询。公共关系顾问经常与高层管理人员合作，专业媒介顾问可以帮助客户决定合理的媒介组合和有效的广告投放方案。

近几年出现了三类顾问。第一类是数据库顾问，他们与广告主和代理商合作。像Shepard Associates之类的组织就帮助公司鉴定并管理数据库，这些数据库有助于开发整合营销传播项目。在制定有效的传播方案过程中，公司可以将不同调查来源（我们之前提过）的各类数据库进行合并或者相互参照。第二类是专门制作和管理网站的顾问。通常，这些顾问拥有制作网站或者公司主页的创造性才能，他们能够在管理用户界面的技术方面向客户提出技术性建议。第三类顾问与公司一起对从各类消费者那里获得的信息进行整合，然后利用这些信息实现顾客关系管理（CRM）工作。

Business Objects 是一个帮助顾问开发有效项目的软件公司（http://www. businessobjects. com）。（见图表 2—14）

图表 2—14

Business Objects 是世界领先的商务专家软件公司。商务专家可以帮助组织追踪、了解并管理企业的运营。公司的解决方案影响了公司数据库、企业资源策划、客户关系管理系统中的大量信息。(http://www. businessobjects. com)

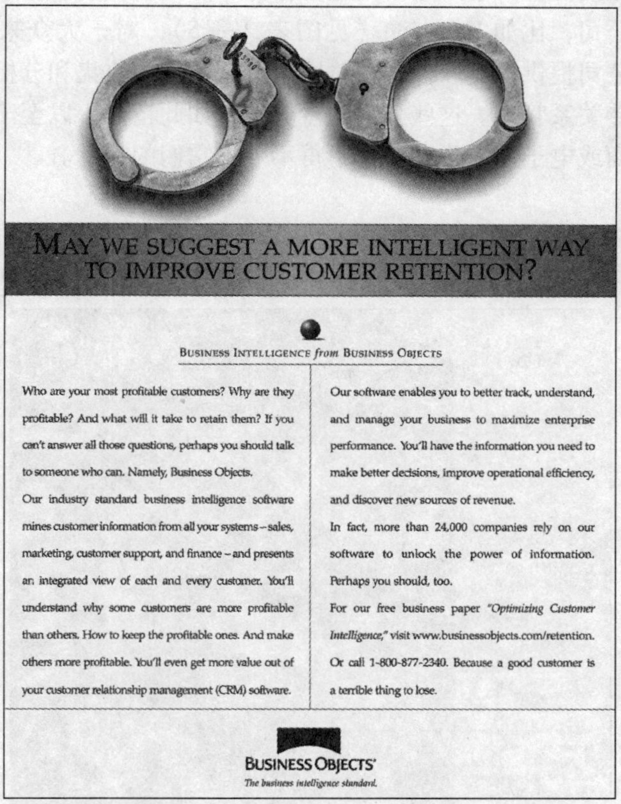


近几年，传统的管理顾问——比如 IBM、Accenture 和 McKinsey——已经开始在公司结构和商业战略方面与代理商展开合作。① 这种类型的咨询公司还可以在形象战略、市场调查程序、流程和客户策划方面提出建议。但是，传统型顾问与广告的结合并不总是产生令人满意的结果，而顾问的典型角色——聚焦营销、创意或技术问题——更可能是顾问未来扮演的角色。

3. **制作辅助机构** 外部的制作辅助机构在制作以及后续过程中都提供重要的服务。在制作这一领域，广告主和他们的代理商都非常依赖外部辅助机构。所有媒介广告都需要特定的专业技术，即使是最大的全方位服务代理商，通常也没有这样的专门人员，更不用说广告主了。在广播制作中，要筹备专业、高水平的广播或电视广告，导演、制片人、作曲家、摄像师、音效师、灯光师以及演员都是必不可少的。制作工作室可以提供物质设施，包括广播制作所需布景、舞台、器械和工作人员。与此类

① Matthew Creamer, "March of the Management Consultants," *Advertising Age*, June 5, 2006, 1, 53.

似，在筹备印刷广告、产品宣传册、直接邮件时，也可能从广告公司或公司外部聘用美工、摄影师、模特、导演和制片人，获得筹备广告所需的专业知识和设备。在店内促销手段方面，设计和制作材料也需要专门组织的专业技能。

4. **软件公司** 软件公司是广告和促销领域出现的一种有趣而又复杂的新辅助机构。在这个行业里，科技尤其是新媒介科技的发展如此迅速，使得软件公司成了促进这一发展趋势的驱动力。其中一些公司地位稳固、知名度高，如微软、Novell 和甲骨文。但是其他的公司，比如 Hyperion（见图表 2—15），对于大众来说，则是该领域的新成员。这些公司提供各类软件，如对网络浏览行为的收集和分析、宽带流量音频和视频、贸易伙伴关系管理。这些公司的专业技术如此精深，以至于即使是最先进的全方位服务代理商或电子商务代理商都不得不寻求它们的帮助。

图表 2—15

像 Hyperion 之类的软件公司，在受众分析或宽带传播领域向广告主提供关键的服务。Hyperion 专门通过网站访问记录收集和分析在线顾客的相关信息。（http：//www. hyperion. com）

## 2.4.7 媒介组织

如图表 2—16 所示，这个行业的下一层次为可供广告主选择的媒介。像广播媒介和印刷媒介这些可以投放广告的媒介，我们每天都能接触到，所以大多数人对这些媒介都非常熟悉。此外，因特网也造就了一批媒介组织，通过它们广告主可以直接传递他们的广告和促销信息。

图表 2—16

广告主有一系列可供他们选择的媒介组织。请注意这些媒介包括广播媒介、印刷媒介、互动媒介、支持媒介、传媒集团等。

广播媒介

**电视**
主要网络
独立电台
有限电视
宽带

**无线广播**
网络
地方广播

印刷媒介

**杂志**
根据地理覆盖面划分
根据内容划分

**直邮**
宣传册
名录
录像

**报纸**
全国性报纸
州级报纸
地方性报纸

**特色印刷媒介**
传单
项目说明书

互动媒介

**在线网络服务**
**家庭购物广播**
**互动广播**
**娱乐节目**
**报亭**
**光盘**
**因特网**
**音乐播放器**
**手机**

支持媒介

**户外媒介**
户外广告牌
车身广告
招贴广告

**目录**
黄页
电子目录

**奖品**
钥匙链
日历
带标识的服装
钢笔

**卖点展示**

**电影和节目的品牌定位**

**赞助活动**

传媒集团

**复式传媒集团**
时代华纳
维亚康姆
特纳广播公司
康卡斯特
迪斯尼
清晰频道

广告主和代理商转而利用一些媒介组织，它们对能够接触到消费者的媒介拥有所有权和管理权。在传统媒介中，主要的电视网络商，比如 NBC 和福克斯（Fox），还有国家性杂志，比如美国新闻与世界报道（U. S. News &World Report）和人民（People），需要收取相当高的费用，才向广告主提供投放信息的时间和版面。

其他媒介更有助于接触那些限定明确的目标受众。有线电视上播放的特色节目、针对性的直接邮件、精心设计的网络活动，也许是接触特定观众的更好途径。互动媒介是新兴媒介之一，能够帮助广告主设定非常具体的目标受众，也可以帮助因特网用户从多个供应商选取特定广播节目并订制自己的节目。比如，FeedRoom（http：//www. feedroom. com）就是一个互动宽带电视新闻网络，它可以使网络用户订制他们所接收的新闻节目。广告主可以利用互动广播的宽带，确定不同类型的目标受众。宽带传播的最新发展是无线宽带，很多公司已在研发接触消费者的技术和途径（见图表 2—17）。

图表 2—17

宽带能够使广告主通过因特网方便用户订制视听节目，从而向他们传送视频和音频。若想了解更多各种流量服务以及为宽带而开发的多元媒介，请访问 Akamai（http：//www. akamai. com）。（http：//www. starband. com）

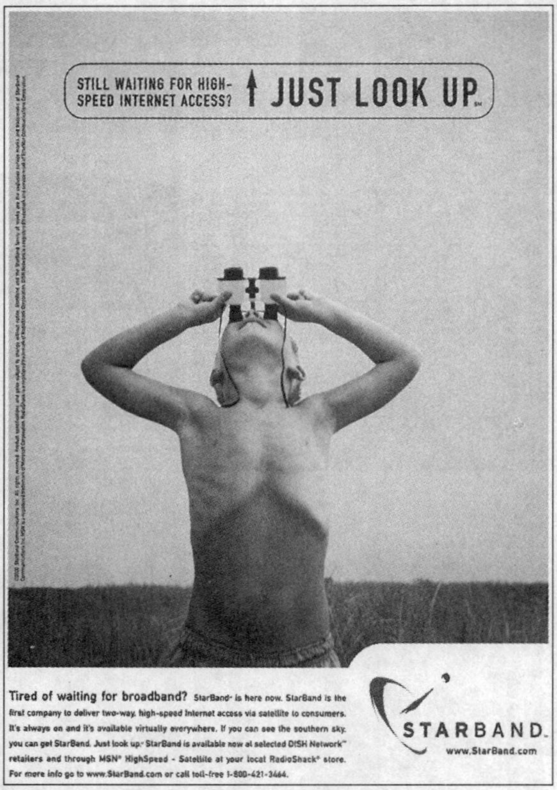


注意图表 2—16 中的列表将传媒集团囊括在内。把这个类别列入其中，是因为像 Viacom 和 Comcast 这样的拥有并经营着广播、印刷和互动媒介领域的公司。Viacom 提供有线网络服务，比如 Nickelodeon、VH1 和 TV Land。2000 年 AOL 与时代华纳合并（这个公司简称 AOL 时代华纳，现在再次指代时代华纳），组建了世界上最大的

传媒集团，该集团的业务范围包括广播、有线电视、音乐、电影、印刷出版和占主导地位的因特网业务。[①]

除主流传统媒介或互动媒介之外，图表 2—16 中列举了所有广告主愿意投放信息的媒介。这些常被称为户外媒介的支持媒介组织有运输公司（巴士和出租车车身广告）、户外广告机构、专业名录公司，以及为赞助活动、展览和颁奖仪式提供的运动、表演场地。

## 2.4.8 目标受众

没有观众，不管是广告和促销行业的结构（请再次参阅图表 2—5），还是信息流通都是不完整的，也就是说没有观众，就没有信息传播。对于促销性传播的目标受众，有一件有趣的事：除了家庭消费者以外，他们也是使用广告和 IBP 业务的广告主。作为消费者，我们都很熟悉以我们为目标的广告：如牙膏、窗户清洁剂、赛车、软饮料、保险等广告。本书中有很多以家庭消费者为目标的广告实例。

但是，仅以企业和政府为业务对象的公司为数众多，商务和政府受众是这些公司能否取得成功的关键。尽管很多这样的公司在他们的促销组合中非常依赖个人的销售，但仍有很多公司利用各种广告和 IBP 工具，如 KPMG Consulting 公司的营销手段是利用知名度较高的电视和杂志广告以及赞助活动。许多企业和贸易企业经常需要借助公共关系，大部分企业使用直邮方式与潜在消费者进行沟通，将其作为电话销售的前奏。

## 本章总结

1. 讨论广告演变和促销行业的重要发展趋势。

现在是广告和促销行业发生巨大变化的时期。由于众多的行业内收购和合并案并未给消费者留下好印象或者创造更大的利润，20 世纪 90 年代末代理商联合的趋势已经逆转。接着，有线电视、因特网等媒介的激增扩大了广告媒介的选择范围，传媒集团巨头有望控制大多数的电视、广播和因特网资源。媒介数量激增反过来又增加了自身的无序性和脆弱性，降低了广告的有效性。于是，广告主就利用折扣销售、活动赞助和公共关系来弥补和加强基础广告宣传。如今的消费者对他们接收的品牌信息有更强的控制力。从博客到 TiVo 等新技术的应用，增强了消费者控制信息的能力，削弱了广告在消费过程中的作用。这些变化正迫使广告主重新审视广告和 IBP。

2. 描述广告和促销行业的规模、结构以及参与者。

这个行业由许多不同类型的组织构成。要想对广告有正确而全面的理解，就必须了解在广告或 IBP 活动的制作和传达过程中，有哪些参与者，他们从事的工作以及相关的流程。该流程由希望将某一信息传达给目标受众的广告主开始。接下来，广告和

① Clair Atkinson, "AOL Sees Future in Ad Networks," *Advertising Age*, December 11, 2006, 4.

促销代理通常受聘发起并负责宣传活动。但是，其他外部辅助机构常常也会参与其中，发挥其专业特长，比如帮助制作促销所需资料或者为直接营销活动管理数据库。这些外部辅助机构还包括顾问，广告主和代理商可以在广告和 IBP 战略决策方面向他们咨询。所有的广告和促销活动都必须借助某种媒介传递给目标市场。因此，广告主和代理商必须与掌控媒介时间和版面的公司合作。

3. 讨论广告和促销代理扮演的角色、提供的服务，以及如何计收报酬。

广告和促销代理有着许多不同的类型，他们在策划、筹备、执行广告和 IBP 活动方面向客户提供多种多样的服务。这些服务包括市场调查、营销策划、广告材料的创作和制作、媒介时间和版面的采购，以及保证制作工作按时完成的统筹指挥管理工作。一些广告公司通过独家提供全套服务的方式吸引客户，其他广告公司（如创意工作室）则开发某项专业技能以赢得客户。促销代理商专门从事于除广告之外的一种或多种促销形式。代理商四种最普遍的计收服务报酬的方式分别是：佣金制、附加费制、费用制和绩效报酬制。

4. 明确广告和 IBP 活动策划和执行中至关重要的外部辅助机构。

营销和广告调查公司帮助广告主及其代理公司了解市场环境。从活动策划到零售展示等营销战略顾问是外部辅助机构的一种形式。而使用最为广泛的外部辅助机构可能是从事促销材料制作工作的辅助机构。在广告领域，广播和印刷广告的制作需要很多外部辅助机构。促销活动则需要设计师和企划人员协助创新和实施促销组合工具。软件公司在行业中扮演了一个新的角色，他们可以提供追踪和分析消费者使用新媒介技术的情况。

5. 讨论在广告和 IBP 活动执行过程中，媒介组织所扮演的角色。

媒介组织是将广告和 IBP 信息传递给目标受众的重要纽带。传统的媒介组织有电视、广播、报纸和杂志。互动媒介不仅包括因特网还包括光盘、电子报亭和尚未普及的传媒公司。传媒集团，比如 AT&T、Time Warner 和 News Corp.，控制着传播体系的不同方面，包括有线广播、因特网链接以及正在兴起的宽带传播技术。

## 关键术语

blog 博客
advertiser 广告主
client 客户
trade reseller 转销商
advertising agency 广告公司
full-service agency 全方位服务代理
creative boutique 创意工作室
in-house agency 内部广告部
media specialist 媒介专家
promotion agency 促销代理

direct marketing agency 直接营销代理
database agency 数据库代理
direct response agency 直接回应代理
fulfillment center 执行中心
informercial 专题广告片
e-commerce agency 电子商务代
consumer sales promotion 消费者促销
trade-market sales promotiom 同行促销
event-planning agency 活动策划代理
designer 设计师
public relations firm 公共关系公司
account services 客户服务
account planner 客户策划人
creative services 创意服务
production services 制作服务
media planning and buying services 媒介策划和采购服务
commission system 佣金制
markup charge 附加费制
fee system 费用制
pay-for-results 绩效报酬制
external facilitor 外部辅助机构
consultant 顾问
production facilitator 制作辅助机构

## 问题

1. 简要描述目前广告行业的权力之争。除广告公司之外，该行业现在还有哪些参与者？又是以什么方式发挥作用的呢？

2. 你认为，像 TiVo、因特网、数码音乐播放器和手机这样的新科技产品使消费者的独立性和控制力日益增强后，会削弱广告和产品品牌推广的重要性吗？请解释。

3. 第二代因特网使用和服务，即所谓的 Web 2.0 的主要特征是什么？这项因特网科技与因特网早期的版本有无不同之处？如果有，区别是什么？

4. 美国政府每年都花费数百万美元招募年轻人入伍服役。什么样的广告和 IBP 沟通方式最适合这类招募活动？

5. 像宝洁这样的大客户每年在广告上花费数十亿美元，但他们的大多数广告仍依赖广告公司。为什么这样的大公司不建立专属广告部门？

6. 在 IBP 当中，广告主的角色是什么？

7. 随着广告主对 IBP 理念的日益认同，为什么说广告公司转变为全方位服务供应商是明智的？

8. 有种观点认为，以佣金制为基础的报酬体系实际上有可能诱使广告公司做出对客户不利的事。请作出解释。

9. 是什么原因使广告主和代理商在促销材料的制作上最可能向外部辅助机构寻求专业技能和帮助呢？

10. 请举例说明，如何利用公共关系公司的业务特长强化赞助商试图通过其他促销方式传递的信息。

## 实践练习

1. 分成若干小组，模拟一家小型公司，为一款新产品策划一则广告。一旦你选择了行业和进行广告宣传的产品，请完成以下任务并向全班展示你们的结果。

a. 选出广告行业中对你的产品广告宣传影响最大的主流趋势。

b. 确定你的企业属于哪类广告主，并解释广告在这类组织中的作用。说明如何将它应用于你的促销活动中。

c. 挑选一家能最有效地提供合适服务的广告或促销代理商帮你达成广告或促销目标。解释你选择的理由。

d. 挑选一家提供专业服务的外部辅助机构以确保活动的成功，并说明原因。

e. 从现有媒介机构中挑选一家最适合于你品牌广告宣传和推广工作的媒介机构。说明为什么它是最好的选择。

2. 本章突出讲述了随着消费者控制信息来源能力的增强——比如阻止电话销售，谨慎保护个人电话号码和其他联系资料等隐私——广告主和代理商所面临的一些挑战。与原小组成员合作，集思广益，找出广告主仍可接触消费者以及邀请他们了解更多有关企业品牌和产品信息的方法。若你的团队想出了好主意，请说明一下你们如何解决以下问题：

a. 你们接触消费者的方法会存在什么样的道德问题？你如何应对他们对隐私泄露的忧虑？

b. 你的方法是否存在法律风险或者潜在的挑战？

c. 本章里，凯迪拉克首席营销官曾谈到关于发掘“打开大门，吸引消费者进入”的方法。你又是如何做到这点的呢？

3. 从当地或者全国性广告主中选择一个流行的品牌，设法确定在设定目标受众时所使用的媒介组织。这个品牌是否在因特网上有专门的网站？你能找到为你的产品做的电视广告或广告牌广告吗？是否存在你认为对宣传这个品牌非常适合或具有创新性的、而你却无法找到的媒介组织呢？并解释。

4. 明确本章所讨论的四种主要的报酬计收方法，并讨论哪种方法可以让客户和代理商都坚守道德、负责任的商务行为。每种方法都存在什么风险？除监管调查和犯罪调查的威胁外，讨论一下为什么代理计费系统的完全透明化和责任制是如此重要呢？

# 3 促销与广告品牌的演变

通过本章的学习，应该掌握以下技能：

1. 叙述广告的由来
2. 描述广告主、零售商以及消费者三者之间过去和现今的关系
3. 讨论美国广告发展的几个重要时期，并将广告业的重大变化与社会、文化的根本变化联系起来。讨论成功的广告如何影响当代的社会和文化
4. 讲述消费者授权和品牌娱乐的发展，并了解其运作过程
5. 明确哪些力量将继续影响广告和整合品牌促销的演变

力士1935年的这则广告（见图表3—1）对当今的观众来说一定非常好奇。然而，它正是那个时代的典型广告，它最初的观众可能非常理解它的意思。20世纪30年代，在大萧条的中期，人们担心离婚会失去丈夫进而会失去生活保证，这种担忧并非毫无根据。这些广告以新一代家庭主妇为目标受众，这些家庭主妇因为远离了丈夫的现代生活，与父母分居两地以及不适应节奏快、不稳定的都市生活而有着潜在的不安全感。当失去收入来源（丈夫）意味着贫穷和耻辱时，这类广告就会走进这些女性的视线。这些广告的受众是这样一些女性，她们很少能够做到每天都洗澡，对个人卫生问题越来越没有自信。如此一则广告（可能是创造）抓住了问题的关键。力士有“除去内衣汗臭味”的功效，它不仅可以防止衣服退色和磨损，也可能挽救感情，挽救婚姻。如果鲍伯的浪漫情感继续受到冷淡的话，萨莉可能很快就要回娘家甚至露宿街头，但是有了力士洗衣粉，鲍伯就会回家共进晚餐。

图表3—1

今天，我们也许对这则LUX洗衣粉的广告感到好奇，但是它反映了20世纪30年代大萧条时期人们的焦虑问题。正如现在的广告反映当今社会的价值观一样，这则广告突出了那一时期人们实实在在关注的问题——生活水平和妇女的地位。

今天，一些广告也使用同样的战略销售除臭剂、香皂和女性用品，但是我们没能像1935年的观众那样完全理解这则广告。广告是时代不可缺少的组成部分。为了真正理解广告并且干好这一行，你必须明白，成功的广告要传达对当今社会独到的见解。如果你在从事广告行业，那么你也就是在从事社会与文化事务。这则20世纪30年代广告的创作人真正理解并利用了那个时代已婚的年轻女性所承受的压力。当时社会也在不断变化，这些变化影响了萨莉以及许多和她一样的年轻女性。也许当时很多年轻女性对这些变化感到焦虑不安。正是这些社会变化和人们的情绪（包括焦虑不安的情绪），为广告商创造了推销新产品和服务以解决这些恐惧的机会，并由此转变为品牌利益。历史在这里给我们上了宝贵的一课：当消费者所处的社会和文化环境发生变化时，他们就会成为新一轮营销和广告宣传的目标。今天，萨莉可能有了工作，经济上不再那样脆弱，在社会上也不再有孤立无援之感，更不用说，萨莉和鲍伯洗澡的次数也更频繁。所以，我们对这则20世纪30年代广告的看法和将来的学生对我们这一时代广告的看法是一样的：比如趣味性、启发性，但多少扭曲了21世纪早期的日常生活。甚至在20世纪30年代消费者就明白广告就是广告，他们知道广告有点夸张，他们只是设法推销产品而不是日常生活的真实反映。但广告酷似生活，虽然很多时候可能和你想象的不一样。让人们按照你的意志做事（购买商品）是件难事。消费者是精明的，成功说服他们绝非易事。记住好广告与时代相联系，它不断寻找社会和文化的改变，以创造营销和广告机会。有时这些改变以及他们所创造的焦虑和社会需求能够帮助达到这一目标。

本章介绍有关广告的演变过程。过去几十年，广告商尝试过多种不同战略和方法，你可以从他们的成功与失败中学习很多经验。今天使用的每一种战略几十年前就已出现，只是细节有所改变而已。研究这些广告战略，你会了解某广告技术兴起的时间、发挥作用的时间和原因。你会明白它是如何利用时代的社会力量。除了有趣之外，广告的发展历史非常具有实用价值。注意：当你应聘广告或营销职务时，解释广告商最佳广告方案的运作过程，通常会给他们留下深刻的印象。有时，他们会问你这个问题。作好准备！

## 3.1 广告的兴起

在很多关于广告演变的讨论中，常常认为广告的发源期在远古时代，甚至原始人类就从事过一些广告宣传活动。这些说法从本质上讲是错误的。无论古代人们从事什么活动，都不能称为广告行为，虽然罗马人与一些非罗马人进行交流都以劝说买卖商品为目的，但他们并不是作广告宣传。广告是当今时代发展和现代媒介的产物。

在我们介绍西方社会广告学发展简史之前，首先考虑几个影响广告学兴起的最主要因素。广告的出现至少有以下四个主要因素：

（1）资本主义的兴起。

（2）工业革命。

（3）制造商对于分销渠道的控制。

(4) 现代大众传媒的兴起。

## 3.1.1 资本主义的兴起

资本主义的制度为企业通过自由竞争获得资源（所谓资本）提供了保证。一些资源竞争行为会刺激社会对企业货物或服务的需求，当单个企业成功刺激了社会需求，资金（或其他货物）将会以支付形式注入企业形成企业资本。刺激需求所使用的工具之一就是广告。所以，西方社会将资本主义作为其经济体制基础的同时，也为广告业在商业领域举足轻重的地位奠定了基础。

## 3.1.2 工业革命

工业革命是一股催生广告需求的经济力量。大约在1750年，英国开始了工业革命，然后扩散到北美，在19世纪早期以前发展缓慢，1812年的美国战争大大提高了国内生产能力。1850年通用零件原理的出现和纺织机的完善以及10年后的美国国内战争为工业化的大范围传播开辟了前景。工业革命使西方社会从以家庭自给自足的方式满足对材料的需求转变为依靠市场满足需求的生活方式。工业革命为大规模商品生产的迅速增长奠定了基础，这种生产方式需要刺激需求，而刺激需求又是广告所擅长的。由于工业革命产生了对广告的需求，因此工业革命是西方经济的兴起和发展过程中的基本影响因素。

其他变革性的发展也属于广义工业革命的范畴。首先是运输领域的革命，最具代表性的要属1869年美国东西铁路干线的贯通。此次东西部运输线路的贯通意味着运输大批货物的分销网络的形成，而分销货物需要广告来刺激人们的需求。其次是19世纪40年代的有限责任制——该责任制将投资人的经营风险控制在所持有公司股份的范围之内，而不是其全部个人资产——得到人们的认可，这使大量资本不断积累并用于支持工业革命。最后是19世纪人口迅速增长并开始了城市化的进程。1830—1860年，美国人口从1.28亿增加到3.14亿，增长了近3倍。在同一时期，人口超过2万的城市达到43个。从历史角度看，人均广告支出和城市规模增长之间存在明显联系。① 现代化引发了城市化和广告业。总之，人口的增长与集中为广告的广泛应用提供了至关重要的市场。商品生产、交换和消费潜力的增长，为广告业搭建了兴起和繁荣的舞台。

## 3.1.3 广告主、零售商和消费者

影响广告业兴起和发展的另一重要因素是厂商对分销渠道的权利控制。如果某一厂商能够刺激人们对某一品牌产生巨大的需求，那么厂商就能在分销领域树立权威，迫使批发商和零售商销售其特定品牌。刺激产生需求后，消费者就会热衷于该品牌，

① Julian Simon, *Issues in the Economics of Advertising* (Urbana: University of Illinois Press, 1970), 41 - 51.

那么零售商和批发商除了满足消费者需求继续经营该品牌外，几乎别无选择。这样，厂商分销影响力不仅体现在可以控制其他参与者的存货，还可以抬高商品价格。最近，由于像沃尔玛、Costco 和 Tesco 等零售商力量的增长，使得力量对比关系发生逆转。零售商巨大的市场规模，使得他们甚至可以规定像宝洁这样的公司在其商场销售的商品种类和价格条款。

制造商能否掌控分销权利的关键是产品品牌化战略。制造商不得不给产品起名字以让消费者专注于该种易识别的产品。厂商开始将以前无标记的商品品牌化，如工作服和包装零售商品。在 19 世纪末期，Ivory（1882）、可口可乐（1886）、百威（1891），以及麦斯威尔（1892）是商店零售货架上出现的第一批品牌商品。一旦商品有了品牌标志和品牌名称，消费者就容易识别，制造商也就获得了分销渠道的控制权。当然，广告是刺激品牌需求的一个重要工具。当宝洁和卡夫公司每年投入数十亿美元广告费用于刺激人们对宝洁、Charmin、Velveeta 等流行品牌的需求时，批发商和零售商也会经营这些品牌产品，因为广告已经刺激了人们对这些品牌的需求并将这种需求转变为实际的消费行为。有人说正是厂商对这一分销渠道的控制引起了广告的广泛传播。①

## 3.1.4 现代大众媒体的兴起

广告业与大众媒体的兴起有着密不可分的联系，随着 1844 年电报的发明，传媒革命也揭开了序幕。电报不仅使国家受益于高效的快速传播，而且对民族认同感的产生起到很大作用。人们开始了解和关注千里之外的人们和所发生的事情，这不仅改变了商业，也改变了整个社会。② 同时，在这一时期，许多新杂志以更多缺乏社会特权的读者为受众，这使杂志成为了一个有发展前景的大众广告媒介。③ 民族品牌可以通过这些大批发行的杂志进行广告宣传进而在消费者心中生根发芽。全国性杂志使得全国性广告成为可能，全国性广告使全国性品牌成为可能。没有大众媒体的兴起，就不会有全国性品牌和广告。

多数情况下是广告支撑着大众媒体，明白这点非常重要。电视网络、广播电台、报纸、杂志，以及网站上的表演秀、文章、电影、节目和网络内容的最终目标不是为了娱乐或传递信息，而是通过广告和品牌娱乐项目出售品牌商品以获得丰厚利润。媒介靠受众赚钱。

---

① Vincent P. Norris, "Advertising History—According to the Textbooks," *Journal of Advertising*, vol. 9, no. 3 (1980), 3 – 12.

② James W. Carey, *Communication as Culture: Essays on Media and Society* (Winchester, MA: Unwin Hyman, 1989).

③ Christopher P. Wilson, "The Rhetoric of Consumption: Mass-Market Magazines and the Demise of the Gentle Reader, 1880 – 1920," in *The Culture of Consumption: Critical Essays in American History*, 1880 – 1980, ed. Richard Weightman Fox and T. J. Jackson Lears (New York: Pantheon, 1983), 39 – 65.

## 3.2 广告业的发展

迄今为止，在广告业演变的讨论中，我们已经明确了广告业兴起的社会因素和经济因素。现在，我们将重点讲述现实中广告业的发展过程。这一过程可划分为几个阶段，从中我们可以从不同视角观察广告业的发展，也可从中剖析特定品牌是如何通过广告和其他营销方式，审时度势驾驭时代变革以销售自己的产品。

### 3.2.1 工业革命之前的时代（1800 年以前）

17 世纪，印刷广告出现在新闻书中（报纸的初期形式）。①本质上，这些广告词就是传递信息，并且出现在小报末页。据说，美国第一个报纸广告刊登于 1704 年的《波士顿新闻通讯》上。“广告”标题之下印有两条告示，内容分别是制衣厂和码头悬赏寻回失窃货物。②

18 世纪，广告业在英国及美洲殖民地地区日渐流行。《宾夕法尼亚州报》不仅刊登了广告，而且首次将广告板块和其他板块以空行区分，使得广告易读而且更加醒目。③ 据我们所知，该报也是首次在广告中使用插图的报纸。但在之后的 70 年中，广告业几乎没有改变。19 世纪初期，廉价报纸的问世使新闻媒介遍布开来，而此时廉价报纸上的广告主要是熟练工人的简要公告。正如一位历史学家所言：“与我们现今的产品促销媒介相比，那时的广告更像是分类公告。”④但不管怎样，广告业行将巨变。

### 3.2.2 工业革命时代（1800—1875 年）

实际上，19 世纪中后期在城市人口持续上涨的背景下，广告商一直极力为不断扩大的生产规模培育市场。工厂的固定薪金制孕育了大量的中产阶级。较之以往，这一新兴阶级具有自己的经济手段，他们在城市的聚集度比任何一个时期都高。

截至 1850 年，日报（后来称为报纸）的日发行量估计达到 1 000 000 份。第一个广告公司据说是费城的 Volney Palmer，该机构通过招揽广告订单和为广告主收账为报业效力。⑤ 商业人士很快就接受了这种与消费者沟通的新方式，1849—1850 年，不少报社的广告版块都增加了一倍。⑥

铁路线路的贯通带动了报纸发行量的增长，广告业的发展进入了一个充满机遇的

---

① FrankPresbrey, *The History and Development of Advertising* (Garden City, NY: Doubleday, Doran & Co., 1929), 7.

② Ibid., 11.

③ Ibid., 40.

④ James P. Wood, *The Story of Advertising* (New York: Ronald, 1958), 45 -46.

⑤ Daniel Pope, *The Making of Modern Advertising and Its Creators* (New York: William Morrow, 1984), 14.

⑥ Cited in Stephen Fox, *The Mirror Makers: A History of American Advertising and Its Creators* (New York: William Morrow, 1984), 14.

新时代。然而，这一时期广告业没有被普遍认为是一个光荣的行业。由于缺乏正规管理，许多社会机构（包括一些商界机构在内）认为广告使他们处于窘境。有一段时间，一些公司如果使用广告进行宣传甚至会面临信誉等级危机——银行将刊登广告视为公司财务困难的标志。专利药品是第一批在全国范围内大量刊登广告的产品，但这并未对这种情况有大的改善。因为这类广告承诺包治百病，不论风湿、关节炎还是癌症。图表 3—2 是这一时期广告的典型代表。

图表 3—2

报纸发行量的增加促进了广告的广泛使用，但有些新型广告却给这一行业带来负面影响。与图中的专利药品广告类似，一些广告过于吹嘘，如上述广告吹嘘该药品可治愈所有肝病，包括肝癌。

## 3.2.3 巴纳姆（P. T. Barnum）时代（1875—1918 年）

*理解我心之人唯有传教士之子。*

——约翰·弗劳威尔（John Hurley）和罗尼·威尔金斯（Ronnie Wilkins），《传教士之子》；由著名演员达斯汀·史普林菲尔德（Dusty Springfield）主演①

美国内战后不久，现代广告业就诞生了。这时期的广告被公认为真正的广告。虽然广告业存在于整个工业化时代，但直到美国真正开始踏上城市化和工业化的道路时，广告才名副其实地成为美国社会重要而不可或缺的部分。大约在 1875—1918 年期间，广告业开创了消费者文化，即以消费为中心的生活方式。诚然，消费文化之前一直有所发展，但在这一时期，消费文化真正成为主流生活方式，并在很大程度上促成了现代广告业的兴起。这一时期，广告业成为一个成熟的行业，涌现出了一个个广

① John Hurley and Ronnie Wilkins, "Son of a Preacher Man," Atlantic Recording Group, 1968.

告界传奇人物：亚尔伯特·拉斯克（Albert Lasker），芝加哥 Lord and Thomas 的领头人，该代理机构很可能是那个时代最具影响力的广告商；Francis W. Ayer，N. W. Ayer 的创始人约翰·E. 鲍尔斯（John E. Powers），同时期最重要的广告文字撰稿人；俄尼斯特·艾尔摩·卡尔金斯（Earnest Elmo Calkins），广告设计之王；克劳德·霍普金斯（Claude Hopkins），将广告推向"重要的推销术"的重要人物；约翰·E. 肯尼迪（John E. Kennedy），"reason why"广告的创始人。① 这些创业者、梦想家、艺术家在广告业成立之初发挥了主要作用。有趣的是，在这些创业者之中，有几位是牧师的儿子。广告业，这一时髦而极具争议的行业的发展在很大程度上归功于这些牧师之子。这似乎与人口统计优势比例相矛盾，但别忘了，这些年轻人原本可以从事于公众演说，热情洋溢地宣扬自己关于崭新的"宗教"信念：城市生活、科学、进步、合乎情理的娱乐和大众消费。

到 1900 年，美国专利药品销售额达到 75 000 000 美元——广告效应的早期力证。② 这一阶段是现代广告诞生的过渡阶段。在这一时期出现了首批广告公司，产品品牌化也成为行规。大批量生产造成货物供应量急剧上涨，不断增加的城市人口渴望通过名牌产品（及其他）寻求社会认同，这两方面的需求激发了广告的发展。从前，如果顾客到百货商店买肥皂，店主就从一块当地制造的大肥皂块上切下一块卖给顾客，根本没有广告。但由于广告能将几乎完全一样的肥皂产品作出有意的区分，因此广告很快在早期的消费文化中占据了制高点。广告将无名的商品变成了社会阶层和身份的象征，并诱使厂商顺势抬高商品价格。无名商品（用简陋纸张包装的一般肥皂），即使质量是完全一样的，消费者也更愿意花多点的钱购买品牌产品（比如 Ivory）。这便是广告的魅力。

1906 年以前美国的广告业完全无章可循。同年，国会通过了《食品和药品纯净法案》，该法规定商品制造商须在标签上列出产品的有效成分。制造商仍可在产品中添加成分，但需让消费者知情。但这一联邦法令对广告的影响并不大，广告主仍然可以像以往一样夸夸其谈，但有悖真理和道德的骇人之词也许因此而收敛了些。然而许多广告继续采用"万灵油"式的推销腔调，这种广告腔调和精神主要受了巴纳姆的影响。他说："每分钟都有一个蠢货降生。"巴纳姆是那个年代著名的马戏团演员和马戏团创业家（Barnum and Bailey 马戏团）。所以难怪这一时期的广告大胆，充满节日般的炫目色彩，满载谬论砸向早期的"现代"消费者。图表 3—3 便是这时期的广告代表作品。

这些广告有几个特点值得注意：篇幅大（文字）；突出产品特色，对产品消费环境（可视环境）的表现相对较少；多为小广告；色彩单一，图片少，辞藻繁冗夸张。在这一时期内，广告业形式多样，平稳发展。这种状况一直持续到第一次世界大战。

让我们回顾这一时期广告发展的时代背景。这一时期城市化发展迅速，人口大量迁移，工人运动兴起，并且资本主义制度的不合理之处备受关注。欺骗和误导广告成为早期改革的对象。这也是进步运动盛行、电影和大众文化兴起的时代。这一时期的

① Fox, *The Mirror Makers*, 14.

② Presbrey, *The History and Development of Advertising*, 16.

社会发展日新月异，有很多混乱和不安因素，但是广告业用现实的、设想的或是倡议的方式为缓解现代生活压力提供了解决方案。对任何问题，广告主总是能设计出相应的广告方案。请记住：社会和文化的变革总是为广告主提供了机遇。另外，第一次世界大战还没有爆发，这确保了广告业发展的外部环境，也为较早的更为严格的广告法规的出台准备了条件。

图表 3—3

巴纳姆时代的广告中常充满不切实际的承诺。这则刊登于 1902 年《周六晚报》的广告个性地讲述了潜在客户理应投入养鸭行业的原因——甚至没有水都可以养鸭子。

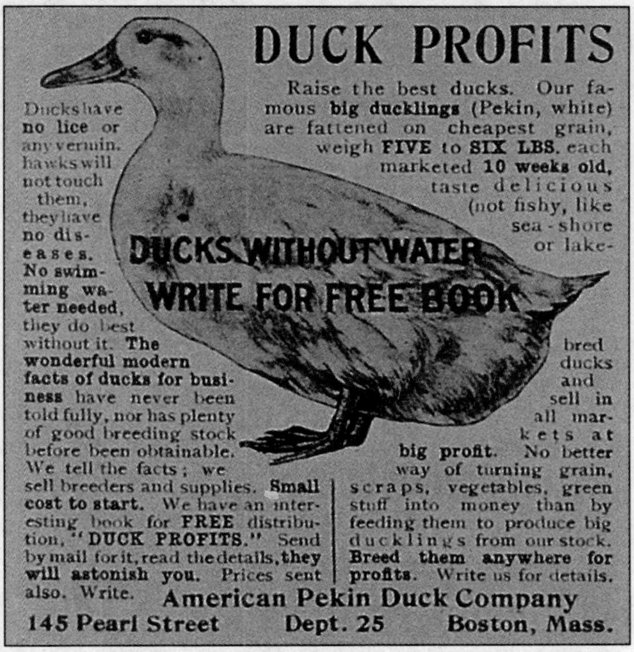


## 3.2.4 20 世纪 20 年代（1918—1929 年）

从很多方面来看，20 年的高速发展期在两三年之前就已经开始了。第一次世界大战之后，广告业获得了尊重、声望和魅力，成为最时尚的职业。在还没有影星的时代，广告业也是最时髦的行业。民众普遍认为，广告业是聪颖精明的年轻人工作和打拼的行业。20 世纪 20 年代，广告业也是最早实行自由竞争的领域，旨在改革和规范广告业的战前运动被大战的爆发和广告业在战争中发挥的作用大大削弱。第一次世界大战期间，广告业学到一个宝贵的经验：投入时间和人力从事公益事业不仅是优秀公民的表现也是明智的商业之举。图表 3—4 是第一次世界大战时期的代表广告。

20 世纪 20 年代是广告业的繁荣时期。大多数人（并非全部）享受着前所未有的高标准生活。这是个享乐主义风行的时代，人们常常在公开场合大肆行乐，并对其倍加推崇。维多利亚时代结束后，一场声势浩大的消费乐趣体验在全社会范围内开始了。维多利亚时代倡导的克制和谦逊被更加开放的性爱观念和现代男女关系所取代。这时期的广告服务于日益膨胀的感性时代，并让人们乐在其中。20 世纪 20 年代与广告业无疑是天生一对。这时期的广告不仅力劝消费者及时享乐而且还告诉他们该如何享乐。消费行为不仅可敬，而且也是人们所期待的。一时间，消费者都成了优秀公民。

图表 3—4

广告主投身战时广告的范例。

在大好的经济时代，广告业引导消费者如何做彻头彻尾的现代人以及如何警惕消费陷阱。他们从 Listerine 广告中得知什么是口臭，从 Lifebuoy 广告中了解了体臭（见图表 3—5，1926 年载的一则 Lifebuoy 广告）。没什么奇怪的，这不过是在宣传某种能治愈人们的社会焦虑症和个人讳疾的产品。大多数人认为，这种焦虑感和个人疾病会对现代发展造成负面影响。这为广告的行业发展提供了绝好的机会：现代社会缔造了许多美好的新事物，但新的生活方式却存在着诸多缺陷，所以需要更多的现代产品或服务去弥补。比如，现代罐装食品代替了新鲜水果和蔬菜，但其会“软化牙龈”、造成牙科疾病，这可用现代产品——牙刷来解决。因此，一条无尽的消费链就形成了：产品源于需求，新产品又创造新需求，更新的产品满足更新的需求……这条需求链对资本主义经济至关重要，资本主义经济的发展必须依靠广告业的持续扩展。同时，也解释了广告业的必要性。

20 世纪的其他广告强调其他现代主题，如公共工作区、男性职场领地（见图表 3—6）、家庭女性空间隐私问题（见图表 3—7）三者之间的区分。由此，出现了两大消费领域的划分，其中女性消费群体控制着经济上更为重要的男性群体。广告主很快发现，女性负责高达80%家庭消费品的采购。20世纪20年代，男士忙于职场打拼，妇女是大多数消费行为的决策者。所以，从那时起妇女就成为了广告的主要目标群体。

图表3—5

许多20世纪20年代的广告承诺可消除社会忧虑。在这则广告中，Lifebuoy为那些认为体臭有碍事业发展的人们消除了后顾之忧。

图表3—6

这则20世纪20年代的Gulf广告强调技术进步和男士在其发展中的特权地位。这时期广告表现出职场是男性的世界。

图表3—7

20世纪20年代的广告常常强调现代主题，如公共工作区和私人工作区的区分。这则Fels-Naptha广告展现了家庭女性的个人工作空间。

20世纪20年代及其后的广告还有一个重要的特征：科学技术开始发挥重要作用。在很多方面，科学技术成为现代社会的新信仰，现代方式就是科学方式。因此这时期几乎所有产品类别的广告都宣传产品的科技含量，以吸引顾客。这些广告甚至声称在收音机电子管或“家庭科学”中应用了最新科学成果，图表3—8和图表3—9就属于这类广告。

图表3—8和图表3—9

20世纪20年代的文化主题——现代性，强调科学和技术。这两则关于Sonatron Radio Tubes（图表3—8）和Pet Milk（图表3—9）的广告向人们推销家庭科技化的品牌产品。

20世纪20年代的广告比以往更突出视觉效果。这一时期的广告通过产品展现生活的片段，或者精心构建社会生活的“快镜头”。和今天的广告一样，在这些广告中，广告产品使用者或需要者的相对位置、广告背景、服装道具都经过精心设计。一般来说，这些视觉广告就是关于如何迎合“精明”的消费者的心理，展现这些新产品如何使消费者变得文雅而时尚，而且不会在快节奏的现代社会承受压力和危机感。如图表3—10至图表3—13所示，产品应用的社会背景显得尤为重要。

图表3—10至图表3—13

如柯达（图表3—10）、Standard Sanitary（图表3—11和图表3—12）、Camay（图表3—13）的广告所示，20世纪20年代的广告用产品展现其精心构建的社会“快镜头”。在图像中，社会背景和产品之间的界限不断模糊，最后混为一体。背景即品牌，品牌即背景。请花点时间仔细观察这些广告。

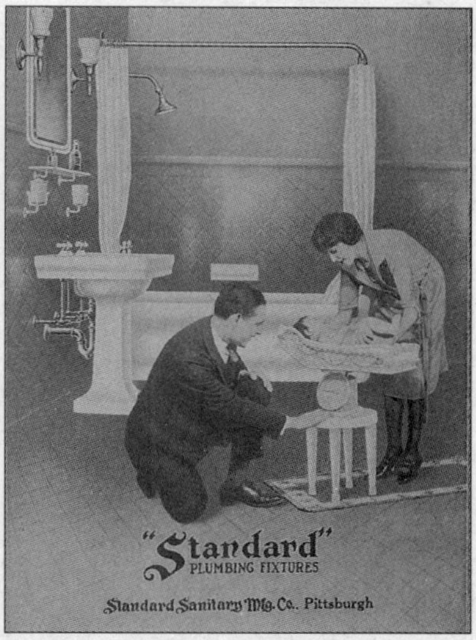

20 年代的广告记录了当时的技术状况、服饰和家私风格及社会功能。广告通过描述人物和产品搭配的社会背景和环境，详细说明了人和产品之间的社会关系。观察图表 3—11 和图表 3—12，请注意所要安装水管装置的社会背景。这真的是一则关于水管装置的广告吗？当然是，很重要的一点是，它把广告产品置于对一个广告主和消费者来说都有功用的社会情境当中。真正为家庭着想的现代消费者，会选择使用现代水管装置。广告正逐步走向成熟，体现出了时代背景。单纯就美术指导而言，图表 3—14 至图表 3—16 是展现时代美女的佳作。

图表 3—14 至图表 3—16

这三则广告更集中体现了 20 世纪 20 年代广告的美术和风格走向（实际上，金牌广告制作于 20 世纪 30 年代早期，但仍保持了 20 世纪 20 年代的风格）。很多人认为这一时期是广告艺术最精湛的阶段。为使广告展现出时代技术和风格，20 世纪 20 年代的广告主聘用了当时最优秀的插图专家和美术家。

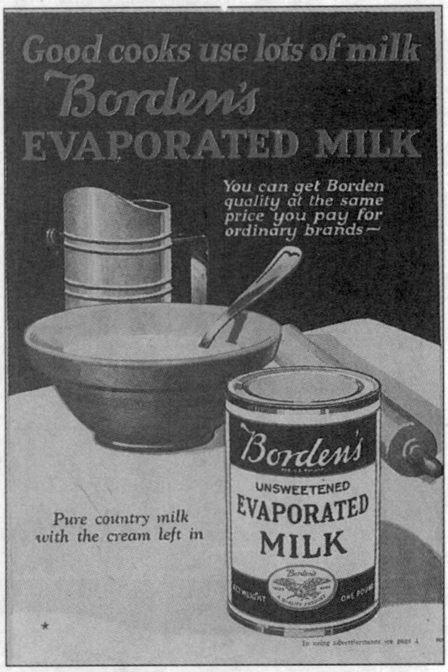


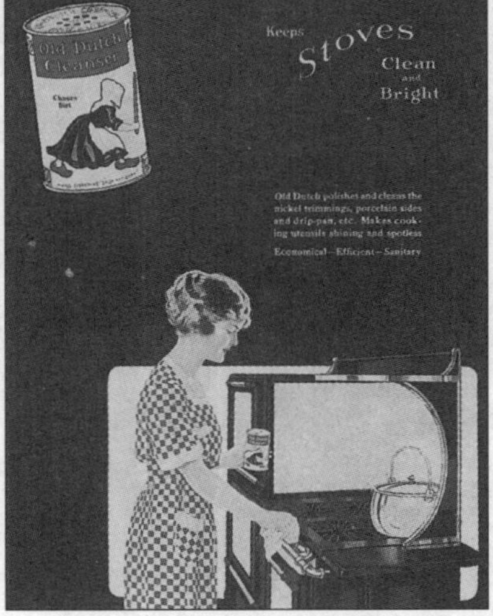

J. Walter Thompson广告公司是那一时期主导性的广告公司。斯坦利瑞瑟（Stanley Resor）、海伦·瑞瑟（Helen Resor）和詹姆斯·韦伯·杨（James Webb Young）以精明的管理之道、个人远见，以及优秀的广告作品将其发展成为行业领头羊。海伦·瑞瑟是第一位著名的女性广告总裁，曾对J. Walter Thompson的成功贡献过自己的力量。此外，这一时期还有一个最著名的广告人——一位十分风趣的叫布鲁斯·巴顿（Bruce Barton）的人。他不仅是BBDO的领袖而且是位畅销书作家，其中最有名的是1924年出版的《*无人知晓之人*》①。这是一本关于基督耶稣的书，该书将耶稣刻画成广告人的鼻祖。这本书将基督教和资本主义信条融合在一起，对那些努力调解反对铺张的传统信仰和提倡消费的新型信仰之间矛盾的人来说极具吸引力。不要忘记，这本书十分畅销，足以说明大众消费与传统信仰和道德之间矛盾的调和是普遍存在的。

## 3.2.5 经济大萧条时期（1929—1941年）

*到1932年，1/4的美国工人失业。但实际情况比人们所看到的更加糟糕，3/4的在业者是在做兼职——或缩短了工时，或面临长期和反复的停工……大概有半数工人都曾尝到过失业的滋味。数百万人口不止一次的忍饥挨饿，数百万人口一连几天的晚餐只能吃面包喝水。全国有一百万人口街头乞讨，其中有上千名儿童，包括许多扮成男孩模样的女孩子。而那些居住在城市边缘棚户区的人们，有时只能吃路边采来的野菜。*②

没有亲身经历过大萧条的人很难想象当时的糟糕状况。我们没经历过，但我们的祖父母或曾祖父母经历过，大萧条是多么残忍，令人崩溃，邪恶；它夺走了人们的生命，破坏了人们的生活。那些熬过危机而且还保持尊严的人是十分值得尊敬的（见图表3—17）。这伟大的一代中有很多人后来在第二次世界大战的战场上浴血奋战。大萧条永久性地改变了人们对很多事物的看法，如政府、商业、金钱、消费、储蓄、信誉，对广告看法的改变绝非偶然。

如果说20世纪20年代的广告业魅力四射，那么20世纪30年代它就可称得上是臭名昭著。它成为大公司不可分割的组成部分，而正是大公司巨大的贪欲使美国陷入始于1929年的大萧条之中——或者类似境况。大众现在视广告为大恶之物，是广告引诱他们铺张浪费，最终导致的大萧条便是对他们的惩罚。

广告主们以一种朴素、实用的广告风格回应美国人的责难。20世纪20年代，讲究格调和美感的广告被制作得更加粗糙、内容混杂的广告所取代。正如一位历史学家所说的那样："这种粗制滥造广告的神秘色彩造成了'丑陋'的广泛传播，小报中充塞着图片以吸引眼球。"③ 顾客想要物有所值，广告商就把尽可能多的图像和文字资料塞进广告，或引入欠妥的性感元素。如果广告业持续这样，大众和广告机构之间的关系很可能会更加糟糕。但遗憾的是，在如今糟糕的经济形式下，它依然是广告业的

---

① Bruce Barton, *The Man Nobody Knows* (New York: Bobbs-Merrill, 1924).

② James Lincoln Collier, *The Rise of Selfishness in America* (New York: Oxford University Press, 1991), 162.

③ Ibid., 303－304.

发展动力。广告主题通常利用人们对现实的忧虑，如失业就意味着成为一个失败的、无法供养家庭的配偶或者父母（见图表 3—18 和图表 3—19），或没有其他话题时，性就成了广告的主题。

图表 3—17

这张由 Walker Evans 于 1936 年拍摄的照片表现了大萧条时期的艰难。经济困境使美国人不再相信那些企业以及他们的工具——广告。

图表 3—18 和图表 3—19

如 Paris Garters 的广告（图表 3—18）和 the Association of American Soap and Glycerine Products 的广告（图表 3—19）所示，20 世纪 30 年代的广告主题利用了时代的焦虑。

另一值得注意的事件是无线广播出现并成为该时期重要的广告媒体。20 世纪 30 年代的 10 年间，广播站的数量由几家增长到 814 家，收音机的使用量增加到 51 000 000 台，增长了 4 倍，平均每户至少拥有一台收音机。20 世纪 50 年代电视机出现以前，收音机这种新闻和娱乐媒介一直处于快速发展的时期。无线广播的一大优点是它能营造一种社区氛围，千里之外的听众通过它可以接听和参与自己喜欢的肥皂剧——如此命名的原因是这些节目是由肥皂生产商赞助播出的。

同全国其他产业一样，广告业在这一时期遭遇阴霾。代理商削减工资，迫使雇员每周工作四天，强制员工无薪休假。客户频繁要求审查广告作品，代理商不得不提供更多的免费服务来保住客户。广告业会像经济本身一样在第二次世界大战中走出萧条困境，但它不可能再恢复到大萧条之前的状况。广告业成为组织有序而又愤怒的消费者运动的攻击对象。这一时期，美国国会通过了改革法案。1938 年，联邦贸易委员会《惠勒—利法修订案（Wheeler-Lea Amendments）》宣布“商业欺骗行为”为违法行为，广告被囊括其中。1938—1940 年，联邦贸易委员会对广告主颁布了 18 条禁令，包括“禁止 Fleischmann's Yeast 的广告，它声称可矫正牙齿，治疗皮肤坏死、便秘和口臭”。[①] 政府部门不久就利用这些新武器整治了包括 Lifebuoy 和 Lux soaps 在内的几家全国大型广告商。

## 3.2.6 第二次世界大战时期和 20 世纪 50 年代（1941—1960 年）

*将近一半妇女在十几岁时就结婚了，2/3 的白人女大学生中途辍学。1955 年，41% 的妇女“认为要4 个孩子是最理想的”。*[②]

许多人把 1941 年 12 月美国加入第二次世界大战作为大萧条时期结束的标志。战争时期，广告业常常直接援引战争资料（如图表 3—20 所示），将产品与爱国主义联系起来以改换晦暗的广告形象。战时，广告商出售军事公债，鼓励民众节约。在所有企业中，可口可乐可能是成功向战争前线供应产品的商家中贡献最多也是受益最多的一个。战争结束后，可口可乐公司的装瓶工厂遍布全球，同时赢回了美国女性对可口可乐的超级忠诚度，这可从可口可乐和百事可乐的女性消费者之比为 4：1 得到明证。[③] 此外，战争促使妇女加入劳动大军，从事非传统职业，如 Rosie the Riveter 广告所示。Penn Railroad 广告（见图表 3—21）就是个很好的例子。战争时期，许多妇女（自愿地或非自愿地）加入劳动大军，当然，在 1945 年战争结束之后她们又离开了工作岗位。

---

① Fox, *The Mirror Makers*, 168.

② Wini Breines, *Young, White and Miserable: Growing Up Female in the Fifties* (Boston: Beacon, 1992).

③ Pendergrast, Mark, *For God, Country & Coca-Cola: The Definitive History of the Great American Soft Drink and the Company That Makes It* (New York: Basic Books, 2003).

图表 3—20

广告主常常把美国人参加第二次世界大战作为题材，以此将产品与爱国主义联系起来。这一联系为 20 世纪 30 年代末期处于阴霾之中的广告业提升了形象，解决了燃眉之急。

第二次世界大战结束后，经济情况持续好转（伴有间歇停顿），消费热潮再度高涨，第一批大型购物中心建成。但这次民众对广告的态度与 20 世纪 20 年代完全不同。第二次世界大战后，人们盛传美国战争部出色的宣传专家在战后直接搬到了麦迪逊大街，开始操纵人们的消费心理。与此同时，共产主义的兴起及其“思想控制”让人们忧心忡忡。人们很自然会认为广告和共产主义都是想对人们进行“思想控制”，不同之处在于广告在劝诱人买东西而不是成为一个共产主义者。关于麦卡锡主义的猜疑、轰炸、压抑的性思想（弗洛伊德理论的再现）甚至外星人的传说充斥着美国。本来正常的人们在自家后院建起了防空洞（图表 3—22），怀疑邻居会是共产党人，担心“丛林音乐”（又名“摇滚音乐”）会让女儿学坏。

在整个社会恐慌心理的大环境下，20 世纪 50 年代广告公司开始进行动机调查，并且应用了“心理销售战略”，这只加重了人们对广告业的怀疑。也是在这一时期，美国人开始担心自己正被潜意识广告引诱购买不想要或者不需要的各类商品。家里和车库里堆满了东西，唯一的解释便是广告的强大诱惑力——这为缺乏控制力找到了极好的借口。事实上，1957 年出版的一本名为《隐藏的说服者》的畅销书给出了解释：

天花乱坠的广告对潜意识起作用。[①] 仍有人对这类广告产生猜疑，但对提倡“消费者不傻，广告人不坏”的广告主来说仍然是一大商机。利用人们对广告的恐惧心理往往会做笔好买卖。

图表 3—21

如这则 Penn Railroad 的广告所示，战争期间，广告主呼吁妇女出门就业。

有关詹姆斯·维卡里（James Vicary）的故事是这时期最难以置信之事。据史学家 Stuart Rogers 记载，1957 年，Vicary 使广告界和多数美国人相信他成功地演示了一项能让消费者按广告主意愿行事的技巧。他声称自己将潜意识信息置入一部影片中，这样就吸引了观众，而且还对观众反应作了记录。他断言影片中的“吃爆米花”和“喝可口可乐”信息使爆米花和可口可乐的销量分别增加 57.5% 和 18.1%。他召开新闻发布会，从广告公司手中收取佣金。根据以后的调查，维卡里在记者弄清他的断言从未发生过之

① Vance Packard, *The Hidden Persuaders* (New York: D. McKay, 1957). With respect to the effects of "subliminal advertising," researchers have shown that while subliminal *communication* is possible, subliminal *persuasion*, in the typical real-world environment, remains all but impossible. As it was discussed, as mind control, in the 1950s, it remains a joke. See Timothy E. Moore, "Subliminal Advertising: What You See Is What You Get," *Journal of Marketing*, vol. 46 (Spring 1982), 38 – 47.

前就跑掉了。他带着从广告公司和客户那里收取的约 4 500 000 美元[①]（按现代计价，约合 28 000 000 美元）彻底失踪了，没有留下任何银行账户或转寄地址。

图表 3—22

20 世纪 50 年代，由于对共产党人的思想控制以及真实核武器军备竞赛充满恐惧，民众在自己的后院挖了防空洞，并且对广告的潜在力量深信不疑。

不管你在哪，詹姆斯，你很可能成功制造了广告史上最牛的诈骗案。最糟糕的是，包括监管人员和国会议员在内的许多人依然相信你的炒作，相信广告主真的会那么干。这可是真正的犯罪。

20 世纪 50 年代也是性、青年文化、摇滚乐和电视盛行的时代。说到性，有关 20 世纪 50 年代怪诞和矛盾的现象能写好几卷。这是新弗洛伊德流行心理学和 *Beach Blanket Bingo* 风行的时代，一个性话题无处不在的时代。同时有关性的保守道德观又向年轻人特别是女性传递着截然相反的观念。此外，这些观念通过广告传递给儿童以及这一代长大后形成的青少年市场，只是侧重点、宣传力度和以前完全不同。仅凭数量，他们也会最终形成无法遏止的青年文化，这是每个人都要面对、竭力取悦的一代——婴儿潮一代。他们会不顾父母的反对去买摇滚唱片，因为人数多，他们掀起音乐行业新一轮的革命。如今，他们购买越野车、共同基金和价值 8 000 美元的自行车。

接着，电视机（图表 3—23）问世了，它的出现可谓是史无前例。这件第二次世界大战前的科技产品在这一时期走进了 90% 的美国家庭。最初，广告人并不知道该如何利用电视，只是做 2 分钟 ~ 3 分钟的商业广告，一般是演示性广告。随后，他们很快学会了如何应用电视影像和语言。

这一时期美国经济迅速发展，家庭收入也日渐增多，城市近郊出现，瞬时间消费激增。技术变革无情地席卷全国。电视、电话、自动洗衣机、烘干机成为美国人生活中的常见用品。这时期的广告体现出现代生活场景、社会承诺和依赖科技的特征。

20 世纪 50 年代的广告中出现了混乱，有时粗糙，有时又愚蠢的一面。很少人认为这是广告业的黄金时代。这一时期最著名的两位广告人物是罗瑟·瑞夫斯（Rosser

---

① Stuart Rogers, "How a Publicity Blitz Created the Myth of Subliminal Advertising," *Public Relations Quarterly* (Winter 1992 - 1993), 12 - 17.

图表 3—23

最初，广告人并不知道该如何利用电视这种第二次世界大战前的科技成果，在 20 世纪 60 年代末电视走进了 90% 的美国家庭。

Reeves）和欧内斯特·迪希特（Ernest Dichter）。前者来自 Ted Bates 广告代理公司，以其极端强硬的销售手段闻名（见图表 3—24）；后者是一位咨询顾问，以动机研究著称，重点研究消费者欲望中的潜意识和象征性因素。图表 3—25 至图表 3—29 是这个矛盾又混杂的美国广告时期的代表作品。

图表 3—24

这则广告是 Ted Bates 代理公司著名的广告制作人 Rosser Reeves 的作品。他主宰着 20 世纪 50 年代的广告风格：乏味无趣、粗糙、重复、大量采用图示。他认为推销产品和艺术或创意几乎没有关系。这种风格是创意革命竭力反对的。

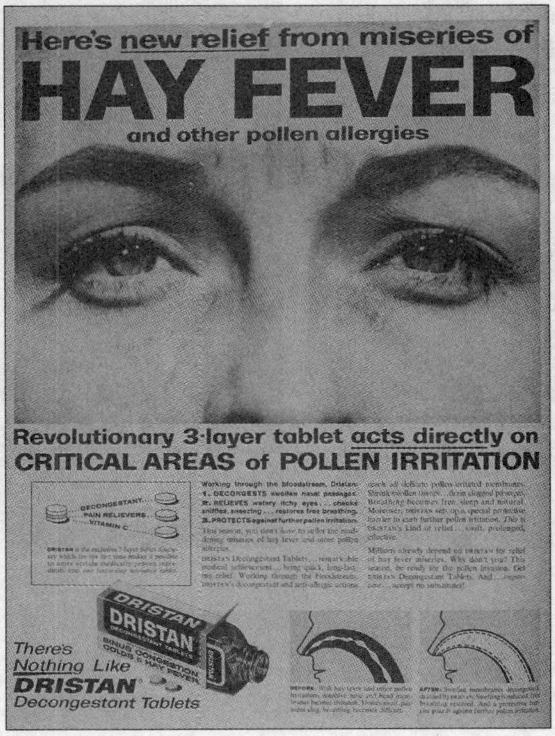

图表 3—25 至图表 3—29

这 5 则广告展现了 20 世纪 50 年代的真实风貌：矛盾（受家庭观念主导但又蠢蠢欲动）和科学的风靡。图表 3—29 展示了 20 世纪 50 年代对性的矛盾思想：虽然蠢蠢欲动却只冠名“内衣广告”而已。

这些广告展现了令人着迷的小家庭模式，彬彬有礼的子女，良好的社交关系，对科学的虔诚信仰和顽固的性别角色（即将垮塌），而20世纪60年代性革命的呼声也刚刚响起。接下来不久，人们之间的关系冷漠，开始质疑科学，青年人开始变得叛逆并形成了一个重要市场；妇女和非裔美国人要求消除歧视，获得平等的社会地位，不穿胸衣的时代随之而来。轰轰烈烈的社会变革时代即将到来——新需求、新追求、新忧虑、新商品和服务以及新品牌，这通常也是广告主发展的大好时机。

## 3.2.7 和平、友爱和创意革命时代（1960—1972年）

*你说你渴望变革，其实我们都想改变这个世界。*

——约翰·列侬（John Lennon），保尔·麦凯特尼（Paul McCartney），“革命”①

如人们所知，20世纪60年代爆发了一场影响到社会方方面面的文化革命，包括广告业。20世纪60年代的广告业开始体现时代主题、语言特色和时代风貌。但作为一个行业，广告业对周围声势浩大的社会革命反应迟钝。当全国人民奋力争取民权、参加越南战争、进行性革命之时，广告业很多时候仍在刻画女性和其他社会地位低下的少数群体。不管广告看起来如何，广告代理仍是美国最纯净的行业之一。在广告中，性革命的最大成果仅仅是男女之间性观念的普及，单从广告来看，并不存在同性恋现象。

20世纪60年代的广告业发生的一场真正革命是创意革命。这场革命以创意（美术总监和文案撰稿人）为特征，这些人在代理经营管理以及广告的声音和画面制作方面具有更大的发言权。广告的重点“从附属服务转向创意产品，从以依赖科学和研究转向依靠艺术、灵感和直觉”。②最初，这类革新型广告清新简洁、内容简短、幽

① John Lennon and Paul McCartney, “Revolution,” Northern Songs, 1968.

② Fox, *The Mirror Makers*, 218.

默含蓄。随后（1968 年左右）该特征更加明显。这类广告的自觉意识越来越强，毫不畏惧地加入到社会革命的队伍之中——包括最具讽刺意味的反物质主义运动。广告业承认自己是在做广告（甚至自娱自嘲），相比其他，创意革命更关注自我意识，如同在说“好，这有个广告。你们知道这是个广告——我们也知道”。20 世纪 60 年代，广告业开始意识到这是一个以热衷嬉皮、帅气、年轻而叛逆为特色的时代。只要是帅气的，广告就需要把它纳入其中。20 世纪 60 年代的文化革命很快成为一种广告创意。一切都变得叛逆不羁，就连本分的道奇（Dodge）品牌也改名为“Dodge Rebellion”，然后产品一路畅销。[①] 一旦广告意识与青年、嬉皮和叛逆成功挂钩，它就再也不回头，甚至连反对广告的嬉皮情绪都可被广告用于推销产品。

创意革命及其影响常常与四大著名广告公司联系在一起：芝加哥的 Leo Burnett、纽约的 Ogilvy & Mather（略次）、纽约的 Doyle Dane Bernbach（最重要）、纽约的 Wells Rich and Green（应给予更多赞誉），分别由 Leo Burnett、David Ogilvy、Bill Bernbach 和 Mary Wells 领导。图表 3—30 至图表 3—33 分别是 Kellogg's Special K cereal、Rolls-Royce、Volkswagen、Braniff 的广告，他们分别由上述四家公司制作而成。

图表 3—30 和图表 3—31

20 世纪 60 年代广告业进入了创意革命的新时代，广告创意得到了空前的重视。请注意图表 3—30 中由 Leo Burnett 在芝加哥创作的 Kellogg 广告中清新简洁的风格。图表 3—31 中的广告是 Ogilvy and Mather 公司的 David Ogilvy 创作的，它被认为是该公司的“改革之作”，与 20 世纪 50 年代的广告相比，该作品对消费者的重视程度明显提高。http：//www. kelloggs. com，http：//www. rolls-royce. com

① Thomas Frank, *The Conquest of Cool: Business Culture, Counterculture, and the Rise of Hip Consumerism* (Chicago: University of Chicago Press, 1997).

图表3—32

通过创意广告，大众汽车在几年内强化了大众最初的品牌信息：大众汽车不是昂贵的奢侈品，而是和甘蓝与 ground round（每磅仅售 1.02 美元，比两者都要便宜!）一样的家庭必备品。这些 Doyle Dane Bernbach 设计的广告也认可了精打细算的消费理念。

图表3—33

这是玛丽·韦尔斯（Mary Wells）为 Braniff Airlines 设计的著名广告之一，充满未来主义色彩，散发时尚气息。

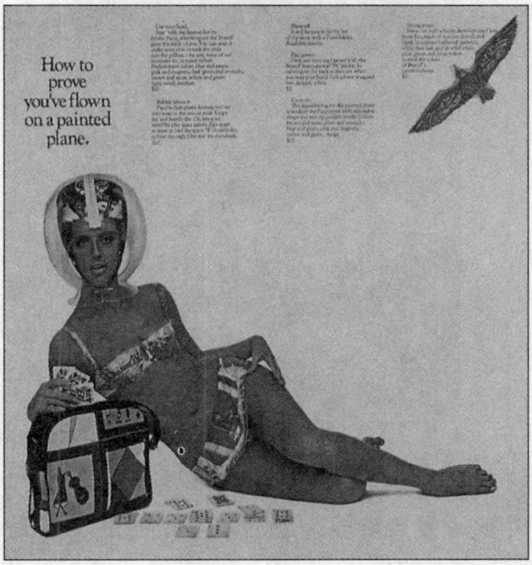


当然，认为创意革命贯穿了那一整个时代是不正确的。许多20世纪60年代的广告仍然反映传统价值观，相对缺乏创意。固特异（Goodyear）的广告（见图表3—34)是这时期传统广告的典型代表。百事广告（见图表3—35）以年轻人和年轻人的想法为卖点。

图表 3—34

不是所有 20 世纪 60 年代的广告都具备创意革命的特征。固特异广告更加依赖传统风格和价值观念。http：//www. goodyear. com

图表 3—35

百事公司“创造”了一代人，并且利用了这一庞大的年轻人市场所具有的特征。百事声称年轻人就像公司的员工，利用自如。http：//www. pepsiworld. com

关于 1960—1972 年这一发展阶段，最后需要说明的一点是，这时期广告业普遍开始意识到自己在消费文化中的作用——广告是热衷于消费文化的偶像。广告在促进消费的同时，自身也成为消费的象征。创意革命并没有持续很长时间，但广告业却彻底改变了。20 世纪 60 年代之后广告业再不会轻视自己的社会地位，同时增强了自我意识。它也注意到大众（特别是年轻人）在消费中起到的革命性作用，即便是一场反对消费的革命，也得有恰当的表情、恰当的衣着、恰当的装束。用一种非常重要的方式，广告业学会了如何长久地逃避资本主义的批评：隐身起来！

*似乎每隔几年，随着新一代叛逆的年轻人文化为一代过时的文化产业注入新的活力，20 世纪60 年代的时代特色就会小规模地呈现出来。新一代人淘汰旧潮流，新名流嘲笑旧时尚，此起彼伏螺旋式升级。正如广告人米勒·史黛尔（Merle Steir）在1967 年所说：“年轻人赢了。年轻人必须总是赢家。新事物必然代替旧事物。”我们必定还会有叛逆的年轻一代，就像消音器、牙膏和鞋子必定会有升级产品一样。*①

## 职业道德专栏

### 发掘多样性，吸收同性恋消费者

瑞典家私制造商宜家（Ikea）在 1994 年以一则夫妻购买餐桌的简单广告打破了广告业中长期存在的文化障碍。这则普通的电视广告有什么特殊之处呢？广告中两人讨论家具款式的言谈举止看上去就像一对结婚多年的夫妇，而他们实际上是一对男同性恋。

这则广告是第一个由大公司播放的同志友好型电视广告，该广告在社会引起了争议。但在之后的 10 年中，这则广告成为广告人开发同性恋市场的试金石。

在这之后，出现了一批针对男性同性恋消费者的广告。汽车制造商斯巴鲁（Subaru）以公众所知的同性恋乒乓球运动员 Martina Navratilova 为代言人吸引女同性恋消费者。60 多家大厂商在 Logo——传媒巨头 Viacom 刚刚开通的一个同性恋电视频道上——刊登广告，其中包括 Anheuser-Busch、Dell、Sears、Sony。宜家在 2006 年年末再次在另一主流广告中突出同性恋夫妻角色。这次添加了一个小孩儿和一只金毛拾猎犬。这则卧室家具广告最终以这样一句话结尾：“为什么沙发不能像家庭那样别具风味呢？”

继 1994 年宜家餐室广告取得突破之后，广告业发生了诸多变化，但危机依然存在。部分同性恋倡导者非常气愤营销商将所有同性恋消费者假想成富裕且温文尔雅的一群人，就像一些流行电视节目如 Will & Grace 或 Bravo 频道的电视剧 Queer Eye for the Straight Guy 所刻画的那样。2005 年年末，福特汽车公司在受到保守的美国家庭协会的抵制和威胁后放弃了通过同性恋刊物为 Land Rover 和 Jaguar 品牌进行广告宣传的计划。

但是汽车制造商很快扭转了局势。在声明取消同性恋刊物广告之后不到两周，福特公司表示实际上他们会继续扩大这类广告宣传，其中包括公司的核心品牌：福特、美科利、马自达和林肯。

资料来源 Apanrna Kumar，“Commercials：Out of the Closet，” http：//www. Wired. com，May 8，2001；Stuart Elliott，“Hey，Gay Spender，Marketers Spending Time With You，” *New York Times*，June 26，2006，C8；Jeremy W. Peters，“Ford，Reversing Decision，Will Run Ads in Gay Press，” *New York Times*，December 15，2005，C4.

---

① Frank，*The Conquest of Cool*，235.

## 3.2.8 20 世纪 70 年代（1973—1980 年）

*Blutarski 先生，你不能再过肥胖、酗酒以及愚笨这样的生活了。*

——选自 Dean Vernon Wormer（John Vernon）的国民讽刺小说《*动物之家*》，1978 年

Dean Vernon Wormer 在其《*动物之家*》一书中对 John Belushi 性格的刻画反映了 19 世纪 70 年代的主要特征：挥霍无度且麻木堕落。这个年代的人们喜欢涤纶材料的衣服，跳迪斯科，斗殴，55 英里的时速驾车。1972 年，Richard Nixon 的再次参选标志着 20 世纪 70 年代的真正到来。之前，美国尝到了第一次战争失败的苦果，人们对于 1970 年春四名学生抗议者在 Kent 州立大学被国民警卫队射死的场景历历在目，中东国家似乎在支配着美国的能源政策。正如 Jimmy Carter 总统在 20 世纪 70 年代末指出的那样，那时国家处在不景气状态中。广告业又倒退回数十年前的样子：表现形式陈旧过时。20 世纪 60 年代的创新革命风潮在经济下滑和商品滞销的压力下逐渐消退。19 世纪 70 年代也标志着美国第二次女权运动的开始。此时，广告人员在广告中开始赋予妇女"新"的角色，并且广告中出现了有色人种，如图表 3—36 所示。20 年以后他们也可能会把同性恋搬到广告中。

图表 3—36

尽管经济衰退和国家不景气时期导致广告退回数十年前的"不好不买"的风格，但 20 世纪 70 年代广告的亮点是对有色人种的刻画。托马斯·布韦杰（Thomas Burrell）创作的广告以积极的写实主义风格描述了非洲裔美国人。

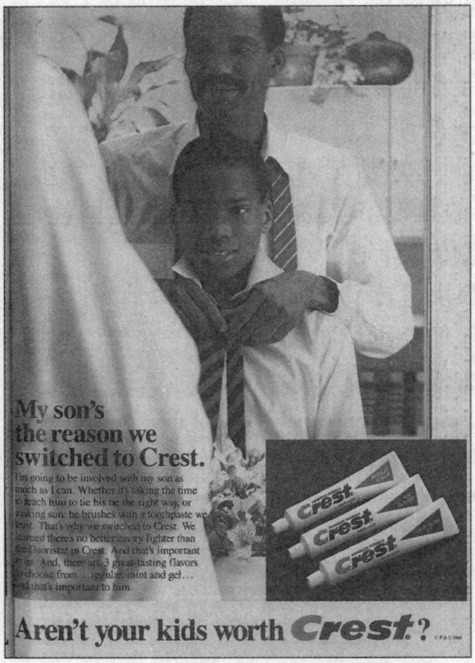


20 世纪 70 年代标志了 60 年代的终结，也结束了人们曾一度提及的革命。而变成了一个人们自助和利己的时代，"我"成为了这个时期的最重要的词汇。这为广告

业创造了良机。全世界都在告诉人们做利己的事合情合理，利己是本性之美。“嘿，宝贝，如果我不能首先善待自己那么我就无法善待你”等类似的话成为20世纪70年代的流行语。在当时，自私是一件好的事情。善待自己意味着消费——消费则对广告有利，这么推理十分有趣。

有点令人诧异的是，20世纪70年代同样也存在对一些特殊受众的限制和保护，因此广告业在多方面遭遇了新一轮的挑战。人们越来越担心每年耗资2亿美元的广告对孩子产生的影响。一些妇女在波士顿成立了儿童电视行动组织，以游说政府限制针对儿童的广告数量及内容。一些管理机构，特别是美国联邦贸易委员会（FTC）和国家广告审查委员会这两个组织，对广告业的诚信度和透明度提出了更高的要求。一些企业因其广告被判定带有误导性而被依法罚款，在这些企业中给人印象最深的有Warner-Lambert（广告语：Listerine 牌漱口水能治疗和预防感冒）、Campbell's（广告语：将一些玻璃球放在碗底会使其变得更漂亮），和 Anacin（广告语：阿司匹林可以减缓压力）。

尽管这一时期，广告中更突出地刻画了美国黑人和妇女，但商家们对他们施与的服务、优惠政策就显得微不足道了。关于广告商针对这些少数族裔的雇用条件和促销措施曾一度在法庭上引起纠纷。尽管这样，两家由非洲裔美国人创办的有影响力的广告公司正逐渐兴起壮大：由 Thomas J. Burrell 创立的 Burrell 广告公司和由 Byron Lewis 创办的 Uniworld 公司。Burrell 因其“积极的写实主义”的广告风格而闻名，写实主义包括：人们工作顺利、家庭美满、全面发展、体贴周到、互助互爱、邻里友好、父母健康、敢想敢做、雄心壮志等。Burrell 曾经说道：“在30秒内你就能打破陈规，创立一个品牌。”他认为：“针对黑人的广告能很容易被白人接受，而针对白人的广告就不那么容易被黑人接受了。[①] 我们不必做到什么都和白人一样，我们应庆幸我们的与众不同，但同时也要勇于争取我们的权力。”[②]

图表3—36为一则由 Burrell 公司创作的广告。（请登录 http://www.littleafrica.com/resources/advertising.html 搜索最新的主要由非洲裔美国人创办的广告公司及相关资源）。另外一位相当显赫的人物名叫约翰·H. 约翰逊（John H. Johnson），他是杂志《Ebony》的创办者（见图表3—37）。也正是此人通过各种方式使黑人同胞涉足出版界、销售界和广告界，为黑人企业家、广告商和艺术家们创造了大量的机会。在他死后，美国前总统、参议员、各界社会名流以及只是单纯崇敬他的很多人都参加了他的葬礼，看得出，约翰·H. 约翰逊的影响力远远超越了广告界。

20世纪70年代也给人们发出了一个信号：这个时期通信技术将快速发展。消费者开始被各种通信设备所诱惑。像录像机、有线电视、激光影碟机等各种通信设备都是在20世纪70年代发展起来的。据称到20世纪70年代末，已有2 000万用户使用有线电视。随着 ESPN、CNN、TBS、Nickelodeon 等有线电视台选择的多样化，有限电视节目的质量也随之提高。随着电视观众和频道的增加，广告主学会了如何通过各

---

① *http://www.ciadvertising.org/studies/student/99_fall/theory/cal/aainadvertising/folder/burrell.html*

② *http://blackmbamagazine.net/articles/docs/2005-2_an%20advertising%20legend%20leads%20with%20passion%20purpose%20and%20power.pdf*

种有线节目将广告传达给更具体的目标受众。

图表 3—37

约翰·H. 约翰逊为美国黑人在商业上创造了众多机会。

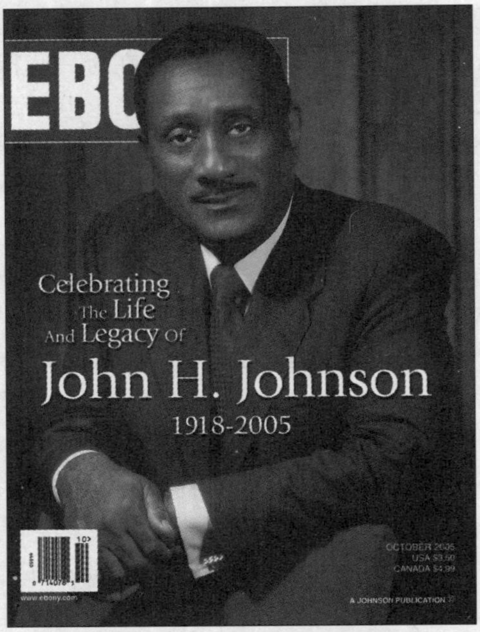


尽管科技的优势为广告的发展带来空前的机遇，但其发展却一直受到消费者和政府法规的限制。20 世纪 70 年代末到 80 年代初，出现了一股企业合并的风潮，不仅有许多大企业同美国国内的企业合并，甚至也有跨国并购。这个年代也产生了一种跟电视节目时间一样长的商业广告，特别是在儿童频道。像草莓娃娃（Strawberry Shortcake）的玩具秀一样，在节目中为产品做广告，这种做法让监管部门十分为难：如果这种展示是针对产品，那么就不算是真正的广告（也就不能按照广告进行管理）。真是这样么？这使得监管者手足无措，但这种广告的确是很聪明的市场营销方式。① 通常监管者将此类广告视作展品节目，随后人们开始大量模仿这种做法。这种"新式"品牌娱乐节目就这样拉开了序幕，而不是在 30 年之后。

在这个时期，广告的发展遇到了众多挑战。其中，广告的表现形式和 19 世纪 50 年代一样生动有趣。通常，广告偏重于商品本身，而不是创意，如图表 3—38 和图表 3—39 所示。这个时期，广告公司的管理层掌控并主导广告公司的活动。而过去由创意人员主导公司活动时，"bottom-liners"的广告创意根本不会出现。当然，在 20 世纪 80 年代，公司的广告收益让管理层对此状况并不在意。

但是 20 世纪 60 年代到 70 年代的文化革命（还有创意革命）结束了。20 世纪 70 年代末文化方面出现了完全不同的景象，广告商业方面也是如此。但似乎总是有一种改革（相对较小的改革）和叛逆的潜在年轻势力。这种年轻势力对消费和广告的态度更加愤世嫉俗，更加矛盾。这些年轻人是伴随电视广告成长起来的第一代人。

① Tom Engelhardt, "The Shortcake Strategy," in Todd Gitlin, ed., *Watching Television* (New York: Pantheon, 1986), 68 – 110.

图表3—38和图表3—39

20世纪60年代和70年代广告最大的不同点是70年代的广告更偏重于产品而不是创意。图表3—38的Jensen广告和图表3—39的Listerine广告代表了70年代产品至上的广告特点，这反映出在那个时代广告商从广告创意人员那里夺回了管理控制权。纵观今天的广告发展趋势，我们可以看出管理者在广告公司中扮演的角色吗？

*Do you remember lying in bed*
*With your covers pulled up over your head?*
*Radio playin' so no one can see*
*We need change, we need it fast*
*Before rock's just part of the past*
*'Cause lately it all sounds the same to me*
*Oh oh oh oh, oh oh*

*Will you remember Jerry Lee*
*John Lennon, T. Rex and OI Moulty?*
*It's the end, the end of the '70s*
*It's the end, the end of the centry*

——引自The Ramones，“追忆摇滚乐广播时代”①

① Written by Joey Ramone, Sire Records. May 16, 1980. Watch: *http://www.youtube.com/watch?v=kJizV-d3sEQ*

## 3.2.9 设计者时代（1980—1992 年）

*没有比“贪婪”更好的词语了。*

——引自华尔街 Gordon Gekko（Michael Douglas），1987

“在 1980 年，美国人的平均收入是他们父母在第二次世界大战末时收入的两倍”,[①] 因此人们可以拿着大把的钱尽情消费了。随着罗纳德·里根（Ronald Reagan）总统的上台，政治、社会、经济以及广告业在 1980 年发生了改变。国家出台了符合时代要求的正确而保守的政策。尽管有反对意见，但保守派人士占了主流。这一时期表现出的贪欲、物质主义和时代广告都是合情合理的。

共和党执政时期，广告特别强调的是社会阶级意识和价值观意识。这一时期的广告渗透着“美国传统价值观”，用保守的方式来公开促销。其中最典型的例子就是 1984 年为总统里根再次竞选时做的电视广告——“美国之晨”。图表 3—40 就是这则广告的情节图片。该广告虽然剧情给人温柔祥和的感觉，但却是对家庭、国家和资本主义的再次坚实的肯定。很快，其他广告商都开始效仿“美国之晨”。20 世纪 80 年代的广告也同样和商标设计、社会等级意识及物质主义等内容有关，如图表 3—41 所示。

图表 3—40

Ronald Reagan 再度参选活动的广告“美国之晨”体现了 20 世纪 80 年代的广告基调和风格。尽管广告剧情温馨、浪漫，但却是一种对家庭和国家传统价值观的积极肯定。

与此同时，一些新兴通信技术的出现使得广告更加有创意、大胆和带有挑衅色彩。这个时期的电视广告深受快速剪辑类型的音乐电视节目影响，音乐电视节目在经历了第一个萧条年之后，聘请了 George Lois（他经历过 20 世纪 60 年代的创新改革）

---

① Collier, *The Rise of Selfishness in America*, 230.

图表 3—41

这则万事达卡（MasterCard）广告显示了20世纪80年代的社会等级意识和设计者对当时社会的看法。

来拯救这个新生的电视广播公司。在遭到很多人的拒绝后，George Lois 最终找到 Mick Jagger，共同提出口号——“我要我的音乐电视”（见图表 3—42）。之后该电视广播公司就扭转了局面，音乐电视的受欢迎度空前高涨。然而对我们来说最重要的是，19 世纪 80 年代的广告开始有点像音乐电视节目了：广告中主角表现非常自我，同时画面不断快速剪切。

图表 3—42

我要我的音乐电视。

20 世纪 80 年代也是电视广告片盛行的时代，诸如脱口秀、半小时产品展示等此类较长时间的广告。如果你在深夜看有线电视的话，你也许会看到这样一个广告：几个人把自己的车点燃以展示车蜡的效果。起初，这些耗时长的广告都是在深夜电视节目空档时段播出，这个时候观众较少，价格也相对便宜，而后，电视广告片又扩展到了在其他一些非高峰时段播出，有些时段也有较多的观众。在其发展的进程中，得到了大家的尊重，如 Psychic Friends Network、Bowflex、各类汽车配件、减肥产品、护发产品等商品和服务都在电视直销节目中做过促销。你也可以登陆 http：//www. as-on-tv-ads. com 获取更多广告案例。

20 世纪 80 年代的广告界也发生了一些其他的变化。首先是英国广告公司数量的增长及其创造力的影响，特别指出的是上奇广告公司（Saatchi and Saatchi）（见图表 3—43）。该公司先于其他公司实现的一点是：将政治、文化、产品融于一身。这一时期，该公司的广告总是寓意深刻并且有着明确的政治立场。这类广告效果显著，开始被其他广告公司效仿（至少就广告感性方面而言），其中也包括美国广告公司。

图表 3—43

Saatchi and Saatchi 公司做得最出色，它把政治敏感因素融入到现代广告中。

20 世纪 70 年代末和 80 年代是朋克、另类摇滚乐的巅峰时期。20 世纪 60 年代的理想主义开始没落，而犬儒主义开始滋长。作为市场和时代风格的裁判员，年轻人的力量继续增长。如果要描述对商业的整体态度，可以说正反面同时存在：一方面，人们不相信商业，因为它抹杀了原来那种“真实可靠”的东西；另一方面，人们明白商业是不会灭亡的。因此，正如作家汤姆斯·弗兰克在小说《Conquest of Cool》曾预言的：朋克、另类摇滚和反 60 年代的犬儒主义开始出现并作为这个时期时尚广告的基础。

## 3. 2. 10 电子改革时代的来临（1993—2000 年）

现代广告已经进入第二个发展阶段，比以前任何时期都更加注重自我。在 20 世纪90年代，自我嘲弄成为了当时广告业内流行的表现方式。向了解媒界的那些观众挤眉弄眼的做法也变得十分普遍。广告传播速度之快，使其几乎无处不在。有人说万维网及其他新式媒体的出现使得广告界变萧条了，但经证实这种说法实属夸张。截至20世纪90年代末，广告业一如当初、生机勃勃。但这只是网络改革的第一个阶段，其改革最终结果是十分复杂的。

令人惊恐的事情也曾发生。在1994年5月，曾任宝洁公司的董事长兼执行总裁，同时也是曾经营消费包装类产品年销售额达到400亿美元的埃德温·L. 阿特兹（Edwin L. Artzt）往广告界投放了一枚炸弹。在美国广告公司协会年度会议的一次演讲中，阿特兹提醒广告商们要面对未来的“新媒体”：这种媒体不再适用传统广告类型。那时的宝洁公司每年的电视广告投资额达10亿美元。他告诉与会者：“在这个不断创新的世界，预定、付费的视频电视节目受到欢迎，而它们都是不含广告的，① 因此，此时我们无法保证那些由广告所支持的电视节目是否有发展前景。”话一说完，室内一阵寒意袭来。正当阿特兹的话语给广告界带来的余波将要平息的时候，Sprint公司的董事长兼执行总裁威廉·T. 伊斯雷（William T. Esrey）又在第二年同样的年会上令全场一惊。虽然伊斯雷的观点同阿特兹有些不同，但同样对广告的发展提出了挑战。他说：“客户现在要求广告公司对广告效果担负更直接的责任。这并不仅仅是因为我们对广告投入所得回报更加苛求，而是因为我们知道，同过去相比，现在的技术可以更加精确地测度广告的效应。”② 伊斯雷的观点有：第一，交互式媒介能够直接衡量广告的投放效果和影响，从而可以迅速发现广告投放运行效果是否良好。第二，广告公司应该对广告效果负责。结果，实际上，前者（精确衡量）并没有被广泛采纳，而后者（责任制）却变得很盛行，这的确改变了一些事情。据称，广告公司的员工、利润都有所减少。当前，投放广告的客户们越来越吝啬，至少都会要求广告公司实行责任制。另外，利润的竞争也越来越激烈，新旧媒体都想在这个市场上分得一块蛋糕。如果你观看了2000年的Super Bowl比赛，你也许会注意到，过去曾买下那些昂贵广告位置的网络公司几乎已不存在，取而代之的是各类新式媒体。

故事仍在继续。肯定不确定信息的价值并加以传播的宝洁公司于1998年8月举办了网络峰会，该峰会的主题是“关于销售商们采用网络推销产品时所面临的困难问题，征求广泛的意见和看法”。③ 其中有些问题是技术性的：如不兼容的技术标准、带宽缺陷和对收视率及投资回报率令人失望的测量方法。其他一些问题源自幼稚的举措。诸如，宝洁公司的广告主们都想知道在他们投放某网络广告之后能得到怎样的收益以及广告的价值是什么，人们注意到了这些广告，还是在打开广告之后又匆匆将其关闭呢？在这种情况下，“曝光率”究竟该如何定义？难道在这种新媒体的环境中“曝光率”的意思甚至变深奥了吗？你将如何运用这些新媒体来打造品牌效应呢？在此次峰会结束时，宝洁公司再次表示了对网络的信任。

---

① This quote and information from this section can be found in SteveYahn, "Advertising's Grave New World," *Advertising Age*, May 16, 1994, 53.

② Kevin Goodman, "Sprint Chief Lectures Agencies on Future," *Wall Street Journal*, April 28, 1995, B6.

③ Stuart Elliot, "Procter and Gamble Calls Internet Marketing Executives to Cincinnati for a Summit Meeting," *New York Times*, August 19, 1998, D3; available at http://www.nytimes.com, accessed February 20, 1999.

但历史经验再次表明广告投放（不管是否在网络上）的投资回报率（ROI）是难以清楚计算出来的。虽然网络广告计算方式比电视广告容易，但是由于变量太多、系统中干扰因素太多、滞后效应以及真正上网人数的不确定性，网络也基本上无法精确测量广告的投资回报率。

对关注历史的人来说，这种问题很正常，广告的效果一直很难测量。即使用尽各种技术，结果仍然如此。也就是说销售量因何而上涨是难以明确的。

另外的一个变化是对自称是世界广告中心的纽约的一个重大挑战。随着在加利福尼亚州、明尼苏达州、俄勒冈州和华盛顿等地区开始出现许多主导性的广告公司，更不用说像伦敦、新加坡这样的国际热点地区。在美国，广告中心逐渐西移。20 世纪 90 年代，与纽约的那些广告公司相比，这些广告公司更加注重创意，而不是像纽约的广告公司那样大力发展广告数量。还有其他热点或接近于热点的广告市场包括明尼阿波利斯、奥斯汀、亚特兰大、休斯顿和达拉斯。在美国之外，伦敦成为了主要的广告投放地，新加坡和首尔次之。20 世纪 90 年代的广告大都可视化强且通俗易懂，这就是广告的真面目。这一时期的广告活力四射并且带有点讽刺意味，有些人将之称为“后现代派”。图表 3—44 至图表 3—46 就是这种 20 世纪 90 年代风格的典型范例。

图表 3—44 至图表 3—46

20 世纪 90 年代的广告可视化更强，也更加通俗易懂，无须写实，人们就会明白：“这就是广告。”

## 3.2.11 授权消费者与品牌娱乐（2000 年至今）

正如你所了解的，在 2000 年的时候网络泡沫破裂。很多公司的现金如同划着的火柴一样瞬间燃尽，申请破产是早晚的事。产生问题的部分原因是缺乏一个运行良好的网络广告收益模式。弹出式广告和容易被拦截的因特网广告并没有带来足够的收益。虽然网上购物日益流行，但网络广告却没能与其并驾齐驱地发展。只有当各公司能更加精通地运用如因特网这样的交互式媒体时，才能创造出真正的销售业绩。大约在 2001 年左右，此结论得到了证实。电子改革时代的第二阶段更加成功。像 StarCom 等广告公司进行了真正意义上的改革，他们卓越的业绩表明了该如何适应新的环境以赚取利润。

因特网的崛起带来了一些重大变化：消费者处于更加主导的地位。以前我们只是认为消费者比想象中拥有更强的力量，但现在这已是不可否认的事实。人们普遍认为厂商的权威时代已经不复存在。现在，消费者之间能够相互交流，实际上，消费者还能以个人名义或代表整个消费者群体同厂商进行交涉，消费者甚至可以自行制作广告，并上传到像 You TuBe 这样的媒介上。广告界普遍对此表示认同：10 年前只有大的制作厂、广告公司、销售人员才能完成的事情现在消费者也完全可以做到。消费者现在真的可以和厂商共建品牌了。消费者的反应（特别是年轻人的）同广告公司“专业的”创意人员融合在一起，是迈向家庭制作的第一步，或在某些情况下完全是家庭制作的。这被称为典型的**“消费者制造（CGC）”**。这种现象扰乱了广告圈，广告界的权威杂志《*广告时代*》把这个时代称为“后广告时代”。或许这么讲有点过头，但在过去 10 年中，有些东西的确在发生变化。

但是要明白一点，广告制作人的确有点不可思议，总是毫不费力就能创作出惊人之作。因此，尽管发生了许多令人惊讶和根本性的变化，那些认为广告界一片沉寂，广告人员完全没有能力的话还是有些过分。其实创新的趋势一直主导着广告界，这一时期的广告同其他时期一样都是丰富多彩、通俗易懂的。他们表达了一种新发现的消费者意识，这种意识反映出消费者精明、社交广泛且易被吸引。许多广告深得其道，而且引以为自豪。广告中混杂了各种元素（见图表 3—47 至图表 3—49），他们看上去很不错，视觉冲击力强，充满青春气息和时尚感（见图表 3—50），但是人们也应该注意到那些表述直白的传统广告仍占有很大比例（见图表 3—51）。

图表 3—47 至图表 3—49

图表 3—47 至图表 3—49 都是这一时期广告的典型案例。这些广告视觉化强，通俗易懂，充满青春气息并且时尚。这样的广告很不错。

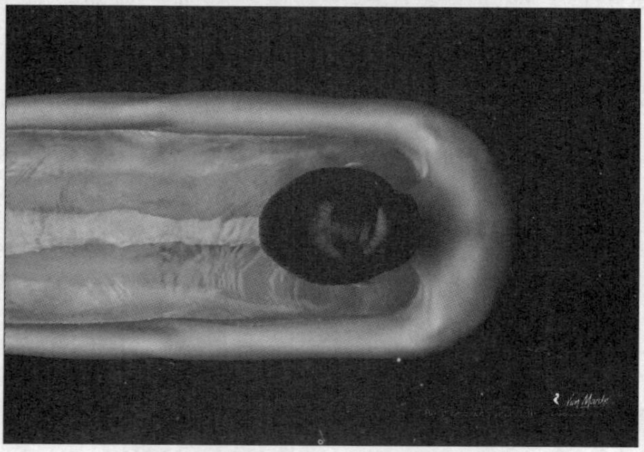

图表 3—50
尽管广告中的企业成为了网络泡沫的牺牲品，但这仍是不错的广告。

请勿忽略在网络上公司间的促销方式，也就是所谓的电子商务。电子商务是电子广告促销的另一种形式。在这种形式下，企业依靠因特网互传信息、达成协议，将商品或服务出售给商业客户（而不是卖给家庭消费者）。网络广告的发展受到了三方面的技术支持：交互式、无线、宽带。由于技术优势，像宝洁这样的企业继续通过大量投资网络广告来向目标客户进行宣传。宝洁公司通过为旗下近 300 个品牌开发、维护许多网站来服务客户并与之交流。[①] 宝洁公司不只建立了产品导向型的网站，还创办了“建立关系型”的网站，如 Beinggirl 这种青少年社区网站（图表 3—52）。通过这种网站，企业可以搜集数据，测试消费者对新产品的态度，并从消费者在线互动中获取有用信息。例如，如果一位网站访客想了解什么样的指甲油可以搭配她刚在商场里

① Beth Snyder Bulik, “Procter & Gamble’s Great Web Experiment,” *Business* 2.0, November 28, 2000, 48-54.

看到的一支口红，她很快就能得到答复。目标受众不应该粗略地以年龄或地域范围加以区分，而应通过与目标受众相互交流做到以单位家庭为目标。我们也会注意到宝洁公司不用像以往一样花费成本和精力在众多市场投放传统广告，而只需通过像 Beinggirl. com 这样的网站就能拥有全球受众群体。更深入地讲，消费者更愿意接受这种广告宣传，而不像其他传统广告那样，不论消费者喜欢与否，一律对观众进行广告的狂轰乱炸。如 Facebook 和 You Tube（见图表 3—53）这样的社交网站变得有名起来，并且其中的个人身份信息情况也促使了电子商务的出现。

图表 3—51

尽管充满创新风潮，但仍有许多像这样的传统广告。

图表 3—52

宝洁的 Beinggirl 公共网站就是一个很好的全球性在线品牌社区的典型范例。

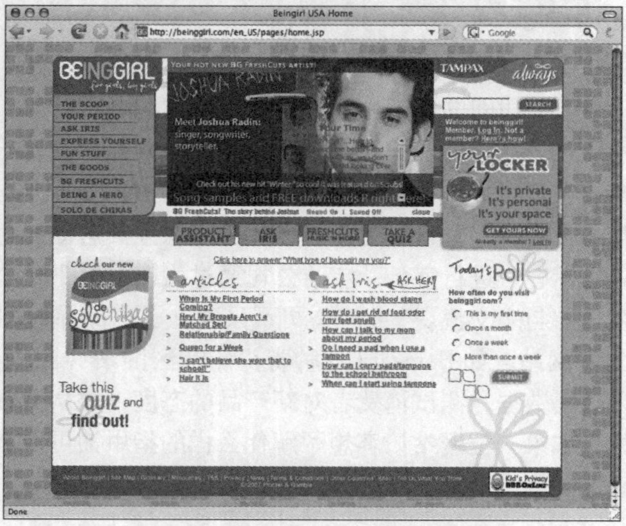

图表 3—53

这就是 You Tube，它是网络社交和品牌交流的第一个也是最大的门户网站。

## 正确行事专栏

### 消费者掌控创新的主动权

在 2004 年年末，来自加利福尼亚南部的一名 36 岁的高中教师为苹果小型机创作了一部 60 分钟的短片。短片栩栩如生，配有跳动的心，旋转着 20 世纪 70 年代风格的图片，播放着 20 世纪 80 年代流行乐队 Darling Buds 的歌曲“Tiny Machine”。通过这一部短片，George Masters 开启了广告的新纪元，将消费者置于主导地位。

Masters 的广告被视为第一部完全由消费者导演的广告，并且十分成功。它首次亮相网络期间，通过博客或电子邮件，该广告的点击率达数万次，不仅仅吸引了苹果的喜爱者，也使商人和企业迅速发现了这种吸引消费者的强有力方式，就是让消费者来控制广告信息。

由消费者创作的广告在快速增加。2007 年 2 月，超级杯赛的四则消费者创作的广告成为了广告界头等大事。一个十多岁的小女孩谈到网上冲浪时说：“我喜欢快速的事物。”之后又声称：“我的浏览器就是冲浪板。”

对品牌来说，非专业广告可能更有说服力。当通用公司聘请消费者参与 Chevy Tahoe 网上广告的制作时，汽车制造者收到了大量反运动型多功能车的信息。对商家来说，公众制作的广告常意味着小投入、大回报。

资料来源 David kiley，“Advertising Of，By，And For the people，” *Business Week*，July 25，2005，p. 63；Frank Ahrens，“＄2Million Airtime，＄13Ad，” *Washington Post*，Jan. 31，2007，DI.

## 3.3 品牌娱乐

广告发展中最重要的方面就是“品牌娱乐”的出现。品牌娱乐是将广告和整合品牌促销与娱乐相结合，主要表现形式是电影、音乐和电视节目。品牌娱乐中的一种方式就是*植入式广告*，在电影或电视节目的显眼画面中刻意表现某个品牌。例如：汤姆·克鲁斯（Tom Cruise）在《*壮志凌云*》中配带 Ray-Bans 眼镜；詹姆斯·邦德（James Bond）将他喜爱的车阿斯顿·马丁（Aston Martin）换为了宝马 Z8（顺便说一下，后来他又换回来了）；在《*六人行*》中百事的广告效应也引起了人们的注意。

品牌娱乐加重了植入式广告的份额。在品牌娱乐中，品牌不仅仅是节目中的角色，更是节目的亮点。宝马是品牌娱乐较早的参与者，并领导着该形式的应用。在2001 年宝马发布了一系列的宝马网络版影片，并且突显了著名导演的作品，包括王家卫、李安、约翰·弗兰肯海默（John Frankenheimer）、盖·瑞奇（Guy Ritchie），以及亚历桑德罗·冈萨雷斯·伊纳里图（Alejandro González Iñárritu）（图表 3—54）。其他突出品牌娱乐的网站包括：立顿茶（http：//www. lipton. com）、由 Tiger Woods 出演的“Tiger Trap”中的奥兹莫比尔车（http：//www. oldsmobile. com），以及网络电脑游戏 US Army（http：//www. goarmy. com）。品牌娱乐有众多优势，既不会引起消费者对广告的反对情绪，也不必受各类广告管制条例的限制。当宝马在广告中展示车子飞速奔跑时会使用这样的免责条款：“封闭式赛道，专业人员驾驶，请勿模仿。”但在宝马的网络影片如“*The Italian Job*”电影中，便无需使用各类免责声明。另外，法官认为电影是一种艺术表现形式，而不是受到较少保护的那种“商业宣传”。因此，品牌娱乐比普通广告得到了更多《第一修正案》的保护。这就是品牌娱乐和纯粹广告的一个显著区别：广告和各类法律法规的冲突会给厂商带来巨大成本。广告与音乐、电影、电视和其他电子产品（如手机）的结合常被人们比作广告业与娱乐业的融合。这是对传统广告的发源地纽约麦迪逊大道的一种承认。后面对此再作详细讲述。现在我们完全可以说，品牌娱乐为那些混乱、有点破败的传统广告界提供了充分的现实可行性。

网络仅是品牌娱乐进程的一部分。近期，企业尝到了与电影制片厂合作的甜头。例如，关于 2003 年十分成功的电影《*加勒比海盗*》，人们很容易把它当成是一部长达 90 分钟的迪斯尼广告。从另一个角度来看，环球影城公司还在位于奥兰多的环球影城主题公园中加入了“夺宝奇兵”的娱乐项目。这样看来，要先有成功的电影，然后再在成功的电影基础上开发各种娱乐项目。

你可以想象，广告商青睐品牌娱乐的广告效应。《第一修正案》条款全面保护娱乐场所，因此品牌娱乐回避了大部分施加在传统广告上的规定。但并不是所有的消费者对广告和娱乐间模糊的界限都感兴趣。一项调查显示 52% 的被调查者针对广告商对娱乐内容的影响表示担忧。

但是，如果没有真实可见、有实用性的品牌产品，世界又会是什么样呢？就个人来说，如果广告做得好的话，消费者还是会被吸引的。

图表 3—54

宝马网站最终采用品牌娱乐的方式，通过在线播放短片突显宝马车的特点，从而给观众带来欢乐。该系列影片吸引了数百万观众登陆宝马汽车网站，停留在该网站的时间平均在 16 分钟 ~ 20 分钟左右——观众观看这种广告的时间长度是传统广告无法比拟的。

消费者们开始使用数字录像设备来避开传统广告。如数字录像设备这样的技术，可以使消费者跳过商业广告，63% 的使用者认为这就是他们想要的。[①] 这也是品牌娱乐兴起的另一个原因。

**发展眼光的价值** 也许广告应用像 Wi-Fi 这种新技术很吸引人，也许它采用网络影片这种新的沟通方式会令人兴奋，但是我们不应当认为有关广告的一切都将改变，至少到目前为止还没有发生。广告仍然是一种需要成本诱导消费的行为，仍将是通过刺激需求和培养品牌忠诚度来创造利润的主要混合营销手段之一。尽管宝洁公司的管理人员都认为现在有了一个全新的通讯世界，并开发了许多网站来利用这个环境，但每年公司仍通过传统媒体投放价值约 35 亿美元的广告费用。[②] 我们有充分理由相信广告对消费者在某些产品的决策上还是有很强的影响的，但是对另外一些产品却没有这种影响力，因此某些信息在培养品牌感觉和信念方面将是十分有效的，同时还会有一些信息是多余的。今天，技术（特别是电子商务）改变了人们消费和获取信息的

① Claire Atkinson, "Ad Distraction Up, Say Consumers," *Advertising Age*, January 6, 2003, 19.

② "100 Leading National Advertisers," *Advertising Age*, June 28, 2004, S4.

方式。尽管网络媒体优势不断发展，但电视广告的净收益也毫不逊色。毕竟还有哪种媒体能有如此的视听效果吸引如此众多的目标受众呢？

本章，我们用一种不断发展、切合实际的眼光来看待广告的发展，我们应明白一点：历史与现实息息相关，我们可以从中学到经验来避免犯同样的错误。不要相信像“土拨鼠日”那样的预测效果了，从历史中取长补短才是明智之举。

## 本章总结

1. 广告的由来

尽管有人坚持认为广告活动始于数千年前，但是将我们如今所认识的广告与资本主义经济体制的出现相联系才更有意义。在这样的制度下，各个经济单位需要在自由市场中竞争生存。因此，能够帮助诱导消费者选择企业产品的方法，自然受到企业的欢迎。工业革命带来了生产能力的过剩，使得刺激需求的方法显得十分重要。随着消费者大量转移到城市，时代和广告共同创造了消费者文化。

2. 描述过去和现在广告主、零售商和消费者间的关系

在厂商和零售商之间实力的较量中，广告和品牌起着至关重要的作用。在19世纪初，美国的生产商开始为自己的产品打造品牌。广告可以创造品牌知名度，促使厂商增加产品供给。由于零售商直接与顾客打交道，他们对不同品牌的产品有着销售控制权。当厂商使用广告来建立顾客对某品牌的忠诚度时，厂商又夺回了一部分这样的权利。最近，大的零售商又重新夺回了这种权利。当然，在资本主义制度下，这种权利与利润一般是相辅相成的。

3. 讨论美国广告发展的几个标志性时期，以及由社会与文化根本变革带来的广告的重要变化

随着技术的发展，社会和经济趋势是广告方式的决定因素。在工业革命之前，广告在美国几乎很少见。在20世纪之初，随着经济的快速发展，现代广告诞生了“巴纳姆时代”，20世纪20年代见证了广告成为美国经济中的主导力量。而大萧条和第二次世界大战时期，犬儒主义和妄想因素开始在广告中滋长。对此现象的担忧使得广告在20世纪60年代和70年代进行了一些改进，对广告的管理更加严格。20世纪80年代所造就的设计者时代使得消费重新变为一种时尚。20世纪90年代新的通信技术的出现看来将会给未来的广告带来一些深刻变化。互动式、无线、宽带技术将广告带入了21世纪，未来将是美好的，但同时也是不可预知的。

4. 介绍消费者授权和品牌娱乐，并说明各自如何运作

*“整合”、“交互”和“无线”*成为了21世纪初广告中最常见的词汇。这些词汇代表了广告业显著发展的新局面，技术为广告商提供了新的选择，如网络电影以及在电影中突出品牌，都是广告发展进程中的一部分。另外，消费者也可以使用无线网络系统、无线区域网络系统等，使电脑的使用更加便利。随着广告投放者有更多种的媒体选择来进入日益被细分的市场，整合品牌推广也继续发挥着它的重要性。各类广告主都在数字领域使用交互媒体来接触消费者，但是，如数字录像设备的使用也表明消

费者在排斥这些无处不在的广告。在很多方面，消费者正在超越传统厂商和广告公司，成为主导力量。

5. 识别能够继续影响广告和整合品牌促销进程的因素

历史是实际的，在社会和文化的变化影响消费者的同时，也为广告和整合品牌促销带来了机遇。

## 关键术语

Industrial Revolution 工业革命
principle of limited liability 有限责任制
branding 品牌化
dailies 日报
consumer culture 消费者文化
Pure Food and Drug Act 纯净食品和药品法案
Great Depression 大萧条
subliminal advertising 潜意识广告
creative revolution 创意革命
Action for Children's Television 儿童电视行动组织
Federal Trade Commission（FTC）美国联邦贸易委员会
National Advertising Review Board 国家广告审核委员会
infomercial 专题广告片
interactive media 交互式媒介
consumer-generated content（CGC）消费者制造
e-business 电子商务
brand entertainment 品牌娱乐
TiVo 数字录像设备

## 问题

1. 早先，一些国家将经济转变为自由市场经济，广告随之变得更加繁荣和重要起来。试解释其原因。

2. 解释城市化增长和每单位资金用途的紧密联系。

3. 在分销渠道中，厂商是怎样获得或失去话语权的？还有哪些参与者在争夺话语权？

4. 描述在“巴纳姆时代”广告繁荣的各种原因。

5. 20 世纪 50 年代的人们对广告主和广告的说服力产生了巨大怀疑。今天的广告是否也受消费者态度的影响呢？

6. “创意革命”赋予了广告创意人员和撰稿人员更大的权利，这使得主流广告的表现形式和广告语都发生了重要转变。描述这些变化并指出它们又是怎样继续影响今天的广告的？

7. 20 世纪 70 年代，广告界的一些重大发展为 Ragan 时期的广告创造了条件，未来，这些变化中的哪些方面可能对广告行为产生最持久的影响？

8. 1994 年 5 月，曾任宝洁公司总裁兼 CEO 的 Ed Artzt 发表的演讲震惊了许多广告专业人士。Ed Artzt 究竟说了什么？

9. 回顾技术发展给广告业带来的最重要影响。在未来 10 年中，什么样的新技术会为广告商带来更深刻的变化？

10. 从 2001 年到现在，广告业出现过哪些创新潮流？

## 实践练习

1. 20 世纪，广告行为顺应着文化、社会和经济变化一直在稳步前进。按照下面的提示，借助网上数据（http：//www. adflip. com，它突出了 20 世纪 40 年代至今的广告特点），分析在美国几个关键时期广告的特点。

a. 浏览 Adflip 网站上大量的数据，选出两则不同时代的广告，简要描述这两则广告，并按照本章所介绍的内容，说明这两则广告在那个时代如何体现广告共有特点的。

b. 从网站上选出一则不能反映当时时代特征的广告。在当时这则广告与其他典型广告有何不同？如果它更适用于其他年代，那广告商的意图又会是怎样的呢？

2. 当下很多知名的广告都采用讽刺或者诡异、自我欣赏的手法，博得观众开怀一笑，从而使其对广告留下深刻印象。从电视、广播或新式媒体中选出三个著名的广告，分析广告是如何运用内容和主题来宣传品牌的。针对每个广告，回答下列问题：广告的主题是和潮流时尚、喜剧、爱国主义或流行文化联系在一起的吗？这些广告是如何有效传播品牌价值的？作为时代的产物这些广告的传播途径有哪些？

3. 在 1980—1992 年期间，出现了长达半小时之久的产品电视展示，它被称为电视直销节目，它帮助销售了多种产品，包括食物、化妆品、家用物品、健身器材等。尽管观众对这些广告的诚信度提出了质疑，但它们因具有成功诱使目标受众的购物效应而受到重视。

分组讨论，挑选电视广告推广的三种常见商品，评价为什么说这些电视产品广告是成功的。指出它们属于哪种产品或服务，可能有哪些目标受众，其他广告形式是否也可以有同等效用？

4. 早在 20 世纪 20 年代，广告主发现超过 80% 的女性负责家庭用品的购买。因此在广告界，女性成为推广产品的主要目标受众，甚至包括男士使用的商品。

解释在今天这种现象的真实性，并分别为以下三种商品类别中的一项产品或服务设计广告：家庭用具类、汽车类和金融类。解释每则广告是如何吸引女性的，并说明原因。你相信投放广告可以吸引女性消费者吗？解释原因。

# 4

# 广告与促销的社会、伦理及法规层面

通过本章的学习，应该掌握以下技能：

1. 识别在资本主义社会进行广告和促销宣传的好处及存在的问题，并就它们对社会福利的影响所引发的各种问题详加讨论
2. 解释道德因素是如何影响广告的发展和整合品牌促销活动的
3. 讨论政府代理机构和消费者在规范广告和促销活动中所扮演的角色
4. 解释自律对开发并使用广告和促销活动的公司的含义和重要性
5. 讨论与整合品牌促销所有技巧相关的法规

## 4.1 引言：我没有参加过这项活动！

你碰到过这种事吗？你在某杂志或报纸上看到一则抽奖广告，奖品为美妙的夏威夷度假、一艘急速快艇，或是100万美元支票。你填写好报名表，邮寄出去然后等待消息。几个月后，你突然发觉并没有中奖，但邮箱却塞满了从抽奖经营者那里获悉你的姓名的广告商所发送的资料。

这正是安妮·玛利亚（Anne Marie）看到 Eddie Bauer 的抽奖活动时所碰到的事，该活动把福特探索者汽车作为奖品。探索者是她梦寐以求的汽车，于是，她参加了抽奖活动。但最后，她清楚地认识到参加抽奖活动只是带给她一次可怕的经历。"从那以后，全世界吉普车经销商不断给我打电话"，"大约每隔两星期，就会有一个其他品牌的汽车经销商每天打电话或发邮件给我，叫我去试车，我非常气恼"。[①]

发生在安妮·玛利亚身上的事每天都发生在数百万美国人身上。广告商称之为"数据库营销"。竞赛、抽奖、超市折扣券和产品保修卡等形式是营销商收集消费者资料、制作数据库然后制作广告和整合品牌促销战略的普遍做法。像 Metromail、Acxiom 和 R. L. Polk 这样的大"资料仓库"公司专门收集大量消费者信息。然后，他们把姓名、地址、电话号码等资料出售给使用直接营销手段的公司，如目录出版商、网络公司、慈善机构、信用卡发行商、图书俱乐部和音乐俱乐部。如你所知，他们把你所有的资料发送给这些直销公司（见图表4—1）。然而，一些数据库管理公司没有侵犯消费者隐私权，因为他们不收集个人资料。Watchfire 就是这样一家公司（http://www.watchfire.com），该公司提供的全部资料仅是有关网站来访者的出处和在网站上所示行为的资料。

营销商称这一过程为数据库营销，但一些消费者权益拥护者认为这是一种侵犯隐私的行为。一个反对侵害消费者隐私权的消费者权益机构的领导者 Junkbusters 把数据库称为"Orwellian"。该名称来源于乔治·奥威尔（George Orwell）1984 年的新潮小说，书中描述了在每家放置一台类似电视机的设备来观察住户的情节。有充分的证据表明消费者对这些数据库营销手段厌恶之极。最近，Planetfeedback 公司的调查显示 80% 的回答者对弹出式广告和垃圾邮件"非常恼怒"，相比之下，只有 10% ~ 15% 的回答者对印刷和电视广告"非常恼怒"。[②]

但广告主的辩词是"好的营销研究（包括数据库发展）会给消费者带来更高的效率和更多的价值"。认为直销商越有绩效，他们就越了解你，就越能为你提供更好的服务。[③] 例如，零售商认为数据库能够帮助他们将优惠券和其他特惠商品发送给最可能使用它们的人，而不是在优惠券和邮寄目录上浪费金钱，因为这些东西根本不会有人看。

消费者权益拥护者认为，漫天飞舞的宣传令人烦不胜烦，远远超过了开发数据库

---

① Teena Massingill, "Buyer Beware: Retailers Sharing Data," Knight Ridder News Service, September 17, 1999.

② Jack Neff, "Spam Research Reveals Disgust with Pop-Up Ads," *Advertising Age*, August 23, 2003, 1, 21.

③ Erika Rasmusson, "What Price Knowledge?" *Sales and Marketing Management*, December 1998, 56.

所能带来的好处。他们支持“许可营销”，在这种营销方式中，消费者明确提供邮件和电子邮寄两种信息接收渠道，营销商只准对这些人进行广告和促销宣传。[①]

图表 4—1

许多公司从事为广告商提供信息的业务，帮助广告商快速高效地为目标受众提供广告和整合品牌的信息。像 Buysrteam 这样的公司（现在归属于 Watchfire 公司）就将收集并整理后归入易用（easy-to-use）数据库的有关消费者姓名和地址的信息出售给其他公司。

消费者对数据库营销的反应和营销商对他们沮丧情绪的忽视正以新管制的形式反映出来。2004 年，限制性管制开始实施，其中最重要的是由联邦贸易委员会修订的“拒绝来电”名单，名单已登记了 6 000 万意在限制营销电话行为的美国电话用户的信息。[②]

我们必须承认目前为止创建数据库或者给消费者发送广告和促销信息并没有违反道德或法律规定。我们需要等待政府强制和消费者施压是否会在此方面进行限制，或者我们都应像一些人一样，不参加抽奖活动，不在网上购物，把垃圾邮件或调查问卷直接丢到垃圾堆里，或在“拒绝来电”名单上注册。

安妮·玛利亚的故事（或许就是你自己的亲身经历）突出了一个问题：广告的社会、道德、管制层面和广告战略或广告创造元素一样都是动态的、有争议的。社会责任感、道德伦理、合法行为如何定义？答案是不断变化的。随着社会的变化，人们的看法也在发生变化，如其他有社会根源和内涵的事物一样，广告也受这些变化的影响。

---

① Stephen Baker, “Where Danger Lurks,” *Business Week*, August 25, 2003, 114 – 118.

② Ira Teinowitz, “FCC Extends Do-Not-Call-List,” *Advertising Age*, June 30, 2003, 1, 29.

广告和促销活动的发展历程中存在着各种社会、道德和法律问题以及社会争议。但是广告和促销活动也在某些方面取得了胜利，如道德和资金方面。本章你会认识到一个非常重要的事情：很多有关广告和促销的批判性言论都是无知的、欠考虑的、简单化的，常常未能考虑到当今广告和促销所处的复杂的社会和法律环境。千万不要误解我们，有时人们对于过头的广告和促销行为的批评是正确的。虽然有时一些批评出自于个人直觉和情感，并没有什么明显的事实依据。

本章中，我们将分析并以简单易懂的语言讲述与广告和整合品牌促销工具有关的各种社会、道德和法律问题。首先介绍广告——这是全球应用最广，同时也是接受审查最多的宣传工具。

## 4.2 广告的社会层面

广告涉及的社会层面的内容是变化不定的。对于那些认为广告打扰和操纵人们正常生活的人来说，这些社会问题通常使原本激烈的争论更加不可收拾。

我们可从几个大的范围思考广告的社会层面问题，既强调广告在社会生活中的积极作用，又突出其消极作用。从积极方面来说，我们会考虑广告对消费者的知识面、生活水平、健康和幸福感的影响，以及对大众媒介潜在的积极影响。从消极方面来说，我们将审视多种关于广告的社会批评，包括广告浪费资源、助长物质主义，以及让人们循规蹈矩，扼杀创造精神。

我们的解决办法是分析批评人士与广告商通常争论的几个问题的利弊。提醒一点：这只是观点不同而已，答案并没有绝对的对错之分，应该归纳自己的结论。但首先必须分析、思考，这些都是很重要的问题。如果没有理解和深入思考这些问题，事实上你就还没有研究广告和促销活动。

### 4.2.1 广告拓展了消费者的知识面

广告是为消费者提供有价值的信息还是只为迷惑和怂恿消费者呢？下面是专家对这两方面的看法。

1. **积极方面：广告传递信息** 广告的支持者认为广告开拓了消费者的信息面，为他们作出明智的购买决定提供了必备的信息。通过定期评估信息和广告报价，消费者会对产品的特性、优点、功能和价值有更深入的了解。并且，消费者能更清楚自己对哪种类型的产品信息感兴趣和具有信赖性。从历史角度看，这种观点认为“广告分明是一种根除无知的极具成效的工具”。[①] 现在看来，这种说法可能有些夸张，但根据这种观点，见多识广的消费者通过精明的消费决策改善了他们的生活方式和经济状况——这一点无可厚非。

一个与此相关的观点认为广告*减少了产品搜寻时间*——广告和网络的应用帮助人

---

① George J. Stigler, "The Economics of Information," *Journal of Political Economy* (June 1961), 213 - 220.

们缩短搜寻所需产品和服务的时间。广告和网站所提供的大量信息使消费者可以很容易评估出品牌的潜在价值，而不用将时间和精力浪费在零售店里。广告中所包含的信息大大降低了搜寻成本。[①]

广告的广而告之作用与广告在重要社会问题传播中扮演的角色有关。Miller-Brewing 公司每年投入数百万美元，通过印刷或电视广告形式告诫人们应当适量饮酒（见图表 4—2）。正如在 Doing It Right Box 中描述的那样，Anheuser-Busch 是另一个酿酒商，他在 http://www. beeresponsible. com 上主办了一个独特的网站，并将其作为整合品牌促销的一部分，用于反对酒后驾车、未成年人饮酒和酗酒行为。

图表 4—2

广告可用来告知公众重要的社会问题。Miller-Brewing 公司每年投入数百万美元资金用于宣传理性饮酒。http://www. millerbrewing. com

## 正确行事专栏

### 通过整合品牌促销处理酗酒问题

自 1982 年 Anheuser-Bush 开展“要知道适可而止”广告宣传活动开始，公司已经投入 5 亿多美元通过广告和其他活动在成年饮酒者之间宣传适度饮酒行为。1997 年 11 月，为庆祝宣传活动创办 15 周年，Anheuser-Bush 创立了网站 http://www. beersponsible. com 继续反对酗酒行为。

Anheuser-Bush 反对酗酒的方法和它销售啤酒的理念并无不同之处：他想销售

① Ibid. , 220.

啤酒的同时打造最优秀的企业形象。该公司在20世纪初期就在饮酒意识和教育活动方面走在同行的前面，用“Budweiser Means Moderation”的标语和一系列印刷广告告诫人们饮酒要适度。1982年，著名的“要知道适可而止”广告宣传活动开启了Anheuser-Bush宣传个人责任感、反对酗酒和未成年人饮酒的新时代。

1984年公司又成功开始了阻止司机酒后驾车的宣传活动，方法是“指定司机”和“搭计程车”回家。以后几年中，Anheuser-Bush成为酒水行业中第一个通过电视播放适量饮酒信息的企业。该公司的努力使“指定司机”成了一个家喻户晓的名词并且改变了人们对饮酒和驾车的态度。

Anheuser-Bush强烈反对未成年人饮酒，然后在1990年发起了“杜绝未成年人饮酒的一切可能”的宣传活动。此次广告宣传的重心是帮助父母（孩子们认为父母是他们作出饮酒决定的主要影响因素）解决孩子和在校学生的这一重要问题。

1999年秋季，公司开展了“人人都是社会不可缺少的一分子”的广告宣传活动，这也意味着公司在适量饮酒意识的培养和教育方面掀开了新的一页。这个广告强化了驾车人的良好表现：兑现个人责任感，指定司机，搭计程车，向教育孩子和未成年人不可饮酒的父母致敬；使酒后驾车人数和青少年饮酒人数呈现不断下降的积极趋势。从2003年开始，公司发动了一场新的全国性的广告宣传活动（与责任感有关），开创了几十项反对酒后驾车、未成年人饮酒和在成年饮酒者间宣传适量饮酒的社区项目。

Anheuser-Bush是兑现企业社会责任的楷模，多年来它一直坚持通过广告和促销宣传活动进行宣传以取得积极的效果。这是整合品牌促销在解决社会问题中的应用而不是公司在推销自己的品牌。

资料来源 http：//www. beeresponsible. com，accessed May 26，2007.

**2. 消极方面：广告是浅薄的、扰民的** 批评人士认为广告根本就没有提供好的产品信息，并且它遍及日常生活的每个角落，侵扰日常生活，根本没法躲避。很多人认为广告浅薄是因为他们认为许多广告很少包含真正的产品信息（见图表4—3），而只是空洞的广告词——浮夸之辞，没有真正的“信息”。广告中的信息都带有偏见、局限性和固有的欺骗性。

此外，广告批评人士认为，广告应该包含与品牌功能特点和性能效用紧密相关的产品信息——这些信息可以使得消费者在不同品牌之间进行衡量和检验。广告商却反驳说，在很多情况下，消费者感兴趣的不仅仅是产品本身的性能特点和纯粹的功能价值。品牌产品的功能特性在消费者收集信息和选择过程中可能是次要因素，情感因素在消费者选择过程中扮演着重要角色（见图表4—4）。

广告商的观点是批评人士常常轻视或忽视消费者追求品牌的整体效益，包括消费者对情感、享乐或审美的追求。消费者使用的相关信息关注的重点可能是那些非实用性或非功能属性方面的标准。

关于广告扰民的问题，批判人士是这样说的：广告如此的普遍（某些批评人士认为其无处不在）以致消费者开始反感。Planetfeedback公司展开的一次调查显示超过95%的消费者对垃圾邮件和弹出式广告表示“气愤”或“恼火”。①类似的，消费者对一些品牌开发娱乐项目越来越表示担忧和失望。接受调查的人中有72%的人认为所谓的商业内涵的转换——本章开头所强调的产品投放和整合——会使广告更加泛滥。② 尽管消费者普遍存在不满情绪，但广告商似乎对此并不太担心。一方面，消费者似乎明确声明广告已经达到泛滥的程度，并干扰了他们的生活和生活方式；另一方面，像美国快递公司这样的大广告商正努力拉近与消费者的距离（不仅仅是30秒广告），使公司品牌服务成为消费者生活的一部分。美国快递公司营销主管在一次对广告受众的重要演说中说到：“我们需要适应新的环境：我们的广告不受时间限制（指电视广告的时间安排），而是听从人们意志的安排。”③ 我们将让消费者自己评价广告的好坏。

图表4—3 和 图表4—4

一些广告批评人士抱怨广告包含的产品信息太少，他们希望所有广告都像丰田汽车广告那样承载大量的信息（见图表4—3）。图表4—4 的本田汽车广告是否毫无产品信息可言？

---

① Jack Neff, “Spam Research Reveals Disgust with Pop-Up Ads,” *Advertising Age*, August 23, 2003, 1, 21.

② Clair Atkinson, “Ad Intrusion Up, Say Consumers,” *Advertising Age*, January 6, 2003, 1, 19.

③ Hank Kim, “Just Risk It,” *Advertising Age*, February 9, 2004, 1, 51.

但是广告业真的应该对广告的杂乱无章和扰民所引起的民愤加以重视，一个非常重要的原因是这会降低广告的效果。一位专家说：“一般消费者记住一天前的广告的能力已处于广告业历史最低水平。”①该行业会努力改变业内广告杂乱无章的现状吗？很可能不会。另一位广告业专家表明：“新型媒介比传统媒介更有可能使广告业出现饱和、杂乱无章和扰民的情况，在这种情况下新型媒介只会使人们对营销的抵制不断恶化。”②

## 4.2.2 广告提高了生活水平

广告是提高了还是降低了大众生活水平的问题是个热点话题。人们对于这个问题众说纷纭，直接引出了广告是对能源和资源的良好利用还是浪费这一话题。

1. **积极方面：广告降低生产成本**　支持者认为广告的四个性质降低了产品的生产成本：

●由于广告刺激需求，从而在一定程度上创造了规模经济（大规模生产降低生产成本），生产成本比没有广告的情况下降低了。由于广告对民众需求的刺激作用降低了单位产品的生产和管理费用，消费者的购买价格也随之降低了。

---

① Matthew Creamer, “Caught in the Clutter Crossfire: Your Brand,” *Advertising Age*, April 2, 2007, 1, 35.

② Ibid., 35.

●广告增加了新产品上市成功的可能性，消费者在产品和服务上有了更大的选择空间。

●竞争压力和对适销的新品牌的追求促使公司不断完善产品和品牌，开创产品定价更低的品牌。

●广告宣传的速度和普及有助于创新成果的传播。这意味着新发现可以迅速传播到更广泛的市场中。创新之所以取得成功是因为广告把创新成果传递给了消费者。

以上四个性质都对社会生活水平和生活质量起到积极作用。广告对提高人们的生活水平可能有积极作用，这是因为广告在刺激需求和为消费者提供信息过程中扮演着重要角色。

2. **消极方面：广告浪费资源并且只会提高部分人的生活水平**　对广告学的传统批评之一是它代表一种低效和浪费资源。它把社会资金和人力资源用于改变总需求的结构，而不是用于扩大总需求的规模。[①] 批评人士说社会没有从广告中受益，因为广告没有扩大需求，只是改变了对不同品牌的需求。广告由此导致了经济的停滞和生活水平的降低，而不是改善生活水平。类似的，批评人士认为品牌差异无关紧要，品牌形象的提升不能扩大消费者的选择空间，而只是对资源毫无意义的浪费，使消费者困惑和失落。另外，批评人士还认为广告是资本主义加大贫富差距、引起社会阶层间纷争的工具。

## 4.2.3　广告影响大众的幸福和健康

对广告持批判和支持态度的人在广告是如何影响消费者的幸福和健康的问题上存在重大分歧。正如你将了解的那样，这是一个存在很多消极方面和积极方面的复杂问题。

1. **消极方面：广告创造需求**　批评人士普遍声称广告创造了需求，使消费者购买不需要的东西。持有这一观点的人认为消费者比较容易受厂商诱惑从而再购买一件闪亮的饰品。例如，批评人士会这样认为，浏览任何一期 Seventeen 杂志后，你会发现该杂志的目的就是引导全世界年轻女性追求苗条的身材和迷人的容颜。像雅诗兰黛和露华浓这样的大型化妆品公司，其销售额的 15% ~30% 通常用于品牌宣传，声称该品牌是那些追求完美容颜女性的最佳选择。

2. **积极方面：广告满足人类的各种基本需求**　讨论广告是否创造了需求之前最好先考虑人类需求的本质。人类动机理论研究的先驱亚伯拉罕·马斯洛（Abraham Maslow）认为人类行为是通过以下需求层次不断进步的。[②]

●生理需求：对食物、水和基本身体功能的满足所产生的需求。

●安全需求：对人身安全保护的需求以及维持舒适生存状态的需求。

●爱与归属需求：对爱和归属感的需求。人会努力争取爱与被爱。

---

① Richard Caves, *American Industry: Structure, Conduct, Performance* (Englewood Cliffs, N. J.: Prentice-Hall, 1964), 102.

② A. H. Maslow, *Motivation and Personality* (New York: Harper & Row, 1970).

●尊重需求：对认同感、社会地位和声望的需求。除了其他人的尊重，还渴望得到自我尊重。

●实现自我价值的需求：根据马斯洛的需求层次理论，这是只有少部分人能达到的最高层次需求，是争取个人能力得到最大实现的需求。

我们必须清楚一点：马斯洛描述的人类基本需求和动机理论指的不是消费者的需求和动机。但在物质丰富的社会背景下，每个人都会用产品和服务满足自己的需求。很多商品据说可以直接满足某个或几个层次的需求。例如：食品和医疗保健产品用于满足生理需求（见图表4—5）；房屋安全系统和烟雾探测器可以满足安全需求；很多个人护理产品，如护肤品牌（见图表4—6），提升了自尊、自信、个人魅力和浪漫的情调。

图表4—5

这是一则满足马斯洛需求层次理论所讲的人们生理需求（保护我们的健康）的广告。

在追求尊重的过程中，很多消费者购买那些让他们感到有地位和名望的产品，如昂贵的珠宝、服装、汽车和公寓。虽然自我价值（马斯洛需求层次理论的最高境界）很难通过消费得以实现，但对知识和高度紧张的娱乐活动（如极限运动）的追求确实能够培养实现自我价值的骄傲感和成就感。支持者认为广告可能在满足需求的方式方面有所不同，但它不可能创造基本的人类需求。

**3. 消极方面：广告助长物欲**　也有人认为广告可能会扭曲个人的需求和愿望。长期以来一直有人认为在翻天覆地的广告所刻画的社会中，循规蹈矩和对地位的追求

图表4—6

“您只需要维健美（Guinot）。”在什么情境下可能给人一种需要维健美的感觉呢？维健美网站（http：//www. guinotusa. com）与消费者的幸福感和大众福利相关吗？点击进入网站识别那些针对消费者不同需求的信息和设计。

已经成为一种潮流，它们既肤浅又充满着实用主义的色彩。[①] 对物质的追求要高于对精神和知识的追求。广告把品牌刻画成社会地位、个人成就和幸福感的象征，从而助长了肤浅的追求物质享乐主义的社会风气。广告激发的需求欲望是肤浅的，是以自我为中心的。如此一来私人产品出现了过度生产的现象，而公共设施则因此受害（如高速公路、公园、学校和基础设施）。[②]

**4. 积极方面：广告只反映社会的喜好** 虽然广告不可否认在推崇物质享受，但支持广告的人则认为这并没有使美国人过于强调物质主义。比如，美国的重要节日（如圣诞节、感恩节和万圣节）都已成为消费的节日，这是美国人的生活方式。历史学家和社会观察家Stephen Fox在《美国广告历史》中发表的论文是这样结尾的：

*你可以找到一个令人信服的佐证那就是美国文化——已经无药可救——拜金主*

---

① Vance Packard, *The Status Seekers* (New York: David McKay, 1959).

② This argument was first offered by authors George Katona, *The Mass Consumption Society* (New York: McGraw-Hill, 1964), 54-61, and John Kenneth Galbraith, *The Affluent Society* (Boston: Houghton Mifflin, 1958).

*义、享乐主义、浅薄都被视为进步。在全国性广告出现之前的几十年，即19 世纪早期，托克维尔（Tocqueville）和其他年轻的共和党社会观察员就是用这些词语来描述美国的。现在如果因为这些美国历史上出现的最基本趋势而批判广告，那么我们就无法了解其中的真谛。现代广告的创作人在说服消费者方面并非难以觉察，他们正以一种特殊的视觉效果呈现出美国人的生活方式，不管好坏。*①

然而我们生活在消费的时代，商品和财富贯穿整个历史文化之中，他们记录了重大事件，在仪式中扮演着重要角色，是现代广告出现之前具有特殊意义的服务工具。然而，我们说的太远了吗？超出了消费者文化中我们熟悉的内容了吗？

## 4.2.4 广告是低俗、虚假，还是舒缓、美妙？

毫无疑问，广告商一直在寻找有创意而又新颖的方法以吸引和控制广告受众的注意力。此外，在广告制作中，广告商心目中对目标消费者有非常具体的定位。这两点关于广告基本定位的问题都会激发激烈的争论。

**1. 消极方面：广告是固定不变的模式** 广告商常常将广告人物刻画成目标受众中的一员，希望看广告的人更易于接触广告，关注广告传递的信息。批评人士认为这种做法会产生一种很大的负面效果——人们的行为永远是一种模式。妇女、老人和少数民族是特殊关注人群。尽管妇女现在已经处在管理高层的位置，成为能干的一家之主，但人们仍然首先将妇女看作一个家庭主妇和情欲对象（见图表4—7）。老人常常表现出无助或孱弱，尽管很多活跃的老人在享受着丰富多彩的生活。批评人士声称广告商倾向于在广告中宣传非洲裔美国人或拉丁美洲运动员，这仅仅是一种现代化的固定模式。

图表4—7

在这则广告中广告商想要说明什么？是否想说凡塞斯礼服是最流行的时尚品牌。http：//www.versace.com

① Fox，*The Mirror Makers：A History of American Advertising and Its Creators*（New York：William Morrow，1984），330.

2. **积极方面：广告商正展现出更多的敏感性** 这种固定模式大多正在退出历史舞台，老一辈制作的广告形象更多地展示了老套模式。但今天，多芬的广告（图表4—8）显示出当代广告可以将妇女刻画成坚强的女性。2004 年 9 月多芬发起了“真美无界限”的宣传活动，该活动的广告所宣传的美女的容貌并不符合传统、相对狭隘的美女标准。广告要求观众评价那些女性的长相（肥胖、出众或是满脸皱纹、美艳绝伦），邀请观众投票并参加美女问题的在线讨论（http：//www. campaignforreallybeauty. com）。全球登记在册的投票数超过了 100 万。广告商意识到一个丰富多彩的世界需要社会的多元化，而广告有助于这一特征的形成，并表现了这一特征。然而，变化的速度往往不令人满意。图表 4—9 中 Body Shop 的广告将超级模特的身体之外的东西作为参考点也只是一个特例，并没有成为行业的标准。

图表 4—8

广告主现在认识到消费者生活充满了多元化的色彩。这则 Dove 广告是广告商力求彰显多元化的成功范例。http：//www. campaignforreallybeauty. com

3. **消极方面：广告常常冒犯他人** 一直都有人认为广告经常冒犯他人且趣味低级。而且，有人会说美国广告正朝着粗鲁、简陋甚至猥亵的趋势发展，因为广告商在努力吸引那些已经学会避开漫天飞舞的广告信息的消费者。当然，品味只是个人内心带有主观色彩的评价，也许对一个人意味着冒犯，而对另一个人却意味着讽刺。我们应该怎样评价这样一则面向澳大利亚市场的广告呢？该广告讲述了老版丰田雅阁车主对新型车主的崇拜，由于主人对新车的崇拜促使旧车关上车门、加大马力、坠崖自

杀。批评人士谴责这则广告，因为他们认为该广告宣传了轻生思想——年轻人中较敏感的问题，而年轻人是这则广告的目标受众。①

图表 4—9

The Body Shop（http：//www. bodyshop. com）公司正在掀起反对产品广告以“超模”为代言人的抗议活动。

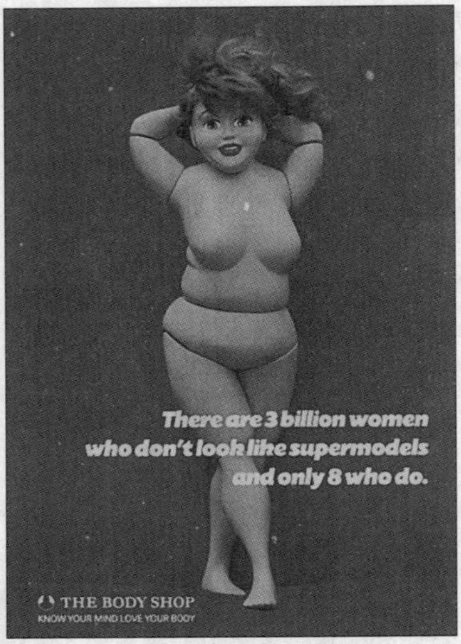


但不是所有冒犯型广告都是这样极端。很多情况下，广告商只是由于冒犯了某些特定的群体——有时规模相对较小——而备受争议。广告史上就有这样的例子。艾滋病控制和防御中心是一个有很高声誉的政府机构，有一次它组织的艾滋病防御宣传活动就因宣传方式过于直白而备受指责。家庭研究委员会的发言人曾这样评价这则广告：“他们的做法令人非常不快，会让人觉得在看纽约重案组的节目。”②

“喝杯减肥可乐休息一下”是一则非常流行但也备受争议的广告（该广告在第 1 章图表 1—8 中）。在这则广告场景中，一群办公室女职员向脱去衬衫喝减肥可乐的建筑工人抛媚眼。因此可口可乐公司被指责在广告中存在性别歧视。可口可乐公司、艾滋病控制和防御中心可能碰到过这些棘手的问题，而这些广告商会对他们的广告被视为冒犯型广告而倍感惊讶。

●由 Aetna life & Casualty 保险公司拍摄的预防麻疹的公益广告中，绿皮肤、长着肉赘的邪恶女巫形象使该广告遭到女巫权利组织的批判。

●Nynex 广告受到保护动物权利活动家的批评，因为广告中兔子被染成了蓝色。

●Black Flag 杀虫剂的商业广告，因退役军人组织反对杀虫表演而不得不修改。

广告商早已意识到他们需要谨慎定位广告的品味，预测意外情况，像图表 4—10

① Normandy Madden，“Honda Pulls Suicide Car Ad from Australian TV Market，” *Advertising Age*，September 22，2003，3.

② Kevin Goldman，“From Witches to Anorexics，Critical Eyes Scrutinize Ads for Political Correctness，” *Wall Street Journal*，May 19，1994，B1，B10.

这则朴实的广告就以毫不忌讳的语言讲述了月经问题。某些人可能会认为此类广告伤害了一些消费者的敏感性。然而，在这种情况下，商家仍愿冒险，他们希望以坦率的广告方式赢得目标受众的关注和肯定。

图表 4—10

奇怪的是，在广告中以坦诚的语言谈论现实生活问题并不常见。你知道吗？直白的言语会使任何一个人都产生反感。http：//www. tampax. com

另外，没必要对消费者的反应过于敏感。GoDaddy. com 每年在 Super Bowl 广告大赛中播放的伤风败俗的广告帮助公司赚取了丰厚利润。2006 年，Web 公司首次递交的 13 个广告作品因其趣味低下而被美国广播公司驳回，但这种广告在公司网站上的点击率最终提高 15 倍。①

我们要考虑广告是否具有冒犯性。在全美超级橄榄球联赛期间困扰珍妮·杰克逊的“衣冠不整”事件和热门广播节目播音员下流言语事件，不仅吸引了早已厌烦的消费者眼球还引起了美国参议院的关注。参议院已经决定对违反规定传播下流言语和黄色资料的电台和广播站予以 10 倍的罚金。② 政府可能采用法律手段阻止冒犯型广告信息和节目的传播。事实上，同一种文化中人们对于可接受范围和冒犯型事物的界定随着时间不断变化。

4. **积极方面：广告源自满足感和开放** 有人认为广告大力颂扬的消费对社会发展确实十分有益。很多人真心感激和珍惜现代社会所赋予的便利，因为它们将我们从日常生活的琐碎和烦恼中解放出来，如体臭、换脏尿布、手洗衣服。一些观察家提醒我们，当柏林墙倒塌时，人们不是马上跑进图书馆和教堂，而是跑进了商场和商店。在消费时代来临前，许多商品的消费是受社会阶级限制的。现代广告使商品消费实现了“大众化”，观察员认为应该给予具有开放特征的广告和消费足够多的重视和鼓励。

---

① Georgia Flight, “Hits and Misses,” *Business* 2.0, April 2006, 140.

② Jeremy Pelofsky, “U.S. Senate Backs Ten Fold Hike in Indecency Fines,” Reuters News Service, May 18, 2006, accessed at *www. yahoo. reuters. com* on May 19, 2006.

**5. 消极方面：广告商通过刺激潜意识的方式欺骗消费者** 关于潜意识广告存在很大争议并且几乎没有人真正理解其含义。[①]既然关于潜意识广告存在很多困惑，那么我们就详细说明一下：没有人通过以冰块为背景的胸部影像或者以性为背景的广告销售商品，而且，除非对广告事业非常厌恶或者非常想推卸，否则没有任何一个从事广告事业的人会有时间编造这样的广告。我们认识到这种广告能够编造一个很好的故事，但是将图片暗含在一些图片中并不能刺激需求。虽然存在一些潜意识广告的实例，但那只是在实验室出现的短暂效果。Svengali-type hocu-pocus 已成为不存在的广告之谜。[②] 如果广告商确实设法向广告里添加了潜意识信息，那么这个问题的最佳答案是他们在浪费金钱。[③]

**6. 积极方面：广告是大众艺术** 一些人认为广告的最大特点是它的艺术本质。20 世纪 50 年代末和 60 年代流行艺术运动，特别是伦敦和纽约的艺术运动以商业文化为特色。在这类艺术中有一些批评了消费文化，但同时也有一些赞扬了这一文化。插图画家安迪·沃霍尔（Andy Warhol，见图表 4—11）以自己的例子证明了艺术服务于大众和广告是普及度最高的艺术形式。艺术绝不是只能摆放在博物馆的墙壁上，它可以出现在 Campbell 的汤罐上、LifeSavers 的糖纸上和 Brillo pads 的广告中。广告是大众的艺术，正如 Warhol 对美国和可乐公司的评价一样。

*美国的伟大在于它开创了平等消费的时代——穷人和富人基本可以购买相同的商品。通过看电视和可口可乐的广告，你会了解到总统和伊丽莎白·泰勒都喝可乐，就像你也可以喝可乐一样。可乐只是一种饮料，花再多的钱也只能买到与角落乞丐喝的一样的可乐。所有可乐都是相同的饮料。伊丽莎白·泰勒、总统、乞丐和你都明白这一点。*[④]

## 4.2.5 广告对大众媒介有重要影响

广告商和批评人士争论的最后一个问题是广告对大众媒介的影响。同样，我们找到了大量不同的观点。

**1. 积极方面：广告成就了各类费用适中的大众媒介** 广告支持者认为广告是信息大众化可能出现的最佳形式。广告开支支持了杂志、报纸、电视和广播以及互联网等媒介的发展。2006 年，美国的大众媒介广告开支超过了 3 000 亿美元。[⑤] 这项支出大部分用于发展电视、广播、杂志和报纸行业。如果将支持网站的在线广告开支包括在内，这一数额为 4 000 亿美元。在各种资金的支持下，民众可以以低成本获得丰富

① Don E. Schultz, "Subliminal Ad Notions Still Resonate Today," *Marketing News*, March 15, 2007, 5, 9.

② Murphy, Monahan, and Zajonc, " Additivity of Nonconscious Affect: Combined Effects of Priming and Exposure," *Journal of Personality and Social Psychology*, vol. 69 (1995), 589 - 602.

③ Timothy E. Moore, "Subliminal Advertising: What You See Is What You Get," *Journal of Marketing*, vol. 46 (Spring 1982), 38 - 47; Timothy E. Moore, "The Case Against Subliminal Manipulation," *Psychology and Marketing*, vol. 5, no. 4 (Winter 1988), 297 - 317.

④ Andy Warhol, *The Philosophy of Andy Warhol: From A to B and Back Again* (New York: Harcourt Brace Jovanovich, 1975), 101.

⑤ "100 Leading National Advertisers," *Advertising Age*, June 25, 2007, S1.

的信息和娱乐资源。网络电视和广播不是免费使用的，没有广告的支持，报纸和杂志的费用可能高出2~4倍。

图表4—11

艺术家安迪·沃霍尔（Andy Warhol）证实了广告是一种普及度最高的艺术形式。因特尔公司（蓝色巨人）和微软公司都在它们的广告中使用过当代的精美艺术。

此外，还存在一种观点，即广告在社会问题揭露方面的价值无可估量。当非商业部门（如社会服务部门）使用广告时，人们获得的是社会和政治方面的重要信息。美国政府联合无毒品美国（Drug-Free America）伙伴发起的多媒介广告宣传活动是非商业广告的一个特例，该活动意在提醒美国人对海洛因等毒品危害性的认识。[①] 在活动启动之初，主办方就承诺其广告支出将会超过大型广告商的广告支出。确实如此，5年过去了，广告宣传费用据估算已达到10亿美元。在整个活动中备用广告接近400个。一些广告（如图表4—12）包含了吸毒后果的有效信息。

① B. G. Gregg, "Tax Funds Bankroll New Anti-Drug Ads," Cincinnati Enquirer, July 10, 1998, A1, A17.

图表4—12

这则广告利用了我们对名人的迷恋让我们清醒地意识到毒品的致命危害。网站 http://www.drugfreeamerica.org 上，无毒品美国（Drug-Free America）伙伴将其信息提炼为：吸毒毫无魅力可言。

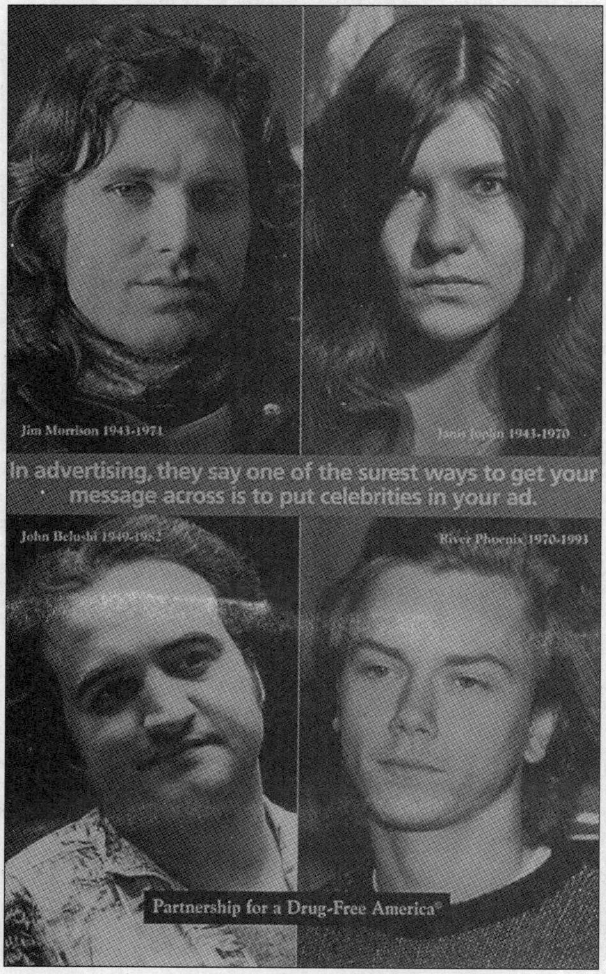


**2. 消极方面：广告影响了节目播出** 批评人士认为通过媒介投放广告的广告商对媒介信息的定型存在不良影响。这一问题在本章的引言部分已加以强调，如通用汽车和摩根士丹利似乎都在设法左右载有其广告的刊物的内容。还有更明显的事例，某公司总裁被起诉使用公共关系公司在报纸上发表一系列对该公司表示同情的文章。① 类似的，有一些“地下赞助”的例子，即公司贿赂记者以求其在社论文章中多加美言。②

另外一项对广告商的指控是他们在大众感兴趣的节目中插播广告。批评人士认为

① Jay Reeves, “Scrushy Said to Pay for Positive Stories,” Associated Press, January 19, 2006, accessed at *www.news.yahoo.com* on January 20, 2006.

② Eamon Javers, “This Opinion Brought to You By. . . ” *Business Week*, January 30, 2006, 35.

大众市场节目降低了电视节目的质量，因为市场小、选择性强的文化和教育节目被大众市场所抛弃。看几段 Survivor or Lost 节目，不得不承认肤浅的节目确实降低了文化和教育节目的品质。

此外，电视节目制作方很难吸引广告商关注他们的可能非常有价值的节目。关于堕胎、性滥交或艾滋病方面的节目可能不容易吸引广告商，这是因为考虑到宗教权利会在公众之间产生一些可预料的反应，而他们又害怕与任何备受争议的问题扯上关系。

## 职业道德专栏

### 潜意识广告：真正糟糕的点子

每隔几年，就会出现一个诋毁广告的说法——广告商曾千方百计在广告中投放潜意识信息或者图片以推销其品牌。澄清事实，潜意识广告是不起作用的——如果你这样做，你就会遇到很多麻烦。

下面是潜意识传播的作用机制。研究表明，实际上人们能够在潜意识中处理信息，那就是潜意识行为。没有证实的是在潜意识下发送劝说性信息。但自从20世纪50年代，据称一个怪人在电影后续中插入了“吃爆米花”和“喝可乐”的短片之后，人们已经惧怕不择手段的营销商利用这种方法销售产品。不必担心，潜意识广告不发挥作用，但它的确产生了一些真实有趣的故事：

●2001年，据称，法国电视网 M6 和其广告制作公司 Expand，因为在一个叫作《流行巨星》的热播电视真人秀节目中插播了33张柯达一次性相机的潜意识图片而与法国管理者陷入了僵局。

●俄罗斯电视网 ATN 在2000年被取消了广播资格。因为俄罗斯官方发现广播台2000年夏季每隔25期节目就会插入“坐下只看 ATN”的广告信息。该电台被禁播了近两年。

●在2000年美国总统大选中，民主党人指控共和党人在所谓的“叛徒”广告中使用潜意识因素攻击民主党候选人 AL Gore 的处方药品方案。控词指出人们一瞬间可以看到广告中的“叛徒”来自于“政府”一词。

这些潜意识广告没有一个有证据证明取得了预期的效果。最近，这一问题作为神经系统科学家的研究课题再次出现，但他们似乎发现了肯定的答案——可以通过潜意识向人们传播商业信息。但是，接下来的影响还没有被显现，即你不能使人们按照他们可能已经接收到的信息行事。

不管潜意识广告是否起到作用，但它的确提供了一些很棒的娱乐节目。只要人们还对广告持怀疑态度，有人就会认为商家在单纯的消费者身上使用了那个潜意识广告的宣传手段。

资料来源 Lawrence J. Speer，“Off in a Flash”，*Ad Age Globle*，February 2002，6；Bob Garfild，“Subliminal Seduction and other Urban Myths，” *Advertising Age*，September 18，2000，41；Don E. Schultz，“Subliminal Ad Notions Still Resonate Today，” *Markting News*，March 15，2007，5，9.

## 4.3 广告的道德层面

许多广告道德层面的问题与广告社会和管制层面的问题非常相似，彼此之间相互影响。**道德规范**是道德标准和行为准则。诚实、正直、公平和敏感都属于道德行为的广义范畴。关于道德与非道德的判断很多来自个人的主观判断，我们将从三个方面讨论广告中的道德层面：广告的真实性、儿童广告、受争议产品的广告。

### 4.3.1 广告的真实性

广告的真实性是一个关键的法律问题，但也涉及道德的范畴。最主要的道德问题是**欺骗**——在广告中编造虚假和误导性信息。当然，这个问题的困难在于如何界定欺骗。一家洗涤产品生产商声称其产品能够去除草渍却没能达到所说效果，那么该生产商将受到法律制裁。然而，另一家声称其洗涤剂是“世界上最好的洗涤剂”，而它完全有权使用这一最高级形容词。“最好的……”这一表述纯粹是一种主观臆断，这种表述无法被证实或者推翻。最高级的表述，如“第一流的”、“世界最好的”被当作**吹捧之词**，是完全合法的。法庭长久以来认为消费者只把最高级修饰语视为夸张的广告语，同时消费者也是这样理解的。

我们也需要明白许多促销工具常被人看作是欺骗工具。竞赛和抽奖活动中“小册子说明”常常受到消费者质疑。类似的，在度假休闲期吵闹的免费赠送礼品的活动常常引起消费者的强烈谴责。现在，消费监督机构正在整治电视节目中的欺骗性品牌广告。消费者权益组织认为电视网欺骗了消费者，因为他们没有透漏在节目和电影中为商家进行品牌宣传以收取费用的事实。①

广告真实性讨论的另一面与产品的感召力有关。很难控告广告的感召力，如某品牌的美容或者提高威望的功能，因为这些说法是无法量化的（见图表4—6和图表4—7）。因为这些感召因素是合法的，道德规范因此也显得黯然失色。美丽和威望是当事人的感受，这些呼吁既不违反法律规定也不违反道德规范。

如你所见，广告中对道德规范没有清晰的界定。以漂亮、苗条、成功的人物作为广告模特完全合法，并且使品牌处于有利位置。你认为这是不道德的吗？如果某一报纸或杂志在批判中给予某一品牌一个专题，你认为是不道德的吗？困难在于如何制定评价自身以及你可能供职的机构的行为所依据的道德标准和价值观。

### 4.3.2 儿童广告

人们出于多方面的担忧期望对儿童广告加以限制，特别是在相关数据显示2～11岁儿童每年收看的广告多达25 600个之后。其中的一种担忧是广告宣扬虚假和极力鼓吹商品与消费的价值，这和我们前面在整个更广阔的社会背景下所讨论的一致。另

① Claire Atkinson, “Watchdog Group Hits TV Product Placement,” *Advertising Age*, October 6, 2003, 12.

外的担忧是儿童少不更事，他们经不起广告商老道的煽动等。比如，广告影响了孩子们对玩具、零食等所有产品的需求。结果，这些需求导致孩子与父母发生冲突，父母发现他们不得不一次次拒绝那些被广告激起渴望的孩子们。儿童心理学家认为广告宣扬暴力，对于儿童肥胖负有责任，使早期学习技巧失效，破坏父母的权威等。①

还有人担心一些较长的商业广告会以很多儿童节目为题材。很多批评人士认为商业产品，特别是儿童产品的节目实际上就是播放时间较长的广告。这项运动开始于1990年，批评人士认为那时有70个节目在宣传 He-Man、the Smurfs 和 Muppets 之类的商业产品。② 特殊利益群体试图严格规范儿童节目的制作，但是，到现在为止，联邦传播委员仍允许制作这种节目。

其中最早的一个针对儿童广告的限制是由特殊利益集团——儿童电视行动组织发起的。1992年，该组织解散，但在此之前，它促成了《儿童电视节目法案》在1990年成功通过。这项法案规定儿童节目的广告时间周末为每小时10.5分钟、工作日为每小时12分钟。③ 不久前，像麦当劳、Kraft 和 General Mills 等大型食品和饮料商为阻止政府规定的实施签订了《食品和饮料广告倡议书》，倡议公司自愿告知儿童的肥胖问题。倡议书中有一项关键条款，即食品和饮料商将拿出一半的儿童广告费用于宣传更加健康的饮食。④

## 4.3.3 受争议产品的广告

一些人对给受争议的产品和服务做广告的做法提出了质疑，如烟草、酒、赌博、彩票及火器等产品的广告。

批评人士指控烟草和酒水公司利用广告和一些危险的、令人上瘾的产品优势锁定年轻人。⑤ 这确实是一个复杂的问题，许多医学杂志已经刊登过调查研究，研究声称广告刺激了烟酒消费，特别是青少年的烟酒消费。⑥

然而，有趣的是这些最近的研究与20世纪50年代以来营销学、传播学、心理学和经济学调查人员所作的研究相矛盾，其中包括了联邦贸易委员会对所有现有研究所

① Richard Linnett, "Psychologists Protest Kids' Ads," *Advertising Age*, September 11, 2000, 4.

② Patrick J. Sheridan, "FCC Sets Children's Ad Limits," 1990 *Information Access Company*, vol. 119, no. 20 (1990), 33.

③ Laura Bird, "NBC Special Is One Long Prime-Time Ad," *Wall Street Journal*, January 21, 1994, B1, B4.

④ Stephanie Thompson and IraTeinowitz, "Big Food's Big Deal Not Such a Big Concession," *Advertising Age*, November 20, 2006, 1, 29.

⑤ Kathleen Deveny, "Joe Camel Ads Reach Children, Research Finds," *Wall Street Journal*, December 11, 1991, B1, B6.

⑥ See, for example, Joseph R. DiFranza et al., "RJR Nabisco's Cartoon Camel Promotes Camel Cigarettes to Children," *Journal of the American Medical Association*, vol. 266, no. 22 (1991), 3168－3153.

作的评估。[①] 这些早期研究（还有几次盖洛普民意测验）发现家人、朋友和同辈人是烟酒消费的主要影响人，而不是广告。20 世纪 90 年代末期和最近 10 年的研究再次证实了早期的研究结论。[②] 实际上，孩子在很小的时候就能认出像 Joe Camel 这样的烟草广告人物，他们也容易认识像 Energizer Bunny、Jolly Green Giant 和 Snoop 这样的成人消费品广告中的人物。孩子们也明白烟草会引发疾病，是成人消费品。欧洲的研究也取得了相同的结论：这一话题的每项研究都显示父母和玩伴对孩子的影响超过了大众媒介的影响力。[③]

为什么广告没有能勾起人吸烟和饮酒的欲望？一种简单的回答就是广告没有那么大的影响力。80% 的新产品会失败，如果广告的影响力那么大，新产品就不会失败。说得更具体一点就是广告不能提高成熟产品的基本需求。**基本需求**是对整个产品类别的需求，如牛奶、汽车、牙膏、香烟和酒等成熟产品，广告没有足够的力量影响消费。几十年前的研究再次被证实广告不能创造对烟酒的主要需求。[④]

没有人说过吸烟喝酒是有益的（除了晚餐时小酌几口），那也不是我们讨论的话题，问题是这些行为出现在复杂的社会背景下。40 年来大量的研究资料表明广告并非对消费行为无关紧要，而是在消费者决定使用某种商品后，广告在其选择产品品牌过程中扮演了重要角色。

赌博和国营彩票代表着另一个与广告有关的受争议的产品领域。这类广告的目的是什么呢？它是在告知人们赌博和彩票的种类吗？这是选择性需求刺激。或者说这种广告的目的是否是刺激赌博需求？这可能是基本需求刺激。那么不可自拔的赌徒呢？国家在限制彩票广告的投放及以及宣传内容方面怎样保护“意志薄弱”的公民？

讨论这些弱势群体时，与弱势的界定标准有关的问题就会变得复杂和感性。一方认为赌博者作为受众属于“信息匮乏”的群体，即他们不习惯通过不同渠道搜集大

---

① For a summary of more than 60 articles that address the issue of alcohol and cigarette advertising and the lack of a relationship between advertising and cigarette and alcohol industry demand, see Mark Frankena et al., “Alcohol, Consumption, and Abuse,” Bureau of Economics, Federal Trade Commission, March 5, 1985. For a similar listing of research articles where the same conclusions were drawn during congressional hearings on the topic, see “Advertising of Tobacco Products,” Hearings before the Subcommittee on Health and the Environment, Committee on Energy and Commerce, House of Representatives, 99th Congress, July 18 and August 1, 1986, No. 99 - 167.

② For examples of the more recent studies that reaffirm peers and family rather than advertising as the basis for smoking initiation see Charles R. Taylor and P. Greg Bonner, “Comment on ‘American Media and the Smoking-Related Behaviors of Asian Adolescents,’” *Journal of Advertising Research* (December 2003), 419 - 430; Bruce Simons Morton, “Peer and Parent Influences on Smoking and Drinking Among Early Adolescents,” *Journal of Health Education and Behavior* (February 2000); and Karen H. Smith and Mary Ann Stutz, “Factors that Influence Adolescents to Smoke,” *Journal of Consumer Affairs*, vol. 33, no. 2 (Winter 1999), 321 - 357.

③ With regard to cartoon characters see, for example, Lucy L. Henke, “Young Children's Perceptions of Cigarette Brand Advertising: Awareness, Affect and Target Market Identification,” *Journal of Advertising*, vol. 24, no. 4 (Winter 1995), 13 - 27, and Richard Mizerski, “The Relationship between Cartoon Trade Character Recognition and Attitude toward the Product Category,” *Journal of Marketing*, vol. 59 (October 1995), 58 - 70. The evidence in Europe is provided by Jeffrey Goldstein, “Children and Advertising—the Research,” *Commercial Communications*, July 1998, 4 - 8.

④ For research on this topic across several decades, see Richard Schmalensee, *The Economics of Advertising* (Amsterdam and London: North-Holland, 1972); Mark S. Albion and Paul W. Farris, *The Advertising Controversy* (Boston: Auburn House, 1981); and Michael J. Waterson, “Advertising and Tobacco Consumption: An Analysis of the Two Major Aspects of the Debate,” *International Journal of Advertising*, 9 (1990), 59 - 72.

量的信息；另一方发现这种“信息匮乏”的说法有损人格，呈现出一种神气十足的家长式作风。20 世纪 90 年代末期随着网络赌博的广泛传播并发展成为一种快速、很容易就输掉一生储蓄的方式，赌博活动开始进入了一个新的时代。[①] 随着在线游戏收入达到 10 亿美元，美国政府在 2006 年 10 月果断地全面禁止网络赌博。[②]

给有争议的产品进行广告宣传是一个复杂的问题。2003 我们在这本书中这样写到：

*当你深思广告到底在人们决定消费这些产品时扮演了什么样的角色时，请考虑这个问题。目前，美国有1/3 的儿童被诊断为临床性肥胖症。这些孩子的父母会因为麦当劳、卡夫和General Mills 公司的食品广告而控诉它们吗？这是不可能的吗？请再思考一下。*

现在觉得有点恐怖！当你明白的时候，事实就是这样。麦当劳和其他食品公司不得不准备应对控告食品供应商使消费者变肥胖的诉讼。饮食行业抗议称孩子肥胖是因为父母粗心，学校资金不足放弃了体育锻炼活动和一些如室内录像游戏的附属娱乐项目。[③]

这一问题非常棘手以至于美国政府不得不通过立法阻止人们因为肥胖起诉食品公司。2004 年 3 月，美国众议院以压倒性的投票通过了外号为“芝士汉堡议案”的立法，用来阻止人们因为肥胖而对食品行业提起申诉，在议案讨论过程中，一位议案的支持者说这是“常识和个人责任”的问题。[④] 很多商家对全球健康问题的强烈关注甚为担忧。可口可乐公司的创意总监这样看待这个事情：“我们的薄弱环节是对肥胖问题的讨论，这样可以淡化对我们的营销方式以及工作的抗议。这是一个非常关键的问题。”[⑤] 并且，我们前面已经了解了广告商自愿将一半的广告费用于宣传健康食品。

你可以把这些广告道德层面的问题归纳为几个合理的类别：广告的真实性、儿童广告、受争议产品的广告。人们很难对广告的道德层面作出明确的界定。道德规范总是取决于个人价值观和对事物的理解。只要有不道德的人存在，广告就和工作与生活的任一阶段一样会出现道德问题。

## 4.4 广告的管制层面

管制这个术语会立刻让我们联想到政府对广告制作过程的监控。确实有很多政府机构在管理着广告业的运行。但是消费者本身和不同的行业组织专家在规范广告运行

① Ira Singer, et al.,“The Underground Web,” *BusinessWeek*, September 2, 2002, 67 – 74.

② Bloomberg News,“Frank Eyes Restoring Web Gaming,” March 17, 2007, accessed at *www.boston.com/news* on May 30, 2007.

③ Mercedes M. Cardona,“Marketers Bite Back as Fat Fight Flares Up,” *Advertising Age*, March 1, 2004, 3, 35.

④ Rep. Ric Keller (R-Florida), quoted in Joanne Kenen,“U.S. House Backs Ban on Obesity Lawsuits,” Reuters, published on the Internet at *http://biz.yahoo.com/rc/040310/congress_obesity_3.html* on March 10, 2004; accessed March 14, 2004.

⑤ Stephanie Thompson and Kate MacArthur,“Obesity Fear Frenzy Grips Food Industry,” *Advertising Age*, April 23, 2007, 1, 46.

方面与政府机构发挥着同样重要作用。消费者、行业协会和政府机构这三个主要群体对广告进行最实际的管制：共同规定和限制这一过程。消费者和行业协会使用不太正规的管制形式，而政府则使用法律手段对该行业进行管制。像本章的其他话题一样，广告的管制也是一个受人争议的话题。对于哪些领域需要管制哪些领域不需要管制，大家众说纷纭。而且，管制完全可以单独成为一个研究课题，所以这里我们只是简单介绍一些主要问题和主要当事人。

## 4.4.1 广告管制领域

广告管制有三个基本领域：欺诈和不正当行为、竞争以及儿童广告。每一领域都是管制的焦点。

1. **欺诈和不正当行为** 人们普遍认为广告欺诈行为应当禁止，问题是欺诈行为无论从管制的立场还是从道德的立场都难以对其界定。联邦贸易委员会政策中对欺诈的陈述是欺诈广告的权威定义，它详细规定了以下三个构成欺诈行为的重要因素：①

（1）它必须是一种可能误导消费者的表述、省略或行为。

（2）在特定环境下，这种误导性的表述、省略或行为必须由理性消费者认定。

（3）这种误导性的表述、省略或行为必须是客观存在的。基本问题是他们是否能影响消费者的消费行为和消费决定。如果确实如此，这种做法就是客观存在并且可能使消费者受到损害，因为如果不存在欺诈，消费者可能作出不同的选择。

上述定义听起来像是一个措词严谨的法律术语，那是因为法律就是这样定义的。如果把这一定义用于解释现实中的广告问题，它又会有不同的解释。庆幸的是，为了预测哪些行为构成广告欺诈，联邦贸易委员会提出了非常实用的建议（登陆网站 http：//www.ftc.gov/bcp/guides/guides.html，点击广告板块下面的“常见广告疑问”）。联邦贸易委员会辨别广告欺诈行为的诀窍是把暗示信息、遗漏信息作为判断广告欺诈的基础，显然，联邦贸易委员会期望广告中任何明确的声明都是真实的，但是也提防广告通过暗语、影射或故意遗漏信息的方式进行欺诈。

很多欺诈性广告和包装的案例迫使政府出台正式的方案以规范这些行为。但是就像我们先前讨论的，管制吹捧性广告的过程较为复杂。传统学者认为是消费者并没相信商家过于夸张的广告词，并且他们还认识到广告商只是设法吸引观众的注意力。但也有人不赞同广告吹嘘的说法，他们认为这实际是一种“隐晦”欺诈，因为一些消费者可能会相信这些夸张信息。②

联邦贸易委员会和法庭在界定广告欺诈方面一直都能做到合理、明确，但对广告中的不正当行为的界定却一直比较模糊。1994 年，国会通过立法将广告中的**不正当行为**定义为“实际或者可能给消费者造成正常情况下消费者自身无法避免和弥补的

---

① One of the best discussions of the FTC's definition of deception was offered many years ago by Gary T. Ford and John E. Calfee, "Recent Developments in FTC Policy on Deception," *Journal of Marketing*, vol. 50 (July 1986), 82 - 103.

② Ivan Preston, *The Great American Blow Up* (Madison: University of Wisconsin Press, 1975), 4.

重大伤害的行为和做法”，该法令从此结束了法庭和广告行业对此问题的争论。①该定义规定联邦贸易委员会有责任对广告的收益和成本进行评估，在不正当行为解决结果出来之前，禁止消费者采取任何鲁莽的行为。

2. **竞争**　因为大额的广告投资可能滋生不公平，而这确实会破坏市场竞争。广告行业有关公平竞争惯例都有专人管理。联合广告、比较广告和垄断力量的应用等做法都属于行业管理。

**纵向联合广告**是一种制造商和经销商（也可以是批发商和零售商）共同分担广告费用的广告宣传模式。在区域市场和当地市场中，这种模式非常普遍，因为制造商希望通过当地商家的特殊促销活动实现品牌利润（回想第 1 章中联合广告的例子）。这种做法本身并不违法，并且经常为商家所用。

然而这一过程潜藏着竞争威胁，即经销商可以获得（特别是出现第一批百货连锁商场和现在的零售巨头沃尔玛、塔吉特和家庭百货之后）形式上的联合广告津贴。这些津贴基本不需要或毫不需要耗费经销商或零售商投入任何精力和费用，因此实质上是一种价格优惠。这类做法本身就是不正当竞争行为，是违法的。如果给予经销商广告津贴，经销商就必须证明此项津贴属于广告专项资金。

如果公司使用的比较广告不恰当，那么他们就有可能参与了不正当竞争。**比较广告**是某一广告商用于比较自有品牌和竞争对手品牌的广告。这种比较可以清晰地识别竞争。另外，比较广告是各种组织频繁使用的、完全合法的广告类型。图表 4—13 就是一则语言直白、完全合法的比较广告。

图表 4—13

广告业制定了广告主准则以确保广告中品牌间的比较是公平的。

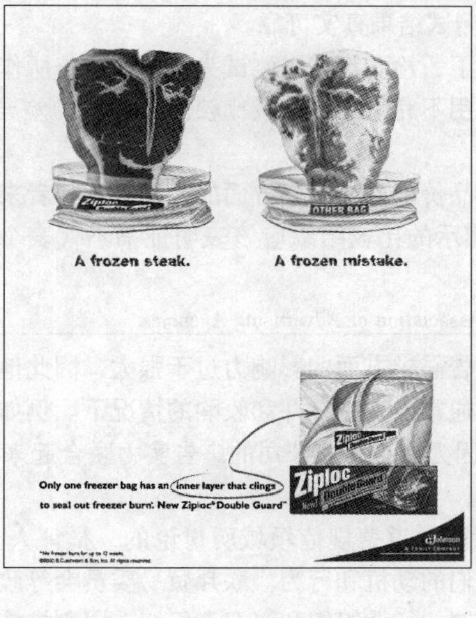


---

① Christy Fisher, “How Congress Broke Unfair Ad Impasse,” *Advertising Age*, August 22, 1994, 34. For additional discussion of the FTC's definition of unfairness, see Ivan Preston, “Unfairness Developments in FTC Advertising Cases,” *Journal of Public Policy and Marketing*, vol. 14, no. 2 (1995), 318 – 321.

如果广告中品牌之间的比较不公平，就会产生不正当竞争后果。美国广告代理协会已经颁布了一套比较广告的使用准则（见图表4—14）。而且，联邦贸易委员会可能要求使用比较广告的广告商为广告声明提供大量证实资料并证明这些广告声明不存在欺骗。一种稍微不同的做法是使用免责声明帮助消费者理解比较产品声明。金霸王（Duracell）公司在作出“Coppertop”牌电池比“Energizer”牌电池更耐用声明时就使用这种方法。然而这一声明虽然技术上是真实的，但“Coppertop”牌碱性电池不能与“Energizer”牌碱性电池相比较。金霸王公司的创始人吉利同意在以后的广告中加入免责声明，最终完成了整个宣传活动。[①]

图表4—14　**美国广告代理协会制定的比较广告准则**

美国广告代理协会董事会认识到如果诚实和公平地运用比较广告，那么消费者就会获得他们所需要的有用的信息。但是，我们应该保持高度警惕。比较广告理所当然会扭曲事实，暗地里向消费者表达一些与事实不符的信息。因此，董事会认为比较广告应该遵守以下特定准则：

1. 广告的意图和暗含之意应该是传递真实信息，而不是诋毁对手或者对竞争对手进行不正当的攻击。

2. 如果提到某一个竞争产品，它就应该是在市场上早已存在的竞争因素。

3. 这种竞争应当可以被公正地、正确地识别出来，而不应是诋毁竞争对手产品或服务的行为或者言论。

4. 广告应该可以在大小和特色上比较产品相关或相似的性能、成分。

5. 产品说明应该出于诚实的比较意图，而不是简单地靠联想提升等级。

6. 如果要进行竞争力测试，那么应该找一家客观的测试机构，最好是独立测试机构，这样可以使测试结果真实可靠。

7. 无论什么情况下，检验都是以测试为基础的广告所作的任何声明的依据。

8. 广告不应该使用不完整的结论或比较微不足道的差异使消费者做出不合适的结论。

9. 参与比较的产品价值或者用途方面的性能对消费者来说应该非常重要。

10. 以证书形式出示的比较结果应该表明证书不代表个人的想法，除了个人观点代表主要观点外。

资料来源 American Association of Advertising Agencies.

一些公司由于在广告需求方面的影响力过于强大，因此他们巨额的广告支出带来了**垄断**问题。这一问题通常出现在合并和收购的情况下。例如，美国最高法院阻止宝洁公司并购Clorox，是因为如果两家公司的广告实力联合起来，几乎没有一家公司能与之抗衡。

3. **儿童广告**　如我们在道德规范领域所讨论的，批评人士认为使用各种诱惑对孩子轮番轰炸会改变他们的动机和行为。联邦贸易委员会等政府部门一直在采取行动试图对儿童广告实行管制，行业组织和消费者组织在限制措施方面更有成效。儿童电

① Daniel Golden and Suzanne Vranica, “Duracell's Duck Will Carry Disclaimer,” *Wall Street Journal*, February 7, 2002, B2.

视行动组织（于1992年解散）曾积极促使国会批准了1990年的《儿童电视节目法案》。这一法案规定，儿童节目中商业广告的播放时间为周末10.5分钟每小时、工作日12分钟每小时。商业改进局成立了儿童广告审核单位，并颁布了一套儿童广告准则，这些准则重点强调广告商应关注作为决策者的儿童所具有的知识水平和社会经验水平。该套准则同时要求广告商的广告要强调积极的社会规范，如友谊、友善、诚实和慷慨等，对儿童在社会中的发展作出重大贡献。同样，几家主要电视网也针对儿童广告制定了自己的准则。该套准则限制广告使用名人，禁止使用劝告性语言（如"去问爸爸"），商业广告中卡通片的播放时间不得超过整个广告时间的1/3。

儿童广告的管制似乎正产生着一些直接效应。统计数据令人吃惊：2～11岁的儿童每年收看的广告多达25 600个，时间长达10 700分钟。一半以上的广告在下午四点到午夜期间播放，仅有5%的广告在周六早间节目中播出。①

## 4.4.2 管制机构

在前面，我们提到过消费者、行会和政府部门都参与了广告的管制。现在我们将举例说明每个管制机构及其影响力。由于管制活动涉及多个参与者，因此管制活动相当复杂，在此我们只作简单介绍。此外，我们将主要讨论一下美国的广告管制，但国家间的广告管制差异很大。

1. **政府管制**　政府在广告管制方面拥有强大的武器——法律行动。在美国，数个不同的政府机构获得授权负责对广告行业实行管制。图表4—15列出了六大法定广告管制机构及其管制职责。

还有一些机构也负责广告管制工作，如民用航空局（飞机广告）、专利办公室（商标侵权）和美国国会图书馆（版权保护），但是它们的管制权力很小。图表4—15列出的是对广告实施最直接的管制机构。其中，在广告管制工作中表现最积极的是联邦贸易委员会，它是最权威同时也是最直接参与此项工作的机构。联邦贸易委员会通过立法委任权获得法律权利，并且已经制定了广告管制方案。

**联邦贸易委员会（FTC）立法委任权**　1914年联邦贸易委员会法案获得通过，于是成立了联邦贸易委员会。此机构的最初目的是禁止不正当竞争行为，1916年，联邦贸易委员会认为虚假广告是一个公司不正当地利用另一个公司的方式，管制机构将其列为首要任务。

**图表4—15　广告管制的主要政府机构**

| 政府机构 | 广告管制领域 |
|---|---|
| 联邦贸易委员会（FTC） | 权限最大的政府机构，控制不公平竞争，管制欺诈广告，制定了多种广告管制项目 |

① "Children Not Seeing More Food Ads on Television," Federal Trade Commission Report, June 1, 2007, accessed at http://www.ftc.gov on June 4, 2007.

续表

| 政府机构 | 广告管制领域 |
| --- | --- |
| 联邦通讯委员会（FCC） | 禁止通过广播和电视播放淫秽、欺诈和抽奖内容的节目。最大的权力是拒绝发放或撤销广播许可证 |
| 食品及药物管理局（FDA） | 管制食品、药品、化妆品和医药产品的广告。有权要求像家用清洁剂这样的危险产品贴上特殊商标，禁止假冒标签和包装 |
| 证券交易委员会（SEC） | 管制证券广告，公布年度报告 |
| 美国邮政管理局（USPS） | 负责管制直邮广告并禁止抽奖、欺诈和误导性广告。也可对淫秽广告进行管制并对其施以罚款 |
| 酒精、烟草与火器管理局（ATF） | 酒水饮料广告的最直接管制机构。负责对酒水饮料广告贴上警示标识，禁止用优秀的运动名将为啤酒广告代言。有权规定该产品领域中哪些因素构成误导性广告 |

直到1938年，欺诈性广告的影响才引起联邦贸易委员会的特别关注。1938年《惠勒—利修订案》通过之前，委员会主要关注广告对竞争的直接影响。修订案扩大了联邦贸易委员会的权力，增加了管制误导性广告的权力（不管对竞争有无影响）。联邦贸易委员可以依据这一修订案要求公司停止广告欺诈行为。该修订案同时还授予联邦贸易委员会对药品、医疗器械、化妆品和食品广告的特定管辖权。

其他几个法案也赋予了联邦贸易委员广告管制的法定权力。1936年的《罗宾逊—帕特曼法（the Robinson-Patman Act）》禁止公司将联合广告津贴作为吸引重要经销商的手段。1939年的《毛织品标签法（the Wool Products Labeling Act）》、1951年的《皮毛产品商标法案（the Fur Products Labeling Act）》，以及1958年的《纺织纤维产品鉴定法案（the Textile Fiber Products Identification Act）》赋予委员会对特定商品标签和广告实行管制的权力。保护消费者的立法意在提高消费者比较产品的能力，如1966年的《恰当包装与标签法（the Fair Packaging and Labeling Act）》、1969年的《诚实借贷法案（the Truth in Lending Act）》和1979年的《公平信用报告法（the Fair Credit Reporting Act）》。1975年的《联邦贸易委员会完善法案（the FTC Improvement Act）》赋予该委员会颁布贸易管制法规的权力，进一步扩大了其职权。

最近的立法扩大了联邦贸易委员会对产品标签和广告监督管理的权力。例如，1990年通过的《营养标签和教育法（the Nutrition Labeling and Education Act, NLEA）》要求食品的营养成分与标签一致，并对食品营养特性说明作了严格的规定。《营养标签和教育法》要求的"食品营养标识"标准标签出现在从早餐谷类产品到烧烤调味酱等所有商品上。《营养标签和教育法》是一部著名的法案，联邦贸易委员会和食品药物管理局在该法律的实施过程中扮演了重要的角色。

当然，联邦贸易委员也对互联网实施了各种管制。在儿童管制方面，特别值得一提的是儿童隐私的管制，这也促使政府在1998年通过《儿童网络隐私法案（the Children's Online Privacy Act）》，联邦贸易委员会在该法案中作了明确声明：

*经营儿童网站或儿童在线服务的人员，或者任何明确知道自己在从事儿童私人信息收集工作的人员违反条款（b）的规定收集儿童隐私是违法的。*[①]

条款（b）规定必须将网站信息收集过程全部公布在网站上。

**联邦贸易委员会管制程序和补救措施** 联邦贸易委员会作为管制机构在实施权力并扩大其权力范围的同时，也在不断改进立法。联邦贸易委员会的不断演变孕育了几个管制程序和整治措施以确保能在特殊情况下强制执行。

1971年联邦贸易委员首次提出**广告证实程序**，目的是确保广告商能为他们向消费者作出的声明提出证据。1972年委员会提出的广告证明的“合理基础”这一概念强化了这一程序。此扩展表明广告商不仅要证明他们的声明，而且他们的证明还要合理。[②]简单来说，在公司做广告之前必须对广告声明提供文件证据，证据类型要根据广告声明而定。例如，健康安全声明需要提供该领域专家审核有效的、可信的科学证据（登陆http：//www. ftc. gov网站查找更多的内容）。

服罪判决书和停止/终止令是联邦贸易委员会处理欺诈和不公平广告最基本的措施。在**服罪判决书**中，被控告制作欺诈和不公平广告的广告商同意停止制作有问题的广告，但并不承认其过失。对于不自愿服从命令的广告商，联邦贸易委员会发出**停止/终止令**，要求广告商在30天内停止播放有问题的广告，以便召开听证会对该广告是否进行了欺诈或不公平的行为作出裁决。那些对消费者的健康和安全有直接影响的产品（如食品），联邦贸易委员有权立刻发出停止/终止令。

**郑重声明**是联邦贸易委员会的又一项措施。没有揭露产品某些重要信息的广告可视为欺诈广告，联邦贸易委员会可以要求广告商作出郑重声明，声明必须表示先前广告中所遗漏的重要说明必须在以后的广告中出现，因为缺失这些重要信息可能会导致消费者在比较竞争性产品时作出错误的判断。

对误导性广告来说，最彻底的纠正措施是**更正广告**。[③] 如果迹象表明消费者已经对欺骗或不公平广告中的品牌产生了错误的看法，那么公司可能需要制作正确的广告纠正那些错误的看法。委员会不仅详细规定了更正广告的信息内容，还规定了预算分配、传播时间和广告投放等方面内容。更正广告的目的是纠正欺诈性广告产生的错误看法，但并不是每次都达到预期效果。纵观广告历史，从Warner Lambert's Listerine漱口剂吹嘘“治疗和预防感冒”（它并不能）到最近吹捧自家品牌推出了新口味，而其他品牌并无创新的广告宣传活动等一系列广告都需要使用更正广告进行补救。

联邦贸易委员会管制和补救的另一领域是**名人代言问题**。委员会对利用专家或名人代言产品的广告作了详细的规定。在专家（他们的经验和所接受的培训使其能对

---

① The full text and specifications of the Children's Online Privacy Act can be found at *http：//www. ftc. gov/ogc/coppa1. html.*

② For a discussion of the origins and intent of the FTC's advertising substantiation program and its extension to require reasonable basis, see Debra L. Scammon and Richard J. Semenik, "The FTC's 'Reasonable Basis' for Substantiation of Advertising: Expanded Standards and Implications," *Journal of Advertising*, vol. 12, no. 1 (1983), 4–11.

③ The history and intent of the corrective-advertising concept and several of its applications are provided by Debra L. Scammon and Richard J. Semenik, "Corrective Advertising: Evolution of the Legal Theory and Application of the Remedy," *Journal of Advertising*, vol. 11, no. 1 (1982), 10–20.

产品作出顶级的判断）代言广告的情况下，代言人的实际资格必须证明他或她的专家身份。在名人代言广告的情况下（如泰格·伍兹为别克和耐克代言），联邦贸易委员会准则认为必须表明该名人确实使用了该产品，否则该广告则为欺诈性广告。

这些管制项目和补救措施加大了联邦贸易委员会对广告过程的控制力度。在这些程序的指导下，很多广告已被定为问题广告，并且已进行了补救。广告商和他们的代理商也可能非常明白违反规定的后果，因此他们制作广告时牢记这些限制条件。

**州政府管制** 州政府没有广泛的政策权力干预公司的促销活动。因为绝大多数公司是做州际间商品和服务营销的，因此任何破坏公平的做法或现有法规的行为是联邦政府管辖的问题。

首席检察长办公室是一个典型的负责调查有问题促销做法的州政府部门。例如，德克萨斯州的首席检察长办公室声称沃尔沃公司曾使用的一则广告具有误导性。在这则广告中，一个装有超大轮胎的巨无霸卡车碾过一排小汽车，最后只有沃尔沃汽车成为唯一的幸存者，出现的问题是测试中的沃尔沃汽车加固了车顶，而其他车的顶板支护是脆弱的。①

自20世纪80年代开始，包括50个州检察官在内的全美检察官协会在广告监控和信息共享方面一直是一个非常积极的群体。然而，总的来说，州政府依然依赖联邦机构的管制（前面已提过）来监控促销活动，然后对有问题的公司进行制止。

1995年，13个州通过了关于抽奖和竞赛活动的奖品通告法。新法律规定商家要完全披露比赛规则、中奖几率及奖品零售价值方面的信息，各州对其认为普遍存在诈骗和欺诈的活动作出反应，甚至一些州在法庭上积极指证抽奖公司。

2. **行业自律** 广告业在行业自律和自控方面已经有很大进展。这些改进有的要归功于政府管制，有的是行业自律的结果。这里**行业自律**是指广告业试图实现自我规范。支持者认为这很好地证明了政府干预是多此一举，然而，批评人士则开玩笑地称之为一个精心设计的骗局。他们认为，只有在政府即将采取行动时，行业自律才有意义。个人对这一争论的看法很大程度上取决于自己的经验和愤世嫉俗的程度。

几个行业、贸易协会以及公共服务部门已经自愿制定了行业广告指南。理由是自律对于整个广告行业来说是有益的，它创造了广告本身的可信度，从而提高了广告的效果。图表4—16列举了一些承担广告宣传管制和监控任务的机构及其公布标准的时间。

这些机构实施自律的目的是对本行业促销活动的内容和质量进行评估。这些机构的工作效率取决于成员间的合作程度以及政策机制的成效。每个组织都对本行业促销活动的本质产生一定的影响。一些组织的举措特别值得注意，并有必要作进一步的讨论。

---

① Steven W. Colford and Raymond Serafin, "Scali Pays for Volvo Ad: FTC," *Advertising Age*, August 26, 1991, 4.

图表 4—16　　精选制定广告自律标准的商业组织和行业协会

| 机构 | 制定标准的时间 |
| --- | --- |
| **广告协会** | |
| 美国广告联盟 | 1965 |
| 美国广告代理协会 | 1924 |
| 国家广告协会 | 1972 |
| 商业/专业广告协会 | 1975 |
| **特殊行业组织** | |
| 商业改进局 | 1912 |
| 家庭家具组织 | 1978 |
| 汽车和卡车组织 | 1978 |
| 地毯组织 | 1978 |
| 家居装修组织 | 1975 |
| 慈善招标组织 | 1974 |
| 儿童广告审核单位 | 1974 |
| 国家广告部门/国家广告审核委员会 | 1971 |
| **媒介协会** | |
| 美国商业出版社 | 1910 |
| 直邮营销协会 | 1960 |
| 直销协会 | 1970 |
| 国家电台广播协会 | 1937 |
| 国家电视广播协会 | 1952 |
| 美国户外广告协会 | 1950 |
| **精选贸易协会** | |
| 美国酒业协会 | 1949 |
| 酒业机构 | 1949 |
| 白酒协会 | 1934 |
| 美国啤酒协会 | 1955 |
| 药品生产商协会 | 1958 |
| 专利协会 | 1934 |
| 银行营销协会 | 1976 |
| 美国电影协会 | 1930 |
| 国家游泳池机构 | 1970 |
| 玩具生产商协会 | 1962 |

如果投诉是来源于系统外部，那么这种外部投诉可以要求国家广告审核局主席成立一个判决工作组。给予这样的要求是源于主席的判断力。

**国家广告审核局** 国家广告审核局（NARB）是一个重要的自律组织。国家广告审核局是商业改进局国家广告部的执行部门。国家广告部负责接收消费者、竞争对手或者商业改进局当地分支机构的投诉，大多是竞争对手的投诉。在对投诉进行全面审核后，问题将提交国家广告审核局进行小组评估。图表4—17列出了处理投诉的详细流程。以下是国家广告审核局接收并处理过的投诉案例。

图表4—17 **国家广告部和国家广告审核局的管制程序**

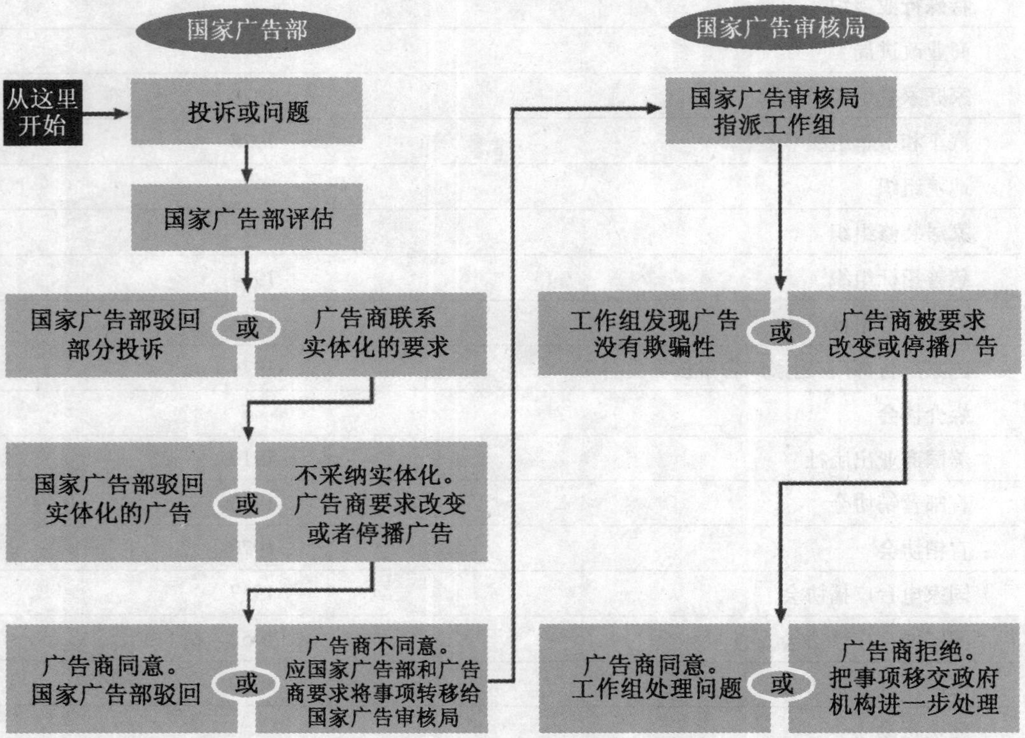


• Hardee's起诉竞争对手Jack in the Box，要求停止播放电视广告，因为该广告播放Hardee's用母牛肛门做安格斯的牛肉饼。

• 蔗糖协会控告强生公司在人造甜化剂Splenda的广告中误导买者相信Splenda是天然产品。

• 宝洁起诉McLane Company、Salado Sales以及Consumer Value Products，称这些公司出售的包装产品抄袭了宝洁公司Bounty、Charmin、Vicks NyQuil和DayQuil的包装。①

国家广告部有一个固定的专家组用于在问题提交国家广告审核局处理之前解决广告商或是代理商的投诉。如果问题无法解决，投诉就要递交国家广告审核局。然后，

① Gary Gentile, "Jack in the Box Ads Called Misleading," Associated Press, May 25, 2007, accessed at *http://biz.yahoo.com* on May 26, 2007; Sophie Walker, "J&J Sued Over Splenda Ad Campaign" Reuters News Service, January 31, 2005, accessed at *http://story.news.yahoo.com* on February 1, 2005; Bizjournals.com, "P&G Sues Companies over Product Packaging," December 22, 2005, accessed at *http://biz.yahoo.com/bizj* on December 22, 2005.

国家广告审核局指派一个由三个广告商代表、一个代理商代表和一个公众代表组成的工作小组负责处理问题，然后委员会对有问题的广告进行分析，广告商允许陈诉案件。如果委员会无法就驳回案件或者劝说广告商改变广告内容，那么国家广告审核局就要采取两个行动：第一，国家广告审核局公开确认广告商、对广告商的投诉和工作小组发现的问题。第二，把案子移交给合适的政府管制机构（通常是联邦贸易委员会）。

国家广告部和国家广告审核局无权对广告商实施惩罚，但是以在审核之前采取行动相威胁可以威慑广告欺诈和其他有问题的广告做法。而且，对各有关方来说，国家广告部和国家广告审核局的整个管制流程可能比单一政府机构处理投诉的过程更节省成本和时间。

**州和地方商业改进局**　除国家商业改进局外，该机构还有140多个独立的地方办事处。每个地方组织是由该地区商业会费维持运转的。地方商业改进局的商业部、财务部和招标部负责调查当地公司的广告和销售情况。地方商业改进局有权将投诉提交到国家广告部进行评估。

除了管制活动，地方商业改进局还通过辅导新建企业，为广告商及其代理商提供法律潜在问题的领域和行业标准方面的信息，以尽量避免广告问题的出现。

**广告公司和代理行业协会**　广告公司和行业协会参与自律活动是有意义的。单个代理商对其制作的广告承担法律责任，会因欺诈声明受到制裁。代理商处于一种困难的处境，它不仅要监控本公司职员的活动还要对客户提供的信息进行监控。如果客户指示代理商使用的产品优势经证实并不存在，代理商仍要承担责任。

美国广告代理协会（4As）对其代理商会员没有法定权利或限制权，但当董事会认为代理商违反了行业标准时可以对其施压。美国广告代理协会同时还为会员出版了《广告信息指南》。认可度最高的行业标准之一就是创意准则。该准则概括了广告应当承担的责任和所具有的社会影响力，并宣传诚实和正派两项高水平道德标准。可以登录http：//www.aaaa.org查看美国广告代理协会行为准则，其中包括创意准则。

**媒介组织**　私有媒介组织对收到的广播或报刊广告进行评估。国家广播协会（NAB）有一个制定政策的部门——准则管理局（Code Authority），该部门负责实施和诠释单个广播和电视准则。这些准则是关于广播广告的真实、公平和高品味方面的内容。报纸对广告的筛选一直很严格，很多报纸在内部专设了一个部门负责筛选和审查那些被认定违反报纸广告准则的广告。杂志业还没有正式的准则，但很多个体出版物有很高的标准。

直邮可能在很多消费者心目中留下了糟糕的印象，但是其行业协会——直接营销协会（DMA）在向其会员宣传道德行为和标准方面却很积极。它出版了《商业道德行为指南》。1971年，协会成立了直邮偏好服务，允许消费者把名字从大多数邮寄名录上删除。

回顾了整个行业自律之后，我们发现为实现广告监控，不仅出现了很多相关方案和组织机构，而且它们都产生了效果。那些以广告为生的人和消费者、司法人员一样注重坚持高标准。如果广告恶化成为不道德和不真实的商业行为，那很多组织的经济活力将会萎靡。自律可以阻止这一情况的发生，同时也符合这里讨论过的所有组织的最大利益。

3. **网络自律** 因为几乎没有规范网络广告和促销的联邦指南（除了反对垃圾邮件的立法），所以该行业一直处于自律阶段。目前为止，还没有一家行业协会制定了行业指南或标准。在本章后面部分，我们将看到几个特殊利益群体正对一些网络促销活动的道德性提出质疑。同时还有人怀疑该行业的自律能力。

电子商务全球商务对话（GBDe）是一个新成立的团体，该团体意在将其建成网络产业同行协会。该团体有 200 个会员，但是它主要依靠一些如时代华纳、Daimler AG、东芝这样的大企业，而不是像 Amazon. com 或雅虎这样的网络巨头。GBDe 已经起草了关于处理有害内容（色情内容）、保护个人隐私、强化版权和处理电子商务纠纷的提案。但是这些努力没有激发同行很大的热情，马萨诸塞州技术研究所著名公共政策专家莱斯特·瑟罗说："如果你进行了真正的管制，那自律会起作用，否则其作用不会发挥出来。"①

4. **消费者管制** 在考虑到各种利益的情况下，包括产品的安全性、理性选择和获得信息的权利，消费者愿意组成管制团体。由于广告过于显著因而容易成为消费者管制活动的焦点。消费者保护主义和消费组织为消费者管制工作提供了主要的工具。

**消费者保护主义运动** 单个消费者或群体消费者为影响市场而采取的行动，并不是最近才出现的现象。最早的消费者保护主义运动可追溯到 17 世纪的英国。在美国，消费者运动贯穿了整个 20 世纪，Adbusters 杂志和网站就是最近的例子。

总之，这些运动关注的问题相同：消费者希望在产品研发、分销和信息宣传的整个过程中享有更大的发言权。消费者一般通过抵制活动对公司施加压力，一些抵制活动效果很好，像宝洁、金百利克拉克公司和通用磨坊等强大的公司，都曾为应对消费者的抵制撤销了消费者感到厌恶的广告。珍妮·杰克逊在全美超级橄榄球联赛上的意外事件导致广告商们正以撤回广告费用相威胁以确保广告制作得体。②

**消费者组织** 另一种实现管制的主要途径是建立消费者组织。下面是一些著名的消费者组织以及他们的主要活动：

• *全美消费者同盟（CFA）* 该组织成立于 1968 年。现在其附属成员已超过 200 个，包括全国性、州级、地方性消费者组织以及工会。全美消费者同盟的目标是鼓励创建消费者组织，为消费者组织提供服务，并作为消费者组织间的信息交流站。（http：//www. consumerfed. org）

• *全美消费者联合会* 这一非营利性的消费者组织因其《消费者报告》而出名。它创建于 1936 年，消费者工会声明其目的是："为消费者提供商品、服务、健康和个人理财方面的信息和建议；组织并与个体和团体活动合作以保证并改善消费者的生活质量。"③ 该组织通过销售刊物维持运转，它不接受任何资助，包括向商业组织征收的广告税。（http：//www. consumersunion. org）

---

① Neal Boudette, "Internet Self-Regulation Seen Lacking Punch," Reuters News Services, September 14, 1999, accessed at *http*：*//biz. yahoo. com* on September 14, 1999.

② An Advertising Age Roundup, "Upstaged Advertisers Riled by Bowl Stunt," *Advertising Age*, February 9, 2004, 1.

③ This statement of purpose can be found inside the cover of any issue of *Consumer Reports*.

• *消费者警报组织*　该组织成立于1977年，其通过向立法和管制机构提供证据、意见、法律行动、事务管理和媒体宣传的方式来捍卫消费者的权益。此外，该组织宣传在公共政策决策中需要借助健全的科学和经济数据。(http://www.consumeralert.org)

• *商业警报组织*　商业警报组织的领导人是消费者权利和保护事业的重要人物Ralph Nader，该组织宣称其任务是将商业文化控制在合适的领域，阻止其利用儿童进行商业炒作以及颠覆家庭、社会、环境的完整等更高价值观。(http://www.commercialalert.org)

这四个消费者组织是最积极、最强有力的消费者组织，但按照地理位置或产品种类划分的话将有成千上百个这样的组织。消费者已经证实面对有组织的活动，公司将改变并且愿意改变它们的做法。最近，最轰动的一件事情就是消费者对可口可乐公司施压，该行动其中的一个目的就是迫使可口可乐重新推出其最初的饮料配方（如可口可乐经典）。如果消费者能在顷刻间对像可口可乐这样的公司造成巨大的影响，试想市场还有什么是他们无法改变的呢！

## 4.4.3　其他促销手段的管制

除了广告，公司也在开发其他促销手段，因此其他整合品牌促销手段也受到了相应的管制。我们将考虑直销、电子商务、促销和公共关系领域现有的和正在出现的管制环境。

1. **直销和电子商务中的管制问题**　直销和电子商务所面临的最紧迫的管制问题是数据库开发及随之而来的针对隐私问题展开的辩论。隐私问题的关键与公司开发能力有关，即将离线数据库与在线网络搜索和消费者的购物行为融为一体的能力。

**隐私**　电子商务中的隐私问题涉及范围广泛，从数据库开发到**信息记录程序**——广告商在网站冲浪硬盘上安装的用于跟踪个人在线行为的在线跟踪标识。目前的网络环境是令人烦恼的，感觉好像存在大量侵犯隐私的问题。但这与正在出现的问题相比就微不足道了。目前，信息记录程序没有泄露个人的姓名和地址。但是，一种即将成为现实的离线数据库的广泛应用就包含了消费者的姓名、地址、电话号码、信用卡号码、医疗记录、信用卡记录和社会安全号码，这些资料与网站浏览时所获的在线跟踪数据合并到了一起。①有了这些合并数据，就很容易发生这样的事情：当你正在浏览共同基金网页时，几秒钟后，会接到劝说你买金融服务产品的电话！

这种情景不久就可能会出现，数据/浏览已经出现合并案例。DoubleClick和Abacus Direct的合并创造了一个交易数据库，这些信息来自于1 700个目录商、零售商和出版商。资料按照年代顺序记载了9 000万个美国家庭所进行的超过36亿项交易（顺便提下，美国只有约10 200个家庭）。DoubleClick，现在是Google公司的一部分，提供了联系广告公司、营销商和网站出版商的电子市场，企业客户超过1 500家。作为其数据库活动的一个例子，DoubleClick已经与超过275个在线零售商签约，

① Marcia Stepanek, "Protecting E-Privacy: Washington Must Step In," *Business Week E. Biz*, July 26, 1999, EB30; Michael Krauss, "Get a Handle on the Privacy Wild Card," *Marketing News*, February 28, 2000, 12.

这些零售商为数据库提供了详细的交易、地理和人口信息。[1] 如果你进入该数据库，肯定会感觉这是在侵犯个人隐私。公司正在寻找方法向消费者保证能够保护他们的隐私（见图表4—18）。

图表4—18

像eBay这样的网站很注意保护消费者的隐私，并且制定了详细的隐私声明解释他们的行动。http：//pages. ebay. com/help/privacycentral2. html

同时，由于人们非常关注这一问题，国会和联邦贸易委员会在公司合并方面的审查非常严格，这是因为公司合并将会出现十分全面的在线和离线数据库。此外，隐私保护团体正设法警示人们注意个人隐私受到侵犯。[2]

尽管很多人似乎没有真正注意，但我们必须认识到这种跟踪行为非常可怕。最近一项关于网站浏览者的调查表明：接受调查的人中只有6%的人会在采购前阅读网站的隐私条款，77%的人很少或从不这样做。职业道德专栏中的案例与这一结论非常相符。

## 职业道德专栏

### 所有新闻和娱乐——可能是所有的时间

我们都在享受着生命中很多的东西，如皮艇、世界政治、摄影、升职、旅行、骑单车、时尚——任何使我们的生活更轻松快乐的事物，而且有各种渠道了解这些嗜好，如杂志、报刊文章、热心人网站、博客。我们几乎都认为我们所读的自己

---

① G. Beato, "Big Data's Big Business," *Business* 2.0, February 2001, 62.

② Peter Kaplan, "FTC Wants More Data on Google-DoubleClick Deal" Reuters News Service, May 29, 2007, accessed at *http*: //*www. reuters. com*, on June 7, 2007.

钟爱的娱乐消遣给予的是一些人诚实的看法。有时是职业作家，有时是一篇新闻报道，有时是一个普通人在分享他或她的经历，但并不总是真实的。意思是有时“外力”迫使媒介写下一些内容，这样你刚刚读过的文章或曾经信赖的博客内容可能就不是完全客观的。

事实上，一些人对媒介内容相当愤世嫉俗，他们认为：“不能相信所看到或听到的任何东西。”这可能有些极端，但是此话出自于一位互动广告公司创始人之口，这家代理商付钱给博客主人让他们对赞助企业多加美言——并没过于担心博客主人是否会揭露背后的金钱交易。连接广告商和博客主人的网站即将出现，这会使事情变得更加复杂。这些网站使广告商有机会说明他们希望博客主人怎样描述他们的品牌，并将提供照片和产品说明。然后博客主收费将给广告商的品牌一个特写——当然是正面宣传。你如何看待其中的道德问题？

这些博客的拥护者指出博客主收费发表批判不意味着他们发表不诚实的观点，而且，可能有很多博客和帖子都在批判某一品牌的特性或公司的业务，所以信息的完整仍具有代表性。这些辩护者还提到了“旧媒介”大量有问题的做法。其中一种就是品牌的某项报道不仅出现在广告中，还会同时出现在杂志或报纸的社论中。营销人员称此为产品置入（像第2章我们谈论的美国偶像中出现的可乐饮料杯），新闻人士称为“产品整合”，并且发现在阅读人数下降的时代它成为了一个新的收益来源。

当你考虑到广告商更加昭然若揭的意图——想方设法为其品牌提供有利的信息环境——情况就会变得更加复杂。好好思考一下这些问题。2005年4月，通用汽车开始对《洛杉机时报》进行广告联合抵制，通用汽车公司认为报纸中对汽车的批判存在“事实错误和虚假陈述”。几个月后双方解决了分歧，通用公司召开新闻发布会声明“我们已对彼此的投诉进行了有成效的讨论”。同样，其他公司也对刊物制定了指南，指出如果出版刊物对其作负面批判，公司将取消通过该刊物刊登广告，这就是“广告撤回条款”，该条款在许多行业中都很普遍。但是广告撤回条款最典型的应用是公司为避免广告与重大灾难报道相冲突而撤回广告的情况，比如9.11恐怖袭击事件后的航空公司的广告宣传。

我们开始这一讨论的前提是我们接触一些信息来源——如杂志、报纸或博客——我们认为读到的所有内容都是客观真实的。我们不是说人们在文章或博客中“撒谎”——完全没有这个意思。尽管广告商可能参与了这一过程——但没有明显的迹象证明这一点。或者，你所钟爱的博客主人收了广告商的钱为其品牌撰写一些东西。但是如果你认为博客主人是不道德的，你就必须作出选择。事物并没有像它们所展示的那么简单，或者如我们所期望的那样，那就是广告和促销中存在的社会、道德和法律问题的本质。

资料来源 Jon Fine, “An Onslaught of Hidden Ads,” *Business Week*, June 27, 2005, 24; Associated Press, “GM Ends Boycott of LA Times,” August 2, 2005, accessed at http://news.yahoo.com on August 3, 2005; Liz Moyer, “Managing Ads, Not News,” Forbes.com, May 23, 2005, accessed at http://www.forbes.com on May 23, 2005.

**垃圾邮件** 很少人断言垃圾邮件——未经收件人同意而通过电子邮件系统传递的

商业信息——的罪魁祸首是网络。我们可以用发展的眼光看待这一问题，据估计全世界每分钟会出现约3000万封垃圾邮件，即每天约500亿封垃圾邮件。① 垃圾邮件破坏力如此之大以致中断了公司的所有业务。为了应对垃圾邮件的攻击，个人和公司求助于邮件过滤软件来遏制其传播并重新控制电子邮件系统。垃圾邮件的兴起促进了网络服务供应商掀起对垃圾邮件的联合抵制运动。2003年春天，雅虎、AOL和MSN网站宣布依靠技术和法律联合抵制垃圾邮件。大约在同一时期，联邦贸易委员会召开头脑风暴会议研究决定可以采取哪些法律措施。然后在2003年10月，美国参议院全票（97票）通过实施《反垃圾邮件法》。同年11月参议院再次进行投票，以92票赞成5票反对的结果支持该项立法。该法没有将所有未经同意发送的电子邮件列为非法邮件，其主要目标是针对那些欺诈、欺骗和色情邮件——这类邮件估计占全部未经同意商业邮件的2/3。②目前为止，最重的诉讼案就是对臭名昭著的垃圾邮件发送者Alan Soloway的起诉，Alan Soloway是Newport Internet Marketing公司的经营者，该公司是“传播电子邮件”软件的供应商。Alan Soloway被控告通过阻截网络为发送大量垃圾电子邮件提供了方便。③

正如你预料的那样，发送垃圾邮件者没有服从法律对其的制裁。他们在凭借现有法律依据挑战立法，并且他们正在从事最擅长的活动——抨击安装电子邮件阻塞网的对手。人们的担忧当然是使用电子邮件得当的营销商和广告商会成为该立法的代罪羔羊。

**竞赛、抽奖和优惠券活动** 隐私和垃圾邮件是直接营销和电子商务的大问题，然而问题不仅局限于此。下一个最大的法律问题与抽奖、竞赛和优惠券活动有关。由于直销中抽奖方式的成功应用和广泛传播（像出版商票据交易所抽奖），国会已经对这些促销活动加以限制。对直邮抽奖活动的现有限制措施包括“消费不一定中奖”和“消费次数不会提高中奖机率”的语句必须在给消费者的信中重复三遍，在报名表上再重复一次。另外，对没有按消费者要求及时把消费者名字从邮寄名录上删去的营销商给予罚款。④

在线抽奖和竞赛活动也引起了美国国会的注意。抽奖活动，与LuckySurf网站宣传的差不多（见图表4—19），并且和传统抽奖、彩票、游戏或竞赛活动玩法非常相似。在LuckySurf网站，你只需注册（输入名字、家庭地址、电子邮箱和密码），挑选七个数字，然后点击四个广告条幅中的一个，就可以参与一个一百万的抽奖活动。到现在为止，这些在线游戏成功避开了法律或法规的制裁，但它们已经引起立法者的注意。⑤

---

① “Image Spam: The E-Mail Epidemic of 2006,” Security Trends Overview, Special Report, IronPort Systems, Inc., September 2006.

② “Senate Approves Antispam Bill,” Reuters News, reported on the Internet on October 22, 2003, at *http://news.reuters.com.*

③ Elaine Porterfield, “First Arrest Under Spam Law Could Dent E-Mail Flood,” Reuters News Service, May 31, 2007.

④ Ira Teinowitz, “Congress Nears Accord on Sweepstakes Limits,” *Advertising Age*, August 9, 1999, 33.

⑤ James Heckman, “Online, but Not on Trial, though Privacy Looms Large,” *Marketing News*, December 6, 1999, 8.

图表 4—19

在线竞赛和抽奖活动受到政府管制机构的控制。http：//www. luckysurf. com

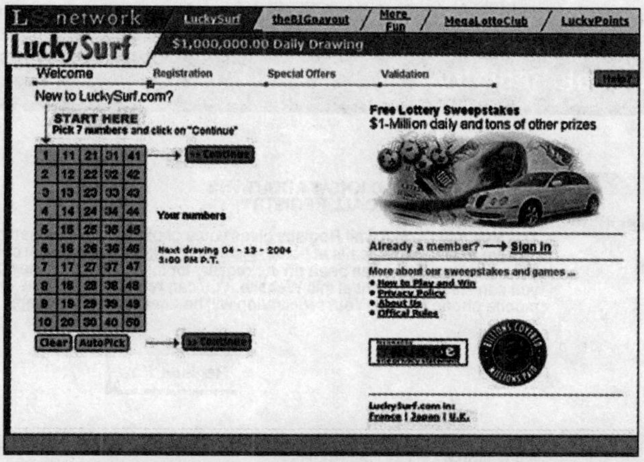


通过直邮、报纸、杂志或网络发放的优惠券对营销商来说是最需要法律保护的。优惠券发放充满了欺诈，而约 76% 的美国人仍然使用优惠券，并且每年兑换 26 亿张优惠券。① 公司完成促销策划工作之后，优惠券很容易被复制和兑换。星巴克“免费冰饮料”优惠券打算通过电子邮件进行少量发送，但由于没有制定保护条款，促销活动最终惨遭失败；相反，优惠券发放数量巨大，所有美国人都想方设法兑换它们。由于不可预期的全国需求，星巴克不得不在优惠券到期前取消活动，这使很多消费者沮丧。② 兑换限额、地理限制或可以扫描检测欺诈的加密条形码等保障措施能减少竞赛、抽奖、优惠券中出现的问题。③

**电话营销**　近几年，电话营销成为直销中引人注目的法律问题。最早约束电话营销的法律是 1994 年的《消费者电话欺诈和滥用防治法（the Telephone Consumer Fraud and Abuse Prevention Act)》（1995 年联邦贸易委员会强化了该法的法律效力），该法要求电话营销人员列明其姓名、打电话的目的和工作单位。该法禁止电话营销商在早上 8 点前和晚上 9 点后进行电话营销，每 3 个月内打给同一个消费者的次数不能超过两次。另外，营销人员不能使用有录音功能的自动拨号机，他们必须保存一份不愿意接营销电话的消费者名单。

与最近针对电话营销人员的立法相比，最初的电话营销法较为宽松。限制电话营销新法规的核心是《拒绝来电法》，它允许消费者参加拒绝来电注册活动（见图表 4—20)。(http：//www. donotcall. gov)

联邦贸易委员会、联邦通讯委员会和州政府在 2003 年 10 月 1 日开始执行“拒绝来电”登记活动。这项活动排除了政治、慈善机构的资金筹措者和民意测评人员。活动开始后，大约登记了 6 000 万电话号码。

---

① Jack Neff, “Package - Goods Players Just Can't Quit Coupons,” *Advertising Age*, May 14, 2007, 8.

② Melissa Allison, “Starbucks Coupon Gets out of Hand,” *Seattle Times*, August 31, 2006, available at http：//archives. seattletimes. nwsource. com/web.

③ Ibid.

图表 4—20

联邦贸易委员会、联邦通讯委员会和州政府在 2003 年 10 月 1 日开始执行“拒绝来电”登记活动。在登记名册上登记你的电话号码能够阻止各类营销电话。http：//www. donotcall. gov

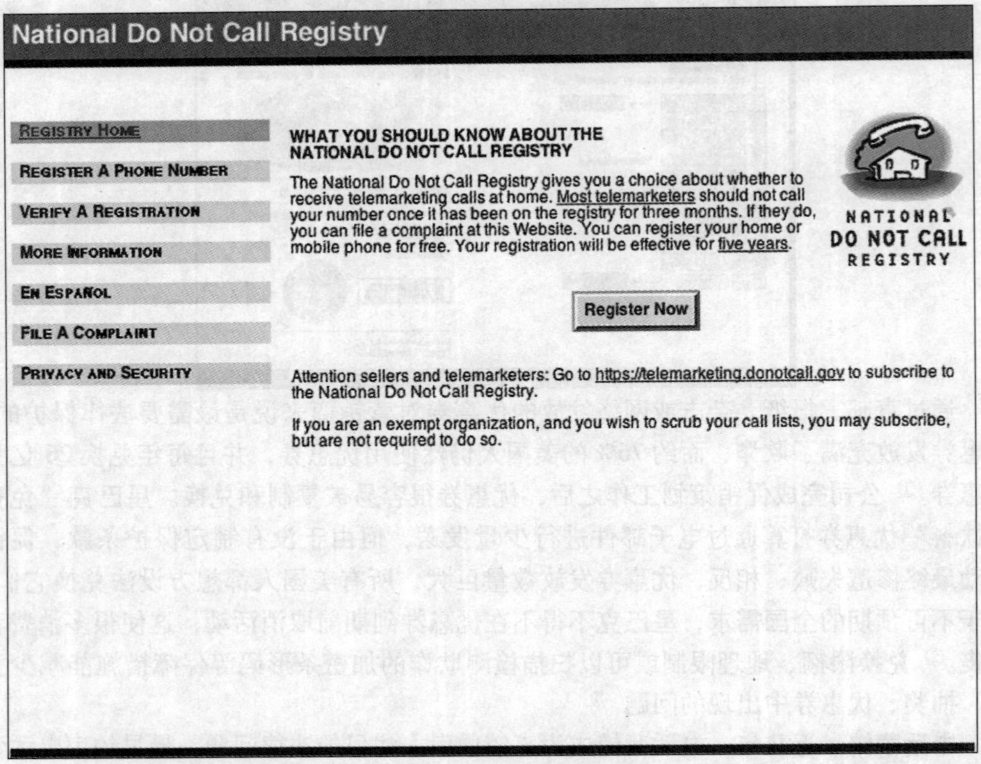


有些组织有权继续进行电话营销，所以即使你已经在“拒绝来电”登记名册作了登记，你还是会接到以下组织的电话：①

- 慈善团体、政府人员、民意测评人员和市场研究人员
- 有业务往来的公司
- 此前 18 个月内曾向你销售或递送过东西的公司
- 过去 3 个月有业务往来的公司
- 经许可打电话的公司

2. **促销中的管制问题**　促销中的管制问题集中在三个方面：有奖销售、折让以及竞赛和抽奖活动。

**有奖销售**　对奖品（免费商品或大幅减价的搭售商品）的管制主要是要求营销人员列明奖品合理的零售价值。

**折让**　在折让方面，营销人员需要熟悉 1936 版《罗宾逊—帕特曼法》中的准则。尽管这项立法比较陈旧，但仍适用于当今的折让活动。该法要求营销人员向同类消费者按类似的价格出售同类商品，这意味着人员不能利用特殊折让降低价格来吸引消费者。这一问题在纵向联合广告的内容中已经提过。

---

① Lorraine Woellert, “The Do-Not-Call Law Won't Stop the Calls,” *Business Week*, September 29, 2003, 89.

**竞赛和抽奖活动** 在竞赛和抽奖活动方面，前面在直销和电子商务部分讨论的问题在这同样适用，但是也存在其他的问题。联邦贸易委员会已经详细说明了营销人员在竞赛和抽奖活动中必须避免的四种违规情况：

- 对奖品价值作虚假描述（如夸大零售价）
- 没有完全公布中奖须知（参与竞赛活动的人需要做什么吗?）
- 没有公布领奖须知（参与竞赛活动的人中奖后需要做什么吗?）
- 没有保证竞赛或者抽奖不会被定格为赌博行为——抽彩行为——如果赢取奖品要依靠运气，或者参赛者为了参与活动必须放弃一些有价值的东西，那么该竞赛和抽奖活动就是抽彩活动

**产品或品牌投放** 最近，在电视节目和电影中安插产品或品牌广告的促销手段引起了管制部门的注意。正如前面所讨论的那样，消费者团体认为除非电视网络和电影制作人说明节目或电影中插入的品牌是收费的，否则消费者可能会误认为该产品用途是自然真实的。广告业申辩说："人们对我们的经营存在本不该有的偏执看法。我们不能控制故事情节，也不能决定其中的品牌。这些都是作家和制片人说了算。"[①] 菲利普·莫里斯公司甚至在 Variety 和 Hollywood Reporter 上刊登广告强烈要求电影制作人不要在电影中出现它的产品。[②]

3. **公关关系的管制问题** 公关不受促销组合中其他元素相关法律的制约。因为公关活动与公众媒体和公众人物有关，所以大多数管制也都涉及这些方面。一个公司的公关活动可以将公司推向侵犯隐私、版权或污蔑（包括谣言和书面诽谤）等法律问题的原告席，也可能使其成为被告。

**隐私** 公关公司面临的隐私问题主要是挪用问题。**挪用**是指在未经当事人同意的情况下利用其照片或形象。如果某公司未经允许在广告或公司宣传册中使用模特的照片或摄影师的作品，那么这种做法就是挪用。这一定义同样适用于准备向新闻界发布或作为公司公关储备的公关材料。

**侵犯版权** 侵犯版权是指公关工作中的公关材料使用了他人的书面资料、录音或照片资料。和挪用非常相似，使用这样的作品必须获得书面许可。

**污蔑** 如果传播的信息不真实，并损害了个人名声，这就叫做**污蔑**（很多人还听过"人格诋毁"这种说法)。污蔑可以是谣言也可以是诽谤。**谣言**是口头污蔑，并且在促销环境下，如果公司及其职员卷入了电视或者收音机播放的事件之中，那么就可能出现谣言。**诽谤**是书面形式的污蔑，与杂志、报纸、直邮或网络报告有关。

公关工作人员的工作是保护客户不受有关公司活动子虚乌有的恶性报道影响。有煽动性的电视"调查"新闻节目常常被控告散布谣言，并且被要求证实他们关于某一公司或其职员所作的断言。问题的关键是负面批判能否充分证实。主要杂志和报纸中对一个公司的不实报导也会招致诽谤官司。少见的是，公关专家需要为那些被控告制造诽谤言论的客户辩护。

---

① Claire Atkinson, "Watchdog Group Hits TV Product Placement," *Advertising Age*, October 6, 2003, 12.

② Rich Thomaselli, "Philip Morris: No Smoking in Movies," *Advertising Age*, November 20, 2006, 3, 27.

## 本章总结

1. 识别在资本主义社会进行广告和促销宣传的好处和存在的问题，并就它们对社会福利的影响所引发的各种问题详加讨论

广告是支持者和批判人士谈论的话题。广告的支持者认为广告，总的来说，对单个消费者和社会都是有益的。从社会角度看，他们称广告通过促使营销商对产品进行改进和创新提高了生活水平。同时，在很多国家，广告支撑着大众媒介，它们不仅源源不断地为消费者提供产品和服务的信息，还有政治和社会问题相关的信息。

多年来，批判人士使外界对广告和广告从业者的攻击接连不断。他们谴责说数十亿的广告支出纯属浪费，是令人厌恶的，并且他们还认为广告中的奢侈生活让那些无力负担这种生活的观众倍感沮丧。批评人士还声称广告中几乎没有有用的信息，相反使亚文化群那种老套肤浅的模式得以长存。很多年来，一些批判人士一直担心广告商将利用潜意识广告信息控制我们的意志。

2. 解释道德因素是如何影响广告的发展和整合品牌促销活动的

道德因素是广告创作中一个重要的问题，特别是制作儿童广告或是备受争议产品（如火器、赌博用具、酒或烟草的广告）的广告。由于道德标准是个人的看法，因此不道德的人就会创作不道德的广告。但是也有应对这类行为的保障措施，其中包括公司和广告商的个人正直品格。

3. 讨论政府代理机构和消费者在规范广告和促销活动中所扮演的角色

广告管制的主角是政府机构。国与国之间在广告管制方面存在很大差异，认识到这一点是非常重要的。在美国，联邦贸易委员会在制止广告中的欺诈和不正当行为方面一直都非常积极。联邦贸易委员会成立于 1914 年，自成立后通过多种立法明确了其职权。联邦贸易委员会还超越其职权范围制定了纠正措施，如广告证实程序。

4. 解释自律对于开发利用广告和促销活动的公司的含义和重要性

一些最重要的广告管制是自愿的，即他们是广告和营销专业人员的自律行为。例如，美国广告公司协会颁布宣传比较广告公平性和准确性的准则。其他很多组织，如商业改进局、国家广播协会和直销协会，参与了促进广告公平，评估消费者对广告和促销活动投诉的过程。

5. 讨论与整合品牌促销所有技巧相关的法规

整合品牌促销其他营销工具的管制集中在直销、电子商务、促销和公共关系领域。直接营销和电子商务主要涉及消费者隐私问题。像 Do Not Call Registry 和 CAN SPAM ACT 之类的新立法用于限制公司能够直接向消费者推销的宣传方式。立法是针对那些能够使公司利用离线个人信息监视消费者在线行为的技术所作出的反应。电子商务的另一方面与竞赛、抽奖和此类实际上是赌博的游戏有关。在促销中，有奖销售、折让、竞赛和抽奖活动容易受到管制。公司要说明免费奖品的合理价值，折让必须遵守公平竞争准则，竞赛和抽奖活动必须遵守联邦贸易委员会的严格规定。公共关系的管制与隐私、侵犯版权和污蔑有关，公司必须知道法律对这些因素的严格界定。

## 关键术语

ethics 道德规范
advertising substantiation program 广告证实程序
cookies 信息记录程序
deception 诈骗
consent order 服罪判决说
spam 垃圾邮件
puffery 吹捧
cease-and-desist order 停止/终止令
primary demand 基本需求
premiums 奖品
affirmative disclosure 郑重声明
appropriation 挪用
unfair advertising 不正当广告
corrective 更正广告
defamation 污蔑
vertical cooperative advertising 纵向联合广告
celebrity endorsements 名人代言
slander 谣言
comparision advertisements 比较广告
self-regulation 自律
libel 诽谤
monopoly power 垄断力量
consumerism 消费者保护主义

## 问题

1. 多年来，广告是批判的焦点问题。在你看来还有哪些关键因素使广告备受争议？

2. 随着博客通过媒介的迅速传播，商人和生产者也在努力通过这些看似基层的网站赢得人们正面的评论。如果博主对产品发表评论是有偿的，那么会产生什么样的道德问题？博主有必要公开这样的金钱交易吗？

3. 你的生活中可能充斥着数不清的广告，什么样的广告方式有利于你消费，什么样的广告方式不利于你消费？

4. 对广告持批判态度的人认为太多广告的目的是创造人们对非生活必需品的需求，运用马斯洛的需求层次理论解释这一问题。

5. 儿童广告是吸引广告管理者、批评人士和消费者保护团体注意的广告之一。

该类广告为何成为关注的焦点？

6. 数据库营销的优缺点是什么？为了保护个人及其隐私不受无用的或者侵扰性广告和促销活动的骚扰，消费者能做些什么呢？

7. 什么是比较广告，为什么这种广告形式需要一套特殊准则来预防不正当竞争的出现？

8. 解释为什么营销人员可能滥用联合广告津贴来讨好一些零售商。哪些立法授权联邦贸易委员会阻止这些假津贴？

9. 本章讨论了多种行业自律的方法。你认为自律有效吗？还是政府是管制广告和促销活动的唯一有效途径？

10. 垃圾邮件被称为网络和整合品牌促销的罪魁祸首。本章中，你看到了在限制垃圾邮件方面的一些尝试。对于限制或根除垃圾邮件你有什么建议吗？

## 实践练习

1. 联邦贸易委员会的全国性“拒绝来电”登记活动是一项联邦政府发动的最受欢迎且最成功的消费者倡议之一，它吸引了数百万登记者并允许消费者屏蔽大多数营销商拨打给他们的个人电话。违反者将受到严厉的惩罚。登记行动毫无疑问受到欢迎，但它的立法却并非如此。商业组织已经起诉了联邦贸易委员会，声称登记活动违背了进行“商业演讲”的权力。此案最终顺利进入最高法庭进行裁决。写一篇关于全国性“拒绝来电”登记活动当前进展的报告，并讨论一下法院对其立法的最新判决。然后，讨论一下登记对直销行业的影响。

2. 从杂志上剪下一则广告。选择广告在社会层面的三个优缺点。解释你选择的广告是如何提高消费者知识面，影响生活水平、幸福感和大众媒介的？广告是低级趣味的还是富含艺术品味的？

3. 除烟草之外，选择两种你认为需要某种广告管制的商品，并解释原因。你认为它们需要政府管制、行业自律或消费者管制吗？解释其原因。根据上面的回答，列举这些产品的广告管制过程中可能涉及的管制机构。上网搜索一个或者一个以上与这一管制过程有关的管制机构或监督部门的网站。这些网站是如何鼓励消费者参与广告管制的？网站提供了哪些资源使消费者有权参与这一过程？

4. 正如本章讨论的，人们一再批判广告令人反感或趣味低级。2007 年，Trojan 牌安全套的制造商在一次广告宣传活动中遭到了强烈的抗议，该广告中刻画了猪圈里一头猪一边依附着一位美丽女郎，一边说“有进展，每次用安全套”。一些城市的电视台拒绝播放该商业广告，CBS 和 FOX 电视网拒绝在全国性国家项目中播放该广告。登录 http：//www. trojanevolve. com 网站浏览一下上面的电视和印刷广告，然后考虑以下问题：

a. 你是否同意两家电视网和一些地方电视台拒绝播放该商业广告的决定？说明一下理由。

b. 哪种方式的广告宣传有效？哪种方式令人厌恶？

c. 假设你是 Trojan 公司某项广告创意小组的一员。你会为了让网站和附属单位接受该广告而修改它吗？怎样改？你认为广告不应该为了平息外界批判而作任何改变的原因是什么？有关广告宣传活动的争议对品牌声誉是有利还是有害？

5. 分成若干小组，假设你已经被一家大型比萨连锁店雇用，为新产品 KidZa Meal 制定整合品牌促销活动，KidZa Meal 包括一个直径为四英寸的比萨、一小瓶饮料和一个像传统的意大利比萨厨师的玩偶。连锁店希望 KidZa Meal 的销售能吸引更多的家庭到它的家庭餐馆吃饭，并增加外卖订单。但是连锁店对其以儿童为目标的广告理念或者造成儿童肥胖有所担忧。你会建议你的客户采取什么样的宣传活动？当对营销组合的组成进行评估时，你会对产品提出什么样的建议？

# 第2部分 策划：分析广告与整合品牌促销环境

第5章 广告、整合品牌促销与消费者行为
第6章 市场细分、定位与价值主张
第7章 广告与促销研究
第8章 广告与整合品牌促销策划
第9章 广告策划：国际视角

广告与整合品牌促销成功与否取决于是否对消费者作出购买决策的过程和原因有一个清晰的了解。成功的品牌宣传取决于有效的营销策略和对品牌市场环境的细心调查。一项正式的广告策划包括对市场和消费者的了解、有效的策略以及市场调研。第2部分“策划：分析广告与整合品牌促销环境”讨论了广告策划过程中各个发展阶段许多重要的基本内容。这就需要了解消费者行为，分析细分市场，确定品牌定位并进行系统性与逻辑性的市场调查。这一部分包含5章，讲述了广告与整合品牌促销的策划过程以及国际市场中的挑战。

**第5章 广告、整合品牌促销与消费者行为**。第5章“广告、整合品牌促销和消费者行为”以一个消费者选择产品和品牌方式的评估事例开篇。消费者作出购买决策受以往接触过的产品品牌的影响。考虑到个人与社会文化对品牌选择的影响，这一章里我们分别从心理学与社会文化角度着重阐述了消费者行为与广告的关系，其中还就广告作为一种社会语言讨论了它们是如何传播社会文化内涵的。

**第6章 市场细分、定位与价值主张**。第6章“市场细分、定位与价值主张”详细说明在一个组织里，以上这三个基本营销策划活动是怎样实现的。通过综合考虑受众和竞争对手的信息，包括对心理变量和生活方式的调查，我们创造的产品和服务品牌要既能被目标受众接受，又要有品牌差异。这一章中也同样阐述了细分业务市场的过程，最后解释了广告如何向消费者传达产品价值信息，并举出了若干实例。

**第7章 广告与促销研究**。第7章“广告与促销研究”分三部分讨论调查的几种重要类型，以及实施调查活动的广告主在策划广告和整合品牌促销活动中充当的角色。这三个部分分别是广告和整合品牌促销调查、文案调查以及对营销结果的调研。本章着重讲解的是在广告发布过程中以及发布之后对广告有效性跟踪调查的方法。在本章最后还会提到客户策划的相关内容。

**第8章 广告策划与整合品牌促销**。第8章“广告策划与整合品牌促销”解释正式广告策划的完成过程。本章一开始就将广告和整合品牌促销策划过程放到整个市场策划过程的背景中。广告与整合品牌促销策划中的各项投入都有明确细致的说明，同时还描述了两类广告目标的制定过程——沟通目标与销售目标。本章还展示了各种预算制定方法，包括为人们所青睐并广泛采用的目标—任务法。

**第9章　广告策划：国际视角**。第9章“广告策划：国际视角”介绍了广告策划中以国际受众为目标的相关事项，重点阐述如何应对沟通中的文化障碍。全球化力量提供了更多的可进入市场。随着国际贸易的不断繁荣，厂商为了适应新创意、新媒介以及跨国界所带来的挑战，对市场的性质和范围也都作了重新定义。

# 5 广告、整合品牌促销与消费者行为

通过本章的学习，应该掌握以下技能：

- 1. 描述消费者作出决策的四个基本步骤
- 2. 解释消费者是如何作出自己的消费决策的
- 3. 讨论在各种不同的心理状态下，广告对消费者行为的影响
- 4. 讨论文化与广告之间的互动关系
- 5. 讨论在消费者行为与广告回馈中，社会学因素的角色与作用
- 6. 讨论广告如何传达社会文化内涵从而达到销售目的

## 5.1 引言：Ay Caramba!

2007 年的夏天，7-Eleven 便利店与《*辛普森一家*》联合打造了一条非常入时且令人印象深刻的广告，这条广告使两家公司互惠互利，已成为人们津津乐道的话题。[①] 可以说在一夜之间，在美国和加拿大的 12 家 7-Eleven 店转眼变成了动画片《*辛普森一家*》中名为 Kwik-E-Marts 的便利店（便利店以新面孔面向大众，持续一月之久后又恢复到原来的 7-Eleven 店）。此创意的目的之一是为《*辛普森一家*》电影的发行作促销，另一个目的是为 7-Eleven 便利店招徕新的顾客——《*辛普森一家*》的忠实影迷们。这一改变是全方位的：专业布景师置办了千余种新的产品，包括 KrustyO's 冰冻麦片和 Buzz 可乐（参见图表 5—1）。考虑到电影评级（PG）和消费者年龄问题，Duff 啤酒被排除在促销行列外……《*辛普森一家*》电影的制作商 Gracie Films 公司极力想将电影中过期一个月的热狗也放到便利店中出售，但最终被否定了，不过 Squishee 奶昔成功热卖。有些人称之为“逆向植入式广告”。Scenario DNA 的 Tim Stock 指出：“这是一种反复自我批判的流行文化。”那么，你怎样认为呢？是个好主意？谁会胜出？都赢了吗？还是谁都没有赢？欢迎来到 21 世纪的消费者文化与广告中。这家广告代理机构是 FreshWorks，一家由达拉斯（Dallas）的 Tracy Locke 领衔的宏盟集团虚拟代理网络工作室。

**消费者行为**指消费者为获取、使用、处理消费物品所采取的一系列行动或这一过程中的全部经历。换句话说，和消费有关的任何事情，都属于消费者行为的一部分。正如人类行为一样，消费者行为是非常复杂、丰富多样的。然而，广告商如果想保持成功，就必须了解消费者行为。这种认识有时需要大量的调查工作，有时则要经由多年的经验和隐含理论总结而得。或是一种明智而有创造力的专业管理行为，或仅是一种盲从的行为（往往不是由于其自身原因得出）。无论是哪一种情况，对消费者行为的认知是广告成功的一个关键因素。

本章总结了一些概念和模型，我们相信这些概念和模型会对了解消费者行为有极大的帮助。对于多样性惊人的消费者行为，我们会从两个主要的但又完全不同的角度进行描述并加以解释。第一个角度是视顾客为理性消费者，他们在购买商品时会本着利益最大化原则作出购买决策。第二个角度是将他们作为广告的积极“传译者”（广告意义的体现者），由于消费者所处的文化、社会以及地区的多样化，所有这一切都会从根本上影响着他们对广告的理解和反应。从这一角度上，广告可以被视为一种供文化环境下的消费者或个人所“阅读”的文化文本，这些消费者或个人自出生起就是消费者文化的一部分，他们创造并理解着这种广告消费语言。这是从截然不同的两种角度对同一种人群和众多类似消费行为做出的两种分析方法。尽管在一些假设上有所不同，但两种方法都为广告工作提供了切实有效也很有价值的参考。

---

① Kate MacArthur, “Marriage of Convenience: 7-Eleven, ‘Simpsons’,” *Advertising Age*, July 16, 2007.

图表 5—1

让人们津津乐道的并不只是这则《辛普森一家》电影与 7 – Eleven 合作创作的 Buzz Cola 广告。

要指出的是这两种方法都不能单独完善地解释消费者行为。消费者是一种同时受心理、社会、文化、历史和经济各方面影响的个体。比如，假定一位心理学家和一位社会学家同时看待一个人买车的问题。心理学家可能会从态度、决策标准等方面解释这种行为，而社会学家很可能会从购买者的社会环境和氛围（即收入、住房条件、社会阶层、品牌的“身份”价值或品牌“文化资本”等）出发来分析。这两种解释可能都非常讲得通，但每一种又在一定程度上并不是那么完整。真正原因就是消费者所有的行为是非常复杂的。为什么你或是其他一些消费者要买一张电影票而不去买奖券，或者买百事可乐而不买可口可乐，抑或是去肯德基而不去 Wendy's？这些都是心理作用、经济因素、社会关系、人类学原理、历史原因、惯性及其他各种因素共同作用的结果。任何一种单独的解释分析都不是完善的。基于这一点原因，我们只从两种最基本的角度来分析消费者行为。

## 5.2 角度一：消费者作为决策制定者

解释消费者行为的一种方法是将其看成一种有计划的连续性行为过程，直到消费者认为自己所获得的商品或服务已经满足其需求的利益最大化时才会停止消费行为。依据这一基本观点，我们可以将个人看做有着明确目的的决策者，他们衡量各种选择或是当信息非常繁冗时会寻求简单的规律作出决策（探索法），以便使事情变得简单起来。通常情况下（但并不总是这样），这一过程是以直线型顺次进行的。用这种方法考虑消费者决策的大概过程，是种不错的选择。许多消费事例可总结为以下四个基本步骤：

1. 需求认知；
2. 信息搜索和选择评价；
3. 购买；
4. 购买后的使用与评价。

### 5.2.1 消费者决策过程

简单讨论一下各个步骤的主要内容会帮助我们对消费者有一个基本的了解，并能为广告公司更有影响力的广告创作带来启发。

1. **需求认知**。当人们产生需求的想法时，消费过程也就开始了。当一个人的某种需求愿望与现有状况有差别时，**需求状态**就产生了。需求状态是伴随心理不适或刺激需求的焦虑产生的。这种不适的严重性根据需求的起源不同，程度也会有很大不同。比如对大多数人来说，当牙膏用完时会有些许的不适，这就产生了一种需求状态；但是如果是这样一种情况，当一个人在二月中旬的北达科他（North Dakota）或瑞士漆黑无人的高速公路上，汽车突然抛锚时，伴随这种需求状态的不适就几近是一种真正的绝望了。

广告的作用就是瞄准并刺激需求从而使消费者购买产品和服务。比如到了秋天，各类广告主便开始劝说顾客为即将到来的冬天准备过冬的物品，从汽车、吹雪机到冬靴等，鼓励消费者尽早准备以免错过时机。每次季节的更替都会带来对产品各种各样的新需求，广告主也时时刻刻地为广告工作作着准备。即将到来的春天预示着不久会举办庆祝活动，其中有一些就可能需要置办 Starburst 的夹心软糖（见图表 5—2），随即还会有复活节晚宴上的美味蜜制火腿。生活难道不是充满趣味的吗？你很容易想到还有很多类似的广告，如：“嘿，你需要它，因为……”

图表 5—2

每个季节都有节日，而节日就会带来一系列相应的消费需求，果冻软糖也是如此。

影响消费者需求状态的因素很多。比如，马斯洛的需求层次理论指出，消费者的富裕水平对相关需求的类型有很大的影响。财富较少的人会更注重基本的需求，比如食物和住所；富裕一些的人可能在为近郊公寓放置哪一款 Williams-Sonoma 牌厨房炊具或其他装备而烦恼。前者的需求主要为生理与生存的满足和基本的舒适感，而后者更多的则是通过消费和社会活动来达到个人成就和社会地位被认可的目的。这些显然和收入的多寡有关，但是如果就此下定论认为穷人没有审美意识或者富人会忽略基本的需求，那你就错了。我们所讲的重点是许多需求可以通过消费来实现，我们可以这样合理地理解：消费者能够充分地发现自己的需求并通过消费满足需求。产品和服务能够为顾客带来益处，满足消费者的需求，所以广告主的首要工作之一是把顾客及其需求联系起来。产品或服务给消费者带来的需求满足可以通过各种形式表现出来。有些“功能性”更强——这来自于产品或服务的客观性能。舒适、有保障、有营养、耐用和节能描述的都是**功能性益处**。消费者可能还会选择一些能提供**情感性益处**的产品，这些益处往往不能在产品的实在外观或客观性能上体现出来。情感性益处更具有主观性并且因人而异。产品和服务能帮助消费者产生自信，消除自卑感，减缓恐惧心理并感受喜悦之情。这些都是消费带来的强大激励作用，而广告主就是要通过广告刺激消费者的消费动机。在图表 5—3 你能否找到广告中暗含的情感性益处呢？（应该了解的是一些学者认为*所有*益处都对消费行为产生影响，当然包括情感性益处；换句话说，他们认为所有的益处都是为了实现同一个目标。但现在我们要像其他广告主一样，继续区别对待）。

图表 5—3

世上的父母都想善待自己的孩子。这条广告既向勤劳的父母们展示了其产品功能上的特点，同时又在情感上征服了他们。http：//www. jnj. com

广告主一定要十分关注并清楚自己的品牌能为消费者带来哪些好处。甚至在同一产品种类中，广告所表达的主题也会不尽相同。比如，在图表 5—4 中，Ernst Benz 表的设计者展示的是一种简单又重要的理念。有一款 Ernst Benz 手表在手，你就可以时刻知道精确的时间。相反，图表 5—5 中 Duby & Schaldenbrand 手表广告更加侧重心里感受而不是功能。这里隐含的信息是拥有一款名表能够带来自豪感。这些迥然不同的广告说明消费者即使在购买同一种类的产品（如手表）时，也可能会追求不同的利益从而来满足自己的需要。要想使广告与消费者的需求产生共鸣，你最好先掌握好他们究竟在寻求什么，或者是尽你所能去发现他们可能在寻求什么。

2. **信息搜索和选择评价**。假定消费者已经明确自己的某一需求，但是如何找到满足需求的最佳方式却往往不是那么容易。比如，如果你担心会困在北达科他的暴风雪中，一间建在迈阿密海滨的公寓可能要比一辆吉普车或新的防滑轮胎能更好地解决问题。在购买前消费者会查询大量的资料并从中认真筛选，而消费者对需求的认知是第一步。当然，在消费者搜寻和评价信息过程中，广告主有很多机会影响消费者的最终决策。

图表 5—4

这则广告主要以产品的功能性为卖点。重点是展示产品的精准度。

图表 5—5

这则 Duby & Schaldenbrand 广告同时注重情感性和功能性益处的表现。

消费者一旦认识到自己的需求，就会为最终的购买决策进行内向型或外向型的信息搜寻。他们利用个人经验和已有知识作为第一手信息选择。这种**内向型信息搜寻**方法可能会成为消费者使用的唯一方法，如图表 5—6 展示的 Campbell 牌罐装汤广告，消费者会根据以往对这类产品的经验了解，确立对产品的态度也就是消费决策。

图表 5—6

如 Campell 汤这样具有传统特色的产品，广告主可以认为消费者对这种产品早已有一定了解。广告追求的是提高这种认识，让人们消费更多的灌装汤。http：//www. campbellsoups. com

内向型信息也可以来自那些频繁播放从而使消费者印象深刻的广告，如广告语“污渍怕汰渍”，或是一些消费者心中固有的看法，如“苹果电脑最棒，我就是这么认为的”。广告主希望这样会使自己的品牌位于“诱发集”之列，即当提到某一产品类别时，消费者的头脑中会马上出现此类产品的几个品牌（一般为 2 ~ 5 个品牌）。当我说出“衣物洗涤剂”时，你会反应出“Tide、All、Wisk”这三个牌子。在这个小例子中，诱发集包括三个品牌，都是消费者通过如产品的广告、使用经验和习惯等个人的内向型信息中搜寻到的。诱发集通常和“斟酌集”紧密联系，斟酌集是消费者会考虑购买的品牌组合。如果消费者首先想到了你的品牌，那你已达到了一种可以说是更好的情况：“第一反应”。很多人相信第一反应能最正确地预示出物美价廉的消费品，并会选择购买。广告及其他整合品牌促销的重要功能就是在人们使用某一品牌前影响他们的主观认识，并对此产品产生信任，或者只是在他们的意识中建立一种印象。正如在第 1 章中我们提到的延迟响应广告，它的目的是希望在消费者头脑中形成对该品牌的认知或者倾向性，当消费者为满足自己的需求进行信息搜寻时，这个品牌会马上成为他们考虑选择的对象之一。如果消费者从来没用过某品牌的产品，甚至对其毫无印象，那他很可能不选择这个牌子。出色的零售工作（如售点展示）可能会促进销售，但消费者对品牌的先前意识更重要，广告就能影响这种意识。

人们都知道，单靠内向型信息搜寻得到的信息并不足以帮助消费者作出可靠的决策，这样他们就会继续进行**外向型信息搜寻**。

外向型信息搜寻方法包括到零售商店查看可供选择的产品、向亲戚朋友询问他们对相关产品的购买经验或者参照各种报纸杂志，如《消费者报告》或《名车志》中的专业评估文章。另外，对于正在进行信息收集的消费者来说，他们可能会乐于接受刊物媒体上信息详细丰富的广告，或者雇用购物代理帮助作出购买决策，还可能利用网络搜索引擎收集最佳交易信息和其他使用者的建议。

在内向型或外向型的信息搜寻过程中，消费者不单单是为搜集信息而搜集信息，他们需要利用这些信息推进整个购买过程，目的是作出对自己有利的决策。消费者在搜索的同时对其他的选择也会形成自己的看法，这在决策过程中叫做评估选择，是广告主可以影响消费者决策的另一关键性阶段。

评估选择是依据斟酌集和评估标准构建的。斟酌集是某一类产品品牌集合的子集，是消费者评估中感兴趣的品牌集合。大多数产品目录包含的品牌繁多，消费者需要找到合适的方式集中搜索或评估。比如在购买汽车时，消费者可以只选择低于20 000美元价位的，或只选择具有防抱死刹车装置的，或只选择国外生产的，或者只选择工作地或家附近范围5英里以内有经销商的品牌。广告至关重要的功能是使消费者注意到自己的品牌并保持这种注意力，这样品牌才有机会加入到斟酌集中。许多广告的目的就是为做到这一点。

在搜索—评估过程中，消费者以斟酌集中品牌共同的特点和属性为基础，形成自己的评判观点。这些产品属性或功能特点称为**评估标准**。因产品种类的不同，评估标准各异，它们包含的因素有很多，如价格、材质、保修条款、服务支持、颜色、气味或含碳量。如图表5—7所示，对于航空公司，一个传统的评价标准是它准时到达的记录表现。

广告主必须做到尽量全面了解消费者的评价标准，理解他们如何依靠评价标准作出购买决策。同时广告主也要知道消费者是如何比较斟酌集中的品牌的。了解消费者的评估标准会给广告宣传带来一个好的开端，这一点我们将在以后的章节中深入探讨。

3. **购买**。到了第三阶段，即是购买阶段。消费者作出了决策，买卖交易达成。非常棒，是不是？但只在某种程度上是这样的。不管销售业绩有多好，整体的目标任务却远不止于此。实际上，将购买视为决策过程的结束是一个非常大的错误。无论是什么产品和服务，消费者很可能还会在以后继续购买使用。因此，售后反应对广告主至关重要。广告主希望有人来尝试用，然后成为回头客（反复购买）。他们希望赢得人们对品牌的忠诚。有些广告主想要打造出传奇性的品牌，让使用者成为品牌的狂热者，并为其不断宣传。同时，竞争者们也在努力说服消费者购买他们的品牌。

4. **购买后使用和评价**。营销商和广告主的目标不能只是为了完成一项销售任务，而必须是通过广告和宣传最终使消费者对产品满意并产生品牌忠诚度。支持这一观点的数据非常有说服力。调查表明，普通公司的交易大约有65%来自于目前对其产品感到满意的顾客，而那些不满意的顾客中有91%不会再购买此公司的产品。① 因此，消费者对正在使用的产品的评价将成为下一轮交易的关键，决定了这种品牌能否成为他未来斟酌集中的一员。

图表5—7

广告主一定要了解有关自己产品的评估标准。对航空公司来说，准时到达即是一项重要的标准。http：//www. nwa. com

**消费者满意度**源自消费者对商品或服务的满意体验。这可能产生于消费者某一次满意的使用经历，更有可能是因为消费者长期的满意感所致。通过让消费者对品牌功能产生合理的期望，或是使已经购买某品牌产品的消费者感觉物有所值，广告在引导消费者满意过程中担负重要的角色。

广告还可以帮助缓解消费者在购买产品或服务后产生的**认知失调**。认知失调指的是在消费者艰难地作出购买决定后，挥之不去的焦虑或悔意，也被称为"购买者焦虑"。通常，被人们拒绝了的一些产品的一些特点却会不断地吸引着消费者，致使他们怀疑已经作出的选择是否合适。如果广告目标是让消费者重新满意，我们就必须想办法引导消费者相信自己的选择，把不平衡感消除掉。一般购买昂贵的产品或者可选择的称心产品品牌较多时，消费者产生认知失调的可能性会很大。

当预知可能会产生失调时，广告主理应安抚消费者，让他们了解有关品牌更多详

① Terry G. Vavra, *Aftermarketing*: *How to Keep Customers for Life through Relationship Marketing* (Homewood, IL: Business One Irwin, 1992), 13.

细的信息。可以通过直接邮递、电子邮件或其他与消费者的私人联系形式加强售后服务。这个时期消费者会高度关注自己手中的产品，从而为广告主提供了绝好的机会——为消费者提供信息和建议从而提高消费者满意度。这就是游戏的名字：消费者满意度。如果没有满意的消费者，我们就不能完成成功的交易。当今，消费者经常会上网同其他的购买者分享成功的购买经验。你担心是否买到了合适的汽车吗？那就去聊天组或者各品牌社区吧，会员们会即时告诉你所作出的是非常明智的选择。一些广告主甚至专门提供这种信息，让你成为有满足感的顾客。这里，我们有一位 Saturn 汽车的真实买家正在 use. net 新闻组中想找人诉说寻求心理安慰，以减轻她的购买者焦虑。在线人群中还有哪一组人群比 Saturn 品牌社区会员更合适的呢？

*主题：回复：为什么Saturn 的汽车这么贵呢？*

*我们发现最舒适的汽车只有Ford Escort 牌和Saturn 牌的。*

*购买Saturn 车太对了，现在Ford Escort 车的转售价格下降得厉害……买Escort 车时你也许可以讲个好价钱，不过长远看来，买Saturn 车物有所值，要合算得多。*

——新闻组 rec. autos. makers. Saturn 中的一个帖子

## 5.2.2 消费者作出决策的四个模式

你可能会想，消费者买东西并不总是深思熟虑和很有系统性的，他们有时很草率很冲动，甚至很不理智。对于购买不同类型的产品，人们搜索信息投入的时间相差很大。你买一个新背包所花的精力和买一管牙膏所花的精力相同吗？多数情况下是不同的，除非你刚刚被牙医警告：要使用控牙垢牙膏！为什么在 Dave Matthew 音乐会上买的一件 T 恤衫要比你今天早上买哪种牌子的早餐果汁重要的多？买一件 Victoria's Secret 的情人节礼物是不是与为父亲买一份报纸的感觉很不一样呢？当你看到一条汽车电池的电视广告，是否会用心记下其中的信息，以备下次评估斟酌集中的品牌时用上呢；还是等到真正有需要时——如当你的汽车发动不起来，修车行里的伙计告诉说电池电量已经用完，这时你再去寻找这些信息吗？

接受这一事实吧，有些购买决策确实是更需要你花费精力的。在后面的内容中，我们将视消费者为决策制定者，通过详细解释四个决策制定模式，使广告主领会消费者行为的丰富性与复杂性。这四个模式是由消费者与相关产品或服务的接触和使用经验决定的。

**介入原因**。为了应对消费决策的复杂性，那些研究消费者行为的人士通常会讨论各个特定决策的介入程度。介入是指在特定背景下，伴随某种产品或服务的选择而感受到的相关性和个人重要性的程度。影响与消费决策相关的个人介入程度的潜在因素有很多。[①] 人们可以在很多不同的领域发展自己的业余爱好，如烹饪、摄影、养宠物和健身锻炼。这些日常的个人爱好活动能增加人们与多种产品打交道的机会。同时，任何商品的购买也都会伴随着很大的风险——也许是由于商品价格太高或消费者在很长时间内都要忍受这个不愉快的决定——因此人们应该预期未来介入程度会提高。

① Michael R. Solomon, *Consumer Behavior* (Upper Saddle River, NJ: Pearson/Prentice Hall, 2004), ch. 4.

消费者也可以从各种产品和品牌中获取重要的象征性意义。拥有或使用一些产品能帮助人们提升某些方面的个人形象或者为对自己重要的人留下好的印象。如果一项购买具有重大的象征意义和真实的结果——比如在情人节为一个特别的人买件特别的礼物——这就会有非常高的介入程度。

有些购买行为也能深入触动到情感意识或激情。举例来说，从沃尔玛到 Marathon 石油公司，许多营销商利用消费者的爱国主义情结对他们进行诱导。如在图表 5—8 中展示的 Tide Bleach Alternative 广告语，“你不必担心红色、白色还是蓝色会褪掉”。图表 5—9 中的 Casio 手表广告（日本产品），表明并不是只有美国产品才可以同五星和条状图案发生联系。CNN 里的 Lou Dobbs（图表 5—10）几乎天天在告诫观众们，Walt-Mart 一直在鼓吹自己是一家具有爱国主义精神的公司，却在大量销售其他国家的产品，他认为这对美国非常不利。爱国主义激情能对许多方面产生极大的影响，包括人们在消费决策中的介入程度。

图表 5—8

有时爱国主义情感会从一种微妙、含蓄的表达中油然而生。

介入程度不仅对个人来说会随着产品种类的不同而各异，相同的产品种类对不同的人也会有很大的差别。比如，有一些宠物主人喂养自己的宠物时只购买外观和气味都类似人类食物的罐装产品，价格也非常昂贵。从图表 5—11 中的 IAMS 广告我们可以看出，它非常了解以上的情况，所以为那些把宠物基本视为人类的消费者制作了特殊高级狗粮。

不过许多宠物主人还是非常愿意买 50 磅实惠袋装干燥粮来喂养自己的 Rover。

图表 5—9

Casio 广告中的情感吸引力只是众多介入手段的一种。读者在观看产品防水性能的同时，也会发觉其中的双层含义，从而会提高介入水平。请描述这种介入手段是如何发生作用的。Casio 是如何在网站 http：//www. casio-usa. com 中利用这一手段，鼓励访问者进一步查看其他产品的呢？请描述它的竞争者 Timex 在主页 http：//www. timex. com 中又是如何运用这一介入手段的。

图表 5—10

你在意产品是在哪里生产的吗？

图表 5—11

那些把自己的宠物当做人来养的人，在选择宠物粮方面非常苛刻。IAMS 为那些苛刻的狗主人们提供了精心制作的宠物粮。http：//www. iams. com

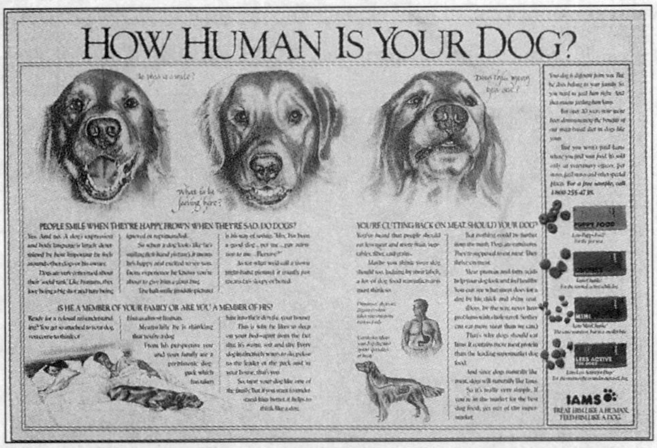


现在我们将利用介入程度和先前经验两方面内容来构思消费者制定决策的四个不同类型。我们会在图表 5—12 中展示出这四个模式。消费者的任何消费决策都是基于他们对相关产品先前或多或少的经验以及或高或低的介入程度制定的。于是产生了四种决策制定模式：（1）全面解决问题型；（2）有限解决问题型；（3）习惯型或求异型；（4）品牌忠诚型。我们会在下面的部分逐一进行描述。

图表 5—12

消费者决策制定的四个模式。

| | 高介入度 | 低介入度 |
|---|---|---|
| 缺乏经验 | 全面解决问题型 | 有限解决问题型 |
| 经验丰富 | 品牌忠诚型 | 习惯型或求异型 |

1. **全面解决问题型**。当消费者对某一特定消费需求没有太多经验，但介入程度又很高时，他们往往会成为全面解决问题型的消费者。在这一类型中，消费者通过主动式的决策制定过程，以明确的需求认知为开端，进行仔细的内向型和外向型信息搜索，然后评估各种选择和购买机会，最后还会有很长一段时期的购后评估。

全面解决问题型的例子如选购一所住房或一枚宝石戒指，请见图表 5—13。这些商品很昂贵，而公开价值又虚高，如果没有慎重的考虑就作出决策，会有很大的风险。购买第一辆汽车和选择一所大学是另外两种可能属于这种类型的情况。但全面解决问题型是一种特殊现象，而不是普遍情况。

2. **有限解决问题型**。在这一方式中，消费者相关经验少，介入程度也很低。它是一种更普遍的决策制定方法，消费者作决策时不会很系统化。当遇到一个新问题需要解决，消费者又不是很感兴趣，不足以吸引他去搜索大量信息进行调查时，他会尝试使用遇到的第一个品牌。比如一对年轻夫妇刚刚有了自己的孩子，突然发现他们需要为孩子准备一次性尿布。在医院里他们收到了几种免费试用装的产品，其中包括 Pampers 一次性尿布，他们于是开始试用这个产品。面对着新生儿带来的新问题，夫妇俩发现这个产品可以不再让他们手忙脚乱了，于是他们拿着试用品里随带的打折券到附近的商店又买了几包。在有限解决问题类型里，我们常常会发现消费者对待不太紧要的问题时，只寻找足够解决问题的方法就够了，往往尝试一到两个品牌就足以作出自己的选择。当然，聪明的营销商会发现赠送试用品对消费者来说是一种搜集信息的好方法，所以他们会赠送自己品牌产品的免费样品、推出廉价的试用装或打折券进行促销。

图表 5—13

较高水平的介入度和较少的经验通常会促成全面解决问题型购买。购买一枚订婚戒指便是这一情况的典型例子。这一广告为全面解决问题型消费者提供了大量的建议。这里 De Beers 带给你的不仅仅只有快乐。http：//www. adiamondisforever. com

3. **习惯型或求异型**。使用这种方法时，一般是由于这种产品介入程度不高，消费者经常反复地购买使用。就数量来讲，习惯性购买是最普遍的决策制定方式。消费者发现一种品牌的洗衣剂适合自己的需求，会在用完时再次购买这一品牌。这种循环会以一种无意识的行为在一年中反复多次进行。习惯了用一种品牌可以使生活简单化，并能把不值得投入的选购时间和精力降到最低。当消费者察觉产品在众多相互竞争的品牌间差异不是很大时，反复选择同一品牌会简单方便得多。许多消费决策让人厌烦，但又是必需的，所以习惯型决策模式可以帮助我们减少很多麻烦。

有些产品种类适用于习惯型消费，但在这些产品的购买中，我们也可能会发现一个有趣的事情，叫做求异现象。请记住，**习惯型**指的是为了满足一个简单的消费，只重复地购买同一种品牌的产品。但这样生活会变得很乏味，于是有些消费者会通过求异型决策模式来排解这种厌倦；在我们购买日常的生活用品时经常会发生这种现象。

**求异**指的是消费者在某一特定产品种类上，以一种看似随意的方式在多种品牌间转换使用的心理趋向。但这并不是说一个消费者会购买任何品牌的产品，他或她很可能选择两个到五个能为他们的消费需求提供相似服务的品牌。不过，人们从上一次购买到下一次购买之间，之所以在这一组合中转换使用品牌的种类，仅仅是为了选择不同的品牌而已。

我们经常会找到求异型消费决策的例子，这些产品的感官感受（如味道或气味）和产品的功能一同影响人们的购买决策。在这类产品上，再多的广告投入也无法征服消费者对新鲜感官感受的本能追求。① 重复地使用同一品牌的产品会产生厌倦感，消费者就会想要改变。如软饮料和酒饮料、小零食、早餐麦片、快餐这些饮食产品很容易受求异消费的影响，所以营销商必须不断地为消费者引进新的口味来满足他们对多样性的追求。有一天，当你打开自己的午餐盒，面对那毫无新意的老式白面包上添加的意大利红肠和奶酪，你会不想动手切下去吃了它——特别是当一位推销员已经向你推销过一种新的诱人选择以后（见图表 5—14）。

图表 5—14

对面包厌烦了吗？Thomas 为您提供了一种新选择。

4. **品牌忠诚型**。最后一种是高介入程度和丰富的先前经验两方面共同作用的典

① Shirley Leung, "Fast-Food Firms Big Budgets Don't Buy Consumer Loyalty," *Wall Street Journal*, July 24, 2003, B4.

型消费决策类型。这种类型中，**品牌忠诚度**在选购中成为最主要的考虑因素。人们为了满足一种特殊的需要而重复地购买同一种品牌，是品牌忠诚的最好证明（我们在全球化栏目中所陈述的去油污产品就是这一类型的例子）。在某种意义上，忠实的品牌消费者似乎已经养成了一种单一购买的习惯，但是我们还是要将品牌忠诚和习惯型决策模式区分看待。品牌忠诚是基于对某种品牌高度偏好的态度和有意识的承诺而存在的，消费者每次需要这一类别产品时都会主动去寻找这一品牌。相反，习惯型决策模式只不过是为了减少选购的麻烦，而不是基于对品牌的深度信赖。习惯型决策模式很容易被高超的广告和促销手段打破，从而使消费者转而购买其他的品牌。如果想花费大量的金钱投入到广告中去说服一个真正的品牌忠实者转向另一种品牌，实在是一种巨大的浪费。

许多品牌已经拥有自己非常忠实的顾客，如星巴克、eBay、苹果、Gerber、Oakley、可口可乐、喜力啤酒、宜家、Calvin Klein、汰渍和哈雷摩托车做得都很成功。品牌忠诚度是任何市场商人都渴望得到的，但是随着消费者们越来越精明，新产品（和广告）的激增永无止境，在这样一个艰难的环境中，要赢得消费者的品牌忠诚变得越来越难。不过，如果消费者察觉到一种品牌在某方面表现出色，提供切实有效的好处时，赢得品牌忠诚是可以实现的。比如，一位工作繁忙的高级商务主管如果每次都能获得联邦快递满意的服务，再加上不断受联邦快递广告标语的影响——“为什么还和其他人一样无所事事呢?”，这样他就会对联邦快递翌日递送服务养成品牌忠诚了。

品牌忠诚更重要的也许是它能带给人们对某些品牌的情感上的满足。品牌忠诚度最强有力的标志是，有些忠实的消费者引领了一种潮流，将他们最喜爱的品牌标识纹在自己的身体上。虽然对此类事情的统计还刚刚开始，但是据称全球范围内第一个倡导将品牌名称纹身的品牌是喜力啤酒。通过这种方式，你可以在身上一生都拥有这个品牌。哈雷又为何会有如此之多的狂热追随者呢？品牌忠诚度仅仅说明了它的产品要比其他竞争者优秀吗？或者是不是因为哈雷摩托车用户在宽阔的道路上骑上巨大的哈雷摩托车扬长而去，一下子将文明甩在身后，从中得到一种彻底的情感上的兴奋呢？要理解人们对像哈雷这种品牌的品牌忠诚度，我们必须要看到它带给消费者的情感性利益，比如和其他哈雷摩托车用户在一起的自豪感和类似亲属关系的团队意识。拥有一台哈雷摩托车——也可能是纹身——会让人感觉自己很特别与出众。哈雷的广告设计就是为了加强产品给人们带来的这种深刻的情感性吸引力。那些我们归类为高介入度的消费决策，一般会存在很强烈的情感性利益，这种利益是品牌忠诚度的主要决定因素。实际上，由于市场有如此多的品牌可供选择，单靠产品的功能性利益获得品牌忠诚度变得越来越难了，它更多地关系到产品带来的意义和感受，而不是商家在最初经常虚构的“功能性”利益。大量不同类别的商品可以被轻而易举地替换成其他品牌的产品（例如 Wintel 电脑）。为了从这种品牌同等化问题中解脱出来，为消费者提供经得起时间考验的理由，使他们成为品牌忠实的消费者，并保持其忠诚度，广告主一直致力于传达源自品牌的情感性利益，就如贺卡（Hallmark——“如果你真的在乎，就寄最好的贺卡”）和度假胜地（拉斯维加斯——“在维加斯发生的一切就让它留在那吧”）一样丰富多彩。读者可以到 YouTube 查找那些维加斯旅游胜地视频，或是一些消费者上传的自拍视频。有许多甚至是大部分的公司正在尝试挖掘互联网的潜力，利用它与消费者们进行对话并促进双方的关系，甚至管理社区。要做到这些，我们必须找到合适的方式与消费者在情感层面上进行交流。

## 全球化专栏

### 在日本销售 Joy

日本是全世界最富有、知识水平最高的市场之一，同时也是竞争最激烈、营销商削尖脑袋想挤入的地方之一，对于跨国公司巨头宝洁（Procter&Gamble）也是如此。1995 年以前，宝洁在日本没卖出过一件餐具洗涤产品——如知名品牌 Dawn、Joy、Ivory 和 Cascade。

宝洁决心改变这一状况，它开始近距离关注消费者行为的基本信条准则。这一领域的管理者观察并拍下了一些家庭主妇洗涤餐具的使用情况，并针对这一过程与她们进行交谈。那么他们发现了什么？由于日本饮食中肉和油炸食品较多，盛装食物的碟子或容器就会沾满许多油渍，清洗起来很困难。所以由于习惯，一到清洗餐具时，日本的家庭主妇们就会不断地使用餐碟肥皂，造成不必要的浪费。

于是宝洁专门为日本市场设计出了高浓缩 Joy 餐碟肥皂，以电视直销广告的形式投入市场。广告为消费者展示了一小滴 Joy 浓缩液如何把餐碟上的恼人污渍清除干净，显示了超强的去污能力。结果十分显著，Joy 产品在日本迅速提高了市场占有率。宝洁在日本最强劲的对手通过调查得知，Joy 的使用者中有 70% 是由于看了电视广告才开始使用这一产品的。

对于广告主来说，这是一个非常重要的警示钟，无论是将新产品投入市场还是开展推销活动，在这之前他们必须首先弄清对消费者而言什么是最重要的。新的品牌要想进入拥挤的竞争市场并获得成功，各方面的工作必须正常运作。一个品牌如果成功了，必定是因为管理者了解消费者，制造出了能满足他们需求的产品，并推出广告促销活动让他们相信只有这一产品才是他们想要的。

资料来源 Norihiko Shirouzu，“P&G's Joy Makes an Unilikely Splash in Japan,” *Wall Street Journal*，December 10，1997，BI.

## 5.2.3 心理活动的重要过程

我们将消费者视为考虑十分周全的决策制定者，为了完善这一假定，我们还需要一个重要条件。我们需要考察广告给消费者带来的显著的心理变化过程。广告最终在消费者头脑中会留下怎样的印象从而影响他们的消费行为呢？如果你曾经上过一些心理学方面的课程，在以下部分我们讲述的话题你可能会很熟悉。

在本章前面的内容中我们指出，广告设计的大量工作是为确保消费者产生需求认知，并引导他们对特定的品牌产生偏好和倾向，以便当消费者在为满足消费需求搜寻信息时，会马上考虑选择这一品牌。任何延时回应广告的目的都是想利用其对消费者某些心理状态产生影响，从而促使其购买产品。

当我们讨论广告学中心理学的内容时，通常会借用社会心理学中的两个观点。首先是看法。**看法**是指对任何客观事物、个人或问题的整体评价，它在一个连续集合里不断变化，如从偏爱到排斥，或者从肯定到否定。看法可以通过学习获得，如果看法是基于对客观事物或问题有关的大量充足信息和经验总结得出的，那么结论会有较高的可信度。它能使我们的生活更轻松，并简化决策制定的过程，也就是我们在面对众多可选的产品时，不用再去查询新的数据和信息，也不用再费劲分析各种选择的优劣了。只要选定我们最偏好的那个事物即可。从政治选举候选人到未成年人饮酒问题，大家对数千种的话题都会有自己的看法。然而，对于营销商和广告主来说，他们最感兴趣的莫过于一种——对品牌的看法。

**对品牌的看法**是一种概括性的评价，它们反映了人们对品种多样的产品或服务的偏好。下次等你到商店购物，在排队结账时可以查看自己放在购物车中的物品，正如理论所论述的，这些物品就是你对品牌看法的表现。

可是这些概括性评价的基础是什么呢？对品牌的看法来自哪里？在这里我们便需要社会心理学中的第二个观点了。为了理解人们的某些看法，我们需要评定他们各自特有的观点。**观点**表示关于某一事物或问题，某人所搜集并积累的知识或感受。一个人的观点可能是很有逻辑的，并是以客观事实为依据的，也可能是片面的和利己的。每个人会有各自的观点，比如一个人会认为 Mini Cooper 非常可爱，吃大蒜有益于减肥，还有饲养宠物的人内心都很孤独。他认为这些观点是可信的，并以此作为评判标准来看待 Mini 车、大蒜和宠物。

如果我们了解了一个人的观点，通常可以推断出他的相关看法。请思考一下图表 5—15 中人们总结的关于凯迪拉克产品的观点。我们可以推断出，其中一个消费者有可能成为凯迪拉克汽车的潜在购买者，而对于另一位消费者，要想使这一品牌成为他斟酌集中的首选品牌，还需要颇费一番功夫引导他改变观点。我们很容易得出，两个消费者对品牌的看法在偏好连续集合中是完全相反的。

图表 5—15

对于 Caddies 产品，两个消费者所持有的观点对比。

| 消费者 1 | 消费者 2 |
| --- | --- |
| 凯迪拉克太笨重 | 凯迪拉克很华贵 |
| 凯迪拉克价格太贵 | 凯迪拉克的转售价值很高 |
| 凯迪拉克耗油量大 | 凯迪拉克装有 OnStar 系统 |
| 凯迪拉克体型过大 | 凯迪拉克电视广告令人震撼 |
| 凯迪拉克适于老人使用 | 凯迪拉克和从前不同，已有了创新 |

可能你已经注意到了，最近几年通用汽车已将数十亿美元的资金投入到凯迪拉克品牌推广上，决心要与如精致的宝马 5 系列的德国名牌汽车和日本的名车一决高下。图表 5—16 所示的是宝马 5 系列在多伦多大肆宣传的广告牌。简单地说，通用汽车公司如果想使自己的产品从凌志和宝马占据的市场中获得一席之地，还需要下大功夫改变消费者现有的观念。除此之外，收入水平也会有助于消费者作出购买哪款汽车的决定（当然是受制于钱包中有限的美元）。

图表 5—16

改变消费者的观点从来不是件简单的工作，而且，随着竞争对手的不断强大，这一挑战会更加艰难复杂。凯迪拉克的问题来了，即便进行了一系列重大的改进，它能赶超宝马的终极驾驶器吗？在宝马公司的每一位员工看来，对手很难做到……

人们对众多产品和品牌各种各样的特点和属性都有自己的观点。其中有些观点能极大地影响消费者对某一品牌作出最后的评判。少数具有代表性的观点——大概在 5 ~ 9 个——构成了对品牌看法的基础。① 这些观点作为形成最终看法的决定因素，被称为**显著观点**。

诚然，显著观点的数量会随着产品种类的不同而有很大的差异。那位骄傲地向别人展示纹身的哈雷忠实用户，对他心爱的摩托车所拥有的显著观点肯定比对他自己刮胡膏的显著观点多得多。同时，显著观点也可以被改变，被替换，还可能被剔除。比如，许多人可能认为 Nicorette 戒烟口香糖的口感很差。在图表 5—17 中的 Nicorette 清凉果味口香糖广告试图去改变人们的看法。

广告的主要目标之一是影响并加强人们对某品牌的观念。因此广告主进行各种观念测评从而试图理解消费者行为的做法便不足为奇了。

1. **多属性态度模式**。多属性态度模式（MAAMs）为广告主提供了一个框架和一系列的研究过程，以便他们搜集消费者信息，从而考察消费者对具有竞争力品牌的显著观点和看法。下面我们将重点讲解 MAAMs 分析的基本内容，并解释这种分析方法是如何帮助广告主的。

任何 MAAMs 分析都包含四个基本内容：

● **评价标准**指的是消费者在对比几种竞争品牌时，用于比较的产品属性或功能上的特点。要想使用 MAAMs 分析法，广告主必须确定出本产品种类相关的评价标准。

---

① Icek Ajzen and Martin Fishbein, *Understanding Attitudes and Predicting Social Behavior* (Englewood Cliffs, NJ: Prentice Hall, 1980), 63.

图表 5—17

广告共同的目标都是要改变人们的观念。这则广告有没有改变你对 Nicorette 产品的想法呢？

●**重要性估量**表示某项特定评估标准在消费者决策过程中的重要性。重要性估量因人而异，举个例子说，有些人吃一碗麦片粥只是因为它的味道香美，而另一些人更在意的是它的低脂肪和高纤维含量。

●**斟酌集**是这样一些品牌的组合，它们代表了消费者决定购买的真正范围。比如，想要购买豪华车的消费者可能会集中关注 Acura、宝马和凌志等品牌的产品。这些具有可比性的品牌将在 MAAMs 分析中列出。凯迪拉克品牌最近可能会出一款新车 STS，目标市场也是这些豪华车消费者，也想成为消费者斟酌集中的一部分。这样通用汽车可以作出一项 MAAMs 分析，从而关注 STS 轿车与国外对手之间的对比情况。相反，如果通用汽车公司拿自己的 Chevy Malibu 产品与这一豪华进口组合作对比，未免显得很愚蠢了。

●**信念**代表了消费者对各种品牌的了解和感觉。MAAMs 分析会评定人们的信念，这些都是依据所有的评估标准对各个有关品牌的性能表现得出的总结。有些观点纯粹是客观的事实——一罐 12 盎司的百事可乐含有 150 卡路里能量；一罐 12 盎司的可口可乐含有 140 卡路里能量。而有些观点是高度主观的——在路上开一辆凯迪拉克 XLR 跑车最时尚，最性感。这样具有大跨度差异的观点十分常见。

为引用一项 MAAMs 分析，我们必须首先确定自己和直接竞争者所经营品牌种类的相关评估标准。然后我们要走近消费者，让他们告诉我们什么是最重要的，以及在各种评估标准上，我们的品牌同竞争对手相比结果如何。通过这种分析，我们能够根据消费者对品牌的态度对显著观点有进一步的认识，同时，分析也会就如何改善我们目前的营销手段和广告形式提供一些重要建议，从而可以使消费者对我们的品牌产生更好的印象。

通过 MAAMs 分析我们可以得出三种基本的转变态度的策略。首先，通过 MAAMs 分析我们发现，对于某个重要评估标准而言，消费者对于我们品牌的实际情况还没有一个精确的认识。比如，消费者可能会认为 Crest 无疑是在防治虫牙方面最好的牙膏品牌，实际上只要是含氟化物添加剂的品牌都能同样起到预防虫牙的作用。所以在与 Crest 竞争时，可以以此为要点消除人们的误解。

其次，MAAMs 分析可能会揭露这样一种情况，那就是我们的品牌在一些消费者不太在意的评估标准方面表现突出。那么，现在广告的任务便是引导消费者相信我们的品牌为他们提供的好处（比如，我们的啤酒比其他淡啤酒碳含量更低）比他们先前认为的要重要得多。

最后，MAAMs 框架可能会导致得出这样的结论：想要改进大众对我们品牌的看法，必须通过广告宣传商品的新特点来实现。有些情况下，我们只能在现有的产品基础上（如 Olympus 数码相机）增添这一属性或特色（如通过 10X 光学变焦的镜头），并在下一次广告活动中将其作为宣传重心。或者，如果发现新引进的属性表现出色，大概能有 3 000 万的美国人在意这一功能，我们可以重新制造一款以这一属性为主导特性的产品并推向市场。联合利华 Bestfoods（Ragu、Lipton、Skippy 和 Wish Bone 的制造商）正是采用了这一方式，为吸引 carb-shy 消费者引进了新的生产线，如图表 5—18 所示。

图表 5—18

当大部分市场都刮起了一种时尚时，营销商必须给予回应，否则他们就会面临顾客群缩减的风险。在饮食行业就发生过这样的情况，消费者们开始关注食物的碳含量高低，从花生酱到牛排酱此类商品的销售受到很大的影响。更多有关信息请登录 http：//www. carboption. com

营销商使用 MAAMs 方法，可以有诸多收获，比如消费者更加明显的品牌偏好和更高的市场占有率。想象一下，营销商悉心抓住关键的评估标准，将这一中心功能突出的产品推广到市场上，并制作出精彩的广告，形成消费者对品牌的极度关注，结果会是非常激动人心的——正如我们曾经看到的在日本销售 Joy 例子一样。

2. **信息加工和知觉防卫**。讲到这里，你可能会有这样的印象，创作有效果的广告是一项很顺利的工作。我们认真分析消费者的观点和看法，制作广告解决任何可能被关注的问题，使用各式各样的媒体工具向我们的目标群体进行大量的宣传。是的，如果消费者每次都给予密切的关注，并且相信我们说的每一件事，我们的竞争对手仁慈地停止他们所有的广告活动，消费者们只是焦虑地等待着我们发布的每一条讯息，那么事情会变得非常简单。但是当然，这些事情永远不会发生。

为什么我们在尽力去影响人们对品牌的观点和看法时，反而预期着遭受消费者的抵制情绪呢？要理解这些，一种方法是我们将消费者看做一位信息处理者，在我们的信息达到期望效果以前，他已经经历过一系列阶段，脱离了我们的影响力。假如我们善于选择适当的媒体工具，要成功达到我们的目标，消费者必须要：（1）关注我们传达的信息；（2）正确理解内容；（3）接受我们想要表达的主旨；（4）保留这一信息，直到需要作出某一购买决策时为止。不幸的是，任何其中一个或者所有这四个阶段中都可能出现麻烦，从而完全否定我们的广告活动能带来的效果。

要想使传达的信息达到期望效果，我们需要克服两个主要阻碍。第一个——**认知一致性**动力——源自个人消费者。请记住，一个人总结并持有观点和看法的原因只有一个：帮助他或她有效率地作出购买决策，获得令人满意的结果。当消费者对这些结果感到满意时，他们没有理由去改变目前自身的认知系统（假如你拥有自己喜爱的宝马轿车，为何还要自找麻烦去了解凯迪拉克轿车的优劣呢！）。那些可能对现有观点产生异议的新信息就会被消费者故意忽略，他们会尽量保护现在的认知系统免受动摇。消费者的这种维持认知一致性的倾向已成为广告主在试图改变消费者观点和看法过程中的绊脚石。

第二个阻碍——**广告混乱**——源自广告宣传的载体。即使一个人想实现这一目标，他也不可能将每天收到的所有广告信息全部消化吸收。请拾起今天的报纸，试一试重温每一条你所看到的广告信息，你会有足够的时间将它们阅读完吗？随着更多竞争品牌制作相似的功能宣传广告，广告混乱的状况还会继续扩大。[①] 是不是如 Advil、Anacin、Aveda、Aleve、Avia、Aflexa、Actonel、Motrin、Nuprin 或 Tylenol Gelcaps 这些产品都保证过能为你缓解 12 小时的头痛（你能在这一列表中找出非止头痛药的品牌吗）？事实很简单，我们的生活每天充斥着上百甚至上千条广告信息，没有人会有时间和精力将其理顺排清（参看图表 5—19）。许多行业专家和研究者们都认为，广告铺天盖地，广告管理也十分混乱，而这一切都使得广告业整体举步维艰。

图表 5—19 恰当生动地证明了这样一种紊乱：最外面的圆圈代表最近某年美国广告业中所有的广告开销数额。小一点的圆圈代表了汽车广告行业（全美国规模最大的广告行业）在同一年中所有的广告开销。再小一些的圆圈代表一家大型汽车企业的广告估价开销，而最小的那颗黑点代表这家公司主打产品的广告花费。通过计算我们会了解到，消费者每看 2 000 条广告其中才会有一条是你的品牌广告。所以，如繁星一般的广告群中，如果一条广告要想发挥效力对消费者行为产生影响，几率会有多大呢？这是广告业面临的最头痛的问题。

---

① Clutter creates a variety of problems that compromise the effectiveness of advertising. For instance, research has shown that clutter interferes with basic memory functions, inhibiting a person's ability to keep straight which brands are making what claims. For more details see Anand Kumar and Shanker Krishnan, "Memory Interference in Advertising: A Replication and Extension," *Journal of Consumer Research*, vol. 30 (March 2004), 602 - 612.

图表 5—19

在浩如烟海的广告中，一则广告究竟能产生多大效果？

同时消费者也在运用知觉防卫的方式简化和控制他们的决策过程。在这里，我们要清楚地知道消费者一直处于支配地位，这一点非常重要，广告主如果想利用广告吸引消费者注意力，就必须找到恰当的方式。当然，吸引消费者注意力最好的方法是为他们提供有关产品或服务的信息，以便引发出一种主动性的需求状态。简单地说，当消费者没有头痛状况时，你却希望他们能对一条关于头痛药的广告进行关注是很困难的。消费者的**选择性专注**对广告主来说是一种巨大的挑战，同时会造成巨大的资源浪费。大量的传统广告会被消费者忽视，这也是其他形式促销手段，比如品牌化娱乐，增加的主要原因。他们翻看杂志、穿梭各地、将媒介的宣传广播静音、去冰箱拿取食物、略过 TiVo 上的广告，或者做个白日梦，打个瞌睡——就是不去理会那些传统的广告宣传。

广告主们都在想尽各种办法，使用各种技巧去改变这一现状。他们利用流行歌曲、名人代言、性感的模特、镜头快速切换等新潮的方法，来吸引消费者那挑剔的注意力。要记得，就如我们在第 4 章中提到的，在这场永无止境只为引起消费者注意力的战斗中，广告主会经常不断地游走在带动新潮与惹人厌烦之间。他们并不是想侮辱你或是任何人，他们只是想获得关注。当然，他们也经常会让消费者产生反感。

这一场为了引起消费者注意力的战斗也把广告主推向了另外一个进退维谷的两难境地。如果没有消费者的注意，广告主的信息就无法产生他要追求的效果；但是，成为消费者印象中的焦点经常是那些用来吸引他们注意力的具有挑逗性的方法。他们记住了一个广告曾经播出 27 位 Elvis Presley 的模仿表演者，但是却记不起那是什么品牌的广告，或不知道广告的品牌宣传语是什么。广告主如果想利用娱乐元素赢得他们的注意力，必须认真设置品牌与信息的转换，不要让它们在整合后的广告中主次不分。

让我们假设一条广告成功地吸引了消费者的注意力，并且消费者正确理解了广告宣传的内容。那么，这一信息会不会被他接受，并产生预期效果——使他改变了对品牌的看法呢，或者在他看完广告后会不会对此品牌更加抵制呢？当消费者真正融入到广告中，注意并理解其中的信息，并且这些信息是有悖于他现有的观点的，那么认知一致性动力便开始发挥作用，认知反应也可能会随之出现。**认知反应**指的是，当消费者面对说服型的交流信息时，现有的观点和看法面临挑战，而在这一瞬间他的意识中所产生的想法。但是你要知道，大多数的广告很难激起消费者足够的精神共鸣从而获得任何形式的认知反应，但是一旦认知反应出现，它的效力足以决定消费者接受并认可这一信息。也有一些当代的人类记忆研究模型给出有力的证据证实，记忆是一种易变的、理解性系统，并且其变动和理解性程度比我们以往认为的还要高。①②

人类记忆并不是一种单纯的记忆录像；它更可能会对发生过的事情进行组合、删除、添加和重写等，因为记忆的易变性和理解性程度比我们以往所认为的更高。因此，只是一再地增加提及品牌名称的次数以使消费者正确记忆广告主题的广告手段经久不衰地被沿用着，有时这种手段很适合，但是它也越来越多地引起记忆研究科学的争议。不过，如果这样能让一个消费者真的记住你大部分的广告，也是件好事，采用这种手段也无可厚非。在下一部分内容中我们会讲到一个被称为**推敲可能性模式**（ELM）的影响框架，我们会看到认知反应是这一框架的重要组成部分，有助于理解广告的效力。

3. **推敲可能性模式**（ELM）。ELM是另一个源自于社会心理学并应用到广告业中的观点。③ 像所有的模型一样，它也有局限性，但是这个模型可以方便地应用到多个广告领域。它也有某种直觉上的吸引力，在这一章中，它与很多概念有特殊的相关性，如在一个单一整合式的框架下的介入程度、信息加工、认知反应和看法。ELM最基本的前提是要理解一种说服性的交流方式是怎样影响一个人的看法的，同时我们还必须要考虑他或她的动机以及处理信息的能力。对大多数广告语而言，动机和能力是决定一个人在消费决策制定过程中参与程度高低的功能因素。参与决策程度高会实现广告加工过程中主动性的心理推敲，但是介入度低的决策制定会引起消极的广告加工心理。

图表5—20表示了，ELM利用介入程度二分法解释了改变看法的两种途径。它们分别被称为劝服行为的两种途径：中心劝服路径和周边劝服路径。

介入程度高时，我们可以预期到消费者会根据以前对产品的了解和使用经验，对信息主题进行研究或推敲，这对广告主来说非常地重要。广告可能会激起人们的认知反应，我们可以从认知反应中推断出每个人对相关话题费尽心思考虑的内容，这也是人的天性使然。消费者的认知反应在态度上可能是正面的也可能是负面的，而且可能是对广告中特定某点或任何决定性要素的回应。

---

① http：//depts. washington. edu/uweek/archives/2001. 07. JUL_05/_article5. html

② Kathryn A. Braun-LaTour, Michael S. LaTour, Jacqueline E. Pickrell, and Elizabeth F. Loftus, "How and When Advertising Can Influence Memory for Consumer Experience," *Journal of Advertising*, vol. 33 (Winter 2004), 7–25.

③ For an expanded discussion of these issues, see Richard E. Petty, John T. Cacioppo, Alan J. Strathman, and Joseph R. Priester, "To Think or Not to Think: Exploring Two Routes to Persuasion," in *Persuasion: Psychological Insights and Perspectives*, ed. Sharon Shavitt and Timothy C. Brock (Boston: Allyn & Bacon, 1994), 113–147.

图表5—20

两种态度转变路径。

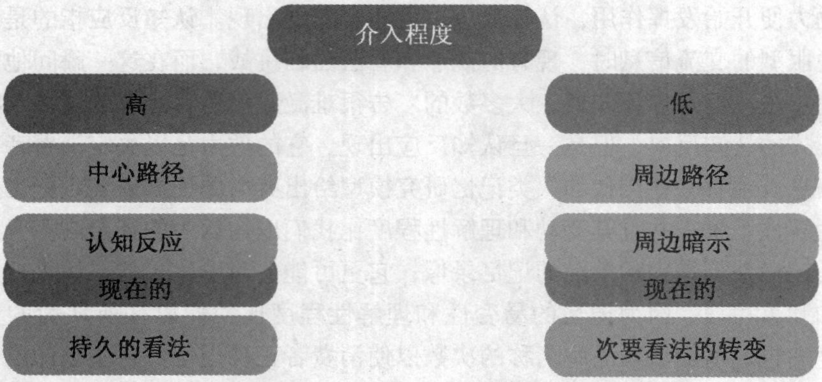


那些试图用来加强消费者现有观念的广告，或者让消费者树立对新品牌观念的广告宣传都不再像以前一样了，它们更有可能赢得消费者的默认。请对比一下图表5—21和图表5—22。在这一例子中，请把两个城市新奥尔良和新加坡看做两种品牌在为吸引旅游者的注意力（而最终是为了金钱）而竞争。每一则广告都在尽力去影响人们对本国焦点城市的观点和看法。人们在认知反应（消费者在观看广告时产生的想法）中显现出的认知一致性动力使他们对自己更熟悉的城市的看法却更消极，特别是在广告质疑他现有观点的时候。下面哪一则广告的描述更不符合你的观点？

图表5—21

城市同样可以参与说服型的交流活动。这则广告向您呈现了一幅新奥尔良经历过卡特里娜飓风后的城市形象，与你先前的印象符合吗？

图表 5—22

新加坡旅游宣传版面上使用了这样一则广告，为读者提供了有关这个国家多样化文化的信息来满足消费者的好奇心。（http：//www. newasia-singapore. com）。新加坡是亚洲城市吗？是的，但它融合了许多种文化。广告打破了读者原来的概念模式，就像佛罗里达州橙子种植者们曾经做的广告宣传——“橙汁：不仅是早餐食品”。

如果一条广告引起的消费者认知反应主要是负面的，就会产生事与愿违的效果：消费者通过蔑视你的广告来维持认知一致性，而且消费者的负面想法很可能会对品牌产生负面评价。然而，通过中心路径产生的正面看法却具有诱人的特性。因为基于认真的思考，中心路径会：（1）在消费者选择产品时，广告品牌马上出现在头脑中便于他们进行选择；（2）排斥其他广告主试图改变他们想法的广告；（3）不用反复的广告宣传，就能留给消费者深刻的印象；（4）是优秀的消费者行为预测器。在周边路径法中形成的看法是不具备这些特性的。

对于那些介入程度较低的产品，如电池或玉米片的广告宣传，产生认知反应的可能性不大。在这种情况下，对广告的看法通常会沿着一种更接近周边式的路径形成，周边暗示便成为评判广告效应的重点。**周边暗示**指的是广告的一些特点，而不是关于产品性能的实际讨论。周边暗示包括如广告中漂亮的模特或者滑稽的演员代言人、新颖的产品描述、搞笑的广告片段或者令人印象深刻的广告语。任何能够引起观众快乐情感反应的广告特点都可以被看做周边暗示。实际上，ELM 的批判者们发现这一概念是 ELM 模型最失败的一点，我们可以把广告中的音乐和图片定义为任何概念而绝不能看成是周边元素，可是 ELM 爱好者们指出 ELM 模型与传统（也就是旧式）文案式的广告结合的却是如此完美。但是要知道，传统广告已经是濒于灭绝的类型。在周边路径类型的广告中，消费者仍然能从中了解到广告中关于品牌的信息，但是这些信息是被动的并且一般必须要通过相关品牌长期频繁的周边暗示活动才能让消费者对其有所了解。甚至有人建议广告主应该利用传统操作原理安排并促进这种联系式信息交流过程。① 消费者通过将欢乐的情感和悦人的图面与品牌联系在一起，随之对品牌的看法也会转变为积极型的。

LeAnn Rimes、James Carville、Queen Latifah、Jerry Seinfeld、Mr. Peanut、Jay-Z、Shakira、Junji Takada、Michelin Man、LeBron James（绰号 King）、Paige Davis、the Geico Gecko、Missy Elliott 与 John Lennon 创作的那首"Instant Karma"歌有什么相同之处呢？他们和其他一些名人都曾在广告宣传活动中被用做周边暗示元素。当某一产品种类的所有品牌都能为消费者提供相似的功能时，广告策略最富有成效的手段便是周边路径，广告主只要不断地利用引人注目的周边暗示元素，保持人们对品牌的正面联系即可。当然，周边暗示也不会仅限于利用美妙的元素吸引眼球，给老品牌恰当地添加一些能被接受的"特色装饰"也是一种不错的选择。② 对那些已经发展成熟但介入程度很低的产品种类添加周边暗示有非常重要的作用，因为它可以排除消费者对产品的厌恶感；③ 然而，这也是一种成本颇高的手段，因为利用周边路径获得的利益是短期性的。电视节目中的广告插播、大量的重复广告、主办费用和不断对社会时尚趋向的调查，这些周边暗示元素大都离不开高昂的预算开销。考虑一下那些利用周边路径的广告会发现，都是一些知名度很高、发展成熟的品牌，如可口可乐、百事可乐、百威、Gap、麦当劳、耐克和多力多滋（Doritos）。它们利用娱乐广告是要保持大众对品牌的喜爱。但话又说回来，一定要记得这一被称为"周边性"的决定因素并不像听上去那么简单。在现实世界真正的广告实践中，它是这一模型中最脆弱的部分。诚然，任何模型都不是完美的，但我们在此讲的这个模型在某些特定环境下对某一类型的广告是有效的，并且它对消费者有着普遍的直观吸引力，另外，非常地易于解释和理解。

## 5.3 角度二：作为社会人群的消费者

将消费者视为决策制定者和信息加工者的看法已经是一种很流行的方法了。但是，一旦考虑它的局限性或争议性，它并不是一种完善的研究方法。实际上，争议的

① For additional discussion of this issue, see Frances K. McSweeney and Calvin Bierley, "Recent Developments in Classical Conditioning," *Journal of Consumer Research*, vol. 11 (September 1984), 619 - 631.

② Associations like Jay-Z with Heineken, Missy Elliott with Gap, and Queen Latifah with Cover Girl illustrate the influence of Russell Simmons in bringing hip-hop into the advertising mainstream. (See "The CEO of Hip Hop," *BusinessWeek*, October 27, 2003, 91 - 98.) It is fair to say that Simmons found great success by lining up hip-hop icons as peripheral cues for all sorts of big-name advertisers.

③ The rationale for cultivating brand interest for mature brands is discussed more fully in Karen A. Machleit, Chris T. Allen, and Thomas J. Madden, "The Mature Brand and Brand Interest: An Alternative Consequence of Ad-Evoked Affect," *Journal of Marketing*, vol. 57 (October 1993), 72 - 82.

声音已经越来越大了，尤其是在广告和整合品牌促销的实践中。因此，本书希望从另一种角度向您阐述这一问题，也就是第二种视角。

首先，不要把孩子连同洗澡水一起倒掉。虽然将消费者看做决策制定者这种方法具有局限性和缺陷，但并不意味着你刚刚学到的有关知识是错误的或是没用的。完全不是这么一回事——上面我们为大家阐述的观点具有不可忽视的价值。消费者的想法固然很重要。但它也只是说明了消费者行为和广告之间关系的一部分。广告和消费者行为之间包含了太多方面的内容，在许多不同的层面上相互作用，所以只使用一种方法来研究两者关系会有诸多的不足。因此我们又提出了另一种方法，第二种角度。

第一种角度的阐述突出了对有关消费者如何作出决策的前沿理解，这种理解也非常合乎逻辑。比如，它指出，在通常情况下，消费者更倾向于使用较少的信息而不是大量收集信息帮助自己作决策。这看上去很奇怪，但事实却是如此。消费者口口声声说信息越多越好，但实际上却在尽量利用更少的信息。如果你稍加思考一下，就会觉得非常有道理。消费者对某一品牌作出预先的评判（例如，“本田最具价值”），并且在每次需要购买时会检索出这一评判帮助他作出决策，以免再次进行推敲评判。如果这不是事实，迅速作出选择哪家便利店的决策过程也需要几个小时：“让我看看，Trident 和 Bubble Yum，噢……嗯……让我想想这两个选择各自的属性分数和评价吧。”为了使生活更轻松，消费者会运用各种省时省力的捷径和策略。因此，在这种情况下，再加上其他一些原因，广告主已经通过第一种视角很好地理解了消费者决策的制定过程。

但是怎样理解广告呢，它与消费者是怎样的关系呢？为了单独分析广告中消费者的心理变化情况，信息加工理论研究者们把消费者行为（和消费者）从它的（它们的）自然环境中提出来，放到实验室里加以研究。如果你想控制整个实验，省略其他的某些现象的解释或者思维过程的证实，以上的方法是十分可行的。但你同样也要明白，几乎不会有哪个消费者会真的在实验室里观看广告就去购买东西。实际上，在这些显然脱离实际的情况下，有些人批评说这些研究人员根本不是在研究广告，而只是获取一些“刺激灵感”罢了。那些批判这种实验式研究方法的人坚信，真正的广告只存在于真实的社会环境和自然环境中。一旦广告从这种环境中分离出来就不能再称为任何意义上的广告了。请试想一下：当你在电视中观察广告时会发现，节目间歇中的广告数量多达十个。你可能会也可能不会关注到它们。你可能在和朋友或家人聊天，看书或是做其他的事情。在自然的条件下，你观看广告并不是像在实验室显示器前专门为了评测广告而看广告。在真实的世界里，你每天可能会看到 800 ~ 2 000 条广告，有些广告就像你房间的壁纸一样，你不会真正去留意它，但在实验室中，注意力程度会高出很多。广告的主题关注度更高，消费者也会用不同的眼光看待这些“广告”。认真地接受这些广告就和相信实际生活中一些奇怪的现象是一样的。更重要的是，广告的真实意图往往会在要求“加工”其“信息”的过程中消失殆尽。但是科学和它的标志（如被认为是科学精准结论的诞生地——实验室）带来的诱惑力已成为现今时代最负盛名的磁场和被人接受的神话之一。科学的外衣和面孔带给人们（包括客户）一种肯定和真理的感觉，不管它是否值得或适合。坦白地讲，理论性实验研究的目的（为改进基础知识和理论）经常会和广告业的目的（为销售商品而制作广告）背道而驰。

业界批判家和越来越多的理论研究学者们都已相信，心理学上的“信息加工”研究（20 世纪 50 年代在业界最盛行）并不能给现实世界里真实商品与服务的广告和消费带来多大的启示和帮助，只是为促进心理学理论的发展作出了一定的贡献。这种贡献完全是一些学院教授的追求目标，但是对广告业的实际应用并没有多大的重要性和必要性。在广告所处的真实世界中，真实的消费者和他们对真实广告的回应才是最重要的。

广告研究脱离单纯的心理分析法已经有很长时间，至少有 40 年了。到了 20 世纪 80 年代，它才获得突破性的进展。那时美国的独立测试机构 West Coast 开始采用被其称为“不列颠研究”的方法，这才是真正意义上的定性研究法，一个多世纪以来，广大人类学家、社会学家还有其他的学者对该方法进行了深入的研究。之所以把这种方法称为“不列颠研究”方法，唯一原因就是一些非常著名的伦敦机构一直通过这种方法致力于问题的研究（实际上许多研究一直在进行中，但是这些机构用它来进行差别化研究）。在伦敦智威汤逊广告公司（JWT-London），Judie Lannon 将其研究重点放在广告意义上的观点是一个非常好的例子。她曾漂亮地总结说：

> 如果广告能使无生命的商品更加有意义，那么这些研究的价值和意义将非常重大……研究的愿景必须要与那些使用广告的人的目标达成一致。①
>
> ——Judie Lannon，伦敦智威汤逊广告公司创新研究负责人

这种向着定性型研究和自然主义方式发展的产业趋势与理论界的研究产生共鸣，理论界也在向着更具定性型的实地调查、说明型和文本型的方式来研究人类行为，包括消费者行为。人们开始不仅仅把消费者视为“信息加工师”，或者是将广告看成是脱离社会、影响消费者观念的简单操作了。事实证明，许多大型的企业在进行消费者态度调查时基本都会采用跟踪调查的方式（这一点会在第 7 章中进一步解释）。他们不会做任何实验，但是会做大量的以“消费者意见”为名的定性调查。在这一方法中，**意义**要比消费者的看法重要得多。消费者会对信息进行“加工”，但是他们还会做得更多（见图表 5—23）。并且，“信息”作为一种既丰富又复杂的文本型产物，受历史、社会和文化的约束和影响，人们用非常高深复杂的方式对其加以解释。广告实践不是工程设计或者化学实验；广告也不是原子或者分子。这种意义上的定向方法主要集中关注的是如何通过消费者行为和广告来真正了解消费者。这就是为什么广告机构愿意雇用那些懂得物质文化（人类学）、商标历史和消费实践（历史）、记忆（心理学）、交流、文本（文学）和艺术（其实许多广告就是一门艺术）的人来制作广告。理解人与广告不像是简单地测量硫磺的重量、酸的浓度或者星系中星星的数量。人类和他们的创造物（如广告和著名产品）并不仅仅是信息加工者，他们远非如此。

在这一部分的内容中，我们为读者提出了第二角度，将消费者行为与社会和文化的进程相联系，从更广阔的视角考虑广告是如何发挥作用的。记住，这只是另一种角

---

① Martin Davidson, "Objects of Desire: How Advertising Works," in Martin Davidson, *The Consumerist Manifesto: Advertising in Postmodern Times* (London: Routledge, 1992), 23 - 60.

度。我们仍然会谈论在前一节中讨论的同一组人群；我们只是从另一个不同的有利位置观察他们的行为。考虑消费者行为与广告业之间的复杂关系时，只从一种角度用一种方法是远远不够的。

图表 5—23

真实的消费者不可能在非社会状态下消费。消费者是社会的内在组成部分，他们通过社会身份、家庭、风俗、文化、象征和共同的历史与其他人发生联系。如果你想了解真实的消费者如何对广告作出回应，就必须把他们当成社会人看待并了解他们的消费习惯，而不是把消费者作为个体单独研究。

## 5.3.1 现实世界中的消费

让我们来考虑一下消费者的现实生活中的一些主要组成部分：

1. **文化**。如果你从事的是广告行业，那也可以说是投身于文化事业。文化与消费相融合，并促进消费的发展，它作为消费的一部分普遍存在于消费活动中。你需要了解文化的内涵和作用。

**文化**是指一个民族共同的行为，或者“一个民族整个生活方式，每个个体从他或她所处的集体中获得的社会遗产”。[1] 它是我们的饮食习惯、装扮方式、庆祝方式以及标记自己的地盘、确认地位的方法。它是一种做事的方法。文化经常被认为是一个非常大的概念，涉及民族问题，但是在现实中文化通常范围很小，而且不一定涉及地理分布问题，如*都市新潮文化*、*少年天才文化*、*哥特文化*、*青年联盟文化*等等。通常当某种文化与我们距离很远、比较陌生时，我们会更容易看清它。对大多数人来说，当他们到另一个地方旅行时会感觉到不同文化的存在。比如，当你到国外旅行时，必定会发现生活在其他文化里的人们生活方式很不一样。如果你向某位当地人

① Gordon Marshall, ed., *The Concise Oxford Dictionary of Sociology* (New York: Oxford University Press, 1994), 104 - 105.

——比如巴黎人——指出，如："伙计，你们做的一些事真是太可笑了"，无疑你会被当地人的观念重重打击（很可能是口头上的），他们肯定会说不是他们而是你的行为可笑。这就是文化的表现，它表明生活在某种文化中的成员会觉得他们的行为方式再自然不过了。因此对于那些融入某种文化的人来说，文化是看不见摸不着的。我们和身边的每一个人都以同样的风格做事，所以不会很容易地想到有一种强大的力量在控制和影响着我们的行为。但它确实存在并一直作为一种无形力量存在着——这就是文化的力量。所以，要想真正读懂你所处的文化，了解你已经习以为常的事物，理解一个陌生人第一次来到这片土地时的感觉，从社会文化的角度来研究这些问题会给出你答案。

毫无疑问，文化是真实的。它影响着人类行为的方方面面，包括消费者行为和广告业。正如它能接触到消费者行为的每一个方面，文化存在于广告和品牌的创造、传播、接收和理解的任何一个环节。它就如这个"真实的世界"一样无所不在。比如，如果你是 Ocean Spray 公司，想了解美国感恩节市场情况以便拟订方案销售出更多的越橘来增加盈利。为什么选越橘呢？为什么要在感恩节这天卖越橘，而不选择圣帕特里克节呢？越橘有什么意义？我们如何更好地理解然后利用这一独特搭配销售出更多的越橘呢？为什么我们会在某些日子里举办一些特殊的风俗活动？在这些风俗习惯背后有没有商机呢？或者是谁提出赠送礼物的招数呢？如果你是蒂芬尼（Tiffany）、Barnes & Noble、Hallmark 或是 De Beers 公司的员工，一定会有充足的理由知道为什么人们会做一些特别的事情（比如，用于某个节日的礼物不会用在另一个节日上）。

当广告主花费时间和金钱研究为什么消费者会消费某些特定的产品或服务、研究他们为什么会以一种特定的方式消费时，其实广告人员是在研究文化。文化赋予了消费者对于食物、群体、礼物、财产、自我意识、婚姻、求爱、死亡、宗教、家庭、工作、艺术、假日、安逸、满意度、工作等几乎所有一切的看法。

**价值观**是文化的定义性表达。价值观用语言和行动来表达文化的重要内容，比如，大多数文化崇尚个人自由，而有些文化认为社会责任高于其他一切责任。有些注重礼节和规范行为，而另一些推崇开放式表达。价值观是文化的基石，并且会源远流长。它们不会轻易迅速地改变。它们不同于人们的看法，看法通过一次广告宣传活动甚至一则广告就能被改变。要把文化价值观看做是坚如磐石的基座。图表 5—24 解释了看法和价值观的关系。价值观是所有一切的基础。反过来，看法也会受到价值观和其他许多因素的影响。广告宣传要与价值观统一，而不能简单迅速地改变它。因此，如果一个广告主声称要通过大量的广告狂轰乱炸去改变人们的价值观，是很不理智的。广告宣传要影响价值观，就如永不停息的水滴滴在钢板上一样——年复一年，缓慢地击打直至显露效果。文化价值观也是以同样的方式来影响广告业的发展。

通常来说，广告主要么将自己的产品同文化价值观紧密联系，要么就是抨击竞争对手的产品与文化价值脱离。在美国，如果一件产品被说成是"只不过是掩藏了异味而已"，这便是十足的批评，因为这意味着使用这一产品的人不是真的崇尚清洁，而是标榜与众不同。

广告内容必须要与人们的价值观相一致，否则就会被人们排斥。有人争论说最棒的（最有效的）广告是最能表达并体现核心文化价值观的作品。举一个例子，美国

图表 5—24

文化价值观、看法和消费者行为。有人认为广告宣传能直接影响消费者行为，经过一段时间后也会影响文化价值观。

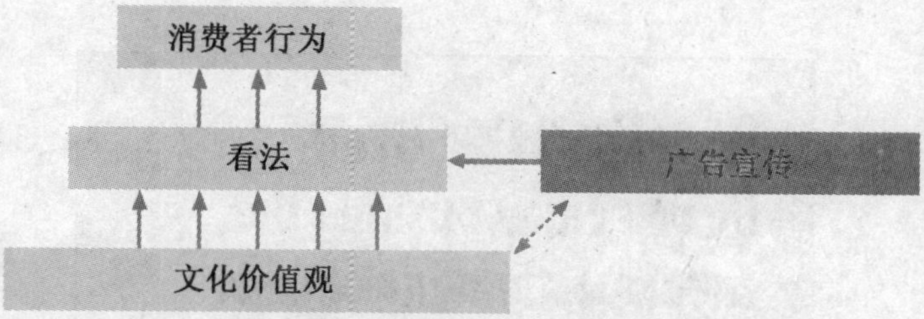


核心价值观之一是个人主义或强调个人价值。这一价值观在美国文化中早已深入人心。因此，那些颂扬或支持这一价值观的广告要比那些加以诋毁或忽视该价值观的广告更可能成功。非常明显，图表 5—25 的内容深刻地表达了对这一价值观的倾向。同时，我们可能会想到这样的广告内容在所谓“集体主义”文化中应该行不通。这样的情况曾经是事实，但是全球化的现代思潮已经使这种个人主义—集体主义分裂局面在全世界范围内的广告与消费环境中发挥的作用越来越小。全球化使得全球的媒体与消费越来越趋同化。地域的概念已经在全球化的热潮中越来越淡化。不管你喜欢不喜欢，国际品牌与国际化营销、商标、广告宣传和消费的文化已经被越来越多的人看成是客观存在。全球化价值观已经成为商业价值观。不过，历史仍然影响着人们的价值观。全球化消费者文化深受历史文化的影响。比如，你会不会觉得爱尔兰曾经作为一个贫穷的英国殖民地，上百万人民会在“大饥荒”中失去生命与爱尔兰文化有关呢？你也一定能想出其他例子来解释，了解一个地区的历史就能懂得该文化形成的原因。印度的历史是怎样的？中国的历史是怎样的？得克萨斯州或孟买的历史又是怎样的？跨国公司成功秘诀就是去了解受当地文化影响的全球化价值观。

在现实世界里，广告公司在不同国家的合作伙伴会在广告引入该国时对大多数广告进行一些小的调整，特别是发生一些翻译问题或者对某一国家当地的法规有侵犯时；这位当地的合作伙伴要么接受这一广告，要么就得重新制作一个全新的版本（一定是与整个创作平台相一致的：品牌提供的产品特点以及整个内容表述方式要一致）。在地球的各个角落你都会看到这样*全球性品牌地景*（见图表 5—26）。当然，世界范围内的广告业仍然呈现出不同文化差异，但就像很多人所说的，那些差异已经大体上被全球化消费文化湮没了。

**礼仪习俗**是“有象征意义的反复重复的形式化行为”。[①] 文化融入礼仪习俗，消费者也参与其中。礼仪习俗是文化的核心元素。文化通过礼仪习俗来支持、表达并维护它们的价值观。这些礼仪习俗是个体用来表现自己是这一文化中一部分的一种方式，也是文化利用其不断更新并保持内在价值的方法。比如，以习俗特点著称的节日如感恩节、圣诞节、哈怒卡节以及 7 月 4 日独立日都已通过反复的规范成为传统，永久成为了美国各个方面的文化标志。在欧洲有数量繁多且重要的文化习俗，也都涉及

① Gordon Marshall, ed., *The Concise Oxford Dictionary of Sociology* (New York: Oxford Vniversity Press, 1994)

与消费相关的方方面面（比如举办宴会和赠送礼物）。实际上，全世界各个地方都是

图表 5—25

荷兰第一伏特加（Ketel One）发现许多消费者乐于将自己看做市场中的非主流人士，来歌颂自己的精神。

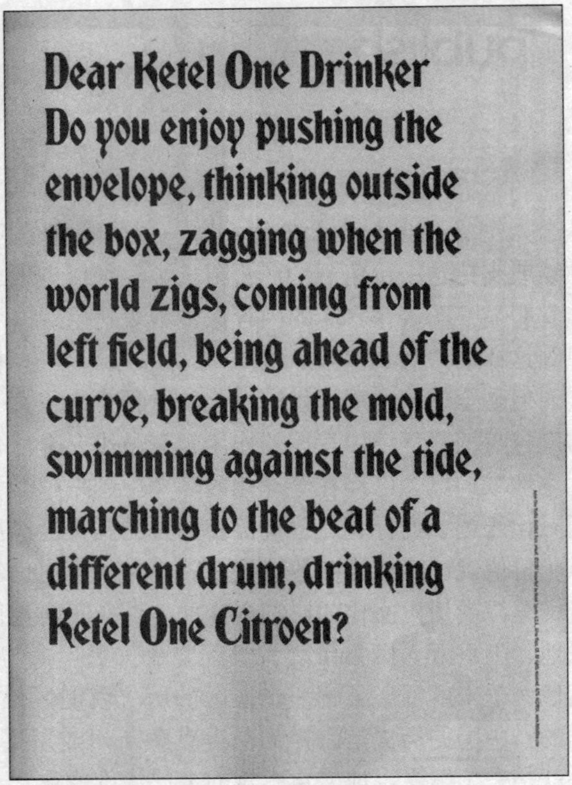


一样的，当地的风俗以某种真实存在的方式使文化与消费相互交融。比如，Jell-O 果冻已经成为美国“官方”节日的重要食品，因为它是感恩节宴会上的必备食物。[①] 在美国南部，人们通常会在新年吃一种黑眼豆，因为这会给人们带来幸运。从某种意义上看这只不过是“一种做法”，但从另一种意义上说，它却是根植于文化中的习俗。如果你是一家袋装消费商品生产商，了解这些形式的礼仪习俗并不是所谓的生活琐事（见图表 5—27 和图表 5—28）。

礼仪习俗也会在日常生活中发挥作用。比如，当有人买了一辆新车或者一所新房，他们会做所有能做到的“并不必要的”事情使它们成为属于自己的东西。他们会清洗地毯，即使地毯非常地干净；他们会修剪树枝，即使它根本用不着修剪；他们将刚买的二手汽车后视镜上放上小挂饰，给已装满的油箱换上新的汽油——都是为了除掉前一个主人留下的痕迹，使它真正变成自己的东西。这些行为不仅对人类学家的研究很重要，商人要想卖出如油画、洗毯剂、家用消毒剂、草坪与花园设备、汽车配件等这类商品，对此的相关了解也很重要。

---

① Melanie Wallendorf and Eric J. Arnould, “We Gather Together: Consumption Rituals of Thanksgiving Day,” *Journal of Consumer Research*, vol. 18, no. 1 (June 1991), 13 – 31.

图表 5—26

全球性品牌地景。从图森（Tucson）到图克姆卡里（Tucumcari），从马德里（Madrid）到科克（Cork）（下图），这就是全球性品牌地景。

图表 5—27

这一广告把卡夫产品推崇为家庭各种仪式与传统礼仪中的重要食品。http://www.kraftfoods.com

图表 5—28

在这一广告中，Splenda 食品成为度假旅行食物的必备品。

习俗不是仅指那些盛大的节日。它存在于我们生活中的每一天，如我们吃东西的方式、清洁方法和梳妆习惯。想一想从你起床开始到夜晚爬上床之间所做的所有习惯性的事情，这些事情都是按照一定的方式做成的，而不是随意的。[①] 某一社会文化的成员会以一种方式去做，而另一种社会文化的成员会以另一种方法去做。再者，如果你去过别的国家，必然会发现极大的不同点。美国人在法国用餐时可能会惊讶地发现他们用果汁冰淇淋开席，以沙拉结束会餐。

日常性的习俗看上去没什么大不了，是因为它们具有习惯性和常规性，因此会“不可见”。然而如果有人尽力去改变你做这些事的方法，他或她便很快会发现以前这些习俗有多重要，你对这种改变的排斥有多强烈。如果一件产品或一项服务不能很好地体现现存的习俗，广告主要想对某种习惯加以改变会非常困难而且花销也会更大。相反，如果广告主能使其产品或服务的消费与当地的习俗相融合，成功的可能性就会更大一些。请想象一下风俗对全球美容业有多么的重要（见图表 5—29）。清洁与美容习惯的形成受习俗的影响也非常大。

---

① For a great review, see Cele C. Otnes and Tina M. Lowrey, eds., *Contemporary Consumption Rituals: A Research Anthology* (Mahwah, NJ: Lawrence Erlbraun, 2004).

图表 5—29

这个广告帮助 Olay 成为人们的日用消费品。

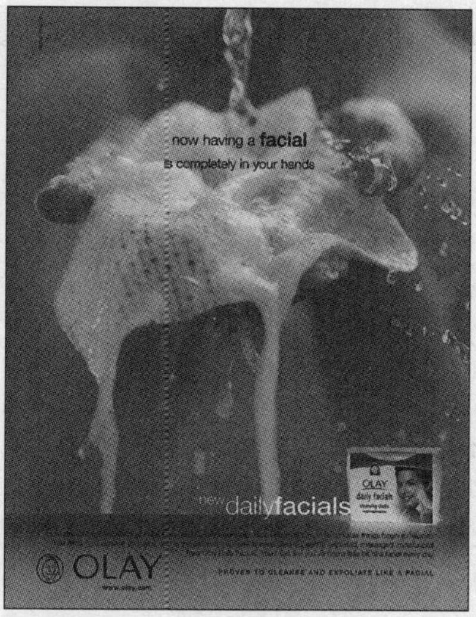


很显然，营销商其实拥有大量的机会成功地将自己的产品与消费习俗联系起来。在图表 5—30 和图表 5—31 中，我们可以看到两个广告主合作将他们的产品植入到了复活节的风俗当中。

图表 5—30 和图表 5—31

两个广告主在一个广告中合作，将各自产品都同复活节元素联系起来。

**阶层化（社会等级）**指的是由于社会系统性的不平衡。每个人在财富、收入、教育、权力和地位等方面的不同造成了他们在社会系统中有不同定位。比如，一些社会成员属于特别富有的群体（阶层），另一些却属于不太富裕的阶层。种族和性别也会在阶层化中造成不平衡，比如，男性通常比女性收入高。因此美国社会的这种等级现象表明，按照不同的特点进行分类，社会人群可以被划分为很多等级（或社会阶层）。社会学家曾经很喜欢用“社会等级”这一术语，但是后来许多人不再使用这一说法了。似乎当代的社会已更加不稳定，不像以前那么容易定义各个阶层了。同时，有争议说“*新阶层*”的出现，也就是掌握高科技技能，受到高水平教育并能接触大量的信息与信息技术的人群，已经改变了我们曾经定义社会等级的方法：“对信息的掌握或拥有获得信息的能力可能会成为划分社会等级的决定因素，而不再是财富。”①

收入水平曾经被认定为划分“社会等级”的主要决定因素：高收入的美国人通常被看成上流社会，而低收入的美国人被看成社会底层。但这并不是一个合理的区分方法。比如，成功的水管工往往比不太出色的律师收入要高，但是他们的职业（可能）不太体面，因此他们的社会阶层较低。所以一个人的职业类型也会影响我们所谓的“社会等级”。教育程度也与社会等级有关，不过一个没有大学学历却拥有一笔巨额遗产的人的社会地位比一个拥有 MBA 学位的保险经纪人要高。比尔·盖茨没有拿到学位证就离开了哈佛大学，但是他有极高的社会地位，更不用说他的财富了。因此，收入、教育和职业是三个影响社会等级的重要变量，但是这三个因素仅仅是三个重要因素而已，或者即使说它们有某种综合性，但是仍然不足以完全解释社会等级的含义。那些摇滚明星、专业运动员和成功的演员虽然有着高收入，但在某种程度上，仍然被认为是游离在社会等级之外的群体。这也是为何“社会等级”这一术语渐渐不被人们使用的另一个原因。

非常重要的是对营销商来说，同一社会阶层的人会有相似的生活方式、看法和哲学观，更重要的是，会有相似的消费方式。你也许能够根据人们消费产品的种类和方式来区分不同的“社会阶层”；至少，在许多营销商和广告主眼中都是这样的。社会阶层的标志可能会包括一个人的穿着、住处与说话的方式。在我们的消费社会中，消费以各种方式昭示着或暗示着等级化的形成。与等级化相关的消费偏好能显示出消费者价值观的差异、世界观及对事物认识的不同之处；它们能体现出消费者的档次。

近年来，认为传统社会阶层的消费等级已经不复存在的观点得到了许多人的认同。现在廉价的机器人技术生产出的产品比“手工制品”更精致；价钱越高，消费档次越高的观念也明显地受到人们的质疑。作家约翰·希布鲁克（John Seabrook）指出，现在我们大多通过“你使用的服务、你的居住地和你手下人数的多少”② 来了解对方的社会阶层。换句话说，除了住房外，社会等级的判断标准还包括消费者所能够承担的各种服务的消费，特别是花在管家、互惠生、私人购物员、私人教练等上面的费用。

你是怎么想的呢？我们可以实际测试一下：去一家商场四处走走，然后将人们划分出类别。你认为自己能通过他们的气质、衣着打扮、所进入的商店猜出他们的收入、教育水平和职业吗？他们是住在商业中心还是郊区呢？大多数的广告主都认为你能做到这一点，这是社会阶层的缩影。

接下来我们就应该考虑品味的问题了。**品味**指的是消费者偏好的大体组合或方

---

① Alvin W. Gouldner, “The Future of Intellectuals and the Rise of the New Class,” in *Social Stratification in Sociological Perspective*: *Class*, *Race and Gender*, ed. David B. Grusky (San Francisco: Westview Press, 1994), 711 – 729.

② Seabrook, John, “Sunday in Soho,” in Nobrow: The Culture of Marketing—The Marketing of Culture, (New York: Knopf, 2000) .161 – 175. This is available at http://www.booknoise.net/johnseabrook/stories/culture/nobrow/index.html. See also: Steinhauer, Jennifer, “When the Joneses Wear Jeans: Signs of Status are Harder to Spot, but Look Again,” in Correspondents of the New York Times, Class Matters, (New York: Times Books, 2005), 134 – 145.

向。社会等级通过品味影响消费，包括使用媒介的习惯，也就是惯用的各种广告媒体工具——比如《旅行房车生活》与《葡萄酒观察家》。我们都认为网球比保龄球高档，国际象棋比围棋高档，布里干酪比卡夫芝士马铃薯高档。在社交场合中，点酒时要点葡萄酒而不是啤酒，要穿汤米·希尔费格（Tommy Hilfiger）而不要穿 Lee 牌牛仔，或者开沃尔沃汽车而不是雪佛兰汽车，这些都非常重要。社会阶层与品味相互关联，但也可能并没有我们想象中那么关系紧密。

在当代的消费社会中，人们对阶层的认识开始变得越来越模糊，而且各个阶层也都变换不定，相互之间的渗透性比我们想象的还要高。我们以下面的方式给予了批判：是的，当代社会中社会阶层（等级）和消费标志具有更加异变的特质，但它仍然存在并且发挥着作用。时尚与品味的周期变换比以前更快了，消费者在使用等级标志时也不像以前那样有严格的界定，而是以一种更加轻松的心态去对待。我们将其称为美国式 Targetization 风格。自从塔吉特百货公司 Target 品牌引领商场把设计产品推向大众后，出现了人们所熟知的风格与品味大众化现象。因此，我们相信还有一种东西使得与品味结构相关的传统阶层观念发生了瓦解，但它又不是造成这一结果的唯一原因。塔吉特品牌（见图表 5—32）已经成为众多家喻户晓的出色品牌之一，在过去的几年中也推出了优秀的广告作品，与其品牌地位相得益彰。它们的广告几乎没有任

图表 5—32

这些年来，塔吉特这个品牌更像是一个店面的品牌而不是一种产品的品牌。在我们看来，该品牌是最近十多年来在品牌沟通方面做得最好的。

何文字（印刷文），非常气派、时尚并且有自我意识（我们在第 3 章中已经讲过）。

其中一个相关概念是*文化资本*，也就是文化在人们某些消费习惯和对象上加载的价值。例如，某种消费习惯，如滑雪，它对某一细分人群来说具有某种资本或价值（如现金）。如果你拥有一副滑雪板（具有某种文化资本），能实际使用它（更多的文化资本），并且在使用时看上去很帅气（文化资本超高），那么这项活动就相当于放在银行里的文化通货或者文化现金。你可以将它“花”掉。它可以为你带来你想要的东西。文化资本有点像对于“帅气”或者“时尚”的占有，但它也具有更广泛的外延。一辆保时捷汽车对某一类人群来说会包含特殊的文化资本，同样，穿卡其裤、喝百威啤酒、点真正的黑皮诺酒、知道如何叫出租车、乘头等舱飞机（可能没那么时尚或帅气，但却具有较高的文化资本），或是了解 YouTube 上最新的乐队和最酷的新鲜事，这些都是一样的道理。这种资本可能存在于一种时髦文化中，或者存在于人过中年却自以为精通葡萄酒的文化中，再或者是乡巴佬文化中——但它仍然属于文化资本。这些都是文化，并且其中某些消费者的做法都得到了高度偏爱与评价（价格）。广告主都在尽力去发掘有哪些产品得到了人们高度的推崇，原因是什么，如何让自己的产品跟随这一潮流，因为它会具有更高的文化资本从而能卖出高价。一件 iPhone 产品是不是比黑莓的产品或是一款超薄摩托罗拉产品的文化资本更高呢？对哪些消费者人群来说会是这样的情况呢？要选择哪一类文化人群呢？要面对哪一细分市场？也许最酷的人不会要求拥有以上这些物品；他们会远离被科技产品占据的生活。如果你有敏锐的洞察力，它可以帮助你了解到哪些事物具有较高的文化资本。以下这些广告都努力地将重点放在了产品的文化资本、风格和品味上（见图表 5—33 和图表 5—34）。

图表 5—33 和图表 5—34

这两则广告突出表现产品的高水平文化资本。

当一个人从一个阶层上升为另一个阶层时，阶层化感和文化资本的差异就会变得很明显。请看下面的例子：Bob 和 Jill 搬到了一处非常富有的社区居住。他们两个从小在中低阶层的生活环境中长大，毕业后获得了高薪的工作。现在他们搬到了一处高档消费社区居住，一些“旧富”们大多居住在这里。搬到这后的第一个星期天，阳光明媚，Bob 把车停在私家车道上开始去做他经常做的一件事：更换机油。一个邻居走出家门并与他攀谈起来，并非常微妙地向 Bob 暗示说在这个社区里的人都有“专门的人”去做“那样的事”。Bob 听懂了：在家门口自己更换机油是一种很没面子的行为。Bob 的新邻居显然不会自己更换机油。对这种行为不管你喜不喜欢，但他们就是不自己更换机油。对 Bob 来说花钱雇人去为自己做这么简单的事情有些浪费而且会显得傲慢。他有些愤愤不平而且感觉有些尴尬。不过过了一段时间后，他决定还是和其他邻居一样，因为那样做会更好一些。随着时间的推移，Bob 开始看到自己其他的做事方式也有些不妥，并改变了自己的看法以及一些行为。

这是阶层与（消极）文化资本对消费者行为影响的一个典型例子。Bob 再也不会是铁电存储器（Fram）、滤清器（Purolator）、汽车配件零售商 AutoZone 或其他品牌家用换油产品及服务的目标顾客了。相反，他现在会常常光顾如 Jiffy Lube 的快速换油公司。

2. **家庭**。家庭型消费者行为也吸引了广告主极度的关注。广告主不仅希望能辨清不同家庭类型的消费需求有何不同，也想弄清在家庭中人们是怎样作出消费决策的。前一个目的还有可能实现，而后一个非常的难。有段时间，消费者研究员曾经研究过在一个传统的核心家庭（包括妈妈、爸爸和孩子）中谁会是大多数购买决策的决定者。这项研究基本上没有任何成果。由于报告中不断出现错误以及研究合作伙伴之间的争议，最终得出的一个非常明确的结论就是，家庭决策是一个最不明确的过程。有些类型的购买决策是由某一个家庭成员作出的，而其中许多其实是非常冗长却没有结论的决策，最终会通过所谓“随意应付”过程[①]作出一个决定，而这一形象的概念正是由消费者研究员 C. W. 帕克（C. W. Park）提出的。这类“决策”最终只是出于无奈而得出，谁也弄不清决策者是谁，甚至是什么时间作出的也不确定。广告主如果想对这样一个冗长又模糊不清的决策过程进行干预确实是一个很大的挑战。家庭消费者行为非常复杂，而且通常让人难以捉摸。一个人决定这一方面，而另一个人关注那一方面。有时某些特殊购买决策的制定是与性别问题相关的，但有时它们又不是这样。儿童虽然在一些情况下不是购买者，但他们可能会在某些类别产品上成为重要购买动机的发起者或影响者，比如麦片、衣服、度假地点、快餐店以及技术（如电脑）方面。尽管如此，一些广告主还是会利用这种社会系统的灵活性，通过在广告中暗示谁“应该”有消费决策权，然后瞄准决策制定者进行推销，以便达到这样一种效果：那个潜在的决策者会努力作出决策并会尽力维护他或她的购买决定。

我们也知道家庭对消费成员的偏好有一种长久性的影响。成年人使用哪种品牌的产品，最好的品牌来源就是他们的父母曾经用过的牌子。这一规律在汽车、牙膏、家务清洁剂等许多产品行业中都很有效。比方说你要去上大学，需要自己洗衣服，因此去商店买了 Tide 牌洗衣粉。为什么选择 Tide 呢？其实你也不清楚，但是当你和父母居住时在家里能到处看到它，而且它用着很不错，因此买来使用。习惯养成了，你会不断地买来使用。这被称为一种**代际传递效应**。

广告主经常会关注各种类型家庭主要的或显而易见的差别，因为不同的家庭有不同的需求，购买的商品不同，接触到的媒体也不同。当父母双方（或一个单身父母）在外工作，家庭中的角色会发生变化。比如一个十几岁的儿子或女儿可能会被赋予担负购买发起者或采购者的角色，而家长或者父母双方只起到影响的作用。还有，我们应该记得 Ward、June、Wally 和 Beaver 一家（见图表 5—35），他们并不是普通的家庭。社会中有很多单身父母和许多二次甚至三次婚姻的家庭。我们也知道有一些甚至是超过了三次的。在当今时代，家庭是一个很开放的概念。除了“传统式的”核心家庭和单亲家庭外，还有一种延伸性的家庭（核心家庭加上祖父母、侄亲和其他亲戚），包括了单亲家庭以及有子女或无子女的男女同性恋家庭。

除了家庭基本的结构外，广告主还经常会对家庭另外一些情况感兴趣，如家中最小孩子的年龄、成员规模和家庭收入。广告主根据最小孩子的年龄可以推断出现在这个家庭的需求和责任到了哪个阶段（也就是玩具、为大学储蓄的投资计划、穿衣和度假等方面）。当家中最小的孩子离开家，家庭消费模式会发生根本性的改变。广告主都希望追随家庭中最小年龄的孩子的离家前成长轨迹，并把它作为一种计划标准。这种称为**生命阶段**的变量，被频繁地运用于广告和促销计划之中。

**名人**是一个特殊的社会学概念，它对广告主来说极其重要。21 世纪的社会是一个名人的社会。现行的思潮就是，在一个崇尚名流的文化中，名人们使当代消费者有了身份的概念。在消费者文化中，身份已成为“上流社会的点缀”——在震耳欲聋的

---

① C. Whan Park, “Joint Decisions in Home Purchasing: A Muddling-Through Process,” *Journal of Consumer Research*, vol. 9 (September 1982), 151 - 162.

图表 5—35

Cleaver 一家是谁？从人口学角度，他们（劳作的父亲，待在家的母亲，两个孩子，中上等级的社会地位）是一个少数群体，但可能他们创造了一个非常重要的神话，那就是一个稳定的核心家庭。要记住广告和现实并不总是一致的。你是不是觉得更多的人从心底里希望他们有一个这样的家庭呢？

音乐中猛烈摇头晃脑的音乐迷、工作在格子间（术语，描述被安排在狭窄小室里而不是宽敞的办公室里工作）的公司杂役等诸如此类。当代的消费者都洒脱，善于尝试、更换甚至相互交换各种身份，就像他们想尽一切办法通过各种途径达到自己的目的一样。E 时代的孩子们通过名人身份效应在某种程度上追求他们的形象——效仿他们的发型，想象与他们的身形一致，以及社会关系、思想抱负等方面，当然也就是他们的所有风格。不错，风格通常是可能通过购买和装饰塑造的。这就意味着名人和他们的形象是可以用来炫耀个人身份的。由于这个原因，对名人的理解就比单单在相似态度和行为方面的思考更复杂也更加必要。这会影响到我们在某种程度上、每段时间里、对每个广告、在每家商场、每一项购买中我们的消费者身份（见图表 5—36 到图表 5—38）。另外，随着 YouTube、聚友网（MySpace）和 Facebook 的发展，大众媒体和人们日常生活之间的界线越来越模糊。广告主普遍认为这是个好事，因为身份的迅速更换也为他们提供了另一种市场机遇。

图表 5—36 到图表 5—38

这些广告以一种简单成熟的方式利用了名人效应。今天你想成为哪一个？

3. **民族与种族划分**。民族与种族划分为我们提供了另一种考虑社会重要群体的方式。种族问题怎样放到消费者行为问题中呢，要回答这个问题非常困难。我们都会感到一丝困窘，一方面是由于我们要说："种族不是问题，我们大家都是平等的"，另一方面又不想（或不能）否认种族在关系民族文化和影响众多行为包括消费者行为方面的重要性。事实就是我们越来越不确定*种族*到底是什么，它有什么含义。诚然，一个人的人种和个性与他所偏爱的各种产品类型几乎毫无关系。但是由于种族与文化相关，因此种族也与消费者行为相关。不过，在美国、欧洲以及世界上绝大多数地区，民族性的文化越来越多元化，而同时消费者文化却越来越趋同化（当然还有一些明显的例外）（图表 5—39 展示了美国当前以及预期种族多样化情况）。预计到 21 世纪中期，白种人将很可能只占到美国人口的 50%。人口统计现状对广告主和营销商来说非常重要。

图表 5—39

美国种族多元化：以种族分类的美国预期人口调查。单位：百万（以及各种族在总人口中所占比例）

| 年份 | 白种人 | 黑种人 | 西班牙裔人 | 亚洲裔人 | 美印第安人 |
|---|---|---|---|---|---|
| 1996 | 194.4（73.3%） | 32.0（12.1%） | 27.8（10.5%） | 9.1（3.4%） | 2.0（0.7%） |
| 2000 | 197.1（71.8%） | 33.6（12.2%） | 31.4（11.4%） | 10.6（3.9%） | 2.1（0.7%） |
| 2010 | 202.4（68.0%） | 37.5（12.6%） | 41.1（13.8%） | 14.4（4.8%） | 2.3（0.8%） |
| 2020 | 207.4（64.3%） | 41.5（12.9%） | 52.7（16.3%） | 18.6（5.7%） | 2.6（0.8%） |
| 2030 | 210.0（60.5%） | 45.4（13.1%） | 65.6（18.9%） | 23.0（6.6%） | 2.9（0.8%） |
| 2040 | 209.6（56.7%） | 49.4（13.3%） | 80.2（21.7%） | 27.6（7.5%） | 3.2（0.9%） |
| 2050 | 207.9（52.8%） | 53.6（13.6%） | 96.5（24.5%） | 32.4（8.2%） | 3.5（0.9%） |

资料来源　美国人口调查局。

由于调查工作还远远不够，因此在消费者行为领域的研究也很难再有进展。原因很有可能是因为每个人都不愿去讨论它，也可能由于我们现有的大多数结论令人怀疑。通常归因于种族问题还有另一个方面，那就是与种族之间的联系。比如，消费者行为教科书中普遍有些相关内容，大意是在对品牌的忠诚度方面，非裔美国人和西班牙裔人要比英国人更高。我们为读者们提供了更换品牌频率的数据，你看，它确实显示出白种人更容易更换自己使用的品牌。这是为什么呢？有些少数种族居住的地区可选择的零售商品种类非常有限。当我们将统计数据上的收入差异效应剔除掉时会发现，白种人和有色种人之间品牌更换效应通常也会消失。这表明品牌忠诚度并不是由种族决定的，而是由可支配收入与购物选择的多少而决定。

但是种族确实在某种程度上能展示出个人的社会身份。每个人都不会对自己的民族视而不见。非裔美国人、西班牙裔人及其他族群都拥有与文化相关的消费偏好。有些品牌已经开始渗入到某些种族或民族群体中。不过对于广告人员而言，只指出群体之间的差异或表明他们对不同的品牌有不同的偏好只是由于他们来自不同的种族或民族是远远不够的。如果广告主希望能与消费者保持长久良好的关系，他们必须要通过充分的消费者调查深入了解他们所要面对的消费者，以及他们的身份如何受文化、民族感和种族意识的影响。简而言之，广告主必须弄清为什么各种群体的消费者会有所不同或者会偏好不同的品牌，但不要满足于任何一种简单的答案。直到 20 世纪 80 年代的中期到后期，大部分的美国企业才开始努力去迎合非洲裔消费者，甚至才开始注意到他们的存在。① 对西班牙裔消费者下的功夫也一直是断断续续没有起色。图表 5—40 到图表 5—42 为大家展示了一些针对多样化受众的广告案例。

---

① Jannette L. Dates, "Advertising," in *Split Image: African Americans in the Mass Media*, ed. Jannette L. Dates and William Barlow (Washington, DC: Howard University Press, 1990), 421 -454.

图表 5—40 到图 5—42

这些广告是分别针对西班牙裔人、亚洲裔人和非裔美国人设计。

4. **地缘政治**。随着人们开始接受消费者文化基本精神和服饰习惯，世界全球化与大同趋势日益显著，同时也出现了一些突出的逆流趋势：“我们”的品牌。世界上有许多地区还存在大量的宗教—种族—政治方面的冲突，它使得消费产业的一般活动失去了效力。图表 5—43 展示的梅卡可乐（Mecca Cola）产品就是在当代一个很典型的例子。同时还有所谓“绿色”品牌（见图表 5—44）以及一些因为它们的劳动力成分和党派倾向而受到追捧的品牌（见图表 5—45）。

图表 5—43

这一广告带着非常明显的政治倾向。

图表 5—44

油电混合动力的凌志 LS 600h L 最终向消费者作出承诺，“给予开车者的更多，向世界索要的更少”。你有没有发现越来越多的公司开始在广告信息中采用“绿色”营销来推销产品呢？

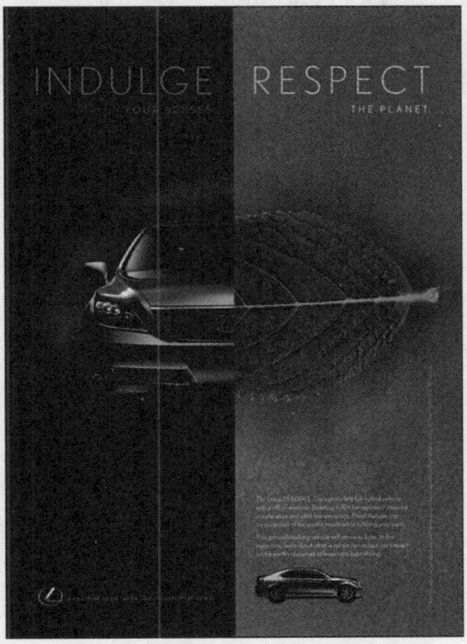

图表 5—45

社会道德心与明智的营销计划并不冲突。

5. **性别**。社会性别是两性生物学、性别选择或两者的综合而得出的社会性词汇。很显然，性别在很大程度上影响着消费。但是透过现象看本质，男性与女性在消费行为方式上真的有任何意义的不同吗？另外，社会性别在某种程度上形成了一种“性别文化”吗？答案是肯定的。既然男性和女性是差别社会化的产物，那么他们肯定会在很多重要方面表现不同。不过我们在消费领域还没有总结出与性别相关的概念性差异列表，这是因为和任何其他社会词汇一样，性别词汇也要依赖社会状况和局势发挥作用。在 20 世纪 20 年代，广告主公开指出女性缺乏逻辑性，更易感情用事，仅仅是徒有其表罢了[1]（有人说现在的广告宣传中还会有引用女性的温柔、不理智、感情用事等特质的情况）。广告宣传能利用性别的显著特征塑造社会现实状况。这不仅是需要注意的社会道德与社会责任问题，同时也能给企业的经营带来好处。如果一个企业以高高在上的态度对待顾客，甚至羞辱他们或者忽视他们，那么你的生意将难以为继，这一点广告主需要铭记在心。

显然，性别因素对消费者行为的影响并不仅仅局限于异性恋的人们。男性同性恋与女性同性恋消费者也是很大很重要的一部分市场。最近，一些巨型企业如 IBM、美国联合航空和花旗银行已经着眼于在这个市场开拓自己的业务。[2] 同时，这一市场的消费者们渴望得到认可，享受市场服务，而不希望被孤立或被排斥。图表 5—46 和图表 5—47 正是面向男女同性恋受众的广告。

---

① Roland Marchand, *Advertising: The American Dream* (Berkeley: University of California Press, 1984), 25.

② Laura Koss-Feder, “Out and About: Firms Introduce Gay-Specific Ads for Mainstream Products, Services,” *Marketing News*, May 25, 1998, 1, 20.

图表5—46

很多广告商已经开始认识到针对特定消费者的营销活动所带来的好处。

图表5—47

在这里，Volvo 试图去吸引男同性恋消费者的注意力。

在20世纪70年代后期，广告主开始关注女性工作者。80年代营销商们又同时注意到了非裔和西班牙裔消费者。后来他们开始注意亚裔美国人，然后是男同性恋与女同性恋群体。当然，这些人以前并没有消失，他们一直存在。这些曾被遗忘被边缘化的群体之所以“被发现”，是因为他们为广告主创造了一些有趣的问题。非常合情合理，这些群体成员们希望像其他消费者一样享受到社会的服务。要想服务于这一市场，一定要先思考一下美国广告联合会的威利·斯奈德（Wally Snyder）所说的话：

*广告作为美国多元文化人群现实生活的体现，必须是由那些有资格的、理解不同的文化之间微妙差异的专业人士创作出来的。否则，那些机构和营销者们将会面临失去消费者的危险，或者更严重的是会疏离成千上万希望购买他们的产品和服务的潜在消费者。建立一个“看上去”越来越像多元文化群体中的一部分的企业，不再是一个简单的道德选择，而是企业的当务之急。*①

社会公众都希望看到媒体脱离墨守成规的宣传与文字表达，或者看到其固有的独特风格的表达方式，但这些仍是不够的。如Commercial Closet（图表5—48）这样的网站对有关LGBT（女同性恋，男同性恋，双性恋，跨性别人群）的广告发表了自己的观点和看法。

图表5—48

这里Commercial Closet评论了两则广告。你又如何看待?

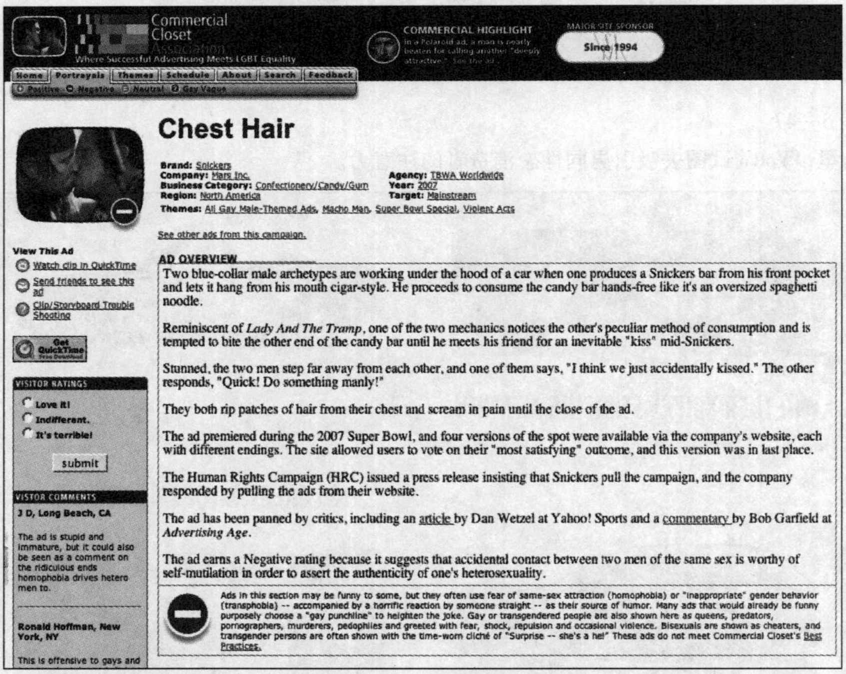


① Wally Snyder, “Advertising's Ethical and Economic Imperative,” *American Advertising* (Fall 1992), 28.

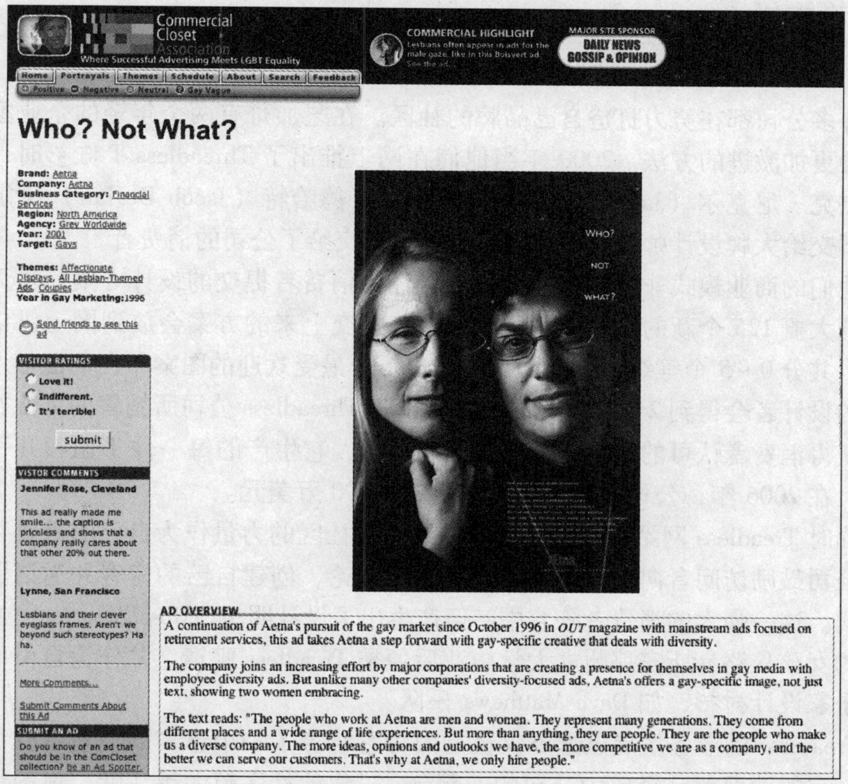


6. **社区**。社区是一个传统的具有强大影响力的社会性概念。它的意义可以极大延伸，并不限于特定的地理区域内。社区可以是想象甚至是虚拟出来的。社区成员认为自己和本社区其他成员在某一特殊方面有着共同点，他属于这一群体，而与那些不属于本社区的人划清了界线。社区成员们有自己的规矩和惯例，并自觉对其他成员和社区负有责任。

广告主已经开始十分关注社区的影响力。产品具有社会意义，社区便是社会的浓缩，因此消费是与我们的生存空间（现实的或者虚拟的）以及那些我们认为相互联系或有归属感的人是分不开的。社区通常是具有强大威力的，一个社区可能是你和邻居们组成的，也可能是那些与你有共同点、让你感觉有亲切关系的人组成的社会俱乐部，或是那些和你有共同收集爱好的人，抑或是那些和你拥有、使用或青睐同一品牌的一群人。

**品牌社区**是由一群认为在某一消费商品或服务上有共同点和共同意志的消费者组成的社区（见正确行事专栏）。① 当 Doc Martens、Saabs、Mountain Dews 或者 Saturns 的消费者们发现他们之间由于共同使用同一产品而具有某种共同性时，品牌社区便形成了。两个完全陌生的人站在停车场中央却在言谈间像一对熟络的老朋友，仅仅是因为他们都开着同一品牌的土星 Saturns 汽车，这便是品牌社区的表现形式之一。这样的社区大都存在于网络中，有人曾这样表述过达到某一程度的品牌狂热现象：

① Albert Muniz, Jr., and Thomas O'Guinn, "Brand Community," *Journal of Consumer Research*, vol. 27 (2001), 412–432.

## 正确行事专栏

### 品牌社区造就品牌

许多公司都在努力打造自己品牌的社区。在芝加哥有两个年轻的企业家采用了一种更加激进的方法。2000 年当他们在网上推出了 Threadless T 恤衫时，两位老板杰克·尼克尔（Jake Nickell）和雅各布·德哈特（Jacob DeHart）决定公司产品不交给大牌设计师设计，而是将这一权利交给了公司的消费者。

他们的商业模式非常简单，公司接受任何消费者提交的设计方案，每天他们会接到大概 125 个新的设计想法。然后这些提交上来的方案会放到网上供访问者评价，共分 0 ~ 5 个等级。每周公司会选出 6 个最受欢迎的图案印在 T 恤衫上。被选中的设计者会得到 2 000 美元的酬劳，由于 Threadless 公司所销售的 T 恤衫都是提前获得消费者认可的产品，因此生意非常好，它生产的每一件 T 恤衫几乎都会卖出。在 2006 年，公司卖出 T 恤衫总额达 1 600 万美元。

同时 Treadless 网站也把它强大的在线网络社区的力量作为自己的重要营销工具。公司鼓励访问者向网站上传图片、发表评论、创建自己的博客并邀请朋友也来访问。这一强大的消费者阵容中甚至产生出了设计明星。Ross Zietz，一位 16 次获胜的女孩从路易斯安那州立大学毕业后便被 Treadless 聘请，并作为自由职业者为音乐家设计衬衫，如 Dave Matthews 乐队。

Treadless 的业务发展迅速不仅仅是因为它培养了一个忠实的消费者社区。实际上，它的消费者已经成为公司的一部分。“你的社区越大越活跃，你的销量就会越高”，创意总监杰弗里·卡尔米科夫（Jeffrey Kalmikoff）说，“我们对此规律深信不疑。”

资料来源 Market Weingarten，“Designed to Grow”，*Business2. 0* ，June 2007，p. 35；Robert Walker，“Consumed Mass Appeal,” *New York Times Magazine*，July 8 ，2007，p. 16.

*可口可乐是历史上最棒的饮料……随着它知名度的提升，也出现了许多效仿者。但是这些效仿者获得利润和知名度的原因，并不是因为它的产品同样出色，我们必须要制止这种情况的发生。这就是为什么我们要联合起来守卫我们的饮料品牌，只要需要，我们就会不遗余力。对于百事可乐所做的一切，我们忍无可忍。惩恶治奸的时候到了。*

*请加入可口可乐队伍中吧。*

——出自比利时某家网站一名 16 岁男孩之笔

有时，社区会在那些品牌厂商、产品消费者或品牌青睐者们之间形成一种势力强大的“主流”关系，随着网络的发展它已经使得这些社区或这一类社区的沟通意义非凡：

*说真的，我一“找到”这一团队便觉得，作为小小一分子自己真幸福，我找到了这么多和我一样喜爱马自达Miata 汽车的朋友。*

——选自某 Miata 用户群论坛贴

这里引用的内容体现了作者发现还有其他用户在使用同一爱车时的喜悦之情——那些与这个“幸福的小小一分子”一样的朋友，一同喜爱着那一物品、那辆车、那一品牌：马自达 Miata。社区中大家一同承诺无论别人认为他们多另类或不可思议，都要共同珍惜与珍爱某一事物或某人——所有这一切都通过在线社区中实现。当这些喜欢同一品牌和同一款车的用户交流时，他们欢喜地看到还有那么一些人和自己一样有着共同的取向、共同的健康问题、共同的宗教信仰。这种社交群体根植于人们对某个品牌的喜爱之情，认为其是有价值的并且值得人们去拥护。当代社会消费与品牌化的高度集中并不会让我们异常惊讶。品牌的影响是社会性的，因此很重要。Saturn 的 Spring Hill Homecoming 被公认为是在维护品牌社区领域的一次非常成功的宣传活动。图表 5—49 展示了 Saturn 如何增强了自己的公众吸引力。

图表 5—49

通用汽车的 Saturn 汽车已成为提高用户社区意识方面的领军品牌。在这一广告中，人们的社区意识通过 Spring Hill Homecoming 活动照片就能体现出来。Savvy Saturn 的营销者们利用“回家”一词作为广告活动的特征，为大家展示了 Saturn 用户和爱车之间特殊的联系。http：//www. saturn. com

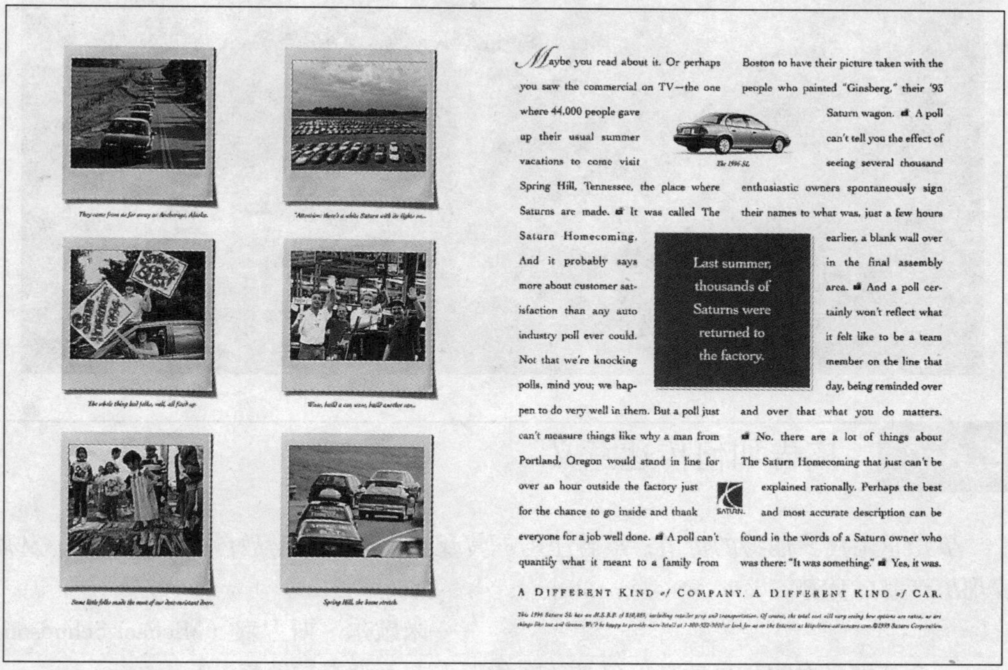


## 5. 3. 2　广告、社会分裂和“变革”

托马斯·弗兰克（Thomas Frank）、道格·霍尔特（Doug Holt）、海尔斯（Heath）、波特（Potter）和其他很多学者曾指出，消费者有时会利用手中消费选择的权利在“变革”之类的情况下提出自己的主张。弗兰克将其追溯到了 20 世纪 60 年代的文化革命（在第 3 章中提到过），他发现特别是对不成熟的市场来说，这是一个机遇，让市场为这些“变革”穿上了特殊外衣，佩戴上了可消费的饰物：特定的“外表”，如穿一身黑衣表达“我属于这一政治群体”的宣言。更普遍的是，我们一定记得在发生任何重大社会运动或飞速变革的时候，广告主们便拥有了大量的机遇。

当热土在动摇，我们的双脚失去平衡，急切想得到一种安慰和保证，这时广告宣传产品便可以向他们承诺这一保证（图表5—50证明了这一点）。

图表5—50

它也许带来了痛苦，但也带来了利益。

## 5.3.3 广告如何传达意义

*事物总是代表他物的价值；广告主的职责仅仅是确保生动地传达品牌信息，从而表现出产品的优势。*

——米歇尔·斯古森（Michael Schudson）

*一个品牌最大的禁忌就是仅仅被放在货架上，而没有被销售。*①

——马丁·戴维森（Martin Davidson）

*到广告机构开始上班，他们告诉你的第一件事就是一件产品和一个品牌之间的区别。因为广告的任务就是把一种产品变成一种品牌。*②

——马丁·戴维森（Martin Davidson）

广告可以被看做一个文本。消费者们“阅读”它，理解它。你可以把它看成和其他文本、书籍、电影、海报、油画等一样的事物。为了“理解”广告，你必须先

① Martin Davidson, "Objects of Desire: How Advertising Works," in Martin Davidson, *The Consumerist Manifesto: Advertising in Postmodern Times* (London: Routledge, 1992), 23 - 60.

② Ibid.

了解某种文化习俗，否则广告没有任何意义。如果想真正看懂一部电影，真正了解它的寓意，必须要了解这部电影创作的文化背景。有时你看一部国外电影（甚至已经用国语配了音），可你就是听不懂其中一些笑话或引言，因为你不具备相关文化知识来真正理解其中的含义。广告也和这类形式的事物一样，是一种社会文化文本。它努力将本来具有某种意义的事物转变为带有其他特殊意义的另一件事物：为了实现销售目的，通过大众媒体将精心设计和制作的信息传达给受众。当然，消费者可根据自己的情况自由选择接受、拒绝或调整信息。广告主们说他们的产品很棒。消费者可能会说："不，我不觉得"，或者"是的，不错"，或者"哦，是吧，不过不是他们想的那样"，或者"也许那是对你，但对于我不是这样的"。尽管广告主在想尽办法将自己想表达的意思传达完整，但最终对广告和品牌的理解还是由消费者决定。同样，消费者会评判品牌的优劣，以及它们的文化价值（资本）。

没错，广告就是将产品转变为品牌商品，有的还获得了极大的成功。他们获得的这些成绩很大程度上是通过将物质产品或营销服务进行一定的意义包装实现的——来自于文化的意义。文化与广告之间的纽带是关键。人类学家格兰特·麦克拉肯（Grant McCracken）利用图表5—51的模型解释了广告（还有一些别的文化行为也是如此）传达意义的功能。理解了广告是一种文化意义传递的途径，你就基本了解了广告。实际上，我们可以负责任地说是广告主在做转化意义的工作。他们把存在于文化中的意义提取出来，赋予品牌之中并以广告信息的形式传递给消费者。

图表5—51
意义的转移。

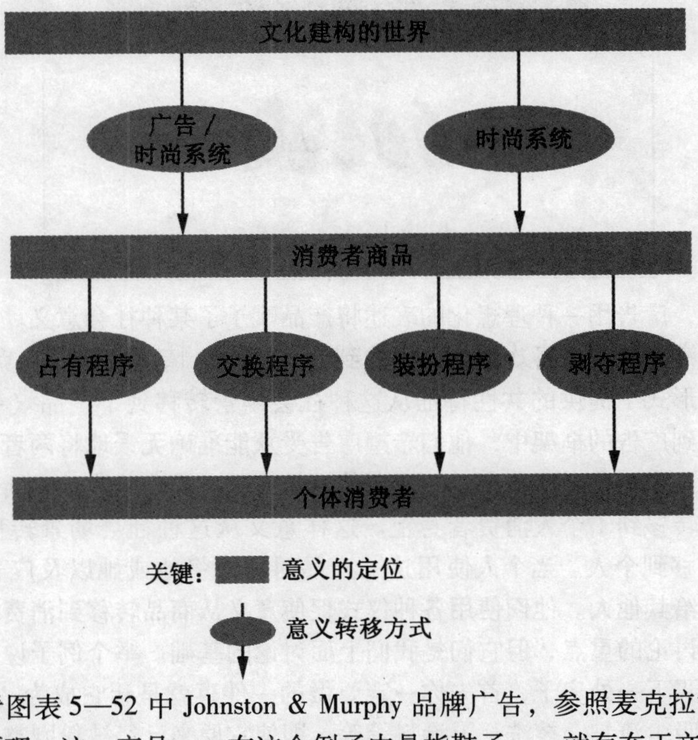


请看一看图表5—52中Johnston & Murphy品牌广告，参照麦克拉肯的模型想想是不是这一原理。这一产品——在这个例子中是指鞋子——就存在于文化建构的世界

（真实的社会环境）中，但是需要广告把它与某种社会活动领域或生活细节联系起来。广告主使广告中的产品与社会生活细节相互影响，掺杂在一起，成为同一社会活动领域的一部分。

图表 5—52

Johnston & Murphy 皮鞋不再是一双普通的鞋。广告的目标是为这一男鞋品牌打出特别的意义。

http：//www. johnstonmurphy. com

换句话说，广告用一种理想化的表述将产品赋予了某种社会意义。当然，这一生活细节必须是潜在消费者喜欢的或渴望找到的一种社会情境。根据麦克拉肯的模型，意义通过广告形式中提供的共性特征从这种社会场景转移到了产品（鞋）上。当广告主将产品放到广告的框架中，他们希望广告受众能准确无误地将两者结合起来并使它们成为一体。当消费者买下产品，或者使产品或服务成为他或她生活中的一部分的时候，意义便转移到了个人消费者身上。这样意义从这种社会场景转移到产品（通过广告）再转移到个人。当个人使用这一产品时，便将他或她以及广告赋予在产品上的意义传达给其他人。他们使用各种仪式促使意义从商品转移到消费者。哪几种仪式并不是我们讨论的重点，但它们是我们上面讨论的基础。举个例子说明一下，当你刚从一人手中买下一处房子，首先你一定要做的一件事就是让它成为“你的”东西，所以便开始了吸尘清扫、擦洗、上涂料等等，即使它原来已经被粉刷整洁，你还是会再做一次。往墙壁上挂上自己的小物品就是为了让房子看上去是属于自己的东西

（占有仪式）。

广告已经成为消费者日常生活中的一处景观和语言，是一种生活现实。人物、线条以及引用语言都已经成为交谈、思考和——全方位式的——文化中的一部分。孩子、同事、家庭成员和脱口秀主持人也都会注意到广告中的**短语、概念、标语和情景**，就像他们看电影、阅读书籍或其他刊物一样，他们会在脑海中通过情景回放，从而不断适应这种情景，最终自己再把想法表达给别人。广告并不是在社会文化背景下实现自己的存在，它已经通过多种方式成为我们的社会文化背景（图表5—53就是一个深刻的典型例子：柏林墙曾经将资本主义与计划经济的马克思—社会主义消费文化分隔开，但现在却成为广告的天然背景）。如果你想创作出优秀的广告就需要知道，了解当代文化并知晓如何将它转移到广告当中是非常有价值的。

图表5—53

现在的柏林墙已经成为广告的天然背景。

## 本章总结

1. 描述消费者作出决策的四个基本步骤

想要制作出优秀的广告，广告主首先要深入理解他们的消费者。首先要把消费者看做系统性的决策制定者，认为他们选择产品或品牌的过程具有可预知性。当消费者发现自己有了某种需求，决策过程便开始了。消费者随即开始搜索信息帮助他了解现有的选择。搜索—评价过程结束后就是购买。购买后的使用和评价会成为关键一环，因为这将决定消费者满意度的高低。

2. 解释消费者如何将自己的决策过程转变为一种介入和体验

有些购买对一些人很重要但对另一些人来说却无所谓，这一事实便加大了分析消费者行为的复杂性。为了解决这一复杂性，广告主要时常考虑各个购买的介入程度。对某一产品或服务种类在介入程度和以往经验方面的不同会产生四种不同的消费者决策模式。这些模式分别是全面解决问题型、有限解决问题型、习惯型或求异型和品牌忠诚型。

3. 讨论在各种不同的心理状态下，广告对消费者行为的影响

广告是用来影响人们看待产品或品牌的方式的。更具体地说，设计广告是希望影响消费者的观点及对品牌的看法。广告主运用多属性态度模型来帮助他们确定目标消费者的观点和看法。然而，消费者的知觉防卫使他们对于商业广告会加以回避或歪曲它要传递的信息。当消费者不会对广告主的信息产生积极的思考回应时，广告主最好在信息中加一个或者更多的周边暗示来吸引他们的注意力。

4. 讨论文化与广告之间的互动关系

广告是一种文化产物，它是在特定文化背景的基础上被人们理解和记忆的。广告主如果忽视了文化对广告的作用，必定会在与目标消费者沟通过程中遇到难以想象的困难。价值观是一种不易改变的观点，在瞬息万变的心理状态下，它是人们对品牌的看法的基础。礼仪习俗是形式化的行为组合，由来自同一文化的群体共同参与。广告如果侵犯了文化价值观和礼仪习俗，便是极大的金钱浪费。广告宣传和整合品牌促销能把产品转变为品牌。它们通过用文化意义包装品牌达到这一目的。那些具有高文化资本的广告会具有更多的价值。而品牌是由消费者和广告主一同创造的。

5. 讨论在消费者行为与广告回馈中，社会因素的角色与作用

消费者行为是指每个人身处消费大众间进行的消费活动。广告有助于意义的转移传递。性别、种族和民族对消费影响巨大。消费者的身份是可变的；消费者会通过购买和使用不同的品牌频繁地转换他们的个人状态。名人效应在这方面非常显著。

6. 讨论广告如何利用社会文化传达的意义来达到销售商品的目的

广告通过将品牌放到一个精心设计的社会情景中，以广告或“生活细节”的形式表现出来，来传达它要表现的意义。广告主编织了一个理想化的社会环境，将所有要表达的意义集于品牌一身。然后，他们把这一品牌小心地放到编织的图画里，让两者（建构的社会世界和某品牌）相互交融，成为一体。意义就是把在广告中精心构建的社会世界转移到品牌之上。

## 关键术语

consumer behavior 消费者行为
variety seeking 求异
meaning 意义
need state 需求状态
brand loyalty 品牌忠诚度

culture 文化
functional benefits 功能性益处
attitude 看法
values 价值观
emotional benefits 情感性益处
brand attitudes 对品牌的看法
rituals 礼仪习俗
internal search 内向型信息搜寻
beliefs 信念
stratification（social class）阶层化（社会等级）
consideration set 斟酌集
salient beliefs 显著观点
taste 品味
external search 外向型信息搜寻
multi-attribute attitude models（MAAMs）多属性态度模式
intergenerational effect 代际效应传递
evaluative criteria 评估标准
life-stage 生命阶段
customer satisfaction 消费者满意度
cognitive consistency 认知一致性
celebrity 名人
cognitive dissonance 认知失调
advertising clutter 广告混乱
gender 社会性别
involvement 介入
selective attention 选择性专注
community 社区
extended problem solving 全面解决问题型
cognitive responses 认知反应
brand communities 品牌社团
limited problem solving 有限解决问题型
elaboration likelihood model（ELM）推敲可能性模式
habit 习惯
peripheral cues 周边暗示

## 问题

1. 当消费者具有了完备的斟酌集，并对这些品牌有一系列的评估标准以后，实际上他们头脑中已经形成了这类产品的信息矩阵。请结合自己的消费经历，填制一个有关快餐店的信息矩阵。

2. 对广告主来说，消费者的认知失调是好事还是坏事呢？请解释一下广告主是如何利用消费者的认知失调创作广告的，原因是什么。

3. 大多数人会很快注意到有些购买决策比其他的购买决策介入程度高。有哪些产品或服务对你来说介入程度很高呢？你为什么认为它们对你来说更重要？

4. 解释一下品牌忠诚度和习惯性购买之间的区别。当一个对品牌非常忠实的顾客到商店发现自己最喜欢的品牌商品缺货，你认为接下来会发生什么？

5. 请利用多属性态度模式研究消费者行为得出的结论描述一下由其引申出的三种转变看法的策略。请举例说明这三个不同的策略是怎样运用到广告宣传活动中的。

6. 请看看电视黄金时间里的商业广告，总结出每一则广告中采用的吸引消费者注意力的策略。这些吸引注意力的策略是否会产生事与愿违的效果？

7. 为什么说文化是不可见的？请解释这一看不见的手是怎样约束和控制广告主的行为活动的？

8. 请举出美国每年中三个很明显的文化习俗。对于每个举出的习俗，请评价一下在这种有影响力的习俗中消费的重要性。

9. 你认为存在代际传递效应现象吗？列出你所使用的衣柜、冰箱和药橱中的产品品牌。在这些品牌中，你认为哪些也是你父母的衣柜、冰箱和药橱中的产品品牌？

10. “在现代高教育水平的社会中，根本没有必要将目标细分市场划分为男性与女性两种。社会性别根本不应该作为开发营销和广告策略的议题。”请评论这一说法。

## 实践练习

1. 请列出一个清单，包含三个你所青睐的商品或服务品牌。请解释，对于每一个品牌，你为什么会有更多的偏爱，在每次需要购买这类商品时会下意识去寻找这一品牌？再阐述一下有哪方面因素会改变你的忠诚度，转而选择其他的竞争品牌。

2. 请找出那些利用以下四种决策制定模式的广告：全面解决问题型、有限解决问题型、习惯型或求异型和品牌忠诚型。解释每一则广告是怎样与特定决策制定模式匹配的，并说明你是否认为这一广告成功运用了这一方法达到吸引消费者的目的。请确保在你的回答中使用介入程度和以往经验这两个概念。

3. 购后评估的关键问题是认知失调——消费者作出高介入产品购买决策后，挥之不去的焦虑或悔意。研究表明有些消费者会更关注已经买下的商品品牌的广告，而较少在意那些竞争品牌的广告。

考虑到这些，请想象一下如果你被一家高档手表制造商聘请设计一个广告宣传活动，目的主要是消除潜在的认知失调效应。公司若想与已购买产品的顾客建立互动沟通，需要有哪些措施？什么样的广告信息和形象能最大程度加强手表消费者对购买的肯定？

4. Vans 是一个冲浪板和滑雪板品牌，以另类设计的无带帆布鞋著称，请组织一个小团队，进行一次头脑风暴，以对本品牌具有高忠诚度的社区消费者为首要目标受众，为下一次广告宣传活动出谋划策。你们会对这一品牌社区采取什么样的措施？在集思广益的过程中，请解释这些手段如何与社区的规定和价值观相联系。同时请思考这次活动为品牌和使用者传达的社会文化意义是什么。

# 6 市场细分、定位与价值主张

通过本章的学习，应该掌握以下技能：

- 1. 了解市场细分的程序
- 2. 描述营销人员划分目标市场的不同依据
- 3. 讨论选择目标市场的标准
- 4. 明确有效定位战略的基本要素
- 5. 回顾确定品牌价值定位的必备要素

## 6.1 引言：你怎样忍耐“难熬的上午”

我们已经知道广告虽然以各种方式表达，但目的往往只有一个，通常都是为了获取新的顾客或者是加强现有顾客的忠诚度。[①] 如果我们不能明确目标消费群，那么广告将不会达到预期效果。因此首先我们需要明确目标受众。

在初次投产某种产品时，大多数公司面临的一个特殊问题就是获取潜在顾客。产品投放初期是让顾客对公司的品牌留下好印象的关键时期。例如，假设我们是吉列公司并寻求任何所有与刮胡子相关的市场，我们总希望新消费者手中所拿的是我们的产品。初次使用产品的消费者不是产品的核心用户，但他们代表了未来的市场。如果我们不赢取这些新用户，最终我们会失败。开展广告营销从而在第一时间赢取新消费者的策略被称为点切入式营销。稍后会详细解释。

Folgers 公司在咖啡行业占据巨大的市场，但是它也不能理所当然地认为它会在新用户市场上同样占据巨大份额。因此 Folgers 公司必须发动营销策略以吸引下一代咖啡消费者，当然这些消费者可能是刚刚有喝咖啡习惯的年轻人。由于被咖啡业巨头例如星巴克和 Dunkin’ Donuts 公司吸引，很多人在青少年时期便开始了解咖啡。但是当在家中自主冲咖啡的时代来临时，Folgers 看到了赢取消费者的巨大商机。

最近，Folgers 品牌团队开发了一个旨在吸引刚毕业的 20 岁左右年轻人的广告创意。当年轻人进入“现实世界”并在陌生城市中的新部门获得第一份工作时，他们将会养成喝咖啡的习惯。Folgers 公司希望当人们受广告影响养成清晨冲咖啡的习惯时，本公司产品能够成为该目标受众的选择。众所周知，上午是很难熬的，所以 Folgers 公司仅仅是想让上午变得轻松一些。但是怎么使这个祖父母辈所钟爱的品牌 Folgers，与新一代的咖啡消费群体联系起来？仅仅通过努力、口号（你杯中的 Folgers 咖啡是唤醒你的最佳选择）和 30 秒的电视插播广告是不够的。

Folgers 团队在与广告代理商上奇公司合作时发现了另一种方法。在设计的广告情景中，上午的时间痛苦难耐，充斥着大量的邮件、上司下达的命令以及那些讨厌的“上午人”（他们由于某些奇怪的原因而喜欢日出时刻）。通过喝 Folgers 咖啡就可以帮助一个人度过煎熬的上午尤其是宽容那些上午人。

很多公司或多或少地存在着和上述 Folgers 公司相同的问题。简单来说，我们必须明确目标消费者是谁以及如何才能引起他们的共鸣。公司通过市场细分的营销手段来解决这种挑战。从我们的立场来看，这是一个关键的过程，因为它决定了我们需要为谁做广告，我们向他们提供的有价值的建议是什么，以及我们怎么靠我们所掌握的信息来吸引他们。

---

① Christie L. Nordhielm, *Marketing Management*: *The Big Picture* (Hoboken, NJ: John Wiley & Sons, Inc. 2006)

## 6.2 市场细分营销战略以及对营销战略的评价

Folgers 公司的例子说明了营销者决定向谁做广告以及怎么做广告的一般过程。Folgers 团队首先着手于所有可能的咖啡消费者的各种市场，并将市场按年龄划分。然后他们选择刚毕业的 20 岁左右的年轻人为他们的目标市场。这个**目标市场**是整个市场的一部分，但他们是公司营销计划和广告战略的核心。

市场划分，产品定位。为了追求目标市场，公司围绕着条理清晰的产品定位战略组织营销和广告投放。**产品定位**是指设计并向目标消费者展示某种产品或服务，以使该产品或服务给目标消费者留下特殊而有价值的印象的过程。**产品定位战略**包括主旨或者主题的选取。当将该主旨或主题与目标市场联系在一起时，该组织将会以此为特征。在上述 Folgers 例子中，产品定位的主旨看起来似乎并非完全有效：它完全是以“难熬的上午”为主题。但是该创意却将 Folgers 咖啡定位于刚刚毕业的 20 岁左右的年轻人。Folgers 团队成员并没有用那句过时的标语“你杯中的 Folgers 咖啡是唤醒你的最佳选择”，因为这样会使目标客户流失。当然，在该例子当中我们还了解了一个向目标消费者传达信息的有效且低成本的方法：把视频放到 YouTube 上吧。

注意图表 6—1 中由 Folgers 公司的例子得出的结论：营销战略包括市场划分、目标市场的确定和产品定位。该结论又被称为**市场细分营销战略**，它是创造有效广告的基础。① 尽管没有公式或者模型保证某种营销战略一定会成功，但是对于消费者的需求和爱好各不相同的市场，我们强烈推荐采用市场细分营销战略。在多样化程度很高的市场上，是不可能开发出一种让人人都满意的产品的，或者说一个广告战略不可能让人人都理解。意识不到这个简单前提的公司将会陷入困境。

图表 6—1

列出市场细分营销战略中有效广告策略的基础。

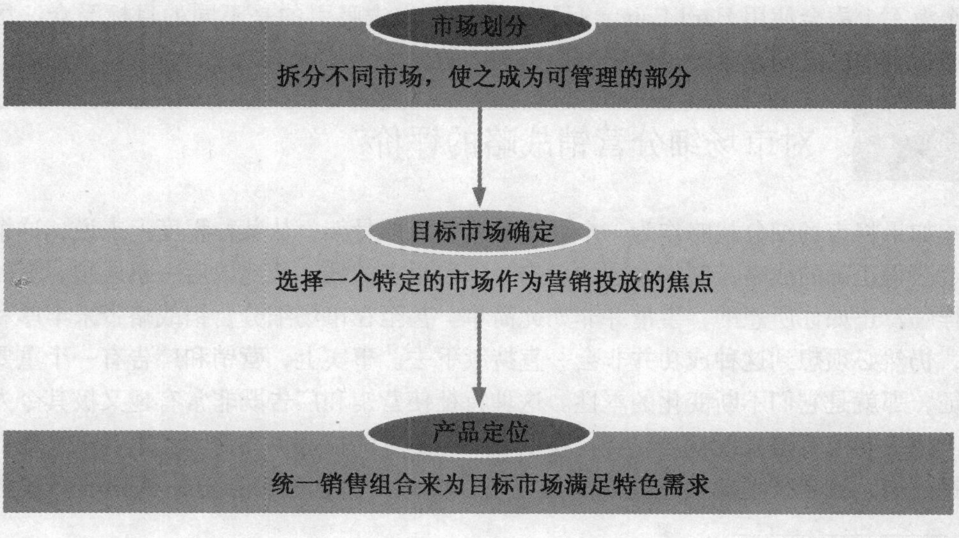


① For more on STP marketing, see Philip Kotler, *Marketing Management* (Upper Saddle River, NJ: Prentice Hall, 2003), ch. 10, 11.

事实上我们可以发现，在大部分种类的产品上，不同消费者的追求是不同的。因此有效利用存在于不同的消费者市场中的销售潜能的唯一方法，便是对每一个市场都开发和推销特定的产品。在这方面，化妆品界巨头雅诗兰黛公司做得最好。[①] 雅诗兰黛公司有 20 多种化妆品品牌，每一个品牌都针对某个特定的目标市场。例如，最初的雅诗兰黛针对的是观念保守、品味高档的女性。倩碧，一个美国中产阶级用于基础护肤的实用品牌。Bobbi Brown 是为上班族妈妈量身打造的品牌，她们游刃有余地处理工作和家庭事务，并让自己在这种生活过程中看起来光彩照人。M. A. C. 针对的是想要更加勇敢的消费者，它的代言人包括：RuPaul，一个六英尺七英寸高、男扮女装的演员；乔治男孩（Boy George）；米西·艾略特（Missy Elliot）；琳达·伊万格丽斯塔（Linda Evangelista）；还有其他的一些人。[②] Prescriptives 的营销对象是多种族混居地区的追求潮流的都市青年。Origins 以其环保的包装和天然的原料推崇母性与人性之间的关系从而吸引相关消费者。这些仅仅是雅诗兰黛为吸引不同的目标受众开发的不同的化妆品品牌的一部分。在 http：//www. elcompanies. com 上可以查阅到该公司目前的品牌目录。

在继续阐述以前，我们先来总结一下雅诗兰黛例子所包含的两个关键点。首先，Folgers 公司的例子似乎让事情看起来太简单了：市场细分远比仅仅决定特定的年龄群体复杂得多。单单以年龄作为划分目标市场的依据是不够的。其次，化妆品的例子表明在识别广阔的目标市场时，许多非人口统计因素也能发挥作用。通过这些不同的品牌，我们看到诸如态度、生活方式、价值观这些因素，都可以在识别和描述消费者市场时发挥作用。

为了说明这些观点，请看图表 6—2 和图表 6—3 所示的广告。他们都是刊登在《Seventeen》杂志上的，这两则广告目标受众都是青春期的少女。但是对比两则广告我们可以很容易地发现，两个广告商针对的群体有所不同。坦白地讲，我们难以想象一个海军上尉会使用 Hard Candy 润唇膏。这些广告吸引的是不同的目标受众，尽管这些市场中的人们在年龄与性别方面是相同的。

## 对市场细分营销战略的评价

如果将市场细分战略作为一个公司战略发展的骨架，从某种程度上来说，这个公司会获得正确的战略，制作合适的广告，赚取很多的钱，从此以后一帆风顺。真的是这样吗？正如你所想的，事情并非如此简单。甚至在市场细分营销战略带来丰厚利润时，仍然必须想到这种成功并非会一直持续下去。事实上，营销和广告有一个重要的特征，那就是它们不断变化的本性。这种特征使营销和广告既非常有趣又极其令人沮丧。用一句流行语来说就是，万物在变——消费者的偏好也在变。竞争者改进他们的营销战略，或者技术发生改变以及流行的产品过时，这些都会迫使营销战略发生变

① Nina Munk, "Why Women Find Lauder Mesmerizing," *Fortune*, May 25, 1998, 96 - 106.

② Stephanie Thompson, "Gager Mixes Art, Commerce to Boost M. A. C. Sales, Image," *Advertising Age*, April 12, 2004, 60.

化。在公司的竞争环境中，当某些因素改变时，成功的营销战略需要被修正，甚至需要重新制定营销战略。

图表 6—2

广告主所刻画的美国武装部队（U. S. Armed Force），包括海军，给人的感觉是非常好斗并且十分老练。注意他们是如何运用他们的广告标语：精炼、自豪、海军。http：//www. marines. com

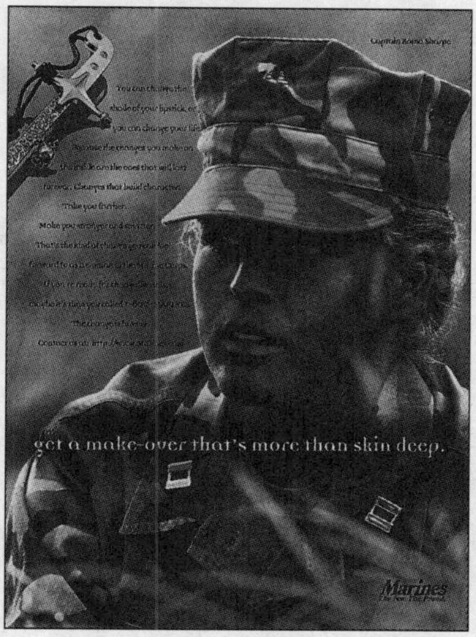


图表 6—3

Hard Candy 能成为时尚品牌很大程度上是因为其不囿于传统、精力充沛的创始人 Gen-Xer Dineh Mohajer，她不满意于传统化妆品公司提供给她和她所在市场人群的产品（http：//www. hardcandy. com）。她认为在加利福尼亚的天空下一定要有一些新东西。互联网技术公司 Cisco（http：//www. urbandecay. com）的共同创始人 Sandy Lerner 由于不满意 Lancome 这样的公司提供的产品而创造了 Urban Decay 这一品牌，从而为时尚达人提供了另一种选择（http：//www. lancome. com）

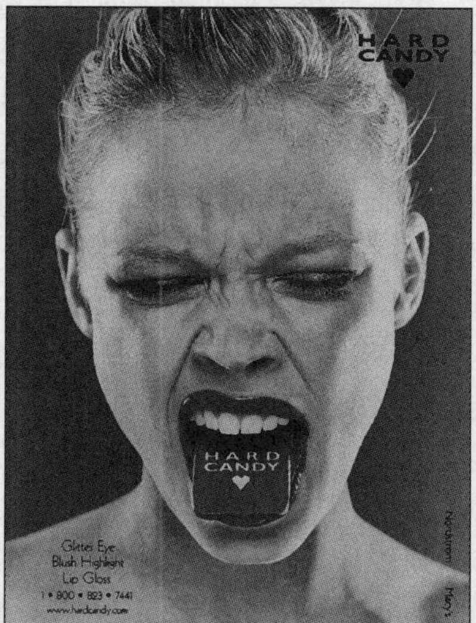

为了保持产品的生命力和盈利性，公司有两种选择。第一种是必须重新评估市场划分战略。这也许要对当前的目标市场进行更详细的考察，以发现更好的满足目标市场所需要的途径。也可能会像雅诗兰黛例子中所说的，选取新的目标市场并为之开发新的产品。

另一种选择是采取产品差异化战略。正如在第1章中定义的，差异化是公司集中精力生产不同于竞争者提供的产品。在产品差异化战略中，广告起着关键的作用，因为它们使消费者不得不相信这种差异化的存在。例如，Schick 公司在吉列公司推出 Mach3 Turbo 产品后，推出了带有四个刀片而不是三个刀片的 Schick Quattro 系列产品。但是第四个刀片真的会让胡子刮得更干净吗？这就是产品差异化战略，Schick 的广告使男人们相信了第四个刀片是使胡子刮得更干净所必需的。但是接下来是吉列公司推出改进系列，它拥有五个刀片，并强调刮胡效果比四个刀片产品更干净更彻底，从而达到了预期的效果。

我们所要说的是，支撑市场细分战略的营销策略和广告宣传是没有止境的。在激烈竞争的市场中，市场细分战略的成功采用是暂时的。在这个高竞争性的市场中，任何成功的创新都几乎可以确定被竞争者复制或者“升级”。因此，营销者和广告主的有价值的创造过程是持续不断的。必须坚持采用市场细分营销战略，并以产品差异化战略作为其补充。

其实，每个组织必定会因争取吸引某些消费者群体而轻视或忽视了其他的消费者。在本章中我们将以营销计划和广告战略为基础，详细研究组织决定以谁为目标并忽略谁的决策方法。在实施这些战略的过程中，广告战略的关键作用也是很显著的。

## 6.3 识别目标市场

在市场细分战略中，第一步就是将巨大而混杂的市场划分为更多可控的分市场或者消费者群体。这种行为被称为**市场划分**。划分方式有许多种，但是需要注意的是，广告主应当通过消费者某种共有特性来识别一个群体。因为与其他消费者群体相比，这种特性使得这个群体的成员对同一个营销计划的反应与众不同。为了真正地获取目标市场的消费者，广告主还必须向目标受众传达关于产品的信息。这就意味着广告主必须能够分析出该群体使用的媒介工具，以便通过这些媒介向该群体传达信息。例如，产品信息可以通过视频游戏和电影、某段说唱乐、当代的摇滚乐或者乡村音乐电台，或其他网络方式让年轻男性所熟知。在富裕家庭（例如年家庭收入超过10万美元）中最受欢迎的电视节目是*欢乐单身派对（Seinfeld）*，这个节目成为以高消费者为目标受众的广告商的广泛选择。

在这部分中我们将会回顾划分一般消费市场的几种方法。市场可以通过使用方式（usage patterns）、忠诚度、人口统计和地理条件、消费心理和生活方式、利益寻求来划分。很多时候，我们可能会同时使用好几种划分标准来确定目标市场。用这种方法得出的结论都是令人满意的，因为有关目标市场的信息越多，就越能做出好的营销方案和广告策划。

## 6.3.1 使用方式和忠诚度

划分目标市场的最普通的方式之一就是通过消费者的使用方式或者忠诚度来划分。就使用方式来说，重点是要认清大部分产品和服务，总有一些使用者的购买行为比其他的人更加**频繁**。某种产品的核心用户购买了该产品销售量的绝大部分，因此这些人成为首要的或者重要的目标市场。[①]

例如，Coffee-mate 的主管们实施了一项计划，他们产品的外包装都印有免费热线，对于某些通过热线电话进行投诉或者抱怨的顾客，他们会再次打电话联系这些投诉者，从而更好地了解他们的顾客。[②] 结果他们碰到了 44 岁的保拉·鲍姆加特纳（Paula Baumgartner），她每周要消费 4 罐 Coffee-mate 牌的穆哈口味奶精（是的，这意味着她一年的消费量超过 200 罐!），现在她是一个老顾客了。传统营销学认为深入了解像鲍姆加特纳这样的常客并将他们作为公司营销策略核心才能让公司获取最大的利益。下面要讲的事例可能会让 Folgers 的品牌营销团队感兴趣，鲍姆加特纳解释说她是从 21 岁开始全职工作时才养成定期喝咖啡的习惯的（也就是说，她当时仅仅是一个 20 岁左右的年轻人）。我们不知道她现在是否在喝 Folgers 咖啡……

尽管关注核心用户是一种很明智的做法，但是这种策略仍存在一些内在缺陷。一方面，忠诚的客户也许完全不需要被鼓励去继续消费。另外，对常客的关注会分散厂商的精力和资源，从而不能顾及到那些真正需要被鼓励消费的新用户。也许最重要的是，从消费动机、品牌忠诚度、品牌印象方面来说，核心用户和一般消费者会有明显的不同。

另一种市场划分方法是将重要的使用方式和忠诚度联系起来将市场划分为四种基本的类型：品牌忠诚消费者、转换者（或者多样性寻求者）、非消费者、新兴消费者。[③] 每一个市场代表了广告主的一个特定的机会。与其他三种消费群体相比，**非消费者**提供的机会最小。如果**品牌忠诚消费者**是我们的顾客，那么他们就意味着巨大的价值，但是如果他们忠诚于竞争者的品牌，那我们也很难赢得他们的芳心。

**转换者或者多样性寻求者**通常购买减价折扣或能提供其他价格优惠的产品。无论是通过价格优惠还是高调的广告宣传，为了获取这部分消费者总要花费巨大，并且赢取这部分市场所花费的金钱和获得这部分市场所带来的利润基本上一样多。

**新兴消费者**给公司创造了重要的商机。在大多数产品种类中都会有持续的初级消费者大量涌现。大量新兴消费者出现的原因由于产品种类和购买诱因的不同也有所不同，这些购买诱因包括青春期、大学毕业、结婚、新出生的婴儿、离婚、新工作、大的升职或者退休等。对于许多种类的产品来说，新居民也能够成为大量新兴消费者的来源。X 代作为很大一群新兴青少年消费者而吸引了营销者和广告主。但是随着时间

---

① Steve Hughes, "Small Segments, Big Payoff," *Advertising Age*, January 15, 2007, 17.

② Deborah Ball, "Toll-Free Tips: Nestle Hotlines Yield Big Ideas," *Wall Street Journal*, September 3, 2004, A7.

③ This four-way scheme is detailed in David W. Stewart, "Advertising in Slow-Growth Economies," *American Demographics* (September 1994), 40-46.

的推移，难以避免的是，X代失去了他新兴的地位而被一个新的年龄群体所取代，即Y代，Y代接替X代成为广告主的最爱。①

影响新兴消费者消费的因素有很多，但是这些因素都有一个显著的共同特征：他们的品牌偏好还未正式形成。以新兴消费者为目标，向他们提供与其年龄和社会环境相符的产品信息，一般公司都可以在短期内得到良好的回应。但是一个有良好洞察力的公司会通过这种方法获取顾客的品牌忠诚度从而收益颇丰。试图吸引首次消费者的正在发展的广告营销又被称为**切入点式营销**。听起来很熟悉？它正是Folgers公司在以20岁左右的人为目标市场时采取的策略。与之相关的一个例子：银行灵活地吸引大学生用户，他们虽然在短期内收入有限，但却是潜在的极好的长期消费者。如图表6—4所示，它是一则来自Wells Fargo银行的广告，它旨在吸引亚利桑那州立大学的新兴消费者。

图表6—4

新兴消费者代表着很多公司长期机遇的重要源泉。你曾经把自己看做过新兴消费者吗？http：//www.wellsfargo.com

## 6.3.2 人口统计划分

**人口统计划分**广泛应用于目标市场的选择，它包括的基本依据有年龄、性别、种

① Bonnie Tsui, "Generation Next," *Advertising Age*, January 15, 2001, 14, 16.

族、社会地位、收入、教育和职位（详细的可能性列举见 http://www.factfinder.census.gov）。人口统计在市场划分中有特殊意义，因为如果广告主了解目标市场的人口特征，那么选取有效的媒介向目标市场推销产品就会变得更加容易。

人口统计信息有两方面的作用。首先，它通常用于描述或刻画区别于其他各种市场的某些特定市场。如果一个组织首先通过产品使用率划分了它的市场，下一步将是通过年龄或收入等人口特征来描述或者刻画它的长期使用者。事实上，区分目标市场的最普通的方法之一就是把使用频率与人口特征结合起来。

美孚石油公司（Mobil Oil Corporation）在划分汽油消费者的市场时就使用了这种方法，并划分出五个基本市场：马路斗士，忠诚者，F3 一代，家用消费者，比价购买者。[①] 通过对 2 000 多名汽车驾驶人员的进一步调查，公司得以深入了解了五个市场。其中一个极端情况是，马路斗士每年在加油站花费至少 1 200 美元；他们购买最好的汽油、点心、饮料，并且有时还会顺便洗车。马路斗士大都是经济条件优越的中年男子，他们每年的行程为 25 000 ~ 50 000 英里（注意 Mobil 是怎样将使用信息与人口特征联系起来并得出目标市场的详细情况的）。相反，比价购买者每年在加油站的花费不到 700 美元。他们大都不富裕，很少购买高品质的汽油并且不会忠诚于某一特定品牌汽油或加油站。就市场的大小来说，高速公路上的比价购买者用户数量比马路斗士多 25%。如果你是 Mobil 的销售副总监你会选取上述两种市场的哪个作为目标市场？思考一下，我们还会在后文中提到这个问题。

其次，在市场划分的最初阶段，我们会经常使用人口统计方法来进行市场划分。在 Folgers 的例子中就是如此，它把刚刚毕业的年轻人作为其目标市场。由于一个家庭通常共同商议度假，因此人口因素也是旅游业选取目标市场时所主要考虑的方面。并且有小孩子的家庭通常是营销者的首要关注对象。例如，巴哈马政府制定了一项吸引家庭到它们的岛屿天堂度假的计划。但是巴哈马官员并不是以爸爸和妈妈作为推销对象，而是以尼克国际儿童频道的 2 ~ 11 岁的小观众作为目标市场。[②] 针对孩子的推销通常是复杂的，正如第 4 章中所讲的，这种行为通常也会引起争议。“正确行事”专栏中提供了一些以专业的方式接近幼年消费者的诀窍。

另一个受到广告商重新关注的人口群体是“富皮士”，即富裕的老年人。在美国，超过 50 岁的老人持有这个国家 2/3 的财富，大约 28 万亿美元。55 ~ 64 岁的人面临的家庭净平均花费比 35 岁以下的人面临的要大 15 倍。简而言之，对于 20 岁的人来说 100 美元就已经很多了，但是对于富皮士来说 100 美元仅仅是购买一套 10 000 美元的家庭影院的零头。诸如福特、索尼、塔吉特百货、安海斯—布希公司（Anheuser-Busch）、华特迪斯尼和维珍娱乐集团的营销者再次把富皮士考虑进了产品的研发中。[③] 到 2025 年，超过 50 岁的人将会增加 80%，占据美国人口的 1/3。富皮

---

① Allanna Sullivan, "Mobil Bets Drivers Pick Cappuccino over Low Prices," *Wall Street Journal*, January 30, 1995, B1.

② Sally Beatty, "Nickelodeon Sets $30 Million Ad Deal with the Bahamas," *Wall Street Journal*, March 14, 2001, B6.

③ Kelly Greene, "Marketing Surprise: Older Consumers Buy Stuff, Too," *Wall Street Journal*, April 6, 2004, A1, A12.

士市场的扩大在其他国家也很显著，例如日本和西欧的一些国家。当然，像其他年龄段的市场一样，老年消费者也是一个多样化的群体，原先的那种营销方式已经行不通了。有些营销者建议将老年消费者划分为50~64岁、65~74岁、75~84岁、85岁以上这几个阶段，以便反映各个群体在需要上的显著的不同。这是一个好的开始，但是再次强调，年龄并不是市场划分的唯一因素。

## 正确行事专栏

### 特别注意对孩子的促销

随着社会变得更加富裕，孩子的可自由支配收入越来越多。孩子们还会在由妈妈、爸爸、爷爷、奶奶、叔叔、婶婶等人作出的购买决定中发挥重要的影响。当你把所有孩子的消费影响力加在一起时，你会发现孩子们控制或影响着每年数以千亿美元的花销。因此，在很多情况下，将儿童、少年、青年作为特定促销计划的首要目标市场是合乎情理的。当将孩子作为特定促销的目标市场时，我们要特别遵守三点准则：

●*入乡随俗*。当厂商要把将电脑、高科技视频游戏和网络视为平常事物的一代人作为目标市场时，他们必须要学会入乡随俗。这通常意味着要将网络作为营销的一部分。例如，甚至一张没有什么科技含量的棒球卡片赠品都可以搬到网络上。四季宝Skippy花生酱想出了这样一种推销，它请棒球明星——纽约杨基队的德瑞克·基特（Derek Jeter）为其代言人。四季宝罐顶部指引孩子们去peanutbutter.com网站，在该网站输入密码就收到名为Digibles的下载卡片。这些数字棒球卡片提供了杨基队超级明星的声音和视频。

●*像对待家人一样对待他们*。当你将促销活动上传到网络时，你应当时刻关注客户的隐私，针对孩子的营销中更应该如此，我们建议你尊重年轻消费者的隐私，因为这是应该做的并且有无数的法律要求这样做。由联邦贸易委员会强制执行的儿童网上隐私保护法，对以儿童为促销对象的那些网站的数据搜索、垃圾邮件、抽奖和竞赛等方面进行了限制。福克斯儿童电视网的促销指导者苏姗·本纳特（Susan Bennett）说："如果你涉及儿童营销领域，你最好知道什么是儿童网上隐私保护法。"详情请登录http：//www.coppa.org/comply.htm网站查询。

●*另辟蹊径*。真正酷的东西都发生在年轻人中间。孩子们不太可能由于对数学、科学、阅读，特别是环境和万物感兴趣而被他们的同龄人所嘲笑。换句话说，聪明的儿童受到人们的追捧。因此，教育主题的使用在儿童品牌的推广中越来越普遍。通过参与式学习从而吸引孩子的做法有着广阔的前景。例如，在针对儿童和他们的家庭的巴哈马群岛广告营销的案例中，广告卖点之一就是可以了解在巴哈马群岛的珊瑚礁，并教会孩子们如何帮助保护濒临消失的航道。采用赠品策略固然好，但不要忘记另辟蹊径。

资料来源　John Palmer，"Connecting to Kid"，*Promo Magazine*，March 2001，21-23；and Nancy Keates，"Catering to Kid"，*Wall Street Journal*，May 3，2002，WL，W6.

## 6.3.3 地理划分

除了强调一下地理因素在市场划分的作用外，关于**地理划分**没有什么别的需要解释的内容。一个国家可以依据地区（例如，美国的西北部和美国的新英格兰）、州或者省、城市，或者甚至通过邻近地区对市场进行地理分割。对于诸如防滑轮胎和滑雪板之类的产品来说，气候和地形特征会使区域性的消费产生显著的不同，但是与地理相关的其他市场因素可能就没这么明显了。饮食习惯、娱乐爱好、休闲活动，以及生活方式的其他方面，都会随着地理位置的不同而变化。如图表 6—5 所示，即使是 Hostess Twinkies 这样的品牌，也有其销售空白区。

图表 6—5

食用 Hostess Twinkies 的人（深色区域表示的是消费量最高的区域）。

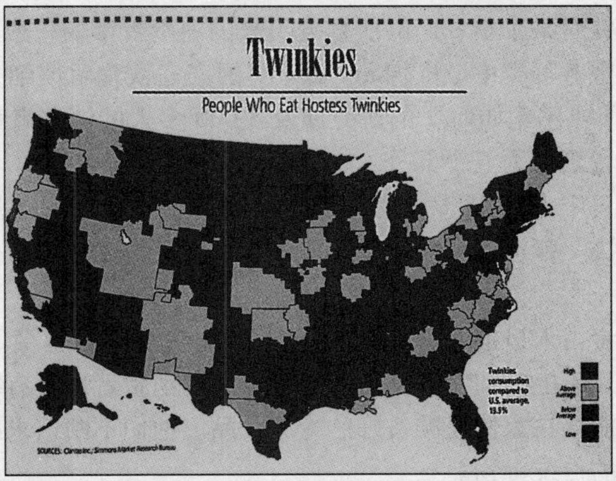


近年来，专业的营销者将人们的居住信息与美国人口普查局的人口统计信息综合起来创造了市场划分的一种新方式——地理人口市场划分。① **地理人口市场划分**方法可以（通过邮政编码）鉴别出与本国有相同的人口统计特征的邻国区域。一个称为 PRIZM（通过邮编营销的潜力评价指数）的系统，确定了 62 个市场，涵盖所有美国的邮编区域。通过系统我们可以发现，每个区域中都有具有相似的生活方式特点的人，并且在全国范围内都能找到。

例如，追求美国梦的这一代人群大多存在于大都市中，这其中有奋发向上的外来少数族裔，其中大部分人是在外国出生的。这部分人的品牌偏好不同于从属于农工业消费者的偏好，农工业消费者是指这样一类年轻家庭，他们的父母都在美国小城镇从事着低收入的工作。由于它们提供的市场深度描述，以及其准确识别该市场的地理位置的能力，这种像 PRIZM 的系统很受欢迎（有关详细信息，可在 http://www.claritas.com 网站上搜索 PRIZM）。

① Amy Merrick, "Counting on the Census," *Wall Street Journal*, February 14, 2001, B1.

## 6.3.4 消费心理和生活方式划分

消费心理这个术语是广告商于20世纪60年代中期在进行一项对消费者的行为、利益和建议（AIOs）的研究时创造出来的。[①] 很多广告机构利用人口统计变量来划分市场，但是当他们想要深入了解消费者的消费动机时，人口统计变量并不能提供这方面信息。因此人们发明了消费心理用于人口统计数据的补充。由于对消费者的活动、利益和意见的关注往往也能让调查人员了解被划分的各个市场的消费者的生活方式上的不同，所以这种方法又带来了一种新的市场划分方式——按照消费者的生活方式进行市场划分。了解目标市场的生活方式对于创造对消费者有真正意义的广告来说是很有价值的。

生活方式或消费心理市场划分可以通过对与某一单一产品种类密切相关的问题的重点考察来完成。针对某个单一产品所划分出来的消费者市场一般来说都可以应用到很多别的产品或者服务种类中。Pillsbury对于美国家庭饮食习惯细分的研究可以说明前一个问题。[②] 这种“感觉如何”的研究涉及3 000多人的消费者访问，并根据饮食习惯的不同把消费者划分为五个部分：

●***速食者***在人口中占据26%，他们是各种快餐店的常客。这些人用微波炉加热的爆米花就可以解决一顿饭。只要爆米花能够充饥而又方便，那么这部分消费者对这顿饭就很满意。

●***实惠型消费者***占人口的18%，他们比上类消费者年龄稍微大一些，但是对于方便性的需求并不亚于上类消费者。由于这种类型的消费者通常有家，他们对方便食品的需求通常包括能够在家快速准备好的冷冻食品。他们不断追求的是生活中所需要的能够快速准备好的传统食物。

●***回家做饭者***占人口的21%，其中包括收入丰厚的蓝领家庭。他们通常忠诚于当地的传统饮食，例如美国中西部的传统饮食是肉类和土豆，而美国新英格兰地区则是海鲜浓汤。炸鸡、饼干和肉汁，以及熏肉和蛋使这一部分消费者的胆固醇最高。

●***挑剔的饮食者***占人口的20%，他们大部分生活在西海岸地区。他们通常以面食、鱼、无皮鸡肉，以及成堆的新鲜水果和蔬菜来代替纯粹的肉食。他们相信自己十分了解营养搭配问题并愿意尝试健康的食物。

●***快乐饮食者***占据了剩下的15%，但他们的人数却正在不断减少。他们以家庭为基础并从为家庭准备一顿丰盛的饭中得到满足感。这类消费群体中的年轻妈妈尽管了解营养搭配但是却并不遵循它，这类消费者以肉类菜肴、砂锅、馅饼、蛋糕和饼干为食。

我们从Pillsbury的五个消费心理市场划分的简短描述就可以清楚地看到不同的营销和广告计划针对的是不同的人群。见图表6—6和图表6—7所示的来自Pillsbury的广告，你能看出他们的目标市场是什么吗？

---

① Michael R. Solomon, *Consumer Behavior* (Upper Saddle River, NJ: Pearson Prentice Hall, 2007), 215－219.

② Rebecca Piirto, *Beyond Mind Games: The Marketing Power of Psychographics* (Ithaca, NY: American Demographics Books, 1991), 222－223.

图表 6—6

这则广告中 Pillsbury 的目标市场是哪种生活方式的消费者？看起来速食者和实惠型消费者是不相上下的。Pillsbury 网站（http：//www. Pillsbury. com）的目标市场与广告中的目标市场是相同的吗？网站是以何种特色建立起消费者忠诚度的？基于网站的信息与设计，Pillsbury 看起来假设它的目标市场的生活方式是什么样的？

图表 6—7

以方便性为目标的实惠型消费者看起来是这则新颖广告的天然目标市场。Pillsbury 油炸面圈肯定会受到他们的追捧！www. pillsbury. com

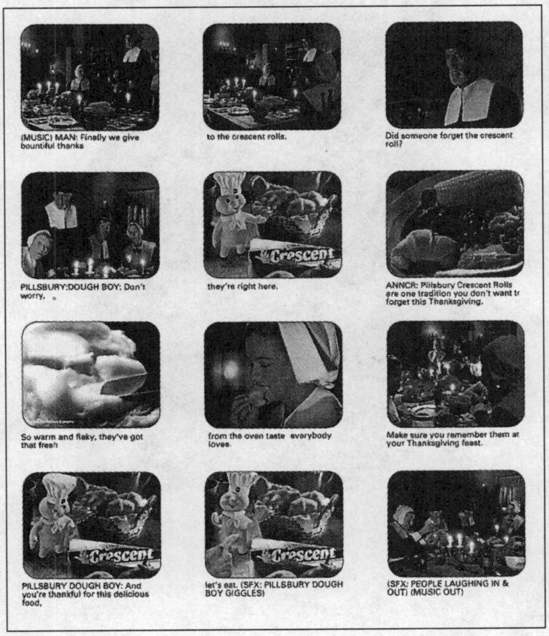

据说，生活方式市场划分研究即便不针对某种特定产品类别也能够完成，并且划分结果同样可以用于很多不同种类的市场。这种方法的典型例子就是 VALS（即价值观和生活方式）系统，这个系统是由 SRI International 开发并由加利福尼亚的门洛帕克商务智能咨询公司营销的。① VALS 系统在 1978 年首次运用并划分出九个潜在市场，但是近几年被修订为八个市场。

市场的划分是根据消费者的个人条件（包括年龄、收入和教育）和初始动机来完成的。以体验者为例，他们相对富裕并善于表达。这个充满热情并且敢于接受挑战的群体尚未建立可预测的行为模式。他们关注体育，并把充沛的精力用于娱乐、运动和社会活动。门洛帕克商务智能咨询公司将八个目标市场的详细的信息和营销建议出售给不同的营销机构。

## 6.3.5 利益划分

另一种由广告研究人士发明并在过去的 30 年中广泛应用的市场划分方法是**利益划分**。在利益划分中，目标市场是通过不同的消费者从竞争的产品和品牌中想要得到的利益不同而划定出来的。例如，不同的人购买汽车的关注点不同。一些消费者在意的是节能和安全，而另一些想要的是速度、激情和魅力，还有一些要追求豪华，舒适和地位的感觉。一个产品不可能同时满足所有的需求。如图表 6—8 和图表 6—9 展示的两种不同的护发产品满足的是两种不同类型的消费者需求。

图表 6—8

Bed Head 在这则广告中就采用了利益市场划分的营销策略。如果你所追求的是明星一样的光彩外表的话，那就选择 Think Tick 这款产品吧！

① Ibid.; see chs. 3, 5, and 8 for an extensive discussion of the VALS system.

图表 6—9

Catwalk 宣传它们的产品有 3D 特点：Defrizz-Define-Detangle。并且最终使用效果无庸置疑——Curls Rock！

## 6.3.6 企业对企业市场的划分

截止到目前，我们所讨论的市场划分方法重点是关于**消费者市场**的。消费者市场是指产品或者服务被个人或者家庭购买并用于满足其特定需要的市场。与消费者市场营销相对应的是企业市场营销。**企业市场**是指其购买的产品将用于其他的产品或者服务的生产或者重新出售给其他的企业或者家庭的市场。尽管广告在消费者市场上较为流行，但是诸如手机、网络托管、咨询服务，以及各式各样的商业机器和电脑维护服务（详见图表 6—10 和图表 6—11）等通常都是提供给全世界的企业消费者的。因此，市场划分策略对于企业对企业市场同样意义重大。

企业市场也可以用我们前面所述的几种方法来划分。[①] 例如，企业消费者，他们的使用频率和地理位置等方面各不相同，所以这些不同的因素可以用于企业市场的划分。另外，最普通的一种划分方法是美国人口普查局所发明的标准工业划分法(SIC)。SIC 信息有助于界定企业的类别并确定这些企业的确切位置。

某些针对消费者市场的相当成熟的市场划分方法却不能很好地应用到企业市场中。[②] 例如，在企业对企业的市场中，几乎不存在心理和生活方式的划分。在企业市场上，广告主转而采用简单的战略，从企业购买力的角度进行市场划分效果更佳。以企业购买力为标准进行划分是一种划分方法。据证实，产品期待者、新消费者和老练的消费者想要从他们的供应商那里获取的利益目标非常不同，因此在广告和销售计划

① Kotler, *Marketing Management*, 296 - 298.

② Thomas S. Robertson and Howard Barich, "A Successful Approach to Segmenting Industrial Markets," *Planning Forum* (Nov/Dec 1992), 5 - 11.

中应将他们作为单独的目标市场。

图表 6—10

Document Company 把它的商标名称和产品，如打印机、复印机、传真机，成功推向世界。集多种功能于一身的特点使得其公司产品受到北美和南美商务人员的青睐。http：//www. xerox. cl

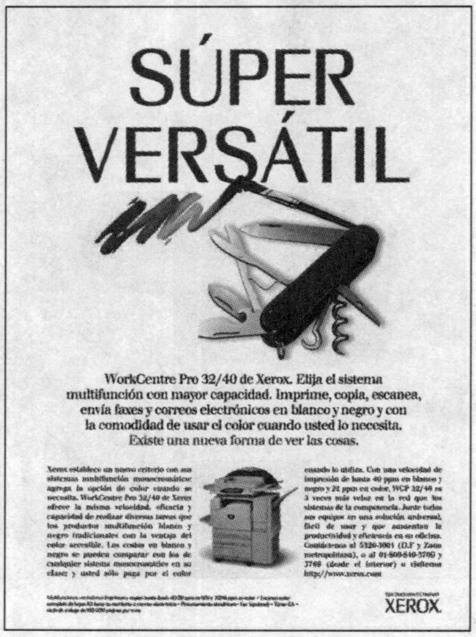


图表 6—11

小型企业主是一个面临独特挑战的销售市场，并且因此成为许多广告策略的焦点。

## 6.4 优先考虑的目标市场

不管市场的划分是通过产品使用情况、人口统计特征、地理位置、个人利益完成，还是通过上述划分标准的组合而完成，市场的细分会分散广告人员对某些划分后的市场的注意力，从而产生困惑。在市场细分的营销战略实施过程中，广告主必须走出这种潜在市场划分混乱的困惑，选择一个能成为营销和广告计划的目标市场的子集。回想一下美孚石油公司的例子，它通过产品使用情况和人口统计特征将市场细分。当在马路斗士和比价购买者之间选择可能的目标市场时，美孚将会用什么标准来评判呢?

也许选取目标市场的最基本的标准是该市场的消费者的需求与公司对其的提供能力之间的对比。每一个公司都有其独特的优点和缺点，在选取目标市场时必须认清这些优缺点。一些公司可能在生产的某一方面有很强的优势，例如吉列公司在批量生产精密的塑料和金属制品方面很精通。公司的长处也可能是拥有训练有素、忠于职守的工作人员，就像联邦快递公司的员工。联邦快递公司能够有效地执行为消费者制订的新服务计划，如两天快递“保证在上午10：30准时到达”。为了满足目标市场，公司也许为获得或者改进满足消费者需要的能力而不得不作出额外的投入。但如果成本太高，必须考虑另寻市场。

在市场选择中主要考虑的另一方面是目标市场的规模和发展潜能。市场规模是市场中的人口、家庭、相关机构的数量，还有他们在该种产品上的消费预算。在评估市场的规模时广告主必须时刻谨记核心用户的人数相对较少的事实，但是这些消费者极高的消费频率能够大大弥补他们较少的数量。另外，如今单单考察市场规模是不够的。市场的划分是动态的，并且一般营销者所感兴趣的是为了预期的显著增长而向市场投放资源。正如我们所看到的，50岁及更老的消费者的购买力和预期增长率使它们成为诸多公司的目标市场。

目标市场越大就意味着越好吗?这个问题的答案就是第三个市场细分的标准。在选择目标市场时，广告主必须考虑到**竞争领域**——争取该市场份额的公司，然后决定自身是否有特定的专长，或者更大的预算，来更有效地服务于目标市场。

考虑到竞争领域的因素，通常来说选取的目标市场越小越好。按定义来说，大的市场通常都已经被先到的公司瓜分。试图在成熟的市场中参与竞争是不容易的，因为已经存在的竞争者（拥有众多的品牌）会通过猛烈的广告宣传和价格促销驱逐新加入者。

除此之外，目标市场过大可能导致对该市场的定义变得模糊不清。也就是说，在公司足够了解消费者的需要以更好地满足他们的需求之前，大的市场也许需要划分成更小的市场种类。还是以50岁或者更老的老年消费者的市场划分为例，这个市场是巨大的，在很多例子中，正是由于市场规模过大，以至于该市场不可能成为有价值的目标市场。这个年龄群的人的需求和偏好存在着很大的不同，在确定恰当的目标市场之前，采用人口统计或者心理变量的方法进行更进一步的市场划分是很有必要的。

在选择目标市场上，越小越好的原则越来越流行，并被称为利基营销。利基市场（market niche）是数量相对较少的一小群消费者，他们通常有一些独特的需求并愿意向能够满足这些特定需求的公司支付最高的价格。① 利基市场较小的规模意味着当有超过一家的公司同时提供服务时将不再有利可图。因此当一个公司发现并且开发出提供给市场补缺者的产品时，竞争者推出模仿产品以吸引消费者的威胁就消失了。如图表6—12所示，这则广告的目标受众是非常小的补缺者，他们更喜欢使用从俄罗斯进

---

① Kotler, *Marketing Management*, 280 - 281.

口的晶体管的高端立体声音响。

图表6—12

利基市场的营销者通常能够对其所提供的独特产品制定一个有利可图的价格。如果你下次购买音响时想选择 Svetlana 这个品牌，你要想到可能会多付一些钱。

伴随着大众媒介被划分为越来越多的复杂而严格定义的一系列特定传播载体，利基营销将会越来越普遍。专门的有线电视节目——例如健康与减肥频道、历史频道或者24小时高尔夫频道，吸引了数量少而与众不同的消费者，这就给广告商提供了与市场补缺者交流的有效途径。[①] 另外，网络作为营销工具的最理想化的应用就是用来识别与评估市场补缺者。

但是，现在让我们回到美孚石油公司面临的问题上。它的目标市场应该选谁——马路斗士还是比价购买者？希望你能够将此问题看做一个简单的决策。从市场规模和增长潜力方面来说，马路斗士是一个更有吸引力的消费群体。尽管单单从数量来看比价购买者更多，但是从创收的角度来看马路斗士在加油站的更多花费使他们成为较大的市场。马路斗士更易于购买其他的产品，例如三明治和咖啡，生产这些产品极有可能成为有利可图的盈利模式。通过价格战来赢取汽油的销售量是很困难的（不

① Timothy Aeppel, "For Parker Hannifin, Cable Is Best," *Wall Street Journal*, August 7, 2003, B3.

可能?)。

美孚选择马路斗士作为其目标市场，并开发出被称为“贴心服务”的产品定位策略。美孚加油站的汽油价格上升，但是美孚也增加新的投入来改进加油站的环境，从而让消费者感觉更舒适。清洁的休息室和明亮的灯光使得销售量增加了2%～5%。另一方面，美孚还雇用更多的加油工作人员和餐饮部服务人员以方便马路斗士们用更短的时间拿到他们需要的三明治和饮料。调查结果显示有的放矢的服务可以带动加油站的销售量增加15%～20%。为什么我们能肯定美孚选择马路斗士为目标市场是正确的？看看它们的竞争对手的情况吧（如图表6—13所示）。正如BP的野生豆咖啡公司所说的，咖啡对于马路斗士来说是很重要的。

图表6—13

当一个像BP这样的主要竞争者也模仿我们的战略时，这更说明我们的做法是正确的。不幸的是，这也许同时意味着我们应该再寻找新战略以在竞争领域里再拔头筹。营销和广告的特点使得这些领域极其有趣也极其脆弱。当我们知道这项战略用对的时候，就该策划新的方案了。

## 6.5 制定定位战略

现在我们来讨论市场细分的方式和用于选择目标市场的标准，我们将重点研究定位战略。如果一个公司在市场的细分和目标市场的选择上细致入微，那么定位战略——例如美孚的“贴心服务”或者吉列的“一个男人可以得到最好的”，都会自然而然地产生。另外，作为定位战略的一方面，我们要考虑一个公司怎样才能与目标市场更好地交流，需要向目标市场提供什么。这正是广告重要作用之所在。一项定位战略包括特定的想法或者主题，如果一个营销计划想要成功的话，这些想法或主题必须经过有效的交流。

## 6.5.1 有效定位战略的基本条件

任何可行的定位战略都包含一些基本要素。有效定位战略是以保证公司投入将会为目标市场创造实际价值为基础的。这些战略在内部随着时间的推移是稳定的，它们都以简单而独特的主题为特征。每一个基本要素都将在下文中阐述。

1. **履行诺言**。为了使定位战略有效并随着时间的推移继续起作用，公司必须为消费者创造持续不断的价值。以美孚石油公司及其目标市场马路斗士为例。只要提供诸如快速的服务和新鲜的咖啡等额外产品，马路斗士愿意为汽油多支付一些钱。因此美孚制作出来的广告将其员工描述为你最想遇见的最开朗、最友好、最乐于助人的人。该公司要求其广告代理商编出一个上口的顺口溜，它将使人们想起他们可以在美孚加油站得到其所期望的贴心服务。投放这些广告花费了数百万美元但却赢得了马路斗士的恒久的忠诚。这样做是对的吗？也许对，也许不对。当然，一个新的广告计划必须使马路斗士了解到新的美孚，但是如果这使得马路斗士的期望过高并且公司的员工并没有达到他们的期望，那么这一切都会弄巧成拙。

有效的定位以实际行动为前提。在美孚的"贴心服务"战略例子中，这意味着要保持休息室的干净整洁、加强加油站所有地方的照明并提高加油站的便利店的点心和饮料质量。它还意味着要雇用更多的服务人员并训练和鼓励他们揣摩和满足匆忙的马路斗士的需要。在全国范围内成千上万的加油站实行这些变化是一个费时费力的过程，但是没有这些实质性的改变就不可能会有马路斗士这种赚钱的买卖。

2. **有魔力的稳定性**。一个定位战略还必须保持其内部的稳定性和长期的稳定性。关于内部的稳定性，指的是战略的所有方面都要与加强消费者对于品牌的看法相关。如果我们将我们的航空公司定位于准时可靠，毫无疑问，我们会把钱更多地花在维修和研发最先进的行李处理设备方面，而没有必要将设立豪华的休闲式餐厅作为战略的一部分，也没有必要刻意改进飞机上的餐饮服务。如果我们的目标市场需要可靠的运输，那么他们应该成为我们的目标市场。这种坚定执着使西南航空公司成为一个甚至对更大的航空公司来说都非常可怕的竞争对手，因为它将其航线扩展到美国不同的地区。[①]

一项战略还需要有长期的稳定性。消费者有意识地防护使他们忽视了大部分广告邮件。从各种各样的品牌中脱颖而出，打造成一个知名品牌确实是个不小的挑战，但是通过持续稳定的定位战略，这个难题可以被轻松化解。如果年复一年，广告主传达的是相同的基本主题，那么消费者就会形成对这个品牌的固定的感知。稳定方式的一个很好的例子是州立农业保险公司长期的"好邻居"广告。虽然广告表现的情景变化了，但是广告的核心主题并没有改变。图表6—14 显示了长期稳定的广告主题的绝佳例子，主题由"我们生活在一起"扩展到"好邻居"。

3. **定位简单独特**。简单性和独特性是必不可少的广告任务。不管该产品被赋予了多少主题，如果消费者并没有感觉到这种产品的用途，那么它将在市场上难以立足。当今世界充满着匆匆忙忙的消费者，他们通常都会忽略、曲解甚至忘记他们所看

---

① Scott McCartney, "Profit for Southwest Air Is Industry Rarity," *Wall Street Journal*, October 18, 2002, B4.

到的大部分广告。复杂、相似的信息一般很难给其留下印象。如果要期望定位战略与目标市场有效地联系在一起，那么定位战略首要前提便是简单明确。

图表 6—14

在选择和实施一项定位战略上，一致性是一个明确的优点。State Farm 的“好邻居”主题多年都是它广告的特色。State Farm 的网站（http：//www. Statefarm. com）为它的目标市场提供了实质性的价值了吗？是怎样提供的？你能找到哪些清晰明确的主题？为什么这些东西对于 State Farm 的定位战略来说是必不可少的？

开始于 20 世纪 80 年代中期的通用汽车的 Pontiac 品牌的发展能够很好地说明定位战略中的简单性和独特性的价值。当时日本的汽车开始争夺美国竞争者的市场，通用汽车受到重创。但是 Pontiac 通过正确的市场定位，推出了 20 世纪 60 年代盛行的高性能汽车，在这段时间的市场份额反而扩大了。Pontiac 把汽车定位为“激情”，宣传方式多种多样，其中包括“我们创造激情”、“我们把握激情”和“激情永存”。

然而，正是最后一个词语（“永存”）最终导致了 Pontiac 战略的失败。尽管他们的定位战略简洁明了、与众不同并稳定，但当他们的产品与承诺不相符时，他们的噩梦就开始了。它引入通用汽车的雪佛兰和别克的塑料挡风板、使用低功率发动机和溢价标价的行为使消费者转向其他汽车厂商寻找激情。① 但是在 Pontiac 的信用方面，他们并没有违背最基本的前提。他们重新设计了传奇车型 GTO（Gran Turismo Omologato，意大利产的一种专业赛车，不过现在已经用在了日常驾驶方面），重新宣传并赋予其内涵。其他的新产品例如双座的 Solstice 和运动型的 G6 也增加了激情这

① David Welch, “An ‘American BMW’? Don't Hold Your Breath,” *BusinessWeek*, March 17, 2003, 98.

个主题。通过与 NCAA 合作，成为其官方汽车赞助商，Pontiac 把宣传口号改为了："为运动而设计"。对"疯狂三月"（如图表 6—15 所示）的支持，并将 Pontiac 标志作为固定夹具的做法使得庞蒂克营销人员大获成功，并且他们对"谷歌庞蒂克"的邀请显示了增长的品牌价值。① Pontiac 继续以简洁性、稳定性和独特性为其定位战略。这项战略还是奏效的，但是他们必须要保证"永存"。

图表 6—15

"我们创造激情"是单一利益定位范例。最近 Pontiac 把这个主题更新为"为运动而设计"，并且与 NCAA 篮球赛的密切关系为 Pontiac 创造了独特的特点。但是为了在当今汽车市场上开展竞争，像 GTO 这样的产品必须有出色的表现。http：//www. gto. com

## 6. 5. 2 基本定位主题

简单而独特的定位战略有助于公司作出为消费者带来实际价值的内部决策，而且这样的定位主题也能使得本公司的广告从竞争者的众多广告中脱颖而出。因此，选择一个切实可行的定位主题是广告主面临的最重要的决策之一。在很多方面，市场细分营销战略的存在理由就是突出实际可行的定位主题。

定位主题有很多形式，就像营销和广告的其他方面一样，它们可以从创造性的突破中获益。然而，虽然新颖性和创造性在发展定位主题中不可忽视，但是在选择主题时也应该考虑其他一些基本原则。在任何可能的时候，如果公司能够一直保持同一个主题不变，例如"好邻居"或者"我们创造奇迹"或者"难熬的上午"或者"放

① Dale Buss, "Change Agents," *Point*, May 2006, 10, 11.

松，这就是联邦快递”，来反映定位战略，那么对公司都是有帮助的。① 另外，在选择定位主题时通常应考虑三种重要定位类型：利益定位、用户定位和竞争定位。②

“我们创造奇迹”和“贴心服务”是**利益定位**的例子。注意这些口号都显著突出了消费者利益这一特征。在制定定位战略时，一开始便要明白专一关注某部分群体的利益。消费者购买产品是为了得到实用、精神上的满足以及实现自我价值，所以把重点放在消费者期望从一个品牌中获得的首要利益上是必要的。尽管也许看起来为消费者提供一系列的很多利益将会带来更引人瞩目的定位主题，但是谨记多重效益战略难以实施。多重效益战略不但会在组织内传达模糊不清的品牌寓意，而且在广告传达多种信息时也会遇到很大困难。

功能性利益是选择定位主题的开始，但是在很多成熟的产品种类上，激烈的竞争市场中的不同品牌所提供的功能性利益基本上是相同的。在这种情况下公司可以通过情感性利益定位使自己的品牌与众不同。情感定位可以是愉快的承诺，像“快乐的腋窝”（如图表 6—16 所示），或者防止产生负面情绪——例如由于口臭、头皮屑，或喝咖啡黄色的牙而在社会活动中感到的尴尬。

图表 6—16

当 24 小时保护和没有白色残渣的功能不能吸引消费者时，广告主也许不得不尝试着宣传产品所能带来的情感上的愉悦来吸引消费者，如我们在 Lady Speed Stick 广告中看到的那样。http：//www. mennen. com

① A more elaborate case for the importance of a single, consistent positioning premise is provided in Ries and Trout's classic, *Positioning: The Battle for Your Mind* (New York: Warner Books, 1982).

② Other positioning options are discussed in Philip Kotler and Kevin Lane Keller, *A Framework for Marketing Management* (Upper Saddle River, N J: Pearson Prentice Hall, 2007), ch. 9.

情感性利益定位的另一个方法是将产品品牌与能够激发强烈情感的事物联系起来。雅芳产品的前任首席执行官，詹姆斯·E. 普雷斯顿（James E. Preston）认为，与流行的时事话题搭售可以打破竞争对手的营销信息的局限。① 因此雅芳经常成为重要时事的赞助商就不足为奇了，例如雅芳针对乳腺癌推出了“雅芳抗乳癌全球行”产品。同样，Sears 百货公司为无家可归者募捐，Star-Kist 鼓励保护海豚的捕鱼方法，美国康胜啤酒酿造公司（Coors Brewing）建立公共文化项目基金，还有德国的维萨推出了友情卡，详见图表 6—17。这里有一个很有意义的趋势：在对来自 211 家公司经理的调查中，69% 的人说为了与他们的消费者建立感情上的紧密联系，② 他们公司正在计划更多地参与与产品推销相关的活动。

图表 6—17

赢取额外积分用于儿童发展项目是德国第一张慈善性信用卡的主题。该卡使用者在每次交易中可以获得“返还”积分，然后该积分被自动存入 UNICEF。UNICEF，即联合国儿童基金，在世界上 158 个国家有儿童援助项目，他们的宗旨是让孩子们充满欢笑。

自我表现性利益也可以作为有效定位战略的基础。在这种情况下，广告的目的就

---

① Geoffrey Smith and Ron Stodghill, “Are Good Causes Good Marketing?” *BusinessWeek*, March 21, 1994, 64–65.

② Stephanie Thompson, “Good Humor’s Good Deeds,” *Advertising Age*, January 8, 2001, 6.

是赋予品牌独特的印象或个性，然后使消费者融入到这一品牌社区中。[1] 当个体消费者使用这些品牌向他人来展示自己的时候，这些品牌的力量便开始显现出来。举例来说，地位、骄傲和声望可能来自于诸如宝马、劳力士和古驰（Gucci）等品牌的形象。品牌形象也能通过礼物赠送等方面表现出来。向男子赠送 Calvin Klein's Euphoria 的女子所表达的情感与赠送 Old Spice 的女子是不同的。广告商帮助品牌获得意义深刻的自我表现性利益，以使该品牌区别于并超越它们的功能形式。

除了利益定位，还有一种重要的定位方法——**用户定位**。这种方法并不是以品牌效益或者品牌特征为特点，而是把对目标消费者的特定刻画作为其定位战略的焦点。如图表 6—18 和图表 6—19 所示的广告明确地指出了像 Bigen Xpressive 和 Axe Recovery Shower Gel 这样的产品，哪些消费者才能拥有。注意这些广告是如何尝试着识别用户群的。

图表 6—18

尽管这则广告布满了各种图片和产品说明，但它仍然明确无误地传递了哪些消费者应当使用 Bigen Xpressive 推出的新染色系列产品的信息。

定位主题的第三种方法是**竞争定位**。这种方法在竞争激烈而且成熟的产品种类上有时是奏效的。在这里，它的目标是通过与现存竞争者的明确的对比从而精确表现自己品牌的价值。一些小的品牌会通过这种方法，将自己与本行业巨头进行比较，突出自己的特点，从而获得一定的市场份额。例如，在止痛药领域，很多竞争者在定位战略中都将市场领导者 Tylenol 作为其明确的参照点。举一个例子，Excedrin 曾试图以治疗简单头痛的最好选择作为自身的定位，它承认 Tylenol 可能是处理各种感冒或流感症状的上佳选择。正如在图表 6—20 中所示的，Excedrin 的战略一定是有效的，因

① Albert M. Muniz, Jr., and Thomas C. O'Guinn, "Brand Community," *Journal of Consumer Research*, vol. 27 (2001), 412-432.

为 Tylenol 立即作出了尖锐的反击。

图表 6—19

使用 Axe Recovery Shower Gel 牌的淋浴设备，之后再喝一杯 Folgers 咖啡，这是预防那些疯狂的人的袭击的最好选择。

图表 6—20

成熟饱和市场上品牌所宣传的产品特点随着时间推移改变的并不多。在这种市场上，经常看到竞争者反复宣传一个主题，努力从他人手中瓜分市场份额。像 Tylenol 一样的领导品牌通常不会通过宣传改变其产品定位，因为他们会失去最多的市场份额。这则广告是 Tylenol 专门针对一个小厂商的广告宣传。http：//www. tylenol. com

既然已经阐述完制定战略的三种重要方法，我们需要把事情变得稍微复杂一些。广告主也可以把几种定位战略方法中的两种或者两种以上综合起来，实行一种混合定位战略。利益定位和用户定位相结合在定位战略中是常见的，而如图表 6—21 所示的 Xootr 广告则是一个用户定位和竞争定位相结合的典范。一定记住我们寻求的是反映实用性、稳定性、简单性和特殊性的战略。但是最后要提的是，我们给了你这些指引，但同时也会限制你自己的创造力。所以你要大胆去寻求创造性的组合。

图表 6—21

这则 Xootr 广告的美丽之处在于它简洁明了的信息。“我们的”对“他们的”的关系就像“欢乐”和“玩具”一样。http：//www. xootr. com

## 6.5.3 重新定位

市场细分营销并非是一门精确的科学，所以营销者并不总能从一开始就使营销战略准确无误。更重要的是，市场是动态的。事物在不断改变，甚至当营销者确实制定出正确的营销战略时，竞争者却可以对此作出反应或者消费者的偏好也会由于某些原因发生改变。如果品牌想要存活，这种曾经合理的定位战略必须作出调整。唤醒一个死气沉沉的品牌或者转变一个表现暗淡的新市场的最好方法之一就是重新部署市场细分过程以获得改进的定位战略。这个过程被称为**重新定位**。

重新定位是营销者和广告主无法回避的现实，并为他们带来了巨大的挑战。当存在一段时间的品牌被迫重新定位时，多年来形成的品牌内涵必须通过广告作出改变。一个品牌在这一阶段受人喜爱但是新一代消费者的出现会使其失去往日的风采，这是一个普遍的问题。所以多年以来，Oldsmobile 的营销者向品牌中注入新的生命力，如采用吸引人的广告标语，“这不是你父辈时代的 Oldsmobile”，“追求更好”以及“挑战传统”。但最终以上任何做法都无法拯救一个已经过时的品牌。[1]

另一方面，还有无数例子说明，品牌能够得到消费者的重新看待。在20世纪90年代，当马自达试图在可靠性和性价比方面与丰田、本田进行激烈竞争时，马自达突然发现自己所处的地位相当不利。所以马自达的新CEO决定转而将其品牌理念定位于时尚和快乐驾驶，以那些认为自己是汽车爱好者并占据汽车消费市场25%的消费者为目标市场。“Zoom Zoom”这一营销主题便是这种市场细分营销应用的结果，它使马自达这一品牌重获商机。[2]

## 6.6 在价值定位中把握好战略

在本章中为了理解营销者如何为品牌制定战略，我们已经阐述了很多重要内容。这些概念对于为了建立并维护这些品牌而实施的整个广告计划来说有重要意义。公司需要在竞争领域中评估消费者市场和目标市场，从而针对各种定位主题作出决定，并选择合适的定位主题用于广告创作。

是的，它可以变得很复杂。而且，随着时间的流逝，来自代理方和委托方的新人都将加入品牌团队的工作中去。对他们而言，忽视目标受众眼中品牌所代表的意义可能是很容易的。当然，如果为品牌制作广告的人对品牌的预期形象感到困惑，那么消费者必将感到迷惑。这是灾难的开始。因此，我们需要一种方式来赢得并保持我们在目标市场上的品牌形象。尽管把握好一项战略的方式有很多，但是我们建议通过详述品牌的价值用意来达到此目的。如果我们十分清楚我们的品牌能够向消费者传递价值，并且团队中的每一个人都同样清楚，那么制作有效的广告和开展综合的品牌推广的基础就建立了。

此时你应该了解到已经熟悉的价值定位定义的自然延伸，它只是加深对本章中已经讲到的消费者利益的强调：

*一个品牌的价值定位是指，向目标市场的消费者提供价值的该品牌传递功能性、情感性和自我实现性利益的过程。一个平衡的价值定位是价值选择和消费者忠诚度的基础，并且对公司的不断成功来说是至关重要的。*[3]

下面是你所熟悉的两个全球性知名品牌的价值定位。[4]

**麦当劳：**

●**功能性利益：**提供快捷方便的美味汉堡包、炸薯条和饮料；额外服务还包括餐厅内的游乐场、各种奖品、赠品还有游戏。

●**情感性利益：**孩子——生日聚会带来的兴奋快乐，与麦当劳叔叔和其他人物角色融洽相处的乐趣，家庭时光的幸福感觉。成人——与孩子共进晚餐的温馨时光，对

① Vanessa O'Connell and Joe White, “After Decades of Brand Bodywork, GM Parks Oldsmobile—For Good,” *Wall Street Journal*, December 13, 2000, B1, B4.

② Jean Halliday, “Mazda Repositioning Begins to Show Results,” *Advertising Age*, January 6, 2003, 4.

③ This definition is adapted from David Aaker, *Building Strong Brands* (New York: Free Press, 1996), ch. 3.

④ These examples are adapted from Aaker, *Building Strong Brands*, ch. 3.

麦当劳参与的社会活动的钦佩，如麦当劳的慈善机构和罗纳德·麦当劳之家。

**耐克：**

● **功能性利益：**外型美观，穿着舒适的高科技产品。

● **情感性利益：**像运动员一样，优异表现所带来的兴奋感，全心投入的感觉，积极，健康向上；你穿的品牌和职业运动员一样，当他们成功的时候，你也会感觉到成功的那种快感。

● **自我表现性利益：**耐克由知名运动员代言，身穿耐克，让你身边的同龄人感觉到你那种竞争和不断超越的梦想。

注意上述两则例子，随着时间的推移品牌的价值定位孕育了更多的意义。像耐克这样的品牌可以提供全部的三种价值类型；而麦当劳只能提供其中的两种。当各种利益互相交织时，复杂化的利益就具有了更多更深远的意义。在这些例子当中，这种交叉利益强化在耐克中表现得尤为强烈，各方面利益传达的都是对于卓越表现的渴望。广告所需要做的就是将该品牌所能提供价值的信息传达给目标市场。但是，对于拥有复合价值定位的品牌来说，例如麦当劳和耐克，不存在单一的可以反映该品牌各种价值定位的广告。然而，如果有广告与该品牌推广价值的一些方面无关联，我们不得不问“为何要做出这样的广告”。

所以，从现在开始，每当你看到一则广告便问自己，“这则广告向目标消费者承诺的是何种产品价值或者利益？这则广告反映的该品牌的价值定位是什么？”我们希望你能够加强评估目标市场和区分价值定位的能力。

一个公司在市场细分营销过程中赢取巨大的杠杆作用，因为市场细分营销战略主要是预测并满足消费者的需要和需求。但是像其他的事情一样，以广告和促销重点关注的群体为目标也存在一定的争议。“职业道德”专栏又一次列明了选择孩子作为目标市场固有的两难境地。

## 职业道德专栏

### 米老鼠试图另辟蹊径

我们一遍又一遍地听到了这种说法。许多值得尊重的组织（包括美国心理学协会、美国儿科学会和耶鲁大学路德政策中心）要求规范针对儿童的广告。一个关键的问题是，垃圾食品广告应该为美国的肥胖危机负责。网络游戏和网站推广了诸如 Lucky Charms、Cheetos 和 Hershey's Syrup 这类的产品。浏览了这些营销网站的孩子被复杂的娱乐战术所吸引，成年人设计这些策略的目的就是对儿童展开营销攻势。曾经引起食品产业评论家特殊关注的一个战略是广告人员使用某些注册许可的虚拟角色进行销售宣传，如 Scooby-Doo、the Rugrats 或者 Sponge-Bob SquarePants。根据其对市场营销的做法和儿童肥胖之间关系的研究，美国医学研究所建议食品公司立即停止使用卡通中的虚拟角色为低营养、高热量的产品进行宣传。

这里有一个正变得不容忽视或者看起来很合理的道德困境。也许，只是也许，我们开始看到公司正加紧努力做正确的事情。迪斯尼似乎正在尝试，发布一项公司界的倡议，该倡议倡导逐步取消不利于孩子身体健康的食品广告并取缔同样的来自于它的主题公园名单和与大型企业合作伙伴联合促销的广告。但是恐怕情况并非如此，因为其旗下的虚拟人物米老鼠却没有闲着。我们将看到米老鼠和许多其他迪斯尼人物（例如 Buzz Lightyear 和 Woody，Winnie the Pooh 和 Tigger）出现在名为 Disney Magic Selections 的一系列产品上。迪斯尼推出这个新系列果汁、面食、汤和小吃的目标是，向父母提供孩子健康饮食的解决方案。

但是谁能说清楚什么是健康，什么不是健康？我们能够信任迪斯尼可以为它自身以及它的合作伙伴设置正确的标准吗？只有时间才能告诉我们。但是，新的迪斯尼准则却看起来有些缺陷。例如，麦当劳的炸鸡 McNuggets 不符合迪斯尼所提出的标准，因为它们含有转脂肪酸。而且由于迪斯尼主题公园内有众多的麦当劳餐厅，当迪斯尼高管尝试对麦当劳运用他们的标准时，情况将会变得非常有趣。同样的问题出现在迪斯尼和它的长期合作伙伴 Kellogg 之间。迪斯尼电影和 Kellogg 的甜点的联合促销活动在过去非常普遍。但是许多与最近迪斯尼影片有关系的 Kellogg 产品却都不符合新的迪斯尼标准。由于企业巨头对于如何定义健康饮食的问题争论不休，人们只能希望他们不要把食品标准设得太低或者把不符合规定的产品覆盖得太广。

资料来源 Joseph Pereira and Audrey Warren, "Coming Up Next...," *Wall Street Journal*, March 15, 2004, B1, B3; Nanci Hellmich, "Food Websites Tempt Kids", *USA Today*, July 20, 2006, 6D; Merissa Marr and Janet Adamy, "Disney Pulls Characters from Junk Food," *Wall Street Journal*, October 17, 2006, DI, D6.

## 6.7 综合来看

在继续讲授之前，应用实际的模型将有助于综合考虑本章所阐述的内容。由广告专家埃斯特·索尔逊（Esther Thorson）和吉瑞·摩尔（Jeri Moore）所提出的战略计划三角可以完美实现这一目标。① 正如图表 6—22 所示，计划三角的三个顶点分别代表了该战略所选择的目标市场、品牌的价值定位和为达到战略目标将会使用的一系列说服方式。

我们在本章中已经了解，市场细分营销战略的切入点是识别消费者并且了解他们的需求。因此索尔逊和摩尔将目标市场的识别与划分放在其模型的最高顶点上。广告代理商与委托公司之间就目标市场达成一致对于广告的成功是至关重要的。引人注目的广告是以对某特定而精确的目标市场的深入了解为开端。

在计划三角模型中，品牌价值定位位于第二重要的顶点上。品牌的价值定位是对品牌所传递的功能性、情感性和/或自我表现性利益的陈述。在价值定位的过程中，一个公司不仅应当考虑该品牌曾经代表着什么或者与消费者的关系是什么，还要考虑

---

① Esther Thorson and Jeri Moore, *Integrated Communication: Synergy of Persuasive Voices* (Mahwah, N.J.: Erlbaum, 1996).

未来该品牌所展示的新价值或者其他利益。对于成熟品牌来说，进一步强调其现有价值定位也许是其任何广告战略的最重要目标。当开发一个新的品牌时，机会从建立价值定位开始。

图表 6—22

索尔逊和摩尔的战略计划三角。

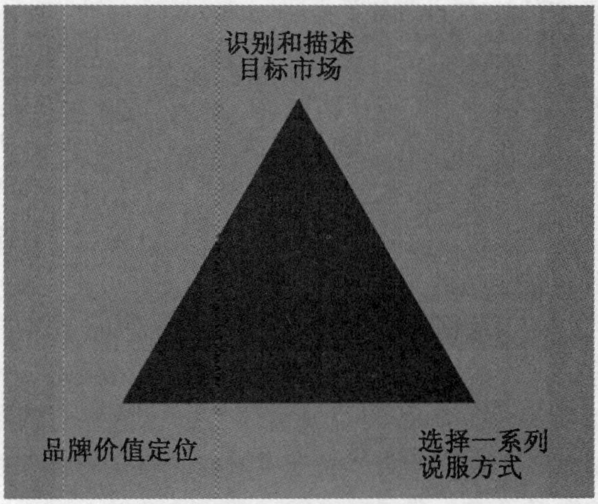


计划三角的最后一个顶点代表着可能成为战略一部分的各种各样的说服方式。接下来我们将会描述这些工具。第 14 和 15 章重点描述传统的媒体工具；第 16 章研究的是网络广告方式；第 17 章讲的是媒体支持和促销活动；第 18 章探讨了令人振奋的品牌娱乐的新舞台；第 19 章提供了对直接营销的全面审视；第 20 章通过探讨公共关系的作用最终给出了一个工具集合。工具的混合使用与否取决于战略目标。在这里我们讲解的重点仅仅是进一步强调我们的观点，即广告和整体品牌推广通常需要正确的混合方式去完成，了解目标市场和价值定位是正确完成该目标所必需的。

## 本章总结

1. 解释市场细分营销战略的过程

市场细分营销是指划分市场、确定目标市场和产品定位的过程。营销者在为产品制定营销战略过程中逐一完成这些步骤。市场细分营销战略还为广告战略（advertising campaigns）的发展提供了坚实的基础。尽管没有任何一项单一的策略可以保证在市场营销和广告战略上都成功，但是当某类产品的消费者有多样化的需求和需要时可以考虑采取市场细分营销战略。

2. 描述营销者用于区分目标市场的不同依据

市场划分的目的是将一个多样性的市场分解成多个较容易控制的子市场或者分市场。为达到此目的可以采用许多不同的依据。市场可以根据用户使用方式和忠诚度、人口统计、地理因素、消费心理、生活方式、利益诉求、标准产业代码或者购买过程的不同阶段来划分。消费者市场和企业对企业市场的划分方法有很大的不同。

3. 讨论选择目标市场所使用的标准

在市场细分战略的实施过程中，一个公司必须完成市场识别阶段并选定一个或者多个市场作为营销和广告的目标市场。一些评判标准在确定公司的目标市场时是很有帮助的。首先，公司必须确定是否拥有服务于上述目标市场的恰当技能。还必须考虑市场的大小和发展潜力。还有一个主要的标准是公司在目标市场中有可能面临的竞争强度。通常，像利基市场一样的小市场也会很有吸引力，竞争不会太激烈。

4. 一项有效市场定位战略的必备要素

市场细分战略（STP marketing）中的 P 代表的是定位战略，它是在追逐目标市场的过程中所采取的所有营销和广告活动的前提。有效的定位战略应当与该品牌提供的实质性利益相关联，正如 Pontiac 的“我们创造激情”和“为运动而设计”广告战略所显示的那样。这两个定位也是永久持续一致的并且它们以简单独特的立意为特点。在制定定位战略时应当考虑利益定位、用户定位和竞争定位三种选择。

5. 回顾创建品牌价值定位的必备要素

很多复杂的想法存在于营销和广告战略之中，所以为了总结一项战略的要义需要一些策略。我们将价值定位的方法作为达到此目的的有效策略。价值定位是指对为消费者创造价值的品牌所提供的各种利益（实用性的、情感上的和自我表现方面的）的描述。这些利益作为一个整体证明产品或者服务的价格的合理性。清晰表现出价值定位对于销售广告的发展来说是至关重要的。

## 关键术语

target segment 目标市场
emergent consumers 新兴消费者
competitive field 竞争领域
positioning 产品定位
point-of-entry marketing 市场切入点
market niche 利基市场
positioning strategy 定位战略
demographic segmentation 人口统计划分
benefit positioning 利益定位
STP marketing 市场细分战略
geodemographic segmentation 地理划分
user positioning 客户定位
market segmentation 市场划分
psychographics 消费心理
competitive positioning 竞争定位
heavy users 核心用户
lifestyle segmentation 生活方式划分
repositioning 重新定位

nonusers 非消费者
benefit segmentation 利益划分
value proposition 价值定位
brand-loyal users 忠诚消费者
consumer markets 消费者市场
switchers, or variety seekers 转换者或者多样性寻求者
business markets 企业市场

## 问题

1. 尽管市场细分战略通常会取得成功，但是不能保证这种成功会持续下去。什么因素会削弱市场细分战略所带来的成功并迫使公司重新制定营销战略？

2. 为什么产品的差异化战略所需要的说服力比市场划分战略所需要的说服力面临更多的挑战呢？

3. 解释将新兴消费者作为目标市场的吸引力有哪些。举出一个以新兴消费者为目标市场的现行广告战略（Folgers 咖啡例子除外）的例子。

4. 通常来说，消费心理是用来克服描述目标市场的人口统计信息的缺陷的。消费心理对广告商来说可以提供哪些特殊价值的独特信息？

5. 美孚石油公司主要依据什么标准选择了马路斗士作为其目标市场？在美孚实施这项战略的过程中，你认为什么原因将会最有可能导致失败？

6. 解释一下在营销战略上选取目标市场时为什么目标市场越小越好。

7. 一项定位战略的哪些必备要素可以帮助克服消费者天生所具有的倾向，如忽略不见、曲解甚至忘记展现在他们眼前的大部分广告？

8. Pontiac 在定位战略的哪些方面做得不够好而使其战略逐渐失效并失去了它的客户？Pontiac 又是如何复苏的？

9. 在企业对企业的市场上，本章所谈及的哪种市场划分战略可能是最有效的？为什么一些在消费者市场上有较高成功率的战略类型，例如生活方式市场划分战略，在企业对企业市场上的效果却不明显？

10. 仔细观察图表 6—2 和图表 6—3 所示的两则广告。这些广告战略的基本定位主题（利益、客户或者竞争）是什么？如果你认为是利益定位。这些广告采用的是利益定位的何种形式？写下你认为这两则广告反映出来的价值定位。

## 实践练习

1. 芭比的时代已经过去，布拉茨的时代来临。最近玩具界为赢取小女孩欢心的竞争愈演愈烈，MGA Entertainment 公司推出的极其流行的布拉茨娃娃旨在减少 Mattel 公司的芭比娃娃的市场占有份额，目标是让芭比娃娃仅成为上一代女性的玩具——“妈妈曾经玩过的娃娃”。布拉茨娃娃拥有露脐装、厚嘴唇、时尚服饰和有趣的名字，

这使其成为21世纪女孩的缩影——野蛮而又有自知之明。应用市场细分营销战略方法来分析布拉茨娃娃对芭比娃娃在玩具市场上的定位的威胁。为了对你的研究作进一步分析，浏览这两个玩具公司各自的网站，阅读网上的新闻，并联系一家玩具店的老板调查一下哪一个玩具品牌更受欢迎。

2. 在具有挑战性的零售业中，像沃尔玛和塔吉特百货公司已经居于前列，打折先锋 Kmart 为了在该行业中保持竞争力重新进行了自身定位。在过去，Kmart 由于低劣的消费者服务从而使消费者对 Kmart 这一品牌越来越不看好，但是公司目前正在作出转变。分析人士声称，曾经被天天低价的沃尔玛战胜的 Kmart 已不再把自己定位于一家超级市场，而是集中精力于其商品的核心能力，包括推销独家品牌。浏览 Kmart 的网站（http：//www. kmart. com）并描述该公司是如何通过其独家品牌和服务来寻求与消费者的重新结合的。它的网站与沃尔玛（http：//www. walmart. com）和塔吉特（http：//www. target. com）的相比如何？最后，采访一些老人并请他们描述一下对过去几十年的 Kmart 看法。这些观点与你通过自己的分析得出的相比怎样？

3. 评价星巴克咖啡和李维斯牛仔装的价值定位。每个价值定位都应当明确该品牌向消费者提供的是什么，并为接下来的市场细分战略工作列出清晰的任务。

4. 在本章引言中详述的 Folgers 战略在某种程度上来说是特殊的，因为该公司在媒体上没有花一分钱，而是通过诸如 YouTube 的用户网站来免费传播最新广告。这种战略决策反映出年轻的目标市场在晚上更喜欢去上网而不是看晚间新闻。达到以下目标市场的最有效的媒体方式可能是什么？

a）推销金融服务产品，针对年龄在45～60岁之间的高收入男子。

b）推销新型室内涂料产品，针对年龄在30～40岁之间的年轻房屋所有者。

c）推销新款篮球鞋，针对居住在农村地区的十几岁的男孩。

d）推销新型假牙粘着剂产品，针对年长居民。

5. 分组进行情景模拟，假设你正在建造一个新的名为 SmartDate 的在线约会服务，目标市场是最近刚毕业的大学生。完成市场细分营销战略过程中的每一步并且用10～15页的幻灯片向全班展示一下你的计划：

a）为新公司制定新的价值定位。

b）为营销计划的焦点识别相关目标市场。说明你选取目标市场的标准并解释原因。

c）在利益、用户和竞争定位战略中为营销战略选取定位主题，并解释你的决定。

# 7 广告与促销研究

通过本章的学习，应该掌握以下技能：

1. 解释广告制作前调查的目的和方法
2. 明确整合品牌促销所需的二手数据来源
3. 讨论文案调查的目的和方法
4. 讨论广告投放市场后所使用的基本调查方法

## 7.1 引言：促销的是品牌，而不是产品

可口可乐公司发现，在饮料口味测试中，消费者一般更青睐于百事可乐这个品牌。可口可乐在做了成千上万次口味测试后发现了一个事实：当消费者不知道他们在喝哪种饮料时，大多数人会选择喝百事。讲得更严重一些，可口可乐的市场份额在不断输给百事。可口可乐应该怎么办？

可口可乐公司的答案是制作出一种新的配方。在经过近 1 900 000 次口味测试之后，可口可乐公司发现消费者对新配方可口可乐的喜爱超过了百事可乐和原来的可口可乐。因此它宣布了一项转变：新可口可乐将替代原来的可口可乐。但是如你所知，这简直是一场灾难。消费者愤怒了，并要求老可口可乐的回归。他们不喜欢新可口可乐。

*我不喝酒精饮料，我也不吸烟，并且我也不追别的女人，我唯一的嗜好就是喝可口可乐。而你们现在把唯一的乐趣从我身边夺走了。*

*要重新修改宪法吗？重新修改圣经吗？对我而言，修改可口可乐配方是件很严肃的事情。*

这是一封 1985 年新可口可乐推出后，可口可乐公司收到的来信，信中指出这是老可口可乐的世界末日。①

为什么？难道科学调查没有得出正确的结论吗？答案是否定的。难道是心理学家没有给出正确的答案？不，他们也没有错。也许这就是为什么可口可乐和很多别的大公司变得越来越以社会文化方式为导向的原因。

为什么？因为关键的问题从没有人提出，从来没人去认真考虑这个问题所涉及的文化因素。没人去费力调查消费者是否在乎可口可乐这个品牌的消失，并且可口可乐和它的促销专家们打破了广告和促销的一项基本原则。他们混淆了客观的可乐味道和现实文化生活，品牌内涵和客观现实以及单一产品和品牌之间的关系。可口可乐所拥有的文化底蕴远远超过了可口可乐饮料的味道本身。

就像有人曾经说过，千万不要把品牌和产品混为一谈。口味测试只针对产品；而真实生活中的消费者对市场做出的反应却是针对品牌——一个富含文化内涵的品牌。品牌讲究的就是内涵。

切记：内涵造就了品牌，而不是产品。

虽然可口可乐公司做了大量调查，但还是铸成大错。因此，千万不要认为你做了大量调查，也不管你做的调查有多科学，都会取得好的结果。② 比如广告业的杰出人物比尔·彭贝克（Bill Bernbach）（负责任地说，在他涉及的所有领域中，20 世纪 60

---

① See Mark Pendergrast, "The Marketing Blunder of the Century," in For God, *Country and Coca-Cola: The Definitive History of the Great American Soft-Drink and the Company That Makes It* (New York: Basic Books, 2000), 356.

② Thomas Frank, *The Conquest of Cool: Business Culture, Counterculture, and the Rise of Hip Consumerism* (Chicago: University of Chicago Press, 1997).

年代他为大众等品牌制作的广告创意是举世瞩目的，见图表 7—1）认为调查比浪费更加糟糕。而最近，由于广告公司利润缩减，那些精明的人发现调查越来越有利可图了，但是广告商却一直在削减调查费用——他们认为调查是一件奢侈的事情。有很多原因可以解释这一点，但是这种做法在之前的趋势和经济形势中却运行得非常顺利。现在，它后退了一大步，并混淆广告和品牌促销调查的定义，如果这种做法能带来好处，那么这种做法是否应该全面推行？我们并不会结束这场关于调查的论战，但是我们希望能把事情弄得更明白一点并提出一些观点。现实世界的底线是：大部分调查工作受制于广告代理，越来越多的调查工作外包给了外部的供应商，并且越来越被看作是一种不相干的工作。此外，调查明显朝着定性方法的方向发展，特别是在荧幕、家居、用途、实地调查中。事实上，这不仅仅是一种趋势，这正是现实生活中大多数广告和整合品牌促销调查的做法。我们之所以知道这些是因为我们实际走访了一些合作过的公司。

图表 7—1

Bill Bernbach 创作了一些有史以来最优秀的广告作品，而他却没有做任何调查工作。事实上，他认为调查会妨碍制作优秀的广告作品。

首先，我们要弄清楚一些术语：广告和品牌促销调查是指能够促进广告和促销活动的制作、执行、评估的任意调查方式。好的广告和促销调查能够使一个人更有可能制作出有效的广告和促销方案。事实确实如此，只不过这种情况比较少见而已。人们经常找不到问题的关键和正确的解决方法，在数据有限的情况下，得出的结论过于空泛。

即使很多广告公司在一百多年前就有自己的调查专家或调查部门，但是广告调查真正的发展却是在20世纪中期——20世纪50年代是鼎盛时期。在那段日子里，代理商建立调查部门有三个基本原因：（1）这一时期人们对于科学认识单纯并过于相信，任何被称为科学或者研究的事物都是合法化的，特别是心理方法；（2）其他一些代理机构专门设置了调查部门；（3）有必要更好地了解广告的运作过程。

在20世纪50年代，广告调查开始出现并走向合法化。人们对于科学的那种敬仰之情在那时达到了顶峰。这个时期的书籍、戏剧、电影以及广告（见图表7—2）都充斥着当时的前沿科学。那也是个消费繁荣的时代，广告公司也能负担起调查部门的费用，并且它们也沉迷于“科学广告”的希望（也许是神话）中。当然，在第二次世界大战（以下简称二战）后对于科学的正常使用和滥用也一直存在着矛盾的观点。那是一个崇拜科学力量的时代，但人们也非常担忧科学技术被邪恶的势力所利用，用于破坏和操控世界，如让人们去买他们喜欢的但是根本不需要的东西，特别是使用潜意识手段达成这一目的。你可以去看一下20世纪50年代的电影，如希区柯克拍的电影或者任何一部B级科幻大片。它们都以人们对科学的矛盾心态作为文化主题。这种对科学的矛盾心态时强时弱，但一直存在，一直延续到今天。

图表7—2

广告调查在20世纪50年代时进入了我们的生活，在这一时期，人们对科学的吹捧到了一个荒唐的程度，而且很多时候出现了滥用现象。不幸的是，这种风格影响了广告业接下来的十年。

由于对二战中成功的宣传和心理战术的普遍认可，所以接受说服的科学就变得轻而易举了。很多人认为那些战时所用的先进的意念控制正通过成熟的广告宣传转变成麦迪逊大道上的意念控制术。冷战思想体系的一个奠基石是人们相信在群众之中隐藏着一种巨大的说服力。令人吃惊的是，20 世纪五六十年代那些过于自信的社会心理学家们确实认为他们会根除种族主义，赢得冷战并承担让人们去买他们不想要、不需要的物品这一相对简单的责任。然而，历史并没有沿着他们设想的轨迹发展。

在这个光怪陆离的社会中，向任何具有弗洛伊德风格的事物中注入一种流行的文艺复兴风格，特别是弗洛伊德对压抑的潜意识的强迫观念（尤其是自然中的性）。这是一个对意念控制、诱惑、道德和心理颠覆以及欲望压抑充满恐惧的年代（见图表7—3）。在大学中，心理学家们认为科学和试验作为容易理解的、有说服力的唯一方法，而不是更为流行的弗洛伊德方法。这一系列工作同样对整个行业以及接受过大学教育的说服“专家”产生了影响。与此同时，美国很多大学也认为它们应该花费大量资源来进行大量培训以培养广告业专家。但这绝非巧合，很多广告系和广告课程也是那个时期建立起来的。这门课程、这种书出现的原因，以及你参与这门课程的部分原因，也都与这个时期有关。所有这一切都是相关的。

图表 7—3

20 世纪 50 年代意念控制使社会充满恐惧，同时心理学风靡一时，广告调查此时也取得了长足的发展。不幸的是，这种现象持续了很长时间。

因此，广告调查部门在社会中出现了。20 世纪 50 年代，广告公司以及它们的客户对广告调查、科学和隐藏信息产生了很大的需求。在“科学”这一神圣的光环下，在消费者对冷战、核武器随时可能带来的灭顶之灾、变幻不定的社会制度和意志被人所操控充满了恐惧（详见电影《满洲里候选人》）的情况下，调查部门的出现变得合情合理。之所以告诉你这一切，是因为这段历史仍在影响着我们的广告和促销调查。直到现在这种影响仍然存在，人们仍旧认为广告制作需要调查工作，甚至还认为它依然是合法的。广告业里有些人仍坚持使用20世纪50年代的做法，而不管它们是否合适，是否有意义，是否有用。

但是，广告调查也发生了变化，而且是重大改变。20世纪80年代早期，广告代理机构开始公开表示不再信任50年代建立的那种神圣的调查方法。不满之声始于伦敦，然后扩散到了美国西海岸，现在已是声势浩大了。就像我们前面所讲的，在过去的10年中，很多广告代理机构都开始认为单独设置调查部门的费用过高以至于它们再也无法履行不断增加的责任、追求预期上升的利益等等。而它们也找到了两种替代方案：（1）客户策划系统。在该系统内，广告调查成为广告和促销战略策划、执行工作更加不可或缺的组成部分。（2）加大广告调查的外包力度，也就是说，只有当广告公司有特定广告调查需要时，才将广告调查工作外包。现在，千万不要误解：科学在很多方面是极其重要的，在某些方面是有价值的，并能应用于广告中，但是绝不是先前想的（或实际发生的）滥用的方式。实际的行业做法很快显示出20世纪50年代的调查方式存在局限性，接下来的半个世纪内，广告调查出现了很多形式。

判断广告调查的标准有好几种。图表7—4给出了一些广告调查方面有用的术语和概念。

图表7—4　**判断调查的因素**

- **可靠性**是指一种方法得到的结果自始至终是一致的。
- **有效性**是指得到的信息同所调查的问题是相关的。换句话说，调查工作确实抓住了问题的关键。
- **可信度**是一个经常用于描述定性数据的词汇，并且也确切表明了其含义：一个人如果知道了数据的收集方式，他/她还会相信这些数据吗？他们会觉得数据的可信度有多高呢？
- **意义**是所有标准中最困难的一个。一项调查的意义究竟是什么（如果存在的话）？调查的意义可以通过了解制作一则好广告究竟需要什么样的调查方法和方式来判断，但是这个问题并没有引起足够的重视。

充分的广告和促销调查确实有助于制作更好的广告和促销作品。

## 7.2　广告和整合品牌促销调查

很多东西被人们称作“广告和营销调查”。有些，甚至是大部分调查是在现有广告和促销作品的基础上完成的。大多数的调查工作都是在广告和促销制作工作准备阶段完成的。在宝洁、索尼、诺基亚之类的公司中，很多调查工作也只是有关“客户”或品牌的调查。但是最好的方法是把调查分为三类：（1）广告制作和促销制作调查（在广告制作完成以前）；（2）文案调查（在广告即将完成或已经完成时）；（3）成果导向型调查（在广告实际投放运营后）。

## 7.3 第一阶段：制作广告和整合品牌促销前调查

广告和促销制作前调查的目的是了解广告和促销活动能否成功以及相关的信息。它能帮助广告创意人员（提出想法并实际做成广告的人）还有客户团队了解目标群体的特征，他们期望产品或者服务能够满足哪些需要或者喜好以及他们的消费习惯、消费史和环境等等。它能为创意人员提供广告和促销实际制作过程中所需的重要信息。由于调查工作在广告制作早期就已进行，因此创意人员仍有改变广告、品牌娱乐、或其他整合品牌促销最后效果的可能。正因为这一点，很多人认为这是最有价值的调查类型。由于这一步骤进行得早，在你花大量的钱犯错误前还可以对此做出一些修补。有时候这也叫做*消费者洞察*。

**方法：概念测试**。概念测试就是以消费者为法官和评审团，从他们之中获得反馈信息来审核一个创意的质量。概念测试可用于为特定广告甄选创意或评估新产品概念。

在新产品上市之前，如图表 7—5 中所提及的产品，广告商必须对新产品满足当前需求的程度以及消费者愿意花多少钱购买新产品有深刻的认识。为了尽快获得市场对新产品和广告理念的回馈信息，小组访谈都会将各种概念测试纳入其日程之中。有的时候商家还会聘用广告公司设计一种新的方式将广告宣传的产品呈现给目标受众。差不多每个人都知道 M&Ms 巧克力什么时候融化，什么时候不能。但是在图表 7—6 中，公司丰富多彩的历史已成为了 M&Ms 巧克力故事的一部分。

图表 7—5

消费者是否会接受没有气味的建筑用漆这一创意？这一巴西产品的革新者当然希望这样。

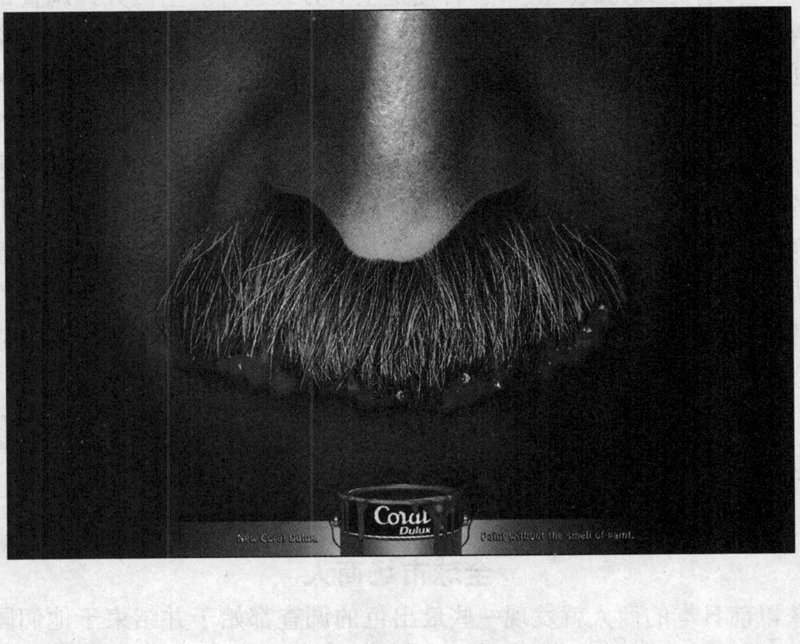

图表 7—6

想了解更多有关 M&Ms 的历史吗？请登录 http：//www. mms. com 查阅相关信息。

另外，广告主究竟从哪里能够获得刻画品牌的新创意？直接同消费者接触可能是一个好的开始。观察消费者并对消费者进一步采访等定性调查都非常有助于为品牌注入新思想。直接同消费者接触并虚心倾听消费者的心声能为广告战的关键阶段——创意制作——注入动力。在预期和塑造市场发展趋势方面，它同样有很大作用，详情参见全球化专栏。

**方法：受众概述。**广告制作和促销制作前调查所提供的最重要的服务可能是为创意人员概括目标受众的特征。广告创意人员需要尽可能多地知道广告受众的信息。调查过程能通过多种方式完成。其中一种便是生活方式调查。生活方式调查，又称 AIO（活动、兴趣、看法）调查，通过调查问卷的方式获得调查的数据。通过各类问题，广告主可以对他们最感兴趣的消费者有一个大概的了解。既然资料中还包含一些关于产品使用习惯的问题，那么广告主也能理解消费者生活方式了。例如，调查问卷可能会显示某品牌杀虫剂的目标群体为 35 ~ 45 岁的都市男性：他们比一般人更害怕那些“看不见的脏物”，并且自认为生活非常有规律，却被一些脏东西困扰。可能他们会比一般人更想打猎，更想拥有自己的枪支。他们看《枪械》杂志，也观看《警察》这种连续剧。类似的资料让创意人员更加细致地了解了目标受众以及他们的需求、喜好还有动机。当然，这些答案只有在问题有效的情况下才显示出其价值。对个人消费者进行深入采访能够获得一个很好的信息以弥补 AIO 调查结果的不足。

## 全球化专栏

### 少女力量：东京青少年的影响力

### 全球市场商人

很久以前日本的商人就发现一些最出色的调查都始于并结束于他们国家追求时髦的少女。当可口可乐想要对发酵乳饮料Lactia的促销方案做出微调，为旗下产品开辟市场时，日本少女所组成的销售小组建议饮料配方在浓度上不能太浓，口感要顺滑，并且建议包装要使用矮胖的瓶子和粉红色的标签。可口可乐采纳了她们的建议，并向高校女孩们免费分发 30 000 瓶新饮料，Lactia 因此获得了良好的口碑，成了日本当时最火的饮料之一。

而现在美国公司同样也在密切关注着这群引领潮流的群体。在过去的十年里，流行趋势在不断变化，如神奇宝贝、Kitty 猫、大头贴、Zen-inspired decor，这些潮流都起源于东京的少女，也正是她们，最先挑染头发，把手机当成饰品佩戴在脖子上，还把校服改成引领潮流的迷你裙。

怎样才能解释她们这种特殊的影响力？日本商家称，和日本那些受传统束缚的年长女性相比，当今的日本少女更加开放坦诚。她们无形中也在影响着父母为全家选购商品时所做的选择。日本的明治牛奶公司就是根据日本少女们的建议，推出了一种 Oolong Socha 牌有助于口气清新的中国茶。这种茶迅速赢得了日本家庭的喜爱。

在美国，商人们正密切关注这一流行群体眼中的下一个“kawaii”——十分可爱——的东西，它将出现在世界流行趋势最前沿的城市，可能是日本动漫，也可能是日本早就想要的真实生活秀。对密切关注这一切的美国企业家而言，这可能意味着广阔的市场。

资料来源 Norihiko Shirouzu, “Japan's High-School Girl Excel in Art of Setting Trend,” *WallStreet Journal*, April 24, 1998, B1: Laura Tiffany, “Big in Japan: Forget Hondo, Fujitsu and Sony—Take Your Next Big Cue From Tokyo's Teenage Girls,” *Entrepreneur*, December 2001, p. 20.

**方法：实际用途（消费者真正想要的东西）**。调查（尤其是定性领域的分析）作用之一就是向我们展示消费者现实生活中如何使用产品以及为什么要这样用。不管你是否相信，一些产品和服务的供应商实际上并不知道消费者是如何使用产品和享受服务的，或者他们使用后的感受，同时也不知道消费者真正想要或需要什么。他们不知道如何迎合消费者的口味来定位自己的品牌。例如，抗静电干洗床单的出现只有一个目的：让女性通过头发和床单摩擦减少身体上的静电。消费者很快告诉销售方这种床单有更好的用途：把床单放到干洗机里和其他衣服混洗，这样可以去除衣服上吸附的静电。其实还有很多这样的例子。很多时候，商家发明一种新产品后却发现消费者想要完全不同的另一种产品，或者消费者会把这种产品另当别用，而不是生产方所宣传的那样。

**方法：小组访谈**。小组访谈就是召集 6 ~ 12 个目标消费者一起出谋划策找出产品或服务的创新点。要由专业主持人引导小组讨论。一开始，消费者们要回答一些基本的问题。然后，随着会议的进行，问题会越来越关注所讨论品牌的细节问题。广告主喜欢组织小组访谈，因为小组访谈的成员了解自己并能够对所收集的数据发表自己的看法。小组访谈为商家提供了一次与消费者进行深入探讨的机会，但是也存在局限性：即使是多重小组访谈，也只代表目标客户的一小部分，同时因为组员的不稳定性和讨好调查人员等情况的存在，小组访谈很容易犯错误。但是请你记住，最大众的选择不是你想要的。你真正的目标是要获得或者验证新思路，并进一步了解消费者。加深对消费者的了解是件好事情。冰冻三尺非一日之寒，最后的广告文案来自于小组访谈反复讨论的结果。

成功领导一个小组访谈需要很高的技巧。如果组内没有一个训练有素且经验丰富的主持人，一些人就会完全操控他人。小组成员还会感觉享有特权。他们本来就是从众多消费者中挑选出来的，他们有时会给主持人一些奇怪的答案，而这些答案只是为了震慑其他小组成员而与讨论的产品毫无关系。像很多事情一样，小组访谈的主持人非常擅长自己的工作，但是却感到被前所未有地操纵了，人们很想以自己的方式推动小组工作的进展。同样，小组访谈是为了理解并洞察消费者，而不是获得科学结论。讨论的结果虽然可信度很低，但有时是有效的、有意义的。

**方法：投射技术。投射技术**的产生是为了让消费者抛出自己的想法，他们大部分的感受（有意识的或者无意识的）却展示给一群毫不了解他们或者对他们持中性态度的人，就像拿笔在纸上随便甩了两下那样。让人感觉好像在看云中动物园的动物或者冰块中的脸。投射技术和弗洛伊德式心理学有一段相同的历史，并且依赖人的潜意识甚至是压抑的思想。投射技术一般是给消费者几张图片和几段文字，然后要求他们把图片或文字填补完整。最常见的投射技术是联想测验、对话填空、故事创作、填句或者填图等。

**对话填空**是让消费者看卡通故事填对话，就像漫画 *in the Sunday Paper* 里的一样。故事也通常与产品使用的情景有关。这个创意是让消费者根据情景把自己的想法表现在故事当中。当然这样，他们的真实想法就一目了然了。

**故事创作**是另一种投射技术。它要求消费者根据某个情景或者图形中的人物构思一个故事。调查人员可能要求被调查者描绘某情景中人物的性格，他们正在做什么，此前正在做什么，他们爱车的类型以及他们住房的类型。同样，这种方法以委婉礼貌的方式使当事人更加自然地把他对某一品牌及与品牌相关的食物的看法表达出来。

另外还有一种投射技术叫做**填句或填图**。这里一位调查者给了消费者一幅不完整的图或者句子，然后要求他们将其填充完整。给定的图画或句子应该与消费者感兴趣的一个或几个品牌相关。例如，某个填句任务可能是 *Most American-made cars are* ________。这个方法的基本思想就是要获得消费者最坦诚、最真实的想法和感受。调查者可以通过这种方式获得一些非常可靠的信息。有些时候他们还可以深入了解某个人而不是一群有影响力的消费者。

**萨尔茨曼隐喻诱引术**（ZMET）是广告和促销制作过程中日益流行的一种方法。[①]这种方法本质上也属于投射技术。该技术声称能够鼓励人们用隐喻的方式思考，以挖掘人们内心深处隐藏的对某品牌和产品的想法和感受。隐喻就是用别的事物来形容某个事物。试验者会要求消费者用一种看得见的产品或者服务来表达他们的感受并以此获得隐喻。调查人员会要求参与者从杂志中收集一些图画和照片来表达他们的感受。例如，在为杜邦公司——众多裤袜生产商的原材料供应商——所作的调查中，当一位

---

① 对于 ZMET 有三种不同的看法，请见 Kevin Lane Keller, *Strategic Brand Management* (Upper Saddle River, NJ: Prentice-Hall, 1988), 317–320; Ronald B. Liever, "Storytelling: A New Way to Get Close to Your Customer," *Fortune*, February 3, 1997, 102–108; and Gerald Zaltman, "Rethinking Market Research: Putting People Back In," *Journal of Marketing Research*, vol. 34 (November 1997), 424–437.

女士的连裤袜出现破洞后，她的脑海中会出现冰淇凌洒了的图像，而她的这一反应正是反映出了她对产品非常失望。与很多 ZMET 试验者深入交谈后，调查人员常能发现有关消费者消费动机的新见解，而这些发现在产品开发和广告宣传策划中可能会起作用。隐喻在很多人看来都是人类思维最强大和有用的组织和表达方式之一，如果能有效利用，它能够向广告人员传递十分有用的信息。萨尔茨曼隐喻诱引术目前已经在商业人员和广告人员中间流传开来。

**方法：实地调查**。实地调查是在公司外进行的调查（如现场调查），通常在消费者家或一些消费场所进行。目的就是从消费者的感受以及直接观察中找寻信息。他们处于现实生活中，其错综复杂的消费行为隐藏在现实生活之中。也就是说，同他们的社会生活紧密相关。调查人员不止一次试图捕捉消费者隐藏在生活中的消费经历。这一调查理念和相关方法在当今十分流行。现在不使用这种方法的公司少之又少。像已获奖且取得成功的广告“**Got Milk**?”（见图表 7—7）等广告宣传活动都通过实地调查发现了牛奶消费的现实可能性——吃了满嘴饼干，但是牛奶箱子却空了。调查工作推动了广告战略和创意的制作和执行工作。

图表 7—7

这幅广告很大程度上是受定性调查的启迪：调查人员确实调查了这一领域，没有什么比小甜饼/核桃仁巧克力饼等类似物品更糟糕的了，但是牛奶除外。

消费者开始记住一定要在家里准备一些牛奶，要记住经过百货店时问问自己需不需要购买一些牛奶。还有些广告主和广告公司通过录像的方式，或让消费者用数码摄像机拍摄家庭短片来了解现实生活中的产品使用机会和消费习惯。如果广告调查人员能够了解目标群体的生活，了解产品的实际用途，那样他们就能制作出更好的广告。实地调查会对社会生活中的单个消费者或一小群消费者进行观察和深入研究。广告业一直都很重视定性数据的价值，并且也越来越依靠实地调查方式了。

有种特定类型的实地调查叫做**猎酷**。猎酷手会亲自登录那些他们认为很酷的网站，在上面寻找流行气息，然后将其运用于产品和广告之中。图表7—8就是猎酷的一个例子。对于像鞋子、电器、服装和饮料等产品，如果人们认为产品与酷挂钩，那么酷就会成为卖点。虽然现实中猎酷的案例不是很多，但是这种例子就像一场悦耳的交响乐演出一样时有出现。然而，对于酷这一概念，以及它下次会什么时候出现，出现在哪里，仍然有很多人对此非常感兴趣。人们通过在网络空间的*品牌社群*追逐更多酷的东西。①

图表7—8 对猎酷的描述

**猎酷**

真够巧，柏希·维特曼（Baysie Wightman）在一次猎酷中遇到了迪迪·戈登（DeeDee Gordon）。早在1992年，柏希可是匡威公司的大人物，而迪迪当时才21岁，在波士顿纽伯里大街正经营着一个叫 Placid Planet 的时尚精品店。当时柏希带着一个摄影组——她猎酷时总带着他们，然后柏希说道：“我一直在观察你的店铺，也曾见过你，并且我还听说你能预知潮流，”因为柏希在匡威公司的工作就是寻找那些能够预知流行趋势的人，并且她认为迪迪就属于这一类人。迪迪说与柏希交流时，柏希经常提出反对的意见——“我曾经喜欢过，‘无论如何’”——，但是柏希临走时告诉迪迪，如果她想来匡威工作的话，给她打个电话就行，九个月后迪迪真的给柏希打电话了。也差不多是在这个时候，那些追求酷的年轻人们也对125美元、拥有17种不同高科技材料和各种颜色的气柱篮球鞋失去了兴趣。他们喜欢简洁实用的鞋子，于是柏希对此进行了深入了解，适时推出了匡威 One Star 系列鞋子，它们采用硫化橡胶鞋底，反毛皮面料，模仿20世纪70年代低帮经典学校运动鞋的一款鞋子，不出所料，匡威 One Star 系列迅速引领了这股复古潮流。还记得摇滚巨星柯特·科本在自杀身亡后躺在地板上的那副图片吗，还记得他当时所穿的鞋子吗？就是匡威 One Star 黑星系列。迪迪最大的贡献就是使这种凉鞋风靡起来。柏希曾到洛杉矶，观察那里白人少女们的穿衣打扮，如穿着紧身白色吊带衫的混混和墨西哥匪帮——当地人称其为“虐妻狂”，她们把肩带露在外面，下面是长长的短裤、圆筒短袜和淋浴时穿的凉鞋。迪迪回忆说，“我喜欢这个，告诉你，柏希，这个一定会流行。现在这么着装的人太多了。我们

① Craig J. Thompson, William B. Locander, and Howard Pollio, “Putting Consumer Experience Back into Consumer Research: The Philosophy and Method of Existential Phenomenology,” *Journal of Consumer Research*, vol. 16 (June 1989), 133-147.

必须设计一款淋雨凉鞋”。紧接着，柏希、迪迪还有另一个设计师立刻想到设计一款复古运动凉鞋，他们把匡威 One Star 系列加以改进，把鞋后面去除，又加了一个特大的外底。鞋子在当时看起来又笨重又难看，在现在看来也是如此。

如今，柏希在锐步公司担任日用商品部的经理——她的一些队员正努力使锐步重新获得 20 世纪 80 年代曾获得的运动鞋霸主地位。迪迪目前正在德尔玛镇一个名叫 Lambesis 的广告公司任职，她正制作一个名叫 L Report 的季度内情报告，这份报告主要介绍了美国主要城市追逐流行趋势的孩子们所想、所做、所买的东西。柏希和迪迪是好友。她们一直有电话聊天的习惯。当柏希来到洛杉矶时，她们总会聚在一起，迪迪说：“这就像，你开车驶过 O-J-Simpson 家多少次了?”并且她们能就猎酷话题一连聊上几个小时。她们就是时尚界的李维斯和克拉克。

她们现在所拥有的正是如今很多人想要的——让这条街道的人们了解世界流行趋势。过去时装店引领着流行趋势，当时酷元素的影响微不足道。在过去的几十年里，有些事情完全不一样了，时尚运动是自下而上的。现在的情况就是猫鼠游戏——设计者、零售商还有大众消费者都在追逐那种难以捉摸的街头酷元素，而猎酷这一职业的形成同样也表明了这种追逐是多么疯狂。耐克和锐步曾经每年推出一款运动鞋，而现在它们每季就推出一款新品。以前服装设计师在服装设计和最终销售之间有 18 个月生产周期。现在他们把这一时间缩短为 1 年，甚至是 6 个月，目的只是为了可以更快地回应街头的最新流行元素。当然，两难之处在于，猎酷人员越是善于将大众引向潮流最前沿，最新潮流越是变得更加难以捉摸。这就是酷的第一个游戏规则：追得越快，逃得越远。探寻酷恰恰会使得酷发生转移，这同样也解释了猎酷成功传播的原因。正因为我们有迪迪和柏希这样的猎酷人员，酷元素才转移得更快，也正因为酷元素转移速度太快，我们才更需要迪迪和柏希这样的猎酷人员。

上个月的一天，柏希约我去布朗克斯区和哈林区猎酷，我们拖着一个黑色大帆布包，里面装满了锐步公司即将推出的 24 种不同颜色的鞋。当我们途经福坦莫大道时，她像小孩子一样把头探出窗外，仔细查看街上每个人的穿着。我们去了 Dr-Jay's，因为这里是布朗克斯，她向消费者征求建议，并快速询问了很多问题。当时她对一个年轻人的话非常重视。这个年轻人大约有十八九岁，带着耳钉，留着小胡子。他头戴保罗棒球帽，身穿灰色皮夹克，脚上穿着一双当时非常流行的超大号皮靴。柏希接下来会递给他一双鞋，他也会接过来仔细看一遍。第一双鞋子他不喜欢，就说了“Oh-kay”两个字。第二双鞋他很厌恶：甚至当柏希还没有把鞋递给他时，他喉咙里就发出了类似于咆哮的声音，好像是在说，“现在把它放回去!”但是当柏希把一双锐步新款的 DMX RXT 鞋递给他时——这是一双白蓝相间的低帮跑步鞋，鞋底是多半透明“ice”材料，零售价 110 美元——他盯着这双鞋研究了好长时间，惊叹地直点头，最后拖着长音说了一句话：“就是它了!”

柏希对他的话很感兴趣，因为她手上拿的 DMX RXT 是一款女鞋，这款鞋的市场表现并没有想象得好。随后，柏希告诉我，这个小伙子喜欢这双鞋是个非常重要的信息，因为这预示着如果锐步把这款鞋改造成男款鞋子，很可能取得成功。

她是怎样从周围一群青少年中成功提取这条重要信息的呢？她又是怎样推销她包里那24双看起来款式相似（在我看来是这样的）的鞋呢？她又是如何知道应该关注哪些青少年的观点的呢？所有这些都很神秘。柏希来自新英格兰，她在Dr-Jay's店里的地板上蹲了近一个小时，同那些本地的年轻小伙子们谈笑风生，并没表现出半点屈尊俯就或者不自然。

就在柏希此行快要结束的时候，一个年轻男孩走过来，在柏希旁边的凳子上坐了下来。他戴着一顶有竖白条纹的黑色羊毛帽子，穿了一件蓝色的北脸（North Face）打褶夹克，下面穿的是Guess的宽松牛仔裤，脚上穿的是耐克Air Jordan篮球鞋。他看起来最多13岁。但是当他开始说话时，你会发现柏希的眼睛直冒光，因为她知道这个男孩才是她真正要找的目标。

柏希问他："你一个月会买几双鞋子啊？"

"两双。"孩子回答道，"但是如果我真的发现了更喜欢的鞋子的话，我肯定还会买下来"。

柏希继续问："你妈妈很宠爱你吗？"

孩子的脸一下子红了，但是他身边一个朋友开始笑起来说："他想要的东西，他都能得到的。"

柏希也笑了起来。她拿出一双适合他的DMX RXT鞋，他穿上前后走了走，试了试鞋子。然后他转过身来，十分严肃地向柏希说道："请务必一定要生产出来。"

柏希递给他另一双将于今年秋天发布的Emmitt Smith的"Rush"新款跑鞋。周围男孩中的一个甚至发出了"很酷"的感叹，还有一个孩子仔细看着大理石泡沫脚跟，然后兴奋地欢呼起来，"这模样简直就像虫子一样！"但是是这个男孩决定着这双鞋的最终命运，因为这个孩子知道什么是酷。他停住了，仔细地看着这双鞋，清醒而又严肃地说道："锐步会卖得很火的。"

当柏希猎酷归来时，她同营销专家、销售代表还有设计师坐在一起商讨，然后又带他们重新来到街上：他们要在合适的地点以合适的价格推出合适的鞋子。例如，当她从布朗克斯区回来时，她首先要做的事情是告诉这些人必须尽快生产一双新款的DMX RXT，因为街上男孩们喜欢这款女鞋。"它比我们想象得要火，"她告诉他们。在这个例子中，猎酷的工作非常具体明确。从另一方面看，迪迪所做的事情看起来又多一些抱负。通过L Report，她试图建立一个大型流行酷元素矩阵：不仅仅包括鞋子，还有包括孩子们喜欢的任何东西，也不仅仅包括东海岸特定都市的孩子，而是全世界的孩子。迪迪和她的员工每年推出4次这样的活动，使用了6种不同的风格——纽约、洛杉矶、圣弗朗西斯科、达拉斯、西雅图还有芝加哥——然后将其卖给生产商、零售商还有广告公司（除了别的以外），一年就能赚取2万美元。他们走访每个城市，然后寻找最酷的酒吧和俱乐部，然后让最酷的孩子们完成他们的调查问卷。他们将收集的信息分为6类——娱乐休闲、服装饰品、个性和个人、志向，还有食物和饮料，这6大类每种又可以分为一些小类，例如个性和个人中还包括流行约会方式、最酷的夜晚、空闲时间、最想要的东西等。而这些子类信息又会根据性别和年龄段（14~18、19~24、25~30）再次进行更进一步的划分，这样，L Report 就能像筛选器一样，把“主流孩子”们想要的那些东西放在你的面前。

但是迪迪却认为，酷这种东西由于太微妙、太易于变化而难以从这些笼统的分类中捕捉。酷就相当于一组方言，而非一种语言，让每个人都学会。例如，通过 L Report 你可以得知，西雅图 19~24 岁引领潮流的男青年最想在 King Solomon 还有 Dr-Seuss 这种地方见面，而旧金山 19~24 岁的潮流女性已经对 Calvin Klein 品牌、任天堂的 Game Boy 手掌机和性不再感兴趣了。那现在究竟什么才算酷？纽约的潮男们喜欢的是：North Face 品牌的夹克，乳胶材质或卡其布料的衣服，还有摇滚风格的接吻；纽约的潮女们热衷的是斯卡音乐、老妇人女装还有网络技术。在芝加哥，滑雪是老少皆宜的流行娱乐项目；在那里超过 19 岁的女性都留短发，而少女们则热爱现代文化（Mod Cultrue）、攀岩、泰格表，还有及鞋长裤。同样，达拉斯 25~30 岁的潮女喜欢帽子、海洛因、电脑、香烟、阿迪达斯还有天鹅绒，而 20 多岁的男性喜欢电子游戏还有吸大麻。总之，一份完整的 L 报告超过了 100 页。但是通过大量的数据我们得出了一份毫不新鲜的结论：“流行元素本身变换不定，这使得追逐潮流变得异常困难。”换句话说，到了春天，一切都可能已经变化了。

因此，猎酷的关键在于，首先寻找酷的人，然后再寻找酷的事物，不能打破这一顺序。由于酷这种元素在不断变化，所以你没法寻找它们。因为你要认清这个事实：正因为它们酷，所以你根本不知道你要找些什么。你所需要做的事情就是静下来想一想以前那些比较酷的东西，然后据此进行推断，这种推断和推断道·琼斯指数昨天上升了 10 个点今天还会上升 10 个点一样有用。从另一方面讲，创造潮流的人永远都会站在潮流的最前沿。

资料来源 From Malcolm Gladwell，“The Coolhunt，” in The Consumer Society Reader，Juliet B. Schor and Douglas B. Holt，eds.（New York：New Press，2000），360－374.

## 7.3.1 公司内部资源

一些最有价值的资料可以从公司内部获取，因此，这些资料被称为“公司内部资源”。一般可以从公司内部获得的资源包括战略促销计划、调查报告、客服记录、保修登记卡、顾客来信、顾客投诉，还有各种各样的销售数据（按照地区、消费者类型还有产品类别进行分类）。这些信息为公司提供了大量有关广告促销熟练程度的信息，说得更通俗一些，就是改变消费者偏好。有的时候最重要的信息其实就在顾客或公司的眼皮底下，公司在网上搜集更多此类信息。

## 7.3.2 政府资源

很多政府官方组织所收集的信息也是广告策划人感兴趣的信息。美国关于人口和住宅发展趋势、交通运输、消费支出和娱乐活动方面的资料都可以在政府文件中找到。[1] 登录 http：//www-lib-umich-edu/govdocs/federal-html 查找几百份联邦政府、州政府还有国际性组织提供的数据或者几百页这些数据的链接。人口和住房普查每十年进行一次，十年结束时清零。这些数据（非常遗憾不是数据，只是些表格）在人口普查后的几年内会公布多次。人口调查局的网站很棒，这个网站提供了很多图表和调查报告（http：//www-census-gov）。

在美国，另外一个重要的数据来源是美国社区调查，人口调查局实际上确实希望该调查能在 2010 年取代人口普查的一些工作。自 2003 年开始，网上才有社区调查的相关资料。美国社区调查是一种收集精确、最新数据的新方法。它的设计初衷就是为了保持调查的连续性，从而取代在 2010 年的美国人口普查中篇幅过长的报告。美国社区调查每年对美国的各州、市、乡村、繁华城市区域，还有大约 65 000 名其他人群的人口统计、住房、社会现状还有经济运行特点做出评估（http：//www-factfinder-census-gov/home/en/acsdata-html）。（参见图表 7—9，来源于美国社区调查。）人口结构的改变对于很多广告宣传和品牌宣传而言，可能意味着很大的机遇。请你考虑一下，你见过多少关于退休服务和计划的广告；你认为婴儿潮时期出生如今已上年纪的人的数量过多与这类广告有关系吗？《广告时代》杂志的母公司，克莱恩集团买断了《美国人口统计》这本杂志并且同广告业的灵魂杂志捆绑到一起运营，这也绝不是偶然。人口统计是至关重要的。

图表 7—9

美国社区调查就是确认目标受众的很好渠道。

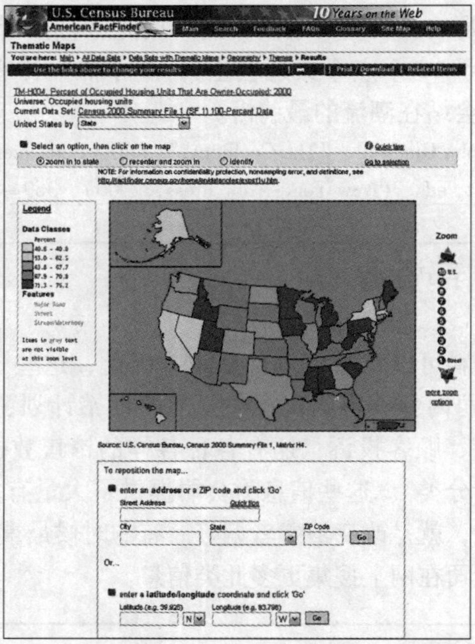


① We would like to thank Professor Gillian Stevens of the University of Illinois for her assistance with government data sources.

当前人口调查也是一种较普遍的获取信息的渠道。这份全国性调查开始于1940年，每月进行一次，是人口普查局应劳工统计局的需要而展开的调查。该份调查提供了失业、职业、收入还有收入来源方面的信息，同时还涉及了健康、工作安排、入学、生产力、家庭、移民情况和语言等话题（http：//www-census-gov/cps）。假设北美、欧洲及世界各地都出现移民现象，又有谁会相信如此迅速的人口转移不会改变消费者的口味、需要和偏好呢？有谁会考虑这个问题？如果你想获得关于欧洲的相关报告，请参看欧洲的晴雨表网站，http：//ec-europa-eu/public opinion（图表7—10）。

图表7—10

欧洲晴雨表这个网站是一个了解欧洲消费者意见的好渠道。

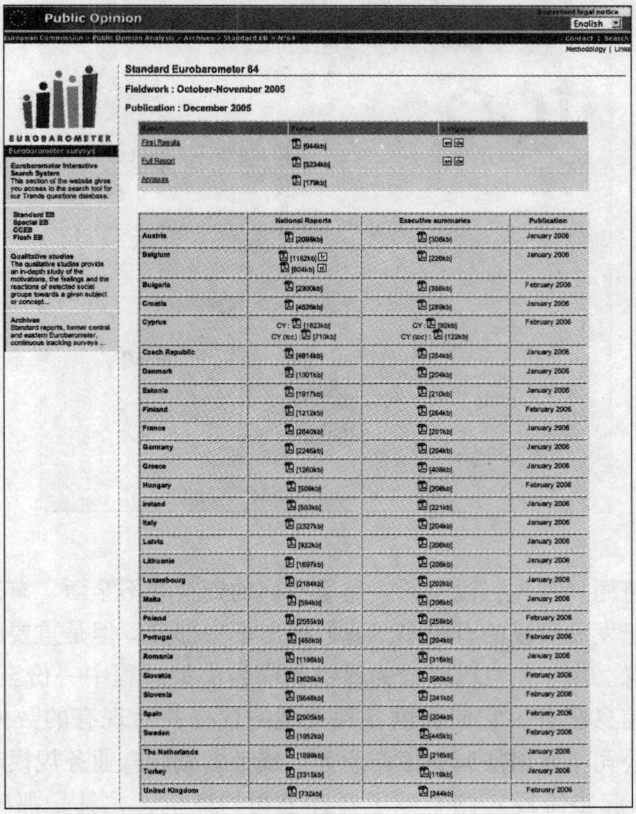


你也可以查看国际社会调查项目的网站（http：//www-issp-org）。在这里你可以找到30个或者更多国家消费者关于很多问题，如环境问题看法的宝贵资料，对想要开发“绿色产品”市场来说是一个发现（图表7—11）。国家档案记录管理局（http：//www-nara-gov）也是一个很棒的网站。这个网站收集的美国人和美国文化方面的信息更是多得惊人——你可通过任何一台电脑免费获取这些资料。从政府那里获得的关于消费者的数据不管对多大规模的公司来说都是广告宣传和企业规划过程中一项非常有用的资源。这些出版物或网站就摆在你眼前。在公共图书馆里你也可以找到上述资料的印刷版本。这就意味着一个小公司的老板也可以低成本或者零成本获得大量广告策划所需要的信息。此外，网络改变了世界，也改变了广告和促销方式。小厂商和广告公司现在可以获取几年前无法获取或者要以大成本才能获取的信息。

图表 7—11

对于清洁能源需求的认可度在不断上升。

**方法：商业资源**。首先，说实话：这里罗列的资料并不全面。有很多商业调查服务商，尤其是出于发展阶段的有很多。我们列出了一部分，但是重要的是你要看到大多数服务商的理念。由于信息已经成为促销和广告决策过程中一份至关重要的资源，因此出现了商业信息服务，它们提供各种类型的数据并对现有的数据进行打包。因此，当传统广告公司不断增加调查工作业务，或者缩减调查业务规模时，创新型公司（有一些刚刚出于起步阶段）则看到了开办公司的商机，尤其是那些能够搜集、包装、再次包装网络数据的公司。有一些公司专门从事居民或者邻里数据的搜集业务。Prizm 就是一个很好的例子，Prizm 的所有者克拉瑞塔斯按照邮政编码搜集关于消费者的相关信息。通过这种方式，厂商就能知道哪个地区的哪类消费者更愿意消费他们的产品或服务。而上面的调查是建立在特定假设的基础之上的：即相同邮编区域的人们在消费习惯上相同之处多于不同之处。但是，并不是所有人都认同这一假设。有时候在特定地理区域内，消费者的习惯也存在很多差异。一般来说，住得近的人与住在不同地理区域的人相比，他们之间的消费习惯更为相像。这个简单的事实从根本上说明了地理群聚调查方法奏效的原因。

从商业数据服务商那里获得的信息一般都相当全面，并且其数据的搜集工作使用了成熟的方法。从这些服务商获得信息的成本远远大于从政府部门获得信息的成本，但是这些数据都是特别针对于广告主和促销商的。图表7—12详细列举了几家大公司和它们的服务。很多公司都提供消费者调查服务（一次性调查：每个人仅回应一次调查），还有消费者小组调查（相同的消费者归为一组，然后在几个月或几年内对同一小组多次进行提问）。

**方法：专业出版物**。另外一种二手数据来源是专业出版物。专业出版物指的是期刊、促销和广告专家会在里面发布有关行业趋势或新调查发现方面的信息。*Progressive Grocer and Beverage* 就属于此类期刊。

图表7—12　**对广告人员有用的几个商务数据来源**

| 商务信息来源 | 信息类型 |
|---|---|
| Dun & Bradstreet Market Identifiers | DMI是一个包含430万个公司的名录，该名录每月更新一次。信息包括员工数量，与公司的经营活动、营业地点、首席执行官相关的标准产业代码（SIC）。广告经理和促销经理可以使用这些数据来确认目标市场、建立邮寄名录、选定能接触到目标市场的媒体。网址为：http：//www. dnb. com |
| Nielsen Retail Index | Nielsen的审计人员从1 600家杂货店、750家药店，还有150家大型商场搜集产品存货的周转率数据。他们同时还搜集零售价格、店内展示还有本地广告方面的信息。他们的数据可以按照店面类型或地理位置两种方式进行查看。网址为：http：//www-nielsenmedia-com |
| National Purchase Diary Panel | NPD拥有全美13 000多个家庭的数据，是全美最大的日记面板。每个家庭会把他们每个月购买的商品在NPD预先印制的表格上按照50个商品类别记录下来。NPD所搜集的信息包括品牌、购买数量、消费金额、优惠券的使用情况、商店、对产品的具体描述（风味、气味等）、预订用途 |
| Consumer Mail Panel | 这一版块由一个叫Market Facts的公司在做。不管什么时候都能找到45 000名积极的参与者。公司以1 000人为一个单位搜集样本。整个板块据说可以代表美国和加拿大的不同区域，然后将信息按照家庭收入、城市化程度，还有接受调查者的年龄构成进行分类。该公司提供了关于人口统计、社会经济特征、住房类型、耐用品消费人群方面的信息。网址为：http：//www-marketfacts-com |

**方法：因特网**。对于如今懂得网络的大学生而言，网络毫无疑问是广告主搜寻任何二手资料的最好助手。因特网使广告制作前的调查发生了变革，特别是对那些更小的广告公司和广告人而言。如今常见的网络搜索引擎就可以帮助人们获得大量有用的数据，而在以前，这种技术只有资金最为雄厚的公司才能使用。这样，搜索资料所需要的人力成本就大大降低了。除了最常用的那些搜索引擎，公司还花钱购买那种能够满足其特殊需要的定制搜索引擎。网上兴趣小组或者在线社区尤其具有特殊价值。谷歌社区、脸谱网（Facebook）还有聚友网（MySpace）（见图表7—13）都是很不错的网站。你不用离开办公室，就可以猎酷，还会看到各种市场创意在这些社交网站飞速传播。随着搜索引擎技术更加先进，任何人都能通过搜索找到想要的任何信息。间谍软件和跟踪软件也因此获得了所有好处：该软件的目的是让公司了解你浏览它们网站

的哪个板块，浏览这些板块时你会做些什么，当时你同谁分享了哪些信息，大概还有什么结果（尽管考虑到投资收益率，这种做法显得有点乐观。如果你能把这些搞明白，请务必告诉我们）。

图表 7—13　聚友网网站

聚友网有成千上万个论坛，其中有很多都是按照消费者和品牌建立起来的。在这里，广告人员几乎不花一分钱就能从真实的消费者那里获得大量的信息。精密的新闻阅读器能迅速地采集和分析得到的数据。

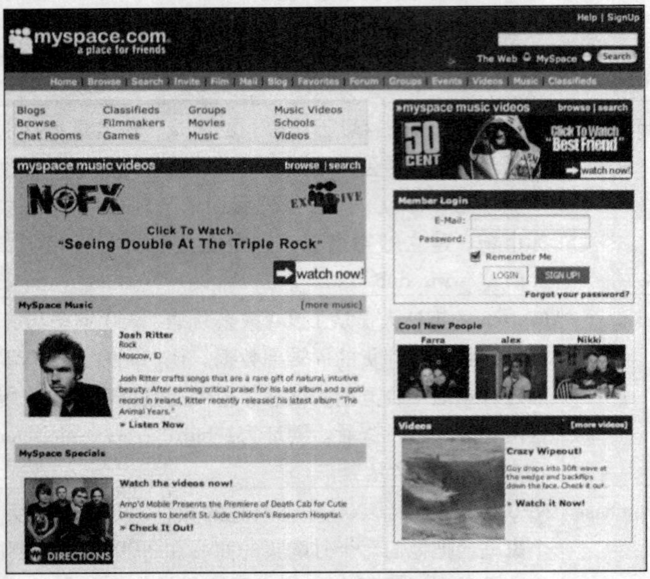


## 7.4　第二阶段：文案调查

广告和促销调查的第二个主要阶段是文案调查，或者叫做*评估调查*。当说到“广告调查”时，人们常常想到文案调查。文案调查是对实际的广告或促销文本进行调查，不管该文本完成与否，它的作用是判断或*评估*广告和促销的效果。虽然现在很多广告所用的图片多于文字，但是“文案”两个字仍然反映了在这个时代广告文本（广告词）最具影响力。文案调查一般在广告定稿工作完成前后进行。

在最好的情况下，所做的测试是可信的、有效的并具有实际意义。在最差的情况下，很少有人会信任测试，但是测试仍要继续进行下去，因为它代表了“我们一贯的做事方式”。历史的压力和对常规资料或历史对比资料的切身需要模糊了事物的适当性和意义性之间的界限。这就造成了最好的测试方式总是无法进行，错误的测验方式却常常发生，关键问题总也无法被问及的情况。但这就是现实情况。

这样就涉及了广告公司和客户的动机和期望问题：为什么要做这些特定的测试？难道这些聪明的人并不想赚钱吗？他们做这些事情的原因是什么？由于历史和习惯问题，我们每个人都会做自己认为无意义的事情，有些是传统习俗所造成的。原因可能是我们没有更好的方法来代替它们，也可能是广告太复杂，不适合采用一些简单测试方法，甚至是复杂难懂方法（成本较高）。广告专家们究竟想从文案调查中获得什么？当然，答案会因人而异。一般来说，客户团队（又称 Suits）只想确保广告能从根本上达到预定目标，或者在文案测试得分上可以站得住脚。很多时候，客户团队只是想满足客户的需要。而客户一般都想看到一些数据，一般指**常规测试分数**——以同类广告平均分数为基数的相对分数。换句话说，他们想要知道与此前测试的同类广告的平均分数相比，某一特定广告的分数如何。单从实践角度来看，常规测试分数（高于同类广告的平均分）较高会降低接下来被毙掉的可能性。你可以指着你的分数说“测试结果良好”，然后断定你（和/或你的公司）不会被刷掉。有很多东西都没有通过这些分数体现出来，而它们可能是在现实中所能发挥的最大价值。

那些实际从事广告和创意制作的人又是怎样想的？他们想从这个过程中获得什么？一般来说，他们讨厌文案测试并且希望不存在这个过程。他们一般对常规测试不感兴趣。实际从事广告创作的创意人员并不认为存在一般广告这种东西，并且他们非常肯定即使有一般广告，他们的广告也不在此列。除了提高广告产品或服务的销售业绩外，创意人员并不介意在自己的广告或书中再出现一则出色的广告，或是在墙上出现另一个 Addy 或 Clio。但是文案测试分数不可能预言奖项，它只是公认的创意评测工具而已。所以广告创意人员并没有沉浸在文案调查中。广告创意人员想获奖，而文案测试常常碍事而且毫无意义。

文案测试会生成一种报告卡，一些人，特别是广告创意人员，很不愿意从领导层那里拿到报告卡。创意人员还认为，这些数据经常会误导人并且使用不当。他们的看法往往是正确的。创意人员还提出，广告是一种艺术尝试，而不是有待《消费者报告》评级的厨房用具。他们认为广告是一门艺术，而不是科学。他们说的也有点道理。因为这些问题以及创意人员（评奖、未来拍电影还是当作家）和客户经理（继续干、销售更多产品或者跳槽）冲突的职业生涯问题，文案调查常常是广告公司状态紧张的重心。除了角落办公室以外，文案测试也成了广告公司内部发生争议最多的话题。

不管什么时候，当人们与数字打交道时，小差错可能会铸成大错。有些时候，强制性措施很明显不合适。还有一些时候，创意人员为了保住自己的饭碗，会提供顾客所期望的资料（见图表 7—14）。如果客户只是要求加深观众的印象，那么增加广告播放频率就能解决问题。这种行为可能不会制作出好的商业广告，但是这样做却能获得一个好的评分。在短期内，还可能让客户非常满意。文案测试有很多空子可以钻。

图表 7—14　　**广告创意人员提高 DAR 分数**

> 鲍勃就职于某家大型广告公司，他从实际经历中学会了如何处理低于平均水平的广告日后记忆（DAR）分数。如他所讲，基本策略有两种：（1）做那些你知道可以提高 DAR 分数的工作。例如，如果你想获得高的 DAR 分数，千万不要在广告的末尾加上品牌的名字和标签。不管合适不合适，都要加广告旁白。同样，你还可以通过广告对话中多提几次，这可能会显得很不自然，让消费者认为“老天，这个广告真是愚蠢至极”，因为他们不会这么讲话。但是这样做会提高你广告的 DAR 分数。（2）告诉他们（客户经理或品牌经理或其他人员），这种产品宣传不需要获得较高的 DAR 分数。事实上，高的 DAR 分数在长期来看对品牌是有害的，因为观众很快就会对他们产生厌倦和讨厌情绪。告诉他们，“这种方法过于笨手笨脚，你的能力是绰绰有余的，但对消费者而言，却不会起到任何作用”。对于第二种方法，你只能偶尔使用，但是确实很有用。效果非常好。

尽管文案测试调查会涉及某些派别之争，但是它的出现*可能*是一个好主意，至少在某些时候是这样的。如果构思合理、制作恰当、应用得当，文案测试能获得一些重要数据，然后帮助管理层判断广告的适合性。了解什么时候合适什么时候不合适并坚持自己的观点，这说起来十分简单，但是在广告和整合品牌促销中却很难——许多职位和大量金钱都在这方面。近来，简单记忆测试法开始应用到产品置入和品牌娱乐领域。下面的环节将帮你弄明白要使用哪种测试以及什么时候测试。

## 7.4.1 评估标准和方法

常用的广告评估方式有几种。再次重申，这些“测试方法”一般在广告制作过程中或制作完成后才进行。它们比其他事物更传统。有些方法意义深远，并对品牌广告和整合促销十分有用；但是还有些方法的滥用和误用现象特别严重。下文中我们将接触并讨论主要的评估标准以及与其相关广告和促销的评估方法。在上面讲过的三种调查类型中，这种在实际操作中可能是作用最小的。但是由于传统因素，它还在使用(也许效果不好)。

1. **理解广告**。有时候广告创意人员只想知道广告受众是否“理解”广告。他们是大体上了解广告，还是把广告当成笑话？是看到了广告的关联之处还是真正明白了广告的主要内容？广告评估后面的推理太明显了以至于自受其害。这非常有道理；广告很容易自圆其说——即使是那些讨厌文案调查的创意人员们也是如此。品牌经理了解评判的标准，客户经理也了解。你能明白图表 7—15 和图表 7—16 所要传达的含义吗？

图表 7—15 和图表 7—16

你明白广告的意思了吗？广告的主要信息意思明确吗？广告中的图片是否合适？

**方法：沟通测验**。沟通测验的目的完全是测试广告讯息能否传递与广告主期望接近的东西。大多数沟通测验用于测试电视广告的效果。沟通测试一般通过小组的形式展开，通过笔答调查问卷和小组讨论获取数据。广告制作人员会将广告成品、广告的雏形或未完善的版本展示给目标受众，一般会让他们看好几次，接下来会就该广告作品展开讨论。进行沟通测验的一个原因是避免重大失误，避免广告传递错误的信息。一些广告创意人员自身难以发现但是对消费者来说却很明显的错误信息，可能是无意识的双关语、无心的性暗示或其他古怪的事情。随着广告越来越多地跨越国界或者推向全球，广告在不同国家所传递的品牌形象可能出乎广告人员的预料。记住，如果消费者已经看到了广告，广告目的已经不重要了，对消费者而言，广告就在眼前，他们可以有自己的看法。然而广告人员必须将上述问题和下面的事实权衡一下：沟通测试小组成员总有种优越感，因此他们可能太过投入而无法发现一些问题，反而提出一些没有人会在乎的东西。再举一个例子：广告制作工作必须依靠训练有素和经验丰富的调查人员从测试结果中提取合适的结论。这些测试可以由内部进行操作（广告公司内部人员操作），也可以外包给专门的商业测试公司。

2. **他们记得什么**？假设消费者看到了广告，他们肯定会记住一些广告内容：认知留存，掺杂消费者想法和反应的广告片段。他们可能记住了广告大标题、品牌名称、电视广告中的笑话、几句零散的广告词、广告中记忆模糊的执行性要素或是其他东西。所以几十年来广告人员一直努力在消费者认知留存上争取获得好的效果。如果广告中“被记住的内容”确实起了作用，那也只是在某些基本层次上起了作用。30～40 年来我们一直知道加深广告在人们心中的印象和销售额没有多大的关系。为什么呢？可能是消费者记住了广告中所有的东西，但是却不关心广告宣传的品牌；或者是消费者记住的内容和广告主期望传递的信息完全不相干；还有就是他们的一些想法使广告主的品牌名称和广告本身无法联系起来。幽默广告就是很好的例子。消费者只记住了广告中搞笑的地方，而不是品牌名称——更糟糕的是，记成了竞争对手的品牌名称。现在很多公司，一些聪明的公司，都通过回忆法进行品牌娱乐宣传。

同时还有一个问题，就是所有这些测试都是建立在人类记忆会不断过时的前提之上的。不久前，心理学家就提出，一个人所经历的一切都会像串流影像或未剪辑的人生电影一样转化为自身的记忆。人们清晰地发现，在记忆中，动机比人们之前所认识到的东西更加重要。因此很多广告调查的重点是人们记忆广告的精确度和忠诚度，或者是人们对某广告重要内容的熟悉程度。然而最近，人类记忆研究领域出现了一种新见解。受虐待孩童案件中错误记忆的启发，心理学家现在明白了人类的记忆比以前所假设的更为混乱。现在，他们认为人类记忆是流动性的，并且极易受动机影响：当我们想记住某些事情时，我们就记住了，甚至是那些从来没有发生过的事情。相比人们以前对记忆的理解，记忆更像是对人类行为的一种解释。广告调查专家凯思琳·布劳恩拉（Kathryn BraunLa）就指出一个人其实能够十分容易地记住一个实际上并不存在的品牌和相关的消费经历。[①] 这告诉我们，严重依赖人们的记忆将其作为评估广告效果标尺是一个相当糟糕的想法。但是也有些时候这样的衡量标准是适用的，但是目前情况并不适用。

## 7.4.2 评估认知留存的常用方法

**方法：想法名录。**人们普遍认为广告和促销活动在开展过程中或者之后会在观众之间产生很多看法。洞察力确实不一般！那些意在确定人们如何看到广告的文案调查就是所谓的**想法名录**，或**认知回应分析**。这是一些关于了解程度、认知留存还有一小部分的消费者感觉和情感的测试。想法目录测试由公司自己完成或者通过外部的专业测试机构来完成。想法目录测试法多数用于电视广告，虽然它可以应用到所有的广告中。目前调查人员感兴趣的是消费者对广告和促销活动的看法。一般来说，先让受众群体以组为单位观看商业广告，广告播放完毕后，让他们记录下看广告时所产生的想法，这样就得到了认识回应的数据。然后再就这些问题提问他们，要求其解释原因。调查人员希望以此了解潜在受众对广告的理解、他们的反应，即“他们认为广告有何不妥之处”。

受众们的书面回馈可通过多种方式进行进一步分析。通常情况下，调查人员使用简单百分比或者是按得分计算。赞成的看法和反对的看法之间的比率可能是调查人员最感兴趣的。或者是消费者将产品与自身相联系的次数——如“这东西对我有用”或“看起来我喜欢这些东西”——这些数据可以记录下来，在执行其他广告宣传时候做个对照。这个想法非常诱人：当广告推出时，捕捉人们对广告的各种看法。但是在实际操作中，问题就显现出来了。在现实中，人们所提出来的看法比通过网络所发表的见解更不真实。换句话说，受众们通常在产生想法后几秒至几分钟内就要把它们写下来，因此这些想法也经过了反复斟酌——有些见解他们不愿意和别人分享。这些想法是在人造环境下通过大脑思维产生的，和真实环境下人们观看广告的精神状态完全不一样，如坐在他们自己的起居室里，谈话，看着电视交谈等等。但是既然调查人员问了：你就必须告诉他们点什么。然而，即使存在这些问题，消费者的想法仍有可

① Kathryn A. Braun, “Postexperience Advertising Effects on Consumer Memory,” *Journal of Consumer Research*, vol. 25 (March 1999), 319 – 334.

取之处。当然，困难在于知道哪些是有价值的，哪些是废话。这与广告和调查的完美配合有很大的关系。例如，有一些广告的制作，广告主最想要的效果是记忆深刻。有趣的是，调查发现最常见认知回忆是观众的反驳意见。广告发表了一些观点，然而消费者却说："不，并不是这样，这不是真的。"[①] 你认为这是因为测试的环境是人为的，消费者想要在测试中表现得聪明一点呢，还是因为这真的是大多数人对广告的第一反应？你是怎样看待这个问题的？

**方法：记忆测试**。记忆测试也是广告宣传中最常用的测试方法之一，同时也是最具有争议性的。这个测试用于探寻广告在观众头脑中的留存记忆。测试的基本原理是，如果广告有效果，那么消费者肯定会记住这个广告。在此前提之下我们进一步假设，消费者记得最牢固的广告肯定会产生最好的效果。因此这些测试的目标就是看消费者记住了多少广告信息。记忆测试法在电视广告中使用最多。在电视广告**记忆测试**领域，Iposos-ASI 公司和 Burke 公司是两家大型服务商。在印刷广告领域是 Gallup & Robinson 公司、Mapes 公司和 Ross 公司。然而，在印刷广告领域里，**识别**通常是行业标准。识别仅指观众表示他们曾经看过这个广告（或能认出广告），而记忆测试却要求回忆更多（从记忆中不断寻找）。记忆测试在电视广告测试中更加常用，而广告识别测试则更侧重于印刷广告行业。

在电视广告测试中，基本的回忆步骤是，首先从目标市场中找一群消费者，然后让他们在测试日期那天的特定时间观看特定频道。要事先通知他们，只告诉他们要观看一个短片，具体内容不要介绍。在测试的第二天，公司通过电话联系参与测试的人员，了解人们对看过的广告到底记住了多少。滞后一日回忆（DAR）测试程序开始一般会这样问，"你还记得看过一则关于清洁剂的广告吗？如果不记得，那你还记得看过汰渍洗衣粉的广告吗？" 如果对方记起来了，那么接下来就是与广告中产品相关的问题：广告展示了什么内容？广告看起来如何？采访会被记录或录音。这些第一手采访资料会划分好几类，分别代表着不同的回忆水平，通常采用百分比的方式记录。*独立记忆*是指回应者承认看过广告，在没有提示的情况下还记住了品牌的名称。如果一个受访者必须要就汰渍广告说点什么，这就是*辅助记忆法*。记忆测试领军人物巴尔克（Burke）公布了两种测试指标：声称看过广告的人所占的百分比和真正记得广告细节的人所占的百分数。[②] Ipsos-ASI 使用了类似的测试方式，但是有一点明显不同。像 Bruke 公司一样，Ipsos-ASI 公司也招了一群观众，不过告诉参与者们他们正在评估有潜力的新的电视节目。但他们实际评估的是广告。他们把节目表邮寄给参与者的家里，然后再进一步给他们指示。在参与者观看节目的次日，公司会联系受访者，然后询问他们关于节目和广告的问题。从受众的回答中，公司可以搜集各类信息，其中就包括对广告的回忆。这种方法的优点是欺骗。如果观众认为他们在评测节目，那么调查人员可能获得观众对广告更真实的评价。这和人们正常生活中对广告的看法不一

---

① Thomas J. Robertson, Joan Zielinski, and Scott Ward, *Consumer Behavior* (Glenview: Scott, Foresman and Company, 1984).

② Terence A. Shimp, *Advertising, Promotion and Supplemental Aspects of Integrated Marketing Communications* (Cincinnati: South-Western, 2002).

样，但是和直接就广告内容进行提问相比，这可能也是一种进步。

而在印刷广告领域，记忆测试的做法有些不同。记住：识别测试法是印刷广告的标准测试法，而不是记忆测试法。但是如果记忆测试法用于印刷广告的话，就要按照下面的步骤进行。我们以一次典型的印刷广告记忆测试为例，首先要从目标市场确定一名消费者，一般是从商场中寻找，然后向这个消费者发放一本杂志让他或她带回家。很多情况下这本杂志实际就是刊物出版之前的试用版，或者它只是一本用于测试的虚构杂志。这类广告常常“插放”在杂志中，或是夹在杂志中。有些公司会变更现有广告组合，有些公司不会这么做。有些公司针对每个消费者轮番使用多种广告进行测试（将广告放在杂志的不同版面中），这样消费者就无法修饰自己的想法了。参与者要阅读杂志，并且次日要接受电话采访，回答一些问题。而在电话采访过程中，对辅助式记忆进行评估。这可能会涉及产品目录线索，如：“你还记得看过个人计算机的广告吗?”能做出肯定回答并能提供证据记得看过广告的人所占的比例代表了已列出辅助回忆的得分。还有一些测试会就相同的广告的具体内容再次询问，如广告的标题和广告正文，以获取详细的信息。有时候会给消费者一副牌，上面有很多品牌的名称，然后如果他们能够对纸牌上相关品牌的广告有印象的话，他们就可以喊停。然后他们要描述所记得的任何广告信息。这种测试的计分方式和电视滞后一日回忆测试的方法相近。

**方法：识别测试。识别测试**是印刷广告和促销行业的标准记忆测试法。他们会问你能否认出某个广告或广告中的某些东西，而不是让你去回忆其他方面。这种测试只是想知道广告在消费者心中留下了多少印象。识别测试会询问杂志读者（有时候是一些电视观众）能否记得看过某个广告，能否说出广告赞助公司的名称。对于印刷广告而言，观众看到的是真实的广告；而对于电视广告而言，展示给观众的是一段广告台词和一幅相关的画面。相比记忆测试，识别测试更为简单，因为接受测试者会获得一些相关的提示，而且除了回答是或否，他们也不需要做其他事情。看图表 7—17 中的广告，你认为识别这则广告可能会遇到哪些困难?

图表 7—17

虽然人们已经纠正过浪漫和糖果之间的关系，但是消费者还可能误将该画面理解成情人节的画面，而不是一个广告。在这则广告中插入要宣传的产品会有什么优势?

像 Starch Readership Services 这类从事调查的公司会按照以下基本步骤开展调查。联系相关杂志的订购者并询问能否在他们家里进行一次采访。这些订阅者必须至少浏览过该杂志才具备评论的资格。然后把目标广告逐一展示给订阅者，读者要回答问题：是否见过这个广告（如果他们对广告关注过的话），是否熟悉到能回忆起广告中的品牌名称（如果他们能把广告和品牌联系起来的话），是否看过广告词，是否能够表示曾读完了一半的广告词（读过多半内容）。这个测试一般在杂志出版几日后就进行。然后按照三个级别——看过，*将广告和相关品牌联系起来，看过了多半广告词——打分*(见图表 7—18)。在印刷广告测试领域，Starch 公司是识别测试（专业术语叫“readership”）的主要服务商。

图表 7—18

Starch 公司的调查显示，有 55% 的受访者表示曾看过测试的广告，50% 的受访者能够把广告和相关的品牌联系起来，还有 23% 的受访者说他们读了超过半数的广告词。

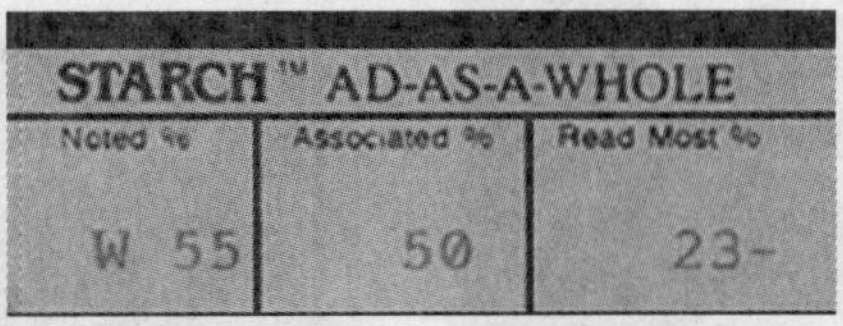


Bruzzone 调查公司的业务领域是电视广告识别测试。一般来说，先选择一部分电视观众。然后把电视广告的一些广告剪辑（从实际广告中截取的静态的一系列广告图片）拿给测试参与者，但是广告中品牌名称无法识别（包括图片上和文本中的品牌名称）。然后提问测试参与者一些问题，如“你曾经在电视中看过这则广告吗”。参与者还要识别品牌，就一些问题发表自己的看法。最后提交识别度的打分给客户，其中包含参与者的看法。这种测试方法因为费用相对低廉（如果通过因特网进行调查，费用可能还会低）而具备一些优点，并且由于没有透露品牌名称，这种方法衡量的识别度可能更有效。(见图表 7—19)

图表 7—19

做一下这个测试：http：//www. brcsurvey. com/brcdemosurvey4. htm

识别测试分数的搜集工作跨越了很长时间，因此广告主可以把现在的广告同上周、上个月或 50 年前类似的广告进行比较。这是识别测试分数的一大亮点。这种测试最大的弊病就是消费者已经对所问的问题持肯定态度。换句话说，很多人会说他们曾经见过某个广告，但实际上他们并没有见过。几天之后，当你在看到图表 7—20 至图表 7—22 这三则广告时，如果你是在很自然的情况下观看的这几则广告，你能清晰地记起这些广告吗？除此之外，相对而言，这些测试还是能辨别出哪些广告比较好，哪些广告比较差。

图表 7—20 至图表 7—22

所有这些广告，都惊人地相似，它们在产品差异化、加深印象和宣传品牌方面效果甚微，尽管通用汽车和福特汽车却可能想通过以上三则广告做到以上三点。比较分析凯迪拉克的新车型（http：//www. cadillac. com）和福特的高端车型（http：//www-lincolnvehicles-com）的异同之处。这两个公司在广告宣传新车型时是否有所突破？再过一段时间，你能把这些车型分开吗，是否还能记住这些网站上的信息？

现在我们看到了问题的关键之处：大量调查结果显示广告记忆测试的得分还有广告识别测试的得分同产品的实际销售额基本上没有关系。[①] 但是这难道不能说明最好的广告是那些让人们记忆深刻的广告吗？单从测试分数来看，我们找不到任何证据证明这一问题。这看起来矛盾的情况已经困惑了学者和调查人员多年，并且随着广告视觉成分越来越多。回忆广告词也变得越来越无关紧要了，但通常简单的品牌名称除外。事实是人们能够记住多少广告信息看起来和产品销售联系很少。这可能应该归罪于被过分夸大的、虚假的记忆测试分数，也可能是广告制定时就没有想过要进行记忆测试。但是现在还是对它们进行了这种测试，好像以前测试过一样。但不加区别地滥用这种测试，使得测试本身看起来相当糟糕。我们相信，仅当广告主期望观众能够记住或者识别广告时，这些测试才适用并能产生价值的。

---

① Rajeev Batra，John G. Meyers and David A. Aaker，*Advertising Management*，5th ed.（Upper Saddle River，NJ：Prentice Hall，1996），469.

如果广告的目的是简单记住广告的一些内容，那么记忆测试还是有用的。例如，一则广告如果在30秒内将"Kibbles and Bits"重复说了约80遍，那么该广告的目标仅仅是：让人们记住"Kibbles and Bits"这个名称而已。对于这样的广告而言，记忆测试是最有效的方法。但是随着广告词不断减少，而图像不断增加，广告识别测试，特别是有效的广告识别测试，效果会比记忆测试好得多。但对于运作更加成熟、水平更高的广告和品牌化娱乐而言，仅仅采用记忆测试或识别测试是不够的。

**方法：内隐记忆测试**。我们之前讲的都是外显记忆测试方法，测试方法和测试程序要求调查主体回忆实际播放的广告。而**内隐记忆测试**不会要求回顾广告，而是通过一些任务来了解消费者的记忆情况，如填词游戏：取某品牌名称的部分字母给你，如用S R N T代替Sprint，然后让你完成该名称的全拼（这一项会给一个分数），同时还会想起其他一些内容。这种测试的原理是该测试方法更敏感，没有太多的要求，还可能是一种更有效的广告测试方法。在实际中这种方法应用的不多，精密的步骤和测量方法使其更像一种学术研究而非实用测试方法。

1. **了解**。了解是在认知留存基础上迈出的一大步。仅仅通过广告了解一个品牌在评定广告效果时可能是更有意义的测试方法。这种了解可分为几种形式，可能是一句品牌宣传语或者是对品牌的信任。例如，广告主可能会认为X品牌的产品清洁效果是Y品牌效果的两倍。如果X品牌的广告和促销一直强调这一点，那么我们一般就会认为消费者从X品牌的广告和促销中了解到了一些东西，这样就加强了对X品牌的了解。但是由于消费者可获得的信息太多，我们还是很难弄清楚消费者获得的信息来自于哪里。

**方法：沟通测试**。详见"理解广告"中对沟通测试的详细描述。

**方法：调查**。**调查**方法指的是，广告投放后，调查人员会要求消费者回答一些和广告宣传的品牌有关的问题。这种调查有时是广告播放后立刻展开，有时候要隔几个小时、几天甚至几星期后。调查一般通过当场提问、电话采访或在线调查的方式进行。

2. **改变态度**。态度反映的是一个品牌在消费者头脑中所占的位置。人们对品牌的了解和对品牌的感受都会影响他们对品牌的态度。从这点来说，人们对某个品牌的态度或者偏爱是在综合考虑多种影响之后做出的总体性评估。广告主因此也会把态度改变看作是广告评估的一个重要方面。

常识告诉我们，态度有时候对广告评估而言是很有价值的。广告有没有改变消费者的态度并使之朝着正确的方向发展？尽管态度这个概念本身就受到攻击，但是态度调查还在使用，并且在结果阶段使用最多。让广告主真正搞一些科学实验，并对实验严密监控本身就是一个大问题。他们似乎看不到实验的价值，也看不到其相关性。这类工作做得很少，大部分都是大学教授们将案例当成真实广告进行的，但是它们只是案例而已。广告行业很少做实验。我们不能假设广告受欢迎，人们就会对整个品牌产生喜爱之情。我们都能想到一些我们喜欢的广告，但是我们对这些广告所宣传的品牌还是不喜欢。然而，在合适的情况下，如果态度定义正确，总结性评估就会取得完美的效果。

**方法：态度研究**。一般的**态度研究**测试的是消费者在看完广告后的态度。电视广告通常是一群人一起观看；而印刷广告则是一个人一个人地看。态度研究也可通过调查进行，其中包括网络调查。基本步骤是，先从目标市场找一群人，然后记下他们对广告所宣传的品牌以及竞争对手的品牌的看法。理想的情况是观看广告前后都要进行态度测试，这样调查人员才能看到消费者在观看广告前后态度的变化。可惜的是，广告行业的惯例以及广告公司微薄的利润使得实际操作中只存在观后测试。真正的观前测试正变得非常少见，但是网络正给这种测试方法重新带来希望。

如果态度能够反映一些有意义的、重要的事情，那么这些调查才能有价值。测试有效的前提是在一个不自然的环境下（如在戏剧院中），广告只播放一次（有时候是两个）。很多广告主都认为一则广告只有在真实生活中播放 3 ~4 次才会发挥效果，还有一些广告认为这一数字要更高。然而，在对仅播出一次的商业广告进行态度测试后，测试分数的显著变化表明有些东西正在继续，如果消费者是在自己真实舒适的家中观看广告的话，那么一些测试可能就会产生预期效果。雪城大学（Syracuse University）的约翰·菲利普·琼斯对这些数据作了分析，并且他得出的结论也非常有力地支持了态度分析。① 他认为即使这种观前调查方式不能正确预期广告潜在效果（肯定会这样），但是这一工具必定会提高广告的成功几率。另外，调查人员很难确定消费者的态度究竟是针对广告本身还是针对广告的产品，而两者之间又存在很大差别。最坏的情况是态度研究没能准确预测实际行为。正因为这个原因，态度测试本身就又一次被人们抛弃了。我们认为，这并不是我们应该进行大笔投资的地方。

为了测试人们对印刷广告态度的变化，公司可以向调查参与者家里发送广告的杂志，广告就插在杂志之中，然后告诉测试主体调查人员会在次日采访他们。测试参与者还被告知作为参与测试的补偿，他们将参加一次抽奖活动。这就要求他们将喜欢的奖品告诉给调查人员。第二天当采访者再次登门的时候，他或她会被再次要求提供自己喜爱的奖品，而这就是观后态度测试。

你可能还记得我们上面讲过，Bruzzone 的识别测试也搜集了一些态度测试分数。这是一种观后测试方法，但是由于使用了为识别打分的方法，因此可能是非常有用的。与此同时，ASI Next-TV 也搜集了观后态度分数。据我们所知，ARS **说服法**是唯一一种以提供真实的观前观后态度测试而闻名的服务种类。这是一种剧院式的测试，采用了在电视节目中插入广告的形式。如果观众赢得一些免费商品，他们要指出他们比较喜欢的品牌。由于观看前后提的问题一样，因此就能判断态度变化的分数。虽然这和只有观后测试的时候相比是一个重大进步，但是观看电视广告的环境和方式有点矫揉造作，让人生厌。首先，它们不会出现在电视上，而且我们也不会和一百多号人一起观看电视节目，还有就是我们早就知道要集中注意力看节目。

3. **感觉和情感**。广告人员对于感觉和情感往往有着特别的兴趣，自从 20 世纪 20 年代出现 “atmospheric” 广告之后，有人就开始相信人们对广告的感觉比他们产生的

---

① John Philip Jones, “Advertising Pre-Testing: Will Europe Follow America's Lead?” *Commercial Communications*, June 1997, 21 -26.

想法更加重要。商务教授米歇尔·范（Michel Pham）和其他人[①]的近期调查表明，在回应广告、广告宣传的产品或服务方面，感觉有三个独特且特别有效的特性：（1）消费者能迅速监测到并且抓住自己的感觉——消费者一般会对某物先有感觉，然后才进行思考；（2）有更多的人同意消费者是在感觉广告和品牌，而不是对其进行思考；（3）感觉能够很好地预测想法。这项调查非常有力地支持了这样一个观点：从很多方面来看，消费者的感觉在广告宣传中比他们的想法更加重要。调查还表明与仅用想法说服观众的广告相比，使用感觉因素的广告取得的效果更强，持续时间也更久。例如，消费者对图表7—23和图表7—24的广告所产生的感觉就远比他们对广告的看法重要。

**方法：共振测试。共振测试**的目标是确定广告信息目标受众在多大程度上发生了共振。[②] 问题也就是：广告和消费者的个人经验相符吗？广告有没有对消费者产生亲和力？消费者看后是否会说，“对，就这这样，我就是这么想的”吗？消费者会看广告并转化为自己的理解吗？[③] 共振测试法和沟通测试法非常相似。消费者会以小组方式反复观看同一个广告数次，然后对广告进行讨论。测验可以由公司内部的策划人员和调查人员进行，也可外包给专业调查机构。你认为这则广告如何？它给你什么样的感觉？

图表7—23

这则广告的目标是让图像和消费者的感觉产生共鸣。

① Michel Tuan Pham, Joel B. Cohen, John W. Pracejus, and G. David Hughes, "Affect Monitoring and the Primacy of Feelings in Judgment," *Journal of Consumer Research*, vol. 28 (September 2001), 167 - 188.

② David Glen Mick and Claus Buhl, "A Meaning-Based Model of Advertising Experiences," *Journal of Consumer Research*, vol. 19 (December 1992), 317 - 338.

③ Stuart J. Agres, Julie A. Edell, and Tony M. Dubitsky, eds., *Emotion in Advertising* (Westport, Conn.: Quorum Books, 1990). See especially Chapters 7 and 8.

图表 7—24

广告词和评论不是这则广告发挥效果的因素。

**方法：逐帧测试。逐帧测试**通常用在情感成分占关键地位的广告中，虽然这种测试也可以用来搜集观众的想法。一般做法如下：首先让观众在剧院式的背景下观看广告，观看过程中观众按键（喜欢或不喜欢）评价广告效果。然后将搜集的观众按键统计数据加权平均，最后将处理过的结果附于广告之上，以线状图的形式呈交给调查人员。线状图的高度反映了消费者的兴趣水平。线状图高的部分是消费者对广告感兴趣的部分，而较低的部分则代表了观众对广告兴趣较低的部分。一些调查公司会询问观众在线状图的某一点时他们有什么样的感觉或想法，有时候这些回答是诊断性的，有时候则不是。在这些案例中（图表 7—25），轨迹线实际的作用就是描述观众在广告每个特定时刻的兴趣水平——它并没有解释消费者是喜欢还是厌恶，也没有说明原因。逐帧测试的缺点在于，和其他测试方法相比，该测试方法成本有点高，再有就是观众要在观看节目时做他们正常情况下不会做的事情，这使该测试方法受到一些质疑。但是，也有一些人推崇这种方法。他们认为这种方法十分诱人，能给客户留下深刻的印象。

图表 7—25

消费者在观看广告时他们的兴趣水平也测试出来了。

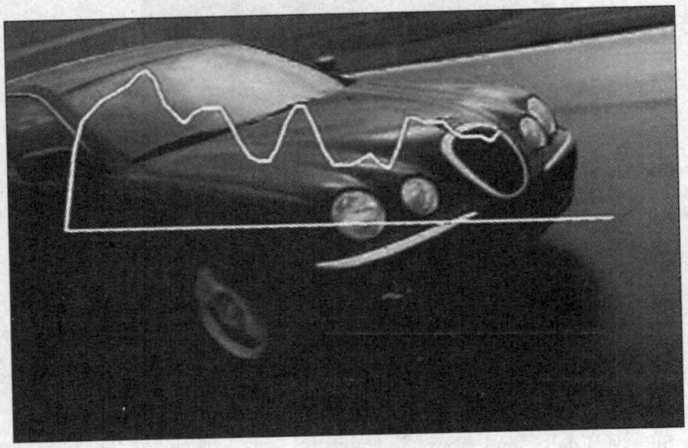

现在人们在开发更好的方法以测试广告所引发的感觉和情感。[①] 其中就包括更好的问卷调查和更先进的按键设备。评估广告所唤起的感觉正成为广告业一个更加重要的目标。

4. **生理变化**。每隔几年，人们就会对广告**生理评估**技术重新产生兴趣，然后这种激情会随即消退。最近，大脑影像技术的进步又一次点燃了人们了解大脑处理广告的希望。在这个问题上大部分工作是 PT 扫描，具体过程如下：测试主体呼吸或摄入其他放射性同位素，然后即时通过感测设备对其进行扫描，观察大脑如何使用这些同位素，或者称为磁共振成像技术（Magnetic Resonance Imaging，MRI）。磁共振成像技术的原理是观察哪些成分在外界刺激或某些任务下会"产生兴奋"，弄明白当这些组织兴奋时会有什么情况发生（图表 7—26 展示了 MRI 测试的过程）。但是至少在这一点上理解实际作用过程——不仅仅是观察大脑组织单独处理参与特定活动所产生的反应——还是有希望的，但是仍然有点难以捉摸。这种技术在广告中的实际应用看起来已对人类思维的基本过程有了更好的了解，而人类思维本身就非常有价值。将这种技术广泛应用于文案调查近期希望不大。

图表 7—26

这些是磁共振成像（MRI）的一些例子。现在，这种技术正用于广告的基础调查工作。真正将其应用到现实生活中的可能性很小。

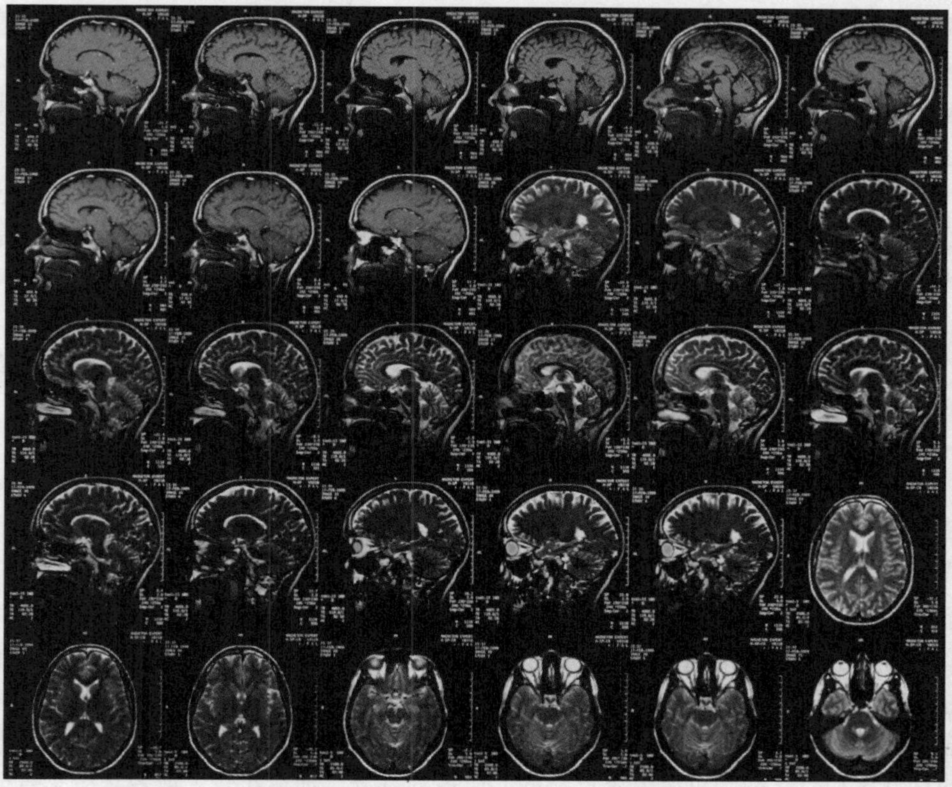

① Stuart J. Agres, Julie A. Edell, and Tony M. Dubitsky, eds., *Emotion in Advertising* (Westport, Conn.: Quorum Books, 1990). See especially Chapters 7 and 8.

究其原因是人们长期痴迷于技术。一个广告真的很容易影响消费者的观念，会在生理上对消费者产生作用。因此，为了捕捉观看广告的观众身体所产生的变化，新技术层出不穷。在PT扫描和磁共振成像技术出现以前，人们是通过追踪眼球移动轨迹来评测身体反应的。除此之外，还通过测谎仪等仪器检测了其他一些指标，如皮肤传导性、呼吸、脉搏，但结果令人失望。其他较过时的脑部活动测试也都证明毫无作用，因为这种方法很难将“噪声”和“信号”区分开。归根结底，目前为止所有这些技术都无法证明具有巨大的实际价值。但是，提高对思维使用信息和处理更复杂的信息等基本知识的了解是非常有价值的，不管这种知识是否应用到了实际的广告和整合品牌促销中。

**方法：视觉追踪。视觉追踪系统**的目的是监视阅读印刷广告时眼球的运动情况。要运用这种系统，被测试者要戴上一个类似护目镜一样的装备以便记录（通过计算机）瞳孔扩张、眼球移动，还有观看广告每部分所需要的时间。

**方法：语音回应分析。语音回应分析**是一种中等技术的调查分析。它的原理是人们讨论广告时的变音现象反映了兴奋和其他的生理状态。举一个有代表性的例子：测试参与者要对一系列广告做出回应，这些回应通过录音记录下来然后交给计算机进行分析。普通语调中的些微偏移都被认为是有意义的。

所有的生理测试方法都有同样的缺陷。虽然我们能检测出人们对广告做出的生理反应，但是我们还是没有方法去识别出人们的反应是针对产品发出的还是针对广告发出的，也无法识别出某一个生理反应是针对广告哪一部分做出的。在某种意义上说，积极反应和消极反应的界限也是模糊不清的。由于我们不能把一个具体效果和广告的其他方面联系起来，所以生理测试法的作用就很小了。

自从广告出现以来，就一直有人对生理测试非常着迷。广告对科学的迷恋是显而易见的，早期就有人尝试生理测试，与其说这是一种成功的销售工具，不如说它是一种评估广告效果的有效手段。有些对科学家（有些甚至是穿白大衣的）充满挑衅意味的东西把人们联系到了一起，而这些东西看起来又很精确且不违法。不幸的是——可以认为是幸运的，就看自己怎么看了——这些测试只是唤醒了我们对广告的初级反应。对大多数广告主而言，生理测试的极其微小的作用不值得他们为此投入资金，更何况测试过程中对人造成的侵扰。

**5. 行为意图。**行为意图从根本上而言就是消费者打算做的事情。如果消费者在看了X品牌的广告后，消费者事先购买X品牌的意图更强了，我们就有理由相信测试广告和消费者购买欲望的上升有关。当然，我们都知道意念行为的问题所在：它几乎不能替代实际行为。想象一下这样的场景：你原来真的打算去拜访你的母亲，并且语音留言“我会打电话给你”，以及当时我们会说或者想说的一些其他事情，但是事情并没有像我们先前预想的那样发展。如果我们把这些作为标准测试消费者对广告的反应时，情况也会如此。采用对比分析法（例如，将打算购买百事可乐饮料的人所占的百分比和打算购买可口可乐饮料的人所占的百分比加以比较，或者至少是告诉调查人员这些信息的人之间的对比），这些方法都是有意义并且是见效的，特别是当变化很大的时候。如果过了这种程度，你就不要再往这方面投资了。

**方法：先导测试。**在真正投资开展一场大规模广告宣传活动之前，广告主有时候会通过**先导测试**的方式在市场上测试他们的广告讯息。先导是指在电视网将要播放的新节目中插入的节目插曲。这种做法的优点是观众从未见过这些内容，因此可以提供一个很好的封面故事，同时还不会让观众产生那种从熟悉的剧集转变为广告的唐突感觉。先导测试有三种主要类型。**分置式传送装置**（一般是应用于有线电视系统上）是一种将不同信号（或广告）传输到不同的观众住处的设备。通过这种装置，我们可以把一个广告的两个不同版本分别直接传输给两个类似情况的家庭中进行测试。这种方法使得人们能够在自然的情况下观看广告，因此真实性较高。广告传输的频率和广告传输的时机等因素能够密切控制。然后通过各种方法将两个不同版本的广告进行对比，但是主要用行为意图进行比较。

**方法：因特网实验**。如我们前面所讲，**因特网实验**要求实验主体自愿或者在公司的招募下登录一个网站，在那里他们分得不同的实验条件。这种新出现的方法中所涉及的很多东西已经有人研究过了，但是迄今为止，行业关注焦点大多还停留在购买意图或实际购买行为上。

## 7.5 第三阶段：结果

在这一阶段，广告已经投放了，而广告主正设法评估广告是否产生效果。

**方法：跟踪调查**。跟踪调查是最常用的广告和促销调查方法之一。大致说来，跟踪调查就是对广告和品牌娱乐的表面效果进行全程“追踪”。它一般评估广告受众的态度变化、了解程度、行为意图还有自我陈述能力。跟踪调查会在广告宣传和品牌娱乐活动推出的前后和推出过程中对广告的表现进行评估。这类广告调查的操作过程大多数情况下和全面调查过程一样。目标市场的成员会定期接受全面调查以检测任何变化。任何感知、信念或态度上的变化（好的或者坏的）都会影响广告的效果。即使参与者很容易受其他因素的影响（如关于品牌或类别的新闻报道），这种测试仍然很有价值，因为测试是不断进行的，提供的是一种连续性评估，而非其他一次性的评估方法。这种调查方法甚至已经扩散到游戏广告等领域中。由于玩家大多数是年轻人，这就出现了一个新的道德问题（参见职业道德专栏）。跟踪测试的弱点主要集中于具体测试方法的意义上，有时候态度发生了一点变化，销售额却没有明显的提高，投资回报率为零。

**方法：直接回应**。通过印刷物、因特网或广播媒体传播的**直接回应广告**为观众提供了通过网站、回复卡或免费电话进行询问或者直接回应的机会。这些广告产生了**询问/直接回应的测试方法**。图表7—27就是一个例子。与历史基准水平相比，直接回应广告引发了很多人询问或直接回复。如果从这个角度来看，这些方法非常简单明了。还有一些分析会把询问或回复的次数同产生的销售数字进行比较。例如，某些打印广告会为每个广告版本预留不同的800号段热线电话，这样广告公司就能计算哪种广告咨询的次数最多。但是，这些测试方法不适用所有类型的广告。那些着眼于塑造长期形象或品牌认知效果的广告就不应该用这种短期回应的方法进行判断。

网络回应方法在第12章将会详细介绍。通过网络，各类深度探讨方法、点击测试法还有实际购买法都已投入使用。此外，在11章我们将进一步讲解这方面的内容。

## 职业道德专栏

### 新领域，老问题

当麦迪逊大道正因其可能导致儿童肥胖症的食品广告而遭受攻击时，该公司拿出了一份2004年的调查开始回击。该调查表明，和10年前相比，现在的孩子看电视的时间减少了。

争议的内容很简单。如果孩子们看电视的时间减少了，那么他们看到的快餐食品和包装食品的广告也会减少，随着儿童肥胖率的上升，有关部门已经对这些广告实施了严密监控。

一份调查报告的作者说："今天的孩子们玩电子游戏的时间越来越长，看视频的时间也越来越长。"该调查表明从1991年开始，八年级、十年级、十二年级的孩子中，每天观看电视时间超过4小时以上的人数比重一直保持着平稳下降的趋势。"他们看电视的时间延长了，但是他们看的广告却减少了。"

但是上述争论可能会随之成为广告主的一大难题，因为他们正在奋力追赶快速发展的游戏广告市场。但是一些评估数据表明，电子游戏的广告业务有望在2010年达到10亿美元，美国国内13岁以及13岁以上的玩家至少能达到1 320万名。

伴随着新的广告服务技术、新的游戏平台以及新的测量方法的出现，当玩家注意到霓虹闪烁的汽水广告牌或驻足在游戏厅内的快餐店的时候，该市场就迎来了广告宣传最有价值的消费群体，一般为18~34岁的男性。

对于广告主和健康倡导者而言，这可能会再次点燃人们对观看电视的时间、肥胖率及谁应为此负责等问题的辩论。电视可能会被关掉，但是评级公司尼尔森报道说，目前年轻男性每周平均抽出12.5小时的时间玩电子游戏。

资料来源 Ira Teinowitz, "Don't Blame Ads Kids View Fewer Food Commercials," *Advertising Age*, June 14, 2004, p. 10; Jessica Ramirez, "The New Ad Game: Advance Technology Is Finally Allowing Advertisers to Get Inside Videogames Like Never Before," *Newsweek*, July 31, 2006, p. 42.

**方法：广告之外的销售测试。**另外有些广告主真的想看到新广告能让人们有所反应的证据：一般来说就是购买他们的产品。对某些人而言，这的确是黄金标准。我们前面讲了，影响销售情况的因素有很多。因此把产品的实际销售情况作为衡量广告有效性的标准有其内在缺陷，但是这种缺陷还没有使其达到完全不能使用的地步。在这一点上，广告和促销确实不同。由于促销和整合品牌促销效果追踪变得更容易、更准确，同时销售数据也能从网上搜集，所以销售额确实是一条黄金标准。这是因为你确实能够将促销的效果分离出来，或与此非常接近。至于媒体广告，人们使用了统计模型以分离出广告对销售的影响。加州大学洛杉矶分校的市场促销专家多米尼克·哈桑斯（Dominique Hanssens）的研究证明了在某些行业里，如汽车行业，精密的时间密集型模型能够分离出不同时间段的广告效果。但是行业并没有让这些非常有用的模型发挥最大的功效，模型需要的时间、数据、专业技术都超出了很多公司可支配的水平。一般得出的结论是，广告在产品生命周期的初期，新型号或模型或其他创新产品问世的时候对销售有着巨大的影响作用。在这之后，广告的作用便渐渐下降。有时候一些别的变量，从天气（比如说你经营一家主题公园）到竞争广告，也会影响销售，而这些变量都被纳入数学模型之中。

还有一个缺点就是在事实已经过去很长时间后，要评估的广告早已投入使用并且已经有了产品销售数据之后，这些模型才被建立起来。但是如果构建的模型足够合理，那么模型适用于多种情况。在广告大范围投放之前，公司会在小范围内对广告进行测试。行为数据有时候就来自于此类测试。虽然成本较高，但是这些测试非常有效。理想状态是，在严格控制的现场实验中对实际行为进行测量。然而真正地控制现场试验非常困难而且花费巨大，因此现实中的广告宣传和整合品牌促销很少这样做。对于那些相信真实行为最能反映测试广告效果的人来说，他们最大的希望就是使用互联网做实验，虽然这种方法还处于初级阶段。采用互联网测试的方法已经产生了一些振奋人心并且非常成功的结果（特别是在消费电子软件行业），但是这种测试方法还没有广泛地应用到其他领域。

图表 7—27

此类广告可以采用非常简单的广告回复管理。当消费者打电话、点击鼠标或直接填写卡片时，广告人员都知道。

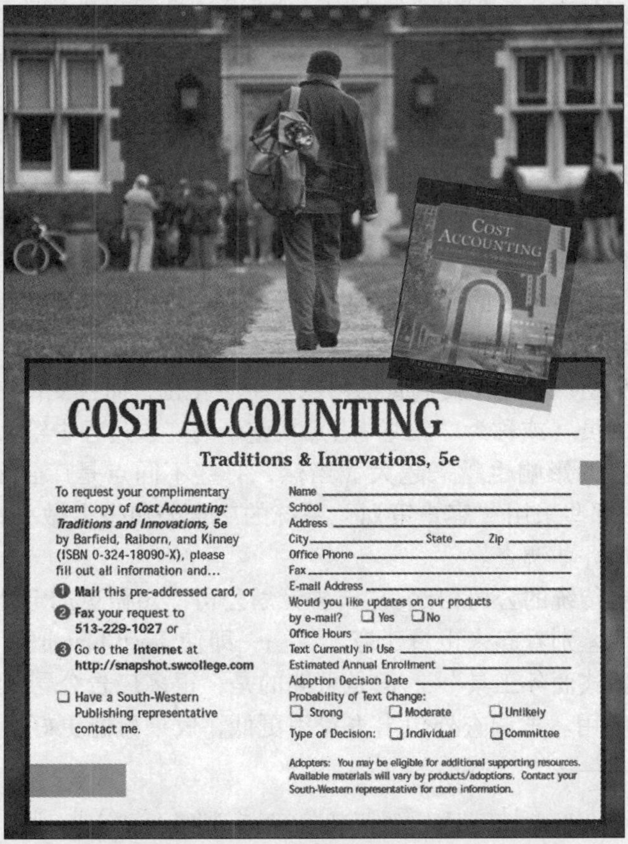


**方法：综合运用来源数据。**随着产品包装开始使用通用产品编码以及有线电视的

不断增加，调查公司现在能够进行单一来源调查，而且能够通过从观看广告到付款的全程跟踪记录个人的行为——或者是更有代表性的家庭的行为。**单一来源数据**提供了个体家庭品牌消费、优惠券使用以及观看电视广告方面的信息。具体做法是将条形码扫描仪器上的数据和家庭电视的监视设备上的观看记录联系起来。有了这些不同类型的数据，调查人员可以对广告和促销对消费者实际购买行为的真正影响做出更好的评估。这种评估方法成本并不低，而且这种方法仍然让人很难（如果不是不可能的话）分清楚到底是广告的哪一部分对消费者产生了影响。提供这类测试服务的服务商中最有名的是 IRI BehaviorScan。

## 7.6 客户策划 VS 广告调查

乔恩·斯蒂尔是 Goodby, Silverstein and Partners 公司——它的客户包括 Anheuser-Busch、加州乳品加工协会、耐克、保时捷还有惠普公司——的客户策划经理和副总裁，称客户策划是“自 Doyle Dane Bernbach 的大众汽车广告后冲击美国广告业的最大事情”①。这种说法虽然有点夸张，但是客户策划确实是广告业的一件大事。那么客户策划究竟是什么？这个问题问得好。(见图表 7—28)

你会听到很多与广告策划相关的内容。这是个专业术语，并且已经出现了十年之久。它的出现就是为了与传统广告调查相区别。在这之前我们可能提到过这方面的内容，不过在这里有必要再次重复一下。客户策划和广告调查主要有三点不同：首先，从组织的角度讲，使用这种系统的广告公司一般会安排一个“客户策划者”同客户经理合作完成指定客户的业务。采用客户策划系统的公司会把策划者指定给一个客户（就像广告专员一样）直到整个项目完成为止，而不指望独立的调查部门偶尔安于其中——即使在这种组织体系下，公司一般也会设置一个客户策划部门。而在更传统的系统中，调查部门会在需要的时候时不时地参与广告项目，并且调查部门的成员可能会同时参与几个客户的广告项目（这样在主题上就会有很多变化了）。

其次，是这种组织结构使得调查的角色发生了变化，而且变得更加重要了。在这种系统下，调查人员（或称为“策划者”）在整个的广告过程中给人的感觉是越来越活跃，对系统本身的影响也越来越大（当然，有些不同点是广告公司的自我推销，事实并非如此）。那些采用“客户策划”系统的广告公司想多做一些广告事前调查，少做一些广告事后评估调查。

再次，是与更传统的公司相比，“广告策划公司”想做更加定性化和更加中性化的调查。但是这些差别看起来也过于夸大了——即使 Jay Chiat 把策划称为“有史以来出现的最好的新式商务工具”②。但是可笑的是，很多广告公司认为自己无法承担全职调查人员的费用。把调查外包出去费用更低，效果可能更好。但是裁员（或减

---

① Jon Steel, Truth, *Lies & Advertising*: *The Art of Account Planning* (New York: John Wiley & Sons, 1998), jacket.

② Jon Steel, Truth, *Lies & Advertising*: *The Art of Account Planning* (New York: John Wiley & Sons, 1998), jacket, p. 42.

少成本过高的部门）更不引人注意的方法就是撤掉“客户策划”系统，而这一系统不可缺少的组成部分就是调查人员。

图表 7—28

在区分客户策划和广告调查中人们费了不少力气。

## 7.7 对于信息测试的最后见解

我们所讲的方法没有一种是完美的。这些方法的可靠性、有效性、可信性还有意义都被质疑过。广告主有时候认为现在的消费者看新电视广告就像在看一部新出的、迫切想看的剧情片，或者听广播广告时就像听交响乐一样，而看杂志广告时就像读斯坦贝克（Steinbeck）的小说一样津津有味。当我们工作、说话、吃饭甚至学习时都会看电视；我们把电视作为一种夜间照明灯、背景噪音或保姆。同样，我们翻阅杂志的速度一般非常快。这些传统的信息测试方法有其优势，但同时越来越多的中性测试方法也明显受到推崇。将小孩扔到洗澡水里不闻不问是不对的；好的和恰当的行为科学能够创造出更好的广告。

## 7.8 我们需要什么

广告和整合品牌促销调查能够应对一些变化。我们对广告和广告宣传的看法无疑正在发生变化。广告向视觉广告的不断发展使人们对一些测试方法是否适当产生了怀疑，这些测试关注的主要是广告语的认可度和文字（文案）的字面记忆水平。同时，互联网很明显已经挑战并改变了人们对观众、反应和相关方法的整体看法。这是一个全新的世界。

客户策划的思维方式把广告调查和品牌管理业务融合在了一起。好的调查工作能在其中发挥重要作用。但当广告人员对客户策划了解更多时，这种方式要么会带来巨大的帮助，要么造成严重的阻碍。自上而下的促销传递方式在业界很多人看来是不切实际的。这种新认识带来了新术语。其中之一就是广告策划的创意，即用客户策划代替广告公司传统的调查工作。最近，人们对调查以及它对广告、促销和品牌管理的影响的看法发生了重大转折。

如你所见，广告和促销调查都成为了判断广告效果的工具，但是谁又能判断广告调查的效果呢？又应该如何判断呢？首先，我们认为质疑和判断广告调查的人还是不够多。调查不是魔术也不是真理，人们不应该在这一点上混淆不清。如果调查的目的是做出重要决策，那么就要对调查的可靠性、有效性、可信性和意义等问题认真考虑。否则，你进行调查只是为了例行公事，并且你知道这种调查意义不大。如果能够正确使用，调查就能成为一种很好的工具，但是在真实环境下，调查只是例行公事，常常出现滥用的情况。

## 本章总结

1. 解释广告制作前调查的目的和方法。

广告和促销调查能够帮助实现制作过程中的很多目标。认真倾听消费者的心声是获得广告创意的最好途径。消费者参与的定性调查对于塑造品牌新感觉是十分必要的。观众定位及其特征概述是提高广告策划有效性的关键，完成这两项工作需要进行广告调查。在广告制作阶段，广告人员会使用各种方法搜集信息。小组访谈、投射技术、萨尔茨曼隐喻诱引术和实地调查都是可靠的调查方法，这些方法都与消费者直接相关，有助于完成创意及概念测试的工作。

2. 知道整合品牌促销所需的二手数据来源。

因为信息在决策制定过程中是一种至关重要的资源，所以有几个数据来源使用频率很高。像战略促销计划、调查报告、客户服务记录以及销售数据等公司内部资源能提供一些有关消费者偏好的重要信息。政府部门会制作大量人口普查资料和劳动统计资料，提供人口、消费情况、就业和移民发展趋势方面的重要数据，而商业资源会给广告主提供很多家庭消费者的信息。专业刊物会提供一些行业趋势以及最新调查成果方面的内部信息。最后，网络作为一种革命性的调查工具，能够在几乎零成本的情况下获得丰富的数据，尤其是广告主可以在成千上万的消费者和品牌网络社区内获取精密的调查数据。

3. 讨论文案调查的目的和方法。

文案调查（广告评估调查）的目标是判断真实广告的有效性。广告主和客户都想知道观众是否明白了广告中的笑话，或记住了品牌的关键信息。追踪观众态度、感觉、情感、行为和生理反应的变化对于衡量广告是否取得了全面性成功是非常重要的。同时，在广告宣传活动的前期和后期，工作人员还使用了多种测试方法就这些变化对消费者的影响进行研究。沟通测试、记忆测试、先导测试还有想法目录技巧都是用来衡量广告说服力的方法。一些试图规避调查高成本和低产出问题的广告公司打算用客户策划取代传统的广告和促销调查。这一趋势的拥护者认为，客户策划系统融合了广告调查和品牌管理中最好的东西。

4. 讨论广告投入市场后所使用的基本调查方法。

广告一旦投放市场后，广告公司和广告主就会采用结果导向型调查来判断广告是否已经取得成功——方法非常简单，就是看广告是否促使消费者购买产品或服务。最常用的一种结果导向型调查法是跟踪调查，通过跟踪测量广告在每一时刻的表面效果。还有一种可长期使用的方法就是使用回复卡或免费电话，这样可以直接了解消费者对于某个广告的反应。科技的进步也带来了一些新的结果导向型技术。通用产品代码的出现、电视监控设备的发明都使广告主在某些情况下可以对家庭消费模式实现从观看电视广告到付款的全程追踪。调查人员也在评估更精密的模型以对广告的销售额效应实行更精确的跟踪，但这是一项耗财耗力的工作。

## 关键术语

concept test 概念测试
thought listing, or cognitive response analysis 认知列表，或认知回应分析
eye-tracking systems 视觉追踪系统
focus group 小组访谈
analysis 分析
voice-response analysis 语音回应分析
projective techniques 投射技术
recall tests 记忆测试
pilot testing 先导测试
dialogue balloons 对话填空
recognition 识别
split-transmission 分置式传动装置
story construction 故事创作
recognition test 识别测试
split-run distribution 分版分销
sentence and picture completion 填图和填句

split-list experiment 分置实验

Zaltman Metaphor Elicitation Technique（ZMET）萨尔茨曼隐喻诱引术

implicit memory measues 内隐记忆测试

Internet experiment 因特网试验

surveys 全面调查

tracking studies 跟踪调查

field work 实地调查

attitude study 态度研究

direct response 直接回应

embedded 嵌入式

inquiry/direct response measures 询问/直接回应法

coolhunt 猎酷

resonance test 共振测试

single-source data 单一来源数据

normative test scores 常规测试分数

frame-by-frame test 逐帧测试

communication test 沟通测试

physiological assessment 生理评估

account planning 客户策划

## 问 题

1. 阅读本章开头部分，从可口可乐为新可乐所作的失败的广告和促销调查中总结出两条重要的教训。

2. 在20世纪中期，是什么历史原因使公司开始设置广告和促销调查部门，而且该部门的地位日趋重要?

3. 小组访谈是广告调查人员最常用的工具之一。描述一下小组访谈调查法的基本特征，这种调查方法可能会对目标受众的偏好做出不合适的归纳吗?

4. 萨尔茨曼隐喻诱引术是一种代替小组访谈的技术。萨尔茨曼隐喻诱引术和小组访谈有哪些相似之处? 同小组访谈相比，萨尔茨曼隐喻诱引术的哪些特征能够加深对消费者动机的理解?

5. 列出二手数据的来源以及使用情况。二手数据有什么用处? 有哪些制约?

6. 找出那些在信息测试过程中可能引发客户经理和广告创意人员争吵的问题。如果广告公司的人站在客户的角度来考虑问题，会出现什么问题?

7. 判断广告有效性的标准包括“理解广告”、认知留存、了解水平、态度变化、感觉和情感、生理变化和具体行为。请具体找出几种评估性广告调查法，这些方法要能测试广告对以上几方面的影响。

8. 一些广告测试的回忆分数很高，但却不是总能提高销售业绩，对此你如何解释？广告是否有一些特征让人印象深刻，但同时也会让消费者反感而拒绝购买此品牌的产品？举一个你亲身经历过的例子。

9. 什么是单一来源调查？而单一来源调查与通用商品代码（我们几乎可以在杂货店的任一件商品上找到）之间又有什么关系？

10. 请解释一下客户策划系统为何会取代传统的广告促销调查系统。为什么有些广告公司的主管声称这种趋势是继著名的 Bernbach 大众广告宣传之后最大的事件？你是否相信对这一趋势的炒作，或者你是否怀疑企业缩小规模的原因推动了这一趋势？请解释一下原因。

## 实践练习

1. 分成若干小组，为模拟广告组织一次小组访谈，然后使用其他小组的成员组建访谈小组完成这次调查。准备一份报告，将小组访谈的重要发现概括出来，报告还要比较你们的发现和之前第一次练习所做的生活方式的调查有何异同之处？报告还要指出在做小组访谈调查时遇到了哪些困难或挑战——如果有的话——以及这些困难和挑战对你们的成果有何影响。

2. 广告主在策划促销活动过程中使用隐喻方法的次数越来越多，他们也在不断开发隐喻在人类大脑中强大的组织和表达功能。你可以使用以下知名品牌或者产品亲自测试一下这个方法：可口可乐、M&Ms 和牛奶。针对每个品牌或者产品，想象如何才能通过视觉效果将你的亲身经历展示出来。

3. 本章给出了几个在线资料来源，通过这些渠道你可以获得很多政府编纂的人口统计信息。这种零成本的大众信息对广告主而言是一种巨大的恩赐——特别是小企业，因为它们无力购买商业数据供应商搜集的信息。请使用在线政府资源描述一下你学校所在的城市或都市繁华地区所呈现出的人口特征。你最大的收获是什么？你认为这份人口简式报告的精确度如何？你认为哪些品牌或产品会对本区域的人有较大吸引力？为什么？

# 8 广告与整合品牌促销策划

通过本章的学习，应该掌握以下技能：

- 1. 描述广告策划的基本组成部分
- 2. 比较和区分制定广告目标的两个基本方法的异同之处
- 3. 阐述制定广告预算的方法
- 4. 讨论广告商在广告策划中的地位

## 8.1 引言：精益求精的苹果公司

广告并不是虚幻，凭空存在的。大多数广告和整合品牌促销是服务于某些商业目的的，同时它们的风险也相当高。无论你是一家仅仅投资 50 000 美元进行地方性广告宣传的小企业，还是在全球投资数百万美元的全球性营销商，都希望广告能很好地为商业目的服务。广告营销参与方必须了解广告目标、战略和时间安排之类的事情，这就需要一个计划。

在高风险的广告宣传领域，苹果可谓无人能敌。我们首先介绍的是 2007 年苹果的 iPhone 产品发布活动。自 1998 年苹果成功推出 candy-colored iMacs 以来（见图表 8—1），苹果公司随后又成功推出 iPods + iTunes，每次苹果都是出奇制胜，因此到了 2007 年也是苹果再次发布具有革命创新意义产品的时候。对苹果来说接下来的一件大事就是推出 iPhone——一款继 iPods + iTunes 改革整个音乐行业后，[①] 再次掀起手机领域革命的产品。但是与 iPod 带给苹果公司的成功相比，iPhone 所呈现出的潜力似乎更加巨大无比。苹果在 2001—2007 年期间共售出 1 000 万部 iPod，而每年全球手机行业却有 10 亿部手机的销售市场。分析人士预测 iPhone 能够很快为苹果带来百亿美元的业务，[②] 但是现在风险非常高。

图表 8—1

1998 年苹果的 iMac 产品发行会使用了如图所示的广告牌展示其新奇的网络装置。

① Nick Wingfield, "Great Expectations Juice Up Apples's Trade Show," *Wall Street Journal*, January 9, 2007, B1, B8; Peter Burrows and Roger Crockett, "Turning Cell Phones on Their Ear," *BusinessWeek*, January 22, 2007, 40, 41.

② Peter Burrows, "How Big Will iPhone Be?" *BusinessWeek*, June 18, 2007, 43.

公司本来计划于2007年6月29日将iPhone推向市场。但是发行活动提前了数月，发行方案和以前的发行方案类似。活动于2007年1月在麦金塔世界展上正式拉开序幕，当史蒂夫·乔布斯（Steve Jobs）从他的蓝色牛仔裤口袋中掏出iPhone时，立即博得了全场观众的喝彩。然后，苹果的长期合作伙伴TBWA/Chiat/Day制作的预告片在奥斯卡颁奖晚会电台转播期间进行播放。广告最后对iPhone的介绍非常简单，最后仅有一个问候语“Hello”和“Coming in June（六月上市）”。这则广告对产品没作进一步的说明，在接下来的几个月内公司也没播出任何其他广告。该产品要引起市场风波也只能靠市场自身的反应了。不出所料，这款产品确实引起了不小的风波。

苹果少而精的广告宣传活动助长了所有媒体对其产品的议论和期待。就像Yankee Group的一名手机分析师所说的那样“这仅仅是这些家伙品牌营销的手段，我们都在苹果的品牌营销中被利用了”[①]。

因此我们应该得出结论：广告宣传活动的初期渲染一点神秘和模糊的感觉未尝不是一件好事。当然渲染神秘色彩是引起人们议论的最好方法：人们在饮水机旁接水或在网上交流时都有可能聊到iPhone。某些博客中有关该产品优点的猜测可谓到了疯狂的地步，截止到2007年3月时，iPhone美国独家承销商AT&T收到询问该产品的电子邮件已经超过100万份。[②] 到了6月份，大多数手机用户都知道了iPhone，网上传播速度更是急速上升。同时调查显示有1 900万的顾客对iPhone表现出浓厚的兴趣，即使iPhone预期售价会在500美元以上。[③] 苹果公司的广告确实发挥了作用。

随着6月29日这一天的临近，史蒂夫·乔布斯和他的团队已经倾尽全力提高iPhone的市场需求。接下来他们面临的最大考验就是供货问题。这将是苹果前所未有的挑战。按照计划6月29日将有300万部手机上市。但是iPhone的构造远比iPod复杂，因此出现因小故障而召回和顾客不满意情况的可能性很大。苹果会证明其在生产工艺和物流运输方面能够像其在广告和品牌塑造方面一样出色吗？时间将会说明一切。

作为一名像摇滚巨星一样引人注目的首席执行官史蒂夫·乔布斯一直是媒体的焦点，并且因为其出色的营销头脑而受到公众好评。人们对他总是这样评论：“他现在已经达到巅峰时期——而且他一直以来都非常出色。”“乔布斯对酷元素的研究就像激光一样精准。”[④] 但是史蒂夫·乔布斯知道他并不是在孤军作战，相反他总是将任务分配给他人，特别是有广告营销问题时，他会联系他的广告商——位于加利福尼亚的TBWA/Chiate/Day of Venice。乔布斯曾说：“制作一个伟大的广告就像生产一件杰出的产品，它们都需要团队力量。我非常幸运和这一行业最优秀的人才一起工作。”[⑤] 确实，如果没有广告商和客户之间的团队合作，也就绝对不可能出现我们所见的

---

① Paul Thomasch, “Apple Builds Hype for iPhone with Less,” *ScientificAmerican. com*, June 20, 2007.

② Paul Thomasch, “Apple Builds Hype for iPhone with Less,” *ScientificAmerican. com*, June 20, 2007.

③ Amol Sharma and Nick Wingfield, “Is iPhone AT&T's Magic Bullet?” *Wall Street Journal*, June 15, 2007, B4.

④ Thomasch, “Apple Builds Hype for iPhone with Less.”

⑤ Bradley Johnson, “Jobs Orchestrates Ad Blitz for Apples's New iMac PC,” *Advertising Age*, August 10, 1998, 6.

iMac、iPod 和 iPhone 的产品发布活动（比较图表 8—2 和图表 8—3）。

图表 8—2

精美的：iPhone 成为苹果又一成功的产品。

图表 8—3

早期，苹果员工就认识到网络的交互性能够作为咨询和回答关于产品技术特性问题的理想途径。

我们仅仅了解像 iPhone 这样成功的产品广告营销活动的表面。但是我们希望这个例子能够使你对整个广告宣传和整合品牌促销过程的复杂性产生兴趣。如果没有深思熟虑，你就不可能一下子花费大量金钱对新产品进行促销，并且期待着公司因此取得巨大成功。要对新产品进行广告宣传，我们首先需要一个计划。在本章你将看到，乔布斯、苹果和 TWBA/Chiat/Day 围绕广告策划工作的几个关键点组织广告宣传活动的过程。广告策划是有效进行广告宣传和整合品牌促销中最重要的一个环节。

## 8.2 广告策划和广告营销环境

广告策划应该作为公司营销计划的直接延伸。就像在第6章结束部分所说的那样，能够明显将营销计划和广告策划联系起来是品牌价值主张的陈述。在目标群体看来，品牌价值来自于公司的营销战略，并且这还会指导整个广告策划活动。广告策划，包括整合品牌促销在内，都是更大的市场营销计划下面的一个分支。整合品牌促销的各个组成部分必须遵循其内在逻辑关系，以相互协调的方式整合成一个方案。无论该方案服务于苹果还是一个资源远小于苹果的企业，每一部分都必须相互协调发挥作用。就像乔布斯所说的那样，在推动市场营销和广告宣传计划的过程中没有什么能够取代广告商和客户之间良好的团队合作。

一份**广告策划**列明了成功策划和实施广告宣传过程中所需的构思、任务和时间安排三部分内容。我们钟爱苹果的广告，是因为它们使用了多种方法吸引观众的注意力，传递品牌（如iPod、iPhone）价值定位。乔布斯和他的广告商策划了很多公关活动、宣传促销活动、联合广告、广播广告、路牌广告，此外还通过网站以及其他途径进行产品宣传。广告策划人在选择一种整合的方式进行宣传前应将所有的途径审查一遍。

当你要选择最好的途径突破现代营销市场内部繁杂的信息网络向消费者传递信息时，必须记住的一点就是不要囿于传统媒体。这样做的原因很多，而且日后你会越来越清楚这一点。Miami's Crispin Porter + Bogusky广告商也正是凭借其独具特色的信息传递方式树立了自己的威望。在第10章我们将会了解到Miami's Crispin Porter + Bogusky广告商成功的秘诀之一，即实实在在地做到将每件事物都作为媒介而为其所用。如果你真的相信每件事物都是一种媒介，那么向消费者传输信息就会变得异常简单，同时也易于让消费者将事物和品牌紧密联系在一起。

图表8—4展示了广告策划的组成部分。需要说明的是广告策划因广告商的不同而存在很大的差异。我们关于广告策划的讨论主要集中于图表8—4所示的几个主要组成部分：引言、形势分析、目标、预算、战略、执行和评估。每一组成部分在后面都会详细介绍。

### 8.2.1 引言

一份广告策划的引言应该包括行动纲要和简介两部分内容。行动纲要部分篇幅通常约为一页，包括两个自然段，用于描述计划最重要的部分。这是最成熟的部分，即关于计划读者应该熟记的内容，它同时也是计划的核心。

和大多数文件一样，简介也是一个常规文件。简介的长度可以是一段也可以长达数页。这一部分会介绍计划的内容以及内容的顺序。所有计划都不同，一些计划需要更多的调整。不要低估好的引言的重要性，它在很大程度上决定了你能否赢得老板或者顾客的赏识。

图表 8—4

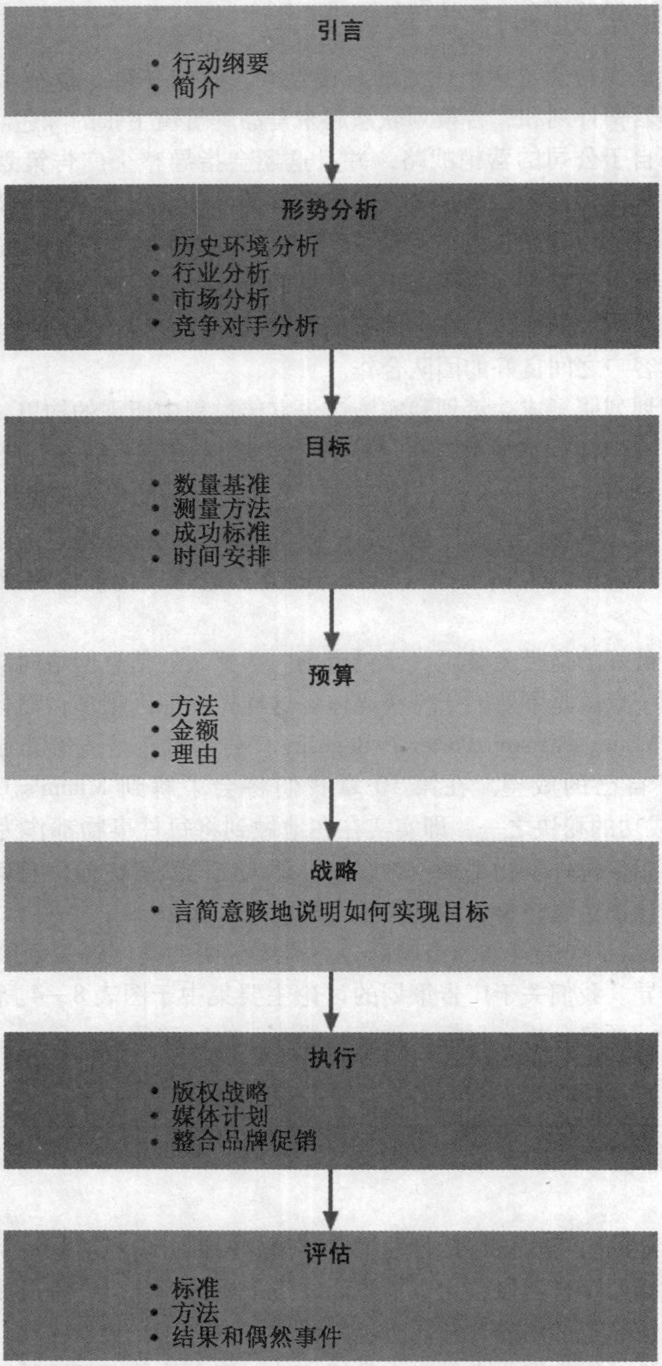


## 8.2.2 形势分析

有人让你对自己的决定做出说明时，你可能会这样说，“事情是这样的……”接下来你会努力从所处情形中挑选重点内容并且说明它们之间的关联性，以此解释你的决定。广告策划中的**形势分析**也是如此。这一部分顾客和广告商会举出其所处情形中最重要的影响因素，然后解释每个因素的重要性。形势分析可以将一系列潜在的影响因素（如人口分布因素、技术因素、社会和文化因素、经济和政治、规章制度因素）囊括在内。一些书籍罗列了很多因素但是它们并不完整。坦率来说，并没有一个完整或者完美的清单能将所有因素囊括在内。因此在制订计划时，不要追求全面而应灵活选择一些能够真正描述你所处情形的重要因素，然后解释这些因素和正在做的广告任务之间的关系。细分市场和调研消费者的行为能够使公司在形势分析中更具洞察力。但是最后还要决定哪些因素是广告策划中最亟待解决的问题。这就是管理的精髓。

假设你是美国运通的代表，那么你如何界定该公司现在的广告环境？最重要的因素是什么？以前的广告如图表 8—5 的卡片广告给人们的印象如何？你认为人们对信誉证明卡态度的转变会成为关键因素吗？为扩大顾客群将卡片的使用范围延伸到折扣店的同时如何保持其高水准的形象？其他银行发行的金卡和铂金信用卡不断扩大的市场份额是否也是至关重要的因素？银行信用卡所提供的利率不同是否也会决定广告环境？改善当地用户对信用卡用途的认识是否有用？消费者当前的负债处于多高的水平？

图表 8—5

美国运通卡广告给人们的印象如何？广告所塑造的公司印象和公司对自身的定位分析关系又是怎样的？从市场细分和产品定位的角度来回答这个问题。有哪些人看到了这则广告？而对目标市场的接触又是如何融合到美国运通的整体战略中去的？

思考当前的经济条件和人们彰显身份的文化习俗和信用卡营销之间的关系。20 世纪 80 年代广告人可以极力吹捧信用卡的用途（例如，万事达信用卡的宣传语就是：MasterCard，I'm bored）。而今天，签账卡和信用卡广告常常会提醒持卡人小心、合理地使用自己的卡。现在信用卡公司不会在你无聊、不理智的时候建议你使用信用卡进行大额消费，相反它们通常仅向特定目标人群宣传使用信用卡所带来的方便之处。图表 8—6 的美国运通广告便是一个很好的例子。

图表 8—6

我们看到美国运通向一个特定的目标群体提供了一套优惠。很明显，美国运通的营销人员懂得市场细分营销战略（具体内容见第 6 章）。

基本的人口分布趋势可能是广告策划中最重要的环境因素。无论是婴儿潮时期出生的人还是其后代，有人的地方就会有市场。人口年龄分布随时间不断变化，市场也随之出现或消失。第二次世界大战后出生的婴儿潮一代仅仅因为其过高的出生率就打破了当时市场的供求平衡。随着这代人年纪越来越大，向这代人（数目高达几千万）提供必需品的公司不得不推陈出新，制造新的卖点。你可以想一下这代消费者，他们需要长期的医疗保健、老年人用品和退休娱乐用品。但他们有足够的可自由支配的收入以维持退休前所享受的宽裕的生活吗？毕竟，他们都没有太多储蓄。今天 20 多岁的年轻人情况如何呢？你何时会重复父母的生活方式？你多大开始脱离父母自食其力？了解你的目标群体是哪代人对广告环境分析异常重要。

1. **历史环境**。任何一种环境都不是完全独立的，但是所有的环境又都形态各异。一个公司的发展历程非常重要。任何一个广告商在为苹果的 iPhone 手机进行广告宣传前都应详细了解主要竞争对手的历史背景、该行业的情况、品牌优势、企业文化，以及公司发展过程中的重大事件、重大失误和巨大成功。客户和广告商之间保持长期的合作关系有利于广告宣传活动，这方面苹果和 TBWA/Chiat/Day 做得非常好，但是大多数企业却没有这么幸运。公司所有新的决策都是以其历史环境为背景的，因此广告主要认真研究该公司的历史背景。例如，若在不了解绿巨人（Green Giant）的品牌发展史以及绿巨人的品牌理念的情况下，广告商又是否会和绿巨人建立新业务呢？绿巨人的发展源头可追溯到几十年前（见图表8—7）。但事实情况是，无论你现在做出什么样的广告决策，过去的历史情况对当前的广告宣传总有着一种重要的影响。

图表8—7

了解品牌历史可以指导如何策划未来的宣传活动。登录绿巨人的公司网站，阅读所有关于绿巨人的历史资料。1928年绿巨人首次出现在广告中。这一历史是否会影响未来的绿巨人的广告？现在是不是应该更换绿巨人这一形象了？你能举出几个对自己流行的图标做出巨大变更的品牌吗？公司会出于什么动机改进或者变更原有的图标？

除了要了解客户公司的内在历史价值，有时广告商的实际经营目标还包括说服客户使他们相信广告商了解他们的业务、面临的主要问题及其企业文化。广告策划中会简短介绍客户公司及其品牌发展史以证明广告商进行了深入的调研，掌握了全面深入的知识，同时还能说明他们关心的事项。

**2. 行业分析。行业分析**主要关注整个行业的发展历程、发展趋势和广告策划执行过程中其他重要的因素。行业分析应列出某一特定行业最重要的领域并加以讨论，其中包括供需平衡中的供应情况。如果广告宣传效果非常好使需求过于旺盛，而供应又难以满足过高的需求，那么很可能就会引起很多顾客不满。随着2007年6月29日这一天的临近，这当然成了史蒂夫·乔布斯最大的担忧。

谈到消费者口味变化之快、程度之大，没有一个行业能与餐饮业相比。近年来，人们对于低碳水化合物食品的狂热追求迫使一些行业巨头（如雀巢、亨氏食品公司、麦当劳）不断推出新产品，同时重新定位其原有产品，以消除越来越多消费者对糖和精白粉的担忧。如果行业调研显示目前有3 000万的美国人主要食用低碳水化合物食品，而数月后这一群体还会再扩大 1 亿人，那么你就要重新定位和调配你的产品。[①] 任何一个餐饮商在进行行业分析时若不将碳水化合物这一因素考虑进去，那么很难想象这个餐饮商的市场营销和广告宣传计划会如何?

3. **市场分析**。**市场分析**补充行业分析的不足之处，它主要强调供求关系中的需求状况。进行市场分析时，广告商会调查影响公司产品和服务的因素。首先，广告商要明确对于产品而言，其面临的市场究竟是哪一部分。多数情况下，这一市场仅指现有顾客。我们这里要明确的是，是否需要某种商品或者服务是由顾客自己决定的。他们自己确定这一市场，但同时也为广告商明确了市场的范围。这种方法有其明智之处，论证起来简单容易，但也很保守。很少有主管因采用这种市场界定法而被开除。但是这种方法完全忽略了那些很可能被说服成功的潜在消费者。

市场分析开头一般仅陈述一下现有顾客是哪些群体以及他们为什么消费该产品或服务（如果需要的话）。消费者唯独使用该产品或服务的动机也能很好地帮助广告商找到开拓整个市场的途径。如整个市场扩大，公司自己那部分市场份额也会取得很好的业绩。在市场分析中，广告商的工作就是找出最重要的市场因素并说明为何重要。客户策划在这一阶段能够发挥至关重要的作用。

4. **竞争对手分析**。调查和分析做完了的行业和市场，下一步就要进行**竞争对手分析**。广告主决定准确定位竞争对手、他们的优势和劣势、发展趋势以及给公司带来的威胁。我们再来回想一下 2007 年的 iPhone 产品发布的情形，考虑一下当时为数众多的观察苹果一举一动的竞争对手。像 T-Mobile USA，Verizon Wireless 和 Sprint 之类的手机供应商都在密切关注对手的动态，同时紧锣密鼓地策划自己的广告宣传以应对 iPhone 的威胁。例如，Verizon 的主管们对自己的网络质量非常自信，认为那是他们最大的优势。同时他们还计划在 iPhone 首次亮相后继续加强对这一亮点的宣传。[②] 此外，手机制造商如诺基亚、LG、三星和摩托罗拉都不得不制订计划以对抗史蒂夫·乔布斯接下来采取的行动。[③]

当竞争对手之间为获得顾客忠诚度而展开肉搏战时，广告主就会不断使用第 6 章所讲的竞争性的定位策略广告。图表 8—8 就是一则非常出色的作品。这里我们介绍一个电信供应商——辛辛那提贝尔公司，它的最大对手是时代华纳。辛辛那提贝尔公司正通过与 Direct TV 合作试图抢夺时代华纳的主顾——有线电视用户。不管怎样，“有线电视付费猛于虎”已经是一个事实。

## 8.2.3 目标

广告目标是广告策划中为后续工作制定的整体框架，方式不一。广告目标采用专门术语明确了广告主的目标。广告主策划的每一个广告宣传活动往往设定不止一个目标。广告主的目标可能是：（1）提高消费者对品牌的认知度和对品牌的兴趣；（2）

① Stephanie Thompson, “Low-Carb Craze Blitzes Food Biz,” *Advertising Age*, January 5, 2004, 1, 22.

② Sharma and Wingfield, “Is iPhone AT&T's Magic Bullet?”

③ Alice Cuneo, “Telecoms Shore Up Defenses for iPhone Invasion,” *Advertising Age*, June 4, 2007, 14.

改变消费者对其产品的观念或态度；（3）影响消费者的购买意图；（4）吸引消费者试用自己的产品或服务；（5）将新顾客转变成老顾客；（6）将别的品牌的消费者转变为本公司品牌的消费者；（7）提高销售额。（下面的段落会对以上每个目标加以简单介绍。）广告商可能同时制定几个目标。例如，一个泳衣公司可能为自己制定以下几个广告目标：维护公司在成年女性泳衣市场龙头老大的品牌形象，同时将这一系列产品的营业收入提高 15 个百分点。

图表 8—8

辛辛那提贝尔公司目标直指一个主要竞争对手的市场份额，它的广告采用了一个极具有视觉冲击力的图像，与广告的标题“有线电视付费猛于虎”相得益彰。辛辛那提贝尔公司通过以较低的月费提供较多的服务来进行该公司的价值定位。它所提供的服务可能是解决不断增长的有线电视费用的最好方法了。

建立或者维持品牌知名度是最重要的目标。品牌知名度能够说明消费者是否知道品牌的存在以及是否熟悉该品牌。例如，市场调研人员可能让消费者说出五家保险公司。消费者首先说出的品牌便是**最优知名度的品牌**。能否被消费者很容易地记起非常重要，因为对大多数商品或者服务来说，消费者对产品的记忆情况也在一定程度上预示了其市场份额情况。

Aflac 公司（American Family Life Assurance Co.）就是一个很好的事例，这家保险公司在广告宣传活动中使用一只不停嘎嘎叫的鸭子创建自己的品牌知名度。假如你看到这则广告，相信你会对那只鸭子过目不忘。若没看过，你可能会认为以一只鸭子作为自己首要代言人听起来过于愚蠢。但是不管怎样，这只鸭子为 Aflac 成为美国保险市场上的领先企业立了头功。同时，Geico Gecko 非常善于让公众关注 Geico 公司，以至于竞争对手 Allstate 保险公司的市场营销主管咬牙切齿地说道："我真想揍扁它。"①

广告的另外一个重要功能是启发、改变或者强化人们的态度以弥补一般广告目标的不足。在第 5 章我们曾介绍过，改变人们态度的一条途径就是向他们传递精心设计的信息从而改变其原有观念。当然还有很多途径实现这个目的。图表 8—9 中 Bose 的广告就是一个例子。从这个例子我们可以看到这是一个科普信息式广告，通过向消费者提供大量信息，并进行一系列的逻辑论证来建立人们对 QuietComfort 2 降噪耳机（Bose 的一款降噪耳机）的信任。对于那些愿意阅读这类复杂，满是文本信息的广告读者来说，里面的宣传很可能具有很大的说服力。相反，我们也可以通过一幅图片传递信息（见图表 8—10）。这种方法依靠视觉效果传递信息，但同时还需要消费者愿意领会扩音器脑袋（ loudspeaker heads）的意思。这对乘坐过经济舱的乘客来说不是问题。这位带着索尼降噪耳机的帅气年轻人脸上所呈现出的安逸的表情就说明了一切。因此，即使没有文字信息我们也能推出关于 Sony 的一些信息。无论是通过直接明了的逻辑论证还是采用启示性的视觉画面，广告很多时候都是为了向顾客传递一种理念或者改变一种态度。

图表 8—9

Bose 音响设备制造商的生产理念是：要把声音的再现看作是一个科学问题，因此打动消费者的最佳办法就是用科学方法将声音重现。登录 http：//www. bose. com，了解更多关于 Dr. Amar Bose 的信息以及他公司背后的经营理念。

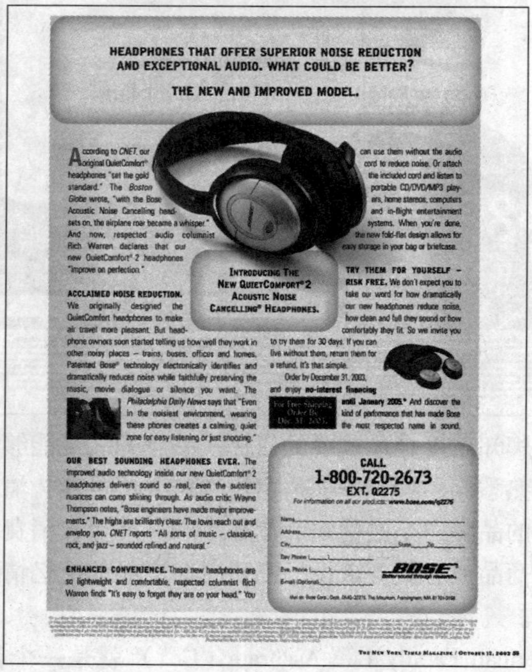

图表 8—10

任何一个航空旅行者都有类似的噩梦般的经历：一个婴儿在飞往巴黎的旅途中一直哭闹不停。而 Sony 却很巧妙地把它的产品融入到这一环境中，从而解决旅行者的难题。

**购买意图**是设定目标时的另一个常用的标准。购买意图可以通过询问消费者最近是否打算购买某种产品或服务的方式获知。对商家来说影响消费者的购买意图比影响其态度更为重要，这是因为购买意图更容易转变为具体的消费行为进而实现其销售目标。这样做非常有道理，但是前提是消费者非常理性而又真实地表达自己的意图。有时他们确实能够做到这点，但是有时却不能。尽管如此，询问消费者购买意图借此反映消费者的真实购买意图还是具有相当的可信度，因此可以将其作为一个广告目标。

**试用**反映了一种实际行为并普遍被当作广告目标。很多情况下，广告的最大作用是劝消费者尝试一下自己的品牌。如果做到这一点，那么产品或者服务就必须达到广告宣传的水平。对于新产品来说，刺激消费者进行产品试用至关重要。在市场营销的国度里，如果新产品或服务的首批购买率较高，这是再成功不过的了。

**重复购买**或者转变消费者目标是提高新产品回头客的比重。消费者之所以再次消费自己的产品，是因为对产品非常满意。这类消费者所占比重越高，公司就越有可能在长期取得成功。

**说服消费者更换消费品牌**是我们提到的最后一个广告目标。对于某些产品种类来说，消费者不断更换消费品牌是一件很平常的事情，甚至已经成了一种习惯。但是在另外一些产品种类中，这种现象可能非常少见。制定转变品牌消费目标时，广告商绝对不能对短期回报期望太高，也不能因短期回报而过于欣喜。说服消费者转变消费品牌是一项耗时耗财的任务。

## 8.3 信息交流 vs 销售目标

有些分析人士认为，广告是公司整个营销组合中一个单独的变量。不可以规定广告应承担特定的销售任务，这是因为这个组合中的其他变量可能会破坏广告的积极作用，或者它们才可能是影响销售额的最重要因素。事实上，一些分析专家认为沟通才是广告唯一合理的目标。这一观点可以从广告仅仅是营销组合中的一个变量且不能承担全部销售责任这一论断中找到依据。而且，广告应该负责建立品牌知名度，传递产品特征或实用性方面的信息，或者改善消费者对产品的态度进而使其产生品牌偏好。所有这些成果不是短时间就能取得的，必须依靠良好的沟通。

制定广告目标时坚持沟通的原则非常有好处。第一，如果将广告首先视为一种沟通行为，营销人员会考虑多种广告战略。第二，他们会对整个沟通过程的复杂性有更深入的了解。通过各种销售活动组织一次整合沟通项目并将其作为唯一的目标会忽略到很多方面的因素，如信息设计、媒体选择、公共关系或销售人员部署等。而这些方面在公司信息交流每一阶段应该有效整合使用。通过广告增强产品的销售效果并/或吸引人们进一步登录产品网站都是各种交流工具相互配合并转化为销售额的事例。

然而有一个声音常常在提醒我们：广告必须大卖。① 每年关于广告商到底能从其挥金如土的全美橄榄球联赛广告作品中获益多少的激烈讨论恰如其分地说明了信息交流和销售目标之间紧张的关系。每年出现在全美橄榄球联赛广告大赛中的广告都会受到热烈欢迎，然后投票选出最令人难忘的广告作品。一份调查显示全美橄榄球联赛广告大赛中出现的5则最难忘的广告中（分别是百威、百事、VW、E-Trade和多力多滋制作的广告），观众反映只有多力多滋的广告最有可能说服他们在看过广告后消费其产品。② 如果制作一则以雪儿·克罗（Sheryl Crow）为代言人的关于露华浓染发产品的广告，并且在全美橄榄球联赛广告大赛中获奖，但是却并不能使消费者产生购买意图，那么投资数百万美元进行广告制作和宣传是否还有意义？其实，谁又能断定雪儿·克罗一定使用了其代言的产品？

销售目标论支持者和信息交流目标论推动者之间的辩论确实不可避免，但是营销人员完全可以在制定广告策划时整合使用两种理论。事实上，将销售目标（如市场份额和家庭渗透率）和信息交流目标（如知名度和改变态度）结合起来在促进和评估广告宣传活动时效果非常好。③

对于那些有助于公司对资源配置做出明智决策的目标，必须针对公司的具体情况在广告策划中予以列明。以下步骤有助于制定明确的目标：

（1）量化指标。广告目标只能通过可量化的变量进行测量。广告策划者应该首先量化当前的市场份额、产品知名度、消费者态度，以及广告试图施加影响的其他因素。不论在广告制作前还是广告制作完毕后，使用量化指标测量效果都需要对所要量

---

① Sergio Zyman, *The End of Advertising As We Know It* (Hoboken, NJ: Wiley, 2002).

② Bonnie Gsui, "Bowl Poll: Ads Don't Mean Sales," *Advertising Age*, Februay 5, 2001, 33.

③ John Philip Jones, "Advertising's Crisis of Confidence," *Marketing Management*, vol. 2, no. 1 (1993), 15–24.

化的各个变量当前的情况有相应的了解。例如，一个量化后的广告目标可能如下：在这类产品市场上，我们要将我们产品对市场核心用户的占有率由22%提高到25%。这里设定的是一个可量化同时可衡量的市场份额目标。

（2）明确测量方法和成功标准。测量因素和追求的目标是密切相关的，这一点非常重要。试图通过广告提升品牌知名度然后再通过销售额的变化判断广告的效果这种做法毫无意义。如果追求的是销售额的变化，那么就测量销售额。如果目标是提升品牌知名度，那么最合适的做法就是测量消费者对品牌的了解情况。这可能看起来非常明显，但是一份针对广告目标的经典调查中，我们发现在69%的案例中，广告人所宣称的广告成功与原来所设定的广告目标完全没有关系。① 在这份调查中，有些公司将销售额的增加作为评定广告成功的依据，而最初设定的是却是关于品牌知名度、品牌信念、产品使用信息等方面的目标。或许这也说明了在一般人的眼中，只要销售额上去了，其余的就不重要了。

（3）明确期限。制定广告目标时要规定实现预定目标的期限。有时，广告活动具有特别强的针对性，广告期限可能与销售季节有关，如圣诞节。对于那些以交流信息为目标的广告，可能要等整个活动接近尾声时才能衡量成功与否。这里强调的是完成目标的期限和测量期限必须事先在广告策划中加以明确。

制定目标时确定一个标准有助于组织和指导整个策划工作。广告商以量化指标为指导为未来制定决策。将测量标准和既定目标联系起来能够公平地评估广告成功与否。最后，明确效果评估的期限能保证策划工作顺利进行。但是不管做什么事情都要讲究适度原则。过度着迷于数字也有危险，因为这种方法弱化，甚至完全忽略了质量因素和直觉因素的重要性。

## 8.3.1 预算

广告预算是最令人头疼的工作之一。通常，广告预算工作由公司自己负责。预算方案由公司内部各级管理人员研究决定。例如，预算过程从品牌经理开始，然后经产品经理最后传递到营销主管那里，资金配置和支出过程则顺序正好反过来。如果是一个小企业（如独立的零售商），所有的预算过程可能仅由一人完成。

大多数情况下，企业依靠广告商制订广告预算方案。然后再由该品牌的业务经理负责分析公司的目标、创新和媒体需要，最后向该公司提供一份建议书。业务主管制订预算方案时很可能要和品牌经理及产品经理密切合作以制订最优支出计划。

为使广告和整合品牌促销活动尽可能地切实可行，营销人员使用多种方法制订广告预算方案。为了解这些方法的优缺点，我们会依次介绍它们。

1. **销售额百分比法**。利用**销售额百分比**决定广告预算额的具体做法是：提取上一年度销售额或者预计本年度销售额的一定比例作为广告预算。这种方法容易理解且易于操作。预算决策者只需明确上一年度销售额或者本年度预计销售额中用于广告宣

① Stewart Henderson Britt, "Are So-Called Successful Advertising Campaigns Really Successful?" *Jounal of Advertising Research*, vol. 9 (1969), 5-15.

传的比例即可。通常这一比例为2%～12%。

简单固然是销售额百分比法的一个优点，但是这种方法也存在很多问题。第一，如果公司的销售额下降，广告预算也自动随之下降。销售额下降期间可能正好是需要提高广告支出的时候。如果公司采用这种方法，那么广告预算就不可能增加。第二，这种预算决定法很容易导致广告开支过大。一旦资金被指定了特殊用途，公司人员就会千方百计花掉这部分预算资金。第三，同时也是这种战略观点最严重的缺点，即在这种预算决定方法中，其实广告开支和广告目标之间不存在关联性。以过去或将来的销售额决定广告开支缺乏分析评估的基础而且暗含一个假设，即广告和销售额之间存在直接的因果关系。但是这里的因果关系正好颠倒，销售额是因，广告是果。

有些公司预算时可能使用的是销售额百分比方法的一个变体——**销售单位决定法**。这种方法简单地为售出的（预计售出的）每一单位产品规定一个广告开支额度。这只是销售额百分比法的简单变形。前者和后者存在相同的优点和缺点。

2. **市场份额/广告市场占有率法**。采用这一方法的公司首先观察主要竞争对手的广告支出，然后划拨和竞争对手相当的金额，或者划拨和公司市场份额成比例（或者稍微高于市场份额）的金额作为广告开支。[①] 这会提供给广告商一个相当于甚至高于竞争对手的**广告市场占有率**。图表8—11 显示了美国各汽车制造商的市场份额和广告占有率。

图表 8—11

2002 年美国主要汽车制造商的市场份额及广告市场占有率（单位：百万美元）。

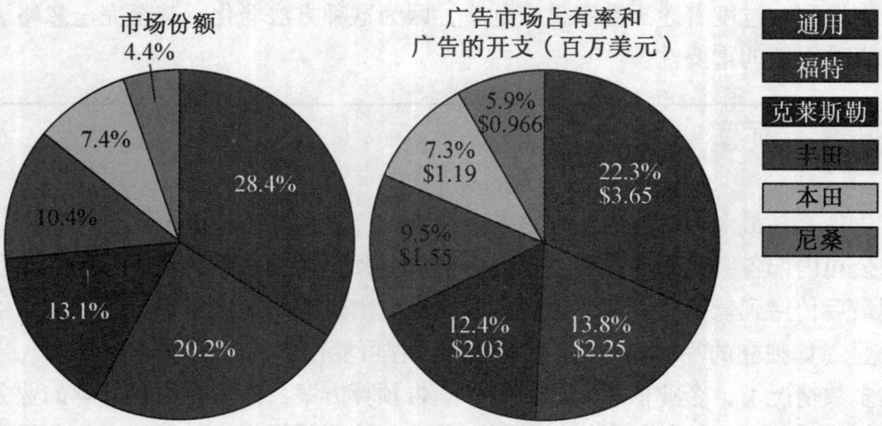


资料来源 Market share information taken from Market Share Report, 2004 (Los Angel Time, January 4, 2003, p. CI). Share of voice/ad expenditure calculated from 100 leading National Advertiser, AdAge, Special Report, 6. 23. 03 and Domestic Advertiser Spending by Category, AdAge, 2002.

① The classic treatment of this method was first offered by James O. Peckham, "Can We Relate Advertising Dollars to Market Share Objectives?" in Malcolm A. McGiven, ed., *How Much to Spend for Advertising* (New York: Association of National Advertisers, 1969), 24.

## 全球化专栏

### 谦逊的丹麦人

美国是最大的啤酒消费国，但是在北美之外还有很多啤酒消费者。中国、德国、巴西和俄罗斯也是巨大的市场。因此，世界第五大啤酒酿造商嘉士伯的总裁尼尔斯·安德森（Niles Andersen）这样总结该公司的战略：“我绝没有冒犯美国人之意，但是没有美国我们依然会成为一家成功的全球啤酒商。”

嘉士伯因为其战略而遭到一些业内人士指责。但是人们也应该审视一下全球四家最大啤酒制造商（百威、Miller Lite、喜力、Labatt Blue）在美国花费10亿美元进行广告宣传以维护其品牌在美国的地位的做法是否合适（他们属于财大气粗的一类）。全球营销商面临的最重要的一个决策是他们可用的广告资金能够在全球实现多大的品牌普及度。很明显，安德森非常重视品牌辅助工作。比如，他最近在塞尔维亚重新委派了一位研究快速成长的啤酒市场的分析师。近期他没有计划投入资金对美国市场进行进一步调查。

但是在市场营销和广告宣传中，环境分析是一个不断前进的过程，所以嘉士伯主管不排除将来在北美市场进行大力广告宣传的可能性。如果他们这样做了，这场广告活动很可能是一场独一无二的活动，因为丹麦人在品牌定位时似乎想法独特。就像嘉士伯主管所说的那样，“我们不喜欢吹嘘，我们永远不会这样口出狂言称自己为啤酒之王”。这至少表明它想和“啤酒之王”这一头衔划清界限，因为上次我们了解到嘉士伯已不再享有“啤酒之王”的美称。

资料来源 Dan Bilefsky，“Not on Tap：Carlsberg Skips U. S. Beer Market for…Serbia?” *Wall Street Journal*，October 7，2003，BI.

这种方法常用于为推出新产品划拨广告预算资金。传统专家认为，为使新产品在第一年取得理想的市场份额，其广告开支占整个行业广告支出的比例就必须达到市场份额的数倍（用广告占有率表示），通常为2.5～4倍。例如，如果一个公司想在第一年获得2%的市场份额，那么他投入的广告费用就必须是整个行业广告费用的8%（即广告占有率为8%）。原因在于新产品需要通过较高的广告占有率在众多现存知名品牌中脱颖而出。① 因此，如果你在丹麦酿造啤酒同时还想加深你的品牌——嘉士伯在北美地区的影响力，那么你需要投入多少资金才能抢占Anheuser-Busch和Miller的市场份额呢？就像全球化专栏中讲得那样，嘉士伯的主管做了正确的决定——他们不打算投入一分钱。

尽管市场份额/广告占有率法强调要根据竞争对手的活动来确定自己的广告支出比例这一见解十分合理，但是采用这种方法有不可忽视的困难。首先，准确获得竞争对手广告预算的资料可能较为困难。其次，没法保证竞争对手的广告预算方案的合理性。再次，这种方法存在逻辑上的缺陷——它假设所有广告的品质都相同，所有广告的创意都有相同的效果。如果将不同广告宣传方案的开支情况加以比较，这种假设更站不住脚。拿多芬的两则广告为例来说，一则广告是全美橄榄球联赛广告大赛的获奖

---

① James C. Shroer，“Ad Spending：Growing Market Share，” *Harvard Business Review*（January-February），1990，44－50.

作品，另外一则是在 YouTube 播放的短片。短片“多芬革命”创造了 CampaignForRealBeauty 网站同时在线人数的最高记录，这一数量是多芬全美橄榄球联赛广告所带来访问人数的 3 倍。① YouTube 视频的广播费用为零，而那则获奖作品的广播费用却高达 200 万美元甚至更高。毋庸置疑，短片“多芬革命”为多芬当时的广告占有率做出了重大贡献，如同这里所讲的例子，广告的创新效果往往会推翻传统模式。

3. **回应模型法**。使用回应模型为广告制定预算是大公司普遍采取的做法。人们认为这种模式更具有客观性。② 不管是否如此，回应模型确实说明了公司的广告回应函数。**广告回应函数**是广告财务支出和由此产生的销售额之间的一种数学关系式。从广告能够预测未来销售额的角度来看，这种方法非常有价值。根据边际分析的结果，广告商可以一直增加广告支出直到边际销售额超过边际支出。“如果我们额外增加一美元的广告支出，销售额会增长多少?”边际分析法帮助广告商解决了这一难题。随着广告费用的回报率不断下降，增加广告支出的说法也遭到质疑。

从理论上讲，最优广告支出水平会带来最理想的销售额和利润。图表 8—12 说明了销售费用、利润和广告支出三者之间的关系。有关销售额、前期广告支出和消费者

图表 8—12

边际分析中的销售额、利润和广告曲线（单位：美元）。

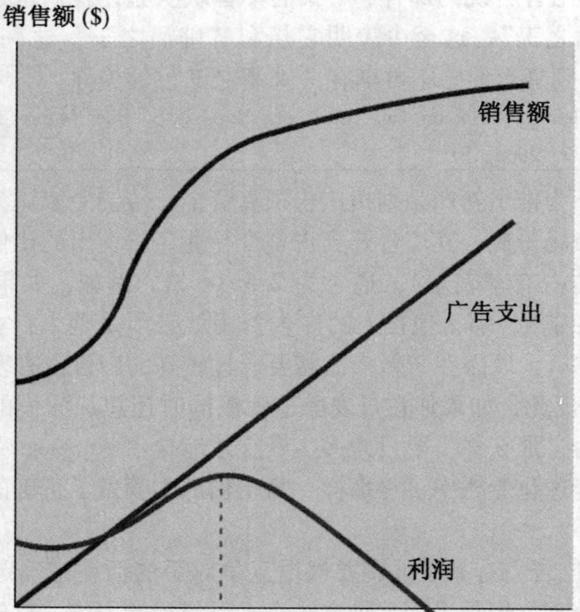


资料来源 David A. Aaker, Rajeev Batra, and John G. Meyers, Advertising Management, 4th ed. (Englewood Cliffs, N. J.: Prentice-Hall, 1992), 469. Reprinted by permission of the authors.

---

① Jack Neff, “A Real Beauty: Dove's Viral Makes a Big Splash for No Cash,” *Advertising Age*, October 10, 2006, 1, 45.

② James E. Lynch and Graham J. Hooley, “Increasing Sophistication in Advertising Budget Setting,” *Journal of Advertising Research* (February-March 1990), 72.

认知的数据是此类数据模型最典型的输入数据。

遗憾的是，这里假设广告和销售额之间只是一种简单的因果关系。我们知道这种假设关系是不成立的。除了广告，销售额还有很多直接影响因素。但是，一些人认为，相对于猜测或者是采用销售额百分比法或者其他预算编制法，回应模型不失为一种较好的预算编制法。

4. **目标任务法**。以上讨论的广告预算编制法都有一个相同的根本性缺陷：没有明确广告支出和广告目标之间的关联性。**目标任务法**是唯一关注支出和广告目标之间关系的预算编制法。这种方法一开始就明确了广告的目标，如生产成本、目标群体、信息效果、行为效果、媒体投放、效果期限等方面的目标。确定完成目标所需采取的各项工作，然后以此制订预算方案。

目标任务法是逻辑性最强、最合理的计算和划拨广告预算的方法，同时也是唯一根据广告目标编制预算的方法。这一方法在大的广告商之间非常流行。鉴于以上原因，我们应该考虑如何实施目标任务广告预算编制法。

5. **实施目标任务广告预算编制法**。合理实施目标任务法需要一套数字化、系统化的程序。既然这种方法将开支水平和具体的广告目标联系在一起，那么过程能否很好地实施取决于前期目标设置有没有被很好地完成。一旦公司和广告商对广告的具体目标和方式达成一致，就可以采取一系列事先明确的步骤来实施目标任务法。图表8—13 列出了所有步骤，同时下面还会对每一步进行概括总结。

图表 8—13

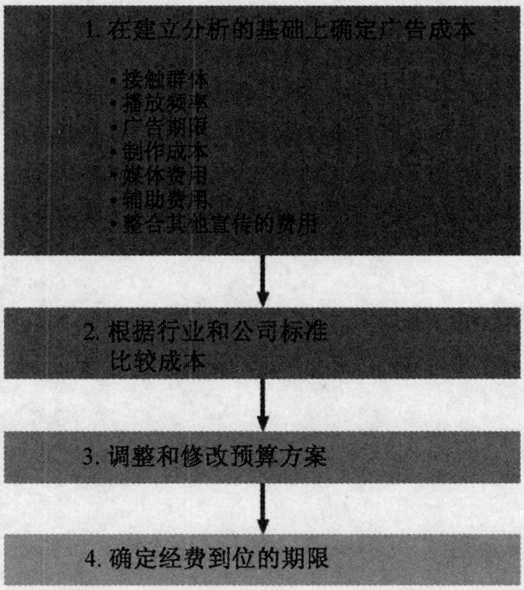


（1）**在建立分析的基础上确定广告成本**。确定具体目标之后，广告主现在可以开始确定实现这些目标需要完成哪些工作。建立分析时——为对每项工作制定一个支出标准——广告商必须考虑一些因素的成本。

- **接触群体**。确定广告要达到的地理和人口覆盖范围。
- **播放频率**。确定实现既定目标需要播放的频率。

• **广告期限**。广告主必须估计在什么时间段播放广告最好，什么时间段最差。

• **制作成本**。决策者可以让创意人员和生产商估算出执行广告方案所需成本。

• **媒体费用**。在前面几项条件一定的情况下，确定合适的媒体、媒体组合和广告播放的频率，因为这几项因素会直接影响广告目标。同时还要考虑地区差异性，尤其要注意使用地区化或者当地化的媒体战略。

• **辅助费用**。此外，还存在一些和上面的因素非直接相关的费用。其中最主要的就是与广告相关的交易费和调查费用。

• **整合其他宣传的费用**。在广告和整合品牌促销领域，有时只有新颖的广告才能创造最大的价值。策划广告和制订预算方案必须考虑一些新的、完善的品牌宣传模式(见图表8—14)。

图表8—14

有什么可能比在一个温和的夏日沿着芝加哥海军码头漫步更惬意的了？连 Best Buy 这样精明的营销商都在千方百计地想渗入到你的生活中，他们将高科技娱乐场所设在了你出没的地方。此刻他们的想法是通过在一个特殊的地点为潜在顾客送去更多欢声笑语与他们建立深厚的关系。音乐会、体育赛事、展览会和嘉年华都是能够很好地展示品牌的地方。

(2) **比较成本与行业标准、公司标准的差异**。建立、分析、编制好所有成本标准后，广告商接下来会对实际情况进行快速核对。具体做法是：将估算的广告成本占销售额的百分比，和整个行业广告费用总额占销售额总额的百分比进行比较。如果主要竞争对手的广告成本为销售额的4% ~6%，那么公司现在的预算水平和这一百分比相比如何？还有一种值得借鉴的方法就是确定本公司的广告预算占行业全部广告的比例。另外一个参考方法就是比较公司现在和过去的预算水平。如果现在的预算总水平远高于或低于过去年份的水平，那么就要比照公司的目标，判断这种差异是否合理。基于行业和公司内部的销售额百分比法只能作为一个参考方法。销售额的百分比本身并不能用于决策，只能将其作为判断预算额是否需要调整的一个基准。

（3）**调整和修改预算方案**。人们总是担心提交的预算方案无法获得认可。原因可能是公司高层认为预算方案违背公司的广告开支政策或者超过了企业的财务承受能力。提交的预算方案一般都需要修改，但是大幅削减预算开支会造成很大的破坏性并且还会带来潜在的危机。目标任务法的目的是确定公司为实现既定广告效果所需要的开支。按照这种方法制定的预算不能完全落实，广告宣传效果也会大大缩水，因为一些必要的活动缺乏资金支持。

要采取各种预防措施以防止大幅削减预算水平的情况发生。在广告目标制定期间及随后的任务步骤制定期间，策划者都要对公司的政策和财务状况有一个清晰的了解。在不得不修改预算方案时，这有助于降低预算修改的幅度。

（4）**确定经费到位的期限**。对于预算决策人员来说，明确每项工作的预算资金到位时间至关重要。差旅费、制作费、媒体时间和版面设计要具体到每一天。例如，通常媒体时间和版面设计在广告工作结束之前很早就已确定，并且支付完费用。明确支付经费的时间和金额能够使策划工作顺利进行。

如果广告商在实施目标任务法时能做到以上所说的内容，那么广告商在达成主要目标时就有了雄厚的资金支持。但是，需要强调的是不能认为预算将决定广告经费的整体水平。市场的变动性和媒体的快速发展要求预算方案执行起来要更具有灵活性。这意味着经费水平可能会有所变化，同时也可能是经费划拨方面的变化。

和其他商业活动一样，在策划广告宣传活动时，营销商必须对如何实现目标做清晰、具体的打算。广告意图和预期具体表现在制定目标过程中。掌握市场规划和营销组合中广告类型的相关信息后就可以确定广告目标了。在制订广告预算方案和实施广告创意战略之前确定广告目标。尽管顺序理应如此，但是实际顺序常常却不是这样。这些目标也会影响媒体投放计划。

## 8.3.2 广告战略

现在反过来看一下广告策划的其他主要部分（可以参考图表8—4），居于第二位的是广告战略。战略其实就是做事情的方法和途径，是实现目的的方法的另外一种说法。广告目的之外的部分全部用于广告战略的制定工作。战略就是在条件和目标一定的情况下要做的事情。广告战略的形式非常多。例如，如果你想让你的口香糖为更多的人熟悉，成为消费者首选产品，一个简单的战略就是提高广告播放频率和产品名称的重复频率（双重薄荷口香糖会带给你双重愉悦，快来体验双重薄荷味口香糖吧!）。

目标越深远就需制定越缜密的战略。但是战略的制定要受到三方面的限制：财务资源、组织资源和创造力资源。战略制定工作其实归根结底是一项创造性的尝试。这一点可以通过研究类似条件下其他人的行为和深入分析关键消费者从而获得最好的答案。为了帮助公司制定广告战略，越来越多的广告商增设了业务规划师一职。业务规划师的工作就是整合所有相关的消费者调查，从中找出可以用于制定广告战略的参考信息。第 11 章将会详细介绍广告目标和战略选择之间的关系。

## 8.3.3 执行

执行实际上就是具体实施计划。这里说的是通过各种媒体进行广告制作和宣传。引用一句非常著名的轮胎的广告语就是："是骡子是马，牵出來遛遛。" 广告实施计划有两个关键要素：明确文案设计，制订媒体计划。

1. **文案战略**。文案战略由文案目标和方法、策略组成。前者说明了广告商想要实现的目标，后者描述了实现这些目标的途径。本书第三部分将对广告执行部分进行详细介绍。

2. **媒体计划**。媒体计划明确了广告投放媒体和投放计划背后的战略。随着整合信息交流方式的出现，媒体计划也变得更加复杂。回想当时仅有三个广播电视网的时候，媒体投放方式组合就已经超过了一百万。随着今天媒体数量和宣传方式的暴增，媒体组合更是不胜枚举。

媒体策划是花钱最多的地方，同时也是最可能节省经费的地方和真正决定广告商利润的部分。媒体投放战略很大程度上决定了公司盈利与否，本书第四部分将会深入介绍。

3. **整合品牌促销**。品牌上市和品牌维护的广告宣传活动可能采取多种不同的品牌推广方式，媒体投放计划应详细列明这些方式。同时，制订计划时还要有一整套交流工具。例如，在 Venus 除毛产品上市时，吉列像往常一样以数百万美元预算用于传统媒体的宣传。但该公司同时也采用其他几种宣传工具进行大肆宣传。① 女性消费者可以通过吉列 Venus 网站报名参加网上抽奖活动赢得夏威夷、纽约、托斯卡纳假日游的机会，同时还可以提供朋友 e-mail 地址提高获奖的几率（见图表 8—15）。此外，吉列还派出两辆装箱大卡车到世界各地的海滩、音乐会、大学校园、商场入口处宣传 Venus 产品（见图表 8—16）。因此，Venus 系列产品的上市使用了电视广告、万维网和 Interstate 95 三种宣传工具。本书第四部分将会详细介绍整合品牌促销工具的内容。

## 8.3.4 广告评估

最后一项要点是广告评估。这也是广告客户评定广告商级别的部分：广告宣传的标准是什么；广告商需在多长期限内完成约定目标。广告客户和广告商需预先就评估标准达成一致，这一点非常重要。约翰·沃纳梅克（John Wannamaker）那句经典的话准确地说明了广告评估工作所面临的挑战。他说："我知道我的广告有一半是没用的，但是我不知道是哪一半。" 随着公司实现短期利润压力不断增加，广告商们的压

① Betsy Spethmann, "Venus Rising," *Promo Magazine*, April 2001, 52 -61.

力也越来越大，他们在策划广告和整合品牌促销活动时也不得不展示其作品的可量化性。①

图表 8—15

Venus Web 网站提供了很多奖品设置，包括假日游、美女智商测试以及“焕发女神魅力”的机会。http：//www. gillettevenus. com

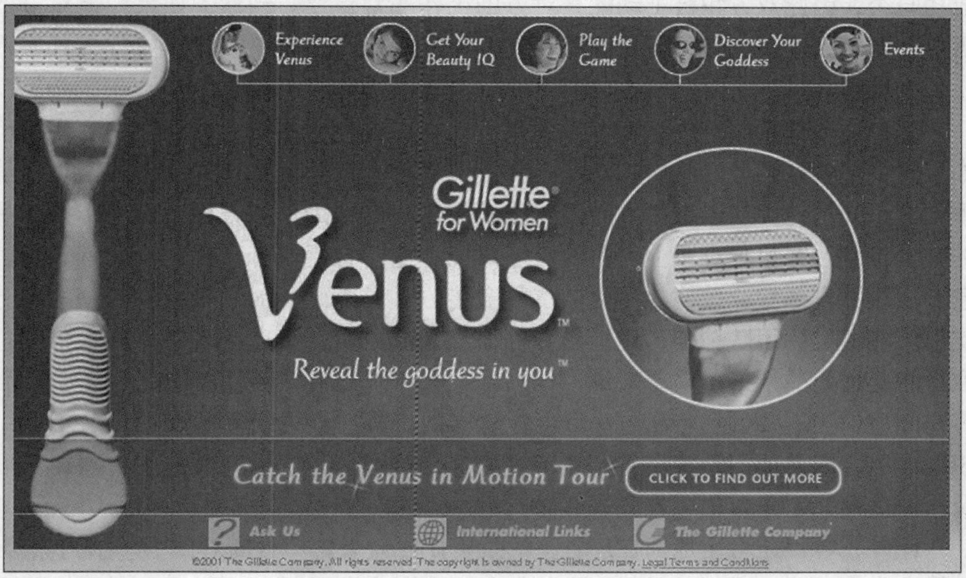


图表 8—16

很难想象印有娇艳动人的美女宣传广告会安装在 18 轮大卡车上，并在道路飞驰。但是在如今这个整合品牌促销的世界里，什么事情都有可能。

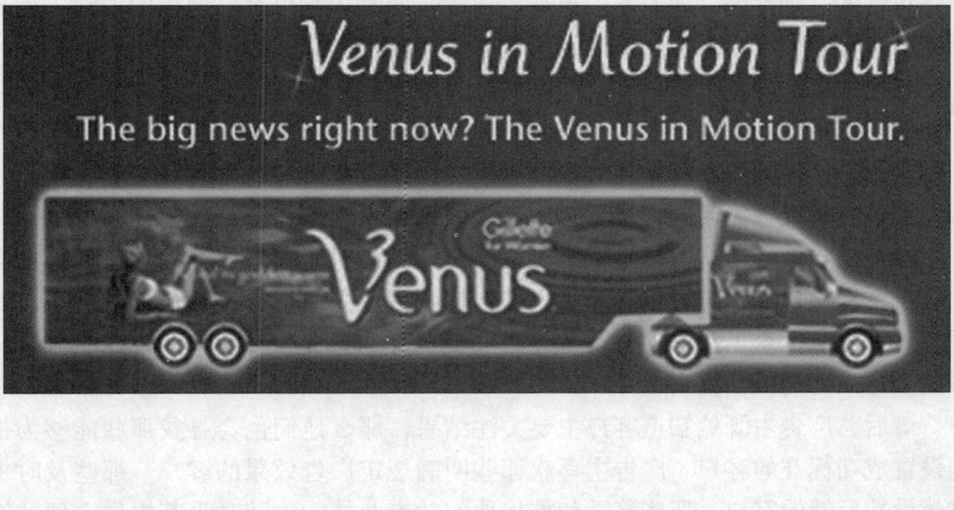


① Laura Q. Hughes, “Measuring Up,” Advertising Age, Feburary 5, 2001, 1, 34; Deborah Vence, “Proving Ground,” *Marketing News*, May 15, 2007, 12 - 15.

## 正确行事专栏

### 了解彼此需求

在明确彼此的位置，知道如何支持对方，只有在建立牢固的合作关系的情况下，广告商和客户才更有可能创造出成功的广告作品。双方的关系决定了广告的成功与否，因此双方积极主动配合对方的工作非常重要。当然，如果知道对方的需要，要做到这一点就相对更容易一些。弄懂广告商和客户彼此想要什么其实不是什么难事。

客户一般都希望广告商能够做到以下几点：首先，原则上，双方一定要明确如果想将广告做到最好就应相互配合和彼此尊重。在今天复杂和动态的广告环境下，客户知道他们在以下两方面需要得到广告商的帮助：一方面，营销传播工具的整合工作。客户很难跟上变化的媒体环境。他们希望广告商在向消费者传递信息方面能够发挥专业技能从而提供多种宣传方式。因此，他们希望广告商的各分支部门能够发挥团队精神，设计出多种信息交流方案，最后使各个广告宣传渠道取得相互增效的结果。简单来说，他们希望达到整合品牌促销的目的。另一方面，客户知道他们需要创意和新方法以便让自己的广告在让人目不暇接的广告市场中脱颖而出，因此他们希望广告商能够解决这个难题。尽管创新看起来有点遥不可及，但是客户还是希望广告商能够做到这点。

此外，客户还希望他们在广告上的投资产生效果，广告商对此不应感到惊讶。如果广告商对这一点不敏感，那么他们和客户的合作关系不会长久。对于广告商来说，解决这一问题的最好办法就是在广告策划过程中投入大量的时间和精力熟悉客户的业务，这样他们才能清楚活动的目标和判断活动成败的标准。大多数客户是正常的、理性的，他们不幻想奇迹出现，同时还可以容忍偶尔的失败。如果活动不能奏效，客户希望知道问题所在。当然他们期望下次情况会有所好转。

反过来，广告主也希望客户能够做到以下几点：首先，他们同样强调相互合作和彼此尊重。广告主希望客户视他们为合作伙伴而不是供应商。他们也需要时间和资源，这样他们才能做到最好。当然，永远没有足够的时间和资金支持。为帮助广告主解决资源问题，客户必须完成以下两项工作：第一项工作，提早让广告主参与广告策划工作以便让他们了解整个活动的时间安排。第二项工作，如实向广告主提供初期预算评估结果。人们都想利用最少的资源实现最大的利益。然而，这种做法扼杀了双方的合作关系后得到的结果却是，“噢，不，我们在××事情上还没有提供预算资金。”

最后，广告主既然知道客户主要关注结果，那么他们也会寻找那些能够为他们设置成功标准的客户。广告主喜欢那些明确规定广告效果的客户，那些及时提供建设性反馈的客户，那些尊重和重视他们的专业技能，随时为其提供方便的客户。当别人信赖你的专业技能时，你也就找到了一个合作伙伴。

资料来源 Tim William and Ronald Baker, “New Value-Based Comp Model Needed,” *Advertising Age*, June 11, 2007, 20, 21; Deborah Vence, “Proving Ground,” *Marketing News*, May 15, 2007, 12-15.

## 8.4 广告商在广告策划和整合品牌促销策划的地位

我们已经了解了广告策划过程的重要方面，接着我们要考虑另外一个问题。因为很多营销商非常依赖广告商的专业技能，因此他们也很清楚广告商在广告策划中举足轻重的作用。不同广告商在运用其专业技能时侧重点各不相同，因此弄清楚广告商的作用有多大，客户又应该如何看待广告商这个问题是十分重要的。

从这点来看，广告策划讨论的重点是营销商负责自我评估、确定营销计划需投入多少资源，同时也确定了公司能为消费者提供价值的高低。评估工作也应明确指出在外部大环境下广告所可能面临的机遇和挑战。公司在广告策划工作中还要明确说明品牌价值定位和获得、保持竞争优势的营销组合元素两部分内容。但是，如果客户和广告商同心合力的话，广告商会在营销策划工作中发挥积极的作用。事实上，如果一切进行顺利的话，很难分清哪部分工作属于广告商，哪部分属于客户。这就是团队合作的精髓，史蒂夫·乔布斯曾这样评价苹果公司和其长期合作伙伴 TBWA/Chiat/Day 之间的工作关系："制作伟大的广告作品和制造出伟大的产品一样，两者都是团队合作的过程。"

广告商的重要性在于它能将客户当前市场和市场地位以及与其广告目标相关的信息转化为广告战略，最后制定成完整的广告和整合品牌促销的宣传资料。广告商如果负责客户的广告准备和投放工作将会发挥最好的效果。这里，需要为广告宣传和高效能、高效率的广告投放工作制定信息战略。从这点看来，为了使营销战略恢复生机，公司应求助于广告商的专业人才和专业技能协助公司完成策划和制作阶段的工作。广告商和客户之间的关系可大体分为两类：敌对型和伙伴型。前者非常普遍；当然，后者更可取。清楚了解对方的价值取向更有可能建立伙伴型关系，上面的正确行事栏目证明了这一点。

## 本章总结

1. 描述广告策划的基本组成部分

广告策划来源于市场营销计划，目的在于保证广告宣传活动的顺利进行。广告策划包括以下内容：目标市场、目标市场的信息交流/销售额目标和主要信息诉求。广告策划还详细规定了广告宣传的预算水平，传递信息所需的各种信息交流工具以及评估广告活动效果的测量方法。

2. 比较分析制定广告目标时所用的两种最基本的方法

制定合理的广告目标对广告策划工作来说非常重要。广告目标主要表现为两大类：信息交流型目标和销售型目标。两种目标都有其拥护者，但是哪种呼声更高则因时而异。信息交流型目标包括：树立品牌知名度，强化消费者对品牌主要优势的认同等。销售型目标（广告的直接目标）是提高品牌销售额。

3. 介绍制定广告预算的各种方法

可能广告宣传活动中最棘手的工作就是制定广告预算。在制定预算时，客户和广告商通常使用以下几种不同的预算编制法：（1）销售额百分比法。这种方法较为简单但是不适合用于预算方面。（2）广告市场占有率法。这种方法强调编制预算时要考虑竞争对手的做法。使用这种方法可能会用到很多数量模型。（3）目标任务法。这种方法用起来有一定困难，但是通过练习可能会取得最佳效果。

4. 讨论广告商在广告策划中的地位

广告商和客户合作完成的广告策划将是最有效的宣传工具。首先，客户制定营销战略和广告目标；然后广告商重点负责宣传广告活动准备和投放阶段的工作。

## 关键术语

advertising plan 广告策划
purchase intent 购买意图
share of voice 广告市场占有率
situation analysis 形势分析
trial use 试用
advertising response function 广告回应函数
industry analysis 行业分析
repeat purchase 重复购买
objective-and-task approach 目标任务法
market analysis 市场分析
brand switching 更换品牌
build-up analysis 建立分析模型
competitor analysis 竞争对手分析
percentage-of-sales approach 销售额百分比法
top-of-the-mind awareness 最优知名度品牌
unit-of-sales approach 销售单位法

## 问题

1. 回顾本章所提到的苹果公司 iPhone 手机推广活动的案例（或者可找到的其他资料）。结合提到的广告案例，你认为该广告当时的价值定位是什么？

2. iPhone 手机官方推广活动已经过去一段时间，这款产品是否达到了早期宣传的水准。它是否真的成为史蒂夫·乔布斯和苹果的拳头产品？

3. 解释一下营销战略和广告策划之间的关系，以及目标市场在这一关系中的位置。

4. 描述一下环境分析中的五大要素，举例说明每个要素如何影响广告活动的最终形式。

5. 如何证明销售额增长最不适合作为广告活动的目标？是否存在广告效果非常好但销售额却没有提升的情况？

6. 在直销广告策划中你预期的目标是什么？

7. 制定适合 Greek Squad 这类服务性机构的可行性广告目标。

8. 什么情况下，制定广告预算要重点考虑广告占有率？把市场份额用于广告预算的考虑时，又有哪些不足点？

9. 任务目标法为何成为高端广告商的首选？具体实施任务目标法时如何使用建立分析法？

10. 简单介绍一下广告商和客户在营销计划和广告策划制定中的角色。

## 实践练习

1. 本章列举了 5 个最常见的广告目标：最优品牌知名度、购买意图、试用、重复使用和品牌更换。翻阅杂志或报刊针对每个广告目标找出相关广告案例，分析这些广告是否实现了预定效果。

2. 从杂志上挑选三则你认为成功的整版广告，说明每个广告最可能采取的广告战略以及广告商确定这些战略目标实现与否的方法。

3. 以小组形式完成为求职网站 Monster 策划的广告宣传计划中形势分析任务。该分析要指出你所认为与该活动最相关的五大要素并简单说明自己的看法。将自己的成果以幻灯片的形式展示给本班同学，时间控制在 10 ~ 15 分钟之内。

4. 和原来的小组成员找出能够用于 Monster 宣传计划的媒体投放和宣传机会。

# 9 广告策划：国际视角

通过本章的学习，应该掌握以下技能：

1. 解释消费者研究的类型，这对于消除文化壁垒、促进有效沟通来说十分重要
2. 明确导致广告和整合品牌促销国际化过程变得更加复杂的三个显著原因
3. 描述能够协助完成广告全球化布局的三种基本类型的广告公司
4. 讨论全球化广告和本地化广告的优缺点

## 9.1 引言：舒肤佳超人的营救行动！

2003 年，舒肤佳这一香皂品牌在巴基斯坦市场上销售并不景气。不仅如此，还有一些人们喜爱的老品牌与它竞争，如联合利华的 Lifebuoy 产品。舒肤佳在其他市场上所宣传的抗菌性效果一直是其对产品的核心定位，但这一策略在巴基斯坦市场却失效了。在巴基斯坦，舒肤佳所传达的抗菌性信息并没有与消费者产生共鸣；这一情况在 2003 年被证实，所有抗菌性品牌香皂占块状肥皂市场份额还不到 7%。

但是巴基斯坦却和其他经济欠发达国家一样，存在严重的公共卫生问题。例如，巴基斯坦每年都有 250 000 名儿童死于痢疾。这些死亡病例中，有很多是可以通过像洗手等基本的卫生保健来预防的，但是没有人了解这个信息。一个长期贫困而又面临恐怖主义威胁和长期边境战争的国家，根本没有足够的资源投入到公共卫生服务宣传方面。即使启动这一宣传，一般的公共服务宣传又能如何有效地改变人们的日常行为呢？通常来说……效果不会很明显。但是严峻的形势通常伴随着巨大的机遇，舒肤佳的市场营销人员们找到了抓住机遇的方法。

那么，问题就是如何使每个家庭都能了解这一信息——许多传染病可以通过最基本的卫生保健来预防的。尤其对于孩子来说，如何生动有趣地传递这一信息，而不使信息传递枯燥且易被忘记呢？另外，如何通过尽可能少的广告预算更多地增加舒肤佳产品销售额呢？

这听起来好像是一个超人才能胜任的工作，如百兽王（Voltron）、地球超人（Captain Planet）甚至蜘蛛侠（Spiderman），这些都是在舒肤佳运营情况好转时，巴基斯坦所流行的卡通人物。受这些卡通人物的启发，舒肤佳的市场营销人员们在 2003 年设计了他们自己的卡通人物“舒肤佳超人”。营销人员认为这一形象既能吸引小孩子们的注意力，又能帮助母亲们保证孩子们身体健康。当然，对于每一位超级英雄来说，都将会有一个敌人。舒肤佳超人的第一个敌人是“Dirtoo”——细菌大王，他的任务是慢慢破坏孩子们的健康。的确，在舒肤佳超人没有来到之前，Dirtoo 在不停地用自己的方式破坏着巴基斯坦孩子们的健康。

最初，舒肤佳超人通过一个 15 分钟的名叫“彻底清除”的卡通节目介绍给孩子们。这一节目是学校寓教于乐计划的一部分，其目的是融娱乐与教育为一体从而使孩子们更加深刻地学习知识。学校还提供舒肤佳超人的故事书，让孩子们带回家同妈妈一起来分享。

这使得孩子和妈妈既感觉到有趣又学到了保健的知识，这是一个很好的组合！

孩子们非常喜欢这一新的超级英雄，很快电视台和广播电台就播出了一系列新的舒肤佳超人冒险剧。正如任何超人科幻剧那样，新的坏蛋（代表不同类型的传染病）产生了，但舒肤佳超人终将会打败所有敌人。该科幻剧每一集都邀请巴基斯坦名人进行配音，并围绕主题创建情节，让孩子们也参与进来。例如，Dirtoo 计划着让孩子们全都生病，从而破坏孩子们的板球比赛！这些做法都加深了该科幻剧与当地文化的连接。这使得舒肤佳超人在巴基斯坦有了一个独特的地位。他不是其他国家或文化的外来超人，而是巴基斯坦自己的超级英雄。现在舒肤佳超人享誉全国。

最后，http：//www. commander safeguard. com 网站举办了一个艺术画廊，其中展示了学校卫生日竞赛中孩子们的绘画及诗歌作品，以庆祝良好的卫生状况和巴基斯坦的第一英雄。图表 9—1 展示了卫生日以及舒肤佳超人作为整个展出的明星情况。这种颇受欢迎的项目受益于舒肤佳品牌以及巴基斯坦医学会和巴基斯坦传染病学会持续不断的支持。

那这一切又使得舒肤佳香皂在巴基斯坦的销售情况如何呢？另外，公司还推出了其他针对母亲们的电视宣传，舒肤佳的营销宣传使得舒肤佳在之后的两年里销售额翻了一倍，并且使得巴基斯坦成为舒肤佳在全球增长速度最快的销售市场。这项营销活动使得细菌防护成为影响选择块状肥皂最重要的标准。舒肤佳成为医生们推荐的品牌，并且这一品牌还与推进巴基斯坦健康和卫生运动进行合作。到 2007 年，抗细菌品牌肥皂占据块状肥皂市场上 50% 的份额，因此联合利华也开始把 Lifebuoy 产品重新定位为一款杀菌性产品，宣称它可以“击退、击毙、击破”所有的细菌。但是舒肤佳超人却只有一个。不久，宝洁公司将这一成功的模式应用到世界其他国家，如中国和菲律宾，这些地区的卫生宣传同样不尽人意，同时也需要舒肤佳超人在这里大显身手。

舒肤佳在巴基斯坦的成功案例（如图表 9—1 所示）有许多有趣的内容。在你所处的文化环境里，可能比较熟悉广告中的一些内容（如超人），但还有一些内容对你而言是不太好理解的（如在一场板球比赛中，超级英雄打败了 Dirtoo，挽救了人们美好的一天）。在下一页的全球化栏目中，我们会发现精明的商家也有失误之举，这些意料之外或被低估的因素，都可能使商家陷入困境。丰田在中国推出陆地巡洋舰的失败案例表明，在将产品和品牌推入新的国际市场时，最精明的公司也必须克服各种困难。

图表 9—1

舒肤佳超人所传达的保持良好卫生的信息被巴基斯坦的儿童（还有他们的老师）所熟知。

**国际广告**是跨越国家和文化界限的广告。如同迄今为止你了解的所有广告一样，国际广告采用了多种形式，从互联网广告到印有舒肤佳超人图案的巴士广告。过去，大量的国际广告只不过是国内广告的简单翻译，但这些简单的翻译往往是无效的，有时它们甚至带有攻击性色彩。这样的日子（工业国的广告主只需要把广告简单地翻译成外国语言）已经过去了，如今，国际广告主意识到他们必须更多地注意当地的文化。例如，舒肤佳的广告是成功的，因为创意经理就是土生土长的巴基斯坦当地人，他对当地文化了如指掌。

## 全球化专栏

### 进入中国的绊脚石

作为一个人口超过 10 亿、经济快速增长、拥有新的全球地位、举办过 2008 年奥运会，以及能够更广泛地借鉴资本主义方法和手段的国家，大大小小的企业都来到中国寻求新的商业机遇。这也给它们带来了前所未有的广告巨额支出。许多专家已经预言，在这十年内中国将超过日本，成为世界上第二大广告市场。然而，中国向来自世界各地的广告主提出了许多难以置信的挑战，其中一些来自于这个国家的现实状况。中国有 32 个省、自治区和直辖市，2 个特别行政区，662 座城市和数万个区，有 80 多种方言组成的以汉语为官方语言的七种主要的语言。中国北方属于寒冷地带而南方属于热带。在城市居民和农民之间，以及繁荣的东部和贫穷的西部之间存在着巨大的收入和生活方式的差异。当你要进军中国市场时，你会明显地发现事实并不像表面上的“单一”中国那样简单。

在中国，儒家思想的行为规范经常与经济变革思想及对西方生活方式的追求发生冲突，如果中国这种独特的文化受到影响的话，那么问题就会变得更加复杂。中国人能清楚地意识到并且为他们几千年悠久的历史而自豪（可以追溯到马可波罗于 13 世纪探索中国的奥秘）。对于外来者来说，中国是个神秘的国度，创意非凡的广告可以帮助揭开这层神秘的面纱。

丰田公司在中国推出霸道（Prado）便是一个很好的例子：只有克服广告带来的挑战才能超越国家（和文化）界限。现在，请记住，我们讲的是丰田汽车，它只是从日本市场跨越东海来到中国市场而已，并不是什么亚洲大陆上的新面孔。为了在中国发布这款大型 SUV ，丰田的广告代理商 Saatchi & Saatchi 制作了一幅平面媒体广告。画面上霸道从两头大石狮前驶过，这两头石狮在对霸道鞠躬致敬。这似乎有所寓意，因为石狮在中华文化当中是一种传统的权力象征。正如一位 Saatchi 主管所说的那样，“这些广告的目的是宣传霸道在城市中奔驰时的气势：对于 Prado 你只能予以尊敬。”

然而中国消费者却有不同的看法。首先，汉语词汇往往有多重意义，霸道可以翻译成中文为 badao，意思是“霸道”。此外，有人在互联网上对这个广告中使用石狮做出了严厉的批评，因为它让人想起了中日历史上一段有争议的时期。有些人认为在霸道广告中的石狮很像在北京附近的卢沟桥侧面的那些石狮，卢沟桥标志着 1937 年日本侵华战争拉开序幕。这些当然不是广告商们在推出新产品时所希望达到的效果。汽车制造商迅速撤出30个杂志和报纸广告并且做出正式道歉，声明任何人都不能幸免于微妙但强大的文化影响。

资料来源 Geoffrey Fowler, "China Culture Fabric Is a Challenge to Marketers," *Wall Street Journal*, January 21, 2004, B7; Sameena Ahmad, "A Billion Three, But Not for Me," *The Economist*, March 20, 2004, 5, 6; Norihiko Shirouzu, "In Chinese Market Toyota's Stratege Is Made in USA," *Wall Street Journal*, May 26, 2006, A1, A8; Laurel wentz, "China's Ad World: A New Crisis Every Day," *Advertising Age*, December 11, 2006, 6; Dexter Roberts, "Cautious Consumers," *BusinessWeek*, April 30, 2007, 32 - 34.

正如我们在第5章介绍的，文化是一系列价值观、礼仪和行为的集合，它定义了一种生活方式。对那些沉浸于其中的人来说，文化通常是无形的。跨文化沟通不容易，实际上在所有沟通当中，它是最困难的情况之一，主要是因为无法自由地进行文化交流。广告是一种文化的产物，离开文化它没有任何意义。文化中充斥着广告，文化还构造广告并且赋予广告含义。想要跨文化传播广告，首先必须尊重和理解文化的影响。

广告依赖于有效的沟通，而有效的沟通则取决于文化的相似程度，文化的相似程度明显受文化关系的影响。当A文化的广告主希望与B文化中的消费者进行交流，那么B文化将会对A文化广告主的广告信息产生B文化下的效果，从而对广告产生影响。

有些产品和品牌可能属于一个全球性的消费文化而不是任何一个国家的文化。这些品牌的销售及广告运行良好是因为已经有共同的文化基础来创建有效的广告。如图表9—2和图表9—3中所示，杰克·丹尼（Jack Daniel）和LG的广告和品牌就有很广泛的知名度，即使还没有达到“全球级”水平。杰克·丹尼于1866年开始酿造威士忌酒，正如图表9—2的广告一样，杰克·丹尼遍布世界各地，田纳西州则成为爽口sippin' 威士忌的代名词。联系着全世界的杰克·丹尼爱好者的一个共同的纽带是怀旧——他们的威士忌是通过老式的蒸馏法酿造的，这是田纳西州骄傲的保证！

LG电子，总部设在韩国首尔，其产品销往世界几十个国家。如果你想在市场上买7英尺屏幕的等离子电视和高清晰度的DVR，LG电子会像它们为亚洲、欧洲、拉丁美洲和其他地区消费者服务那样为你提供满意的产品。但是，杰克·丹尼和LG这样的品牌是例外而不是常规情况，虽然它们有着“全球级”的号召力，但它们在产品使用和品牌内涵方面仍然受当地文化的影响。

本章补充和扩展了第8章阐述的广告策划框架。为了应对广告国际化中遇到的特定挑战，我们还准备了一些必要的国际策划工具，采用多样化的视角进行广告宣传。你未来工作的地方可能是在巴西、中国或印度，所以现在你应该考虑如何面对跨文化交流中的挑战。

图表 9—2

你不懂日语就能理解广告信息，部分原因是这个广告遵循着同世界其他杰克·丹尼广告相同的风格。如果你想喝到爽口的 sippin’威士忌酒，就不要操之过急。背景当中，在田纳西州，每个人都很悠闲……

## 9.2 克服文化障碍

要确定那些对于国际广告业做出巨大贡献的公司其实不难。看广告投入就知道了！这些企业巨头，如宝洁公司、联合利华、大众汽车、LG、通用汽车和欧莱雅。很有趣的是，在中国最出色的广告公司基本都是中国本土的，这表明许多全球性经营者（如丰田）仍在试图解决中国的奥秘。但是，关键的一点是，如今大多数公司都意识到其市场扩展应超越国家边界和跨文化。因此，广告主必须明确应当如何有效地克服文化障碍，并试图与全世界的消费者进行交流。

图表 9—3

电子产品包含很多全球知名品牌（如 LG 电子、索尼、松下、任天堂、飞利浦、诺基亚、苹果），因为对于那些有足够消费能力的消费者而言，他们追求的是最卓越的性能，无论他们是在蒙特利尔、马德里或墨西哥城走马观花。为了对这些知名品牌的规模有一个很好的了解，如 LG 电子，请登录其全球网站：http：//www. leg. com/ general/ globalsite. jsp.

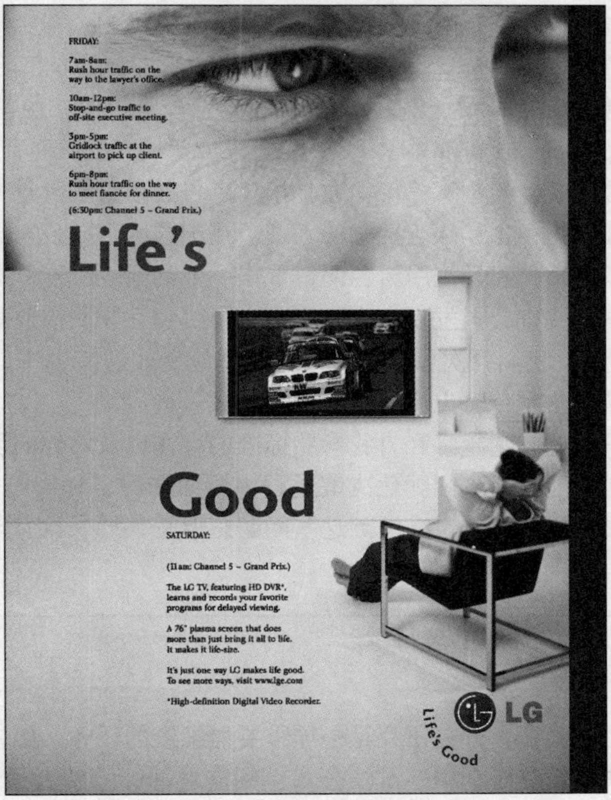


## 9.2.1 阻碍国际广告成功的因素

对于市场营销人员来说，培养国际化的视角往往很难。原因是生活和职业使他们根据获得的经验创造一个文化“安乐窝”，也就是说，自己的文化价值观、经验以及知识作为一种潜意识指导自身的决策和行为。国际广告商深受这一问题困扰。

管理人员想要在国际市场上获得成功，必须消除两个相关的偏见。第一个是所谓的**民族优越感**，它指的是人们倾向于以自己所处文化的角度来看待事物并决定其价值。第二个是**自我参照标准**（SRC），它是一种无意识的参照，人们会根据自己的文化价值观、经验和知识作为决策的基础。当你需要以跨文化视角来进行营销和广告策划时，这两个因素是阻碍你成功的最大障碍。

决策者的自我参照标准和民族优越感会限制他或她认识不同市场上重要的文化差异。这反过来又会使广告主盲目地相信广告中所蕴含的本国文化“痕迹”。有时候他们的这种行为很具有攻击性，最起码在对待其他外来文化的影响时是这样的。其他市场上的消费者对他们的广告有时候欢迎，但有时候他们也会对这样的广告不屑一顾。

有一个问题，我们大家很容易忽视多元文化下广告的发展情况。幽默感很大程度上与所属文化有关。美国的媒体公司，如时代华纳和沃特·迪斯尼把在美国上演成功的喜剧节目转移到其他国家普遍会遇到这种问题。例如，HBO 的系列剧《欲望都市》在德国十分受欢迎，但是《宋飞传（Seinfeld）》的讽刺式幽默却无法被德国观众所理解。[①] 当然我们也知道，幽默感是广告主们吸引观众最喜欢用的战术，但是广告主在进行跨文化广告时，幽默感的差异成为一个巨大的障碍。

苹果公司奇特的广告"MAC vs PC"陷入了"幽默困境"。广告中，一台运行很慢的电脑面对非常时尚的 MAC 很尴尬。这一广告设计于美国，由滑稽的*每日*秀主持人约翰·胡德（John Hod）扮演苹果 PC，喜剧演员贾斯汀扮演苹果 MAC，广告中有很多的冷笑话让美国观众笑个不停。但在日本，广告必须被推倒重来，因为在日本文化中，直接比较被视为粗鲁和缺乏档次的表现。在英国，苹果公司试图选择英国喜剧演员来扮演 MAC 和 PC，并且使用新台词，重作一个英国版广告，这一幽默似乎得到发挥。但当地的一家调查公司发现，当广告在电影院和互联网播放后，苹果的声誉反而下降了。[②] 在这里，我们再次可以看出，即使是最专业的广告主，在他们拿着国内的创意试图进行跨文化宣传时也会面临着很多挑战。

只有时刻意识到民族优越感和自我参照标准的存在以及对你的创意具有影响的重要文化差异时，你才能对广告国际化决策过程中所面临的各种影响做出正确的反应。即使是纯粹的跨文化研究，你也会遇到这些问题。但是，如果没有研究，你就不能具体确定这些问题。

## 9.2.2 跨文化消费者研究

在国际市场上做消费者分析研究是一项重要而细致的任务。如果公司具有全球产品销售网络，像雀巢、联合利华、宝洁公司，则需对国际消费者做许多独立的分析，特定消费者研究是不可缺少的。通常包括对每个国家进行不同的研究分析，一般是通过当地的供应商来做的。但是，也有很好的二手资源能为广告主提供广泛的国际市场信息。美国商务部下属的国际贸易管理司（ITA）出版涵盖世界主要市场的报告，并提供经济和管理信息，其目的在于帮助总部设在美国的公司拓宽海外市场，并促进产品和服务的贸易（见网址 http：// www. ita. doc. com. gov）。联合国的统计年鉴是另一个主要的经济和人口数据来源（见网址 http：//unstats. un. org/unsd），该统计年鉴每年更新一次，为 200 多个国家的国际广告主提供有效信息。但遗憾的是，这些数据其实还不够完整。

国际消费者研究还将包括对经济状况、人口特点、价值观、习俗和仪式、产品的使用和偏好的推测。

1. **经济状况**。划分潜在国际消费者经济状况的方法之一就是按照经济发展水平分类，把世界市场分为三大类别：欠发达国家、新兴工业化国家和高度工业化的国家。这

① Matthew Karnitschnig, "Comedy Central Export Aims for Local Laughs," *Wall Street Journal*, March 2, 2007, B1.
② Gregory Fowler, "Mac and PC's Overseas Adventures," *Wall Street Jounal*, March 1, 2007, B1.

些分类会使我们对一个市场上消费者的平均消费能力有一个最基本的了解，并且能够帮助人们了解现实情况下的区域消费水平。图表 9—4 列出 25 国人均国内生产总值（GDP），从中你可以对世界各地的消费者可用资源之间的巨大差异有更深的了解。

图表 9—4

人均国内生产总值的美元数（2006 年），以购买力平价来调整（单位：美元）。

| | | | |
|---|---|---|---|
| 卢森堡 | 68 800 | 马来西亚 | 12 700 |
| 挪威 | 47 800 | 墨西哥 | 10 600 |
| 爱尔兰 | 43 600 | **世界平均值** | **10 000** |
| 美国 | 43 500 | 泰国 | 9 100 |
| 丹麦 | 37 000 | 土耳其 | 8 900 |
| 加拿大 | 35 200 | 巴西 | 8 600 |
| 日本 | 33 100 | 中国 | 7 600 |
| 德国 | 31 400 | 菲律宾 | 5 000 |
| 法国 | 30 100 | 埃及 | 4 200 |
| 以色列 | 26 200 | 印度 | 3 700 |
| 新西兰 | 26 000 | 巴基斯坦 | 2 600 |
| 葡萄牙 | 19 100 | 尼日利亚 | 1 400 |
| 南非 | 13 000 | 阿富汗 | 800 |

资料来源 World Fact Book，http：//www.cia.gov/cia/publications，accessed April 8，2007.

**欠发达国家**拥有世界上近 75% 的人口。其中一些国家遭受旱灾和内战。它们的经济体几乎缺乏所有促进发展所必要的资源：资本、基础设施、政治稳定和训练有素的工人。在这些经济欠发达地区的商品通常不是消费者产品，而是用于基础设施建设的商业级产品（如重型建筑设备）或农业设备。

**新兴工业化国家**的经济在不断发展，在这里，有着几百年历史的传统生活方式如今正在发生着转变，现代消费文化也随之显现出来。当国外的广告主想要进入这一变革中的市场（文化也在快速变迁）时，他们也因此遇到了一些难题。但是许多商家更多关注低收入消费者并视其为商业机遇，部分原因是像巴西、印度和中国这样的国家，低收入消费者有几十亿人。因此，雀巢巴西分公司将旗下的 Bono 饼干净重由 200 克降至 140 克，然后降低价格出售，其销售量暴涨 49%；[①] 但是，以低收入消费者为目标开展营销活动时仍需要谨慎。

但是与低收入消费者沟通对大型的跨国公司来说是一项持续的挑战，部分原因是它们的员工及广告代理商都受过良好的教育并且十分富裕，他们很难理解在完全不同的经济环境下人们的欲望和需求。约翰尼·魏（Johnny Wei），雀巢巴西区域市场营销项目的经理，直截了当地说：去圣保罗这样的像贫民窟一样的城市对于广告界人士

① Antonio Regalado，"Marketers Pursue the Shallow-Pocketed，" *Wall Street Journal*，January 26，2007，B3.

来说通常是一个“令人兴奋”的经历。[①] 当然，从这些经历当中得出的有意义的见解，可以用来改善广告。

**高度工业化国家**是那些具有成熟经济和高度富裕的国家，人均国内生产总值数据就表明了这一点（在图表 9—4 中列出了一些这样的国家）。多年来，这些国家还投入巨资用于基础设施建设——道路、医院、机场、发电厂、教育机构以及互联网。在这一广泛的组合中，消费者研究将侧重于更详细的市场分析，其中包括竞争的性质和程度、营销贸易渠道、生活方式的趋势和市场潜力。在高度工业化国家的市场分析中，企业所用方法与在美国使用的方法相同。虽然在这些国家，广告的改变往往取决于独特的文化和生活方式等因素，但这些市场的消费者习惯于看到全方位的、有创意的商品和服务。图表 9—5 和图表 9—6 展示了熟为人知的喜力啤酒和麦当劳的广告。

图表 9—5

喜力的红星是世界闻名的标志，广告中喜力啤酒挑战了社交聚会人群的传统思维，它用啤酒启瓶器替代了下次聚会要使用的螺旋开瓶器。http：//www. heineken. com

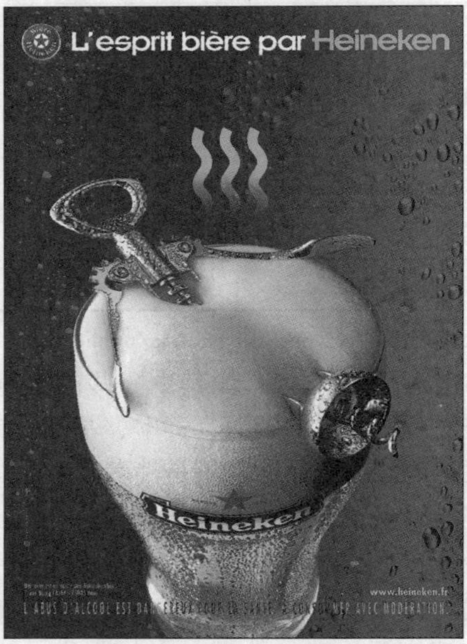


2. **人口特点**。一个国家的人口信息通常来说是十分有用的。美国商务部和联合国每年都会公布人口年度报告，并提供给很多国家。广告主必须随着主要的发展趋势对国际上不同的人口数字保持高度敏感。人口，包括人口规模、年龄分布、收入分配、教育程度、职业、文化程度和家庭的大小，能够显著影响市场中的广告类型。广告宣传费用也主要是用于有购买力的地区。大广告主一般都优先选择富裕的、具有较高购买力的国家。但如上所述，像印度和中国这样的国家居民购买力正不断增强，因此很多的广告主正在改变着广告宣传的地区选择。

---

① Ibid.

图表 9—6
星期二，巨无霸在很多地方实行特价销售，例如，在加拿大多伦多，售价 1.69 美元。

世界上大多数富裕的国家，老龄化问题越来越严重①，这造成了财富在世界各地再分配的可能性。② 将来可能是这样的场景：当美国、日本和西欧正在与退休金计划的不足和医疗费用不断上升等问题作斗争时，巴西、墨西哥这样的国家有了经济发展的机会，这是因为前面提到的**人口红利**。在发展中国家，劳动力成本下降，具有年轻和健康的人口，特别是数以百万计的妇女成为劳动力，这些因素产生了良好的经济扩张气氛。据专家们称，这些发展中国家大约用 30 年的时间，使他们的人口红利资本化。实现人口红利的一个必不可少的因素是使更多的人具备更好的教育水平。

这个问题一目了然，了解全世界人口发展的基本趋势是营销和广告策划的前提。特定年龄段人口比率的增加和减少与特定产品和服务的需求密切相关。随着发展中国家人口的持续增加，为青少年和年轻的家庭提供商品和服务将会成为新的市场机会。同样，在那些出生率稳定的国家，随着老龄化人口的不断增加，消费者需求的服务（如医疗保健、旅游和退休）将会增加。因此，我们可以得出这么一个正确结论：明确目标市场人群的年龄结构对于有效开展国际广告营销十分关键。

3. **价值观**。文化价值观中所包含的都是对其中成员来说十分重要的一些信念，它们确定了文化的基础，是文化历史的产物，凝聚了集体的经验。即使一国有多种文化存在，人们仍然相信其中存在许多共同的价值观，从而构成一个有意义的“国家文化”，如“美国文化”。例如，在美国历史上，个人主义的价值观有着悠久并且突出的地位，被很多人视为美国的核心价值观。而其他文化似乎更推崇集体主义。即使

① Clay Chandler, “Changing Places,” *Fortune*, September 18, 2006, 61 - 64.
② Gautam Naik, “Leveraging the Age Gap,” *Wall Street Journal*, Febuary 27, 2003, B1, B4.

是在“集体主义”的国家，如日本，其文化也可能会变得更加个性化，但日本仍存在先满足集体需求后满足个人需求的传统文化。在日本，组织忠诚度和社会相互依存促成了集体精神的价值观。日本的消费者对有关青春永驻、长寿和可靠性的话题宣传非常敏感，因此认为用竞争性比较方法来诱惑消费者是不对的①（回想“MAC vs PC”的例子）。一些研究人员认为，从个人主义到集体主义，世界各地的文化间存在稳固可靠的明显差异，或者至少是不同文化为不同的广告制作提供了广阔的文化空间。②

4. **习俗和礼仪**。在很多方面，礼仪文化永久地与核心价值观联系在一起，对于某种文化中的人们来说，两者结合得非常自然。人们通常不对其更深层含义进行深入思考（在某些情况下，根本没有）。许多消费行为都涉及礼仪，如仪表、送礼或准备食物。正如图表 9—7 所示，像准备谷类早餐这样简单的事情，不同的文化有不同的作法（当然，在许多文化中谷类早餐是一个完全陌生的概念）。为做好跨文化广告，对其他文化的礼仪不仅要赞赏，而且要理解。这就需要深入和扩大研究工作，这也证明了为什么对人种学的研究会越来越盛行。③ 因此，对市场作肤浅的快速调查只能带来负面影响。

广告主可能犯的最严重的错误之一就是假设一种文化的消费者与另一种文化的消费者具有相同的文化礼仪。宗教是文化价值观中一个明显的表现。在遵守伊斯兰宗教戒律的国家（其中包括大多数阿拉伯国家）中，传统的宗教信仰限制一些产品被刊登在广告上，如酒和猪肉。还有其他一些关于宗教和文化价值观的限制，如不允许妇女出现在广告上，禁止在广告中描述到儿童。因此，我们对每个市场都应该做出评估，了解其现有的风俗习惯和价值观会在多大程度上影响产品的选择以及其他消费者行为。

当一个国家或地区的旧经济制度和新经济制度发生摩擦时，了解这个地区的价值观和礼仪可以给你带来特殊的挑战（或机会）。例如，广告主所面临的一个经典场景：更多的妻子离家到外面就业，从而带来了谁来做家务的难题，制造了家庭紧张的气氛。在亚洲，家务性别分配的紧张局面尤为严重，因此广告主试图从丈夫操持家务这一创意出发。例如，LG 电子的真空吸尘器广告：一个女人躺在地板上锻炼，面部贴满黄瓜片，而此时，她的丈夫在她周围清扫。这则广告收到了中国香港和韩国妇女们的不同评语，年轻的妇女们对其表示赞成，而她们的母亲则表示反对。④（听起来很熟悉?）在像这种情况下，广告主的困境是如何使广告既能够反映出文化中真实的变化，又不能在推动变化时远离重要的消费者。这不是一件容易的事!

5. **产品的使用和偏好**。对市场来说，产品的使用和偏好信息十分重要。北美、

---

① Johny Johansson, “The Sense of Nonsense: Japanese TV Advertising,” *Journal of Advertising* (March 1994), 17–26.

② S. Han and S. Shavitt, “Persuasion and Culture: Advertising Appeals in Individualistic and Collectivistic Societies,” *Journal of Experimental Social Psychology*, vol. 30 (1994), 326–350.

③ Spencer Ante, “The Science of Desire,” *BusinessWeek*, June 5, 2006, 98–106.

④ Louise Lee, “Depicting Men Doing Housework Can Be Risky for Marketers in Asia,” *Wall Street Journal*, August 14, 1998, B6.

欧洲和环太平洋地区的主要市场都已经被相对详细地调查完毕。近年来，A. C. 尼尔森就 26 个国家的消费者产品情况制作了一个国际数据库。此外，Roper Starch Worldwide 对 40 个国家进行了产品偏好、品牌忠诚度和价格敏感度的"全球"研究。

图表 9—7

在欧洲许多国家，用新鲜谷物和水果"自制"早餐是很平常的，在瑞士 Movenpick 的广告中，广告主试图用家庭传统方法来对新产品进行便捷包装。标题上写到："最后，你甚至认为是自己亲手做的。"或者，更直接地说，尝起来像自制的味道！你上一次做"和自制早餐味道一样"的谷物类早餐是什么时候？

通过分析尼尔森和 Roper 等公司的研究我们可以发现，全世界的消费者对于不同产品显示出不同的使用习惯和偏好。其中具有很大差异性的一类产品就是个人护理产品。世界上没有一个国家能像美国这样，其消费者关注个人护理产品（如牙膏、洗发水、除臭剂和漱口水）的使用。宝洁公司旗下拥有众多品牌：佳洁士、飘柔、Secret、Scope，当它在俄罗斯市场推出 Wash & Go 牌香波时，却遭遇了滑铁卢。Wash & Go 是专门为喜欢简单、方便和快速的消费者设计的一种洗护一步到位的产品。但是在俄罗斯，消费者习惯于用块状肥皂清洗头发，他们不知道什么叫护发素，他们对这种更方便的产品不予以认可。

其他独特的与特色文化相关的产品使用偏好的例子来自巴西和法国。在巴西，至今仍有许多妇女用冷水在金属/木盆手洗衣服。面对这种情况，联合利华专门配方制作了 Umo 洗衣粉，宣传这种洗衣粉在冷水下的功效；在法国，男性像美国女性一样，普遍喜欢使用化妆品，因此广告必须注明针对男性，并且在媒体上用“专门为男性设计”来吸引男士；香水作为另一个产品类别，在世界各地需要采用不同的方法来宣传，如图表 9—8 中展示的，法国人对香水的追求近似狂热，他们的香水广告也制作得像艺术品似的。

## 9.3 广告全球化过程中面临的挑战

对不同文化下的消费者进行经济、社会和文化条件方面的研究是设计全球化广告的基本出发点。即使做了充分的消费者研究，广告主也必须面临三个艰巨的、独特的挑战：创新的挑战、媒体的挑战和监管的挑战。

图表 9—8

快速翻阅一本法国时尚杂志，你就会由衷赞叹法国人对艺术和香水的狂热追求，艺术和香水都是法国文化的特色。

### 9.3.1 创新的挑战

书面或口头语言对于跨文化交流是一个基本的障碍。理解日文广告对那些只会说西班牙语的人们来说通常是很困难的。语言问题将永远是一个艰巨的挑战，我们都曾经听过一些直译过来的广告与其本来的用意完全不同。广告国际化中所犯的错误已成为广告学中相当重要的一部分内容，其中的奇闻轶事也相当多：[1]

●在中国大陆，可口可乐这一名称首次被翻译成“ke-kou-ke-la”。不幸的是，直到成千上万的标语印刷完毕后，可口可乐才发现根据中国方言这句话的意思是“咬蜡蝌蚪”或“母马吃蜡吃饱了”。因此可口可乐公司潜心研究了四万个中文汉字，最终找到了合适的谐音，“ko-kou-ko-le”，可以近似地被翻译为“嘴里的幸福”。

●在中国台湾，百事可乐标语“和百事可乐一族共同获得欢乐吧”被翻译为“百事可乐将使你的祖先复活”。

●斯堪的纳维亚真空吸尘器制造商伊莱克斯（Electrolux）在美国的广告中使用了这么一句广告语：“没有什么像伊莱克斯更垃圾的产品了。”

●在墨西哥，派克笔公司销售圆珠笔时，它的广告语是：“它不会在你的口袋里漏水，让你怀孕。”然而原意是“它不会在你的口袋里漏水以至于让你尴尬。”

不管这些故事是否属实，这样的故事告诉我们，单单就语言的运用来说，与全世界的消费者沟通是一项特殊的挑战。

然而在跨文化交流中，图片的作用并不明显。人们普遍认为图片所受的文化约束要比文字少，同样的图片能向多种文化环境传达相同的含义。因此国际广告主正越来越多地采用很少文字的广告，他们希望依靠视觉来传达信息。但正如你可能想到的，实际情况可能比听起来的更复杂一些。

首先，图片属于文化范畴。不同文化通过不同的习惯或规则来表述（或用图片描述）事情。图片和文字一样，都需要被“读”出来或者翻译出来，但是“读图片的方法”在不同的文化当中是不同的。在西方文化中，人们经常假设所有人都了解图片的真实含义，这是不正确的，这是种族优越感的另一个体现。对于那些没有学过二维摄影的人来说，二维摄影作品是不会被认为是图片的。象征性的表述在一种文化中似乎是非常绝对、平常、无害的，但是在另一种文化中它的含义可能发生改变，可能变得不寻常，或者给人威胁感。在一种文化中，一张图片可能胜过千言万语，但在另一种文化中，图片所表达的含义却不一定合适——甚至是毫无意义或者莫名其妙。

思考图表9—9至图表9—11中的广告，哪些广告看起来受文化的约束？哪些则看起来更容易跨越文化边界？为什么？所有的广告都取决于观众能否正确地理解广告内涵，但有些广告需要观众有更多的背景文化知识。对于美国的消费者而言，图表9—9中展示的维萨广告向消费者传达的信息是十分清楚的：维萨将帮助您了解更多的东西。但是在唯物主义思想不是很浓厚的文化中，把追求物质财富看作一种自我价值的表现是完全不能被理解的。图表9—10是一则风格化的广告，广告呈现了一幅在泰国度假的浪漫情景，广告的投放地是德国。但是在你看来这则广告对于泰国的普通人来说有什么特殊意义吗？图表9—11中的广告承诺Sears能够为你提供在高中舞会中成为闪亮明星的任何需要。但是，高中舞会只是北美地区一种常见的仪式，而广告却投放在南美那些讲西班牙语的地区。当圣地亚哥一个十几岁的女孩由于没有文化背

---

① Robert Kirby, “Kirby: Advertising Translates Into Laughs,” *Salt Lake Tribune*, *http: //www. sltrib. com*, accessed February, 24, 1998.

景来理解“prom”的含义时，她还能够热衷买一套正式的舞会服装吗？不太可能。

图表9—9至图表9—11

这些广告中，哪幅受特定文化影响最大？它们都没有受文化约束吗？

一些人类表情，如微笑，被广泛认为是一种积极的表现，这些表情和含义在文化上具有广泛的共同点。但是缺乏文化内涵的图片是少见的。对跨文化共同点贡献较大的是历史悠远的商业文化，在许多国家（但不是全部）对这种文化有着相似的理解。体育在国际商业中发挥着越来越重要的作用，体育精英通常用来向全世界传达相同的含义。你认为呢？不管“老虎”泰格·伍兹销售什么，在哪里销售，“泰格·伍兹就是老虎伍兹”；雅芳同网球冠军威廉姆斯姐妹签署了代言合同，那么威廉姆斯能把雅芳化妆品重新塑造成世界级品牌吗？[①] 同样，其他类型的名人也把他们的明星力量

① Mercedes Cardona, “Venus and Serena Become Avon’s New Leading Ladies,” *Advertising Age*, January 22, 2001, 8.

融入到世界各地的许多广告活动中。但是，甚至是海蒂·克拉姆或大卫·贝克汉姆也不能在所有文化中为品牌传达相同的、理想的含义。

## 9.3.2 媒体的挑战

广告主在国际市场所面临的挑战中，媒体方面的挑战可能是最大的。你对媒体方面的预测在其他文化中可能行不通。

1. **媒体状况和覆盖面**。一些国际市场只有极少数的媒体。此外，即使在某个国外市场上有各种媒体可以选择，但是相关媒体对于广告类型或者广告方式也会有各种限制。

许多国家在其边境地区都拥有很多亚文化和方言，有着自己的报纸和电台。这就使得确定哪些报纸或广播的组合将会实现理想的市场覆盖面这一问题变得更加复杂。如果一个国家某个媒体在接受广告时有所限制，则不会对广告主有所帮助。一个突出的例子是英国的BBC广播公司，BBC不接受任何商业广告。虽然英国早就有商业广播电视公司，但是BBC广播公司仍然受到人们的欢迎。或者我们可以考虑下荷兰电视广告业的情况。在荷兰，电视广告时间不能超过全部电视节目时间的5%，并且大多数广告时间档必须提前近一年来购买。世界上其他很多国家也有相似的情况。

不管在世界哪个地方，报纸都是最本地化的媒体。因此在报纸上做广告前，必须对当地市场进行充分的调查。例如，土耳其拥有数百家报社，而荷兰只有少数。此外，许多报纸（尤其是区域性的报纸）都是为了某种政治利益服务的。广告主们必须意识到这一点，确定自己品牌定位并不与媒体的政治观念冲突。

就媒体状况和媒体覆盖面来说，几家全球电视广播公司通过电缆和卫星技术开始扩大其媒体覆盖面和媒体可用性，这对于广告主来说是最好的消息。Viacom收购了与其原先共同持股的MTV广播公司（MTVN），成为世界上最大的电视广播公司，用户覆盖面达到了3亿多户家庭。MTVN广播公司在吸引全世界X、Y、Z一代的观众方面有其独到之处。MTVN促进了全球性品牌的国际化，如百事、斯沃琪、世嘉、BMX自行车。此外，MTVN在某些特定国家的节目制作水平之高有目共睹，比如Mochilao，这是一个背包旅行节目，主持人是当红的巴西模特，节目意在表达异域风情。[①] 如果真有“全球化的消费者”的话，MTVN总会拿出有效方式吸引他们的注意力。

另一项影响着欧洲和亚洲电视发展的是卫星直接传播（direct broadcast by satellite，DBS），如SkyPort接收系统（见图表9—12）。DBS的传输是通过小型的、低成本天线来接收的，接收天线已经成为一个在全世界屋顶最常见的东西。STAR，是亚洲地区卫星电视的缩写，向亚洲53个国家的3亿多户家庭传送BBC、U.S.……宝莱坞和地方电视节目。[②] STAR拥有几十亿人观众，有潜力成为世界最有影响力的广播系统。

---

① Charles Goldsmith, “MTV Seeks Global Appeal,” *Wall Street Journal*, July 21, 2003, B1, B3.

② From the STAR Web site, *http://www.startv.com*, accessed April 6, 2007.

2. **媒体的成本和定价**。关于媒体方面的挑战还来自于媒体成本和定价问题。如上所述，一些市场上有数百家媒体可供选择（回顾一下土耳其报纸的例子）。当你选择了另外一家媒体时，你要进行单独的付款，然后进行相应的广告安排。此外，在许多市场，无论官方报价是多少，媒体的价格都可以进行协商，而谈判价格所需要的时间本身就是一个巨大的成本。

全球覆盖是一项代价高昂的提议，广告费用和广告空间的需求都在不断增加。在某些市场上，即使不考虑出版费用和招标系统会提升广告价格，仅在广告的时间和空间供应方面就很紧缺。正如将会在 10 章中看到的，媒体的成本在广告预算中占很大比例。随着在国际市场上看似混乱的收购不断增多，媒体成本在实行广告成本效率化活动中的确成为一项巨大的挑战。

图表 9—12

卫星直接传播，使得每个家庭都能通过一个小的成本低廉的接收器收看节目。这是一则 Skyport TV 广告，它是早期向日本提供 DBS 服务的一个品牌。

## 9.3.3 监管的挑战

国际广告的监管限制是五花八门的，这也反映了不同市场上形形色色的文化价值观。监管的范围和特性也变得越来越复杂。例如，烟草和酒类广告在许多国家（包括印度）被限制（通常限制在电视播放），印度的啤酒市场一直发展缓慢，部分原因是没有啤酒广告。[①] 考虑到广告对儿童的影响，奥地利、加拿大、德国和美国对广告都有特殊规定。世界上其他受监视管制的产品还有：药品（奥地利、瑞士、德国、希腊、荷兰），赌博（英国、意大利和葡萄牙），宗教（德国、英国和荷兰）。

这种监管的复杂性，如果有的话，将继续增加。例如，欧洲联盟，是世界上最大的贸易集团，有着严格的规定来保护公民的隐私权，这就使得市场调查人员无法像在北美地区一样很容易地获得相关数据。为应对这些法规，许多全球性公司会在欧洲招收几十名员工，他们的工作是确保公司符合当地的各种规定。[②] 一般来说，广告主必须重视广告法规。他们要根据国际市场要求，满足如下限制性的规定：

- ●能够进行广告宣传的商品类型
- ●能够搜集的消费者数据种类
- ●能够使用的信息类型
- ●某产品广告在电视中的播放次数
- ●儿童类广告
- ●广告中外语（或天分）的应用
- ●国家的象征，如国旗和政府印章在广告中的使用
- ●广告费用的征税标准

简而言之，广告的任何方面都有规定，并且每个国家在广告法规方面都有着一些特殊要求。在职业道德栏目中我们将讨论一个具体的例子，从中我们可以发现英国监管者对垃圾食品行业的看法明显不一致。

## 职业道德专栏

### 儿童肥胖的责任在谁？

像美国一样，关于儿童肥胖增长的责任在谁这一辩论在欧洲愈演愈烈。更重要的是，应该采取什么行动来扭转这一趋势。在瑞典和挪威，政府出台禁令，禁止播放针对 12 岁以下的儿童广告，但这一电视广告禁令并没有能够有效地扭转这一趋势。法国正考虑实施条例来强迫广告主对加工食品的广告增加正面的健康信息，或让广告主支付相当于每则广告预算 1.5% 的税金来资助公共服务宣传活动，从而促进形成更好的饮食习惯。在英国，监管部门更积极地控制含高脂肪、盐和糖的食物广告（HFSS 类产品）。

广告主当然不喜欢广告禁令。欧洲的许多广告主试图调整广告的方式来避开法律规定。例如，在英国，汉堡王和肯德基停止所有赠送玩具的促销活动，可口可乐、Cadbury、卡夫和麦当劳都承诺停止针对 12 岁以下儿童的广告宣传。英国的广告行业组织还起草了一套准则，力劝会员公司不要在任何针对青春期前儿童的广告中使用漫画人物、虚拟注册人物或名人。但话又说回来，这些措施都不符合英国监管机构的要求。

---

① Nandini Lakshman, "The Great Indian Beer Rush," *BusinessWeek*, April 23, 2007, 50.

② David Scheer, "Europe's New High-Tech Role: Playing Privacy Cop to the World," *Wall Street Journal*, October 10, 2003, A1, A16.

在 2007 年英国监管机构 Ofcam 公布了一项禁令，针对 16 岁以下儿童的垃圾食品等电视广告实行全面禁播，与此同时，英国卫生部长卡罗琳·弗林特也明确表示，她期望业界能够对任何印刷广告、海报、网络和电影广告申请禁令。然而与往常一样，这些法规面临的挑战是“垃圾食品”的确切定义什么。Ofcam 想出了一个营养分析系统，以确定哪些食品被定为 HFSS 产品。因此低脂奶酪、黄油、黑巧克力和有 100 年之久的“Marmite”三明治的广告被禁止。（正如在这 100 年中英国人常常说的，Marmite 味道奇特，有人喜欢、有人厌恶）英国的媒体被打败了，至少可以说，Ofcam 的规定是严格的，甚至是“严厉的”。这毫不奇怪。

在本文写作之时，欧盟监管机构正在讨论是否应针对成员国的广告主制定更多的限制。这些可以阻止肥胖症不断流行的发展趋势吗？我们只能期待有一天能够找到答案。

资料来源 Emma Hall, “Brit Ban on Jun-Food Ads to Cost TV Titans $ 75 mil,” *Advertising Age*, November 27, 2006, 18; Emma Hall, “In Europe, the Clash over Junk-Food Ads Heats Up,” *Advertising Age*, March 5, 2007, 32.

## 9.4 世界各地的广告公司

一支经验丰富、精明强干的机构可以帮助广告主处理创意、媒体和正如刚讨论的监管方面的问题。在巴西，如果你想获得恰到好处的创意，那么你应该找一个本土的广告公司；在澳大利亚，澳大利亚国民必须参与生产过程的某些环节；在中国，没有当地机构的帮助，与政府和媒体相关部门打交道几乎是不可能的。所以在中国，有近 80 000 个可供选择的当地机构。①

广告主在选择代理机构帮助他们在其他国家准备和布置广告时，对代理机构的选择有三种：全球性机构，国际子公司或者本地广告公司。

### 9.4.1 全球性机构

广告业的统一与合并创造出越来越多的**全球性机构**，或世界性的广告集团，如宏盟集团、WPP 集团、IPG 集团、阳狮集团和电通株式会社等巨头公司。关于宏盟集团和 WPP 集团的分支，详见图表 9—14。注意这些价值数十亿美元的企业是如何建立一个提供各种服务的网络，为遍布全球的消费者提供广告和整合品牌促销的推广活动的。

全球性组织的最大优势是它可以了解到广告主的产品和当前的广告策划（假设它具有处理国内广告的职责）。具备了这方面相关的知识，该机构既可以对国内的广告进行修改然后运用到国际化市场中，也可以为国际市场制作全新的广告。它的另一个优势是广告主地理上接近机构总部，这给策划和筹备广告带来了便利。一个全球性

① Normandy Madden, “Culture Clash Thwarts Shops from Enjoying China's Boom,” *Advertising Age*, May 3, 2004, 20.

机构的规模可根据经济规模和政治影响来获益。

全球机构的最大弊端是与东道国文化的差异。广告的国际化运营绝非易事，对于那些自以为是的公司来说，这是不小的劣势。但大多数公司都很清醒，它们会通过各种方式来了解当地的知识。

### 9.4.2 国际子公司

许多机构并没有在世界各地设立自己的办事处，而是在外国市场上设立**国际子公司**来处理客户的国际广告需求问题。很多时候这些国际子公司会加入到当地广告公司群体中或在这些国外广告公司中持有少量的股权，这样做的好处在于国际子公司可以利用大量的其他国际机构获得当地市场的专业知识。这些国际机构通常由本国人来建立和管理，从而可以为国际市场的广告主提供一种本土化的感觉，通过这种方式，还可以避免外国管理人员的干涉。

这些做法的风险在于尽管国际子公司了解国外市场情况，但它可能不太了解广告主的品牌和竞争策略，这种威胁使真正的价值和品牌的意义不能很好地应用到国外广告活动当中。

### 9.4.3 本地广告公司

对于广告主来说，最终抉择是在每一国外市场选择一个当地的机构来开展广告工作。地方机构和国际子公司一样，有着相同的优势：它们了解当地的文化和市场条件；同当地的市场人员、生产商以及媒体有着较好的关系。但是，广告主选择当地的机构，也会带来一些管理问题。广告主无法对广告的创意做出一个统一的标准，因为每个国外市场的当地广告公司都要提供一个独特的创意。当本土公司对品牌的形象知之甚少，还要追求自己的创意时，这种标准的缺乏就会使得广告创意成本昂贵，而且还存在着潜在的风险。

## 9.5 全球化与本地化的广告

广告国际化市场策划中还需要考虑另外一个问题。一个广告本土化程度如何，统一标准化的程度又如何？在讨论过程中，存在的一个问题是广告主能在多大程度上促进广告全球化？**全球化广告**，是在整个（或大部分）国际市场上使用相同的信息和相同的创意。图表9—13展示出一则全球化的广告，虽然这则广告出现在南美那些说西班牙语的国家的杂志上，但是对这个广告你并不感到陌生。相反，**本地化广告**会为特定的市场准备特定的信息和/或特定的创意。比较图表9—13和图表9—14，可以明显地看出德国奶制品生产商只想要一个定位于本地市场的广告，而不是全球性的。

全球化与本地化的广告并不是一个简单的问题，必须对品牌和整体营销战略进行详细考虑。营销人员首先应当考虑品牌在多个市场上标准化的程度如何，然后考虑在何种程度上可以做成全球化广告。在国际市场上广告可以使用一个共同的宣传主题，但是本土化的广告却必须被专门订制，这一观点已成为广泛辩论的问题。①

图表 9—13

全球化广告在每个国际市场上看起来相似，给人的感觉也相同。这则“got milk”的广告，可以很容易地被圣安东尼奥和圣迭戈的观众所接受，甚至在智利的圣地亚哥也是如此。

那些喜欢全球化广告的人们认为应该考虑不同市场间的异同点。在他们看来，一个广告要传达的主题标准应该尽早地确定，只在绝对需要的时候才修改要传达的信息。例如，Mars 的 Pedigree 狗食品广告在美国市场采用黄金猎犬；而在亚洲则采用贵宾犬，他们认为在亚洲使用贵宾犬能更有效地定位品牌和形象。除此以外，广告要传达的其他信息都是相同的。

而那些主张本地化的人们把每一国家或地区看成单一沟通环境，并声称广告成功的唯一办法是为每个市场提供单独的广告活动。

对于全球化广告的两个最基本的争论是节省潜在的成本、发挥创意优势。正如一个公司设法实现生产的规模经济一样，广告主同样也在寻找缩减沟通成本的方法。如果要宣传的主题都有共同的标准，那么广告主就可以在全球范围内专注于唯一品牌或公司形

① 更多的不同观点参见：Douglas B. Holt，John A. Quelch and Earl L. Taylor，“How Gloal Brands Compete，” *Harvard Business Review*，September 2004，68 – 75；with Darrell K. Rigby and Vijay Vishwanath，“Localization：The Revolution in Consumer Markets，” *Harvard Business Review*，April 2006，82 – 92.

象的塑造，他们可以更快地制订计划，最大限度地采用好的创意。因此，当吉列在全球200多个国家销售数百种不同的产品时，吉列公司的全球化理念都通过吉列广告最后的宣传语“吉列，最佳的男人才配拥有”体现出来，并且在世界范围内反复使用。

图表9—14

德国乳制品生产商在这里要传达的关键信息是他们的产品最适合德国人。也许广告主题宣传的是“got butter”。

全球市场趋势是通过合作为全球化广告创造有利的环境，这样才有利于培养全球化的消费者。下面介绍了一些有利于全球化广告的条件。

●***全球通信***。世界各地的有线电视和卫星电视网络使电视成为一个真正的全球通信媒介。MTVN的200多家欧洲广告主中几乎都在其电视节目中投放英文广告，节目能覆盖28个国家。这些标准化的信息会使得这些市场上的观众变得越来越同质化。同样，特别是对年轻人而言，因特网所带给他们共同的体验和经历也会培养他们共同的价值观。

●***全球青年***。正如图表9—15中捷克共和国的诺基亚广告展示的那样，全世界的青年有很多相同点。有人认为，全球通信、全球旅行使得全世界的青少年建立了共同的行为规范和价值观念。[①] 但不只是青少年，像Mattel、Hasbro、Lego等儿童玩具生产商曾假设世界各地的儿童能够评价不同的玩具，从中能够反映出当地的特色。然而情况发

① Arundhati Parmar, “Global Youth United,” *Marketing News*, October 28, 2002, 1, 49.

生了变化，现在很多大型玩具生产商为全世界的儿童制造和推出标准化的玩具。[①]

图表 9—15

你不需要懂捷克语就能明白这幅广告的意义，同任何诺基亚产品广告一样，它宣传的理念都是“人与人的沟通”（尤其是年轻人）。

●***共同的人口特征和生活方式的趋势***。人口特征和生活方式趋势这一问题最早出现于 20 世纪 80 年代的美国，但如今在其他国家也有着人口和生活方式趋势的问题。更多的劳动妇女、单亲家庭、离婚率激增、每户家庭子女人数减少，这些都成为了现代人口的普遍特征，它影响全世界共同的生活方式，广告主们一定会遵循这个趋势。例如，在日本有着越来越多的职业妇女，因此福特公司专门制作了针对职业妇女的广告。

●***美国化的消费价值观***。美国广告主的另一个优势在于美国化的消费价值观已经遍布于世界各地。美国印象（Amercan icons）在世界范围内受到巨大欢迎，主要是由于受到美国娱乐产业流行文化出口的刺激，人们对好莱坞、高级时装及名人们的崇拜。但同时，近几年的几件沸沸扬扬的事件，如拒绝签署关于温室气体排放问题的《京都议定书》，发动阿富汗和伊拉克战争，这些都改变着美国在世界上的形象，已经使得某些国家开始强烈反对美国品牌。

反对全球化的言论则往往集中于有关当地市场需求以及市场对文化的限制方面。

---

① Lisa Bannon, “One-Toy-Fits-All: How Industry Learned to Love the Global Kid,” *Wall Street Journal*, April 29, 2003, A1, A12.

想使全球性广告取得成效，必须保证不同国家的观众对于品牌特点或属性的认识完全相同。在许多情况下，人们对不同品牌的特征在价值观上的认识不同，这就导致全球化广告所传递的共同信息出现偏差。此外，一个全球化的广告如果无视当地的习俗、价值观念和法规，或者忽视了当地的竞争者，那么它成功的可能性微乎其微。

广告公司本地的经理并不总是欣赏全球化广告中所传达的价值观，因为他们没有参与广告设计，在执行时可能有所延误或偏差。但没有本地广告部门经理的帮助，任何一个全球化的广告都无法达到预期效果。

只有当广告主把相似的需求、感受以及人们的情况运用到跨文化沟通时，全球性品牌营销才能通过标准化的广告宣传取得成功。麦当劳就是一个很好的例子，它们在100多个国家拥有3万多家餐厅。在中国麦当劳聘请奥运会冠军作为代言人，印度麦当劳没有牛肉类产品，这些措施都满足了本土消费者的需要。但无论何处，麦当劳象征着家庭和睦，这也是麦当劳能够从莫斯科到孟菲斯都受到当地居民欢迎并成为全球性品牌的前提。[①]

最后，当使用全球性广告时，全球市场广告主需要把战略和实施区分开来，确定的基本需求很可能是普遍的。但在不同市场上，产品和服务的沟通、提供满意的需要可能会受不同文化价值观的强烈影响，全球化广告可能不能迎合这种价值观。例如，见图表9—16，你认为这个横滨轮胎在意大利市场投放广告如何？它会在皮里奥亚(Peoria)播放吗？每个人都希望使用性能良好的轮胎，但在皮里奥亚，还有更好的宣传方式。

图表9—16

这则横滨轮胎的广告可能适合意大利人口味，但是它在美国投放合适吗？美国的轮胎广告总是强调安全性（例如，米其林广告展示着一个婴儿在恶劣的天气情况里舒服地躺在一个舒适的、安全性能良好的轮胎里），而不是路途中遇到的一场激情。

① Michael Fielding, "Walk the Line," *Marketing News*, September 1, 2006, 8-10.

## 本章总结

1．解释消费者研究的类型，这对于理解阻碍有效沟通的文化障碍十分有效

我们都受自身文化因素的影响，因此我们必须克服很多障碍来与其他国家的人交流。当国际广告主希望提升产品的国际品牌地位时，首先要克服的难题之一便是文化障碍。为克服这个问题，避免广告设计中出现错误，跨文化的消费者研究是必要的。这种分析包括目标国家的经济状况、人口特征、习俗、价值观、礼仪以及产品使用和偏好。

2. 找出导致广告和整合品牌促销国际化过程中变得更加复杂的三个明显原因

世界各地的广告主在执行活动中面临三种突出的挑战。首先，由不同文化内容和内涵所带来的创意挑战。即使是广告中的同一幅图画，在不同的国家中，人们对其含义的理解也不尽相同。其次，国际广告中媒体的可用性、媒体覆盖范围以及媒体的费用在世界各地的差异很大。最后，不同国家广告相关法规的数量和性质存在巨大的差距，这可能迫使广告完全被篡改。

3. 描述能够协助完成广告全球化布局的三种基本类型广告公司

广告公司为市场营销商提供所需要的专业知识，制定、执行国际市场上的广告；营销商可以选择与全球化公司、目标市场上的当地公司以及国际子公司来合作；三种广告公司在我们的统计指标（如地域优势、经济规模、政治影响、消费者战略层次、对当地文化的理解）中都有不同的优缺点。

4. 讨论全球化和本地化广告的优缺点

与国际广告营销相关的最终因素取决于广告主在跨国广告营销中的本地化程度如何。全球化的广告很少因为某个国家或地区的需要做出特定修改，而本地化的广告则会根据目标市场量身定制。统一的广告宣传能节约成本，并建立一个共同的全球品牌形象，但这样做可能不会与各地的消费者产生应有的共鸣。但随着世界各地的消费者变得越来越相似，全球化的广告变得日益盛行。目前，许多国家的青少年有着相同的价值观和生活方式，从而自然地成为全球化广告的目标对象。

## 关键术语

international advertising 国际化广告

highly industrialized countries 高度工业化国家

local agency 当地公司

ethnocentrism 民族优越感

demographic dividend 人口红利

globalized campaigns 全球化广告

self-reference criterion（SRC）自我参照标准

picturing 图片化

localized campaigns 本地化广告
less-developed countries 欠发达国家
global agencies 全球性机构
newly industrialized countries 新兴工业国家
international affiliates 国际子公司

## 问题

1. “舒肤佳超人”广告在巴基斯坦成功的最关键因素是什么？如果该公司不专门针对巴基斯坦市场创造出一个广告人物而是借用已经存在于美国市场上的超级英雄，那么会取得同样的效果吗？

2. 日本汽车制造商丰田公司在中国推出 Prado Land Cruiser 的广告时遇到了什么争议？丰田广告代理 Saatchi & Saatchi 对此做出什么回应？

3. 通过这一章各种事实和数据的介绍，你认为在制订全球性广告方案时哪种方式最具有吸引力？

4. 在本章我们列举洗衣粉和真空吸尘器产品的例子时，我们发现这些例子都与丈夫和妻子的形象有某种联系，并且我们还讨论了广告主在推出这些广告时在亚洲所面临的各种挑战。为什么这个问题在亚洲是一种挑战？据你推测，广告主在世界其他地区也面临同样的挑战吗？在哪里？

5. 如果你构想出一个全球性广告的媒介策略，在执行过程中你要在报纸上宣扬什么？什么因素导致在争取更广阔市场时使得文化价值观变得复杂起来？

6. 对于全球广告营销者而言，解释一下卫星直播和因特网等新媒介的优势。

7. 比较并对比全球广告公司与地方广告机构在制作和发行国际广告时各自的优势。

8. 列出几个让全世界消费者更加相似的影响因素。反之，什么因素或力量造成了不同国家的消费者差异？

9. 在全球范围内，青少年和退休人士是两个市场部分，如果想要对欧洲的这两部分市场都展开新的广告宣传攻势，那么针对哪一群体使用全球化广告会更加有效？为什么？

10. 苹果公司神奇的“MAC”与“PC”广告，深受美国消费者的喜爱，但在日本和英国却惨败。发生了什么，广告团队如何才能避免这些问题？

## 实践练习

1. 选择一个你认为通过正确的整合品牌促销能取得国际成功的某个品牌或产品类别。伴随产品的全球发布，请你来确定一个最佳产品代言人，一个在全球范围内具有广泛品牌影响力的人。你会选择谁，为什么？解释为什么选这个名人，尤其是为什么最适合本产品在国际上推出。

2. 对跨文化沟通中的图片化这个概念进行简单研究。利用图书馆的资源，重点看一些有摄影图片类广告的国际杂志和报纸。比较美国同类商品促销广告时，你会发现哪些不同和相同之处？通过照片的类型推测出一种文化的价值观。

3. 组建一个小团队，想象你已被化妆品巨头美宝莲雇用，负责促进各种商品在中国市场上的推广。要明确一些公司遇到的文化障碍，包括一些具体问题：经济条件、价值观念、习俗和产品的使用方式，然后确定该公司应该采取一种全球化还是本地化的广告战略以扩大其在中国的市场。

4. 这一章我们讨论了美国化的消费价值观念（这种价值观成就了很多美国企业），但近年来美国品牌也面临着冲击：一些美国公司被指责抱有傲慢的偏见、无法跨越文化障碍并且过分强调消费的观念。请小组集体讨论，在全球经济形势下为美国企业和广告营销人员所遭受的反面评论提供一些解决方法，并把你的想法告诉全班同学。

# 第 3 部分　在传统和“新”媒介中投放讯息

第 10 章　广告与整合品牌促销的媒体战略和媒介策划
第 11 章　媒体策划：报纸、杂志、电视和广播
第 12 章　媒体策划：互联网上的广告与整合品牌促销

下面我们再一次进入广告和整合品牌促销中一个崭新的领域，“在传统和‘新’媒介中投放讯息”。现在的关键问题是怎样接近目标受众。

除了基本且异常艰巨的任务外，如何有效地选择合适媒介接触目标受众，当代广告人及推销专家们在媒介投放决策上需求更多了：协同和整合。通篇前三部分只要涉及合作沟通的时候，我们就会提到整合品牌沟通这一问题。但是整合品牌促销在媒介投放上的重要性无与伦比。这里，受众们可能会通过大量不同的媒介接触到众多品牌讯息，每种媒介都会利用其独一无二的特质和风格与受众沟通。我们的任务是，要确保即使在投放讯息时我们有多种多样的媒介可选择，在整个沟通项目过程中我们仍然能做到“口径一致”。

**第 10 章　广告与整合品牌促销的媒体战略和媒介策划**。在当代媒介环境中，要保持整合状态确实是一项艰巨的任务。第 10 章“广告与整合品牌促销的媒体战略和媒介策划”以讨论一些重大变化为开篇，这些变化更改并界定了当今的媒介版图。接下来我们讨论这个复杂的沟通环境是如何影响整个过程的，且特别关注了对整合品牌促销的影响。在章末，我们会给出一个提醒，说明传统广告的价值和它在沟通版图中延续的重要性。

**第 11 章　媒介策划：报纸、杂志、电视和广播**。第 11 章“媒介策划：报纸、杂志、电视和广播”对广告人士可选择的主要媒介进行了分析。绝大多数创造性的努力和金钱都花费在印刷和广播广告宣传活动上。虽然新型媒介的选择充满了诱惑力，但接下来的几年中印刷和广播媒介很可能成为广告宣传的工具。但我们还是会提出来，这些传统媒介也正在转向新兴数字媒介，寻找机会。这一章的次序是对每一种媒介的优缺点进行讨论，然后是需要考虑的费用、购买步骤和受众评估技巧方面的内容。

**第 12 章　媒介策划：互联网上的广告与整合品牌促销**。广告人士面临的最新的、最具挑战性的媒介工具——网络，现已横空出世。第 12 章“媒介策划：互联网上的广告与整合品牌促销”描述了这一令人敬畏的技术。这一章是理解当代广告和品牌整合促销环境的关键。本章描述了基本术语和过程，同时也说明了是谁在使用网络，目的是什么。本章的讨论大部分集中在两个关键问题上：网络的结构和它作为广告及整合品牌促销媒介选择的潜质。通过这些讨论，我们可以更好地理解，如何把网络作为有效广告与整合品牌促销投入中的一部分加以利用。我们将留心学习一些有关因特

网的小故事，观察网际空间，掌握一些可以利用的各种广告类型，以及这个过程中涉及的一些技术因素。同时我们也将讨论互动沟通方式，“虚拟世界”为广告和整合品牌促销提供的发展空间。

# 10 广告与整合品牌促销的媒体战略和媒介策划

通过本章的学习，应该掌握以下技能：

1. 描述广告沿革和整合品牌促销的重要变化，如代理收费制、ROI需求、全球化和多元文化媒体
2. 描述媒体策划的基本原则
3. 了解整合品牌促销对媒体策划必然存在的影响
4. 讨论媒体策划中“真正的交易”
5. 讨论当代媒体策划环境的要素
6. 讨论传统广告的价值

1967 年，第一届美国超级杯橄榄球大赛在 CBS 与 NBC 两家电台同时播出。全美 41% 的家庭，大约 4 300 万人收看了比赛盛况。该次大赛中播出的一则 30 秒广告耗资 42 000 美元，如果用 2003 年的价值来算大约是 208 000 美元。在 2003 年，第三十七届美国超级杯橄榄球大赛的电视观众大约是 8 800 万人，家庭观看比例也达到了 41%，但是此次大赛中插播一则 30 秒广告则需花费 210 万美元——1967 年插播这样一则广告的成本是 2003 年的 1/10（见图表 10—1）。到 2008 年 CBS 的要价已经达到 270 万美元。这意味着网络电视超级杯的广告成本已经比 60 年代末上升了 10 倍多，相比之下广告的观众数量只提高了两倍而已，但家庭观众的比例（美国家庭的 41%）并没有改变。不仅是超级杯，电视广告也同样变得昂贵。很多人注意到了这些并把他们的媒介投资转向别的领域。那些自认为需要广泛受众的广告主们可能通过大型赛事进行广告宣传，比如奥运会。但是在某种程度上，人们不得不想投入多少才够，要不要铤而走险。

图表 10—1

1967 年超级杯覆盖了美国 41% 的家庭。现在它仍然覆盖美国 41% 左右的家庭。但一个 30 秒广告的成本却是那时的 10 多倍。电视广告已经变得非常昂贵。

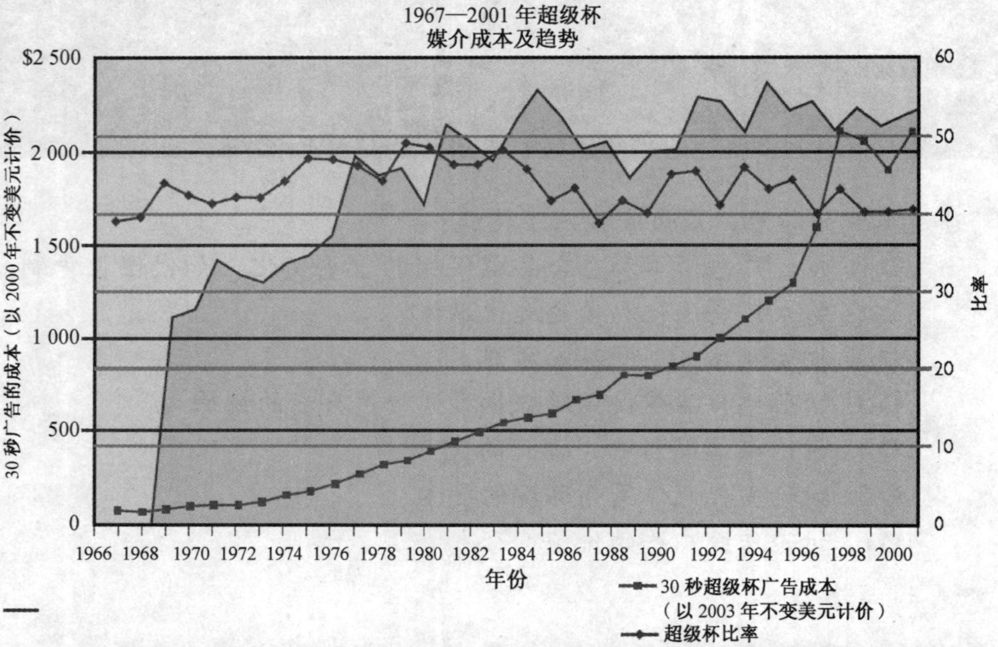

几年前有些人还认为：“广告业已失去了它生存的空间，而新媒介将永存。”这是夸张的说法，其实广告业并没有消失，现在出现了一种崭新的情形。更形象地说是广告现已和其他新型或者非新型的品牌营销形式交互、融合，出现了脱胎换骨的变化。但是我们要知道广告一直存在于我们的世界里，尽管它在不断地进化，但总之是没有消失。现在我们有更多的方式进行品牌宣传。

## 10.1 品牌媒介工具的广阔天地

所谓整合品牌促销就是新型媒介及其使用方法与传统媒介和方法结合的产物。媒介更新换代过程中出现的每一种媒介（新的或旧的）都是非常重要的。过去如此，现在和将来也亦如此。这里吸收了大量投资，或是明智或是浪费。这里出现过无数变革，本章节开头介绍了一些重大变革，揭示了变革背后的一些深层原因，讨论了它们在现实中暗含的寓意。

## 10.2 重大变化

### 10.2.1 代理报酬

30 年前代理报酬体系相当简单：广告和推销支出的 80% 左右用在了媒介广告中（电视、广播、报纸、杂志和户外广告）。全方位广告代理机构提供从创作、制作到投放的全程服务——几乎每一件事情都由一个公司完成。代理公司购买媒介获得 15% 的折扣，这就是广告公司赚钱的原因。过去，广告代理（比如智威汤逊广告公司）从媒介（如 NBC）那里获得 15% 的折扣，再向它们的顾客（如福特公司）收取全价来获得 15% 的差价。如果一笔交易高达数百万美元，那么 15% 可就不再是个小数目。客户通过广告公司购买的广告越多，广告公司挣的钱也就越多。过去广告公司拼命否认它们为了增加收入而劝说客户加大广告投入。当然，这种交易浅显易懂，但是态度极端些的人甚至怀疑这是一个使广告媒介和代理利润高速增长的机制。但是那些依靠简单机制运作的时光已成为过去。

15% 的佣金早已成为历史，取而代之的是达成每笔交易都需谈判协商，几乎没有一种标准是一成不变的。现在大多数客户是按照广告公司的服务收费标准支付代理费的。他们根据广告公司提供的具体服务支付报酬，按照广告公司员工的工作时间向广告主收取费用。这一新体制更像是律师事务所的收费制。虽然代理机构仍可通过媒介折扣获得丰厚的收入，但这种收入并没有保证且也没有统一的标准，而且真正创作广告的人所工作的公司可能并不从事媒介采购服务。有相当多的媒介策划和采购任务是通过外包完成的，或者由设有客户管理、创意部门的广告公司部分外包出去。15% 佣金时代的结束是新媒介时代产生的重要因素。随着公司获得报酬方式的改变，广告公司购买大众媒介获益减少了，因此它们仅仅使用传统方式做代理的动力也越来越小。

## 10.2.2 更多的媒介

对于旧体制来说更具挑战性的是：现在的“媒介”出现了很多新形式：因特网、交叉促销、植入式广告、蜂窝式与病毒式营销、长片电影广告等等。公共关系和广告之间的界限已经变得很模糊。公司将与自有品牌或产品有关的“新闻”题材提供给媒介经销商，以加强公司整合品牌促销的整体效果。这些“新闻”题材的成本也只是支付特约撰稿人和专家的工资，所以纯粹地说，广告并不是买来的。但是整合品牌促销明显在有条不紊地进行着。

节假日我们会看到一些明显的例子，这段期间当地早间新闻会出现一些关于食物（比如烹饪火鸡）的有趣报道。这些“报道”常常出自家禽或调味料营销商之手，然后他们将这些信息邮寄给新闻媒介予以报道，但不是做广告。懒散的记者通常很愿意让营销商为他们代劳撰写报道。很多报纸都在为了生存垂死挣扎，因此它们都想尽一切办法抛开道德的约束发表那些故事。钱不是轻而易举就能赚到的，但是有免费提供的故事，报纸公司可裁剪员工以减少开支。我们知道至少有一家提供消费者包装零售商品的美国大型广告商正悄然地将其推销预算的一小部分划拨给这类新闻/媒介/广告，划拨金额虽然少但意义重大。一位高级行政人员曾经说，以新闻形式进行广告宣传的发展势头迅速而且非常强势，具有重大意义并且预示着未来的发展模式。其他时候，当产品得到很高的评价时，比如《消费者报道》推荐一款汽车，那些公共关系公司就能迅速创作、散布相关的新闻报道。这个有时被称为“挣来的媒介”，而跟“付费媒介”（广告）相反。在娱乐界，情况也是这样，电影在娱乐大众的同时也可以作为产品推销的工具（见图表10—2）。我们随时随处可以在视频游戏和电脑游戏中看到关于手机的IBP。所以，我们称“媒介”的广泛外延是形成这个新媒介世界的另一因素。

## 10.2.3 公司上市

从私人持股到公开上市，广告公司的业务变得越来越细化。在短期利益面前，公司经营者承受着来自股东的巨大压力。在广告界，有两条可以提高短期利润的捷径：（1）裁员；（2）在佣金和媒介采购上挣更多的钱。当广告行业脱离了固定媒介佣金制、传统媒介和私人持股公司的大环境，它们变得更像其他传统公司并且在不断想方设法实现短期利润最大化。这便推动了它们朝回报更高的媒介采购与交易的方向发展，常常是无法提供或者是不予公开服务价格单和计费公式的新媒介领域。想理解媒介以及广告公司如何购买和使用媒介增加公司利润，我们需要十分了解现实中的广告和营销活动。所以，公司盈利空间和股东压力方面的这些变化也促进了新媒介时代的出现。

## 10.2.4 更严格的责任追究制：投资回报

另一个和媒介直接相关的重大变化是广告公司的责任。过去，广告公司回答客户关于广告效果方面的问题时非常模式化："我们真的没有办法将广告效果和消费者周围出现的其他影响因素精确区分开——销售的增加或者减少可能是由于天气、包装的变化或者竞争对手的行动所致，但很明显我们的广告对你们的品牌非常有利。一定要相信我们。"

图表 10—2

广告？IBP。

然而，信任在当今是如此宝贵。从传统媒介广告向 IBP 转变的重要原因之一是其他推销形式让人感觉广告公司承担更大的责任。例如，邮件广告的拥护者们说他们能非常确定地估算出每封推销邮件所创造的利润（具体的数字表示）。这样的回答比以往传统的回答"放心，请相信我们"更令品牌经理们高兴。数学模型的不断进步及整合数据的不断完善提高了专业营销人员评估（并不是精确无误的）IBP 各种宣传方法投资回报率（ROI）的能力。现在为广告和 IBP 各种宣传方法提供书面投资回报报告的压力非常大。客户们希望广告公司为他们的广告和整合品牌促销承担更大的责任。因此，对责任追究制的渴望成为新媒介世界出现的又一个因素。

## 10.2.5 全球化

接下来是全球化（见图表 10—3）。广告和 IBP 媒介确实遍布了全球。当代媒介没有国界的限制，甚至与国界一点关系也没有。跨国公司，特别是媒介，根本不在意国家的界限。从 CNN 到 Al Jazeera，媒介是跨越国界的，而且必须这样想。这就是新媒介世界。即使一种传播媒介与某一国家有着紧密的联系，它也一直在努力地弱化那种联系。你是否注意到 CNN 公司不再是以一家美国新闻公司的形象存在，而更像是一家全球性的新闻公司？看 CNN 的午间新闻就感觉它特别像 CNN 的欧洲台。网络是世界性的，搜索引擎不涉及国家的界限。许多全球性的媒介机构在北美之外也拥有很多观众：BBC 全球电视台，总部在伦敦，却拥有全亚洲几百万的观众。随着欧洲联盟更加巩固（如果是这样的话），全球都会感受到欧洲的大型媒介联合起来的巨大威力。然后是金砖四国——一群拥有巨大新型消费市场的国家：巴西、俄罗斯、印度和中国。公司必须时刻特别关注这四个国家而且很多公司正积极地在这些新兴的巨型市场中开拓媒介平台以及传播媒介。例如，2008 年印度有 11 亿人口，16 岁以下的至少占25％。到2050年，人口将接近17亿。目前印度每年增加的人口都相当于一个新

图表 10—3

《华尔街日报》的读者遍及全球。媒介正走向全球。

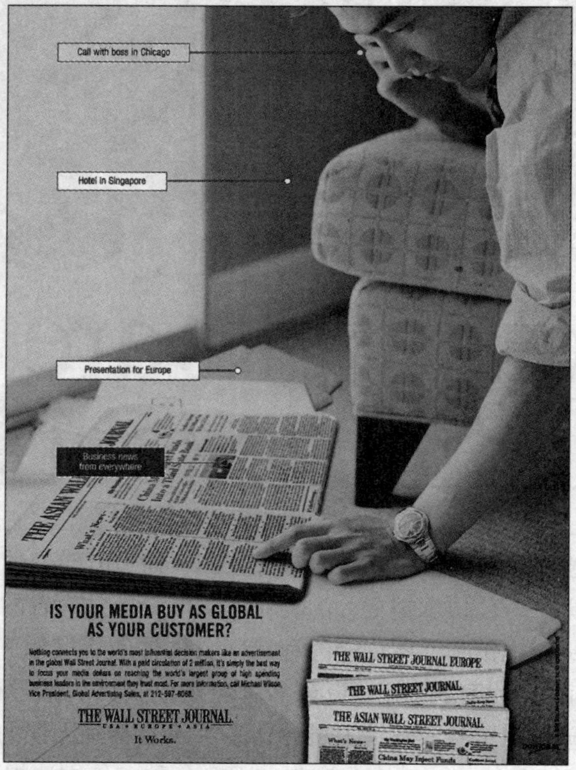

澳大利亚的人口。与此同时，中产阶层也在逐渐扩大。这就是宝洁、可乐、百事、微软、摩托罗拉、联合利华、通用磨坊、智威汤逊广告公司等等企业都在印度开展业务的的原因。印度的本土品牌像 Kingfisher 和 Tatta 做得很大也很成功，这点非常重要。你不能忽视类似这样的增长数字和标志，也不能忽视为了赢得消费者而面临来自媒介方面的挑战。当今的印度，电视仍然是最佳的媒介采购选择，这主要是因为城市中心人口密度高，财富集中度高。但是全球化不仅仅是一种市场现象，它也是一种思考方式、一种心态、一种品牌文化的类同世界。全球化也是“新媒介”发展的一个因素。“个人主义—集体主义”在国与国之间不再有重大差别，这个世界存在的只是全球化以及全球性的消费者文化。

全球化给媒介策划者带来了一些新问题，最严重的一个就是受众测量和媒介价格并没有全球统一的标准。在全球范围开价购买媒介是非常复杂的。通常代理商会与当地机构或媒介采购者合作。尽管一些国家会阻止或过滤某些宣传内容，包括商业宣传内容，但是“新”媒介的一个优点就是它在使用范围上多少趋向国际化，因此这类问题出现的比较少。不过，我们还是持乐观的态度，相信大多数地方类似情况会有改观。

## 10.2.6 免费内容

也许媒介领域最大的变化是铺天盖地的免费的媒介内容。互联网和其他传播方式的变革在很大程度上使消费者逐渐习惯了通过免费或是接近免费的方式获得一些流行的东西。他们为何要在书店花 4.5 美元买一本广告泛滥的杂志呢？他们能够通过网络获得相同的东西或者是更好的东西，这些东西根本不用花他们一分钱而且还可以避免那些烦人的广告——如果有广告的话。这使得传统依靠广告生存的付费媒介工具的处境越来越危险。所以广告主都在将营销预算中越来越多的资金投向了当代消费者明显都钟爱和频繁使用的非传统媒介和媒介环境。

## 10.2.7 消费者自创内容

另一个惊喜是包含整合品牌促销在内的消费者自创内容。的确如此，消费者都在通过网络为他们喜爱的品牌制作并散播品牌信息，甚至是品牌广告，或恶搞不喜欢的品牌。这些广告不花费营销人员一分钱，对广告公司也没有什么好处，同时广告效果也没法确定。几家大广告商声称他们的互联网广告收到了大量回馈信息，向广告公司道贺，结果发现广告公司根本不知道他们所说的广告。原来广告是由俄亥俄州一个 14 岁大的孩子做的。这已经令一些广告主担忧，因为他们真的太想掌控一切了。

## 10.2.8 消费者掌控

如今人们普遍认为营销人员独自缔造品牌形象时代已经结束。这一观点曾经出现在《广告时代》的封面上，是由几十位知名 CEO 提出的，现已成为不争的事实正为多数大广告商所推行。随着互联网的出现，出现了能够且愿意向营销商提供反馈的网民消费者，并且消费者文化和消费者观念已转变。摆在品牌商家和品牌维护人员面前的是一场无法避免的硬仗，这也是新媒介的另一个突出特点。现在品牌及品牌传播是商家和消费者共同的结晶，广告主和消费者都做出了贡献。

电子商务已普遍取得成功，彻底改变了消费者的购物和消费方式。它的影响力不仅仅是技术方面的，还有文化和经济层面的影响。它使消费者在营销渠道方面获得了更强的能力：获取更多更好的信息、与数百万的消费者交流有关商品和服务的看法和做成一笔好交易的预期也更高了（见图表 10—4）。事实上，互联网带来的两个最大变化是**交易倾向**加重和**价格与成本的透明度**加深。如今做成一笔交易，了解怎样才算

图表 10—4

达成最有利的交易变得更加轻松。http：//www. shopping. com

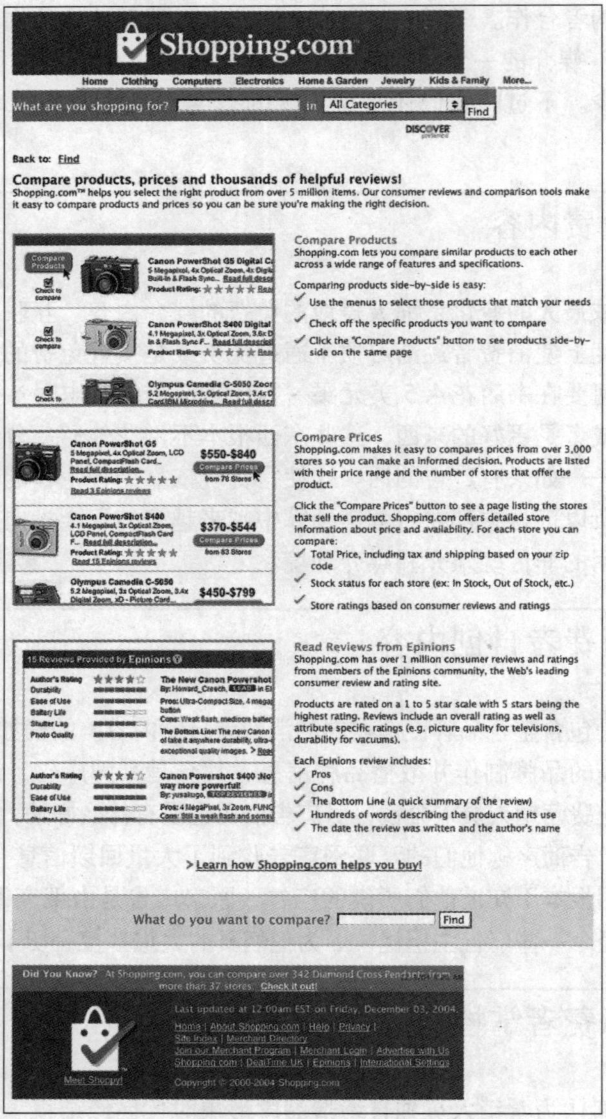

是好交易，根据掌握的有利价格进行交易，甚至是了解销售者的成本都已经变得非常容易。一位新车购买者很容易就能在网上找到当地汽车零售商的发票价格（汽车的价格）和汽车零售商的保本价是多少。同样消费者也在万维网上搜到其他很多商品和服务的相关信息。现如今能以最低价格购买一样东西是非常酷的事情，而20世纪80年代的消费者还以高价购物为荣。跟过去相比，现在的消费者主动消费的频率更高了。电子商务（购物和在线消费）的规模本身就比网上广告大，它已经改变了广告和推销的世界。现在学会如何适应和利用这样一个新世界是成功的关键。

这赋予了消费者一种前所未有的市场权利，而这种权利消费者是不会轻易放弃的。这就意味着要想赢得消费者就要获得那些向他们提供这类信息和权利的媒介，这类信息和权利常常是免费的而且没有令人厌烦的广告。这便使媒介环境发生了根本性的变革。

### 10.2.9 规避噪音和广告

消费者总感觉他们的周围充斥着太多的广告，现在这已成为行业的重大隐患，也很可能是网络电视最大的威胁。之前，消费者根本没有选择的余地，而现在情况不同了。他们可以观看没有广告的付费频道，如HBO，或者他们可以跳过网络电视节目中的广告。在网上，弹出式广告过滤器是现在最受欢迎的软件之一。人们愿意花钱来规避广告。太多的广告已经使传统广告失去了昔日的影响力。更可笑的是传统广告变成了自己的牺牲品。

### 10.2.10 多文化媒介

或许你还没有注意到，现在出现了许多更具种族特征的媒介。这种现象的出现有许多原因。在美国，最显著的原因之一是一些主要种族群落的人口在不断增长。在美国，最受关注的是西班牙裔和拉丁美洲裔的市场，这主要归因于该群落的规模和增长速度。多数大广告商都十分关注这一点（见图表10—5）。美国现在至少有10个大城市的英语已成为该城市的小语种，并且这个趋势还将继续。和世界其他地区比起来这还不算什么。例如在印度，和英语一样，北印度语有16大方言。同时，印度还将世界各地的宗教与本国文化融合在一起。

## 10.3 媒介策划的基本原则

尽管媒介领域许多事情已经改变了，但并非所有事情都是如此。一些想法、命名、概念和原则并未发生变化。传统的概念仍然很重要，一些基本的工具也保持原样。所以现在我们要讨论一下哪些内容仍然保持原样且依然非常重要，其中一条是策划完美原则。

无论使用什么媒介，策划都要做到完美。举个例子，当我刚开始撰写本章时，我下楼去取信，发现其中一个信封来自“特制狗粮”，除此之外还随附了一个亮蓝色袋

图表 10—5

广告主开始为日趋多样化的消费群体提供服务。

子，上面写着“粪便样本搜集说明”。是的，这些家伙想让我给他们寄一些狗的粪便来做特定的分析，这样他们就能制做出一些最适合你爱狗 DNA（Digestive Nutrient Absorption，消化营养吸收）的狗粮了。这是一种推销方式。营销人员觉得我采集爱狗粪便邮寄给他的可能比其他人更大，因此他们给我寄了这封信。当然，还存在一个问题——我不养狗。我过去养过狗，但是已经一段时间不养了。很明显，这家公司使用的是旧数据。

无论媒介怎么创新，营销规划多么出色，广告战略如何具有前瞻性，糟糕的信息投放安排也会破坏甚至是最出色的计划和最酷的媒介。如果媒介播放的广告没有传递给目标受众——无论是通过新媒介还是通过传统媒介传播——这则广告就会像谚语中讲的那棵树一样：在没人的森林中一棵树倒了，它会发出声音吗？从一个广告的角度讲，答案是否定的，它不会发出声音。媒介播放的广告没有传递到目标受众，它就不会达到广告主所希望的传递信息或者提高销售的效果。

现在，让我们考虑一些基本原则，一些残酷的现实。

## 10.3.1 饼状图

我们将某一品牌推销的所有开支设想成一个饼状图。这个饼状图（见图表 10—6）包括广告、直接邮件、店面广告、优惠券、推销性电邮、跳蚤市场、植入式广告、电脑游戏中的品牌整合营销等任何用来推销产品或服务的方式。公司一般对以下两个内容进行区分：（1）**线上推销**，即传统的**标准性媒体**广告；（2）**线下推销**，即除线上推销以外所有的推销方式。对于日用消费品公司来说，线下推销可以使用理想的零售货架、卖场推销、优惠券和推销活动等方式；对于耐用商品（如汽车）的公司来说，线下推销可能就是经销商奖励和价格优惠。线下推销也被称作**非标准性媒体**。这些术语仍在使用，但是要精确定义线上推销或线下推销、标准性或非标准性是越来越难了。公平而论，它可能更应该表述为“公众估计”和“最佳猜测”。另外，各种新式媒介也使其更加复杂化。

图表 10—6

整个营销饼状图。

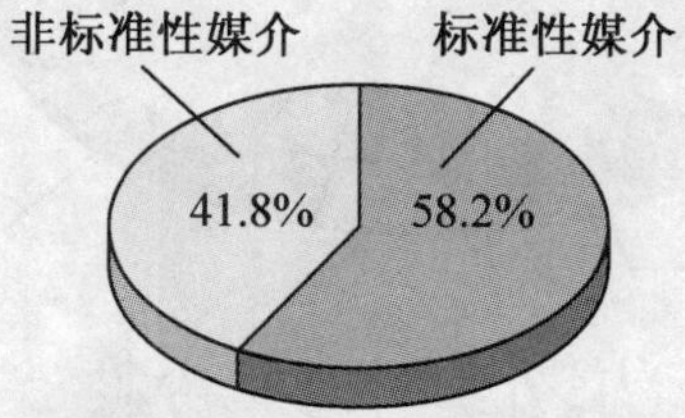


广告投放和开支追踪行业的领军人物——《竞争性媒介报告》曾下过定义，“标准性媒介”包括网络电视、有线电视、辛迪加电视、网络西班牙语电视、互联网（排除宽带视频和付费搜索）、网络广播、地方性广播（500 个站台、位于市场前 28 位）、杂志（周报、消费者报纸、商业报纸和 30 份地方性杂志）、250 份地方报纸、西班牙语报纸、国家级报纸（《华尔街日报》、《今日美国》、《纽约时报》）和露天媒介（再加上 200 个市场）。非标准性媒介包括除此之外其他所有推销方式，如付费互联网搜索、优惠券、植入式广告、推销活动等等。

这是一个巨大的饼图。我们将公司在推销品牌上的所有开支称为品牌营销全饼图。最新数据（截止到 2007 年末）显示，标准性媒介的开支占总开支的 58. 2%，非标准性媒介开支占 41. 8%。2008 年、2009 年以及以后的预计数字显示这一趋势将会继续：传统广告的比例越来越小，非标准性“新”媒介的比例将越来越大。要知道的是，非标准性媒介的发展一直以来都是以牺牲标准性媒介为代价的。

《广告时代》报道说，美国最大的广告商宝洁 2005 年在美国的非标准性媒介开支比 2006 增加了 15%，而标准性媒介开支仅增加了 3. 9%。宝洁的主席兼首席执行官，A. G. 雷富礼说过：“如果你退一步看看我们多数知名品牌的营销组合，你就会明显发现我们的营销组合在发生转移——从标准性媒介转向店内、互联网和试用活动（如产品抽样）。”不仅是宝洁有这样的转变。例如，强生最近也将一大笔钱——品牌传播费投向了非标准性媒介。为什么呢？答案是这些大公司相信这些宣传形式比传统大众媒介广告更具成效，而传统媒介不仅价格昂贵，从投资回报考虑其承担的责任也很低。虽然新媒介的 ROI 后来证明比最初想象的更不易捉摸，但是几乎每个公司都在朝着“新媒介”方向迈进。

如果你把这个饼状图的每一部分划分得更细些，就能看到不同标准性媒介的地位（见图表 10—7）。电视媒介所占份额仍然遥遥领先于其他媒介。互联网虽然增长非常迅速，也只占到标准性媒介开支的 6. 5%，但不包括付费搜索，不过这 6. 5% 起着重要的作用，它是所有户外广告的两倍，紧随无线电广播（20 世纪 20 年代兴起）之后，而且保持上升趋势。这算是很庞大了。看一看营销商的媒介投资分布也挺有趣（见图表 10—8）。

图表 10—7

美国标准性品牌营销各种媒介所占的比例。

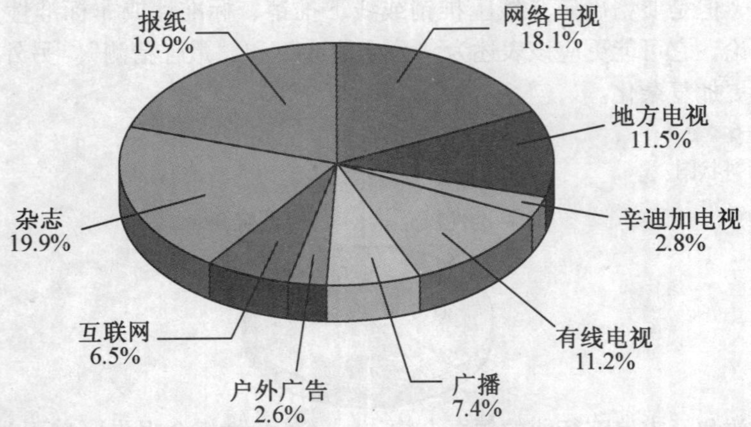


图表 10—8

前 10 种标准性媒介广告产品。

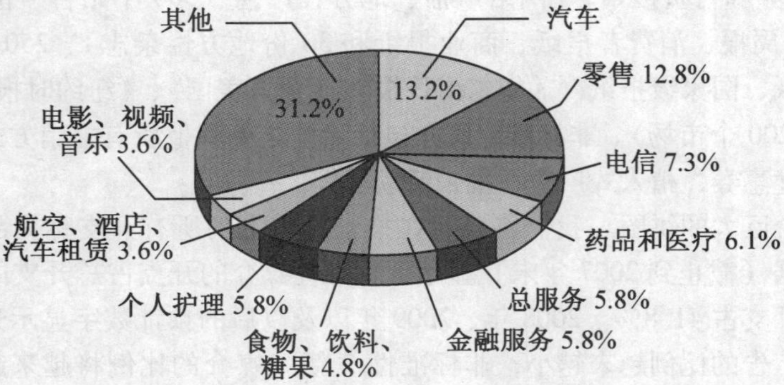


某些产品的营销商比其他营销商投入的媒介开支更大，对特定媒介的依赖性也更高。例如，请比较一下图表 10—9 中两个产业的媒介开支。

图表 10—9

不同产品通过不同媒介进行广告宣传，想一想这两种产品的区别以及它们为什么采取这样的媒介预算方案。

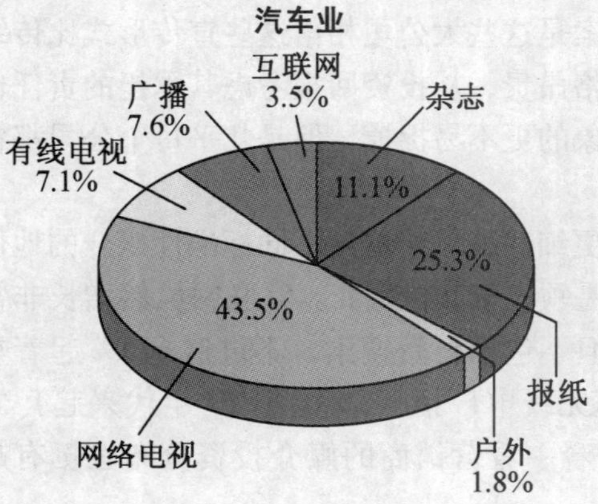


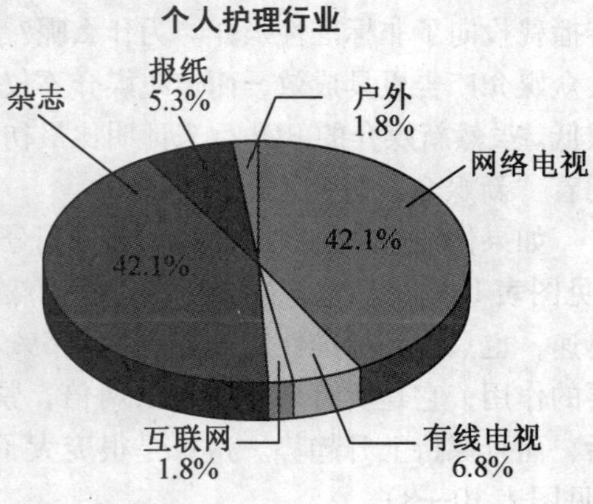

## 10.4 媒介策划

广告界是一个非常有意思的地方。目前媒介策划尤其有趣。虽然每个人都知道在这里媒介采购合适就可以节省巨大开支，媒介工作既不光鲜亮丽（像做创意的），收入也并不可观（像做财务的）。许多人是通过媒介部门进入广告业。以前这就是个整天和数字、时间表和最后期限打交道的工作，而且工资相对来说还很低。但是随着媒介世界的开放，它就变成了一份更有意思、更令人向往的甚至收入不低的工作。现在，随着电影、音乐、游戏和其他娱乐形式的结合，媒介策划工作变得更有意思也更加重要。想想我们现在是在创作一个电视节目、一个电视频道、电影或音乐，而不只是堆砌数字或买卖媒介，媒介策划比五年前更有趣了。对于大型跨国公司高层来说，它是更加现实可行的途径。

的确，庞大的媒介组合要求媒介策划工作更加关注细节问题。但你决不能因此忘了自己的工作目的。媒介策划要有创造性和战略性思维。当然，你要会基本的数学计算，并且理解关键名词的含义，但千万不要让原始数据和技术术语模糊了你的策略。你要明确使用媒介可实现的目的、为什么这么做，以及可支配的各种工具的关键特征。你也应该意识到你可以使用所有的“新”媒介和宣传方法做一些不同凡响的事情（见图表 10—10）。

图表 10—10

电视广播佩利中心为了皈依新媒介，将名字改为佩利媒介中心。

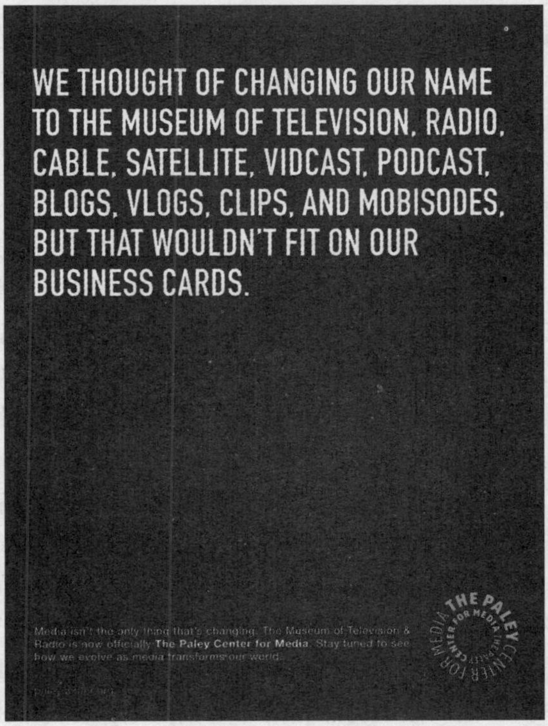

一些重要术语：

**媒介策划书**明确了向目标受众传递广告信息的媒介。**媒介种类**是指比较宽泛的一类媒介，如电视、广播或报纸。**媒介工具**是媒介种类的信息投放的具体媒介。例如，《新闻周刊》是杂志媒介种类的一个媒介工具。媒介组合是不同媒介的联合，能够更有效地接触目标受众。

媒介策划书包括策略、目的、媒介选择和信息投放的媒介时间表。记住：每件事情必须彼此配合。广告策划书（第 8 章）制作于广告策划阶段，是媒介策划工作的动力。市场和广告调查能够决定选择哪种媒介在塑造目标受众消费行为方面最具潜力（第 5 章）。信息策略为信息投放的位置提供了有力的指示，也就是选择哪一个媒介。因此，媒介策划过程实际上紧随广告总策划之后。

## 10.4.1 媒介策略、目标和数据

媒介策划的真正效果存在于媒介策略中。利用媒介的目的是什么：只是想引起人们的注意、与竞争对手的宣传相抗衡、重新定位品牌、回应有利或者不利的媒介宣传，还是建立品牌的形象、赢得公众的好感？你必须在开始打算购买媒介前弄清楚这一点。随后，这一策略将会从媒介信息力度、覆盖面、重复性、连续性、受众传播，以及一些与新型的品牌娱乐和电子广告相关的方面（如点击次数）有条不紊地展开。不要忽略这个战略；你应该从品牌目标的角度时刻了解和密切关注每种媒介和具体媒介工具的基本质量。要想真正做得好，你要能够在品牌传播的策略环境中看到媒介采购，了解消费者行为目标。

或许最显著的媒介目标就是选择的媒介工具能够接触到目标受众。回想一下目标受众的划分标准有很多，如人口统计、地理、生活方式、态度或习俗。但是现实中，这也是广告和 IBP 问题不少的环节。

接下来是经常发生的事情。广告制作人，也就是创意人员，与（也许是）财务策划和/或来自调研部门的工作人员、客户经理和品牌经理一起讨论选定类似这样一个目标市场：“一群讨厌做饭，渴望享受孩子不在家的时间，需要一个更好的不粘锅来做烘烤，岁数在 18 ~ 49 之间的家庭主妇。”不幸的是现在大多数媒介在买卖时都存在很多可变因素，如年龄、收入、地理位置、家庭人数——换句话说，基本人口统计数据应和特定媒介工具（如《新闻周刊》）所针对的整个目标受众联系起来。所有其他划分标准对创意顾问有所帮助，但是对媒介采购者来说却没什么用。你不能去《新闻周刊》那里叫来个销售人员说：“帮我找那些符合这些条件的妇女们吧。”很遗憾，你不能那么做，即使条件接近也仍无法实现。所以媒介策划者通常非常为难但是又不得不努力根据从媒介组织中获得的并不充分的数据描绘出特定受众的特征，这是整个行业的问题。大多数时候，真的是没办法简单断定“喜欢草莓的妇女”观看什么电视节目，“经常在 Bed Bath & Beyond 购物的妇女”观看什么节目。那些数据不是从单一渠道按照常规做法搜集来的，并且是无法获得的。关于这些，无论你告诉客户经理和创意顾问多少次，他们似乎仍然相信那些数据是存在的。通常来说，这些数据是不存在的，至少现在还没有。媒介采购者不得不利用他们的创造能力来确定接下来

最适合做什么。媒介策划的很多创意就是找出接下来最适合做什么。互联网确实能够提供一些行为定向法来解决这一问题，但是它仍处在初始阶段。

不过有时候如果广告主愿意花钱，而且你运气不错的话，那些数据还是能从媒介调查组织找到的。这些组织并不具备所有数据，但是有时会有你想找的数据。这一信息能大大提高媒介采购的准确性和实用性。在与产品使用信息相关的人口统计信息供应方面有两个组织做得最好，它们分别是 Mediamark Research（MRI）（http：//www. mediamark. com）和 Simmons Market Research Bureau（SMRB）（http：//www. smrb. com）。在图表 10—11 中我们可以看到这两个组织能提供的信息实例，是有关四种男士须后水和古龙香水品牌的市场统计数字的比较信息：永恒男用香水（Eternity for Men）、祖梵麝香香水（Jovan Musk）、拉格菲男士香水（ Lagerfeld）、迷恋男用香水（Obsession for Men）。C 列和 D 列数据特点最明显。C 列展示了每种品牌对应人口统计变量（如年龄或者收入）所呈现出的优势。D 列提供了一个索引，表明某一细分群体是特定品牌的主要使用者。具体而言，数字表示每个品牌的广告占有率，该数字也可表示该品牌使用者的比例。指数达到 100 以上说明这一品牌有独特优势。Eternity for Men 和 Obsession for Men 的优势在 18 ~24 和 25 ~34 年龄段的消费群体中非常明显。在杂志（它们家喻户晓的特点）和其他出版物中，Standard Rate 和 Data Servic 能提供公开的数据。（http：//www. srds. com/portal/main? action = LinkHit&frameset = yes&link = ips）

现在我们能获得更专业的数据。调研服务机构，如 A. C. Nielsen's Homescan 和 Information Resources' BehaviorScan 被人们称作**独源数据跟踪服务机构**。它们不仅提供人口统计方面的信息，还提供有关品牌、购买数量、购买频率、价格和媒介曝光率的信息。BehaviorScan 提供的数据最具全面性，该机构能够提供特定电视节目、杂志和报纸曝光度相关的数据。有了这些调研服务机构提供的有关人口统计、行为和媒介曝光度的数据，广告和媒介策划者就能解决下面的问题了：

- 有多少目标受众使用了广告主的品牌，并且多少人成了老顾客？
- 什么看起来对品牌销售的影响更大——广告数量的增加还是广告文案的改变？
- 广告品牌的购买者还经常购买其他哪些产品？
- 电视节目、杂志和报纸最多能接触到多少目标受众？

制定广告目标的另一个重要因素是确定媒介投放的**地理区域**。媒介策划人需要确定涵盖特定地理区域的媒介，这一区域同时也属于广告主的分销系统。很明显，如果在媒介所覆盖的地理区域内没有散布广告主的品牌，那么这项开支无疑是一种浪费。

一些分析家建议，当证实某一地理区域内有某产品种类或某品牌有非同寻常高的购买趋势时，媒介投放决策应以地理定位为基础。地理定位是指在品牌购买趋势非常明显的地区投放广告。例如，在某一地理区域内消费者对 Prego spaghetti 调味汁的平均购买量比全国消费者平均购买量高出 36%。有了这类信息，媒介采购就能够利用地理定位巩固该产品的高消费群体。①

---

① 这一部分和例子取自 Erwin Ephron，"The Organizing Principle of Media，" *Inside Media*，November 2，1992.

图表 10—11 商业广告调查公司提供的男用须后水和古龙香水的数据

商业广告调查公司能向广告主提供一些有关某一品牌在特定人群中的优势相关的评估数据。该数据表是由 Mediamark Research 制作的，它给出了不同品牌的男用须后水和古龙香水在不同的人群中的特点。http://www.mediamark.com

| 男士剃须后美容水和古龙香水 | | | | | | 祖梵麝香香水 | | | | 拉格菲男士香水 | | | | 迷恋男用香水 | | | |
|---|---|---|---|---|---|---|---|---|---|---|---|---|---|---|---|---|---|
| | 合计 | A | B | C | D | A | B | C | D | A | B | C | D | A | B | C | D |
| | 美国 | | % | % | | | % | % | | | % | % | | | % | % | |
| 单位：人 | '000 | '000 | 列组变量下降 | 分组变量上升 | 指数 | '000 | 列组变量下降 | 分组变量上升 | 指数 | '000 | 列组变量下降 | 分组变量上升 | 指数 | '000 | 列组变量下降 | 分组变量上升 | 指数 |
| 所有人 | 92674 | 2466 | 100.0 | 2.7 | 100 | 3194 | 100.0 | 3.4 | 100 | 1269 | 100.0 | 1.4 | 100 | 3925 | 100.0 | 4.2 | 100 |
| 男士 | 92674 | 2466 | 100.0 | 2.7 | 100 | 3194 | 100.0 | 3.4 | 100 | 1269 | 100.0 | 1.4 | 100 | 3925 | 100.0 | 4.2 | 100 |
| 女士 | — | — | — | — | — | — | — | — | — | — | — | — | — | — | — | — | — |
| 户主 | 77421 | 1936 | 78.5 | 2.5 | 94 | 2567 | 80.4 | 3.3 | 96 | 1172 | 92.4 | 1.5 | 111 | 2856 | 72.7 | 3.7 | 87 |
| 主妇 | 31541 | 967 | 39.2 | 3.1 | 115 | 1158 | 36.3 | 3.7 | 107 | 451 | 35.5 | 1.4 | 104 | 1443 | 36.8 | 4.6 | 108 |
| 已毕业大学生 | 21727 | 583 | 23.7 | 2.7 | 101 | 503 | 15.8 | 2.3 | 67 | 348 | 27.4 | 1.6 | 117 | 901 | 23.0 | 4.1 | 98 |
| 参加工作大学生 | 23842 | 814 | 33.0 | 3.4 | 128 | 933 | 29.2 | 3.9 | 113 | *270 | 21.3 | 1.1 | 83 | 1283 | 32.7 | 5.4 | 127 |
| 已毕业高中生 | 29730 | 688 | 27.9 | 2.3 | 87 | 1043 | 32.7 | 3.5 | 102 | *460 | 36.3 | 1.5 | 113 | 1266 | 32.2 | 4.3 | 101 |
| 学历低于高中的人 | 17374 | *380 | 15.4 | 2.2 | 82 | *715 | 22.4 | 4.1 | 119 | *191 | 15.0 | 1.1 | 80 | *475 | 12.1 | 2.7 | 65 |
| 18－24 | 12276 | 754 | 30.6 | 6.1 | 231 | *391 | 12.2 | 3.2 | 92 | *7 | 0.5 | 0.1 | 4 | 747 | 19.0 | 6.1 | 144 |
| 25－34 | 20924 | 775 | 31.4 | 3.7 | 139 | 705 | 22.1 | 3.4 | 98 | *234 | 18.5 | 1.1 | 82 | 1440 | 36.7 | 6.9 | 162 |
| 35－44 | 21237 | 586 | 23.8 | 2.8 | 104 | 1031 | 32.3 | 4.9 | 141 | *311 | 24.5 | 1.5 | 107 | 838 | 21.3 | 3.9 | 93 |
| 45－54 | 14964 | *202 | 8.2 | 1.4 | 51 | *510 | 16.0 | 3.4 | 99 | *305 | 24.0 | 2.0 | 149 | 481 | 12.3 | 3.2 | 76 |
| 55－64 | 10104 | *112 | 4.6 | 1.1 | 42 | *215 | 6.7 | 2.1 | 62 | *214 | 16.9 | 2.1 | 155 | *245 | 6.2 | 2.4 | 57 |
| 65 以上(含65) | 13168 | *37 | 1.5 | 0.3 | 10 | *342 | 10.7 | 2.6 | 75 | *198 | 15.6 | 1.5 | 110 | *175 | 4.4 | 1.3 | 31 |
| 18－34 | 33200 | 1529 | 62.0 | 4.6 | 173 | 1096 | 34.3 | 3.3 | 96 | *241 | 19.0 | 0.7 | 53 | 2187 | 55.7 | 6.6 | 156 |
| 18－49 | 62950 | 2228 | 90.4 | 3.5 | 133 | 2460 | 77.0 | 3.9 | 113 | 683 | 53.9 | 1.1 | 79 | 3315 | 84.5 | 5.3 | 124 |
| 25－54 | 57125 | 1563 | 63.4 | 2.7 | 103 | 2246 | 70.3 | 3.9 | 114 | 850 | 67.0 | 1.5 | 109 | 2758 | 70.3 | 4.8 | 114 |

续表

| 男士剃须后美容水和古龙香水 | | | | | | 祖梵麝香香水 | | | | 拉格菲男士香水 | | | | 迷恋男用香水 | | | |
|---|---|---|---|---|---|---|---|---|---|---|---|---|---|---|---|---|---|
| | 合计 | A | B | C | D | A | B | C | D | A | B | C | D | A | B | C | D |
| | 美国 | | % | % | | | % | % | | | % | % | | | % | % | |
| 单位:人 | ’000 | ’000 | 列组变量下降 | 分组变量上升 | 指数 | ’000 | 列组变量下降 | 分组变量上升 | 指数 | ’000 | 列组变量下降 | 分组变量上升 | 指数 | ’000 | 列组变量下降 | 分组变量上升 | 指数 |
| 全职 | 62271 | 1955 | 79.3 | 3.1 | 118 | 2141 | 67.0 | 3.4 | 100 | 977 | 77.0 | 1.6 | 115 | 2981 | 76.0 | 4.8 | 113 |
| 兼职 | 5250 | *227 | 9.2 | 4.3 | 163 | *141 | 4.4 | 2.7 | 78 | *10 | 0.8 | 0.2 | 14 | *300 | 7.7 | 5.7 | 135 |
| 工薪层 | 21027 | 554 | 22.5 | 2.6 | 99 | 794 | 24.9 | 3.8 | 110 | 332 | 26.2 | 1.6 | 115 | 894 | 22.8 | 4.3 | 100 |
| 失业者 | 25153 | *284 | 11.5 | 1.1 | 42 | 912 | 28.6 | 3.6 | 105 | *281 | 22.2 | 1.1 | 82 | 643 | 16.4 | 2.6 | 60 |
| 专业人士 | 9010 | *232 | 9.4 | 2.6 | 97 | *168 | 5.3 | 1.9 | 54 | *143 | 11.3 | 1.6 | 116 | 504 | 12.8 | 5.6 | 132 |
| 主管/行政人员/经理 | 10114 | *259 | 10.5 | 2.6 | 96 | *305 | 9.6 | 3.0 | 88 | *185 | 14.6 | 1.8 | 134 | 353 | 9.0 | 3.5 | 82 |
| 文员/销售人员/技术人员 | 13212 | 436 | 17.7 | 3.3 | 124 | *420 | 13.2 | 3.2 | 92 | *231 | 18.2 | 1.7 | 128 | 741 | 18.9 | 5.6 | 132 |
| 调技师/艺术家/维修人员 | 12162 | 624 | 25.3 | 5.1 | 193 | *317 | 9.9 | 2.6 | 76 | *168 | 13.2 | 1.4 | 101 | 511 | 13.0 | 4.2 | 99 |
| 其他人员 | 23022 | 631 | 25.6 | 2.7 | 103 | 1071 | 33.5 | 4.7 | 135 | *261 | 20.6 | 1.1 | 83 | 1173 | 29.9 | 5.1 | 120 |
| 家庭收入 | | | | | | | | | | | | | | | | | |
| $75000 以上（含$75000） | 17969 | 481 | 19.5 | 2.7 | 101 | *320 | 10.0 | 1.8 | 52 | 413 | 32.5 | 2.3 | 168 | 912 | 23.2 | 5.1 | 120 |
| $60,000-74,999 | 10346 | *368 | 14.9 | 3.6 | 134 | *309 | 9.7 | 3.0 | 87 | *142 | 11.2 | 1.4 | 100 | 495 | 12.6 | 4.8 | 113 |
| $50,000-59,999 | 9175 | *250 | 10.2 | 2.7 | 103 | *424 | 13.3 | 4.6 | 134 | *153 | 12.1 | 1.7 | 122 | *371 | 9.4 | 4.0 | 95 |
| $40,000-49,999 | 11384 | *308 | 12.5 | 2.7 | 102 | *387 | 12.1 | 3.4 | 99 | *134 | 10.6 | 1.2 | 86 | 580 | 14.8 | 5.1 | 120 |
| $30,000-39,999 | 12981 | *360 | 14.6 | 2.8 | 104 | 542 | 17.0 | 4.2 | 121 | *126 | 10.0 | 1.0 | 71 | *416 | 10.6 | 3.2 | 76 |
| $20,000-29,999 | 13422 | *266 | 10.8 | 2.0 | 75 | *528 | 16.5 | 3.9 | 114 | *164 | 12.9 | 1.2 | 89 | *475 | 12.1 | 3.5 | 84 |
| $10,000-19,999 | 11867 | *401 | 16.3 | 3.4 | 127 | *394 | 12.3 | 3.3 | 96 | *67 | 5.3 | 0.6 | 41 | *481 | 12.3 | 4.1 | 96 |
| 少于$10,000 | 5528 | *31 | 1.3 | 0.6 | 21 | *291 | 9.1 | 5.3 | 153 | *69 | 5.4 | 1.2 | 91 | *194 | 4.9 | 3.5 | 83 |

资料来源 Mediamark Research Inc. ,Mediamak Research Men’s,Women’ Personal Care Product Report(Mediamark Research Inc. ,Spring 1997),16.

**覆盖率**是指在给定的时间段内，至少观看了一次广告或者是广告预告的目标受众的数量或者是目标受众中家庭受众的数量，通常用百分比表示。如果有 10% 的目标受众至少观看过一次热播网络电视节目 ER 中的广告，那么广告覆盖率就是 10%。对便利消费品，如牙膏和感冒药，使用覆盖率较高的媒介效果最好。这些产品的特征相当简单，消费群体没有明显的界限，消费频率较高。广播电台、有线电视和全国杂志是覆盖率最大又最广泛的媒介，因为它们遍及全国乃至全球。但是它们的受众一直在减少。现在，如 Telemundo（见图表 10—12）的媒介工具一直声称它们在精挑细选的观众中仍有很高的覆盖率。

图表 10—12

覆盖率是媒介工具测量其有效性的重要指标。你的品牌都被谁注意到了，这非常重要。

**频率**是指在给定的一段时间内（典型的是一周或一个月）目标受众中的个人或一个家庭观看广告的平均次数。举个例子，比如一位广告主连续四周在每周一次的电视节目中投放一则广告，该电视节目的收视率为 20（20% 的家庭覆盖率）。该节目在四周内的覆盖率就是（非重复的）43%。因此，频率等于（20 ×4）/43，或者等于 1.9。这意味着一个观众看到广告的平均机会是 1.9 次。

广告主总是处于进退两难的境地，要么以牺牲频率为代价来提高覆盖率，要么以牺牲覆盖率来提高频率。进行这一艰难抉择的核心在于有效区分有效频率和有效覆盖率的概念。

**有效频率**是指在广告主达到目标——传播的目标或者是销售效应目标之前，目标受众需要看到信息的次数。许多因素影响了有效频率的高低。推出一款新品牌和增加品牌特征可能需要很高的频率。知名品牌产品的简易信息可能需要较低的曝光频率就能影响到消费者。而大多分析家认为一次的曝光率并不够，但对于多少次曝光才算够一直存有争论。行业实践经验显示，至少三次曝光才是有效的频率，但是分析家们认为至少需要两次或九次的曝光才能达到有效频率。

**有效覆盖率**是指曝光度最低时收看广告的目标受众的人数或百分比。有效覆盖率的最低估算数是以有效频率的确定为基础的。如果有效覆盖率规定为四次，那么一个媒介排期一定要设计成在一个特定的时间段里到达目标受众的次数至少是四次。在今天这个广告拥挤（广告实在很多）时代，有效覆盖率的值更高，一些专家一致同意至少应为六次。

**信息力度**是另一种媒介测量标准，指已发布广告的总量。信息力度是排期中利用媒介工具传输的总的广告信息或曝光次数。媒介策划者非常关注媒介策划的信息力度，是因为它可以简单显示出特定市场的广告投放规模。

信息力度（至少在传统媒介里）通常是用总接触人次表示的。**总接触人次**代表在一个媒介策划里媒介投放的总曝光次数。策划者通常将其区分为两种类型的曝光。广告的潜在曝光次数或机会是最普遍的意义所在，而且它是用于投放广告的媒介工具（比如，一个节目或出版物）的曝光次数。信息接触人次是指广告本身的曝光次数。有关广告曝光可能性的信息可以从许多公司得到，如 Nielsen、Simmons、Roper-Starch、Gallup & Robinson、Harvey Research 和 Readex。这些信息可能与特定的广告、促销活动、媒介工具、产品目录、广告特点和目标群体有关。

例如，考虑一个媒介策划，在一周内公司在三个电视节目和两份国家性报纸中投放广告。媒介投放的曝光次数可能如下：

| | 总接触人次 | |
|---|---|---|
| | 媒介 | 广告 |
| 电视节目 | | |
| A 节目观众 | 16 250 000 | 5 037 500 |
| B 节目观众 | 4 500 000 | 1 395 000 |
| C 节目观众 | 7 350 000 | 2 278 500 |
| 总收视人数 | 28 100 000 | 8 711 000 |
| 报纸 | | |
| 报纸 1 | 1 900 000 | 376 200 |
| 报纸 2 | 450 000 | 89 100 |
| 看报总人数 | 2 350 000 | 465 300 |
| 总接触人次 | 30 450 000 | 9 176 300 |

总接触人次这一数字是媒介力度。

当然，这并不意味着 30 450 000 人都只看了节目或者报纸一项内容，也不意味着 9 176 300 人只看了广告。看过电视节目 A 的人也许还看了节目 B，也读了报纸 1，还可能有其他的组合。这被称作**媒介工具间重叠**（记住，“工具”是指节目、报纸、杂志——任何能登广告的东西）。同时也有这种可能，一个人周一读了报纸1，周二又读了一次报纸1。这就是**媒介工具内重叠**。这也是我们为什么说总接触人数包括重叠受众。从类似SMRS的服务机构获得的数据能同时说明两种类型的重叠现象，如上面所讨论的，将重叠人数从总接触人数中剔除就可估计出非重复性受众的人数或覆盖率。（然而你应该知道，在这种计算中涉及的数学问题是相当复杂的）

媒介力度还可以总收视率（GRP）表示。GRP等于产品广告覆盖率乘以广告频率（$GRP = r \times f$）。媒介策划人员是这样计算媒介策划书的GRP的：首先计算出媒介策划书每一种媒介工具的比率值（覆盖率）与广告通过该媒介的插播次数的乘积，然后将算出的所有结果加总。图表10—13向我们展示了一个杂志和电视媒介的GRP值。GRP数字用于比较衡量媒介策划书的强度。媒介策划是否得当最终取决于媒介策划者的判断。

图表10—13

媒介策划的总收视率。

| 媒介 | 覆盖率 | 广告插播次数（频率） | 总收视率 |
|---|---|---|---|
| **电视** | | | |
| ER | 25 | 4 | 100 |
| 法律规范 | 20 | 4 | 80 |
| 早安美国 | 12 | 4 | 48 |
| 时代生活 | 7 | 2 | 14 |
| **杂志** | | | |
| 人民 | 22 | 2 | 44 |
| 旅游休闲 | 11 | 2 | 22 |
| 美国全球新闻报道 | 9 | 6 | 54 |
| **总和** | | | 362 |

信息力度的目标仅仅是为媒介计划者提供一个宽广的视角。如果我们说一份媒介策划一周内的总接触人次是300万，这意味着什么呢？这仅仅意味着该广告主有很多的潜在受众。它只是提供了一个大体的参考。当年丰田在美国市场首次推出亚洲龙（Avalon）时，公司通过30秒的电视广告、报纸和杂志印刷广告（见图表10—14）以及直接邮件开展大规模的宣传，整个活动的费用高达4 000万美元。这次推销活动的亮点就是收视率很高的周四晚间节目九点时的插播广告，该则广告耗资200万多美元。在单周内这一宣传活动的信息力度十分巨大——达到了丰田媒介策划者推出新品牌的目的。①

**连续性**是媒介计划中广告的投放模式。媒介排期有三种类型：连续式、间歇式和脉动式。**连续式排期**是指在一段时间内投放广告的次数或频率保持不变。四周内每天

① Bradley Johnson, “Toyota’s New Avalon Thinks Big, American,” *Advertising Age*, November 14, 1994, 46.

都在肥皂剧《急诊室的故事》中播放同一个广告就是连续式。同理，一年内在杂志 *Redbook* 每期都投放同一广告也是连续式。**间歇式**是另一种媒介安排策略。间歇式排期是指在一段时间内（通常是两周）大量投放广告，然后停播一段时间，之后再进行集中投放。

图表 10—14

对于一个如 Avalon 这样的新产品介绍，信息力度的重要性在哪里呢？在这种推销活动中，广告主区分总接触人次和观众覆盖率是否非常重要呢？http：//www. toyota. com

间歇式通常用于特定季节性商业活动或是推出新产品，也可能是针对竞争对手所采取的应对之策。这种安排的经济利益是公司因为短时间内购买媒介的数量非常大而获得的折扣。此外，这种媒介安排方式还可以增强传播的效果，因为高强度的投放能提高信息曝光次数，而这是吸引消费者注意力的必要条件。

最后一种是**脉冲式**，它是混合了连续式和间歇式两类排期的技巧，即一段时间内广告的投放采取连续式，但也会有好几期采用高强度的间歇式投放安排。脉冲式最适合全年销售情况稳定的产品，但这类产品又存在特定需求高峰期，比如服装。

1. **连续性和遗忘功能**。许多人可能不了解，媒介产业的连续性做法实际会在很大程度上受到人类记忆领域的学术研究的影响。当人们开始试图理解怎样并且何时投放广告时，有关遗忘的观点很快就出现了。这很合理。在广告发展的早期人们就认识到了这一心理研究的重要性。这证明了人们的遗忘是可以提前预知的，也就是说，在其他条件相同的情况下，我们知道事物在人们的记忆中停留的时间到底有多长。这看起来与一个数学函数非常吻合，因此被称为**遗忘功能**。有关遗忘功能的最原始著作出现在一个世纪以前，其作者是 19 世纪晚期心理学家 Hermann Ebbinghaus，最著名的著作出现在 1958 年，作者是 Hubert Zielske。Hubert Zielske 做了一项非常著名的调查，他向随机挑选的两组妇女投放同一则广告，不同之处在于：一组在 52 周内每四周观看一次广告（共 13 次曝光），另一组在 13 周内每周都能收看一次广告（共 13 次曝光）。图表 10—15 给出了该项调查的结果。在头 13 周收到 13 次广告的一组无提示回忆水平的峰值较高，但是回忆水平下降非常快，半年之后回忆水平已处于非常低的位置。以均匀时间间隔收看广告的一组（称为连续式排期）没有像另一组那样达到一个很高的回忆水平，但是到了年末回忆水平却提高了，平均回忆水平也提高了。

图表 10—15

请利用这张出自某项非常重要且颇具影响的媒介调查的数据表制订自己的广告方案。该表将我们对人类遗忘规律的了解和最佳广告投放频率联系在一起。

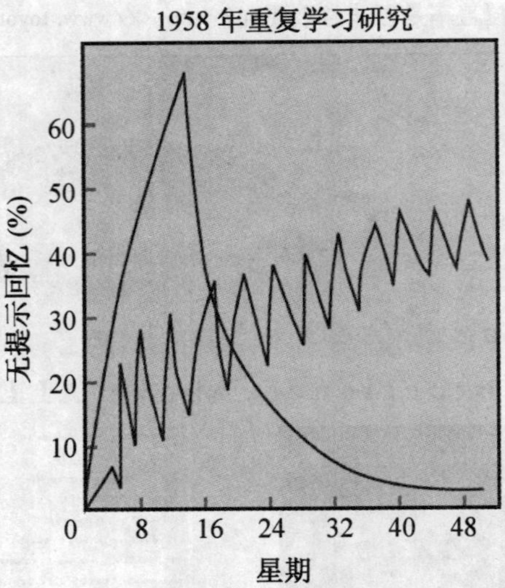


资料来源 Adapted from Hubert A. Zielske, "The Remembering and Forgetting of Advertising," *Journal of Marketing*, American Marketing Association, January 23, 1959, 239 - 243. Reprinted in R. Batra, J. Myers, and D. Aaker, *Advertising Maragement*, 4th ed. (Englewood Clifts, N. J.: Prentice Hall, 1992). 几十年来这一调查对产业媒介策划者产生了很大的指导影响。事实给了我们明确的启示。如果你需要将回忆水平快速提高到一个高水平——推出新产品、封锁竞争者的信息，或者开展为期一天（选举日）的政治性广告宣传——就要使用间歇式（有时称作“集中广告”）排期。连续式排期整体效果不错，适合具有一定知名度的品牌。

然而，在这我们要提醒一下：众所周知，回忆法及其测量方法招致行业管理者和学术研究者诸多批评。我们认可这一批评，对大多数广告宣传来说，简单的记忆测量数据并不足以判断其效果。像之前讨论过的，只有做些简单回忆时，如回忆品牌名称，这种测量数据才最适合。在那种情形下，遗忘（或者没有遗忘）是决定广告成败的重要因素。

2. **广告的长度或篇幅**。除了广告受众、广告投放频率和投放模式之外，媒介策划者们必须对电子媒介广告的长度或印刷媒介广告的篇幅做出战略性决策。当然了，广告主、创意总监、艺术总监以及文案撰稿人也要这么做。电视广告（不包括专题广告片）从 10 秒到 60 秒的长度不等，有时甚至长达两分钟。60 秒电视商业广告的效果是 10 秒广告的 6 倍吗？答案当然是否定的。在报纸上登一个整版广告是不是比一个两寸大的专栏广告更有效呢？当然也不一定。某项调查显示，一个印刷广告的篇幅越大，该广告的辨识度越高。一些人称此为**平方根法则**；也就是说，“印刷广告的篇幅越长就越容易识别”[①]。因此整版广告的回忆率是1/4版面广告回忆率的2倍。这个“法则”不应该作为一个法则，相反更像是一般指导原则；它们揭示了一种普遍联系，但不完全精确。不过，如果有产品索赔、品牌形象或者市场环境需要时，广告主还是可以使用报纸整版广告的。

广告的长度或篇幅取决于广告的创意要求、媒介预算和广告所处的竞争环境。从创意角度来说，试图打造品牌形象的广告可能需要更长的播放时间或者占据更大的版面以创造更多创新机会。同时，简单明了传递减价信息的广告可能播放的时间较短或占据的报纸版面较小，但是需要较高的重复率。从媒介预算的角度来说，简短的广告成本更低，很少有例外。如果媒介策划设定了一定的重复率以实现其目的，选择较低的成本是必要的。从竞争角度来说，与竞争对手的广告相类似的规模或长度有助于保持产品在目标受众心目中的占有率。

3. **媒介环境**。媒介环境曾经指“编辑环境”。它指媒介工具带来的感觉、精神、外观或形象。俗话说，近朱者赤近墨者黑。广告所处的环境在一定程度上也会影响它的形象。有时这些称作**环境效应**。这意味着广告周围的环境会给广告带来一定的影响。因此广告主和媒介专业人员必须特别关注环境的社会影响。一些广告主不愿采用直邮进行宣传，因为他们感觉这种做法有失身份，败坏他们品牌的高贵形象。一些人不愿使用某些杂志，或赞助NASCAR赛车手，或者交叉推广某类电影。相反，一些人会专门选择进行独家报道的杂志或其他媒介，包括赞助，他们之所以这样做，准确来说是因为他们想通过周围的环境提升自己的形象。曾经有人试图对媒介选择模型的编辑环境进行评级、量化并使其自由操作，但事实证明这对人类无限的理解力确实是一次绝佳的挑战。制定媒介策略时，我们必须考虑媒介环境这个因素，无论是否可以量化，媒介环境都会产生作用。随着品牌娱乐和其他新媒介形式不断外延，环境的重要性也日趋上升。全球化专栏框中丰田在日本利用所处环境实现宣传奇迹就是这方面的一个实例。

## 全球化专栏

### 通向电视广告之路

美国的影视作品植入广告的现象非常普遍，但这种现象在日本却很少见。研究结果显示日本观众对特别直接的广告根本不理会。日本的广告公司尝试一种新方法：“有情节”的广告，这类广告利用常规节目的人物和情节插入一个商业广告。

这个想法建立在广告的作用至少一定程度上受到广告环境的影响这一基础之上。例如，在日本最早与环境相联系的商业广告就植入了一部名为37 *Degrees* 的电视戏剧中，该戏剧描写了三对年轻城市情侣的生活。

其中一则广告刻画了一位母亲，她看到从丰田锡耶纳迷你房车上下来的一个年轻家庭后开始思考人生。另一则广告描述了一个人向酒吧调酒师抱怨她的爱情

① John R. Rossiter, “Visual Imagery: Applications to Advertising,” *Advances in Consumer Research* (Provo, UT: Association for Consumer Research, 1982), 101-106.

生活，然后他给她倒了一杯 Suntory 威士忌酒。电视屏幕一角显示的威士忌制造商的黄色商标提示观众他们在观看一则付费商业广告。

指导该项目的媒介客户总监荣一平野说："一般植入式广告一不小心就会让观众感觉到，但是我们会保证产品是故事情节不可缺少的部分。"

扩展的情节使观众坚持看完整个广告，如果没有扩展观众们可能就会利用播放广告的时间喝点饮料或者吃点东西。调查显示在广告播放期间继续盯视荧屏的观众增加了 3%。但是当那些观众意识到他们在看付费商业广告时他们是否感觉被骗了？丰田的发言人说人们的说法不一。

丰田的发言人今井知美说："一些人想知道他们观看的到底是戏剧还是商业广告。当他们发现观看的是广告时，他们有种被骗的感觉，因为他们原以为这是节目的一部分。也有一些人说广告也挺有趣。"

资料来源 Julian Ryall, " In Japan, 'Context' Ads to Story Line," *Hollywood Reporter*, May 1, 2007, p. 8.

## 10.4.2 竞争媒介评估

媒介策划者在做媒介整体规划时通常不会以竞争对手的广告开支或者广告投放媒介作为策划依据。但是竞争能给竞争媒介评估提供有用的参考。对于那些目标受众单一明确的产品，竞争媒介评估尤为重要。有几类产品就是属于这种情况的，它们的主要消费群体支配着整体消费水平。例如，快餐食品、软饮料、啤酒和葡萄酒，还有口香糖。奢侈汽车和理财服务品牌也会竞相争夺共有消费者。

如果目标受众范围窄小并已引起了几个主要竞争对手的注意，这时广告商就要评估竞争对手的广告开支及其品牌想实现的广告占有率。**广告占有率**指某品牌的广告费占同类产品整个行业广告费用的比例：

$$\text{广告占有率} = \frac{\times\times\text{品牌}\times\times\text{媒介广告开支}}{\text{整个行业同类产品，相同媒介上的广告开支}}$$

这个公式同样适用于计算某品牌所有广告开支占整个行业同类产品广告总开支的比例，或者用于计算品牌特定媒介广告开支占整个行业在同一媒介广告总开支的比例，如网络电视或者杂志。例如，运动鞋厂商每年在标准性广告媒介的投资约为 3.1 亿美元。耐克和锐步是两个顶级品牌，每年在标准性广告媒介上的开支约是 1.6 亿美元和 5 500 万美元。这两个品牌的广告占有率计算如下：

$$\text{耐克的广告占有率} = \frac{\$\ 160\ 000\ 000 \times 100\%}{\$\ 310\ 000\ 000} = 51.6\%$$

$$\text{锐步的广告占有率} = \frac{\$\ 55\ 000\ 000 \times 100\%}{\$\ 310\ 000\ 000} = 17.7\%$$

这两个品牌的广告市场占有率之和接近 70%，支配了整个同类产品的广告市场，但是耐克的广告占有率是锐步的 3 倍。

《竞争媒介报告》等机构的研究数据可以评估多达十种媒介的广告占有率。一份报告详细地给出了一个品牌在特定媒介的广告开支与所有其他品牌在同类产品，相同媒介上广告开支的对比情况。了解竞争对手特定媒介广告开支及其广告占有率有助于广告商针对相同媒介做出战略性安排。一些策划专家认为根据竞争对手的媒介安排制作自己的安排有助于小广告商提高市场占有率。①

## 10.4.3 媒介效率

广告主及其广告代理团队根据类似于图表 10—16 所列的标准选择最适合他们当前宣传活动的媒介。这些标准衡量媒介的整体情况及每类媒介的内在能力。

广告商必须严格审核媒介策划书中每个媒介的效率。换言之，就是哪个媒介能用最低的成本向最多的目标受众传递信息。衡量媒介效率的一个普通标准是**每千人成本（cost per thousand，CPM**，M 取自于罗马数字 1 000），即使用特定媒介向 1 000 目标受众传递信息的成本（在 CPM 中的 M 指代罗马数字中的 1 000）。CPM 值可用来比较一类媒介中的两个媒介（杂志和杂志）或两类媒介（杂志和广播）的相对效率。CPM 值的计算非常简单，即某广告在某媒介中的投放成本除以受众总数再乘以1 000。现在我们来计算一下《今日美国》星期五版面上一个整版黑白广告的 CPM 值：

图表 10—16

媒介选择的基本要求。

| 特征 | 媒介 | | | | | | | | |
|---|---|---|---|---|---|---|---|---|---|
| | 广播电视 | 有线电视 | 收音机 | 报纸 | 杂志 | 直邮邮件 | 户外 | 运输工具 | 指南 |
| 接触 | | | | | | | | | |
| 当地 | M | M | H | H | L | H | H | H | M |
| 国内 | H | H | L | L | H | M | L | L | M |
| 频率 | H | H | H | M | L | L | M | M | L |
| 选择性 | | | | | | | | | |
| 受众 | M | H | H | L | H | H | L | L | L |
| 地域性 | L | M | H | H | M | H | H | H | H |
| 受众反映 | | | | | | | | | |
| 有印象 | L | M | L | M | H | M | L | L | H |
| 接受 | M | M | M | H | M | L | M | M | H |
| 观众数据 | M | L | L | M | H | H | L | L | M |
| 信号混乱 | H | H | H | M | M | M | M | L | H |
| 创作弹性 | H | H | H | L | M | M | L | L | L |
| 成本因素 | | | | | | | | | |
| 每次接触 | L | L | L | M | M | H | L | L | M |
| 绝对成本 | H | H | M | M | H | H | M | M | M |

H = 高　M = 中　L = 低

① Andrea Rothman, "Timing Techniques Can Make Small Ad Budgets Seem Bigger," *Wall Street Journal*, February 3, 1989, B4; see also Robert J. Kent and Chris T. Allen, "Competitive Interference Effects in Consumer Memory for Advertising: The Role of Brand Familiarity," *Journal of Marketing* (July 1994), 97 – 105.

$$\text{CPM}=\frac{\text{媒介采购的成本}\times 1\,000}{\text{受众总数}}$$

$$\text{《今日美国》的 CPM}-\text{TM}=\frac{\$\ 72\,000\times 1\,000}{5\,206\,000}=\$\ 13.83$$

以上计算表明在《今日美国》刊登整版黑白广告的 CPM 值是 13.83 美元。但是这个计算给出的是向《今日美国》全部读者宣传的成本。如果目标受众是从事专业性职业的大学生，那么大众刊物（如《今日美国》）的目标市场每千人成本值（CPM-TM）可能比专业刊物（如《财富》）要高：

$$\text{《今日美国》的 CPM-TM}=\frac{\$\ 72\,000\times 1\,000}{840\,000}=\$\ 85.71$$

$$\text{《财富》的 CPM-TM}=\frac{\$\ 54\,800\times 1\,000}{940\,000}=\$\ 58.30$$

如果目标受众具体明确并且 CPM-TM 值已知的话，你会发现《财富》的相对效率要高于《今日美国》。同一家商业服务机构的广告登在《财富》上会比登在《今日美国》上有更好的 CPM-TM 值。

关于广告成本、总接触人次和目标受众规模的信息通常可从媒介那里获得。用于目标受众每千人成本分析的受众的详细信息也能从媒介研究机构处获得，如西蒙斯市场研究局（为杂志服务）和 A. C. 尼尔森（为电视服务）。成本信息也能从 Standard Rate 、Data Service（SRDS）及 Bacon's Media Directories 处获得。

和 CPM 一样，**每收视点成本（cost per rating point，CPRP）**计算法比较了两种媒介的效率。这种计算法将在一个媒介工具（如直播电视节目）上的成本平均分到每个收视点上（一个收视点等于受众总数的 1%。例如，在一个指定的收视区域内电视收视家庭变成了一个特定的节目）。类似于 CPM 的计算，CPRP 的计算结果给出的是以美元计量的数字，这个数字可以用于比较电视节目效率。以电视为例，CPRP 的计算如下：

$$\text{CPRP}=\frac{\text{广告在一个节目中的投放成本（以美元为计量单位）}}{\text{节目收视率}}$$

例如，在 Miami-Ft. Lauderdale 市场新闻媒体 WLTV（联式网络 23）的一位广告主可能想比较在该电台不同时段播放 30 秒广告的家庭 CPRP 数据。早间新闻和黄金时段节目 CPRP 的计算如下：

$$\text{WLTV 早间新闻的 CPRP}=\frac{\$\ 2\,205}{9}=\$\ 245$$

$$\text{WLTV 黄金时段节目的 CPRP}=\frac{\$\ 5\,100}{10}=\$\ 510$$

很明显，一个早间新闻时段的节目向家庭传递信息更有效率，其 CPRP 是 245 美元的节目，虽然收视率只是黄金时段收视率的 90%，但是其 CPRP 值却不到黄金时段 CPRP 值的一半。

需要强调的是这些效率评估仅是以成本和媒介覆盖度为基础计算的。评估过程并没有涉及广告的质量，因此不应该将其视作测量广告有效性的指标。媒介有效性测量指标如 CPM 和 CPM-TM 与媒介目标和媒介策略结合使用，它们就会发挥作用。效率测量单独使用且脱离媒介策划的大环境可能会导致媒介采购非常失败。

## 10.4.4 网络媒介

我们会在12章详细介绍网络媒介的内容。我们之所以用一章的篇幅来介绍它是因为网络媒介有自己的术语和独特的计算方法。许多互联网的门户网站都张贴它们的广告收费标准。其他优质资源包括 Interactive Advertising Bureau（http://www.iab.net）和 Iconocast（http://www.iconocast.com）。最需要记住的是这些媒介在一个非常重要的方面存在本质区别：它们是“拉取式”媒介。伴随拉取式媒介的出现，消费者开始寻找广告主或广告并由此找到了广告宣传的品牌。这与传统的“推动式”广告（例如一个30秒的电视广告）完全不同，在传统的“推动式”广告中品牌是“推向”消费者的。

在互联网媒介中，广告公司通常购买搜索引擎上的搜索词。因此当一个使用者搜索如滑雪板等特定事物时，你的公司就出现在搜索结果的顶部。这是大多数搜索引擎基本的收入模式。Google AdSence 首先将用户网站内容与广告匹配，然后把广告发给适合的电脑用户。根据 Google 的承诺，只有当访问者点击这些广告的时候，网站拥有者才赚钱。（https://www.google.com/adsense/login/enUS/?sourceid=aso&subid=ww-en-ha-adsense&medium=sem）

现在搜索引擎和浏览器公司在简单的点击之外，还提供与广告相关的信息。例如，社会网站数据会告诉广告主哪些人观看了什么内容（如一个网上广告），用它做了什么（如点击了它、仔细阅读了一番，甚至做成了一笔交易），然后又做什么了（如去一个相关的网站、与在线朋友讨论了买到的东西、寻找一个更好的交易等等）。但是搜索词仍是最大的赚钱点。这个过程通常包括潜在买主针对搜索词竞标的环节，出价最高者获胜。

在网络媒介中，如何决定信息力度仍处于研究阶段，但为了达到该目的，点击量和阅读次数以及点击相关与连接的次数仍在普遍使用。

## 10.4.5 互动式媒介

随着互动媒介的不断完善，媒体环境变得更具挑战性。首先，我们认为互动媒介这个词语用得过头且不够精确。要实现真正互动，消费者、媒介自身、营销人员（有时还有其他一些消费者）必须用一种有意义的方式打交道。但是现在这个词语意义相当广泛，囊括了从售货亭、网上购物环境到**简易资讯聚合**（RSS）的一切事物。RSS只不过是一个频道，博客、播客中的内容或者电脑使用者已经连接到其他内容。RSS内容的搜集、整合和传输通常需要一个新闻聚合器来完成。当然，这些RSS本质上都具有商业性。RSS也包括互动电话、互动CD、在线服务、互联网、电脑游戏和网上杂志。Absolut Vodka 成功策划了一次网络互动宣传活动，甚至像克里斯蒂拍卖行这样一些传统的高档店铺也开始在万维网主页来公布接下来的活动（见图表10—17）。令媒介投放决策者难下决策的原因是如果消费者真的开始将时间花在互动媒介上，他们关注传统媒介（例如电视和报纸）的时间就会减少。这迫使广告主不

得不在是否参与（或自己发展）互动媒介上做出判断。（12 章专门讲述了互联网、互联网上的媒介采购和受众测量的问题）

图表 10—17

线上及互动媒介甚至在高档的、传统的组织中变得流行起来。http：//www. christies. com

这里我们最大的收获是：（1）这种类型的广告和 IBP 正迅猛发展。（2）在大多数情况下，它都在以一种完全不同的方式运作：消费者寻找广告主/广告（拉取式），然后与品牌传播互动（双向或**多向交流**），而不是广告进入节目寻找消费者的传统模式。这更像消费者的选择：消费者选择去互动，而不是广告推向他们。

## 10. 5　媒介选择和整合品牌促销

媒介环境中最后一个复杂的因素是越来越多的公司采用了整合品牌促销的战略，而这种战略要使用更多的传播工具。你们也知道 IBP 协调使用多种推销工具（包括广告）以建立并维持品牌知晓度、品牌认可度和品牌偏好。赞助活动、直复营销、促销（见图表 10—18），以及通过公众关系等宣传推销方式正转移许多公司对传统大众媒介广告的关注。但是这些新方法仍然要与现存的广告相协调。

### 10. 5. 1　广告业与娱乐业

*“这是巨大的、紧急的非革新性的变化——是一次转变……即使没有产生新模式，旧模式也会退出舞台。”*

——史蒂文 · 海耶，可口可乐公司董事长兼首席运营官①

可口可乐的首席运营官肯定地说，一些事情必将改变：30 秒电视广告不再那么

① Stephen J. Heyer (keynote address, Advertising Age Madison & Vine Conference, Beverly Hills, CA, February 5, 2003).

好使了。

《广告时代》杂志公司的史考特·道那顿撰写了一本名为*Madison & Vine*（《麦迪逊与藤街》）的书，他本人因杜撰了流行词汇“广告业与娱乐业”而获得了良好的声誉。这个词语的意思是娱乐媒介与广告的联合和有意义的合并。这点贯穿了整本书，我们在这里只讲一些事件，令人激动的转变——品牌娱乐。品牌娱乐很早之前就出现了，其早期做法只是将产品简单地插播到电影、广播以及后来的电视节目中。品牌娱乐实际上最早能追溯到20世纪二三十年代，但是直到20世纪80年代后期才开始真正流行起来。这一创意的依据是传统广告不再节省成本，并且制作和推销电影及音乐的成本已无法控制。电影业、唱片业和广告业都在寻找一个更好、束缚更少、更便宜、可靠并更有效的营销传播方法，于是，广告业与娱乐业应运而生：它是一次公认的、成熟的将电视、游戏、被称作品牌景象（brandscapes）的零售环境（考虑类似NikeTown的商店）、移动电话等媒介与广告以品牌娱乐形式相融合的尝试。从媒介方面考虑品牌娱乐是非常重要的。

图表 10—18

Sunglass Hut 和美国派联合促销。

在对《广告时代》的一个采访中，索尼的音乐许可副总监肯尼·奥特加解释了如何链接音乐与广告才能使品牌和艺术家都获利的问题。

在图表10—19中，肯尼·奥特加，索尼的音乐授权副总监，论述了广告和营销活动是如何使用音乐使品牌和艺术家都获利的。那仅仅是品牌娱乐如何帮助建立一种广告新模式的例子，可口可乐的海尔明确指出这种新模式是商家所需的。在其他例子中，品牌娱乐开始只是一个30秒电视广告，然后就发生了很大变化。Geico洞穴人就是这样一个例子，他们成为汽车保险公司的古怪代言人之后，在2007年秋季成功开办了他们自己的半小时电视秀节目。当时正在撰写都市野人广告脚本的Geico创意小组的领导乔·劳森知道公司想向其他品牌娱乐领域进军，因此他撰写了一份大部头电视脚本，利用了一些好莱坞的关系，挂到了网站上——结果取得了成功。当然，当你阅读本书时，这个节目可能已经被取消了，品牌娱乐领域的事物是瞬息万变的。

图表 10—19

音乐要服务于品牌。当然，谁是品牌：音乐艺术家、汽车、飞机或者谷物盒？在这个模型中，它们都是品牌。

**问：** 什么是获得授权的新的有创意的方法？

**答：** 我认为在创意制作阶段尽早让艺术家直接了解商标和品牌对未来的发展是必要的。我们要超越纯粹的交易关系，把音乐当成天赋，事实也的确那样。顾客从品牌宣传中获益良多，做到这点非常重要。

**问：** 你觉得现在的消费者与 10 年前的消费者相比更愿意接受艺术家与品牌合作的原因是什么？

**答：** 现在消费者的观点跟 10 年前完全不同了，10 年前消费者要对他们收看的内容进行层层过滤，而互联网已将他们不想看的内容完全过滤了，因而可能让消费者思想更加开放，同时也将广告视为艺术家的个人选择和权利。

**问：** 你有没有引以为傲的成功经历？

**答：** 就个人而言，一位不知名的年轻艺术家出现在广告中对他来说是值得的，因为他们在正常的情况下没有机会面对观众，更别说对一个处在艺术生涯早期的艺术家的收入有多大提高了。我们让哥伦比亚录音艺术家 Nicole Atkins 在 American Express 的广告中出镜并且用她的音乐作广告的背景音乐。该活动结束后一个星期内，她在 GoogleTrends 就名列第二，《纽约时报》也对其进行了报道，而且一天之内她的 Myspace 网页的点击量超过了 3 000。

对于寻找品牌娱乐机会的顾客来说，通常有三种主要方法，其中最直接、最便宜的是植入式广告。例如，电视中一个人可能正喝着健怡百事，开着凯迪拉克，或者正要放下联邦快递的包裹。一种更先进的方法涉及情节整合。例如，在一个 EA Sports NASCAR 游戏中使用一辆 UPS 的邮递卡车，或者让 Geico 洞穴人走奥斯卡（见图表 10—20）的红地毯。都市野人开办了自己的黄金时间秀，或者宝马制作出特写其产品的在线电影短片，原创内容是最昂贵的，但却是最具潜在吸引力的品牌娱乐形式。然而，正如劳森所说，测量这些品牌娱乐形式的价值是困难的。“我们正努力寻找有用的测算方法，”劳森说，“归根结底，顾客还是想要测算结果，而且由于他们在该领域花费了更多的钱，他们仍希望他们的信息能以有效的方式传递出去。”①

在媒介测算方面：IAG 给回忆率最高的植入品牌的打分。

尼尔森也参与了这个互动游戏。此外，该公司还测算了节目中投放广告的数量。

## 10.5.2 社交网络

Facebook、Myspace 和其他网站已经使我们对媒介传播的看法发生了巨大变化。从最早建立品牌社区开始，Muniz 和 O'Guinn 注意到这种新模式包含三个结点而不是传统的两个结点，即营销商—消费者—消费者（见图表 10—21）。消费者之间相互交流而且他们喜欢相互交流，交流消费经历。现在，互联网使消费者几乎不花任何成本就能立即与众多消费者进行交流。所有情况因此而发生了改变。现在，登录 Facebook 和 Myspace

---

① Brooke Capps, “The Man Who Brought UPS to NASCAR and Geico Cavemen to Hollywood,” *Advertising Age*, May 3, 2007.

的网站就可以轻而易举地享受到这种便利。这些网站之间的差异不大，但 Facebook 的广告主以付费故事进行广告宣传要付服务费。因为社交网已经变得非常重要，所以通过社交网搜集数据也变得非常重要。2007 年，媒介调查巨头尼尔森创立了社交网络搜集机构 Hey！Nielsen 就是为了接触那个群体，具体内容见“正确行事”专栏。

图表 10—20

洞穴人和三个层次的品牌娱乐：一个很好的例子。

图表 10—21

万维网让我们重新思索品牌—消费者关系。

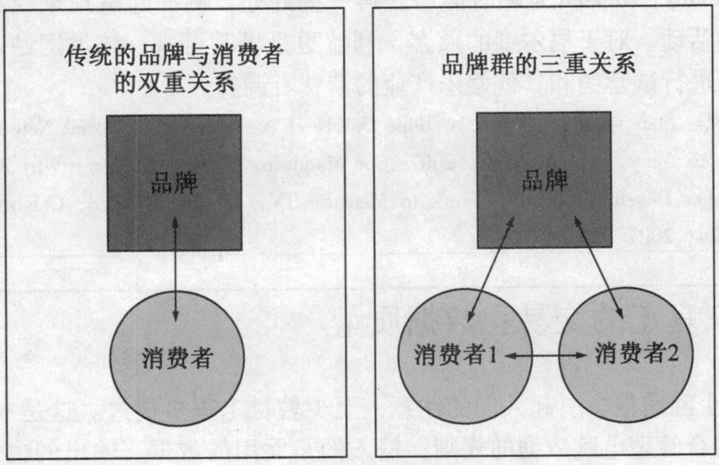

## 10.6 真正的交易

### 正确行事

**调查巨头 Hey！Nielsen 在网站上探索流行音乐文化，引起 facebook 网站的轰动**

2007 年 10 月，英国摇滚乐队“电台司令”宣布它的新唱片将独立发行，供人们自愿付费下载，该消息引发了一场关于消费者行为和音乐产业未来的激烈讨论。当时该乐队的众多粉丝最想问：你愿意付钱吗？

因为音乐总监对这个问题很感兴趣，所以世界的最大媒介研究公司提供一种新方法以调查消费者的讨论。2007 年 9 月尼尔森公司建立一个在线社交网站，目的是让流行音乐文化的狂热支持者们分享他们对电视、网络、电影、音乐等一切事物的看法。该网站效仿 Facebook 和 Myspace 等社交网站的做法，让用户明确而大胆地表达他们对流行音乐文化的兴趣，同时尼尔森公司还为其客户追踪人口统计信息、评论和热门话题。在 Hey！Nielsen. com 这个网站中，有关 Radiohead 的独特价格策略的讨论非常生动而且非常有见地。“非常令人惊喜的想法”，一个粉丝留言说，“我讨厌下载，无论是否合法。无论怎样，我想手中能有张 CD 和一份高保真的硬拷贝。可是自愿付款还是个新奇的想法，我愿意花费 5 美元下载和到商店购买 CD”。

Hey！Nielsen 的研发者说该网站有三个功能：舆论引擎、趋势追踪和社会凝聚。尼尔森的媒介调查总裁苏姗·怀特宁说：“我们希望人们愿意登录我们的网站，因为他们知道我们的客户也会倾听他们的想法。这实际是他们的网站，用户在此登录并且告诉我们他们的想法。”

经常在 Hey！Nielsen 发帖者能够获得一些好处，例如隐藏预览权和参加只凭邀请进入的活动。对于尼尔森的顾客，利益更是极其可观。该类网站还很可能推出一些版面进行试营销和其他娱乐产业的消费者调查。

资料来源 Staff report，“Nielsen Rolls Out Hey！Nielsen：Online Social Network for Popular Culture，” *Wireless News*，September 30，2007；Joe Mandese，“Hey！Nielsen，Why Are You Going Viral？Researcher Develops Social Network to Measure TV，Internet，Music，Celebrities，” *Media Post*，August 24，2007.

### 10.6.1 真正的交易：数据质量

GIGO 这个问题很少引起人们的注意，至少教材上很少提过。这是一个虽然不新颖但却非常适合管理电脑数据的规则：输入的是无用的数据，输出的也是无用数据。换种说法就是无论你输入多少数据，如果进入系统中的是无用数据，出来时仍然是无用数据。在媒介策划中，在媒介安排上，对复杂数学模型和电脑程序的依赖性非常高，但是仅仅用微积分来解决问题是不够的。关于数字我们有一个巨大的文化上的难题，这里我们需要再次强调一下。当我们用数字描述某件事情时，数字会使得事情看起来更精确、更科学和更确定，但这通常是一种错觉。是的，这些优化程序非常出色，非常有价值，能为客户节省几十亿美元——但是它们也分散了对更基本问题的关注：媒介公开的数据通常是不准确的。我们不是说媒介的数据全是垃圾，我们的意思是那些在广告中应该表达的东西没有被大多数媒介用公开的数据表述清楚。这是很悲哀的事实，虽然众所周知，但是直到最近人们才承认这个问题的存在。伴随媒介日新月异的变化，如果输入计算公式的数据非常不可信，那么客户就不愿意依赖即使是非常完善的广告时段排期。现在城市中还有很多其他做法能够提供更好、更有意义的曝光估测值和回报率，但结果也只是花钱购买无用的数据。现在这是一个普遍的行业问题，几乎成了一种行业危机。

试想，你在一个房间里，电视开着，这就足以说你收看了广告了吗？曝光的含义难道不应该高于那层意思吗？答案当然是肯定的。但是媒介测量服务公司反驳说：(1) 它是我们所能提供的最好的数据；(2) 每人都是这样做的，而且如果你使用这些测量方法仅是为了判断相对优势，那么这些方法就挺好；(3) 我们一直在寻找更好的方法。它们说的第二点是对的：如果仅仅是为了获得一些相对值（一个排期与另一个排期的对比），曝光度数据可能是非常合适的。不幸的是，所有大众媒介的大多数曝光度数据还远没有抓住和传递观看或者收听广告的真正意思，因此阅读所有表面看来精确的数据时要牢记这一点。

毫无疑问，为了满足人们的更高需求，尼尔森开发了 Apollo 这个项目，见图表 10—22：数据越多，测量就越精确。

图表 10—22

A. C. 尼尔森已经宣布了它的最新测量系统。这是一次提高媒介数据价值和实用性的尝试。

对于营销商来说，最关键的问题之一是广告和推销活动的资金投入是否真能影响消费者的选择。随着媒介选择以前所未有的速度迅猛发展、零售渠道变得模糊不清以及产品选择（包括最基本的产品）的无限扩张，这一问题也变得更加复杂了。

Project Apollo——一家新成立的全国性跟踪服务机构，承诺可以通过搜集和联系三种单源消费者信息帮助解决这些问题：多媒介信息曝光度、品牌认可度和品牌偏好以及实际购买行为。

2006 年初，Apollo 项目建立，它的初步调查项目涵盖了大约 5 000 个家庭。这些消费者中的志愿者同意调查机构监视他们观看电子媒介信息的情况，跟踪他们购买产品的过程，因此他们向营销商提供的一些方面的信息还是相对客观的，如消费者具体接收了哪些信息，消费者的个人反应如何。

下面这个图表记录了一则林肯导航仪的电视商业广告可能引发的对林肯/水星经销权的关注，或由于收音机对快餐的广告宣传而去麦当劳用午餐的人数增加。

为了搜集这类详细信息，Apollo 项目依赖两个关键技术：其一为便携式个人收视记录器，它是一个类似寻呼机的装置，能持续记录携带者收看或者收听电子媒介的情况。另一个主要的技术是 AC Nielsen Homescan 扫描仪，帮助接受调查的消费者购买的所有带包装商品做电子记录。

这是一个整合了人口统计和购买数据的媒介曝光测量体系，这给营销商人提供了一种更有把握地判断是否实现利润最大化的方法。

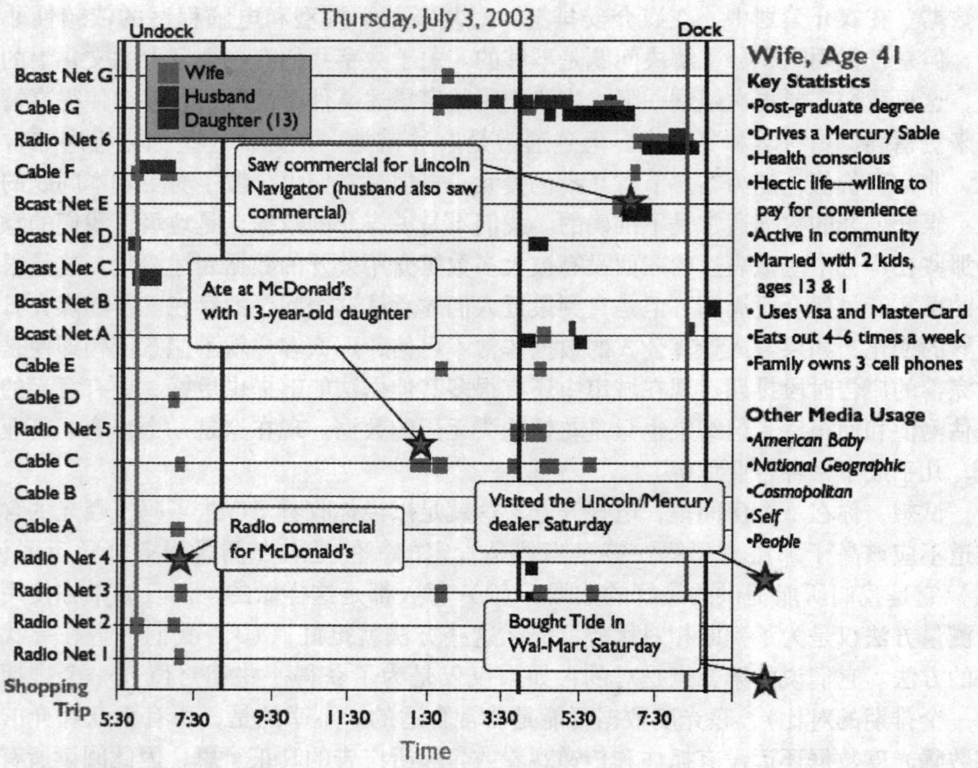


Source: http: //us. acneilsen. com/pubs/documents/media_ 000. pdf, Arbitron, Inc. and the Nielson Company. Reprinted with permission.

## 10.6.2 真正的交易：广告要服务广告主

还有一点其他书一般介绍的也比较简略：机构式销售功能。如何将媒介工具推销给广告主和广告公司？这种企业对企业（B2B）的广告模式有何意义？没错，它是一次伟大的实践，意义非同一般。媒介公司花很多钱通过广告公司向广告主出售它们的时段和版面。翻阅《*广告时代*》任何一期，数数这样的广告到底有多少。那么都有哪些广告商？图表 10—23 到图表 10—26 是《*广告时代*》和《*广告周刊*》刊登的一些媒介工具为吸引广告主而制作的非常有创意的广告作品。这是现实中广告业和 IBP 媒介的重要组成部分。

## 10.6.3 真正的交易：媒介午餐

现实中就是这样。星期五的下午，*Big National Magazine* 邀请你们公司参加一个宴会。多么好的一群人：免费的酒水、美味的食品、愉悦的社交。宴会后一个销售代表带我们中的一些人去了酒吧。*Big National Magazine* 这些销售代表肯定都是些了不起的人物。

但是，他们开办这个宴会的目的是什么？我们先看一下客人名单：宴会选在媒介

采购者工作的楼层举行，环顾四周，你会发现有一些客户管理负责人，一些如饥似渴

图表 10—23 至图表 10—26

这些广告的客户是广告专业人士，特别是媒介采购者。这些广告展示了他们在实现广告覆盖率方面的优势。

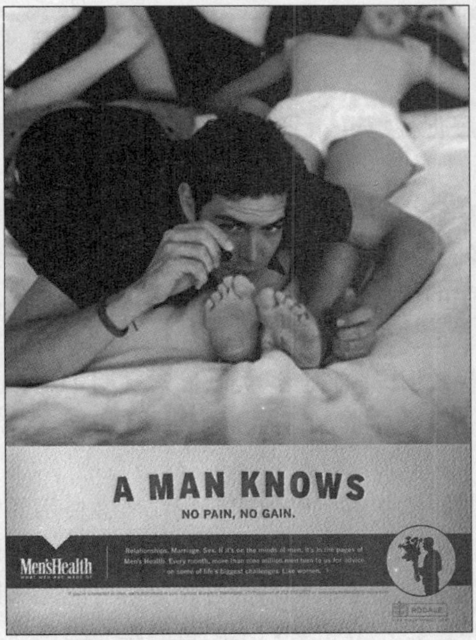


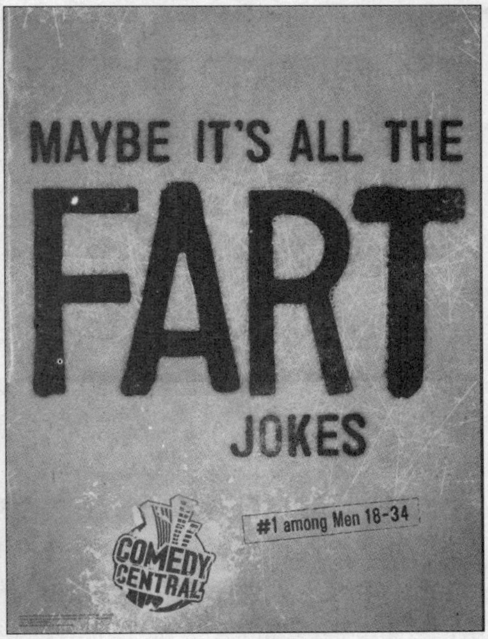

的创意人员，但是到那的每个人几乎都是媒介策划人或者是媒介采购员。是的，因为许多媒介采购行为并不依赖电脑程序输出的复杂数学计算结果，而依赖过时但非常有效的闲聊及成功的销售广告。除了电脑软件给出的建议，媒介策划者还有自己的选

择。他们能够促成交易，他们能够且确实在按照自己的喜好做交易。这就是尽管报酬相对很低，刚入门的广告新手仍然喜欢这个工作的原因。这份工作有很多灰色收入。这也是为什么特定广告使用特定媒介的原因。

## 10.7 电脑媒介策划模型

现有的关于市场和消费者的数据不断膨胀促使媒介策划者十分依赖电子数据库、电脑和软件来协助完成媒介策划的各项工作。

几乎所有大型联合调查机构都向它们的用户（包括广告主、广告公司和媒介机构）提供电子数据。此外，这些数据库能够提供帮助确认目标市场和目标受众、判断和规划媒介工具受众和成本、分析竞争对手的广告活动的相关信息。像尼尔森、阿比创（Arbitron）市场研究公司、MRI、SMRS、Scarborough、Audit Bureau of Circulations 等电子数据供应商也提供分析这些数据的软件。这类软件常常用于制作总结报告、表格、排名、有效覆盖和频次分析、最佳参数、模拟、购买、流程图和各种图解表示法。

在广告活动中使用媒介组合的广告主常常订购能够代表他们使用或考虑使用的媒介的各种电子数据服务。各种联合服务机构不提供标准化的数据、报告和分析，而这些内容对每种媒介来说同等重要。此外，私人联合服务机构的报告和分析可能无法提供用户更想要的内容或者达到他们想要的深度，也不分析它们不测量的媒介类别。结果就出现了像 Interactive Market Systems（IMS）和 Telmar Information Services Corp.（Telmar）之类的媒介软件机构。这些机构向全球广告主、公司和媒介机构提供了数百种专业化和标准化的软件产品，协助它们开发和评估市场、目标受众和进行多媒介策划。图表 10—27 展示了为特殊屏幕设计的电脑程序。第一幅是直播电视广告覆盖率和成本方面的数据，第二幅是直播电视和报纸广告两者覆盖率和成本方面的数据。

电脑化和建模绝不能替代媒介战略家的计划和判断。然而，电脑建模能够在投入高额成本购买媒介前对所有的可能性进行评估，这能节省广告主许多费用。

媒介排期阶段最重要的工作之一是制作一个媒介排期直观图。图表 10—28 展示了一个媒介排期流程图，它包括了印刷和电子媒介的投放。有了排期的直观图，广告主的总体媒介策划工作就有据可依了。

## 达成交易

当媒介整体策划和媒介排期工作完成之后，工作的中心必须转向**媒介购买**。媒介购买需要确保电子媒介的时间安排和印刷媒介的版面安排不会出现任何状况。媒介购买过程的一个重要部分是代理商。**代理商**是由广告主选定代表公司购买媒介时间和空间的广告代理公司。代理商负责媒介折扣协商和媒介购买合同的谈判。参与广告宣传活动的其他服务商都要在那些合同里加入广告时间和版面方面的要求。

每年春季，电视节目制作单位高层和广告总监会参加一个例行公事的“**见面**

会”。“见面会”是电视网络向其客户展示它们秋季电视节目单和预售广告时间的盛会。黄金时段的电视广告有约75%是以这种方式提前售出的，剩余的25%为本季度使用。这个盛会有很多不成文的规矩。表面看来，它很像一个试图了解板球的纯美国人。我们就把它想成打扑克——有一些牌你可以免费看，但看其他的牌你就要花钱了。无论用多好的游戏来形容，电视网络看起来都不可能再像以前那样胡乱标价了。为什么？原因有很多，如电视节目鱼目混珠、TiVo、品牌娱乐、网络娱乐的竞争以及费用高。几个预言者预测见面会将在10年内消失，我们认为很有可能还会持续一段时间。

图表 10—27

市场和消费者曝光度的数据使广告主更加依赖电脑媒介策划工具。

ADplus(TM) RESULTS: SPOT TV (30S)
Walt Disney World
Off-Season Promotion
Monthly
Target: 973,900
Jacksonville DMA Adults

Message/vehicle = 32.0%

| Frequency (f) Distributions | VEHICLE % f+ | % f+ | MESSAGE % f | % f+ |
|---|---|---|---|---|
| f | | | | |
| 0 | 5.1 | - | 9.1 | - |
| 1 | 2.0 | 94.9 | 7.5 | 90.9 |
| 2 | 2.2 | 92.9 | 8.1 | 83.4 |
| 3 | 2.3 | 90.7 | 8.1 | 75.2 |
| 4 | 2.4 | 88.3 | 7.8 | 67.1 |
| 5 | 2.4 | 85.9 | 7.2 | 59.3 |
| 6 | 2.5 | 83.5 | 6.6 | 52.1 |
| 7 | 2.5 | 81.0 | 6.0 | 45.5 |
| 8 | 2.5 | 78.5 | 5.3 | 39.5 |
| 9 | 2.5 | 76.0 | 4.7 | 34.2 |
| 10+ | 73.5 | 73.5 | 29.5 | 29.5 |
| 20+ | 49.8 | 49.8 | 6.1 | 6.1 |

| Summary Evaluation | Vehicle | Message |
|---|---|---|
| Reach 1+ (%) | 94.9% | 90.9% |
| Reach 1+ (000s) | 923.9 | 885.3 |
| Reach 3+ (%) | 90.7% | 75.2% |
| Reach 3+ (000s) | 882.9 | 732.8 |
| Gross rating points (GRPs) | 2,340.0 | 748.8 |
| Average frequency (f) | 24.7 | 8.2 |
| Gross impressions (000s) | 22,789.3 | 7,292.6 |
| Cost-per-thousand (CPM) | 6.10 | 19.06 |
| Cost-per-rating point (CPP) | 59 | 186 |

| Vehicle List | RATING | AD COST | CPM-MSG | ADS | TOTAL COST | MIX % |
|---|---|---|---|---|---|---|
| WJKS-ABC-AM | 6.00 | 234 | 12.51 | 30 | 7,020 | 5.1 |
| WJXT-CBS-AM | 6.00 | 234 | 12.51 | 30 | 7,020 | 5.1 |
| WTLV-NBC-AM | 6.00 | 234 | 12.51 | 30 | 7,020 | 5.1 |
| WJKS-ABC-DAY | 5.00 | 230 | 14.76 | 60 | 13,800 | 9.9 |
| WJXT-CBS-DAY | 5.00 | 230 | 14.76 | 60 | 13,800 | 9.9 |
| WTLV-NBC-DAY | 5.00 | 230 | 14.76 | 60 | 13,800 | 9.9 |
| WJKS-ABC-PRIM | 10.00 | 850 | 27.27 | 30 | 25,500 | 18.4 |
| WJXT-CBS-PRIM | 10.00 | 850 | 27.27 | 30 | 25,500 | 18.4 |
| WTLV-NBC-PRIM | 10.00 | 850 | 27.27 | 30 | 25,500 | 18.4 |
| | | Totals | 19.06 | 360 | 138,960 | 100.0 |

ADplus(TM) RESULTS: DAILY NEWSPAPERS (1/2 PAGE), SPOT TV (30S)
Walt Disney World
Off-Season Promotion
Monthly
Target: 973,900
Jacksonville DMA Adults

Message/vehicle = 28.1%

| Frequency (f) Distributions | VEHICLE % f+ | % f+ | MESSAGE % f | % f+ |
|---|---|---|---|---|
| f | | | | |
| 0 | 1.2 | - | 4.0 | - |
| 1 | 0.8 | 98.8 | 4.9 | 96.0 |
| 2 | 0.9 | 98.0 | 5.9 | 91.1 |
| 3 | 0.9 | 97.2 | 6.5 | 85.2 |
| 4 | 1.0 | 96.2 | 6.7 | 78.7 |
| 5 | 1.1 | 95.2 | 6.8 | 72.0 |
| 6 | 1.1 | 94.2 | 6.6 | 65.2 |
| 7 | 1.2 | 93.0 | 6.3 | 58.6 |
| 8 | 1.3 | 91.8 | 5.9 | 52.4 |
| 9 | 1.3 | 90.6 | 5.5 | 46.5 |
| 10+ | 89.3 | 89.3 | 41.0 | 41.0 |
| 20+ | 73.3 | 73.3 | 9.6 | 9.6 |

| Summary Evaluation | Vehicle | Message |
|---|---|---|
| Reach 1+ (%) | 98.8% | 96.0% |
| Reach 1+ (000s) | 962.6 | 934.6 |
| Reach 3+ (%) | 97.2% | 85.2% |
| Reach 3+ (000s) | 946.5 | 829.7 |
| Gross rating points (GRPs) | 3,372.0 | 948.0 |
| Average frequency (f) | 34.1 | 9.9 |
| Gross impressions (000s) | 32,839.9 | 9,232.3 |
| Cost-per-thousand (CPM) | 10.96 | 38.99 |
| Cost-per-rating point (CPP) | 107 | 380 |

| Vehicle List | RATING | AD COST | CPM-MSG | ADS | TOTAL COST | MIX % |
|---|---|---|---|---|---|---|
| 1 Daily Newspapers | | Totals: | 114.00 | 80 | 221,040 | 61.4 |
| Times-Union | 42.00 | 8,284 | 104.93 | 20 | 165,680 | 46.0 |
| Record | 4.00 | 866 | 115.18 | 20 | 17,320 | 4.8 |
| News | 3.20 | 926 | 153.95 | 20 | 18,520 | 5.1 |
| Reporter | 2.40 | 976 | 216.35 | 20 | 19,520 | 5.4 |
| 2 Spot TV (30s) | | Totals: | 19.00 | 360 | 138,960 | 38.6 |
| WJKS-ABC-AM | 6.00 | 234 | 12.51 | 30 | 7,020 | 2.0 |
| WJXT-CBS-AM | 6.00 | 234 | 12.51 | 30 | 7,020 | 2.0 |
| WTLV-NBC-AM | 6.00 | 234 | 12.51 | 30 | 7,020 | 2.0 |
| WJKS-ABC-DAY | 5.00 | 230 | 14.76 | 60 | 13,800 | 3.8 |
| WJXT-CBS-DAY | 5.00 | 230 | 14.76 | 60 | 13,800 | 3.8 |
| WTLV-NBC-DAY | 5.00 | 230 | 14.76 | 60 | 13,800 | 3.8 |
| WJKS-ABC-PRIM | 10.00 | 850 | 27.27 | 30 | 25,500 | 7.1 |
| WJXT-CBS-PRIM | 10.00 | 850 | 27.27 | 30 | 25,500 | 7.1 |
| WTLV-NBC-PRIM | 10.00 | 850 | 27.27 | 30 | 25,500 | 7.1 |
| | | Totals: | 38.99 | 440 | 360,000 | 100.0 |

一些广告主不用代理公司，而是使用**媒介购买服务机构**，这类机构买断大段媒介时间和版面后再卖给广告主（见图表10—29）。有些机构和公司已经设立了自己的媒介采购部门（如通用汽车公司的通用汽车计划工作）以控制媒介规划和购买的进程。

图表 10—28

媒介流程图向广告主展示了媒介策划的概况。

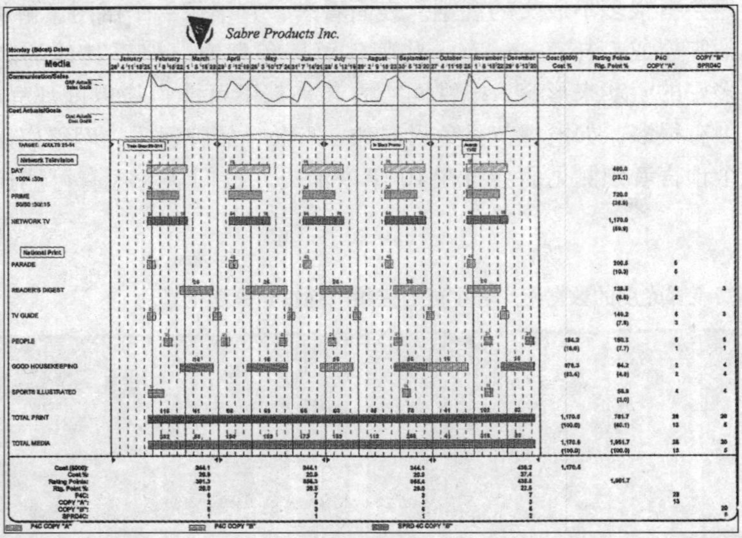


Source：Telmar Information Services Corp.，How Master for Windows™，New York，1999. Reprinted with permission.

不管媒介购买采用什么机构，媒介采购者都会评估受众覆盖率、CPM 和每笔交易的时机。负责采购的组织也监督广告的质量并评估实际受众覆盖率。如果信息没有传递给预期的受众，媒介组织不得不通过提高广告投放频率或者以后给予退款或降低价格弥补广告主的损失。例如，在 1998 年冬季奥运会黄金时段由于转播率的降低，哥伦比亚广播公司不得不额外播放了约 400 个 30 秒广告作为补偿。①

图表 10—29

网络媒介采购服务使媒介专业人士能够更有效地采购印刷、在线和广播媒介广告。让我们来发掘 Marketron International 的服务和工作范围（http：//www. marketron. com）。这个以网络为基础的广告交换服务公司是如何提高媒介日程和采购效率的呢?

① “CBS Faces Olympics Make-Goods，” http：//www. adage. com，February 19，1998.

## 10.8 防御传统广告

不容置疑，媒介广告和推销领域已发生了翻天覆地的变化。我们很想给这场媒介变革泼点冷水（或许下场薄雾）。但是传统广告，甚至是“30 Net-TV”（30 秒的网络电视）广告和杂志广告都还没有退出市场，它们仍然发挥着重要价值。如果没有超级杯或奥运会这样的盛典，有些事情你是实现不了的：将信息传递给真正的大众，但有时为了实现最大覆盖率而丧失了特色。创建品牌仍需要传统广告，至少在很长一段时间内是这样，然而传统广告和媒介业都已意识到他们不能再靠过去的荣耀生存了。凯文·罗伯茨，上奇广告（Saatchi & Saatchi）公司的首席执行官以明显斥责的语气讲到整合传播热潮：“如果我再次听到‘接触点’或‘整体性’这样的字眼，我就会吐。”

## 本章总结

1. 描述广告沿革和 IBP 的重要变化，如代理收费制、ROI 需求、全球化和多元文化媒介。

没有了 15% 的佣金意味着公司购买媒介广告的利益激励更少了。随着广告和 IBP 可使用媒介种类的增加，媒介行业的收入比过去更加分散了。牢固的媒介购买业务能够帮助公司获得更好的交易，提高对媒介的影响力。除此之外，现在公司的员工减少了，但是每个人负责的工作却更多了，因此盈利更大的新媒介比传统媒介更具吸引力。媒介全球化给整个行业施加了很大压力，迫使它们不得不为媒介测量标准全球化而努力。习惯了免费享受的消费者对那些强加给他们的广告越来越没兴趣，因此偏好的变化使广告传播形式不断完善。互联网所带来的日益上升的交易倾向和成本透明度，使消费者大大提高了不依赖传统媒介广告获得大量消费信息的能力。还有一点就是传统媒介广告泛滥，现在你一定能明白为什么广告媒介领域没有一件事物是神圣的，绝对没有！此外，不要忘记全球多文化媒介日益增长的影响力，一个新媒介世界正在出现。最后但同样重要的是现在的广告主正要求媒介采购方（包括传统媒介和新兴媒介）为媒介交易承担更大的责任和提交书面投资收益保证书。

2. 描述媒介策划的基本原则。

尽管广告业正发生重大变化，但媒介策划的内容基本没变。媒介计划书明确列出了传递信息的各种媒介工具。制订媒介计划书需要设定一些目标，如有效覆盖和频率，制定实现目标的策略。媒介策划者使用一些量化指标，如 CPM（每千人成本），是指向 1 000 个目标受众传递信息的媒介成本；CPR（每收视点成本），指每得到一个收视率百分点所支付的成本，判断待选媒介的效果。媒介策划工作最重要的部分是媒介组合的排期和购买，因为购买的媒介工具要在恰当的时间把广告主的信息传达给特定目标受众，以影响他们的消费决策。媒介策划是一个有条理的过程，绝不能完全依赖电脑决策模型和统计测量；数据的质量、人性和个人因素使媒介策划不可能成为一门精确的科学。

3. 了解 IBP 对媒介策划必然存在的影响

广告对传统媒介的依赖度确实也可能持续下降。由于数据库的目标定位法具有高度选择性，宣传活动具有可测量性，因此以数据库为基础的 IBP 活动非常吸引人。对 IBP 的依赖度越高，对广告效果测量就越完善。在当代广告和 IBP 环境中工作，你就不得不了解很多媒介。而且，对这些分散的推销活动实行集中控制是必需的。在新环境中有些事情真的可能与你的意识背道而驰。

4. 讨论媒介策划中“真正的交易”

在广告和 IBP 的现实世界里，数据的使用使人对精确产生了一种错觉。实际上媒介测量系统存在许多垃圾内容。数据质量并没有那么好，这些数据对实现一些目的是足够的，但是绝不能愚蠢地把这些数字视同事实，不能这样做。不论多少电脑费力地得出这些数据，这些测量始终都是糟糕的。同时，很多媒介策划工作源于广告主对广告的需求。对很多媒介销售来说，媒介策划人就是广告的目标市场。永远不要忘记媒介午餐的力量：“免费的午餐”或由你友好的媒介代表主办的鸡尾酒舞会。这就是许多媒介进行规划的方式。事实确实如此。

5. 讨论当代媒介策划环境的要素

你应该了解特定测量需求和网络媒介的基本术语。你也应该了解广告占有率计算的重要性，这些数据能够帮助你了解你的品牌在每种媒介上的开支占同行业相同媒介品牌开支总额的比例，快速、简单算出你和竞争对手的对比情况。你也应该知道现在媒介的标准做法是使用电脑媒介模型，完善媒介计划以实现媒介采购的成本效益最优化。电脑媒介模型应该当作一个工具使用，而不是代替媒介策略。你也应该明白互动媒介种类的不断增加需要媒介策划者的特别关注，并且将来可能会使传统媒介的重要性日益降低。你也应该知道越来越多的媒介采购交易会由独立的媒介采购公司负责。

6. 讨论传统广告的价值

许多非常聪明、富有创造性并且很有才能的人都非常信任传统广告，一点都不认为它们会消失。

## 关键术语

deal proneness 交易倾向

frequency 频率

share of voice 广告占有率

price \ cost transparency 价格/成本透明度

effective frequency 有效频率

cost per thousand（CPM）每千人成本

above-the-line promotion 线上推销

effective reach 有效覆盖率

cost per thousand-target market 目标市场每千人成本（CPM-TM）

measured media 标准媒介
message weight 信息力度
cost per rating point 每收视点成本（CPRP）
below-the-line promotion 线下推销
gross impressions 总接触人次
unmeasured media 非标准媒介
between-vehicle duplication 媒介工具内重叠
multiway communication 多向交流
media plan 媒介策划
within-vehicle duplication 媒介工具内重叠
media buying 媒介购买
media class 媒介等级
continuity 连续式
agency of record 代理商
media vehicle 媒介工具
continuous scheduling 连续式排期
upfronts 见面会
media mix 媒介组合
flighting 间歇式
media-buying service 媒介购买机构
single-source tracking services 独源数据跟踪服务机构
pulsing 脉冲式
push marketing 推动式营销
geographic scope 地理范围
forgetting function 遗忘功能
pull marketing 拉取式营销
geo-targeting 地理定位
square-root law 平方根法则
reach 覆盖率
context effects 环境效应

## 问题

1. 本章开篇部分描述了全球媒介策划的重大变化。将过去和现在进行比较，分析是什么引起了这种转变？你认为媒介策划工作的复杂度是增加了还是减少了？解释一下原因。

2. 在媒介策划的所有变化中，你认为哪一种变化对广告业的未来会产生最大的影响？

3. 媒介选择的激增给媒介策划者带来了更多的难题，但是他们仍能就现有媒介的对比情况做出一些具有实用价值的区分。广告和品牌推销活动支配了整个推销活动的“饼状图”？哪些广告商的广告支出最多？

4. 媒介策划应该在消费者方面采取积极主动的策略。请解释地理定位是如何使媒介策划工作在消费者方面更积极主动的。

5. 策划策略模型使策划者可以利用覆盖率、频率和总接触人次等标准比较各种媒介计划的影响。在媒介计划书最终敲定前，策划者还应考虑什么标准？

6. 回顾 CPM 和 CPRP 的数学计算公式，请解释如何使用这两种指标评估媒介排期的效率和效果。

7. 在真正的媒介策划中数据质量为什么变得越来越重要？

8. 现实中，媒介策划者总是依靠复杂的数据做战略性决策吗，或者说有什么其他因素影响媒介采购决策吗？解释一下原因。

9. 对品牌娱乐的重视和社交网络（如聚友网）数量的激增是如何影响媒介策划的？

10. 讨论本章中提到的整合品牌促销支持者所面对的挑战。为什么实现 IBP 需要实行集中控制？如果媒介策划者希望扮演一个集中控制者的角色，他们需要具备什么素质？

## 实践练习

1. 观看一小时的黄金时段节目，记录每个广告的时间长度并进行简短的描述。根据这一个小时内你对说服力最强和说服力最差的两种广告的感受，想一下长短广告价值的对比情况。什么时候广告主应该使用长广告而非短广告？什么时候情况恰好相反？

2. 假设你现在是一个地区性快餐制造商的顾问，他的品牌的广告占有率比较低，你会建议这样一个广告主使用哪种连续模式？你会在竞争对手（如 Pringles、Doritos 等全国性品牌）赞助的电视节目中投放广告吗？请解释原因。

3. 如本章所讨论的，语境是媒介策划方案的一个关键部分。为了更好理解语境的作用，找找最近几期的 *Sports Illustrated*、*InStyle* 和 *New Yorker*。每本杂志主要刊登了哪些品牌、产品和服务？每本杂志刊登的品牌和它们的广告信息之间有哪些相似之处？杂志本身对广告主有什么社会意义？针对每本杂志，列出五种你最不希望出现在杂志中的品牌、产品或者服务，并解释原因。

4. 根据图表 10—12 男用须后水和古龙水的人口调查，分成若干小组，为 Jovan Musk 制造商大体规划一个媒介策略。你的策略大纲要为随后的任何一项媒介策划、最佳目标受众、媒介组合活动和最佳媒介工具的确定工作提供指导。你的答案还要解决媒介策划书中人口统计数据的局限性。

# 11 媒体策划：报纸、杂志、电视和广播

通过本章的学习，应该掌握以下技能：

- 1. 理解传统媒体，如报纸、杂志、电视和广播等在新电子媒体时代的变化
- 2. 详述报纸媒体的优缺点，明确报纸类型，描述报纸的销售情况和受众的情况
- 3. 详述杂志媒体的优缺点，明确杂志类型，描述杂志的销售情况和受众的情况
- 4. 详述电视媒体的优缺点，明确电视类型，描述电视销售情况和受众的情况
- 5. 详述广播媒体的优缺点，明确广播类型，描述广播的销售情况和受众的情况

## 11.1 一个崭新的“传统”媒介世界

在第 1 章和第 2 章中，我们已经谈到整个广告业仍在以不同的方式持续演变着。报纸、杂志、电视和广播这些传统媒介的变化是最明显和具体的。在过去的 70 年里，选择媒介传递广告信息是十分简单和直接的方式。广告主主要通过与他们的广告代理商合作，为其品牌策划宣传信息。之后，广告代理商与电视或广播公司磋商广告播放时间，或与报纸和杂志出版商协商刊登广告的版面。但是这些媒介形式只掌握在少数几家大公司手中。

然而，这一切都已经改变。广告主迅速转换观念，采用数字媒介——主要是网络广告，它能以更低的成本使广告信息被传递到目标市场。除此之外，数字媒介允许广告主在宣传活动中迅速做出改变，而传统媒介要花费几个月才能做到。我们不要忘了，如果广告主选择网络作为广告媒介，那么网络宣传活动则是全球性的，但这对于传统媒介来说是极其艰难的工作。

数字媒介的优势不仅改变了广告主对如何开展广告宣传活动的认识，而且对他们的媒介投资方式也产生了影响。网络广告现在是一个拥有 200 亿美元资产的产业，或者说约占美国广告总投资额的 6%，而在 2004 年，其份额仅为 4%。[①] 其他重要的变化是传统的传递信息的方式（传递信息的广告）正在退出市场，而这一事实已得到广告媒介公司的共识。比如，广告主投资在报纸上的全部资金已从占广告总投资的 23% 下降为 18%，报纸发行商每年的广告收入因而减少数亿美元。[②] Google 和 Yahoo! 可以提供定位准确的地方广告（过去只有报纸才有这种能力），craigslist. com 可以提供免费的分类广告，环球网上的所有信息也是免费的。像 E. W. Scripps 这样的报纸公司，为了应对以上的变化和逐渐减少的印刷收入，已经在交互式媒介中采取了激进的行动。[③]

在报纸受到交互式媒介的冲击时，电视公司也感到了发展的局限性。只有通过自身的改变才能应对交互式媒介带来的影响。如 CBS，这个拥有 50 多年历史的传统媒介电视公司所采取的行动（众所周知，CSI 节目的成功来自观众的支持）。2006 年，CBS 公司开始与 20 多个网上机构建立合作伙伴关系，比如 Bebo 和 Veoh 公司，力图通过这些机构提供在线观看 CBS 的节目，从而可以获得约 90% 的插播广告收入。[④] 而且，该电视网全额收购在线媒介机构，如以播放音乐为基础的社会广播网 Last. fm 和以播放金融财经视频为主的新兴公司 Wallstrip。传统的 CBS 媒介公司采取这些现代媒介策略的原因有：CBS 公司想在新的媒介环境下，在考虑与人们获取信息途径相关的前提下，寻求尽可能多的广告收入来源。

---

① Emily Steel, “Advertising’ s Brave New World,” *Wall Street Journal*, May 25, 2007, B1, B3.

② Brian Deagon, “Digital Era Leaves No Time for Newspapers to Rest In Print,” *Investor’s Business Daily*, February 17, 2006, *accessed at http: //www. biz. yahoo. com* on February 20, 2006.

③ Abbey Klaassen, “How Scripps Turned into a Digital Darling,” *Advertising Age*, January 22, 2007, 3, 23.

④ Jon Fine, “Not Bad, for a TV Network,” *BusinessWeek*, June 25, 2007, 24.

由于广告主制定媒介策略方式的改变，大型传统媒介公司，如CBS，不得不寻求新媒介的帮助。一个典型的例子就是三角（Delta）航空公司为摆脱破产困境而设计广告宣传的方式。起初，该公司获得传统广告代理商SS&K公司和数字营销公司Publicis Modem提供的服务。这两个代理商为Delta公司的宣传活动制作宣传信息、图像和故事情节。之后，SS&K公司制订了一个传统的媒介宣传活动计划（主要是印刷品），Publicis Modem为Delta公司设计了不同形式的网络广告，其中包括网页标题广告和作为常用广告宣传方式的邮件。新的数字媒介宣传活动还包括具有社会网络关系的网址和购买付费搜索术语。①

新的媒介环境绝没有任何可预测的结构，而且所有处在不同数字级别的媒介公司都在努力攀爬到适当的位置去探索消费者寻求品牌信息的途径。以下讨论将为你阐述传统媒介形式的概况，从而你会进一步了解广告主怎样在制定品牌广告宣传策略中选择媒介形式。下一章，即第12章——媒介策划：互联网上的广告与整合品牌促销，将介绍数字媒介选择。

## 11.2 媒介选择及其战略策划的考虑因素

广告主制定媒介决策是十分重要的。原因有二：其一，广告主要通过媒介接触其潜在消费者，这是显而易见的；其二，广告主的媒介选择决定了哪家或哪些媒介公司可以赚取投资在报纸、杂志、电视/有线电视和广播上数十亿美元的广告费。

本章侧重阐述广告主对印刷品和广播这些接触消费者的主要方式进行评估时所面临的挑战。上一章对媒介策划的讨论中强调过，如果广告不能吸引目标消费者，即使是规模再大的广告宣传活动也不能达到传递广告信息和促进产品销售的目的。

本章侧重阐述使用印刷品、电视和广播这些传统媒介的几个重要环节。对于印刷品——报纸和杂志，我们首先考虑的是媒介本身的优缺点。广告主在进行媒介策划时必须考虑报纸和杂志固有的优缺点；接着，我们讨论可供广告主选择的报纸和杂志类型；最后，我们学习广告购买程序和读者数量的统计方法。

在讨论印刷品之后，我们会以同样的方式阐述电视和广播。首先描述电视和广播的类型，接着指出电视和广播的优缺点，认清这两种媒介形式的广告购买程序和读者数量的统计方法；最后预测在网络、卫星和宽带技术发展的环境下，电视和广播的发展前景。

印刷品、电视和广播是广告主接触消费者的主要传统方式。正如本章的引言部分里所指出的那样，投资在新媒介形式上的金额相当大。但是美国仍有约50%的广告消费投资在了传统的印刷品、广播和电视上，② 而且创意及资金大都投在了印刷品和广播的广告宣传活动上。尽管新的数字媒介有许多激发人们兴趣的信息传递方式，但是印刷品和广播很可能是未来数年里大部分广告宣传活动的基础。本章将阐明这些媒

---

① Steel, "Advertising's Brave New World."

② Bradley Johnson, "It's Been a Good 5 Years—Unless You're in Media," *Advertising Age*, December 11, 2006, 16.

介之所以成为广告主有效和必要的传递信息方式的原因。

## 11.3 印刷媒介

你也许会认为，报纸杂志这些印刷品是没有活力的，而且与像 Spike TV 那样具有活力的广播相比，它们缺乏影响力。再想一想，思考一下绝对牌（Absolut）伏特加酒所面临的问题。在其卓越的发展历程中，绝对牌伏特加酒曾处于退出市场的边缘。在美国，产自瑞典的酒每年仅售 1.2 万箱，而这还不到市场份额的 1%。绝对牌伏特加酒这个名字看起来非常诡异；酒吧服务员认为这种酒的酒瓶外观丑陋，而且操作起来不方便；最重要的是，消费者不信任瑞典生产的伏特加酒，在他们看来，瑞典是一个由盒形汽车和高温浴缸组成的国家。

位于纽约的 TBWA 广告代理商开始着手处理该品牌存在的问题，决定只使用印刷广告，这是由于当时广播禁止播放烈性酒的广告。这家代理商发起挑战，通过开展杂志和报纸广告建立产品知名度，向消费者介绍产品质量，使产品获得消费者的信任，改变瑞典在美国消费者心目中的刻板形象。该公司在当时开展了一场最著名和成功的印刷广告宣传活动。此活动的理念是将绝对牌伏特加酒的奇怪外形瓶子作为每个广告的亮点，并且都以 Absolut 和描述产品质量如“完美”或“清澈”这样的词来吸引观众的眼球。这两个词由最初的描述产品质量演变为蕴含许多智慧的合成词。“Absolut Centerfold”出现在 *Playboy* 杂志，凸显绝对牌伏特加酒瓶的特征，却没有一句书面描述。“Absolut Wonderland”是一个圣诞节销售广告，它向读者呈现了一幅圣诞节的画面——在一个皑皑白雪的地球仪上出现了一个酒瓶。（这个广告就像那些表现白雪皑皑的圣诞节场景那样，在一个大雪球里放置一个酒瓶）

最后，绝对牌伏特加酒的广告宣传活动不仅创意非凡，而且在没有电视和数字媒介的条件下，只依靠印刷品的宣传就在市场上取得了巨大的成功。绝对牌伏特加酒现在已经是美国伏特加酒主要的进口品牌之一。这种不被消费者接受、瓶子丑陋的伏特加酒已经转型为构思巧妙、广告安排合理的精良又时尚的印刷宣传产品。① 直到今天，绝对牌伏特加酒仍主要通过 IBP 工具组合中的杂志广告取得常胜业绩。

### 11.3.1 报纸

尽管网络媒介在不断发展，报纸仍然是广告主使用最广泛的广告媒介。不论是大广告主或是小广告主，甚至是你和我，都可以在报纸上刊登广告出售二手自行车或滑雪板。事实上，现在报纸广告的投资已达约 470 亿美元，比其他任何一种传统媒介的投资都多，是网络广告投资的两倍多。② 图表 11—1 列出了用报纸登广告的前十大广告主。一些全国性的报纸主要针对从事商业的读者。当然，报纸非常适合针对地域

① Historical information about the Absolut vodka campaign was adapted from information in Nicholas Ind, “Absolut Vodka in the U. S. ,” in *Great Advertising Campaigns* (Lincolnwood, Ill. : NTC Business Books, 1993), 15 – 32.

② 100 Leading National Advertisers, *Advertising Age*, June 25, 2007, S – 15.

集中的读者——准确地说是零售商想要针对的读者类型。

然而，作为媒介的报纸，当前的地位令人堪忧。自20世纪80年代以来，美国各种报纸的发行量一直在下降，并且此趋势一直延续到21世纪。请注意，读者数量的减少和报纸发行量的下降是通过图表11—1中过半的广告主大幅减少其在报纸上的投入而反映出来的。

图表11—1

使用报纸刊登广告的前十大广告主（百万美元）。

| | | 国内报纸广告支出 | | |
|---|---|---|---|---|
| 排名 | 广告主 | 2006 | 2005 | 变动率（%） |
| 1 | 梅西 | 714.8 | 793.3 | -9.9 |
| 2 | 弗莱森通讯公司 | 687.7 | 635.7 | 8.2 |
| 3 | 斯普林特 Nextel 公司 | 495.6 | 551.1 | -10.1 |
| 4 | AT&T | 483.5 | 661.5 | -26.9 |
| 5 | 时代华纳 | 297.6 | 362.7 | -17.96 |
| 6 | 西尔斯控股公司 | 234.2 | 247.8 | -5.57 |
| 7 | 通用汽车公司 | 219.6 | 580.6 | -62.2 |
| 8 | Fry's Eletric Co. | 215.1 | 204.2 | 5.3 |
| 9 | 通用电气公司 | 212.8 | 211.6 | 0.6 |
| 10 | 宝洁公司 | 206.8 | 198.0 | 4.4 |

资料来源　*Advertising Age*，January 1，2007，20.

更糟糕的是，阅读日报的成年人的比例也在不断下降。美国现在有约52%的成年人阅读日报，而在1970年是78%。[①]报纸发行量和读者的减少主要是因为晨报和晚报的读者转而收看电视新闻和浏览网络新闻。尽管如《早安，美国》和《福克斯夜间新闻》等节目没有像报纸那样覆盖面广泛的新闻报道，但是它们仍报道新闻，而且是以形象的具有多重感官效果的形式报道新闻。通过网络，读者每周七天、每天24小时都可以浏览新闻，不需要等待报纸出版发行。但是请注意，报纸对数字媒介成功的初次尝试意味着，虽然许多报纸出版商的读者正在减少，但它们运营正常。

1. **报纸的优势**。虽然在过去的20年里，报纸失去了一些光环，但它们仍可以接触一半以上的美国家庭——约1.5亿成年人。并且如上所述，报纸对定位于区域性目标市场的零售商来说仍是首选媒介。但是作为媒介的报纸，其吸引力不仅仅是其覆盖面广泛，它还有其他优势：

**地域选择性**。美国城镇的日报为广告主提供了接触地点明确的目标读者的机会。一些报纸开始经营地区版——在大城市的市场范围内，定位于范围更小的区域市场。地区版主要供在当地经商的人士使用；全国性的广告主，如家乐氏和高露洁，可以使

① Data on newspaper readership is available at the Newspaper Association of America Web site，*http*：*//www. nnn-naa. com.* Data cited here were drawn from that site on June 22，2007.

用这种报纸把免费的样品邮寄到不同的分区。

**及时**。报纸是主要的传统媒介中最具及时性的一种。由于典型的报纸广告制作所需时间短且报纸每天的出版都比较规律，所以报纸使广告主得以及时接触读者。这并不意味着只有日报才能做到，报纸广告还可以利用特殊事件或发生在社区中的独特事件。

**提供创意机会**。虽然报纸不像广播媒介那样有广泛的创意可供选择，但是广告主也可以在报纸上进行创意。报纸提供了较大版面而价格相对便宜的传递信息的方式，所以广告主可以用相对低廉的成本向目标读者提供大量信息，这对广泛而复杂的、需要大篇幅和细致描述的产品或服务尤为重要。图表 11—2 中美国轮胎的广告就需要一个大的版面对轮胎的大小和价格进行细致的介绍。

图表 11—2

报纸为广告主提供了大的版面，这一点对那些需要空间向目标读者散播大量信息的广告主来说是十分重要的。如美国轮胎公司就利用报纸的大版面刊登广告，来介绍轮胎的大小和价格。

## 正确行事专栏

### 传言：网络会控制分类广告；
### 现实：报纸无须担心，因为它也将数字化。

分类广告是地方报纸的生命线，因为在报纸的总收入中，分类广告收入占30% ~40%。根据美国报纸协会的统计，目前分类广告每年会给报纸带来180亿美元的收入。

所以当Yahoo！和微软、美国在线这样的门户网站公司开始建立地方网站时，报纸出版商担心以网络为基础的分类广告会严重减少他们的收入，这也不足为奇了。毕竟，对分类广告来说，网络是一种更便捷而且更容易接触的媒介。卖方将待出售的房屋、自行车或小狗的图片挂在网上，这种方式相对于在非常小的板块上用三行字对物品做简单描述的方式来说，可以很形象地展现和介绍物品，而且消费者、买家可以在任何时间查看分类广告，无需长途跋涉到指定地点，争抢那些从来不会分发到每家每户房屋前的广告纸。因为网络分类广告似乎比诸如Monster（招聘网站）这样的以报纸为基础经营网络业务的公司要好。而且，美国Autobytel公司（经营汽车分类广告）甚至有能力免费提供分类广告，所需费用由条幅广告的销售收入支付。因此，报纸怎么才能与展现方式更好、可提供免费广告的网络竞争呢？

下面还有一些现实中的发现。首先，在过去的几年里，分类广告发展走势略微下降（原因很可能是与其发行量有关，而非与网络的竞争有关），然而对网络赚取所有分类广告利润的预期并没有成为现实。其次，地方报纸通过在网上提供具有地方性质的广告战胜了网络分类广告的冲击。最后，大型报纸连锁商McClatchy Company公司和报纸出版商Washing Post公司正在投资建立如Friendster、MeetUp和Tribe此类的“在线社交网络”。这些在线网络给地方网民提供一种网络环境而不是只有分类广告。

资料来源 Dan Mitchell, “Hello Webmaster—Get Me a Rewrite,” *Business 2.0*, March 6, 2001, 42; Tobi Elkin, “Newspaper Giants Buy into Tribe,” *Advertising Age*, December 8, 2003, 36. Brian Deagon, “Digital Era Leaves No Time for Newspaper to Rest in Print,” *Investors Business Daily*, February 17, 2006.

**可靠性**。人们一般认为“出现在报纸上的事情都是真实的”，而报纸正是得益于这种观念。例如，英国葛兰素威康公司（Glaxo Wellcome）和史克必成（SmithKline Beecham）两大公司在报纸上公布它们合并（价值730亿美元的葛兰素史克公司）的决定。在此过程中，可靠性这个因素起到了关键作用。①

**读者兴趣**。经常读报纸的人对所读的信息兴趣浓厚。虽然美国阅读报纸的总人数呈下降趋势，但那些忠实读者仍然对报纸感兴趣。许多读者买报纸是为了了解当地商店在销售什么，从而为当地的商人创造了非常适宜的环境。尽管在早期人们担心网络会大大降低报纸分类广告的收入，如正确行事专栏显示的那样，然而报纸仍然是当地

① David Goetzl, “GlaxoSmithKline Launches Print Ads,” *Advertising Age*, January 8, 2001, 30.

分类广告的主要媒介。

**成本**。由于发行量大以及版面大这两大优势，对于广告主来说报纸广告成本较低。虽然在报纸上刊登广告的单位成本比电视和广播广告高，但是即使是很小的广告费预算也能承受印刷广告成本。

2. **报纸的缺点**。报纸给广告主提供许多机会，但是就像其他媒介一样，报纸也有一些不可忽视的缺点。

**内容分类有限**。在报纸选择了不错的地理区域之后，它确立目标读者的能力就有限了。报纸广泛涉足于经济、社会和人口统计等各个方面，但这使它与特定领域的读者之间产生隔阂。投放在特定版面上的广告通过性别可以最小限度地确定目标受众，但即使这样也没有成效。一些报纸正在努力开发一些具体的版面以提高报纸的细分能力（见图表11—3）。许多报纸正在开发有关电子商务和网上电影评论的版面，从而捕获特定读者。[①] 除此之外，越来越多的报纸出版商正在发行针对特定族裔的报纸，这也是一种报道领域的细分形式。报纸行业认为它们在这方面已经取得了很大的进步，并且此行业正试图说服广告主，如果策略性地刊登报纸广告，那么广告主就可在读者捕获方面超过杂志。

图表11—3

许多报纸出版商正尝试为广告主有针对性地开发特定版面，来增加他们的目标选择。如针对赛车迷开发的纳斯卡（NASCAR）版面。

**创意限制**。创意限制使得报纸执行创意的机会显得尤为重要。首先，报纸再版之后效果较差。由 *USA Today* 率先实施，大部分报纸现在以彩色印刷它们的部分版面。但是彩色印刷也没有改进广告中产品的外观效果。对那些品牌形象依赖于精确而高质量的出版（彩色印刷或黑白印刷）的广告主来说，较之其他媒介，报纸确有一些严

① Jon Fine, "Tribune Seeks National Ads with 3 New Special Sections," *Advertising Age*, October 9, 2000, 42.

重的缺陷。其次，报纸是一元媒介，没有声音，缺乏动感，对那些需要丰富的创意执行的品牌来说，报纸通常不是最好的选择。

**杂乱的环境**。通常报纸版面充斥着标题、副标题、图片和声明，更不用说新闻故事了。这种版面对广告来说非常杂乱拥挤。更糟的是，大多数同种产品的广告主都使用同一版面去捕获目标读者。例如，所有的房屋抵押贷款和金融服务广告都刊登在商业版，所有的女装广告都刊登在地铁或市内公共汽车等人群集中的地方。

**效应期短**。大部分的美国人读完报纸后便会将之丢弃（也有望将报纸堆放在可循环废物箱中）。广告主克服这个缺陷的唯一办法就是买下日报的若干版面，或在一周内购买若干次版面，或同时使用这两种办法。这样一来，即使读者在报纸上花费的时间不多，读者也很可能留意到广告内容。

虽然报纸存在创意缺陷，但是普通报纸的效果还不错。如果广告主想使用黑白广告迅速吸引地方读者的注意的话，那么报纸就是不错的选择。

3. **报纸的种类**。虽然所有的报纸都有相同的优点和不同程度的缺点，但是有不同类型的报纸可供广告主选择。报纸根据目标读者、发行地区和出版周期的差异划分为不同种类。

**目标受众**。根据目标读者的差异可将报纸划分为不同种类，最主要的五种是：大众报纸、商业报纸、族裔报纸、同性恋报纸以及其他（可转变）报刊。**大众报**主要面向当地居民，报道他们感兴趣的新闻，像《堪萨斯城市之星》（*Kansas City Star*）、《戴顿每日新闻》（*Dayton Daily News*）和《哥伦布电讯报》（*Columbus Dispatch*）。**商业报**如《华尔街日报》（*Wall Street Journal*）、《投资者商报》（*Investor's Business Daily*）和《金融时报》（*Financial Times*），面向专业的商务读者。**族裔报**面向人口正在增长的特定种族群体。这种报纸大多每周出版一次。《纽约阿姆斯特丹新闻》（*New York Amsterdam News*）和《密歇根记事》（*Michigan Chronicle*）是美国200多种报纸中两个面向非裔的报纸，而西班牙裔却有300多种报纸。其中最具代表性的是迈阿密的*El Diario de Las Americas*。**男女同性恋报**面向最主要的市场（或许多较小的市场），圣弗朗西斯科的《湾区报道》（*Bay Area Reporter*）和波士顿的《凸窗》（*Bay Windows*）就是这种类型的报纸，而他们的读者群远不只是同性恋者。**其他新闻报纸**，如《洛杉矶周报》（*L. A. Weekly*），《奥斯汀记事》（*Austin Chronicle*）和《新奥尔良周报》（*New Orleans's Gambit Weekly*），都是寻求娱乐的年轻读者的首选。

**发行覆盖面**。如前所述，报纸大多在相对有限的区域内发行，或是一个大城市又或是一个州。像《塔尔萨世界》（*Tulsa World*）和《亚特兰大期刊》（*Atlanta Journal-Constitution*）就各自在所属的地区发行，每周的阅读量可分别达到28.8万人和90万人。美国其他类型的报纸都是全国性的报纸。《今日美国》（*USA Today*）和《华尔街日报》在创立之初就将市场定位于全国，现在它们每周的阅读量可分别达到670万人和500万人。每周拥有200万读者的《纽约时报》（*New York Times*）和《洛杉矶时报》（*Los Angeles Times*）现在已逐渐发展成为全国性的报纸。[1]

**发行周期**。美国的报纸大多为日报，因为它们每天都出版，周日也不例外。而周

---

① Data from Newspaper Association of America, *http://www.nnn-naa.com*, accessed on June 22, 2007.

报的数量相对较少，因为它的读者多为小城镇或乡下的居民。最后，广告主另一种刊登广告的方式是周日增刊，它只在周日出版且和地方报纸的周日版一起发行。发行最广的周日增刊，如 *Parade* 杂志和《美国周末报》（*USA Weekend*）将在图表 11—4 中予以说明。

图表 11—4

周日增刊，如 Parade 杂志（网址 http：//www. parade. com）和《美国周末报》（USA Weekend）（网址 http：//www. usaweekend. com）为广告主刊登广告提供了另一种方式。这些增刊与其他报刊，如《乡村之声》（Village Voice）（网址 http：//www. villagevoice. com）有何不同？是由于美国周末网（USA Weekend Web）能够吸引读者反复访问，从而提高了报纸的每周发行量吗？

4. **报纸广告的种类**。报纸广告也像报纸那样被划分成不同种类。如展示型广告、插页广告和分类广告。

**展示型广告**。提供商品和服务的广告主主要采用**展示型广告**，报纸上的展示型广告由印刷广告的一般结构组成，有标题、主体和插图——根据报纸的新闻内容绘制。展示型广告的一个重要分支是由生产制造商赞助的协作广告。在**协作广告**中，如果当地广告主将生产商的品牌突出显示时，生产商就承担部分媒介宣传费用。协作广告可以在全国范围内进行（见图表 11—5）。计算机生产商在其印刷广告中使用“Intel Inside”的字样，英特尔公司为此在协作广告中投入了巨资。

**插页广告**。有两种类型的插页广告。一种是不印在报纸上，但在发行报纸前叠放在里面的插页广告。广告主可以先制作**插页广告校样**，然后把它送到报纸发行商那里印好并进行叠放工序。

另一种插页广告是**独立插页广告（FSI）**，包括用于多种商品的象征性优惠券，与周日报纸一起派送。图表 11—6 中的必胜客（Pizza Hut）广告属于独立插页广告。广告主每年在独立插页广告上投资约为 20 亿美元。①

**分类广告**。**分类广告**是对诸如体育用品、招聘信息和汽车之类的内容进行全面介绍的报纸广告。许多分类广告由个人订阅，但是房地产公司、汽车经销商和建筑公司

---

① “100 Leading National Advertisers,” *Advertising Age*, June 25, 2007, S－15.

也购买分类广告。

5. **报纸广告的成本和购买程序**。广告主在报纸上刊登广告，首先需要从报纸发行商那里获得**广告价目表**，价目表中包括刊登广告的费用、截止日期（广告主必须提交给报纸出版商的最后期限）、对广告的具体要求和可供刊登广告的版面或专题。价目表对指定市场区域内外的广告发行量也做了扼要介绍。

图表 11—5

凸显特定品牌的零售商可以获得协作广告赞助进行媒体宣传。http：//www. ebel. com

报纸广告费用取决于几个因素：广告所占版面大小、黑白广告还是彩色广告、目标读者数量以及报纸是地域性的还是全国性的。报纸上的广告空间是按**栏寸**出售的。栏寸是报纸空间的计算单位，一栏寸等于一英寸高乘以一个专栏的宽度。其中一个专栏为 $2\frac{1}{16}$ 英寸宽。大多数报纸在出售广告空间方面已采用**标准广告单位（SAU）系统**，它定义了广告的单位大小。这个系统定义了 57 种标准广告单位，广告主从而可以使广告符合其中的一种。许多报纸对一次购买多个或一段时间内购买多个广告空间的广告主提供数量折扣。

当广告主购买可**刊登在任何版面（ROP）**的广告空间时，或可称为具有较大的新闻报道范围，那么广告可以出现在报纸上的任何版面的任何地方。对报纸中**显著位置**的收费一般较高，因为广告刊登在报纸的特殊、显眼的位置上。**黄金版位**将广告登在靠近报纸顶端或社论的中间。

6. **统计报纸读者数量**。我们可从几个方面统计读者数量。报纸的覆盖范围称为发行量。**发行量**指每天（针对日报）或每周（针对周报）发行的报纸数量。**订阅发行量**指订购和报刊亭出售的报纸数量。**赠阅发行量**指免费派送的报纸数量。发行量审计局（ABC）是一个专门统计报纸实际发行量的独立组织。

图表 11—6

必胜客（Pizza Hut）独立插页广告的例子展现了一个广告是如何独立于报纸，通过报纸分销系统派送的。这个插页广告在产品和吸引注意力方面的优势分别是什么？可登录 http://www.pizzahut.com

然而报纸广告的费用不仅取决于报纸发行量。据美国报纸协会估计，在美国每天约有 2.3 个人会仔细阅读日报的每一个栏目。**读者数量**是统计报纸发行量的一种方法。报纸发行量因读者版面偏好各异而大大增加，所以读者数量远远大于发行量。读者数量还可以作为广告的定价基础。举几个广告费的例子。《今日美国》一整版四色印刷的广告费用约为 15 万美元，《华尔街日报》一整版黑白广告的费用约为 20 万美元。地方报纸一整版的广告费用非常低，中等城市的费用约在 1 万美元到 2.5 万美元之间，小城镇报纸的费用更低。但是请记住，不论是全国性还是地方性的报纸，极少有广告主会购买整个版面。

7. **报纸的未来**。在本章之初，我们就谈到一个事实，即长期以来报纸发行量在稳定地下降，传统印刷品的读者数量亦是如此。作为一种切实可行的广告媒介，为了生存，报纸必须迎合读者和广告主的口味，因为他们是报纸收入的主要来源。更重要的是，报纸必须挖掘作为当地新闻来源的作用。因为有些信息并不能有效地通过新兴媒介传播，比如网络。为了将来成为一种切实可行的媒介，报纸出版商必须做到以下几点：①

●继续对地方社区的事件进行深入的新闻报道。

●增加国内和国际新闻报道。

●借鉴 Google 公司对广告主的做法——对广告主负责，并向地方广告主无限量提供报纸和网上的广告空间。

●保持和增强其作为最有效的地方信息来源的功能，帮助地方消费者获取广告产品的特征、用途、价格等具体信息。

●为消费者提供通过网上报纸服务进行购物的机会。

●通过博主报道事件。

●在整合品牌促销中，尤其有关新兴媒介的促销中继续扩大主导地位（见图表 11—7）。

图表 11—7

如果报纸满足新媒介环境的需求，而且报纸成为包括新媒介在内的整合品牌促销的一部分，报纸的前途会大为光明。这则广告仅体现了报纸在整合品牌促销中的一个作用。见网址：http：//www. nnn-naa. com

① Based in part on Jon Fine, "The Daily Paper of Tomorrow," *BusinessWeek*, January 9, 2006, 20.

## 11.3.2 杂志

当报纸还在日新月异的媒介中挣扎时，杂志却在繁荣发展。广告主每年投在消费者、商业和周日杂志上的广告费用已逾300亿美元。[①] 主要原因在于像宝洁这样的大公司发现，杂志在使信息更有效而高效地到达目标客户方面更“卖力”（见图表11—8）。宝洁的决策者已将媒介投资从电视转向杂志。现在杂志占消费品经营者每年约50亿美元媒介广告费的25%。[②]

图表11—8

像FlyFisher（见网址：http：//www. fedflyfishers. org）这种专业杂志能帮助广告主有效而高效地定位于高度专业化的市场。

你一定读过不少非常流行的优秀杂志，如*People*、*Sports Illustrated*、*Elle*和*Car and Driver*，它们每年都入围优秀杂志之列。

杂志像报纸一样，也有优缺点，也有类型和广告费用高低、购买程序以及各种读者数量统计方法之分。现在我们对其进行具体分析。

1. **杂志的优点**。杂志有许多类似于报纸的优点。这些优点使杂志不仅仅是一个

① “100 Leading National Advertisers,” *Advertising Age*, June 25, 2007, S-15.

② Jeff Neff, “P&G Pumps Up Ring Spending, Trims TV,” *Advertising Age*, November 6, 2006, 1, 78.

理想的印刷品，据许多分析家总结，杂志在许多方面都优于广播等媒介。

**读者的选择性**。对于其他媒介，如印刷和广播，杂志的主要优势在于能吸引和定位范围狭窄的读者。这种选择性可以以人口统计（《女性生活》（*Woman's Day*））、生活方式（《肌肉与健美》（Muscle & Fitness））或特殊兴趣（《男性期刊》（*Men's Journal*））为基础，如图表 11—9 所示。读者群可以较窄，如《当代新娘》（*Modern Bride*）的读者，或具有广泛的爱好，如《新闻周刊》（*Newsweek*）的读者。杂志还按区域不同呈现地理差异，如《南方生活》（*Southern Living*）杂志，或城市杂志，如《亚特兰大》（*Atlanta*），主要报道大城市所发生的事情，并且全国性的杂志有很多版本可供广告主选择。《美好家园》（*Better Homes & Gardens*）杂志针对不同的市场有 85 种版本，《时代》（*Time*）杂志为广告主提供了 50 个州的不同版本。

**读者兴趣**。杂志不同于其他媒介之处在于它以其内容吸引读者。虽然电视节目也以兴趣吸引观众，但是杂志还使读者能够随意浏览广告。爸爸妈妈们在许多发行量大的杂志中寻求做父母的快乐和痛苦之间的平衡，如《美国宝贝》（*American Baby*）和《饼干》（*Cookie*）。[1] 当一本杂志吸引了一位对此十分感兴趣的读者时，相应地，广告主会发现这位读者对其品牌的广告信息也是乐于接受的，见图表 11—10。

图表 11—9

相比其他媒介，杂志的一个显著优势是能吸引和定位范围狭窄的读者。例如《男性期刊》（Men's Journal）通过特殊的兴趣和活动吸引读者——这里的读者对健康问题感兴趣。

① Joseph Weber, "The Boomlet in Baby News," *BusinessWeek*, May 15, 2006, 82.

图表 11—10

杂志的优点：用专业化的内容吸引具有特殊兴趣的读者，而那些读者又吸引着广告主。这个由 Escort Radar 发布的广告出现在《汽车和司机》（Car and Driver）杂志中。

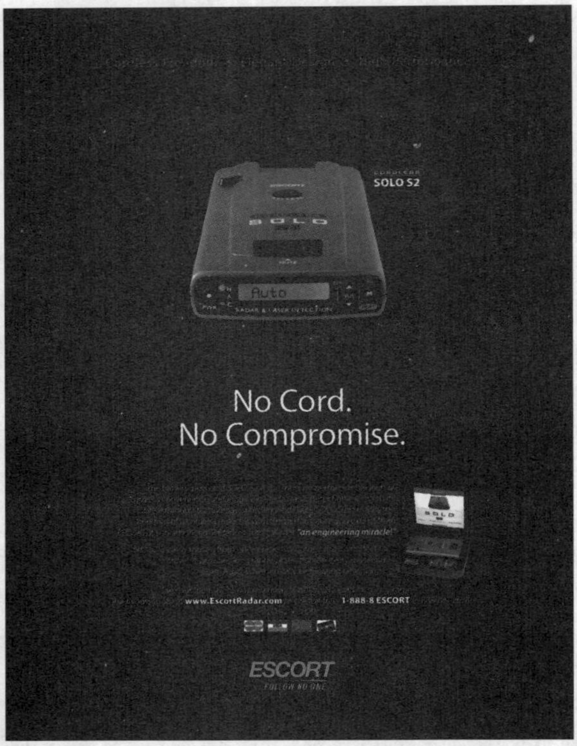


**创意机会**。杂志可提供大量的创意机会。由于杂志能改变广告的版面大小、使用色彩、利用空白处以及满足读者特殊兴趣，所以杂志拥有良好的创意环境。并且，由于杂志的纸张大多质量非常好，出版之后的颜色保真度更高，所以杂志又提供了一个创意机会。

这些因素恰好解释了 Infiniti 公司每年投资 6 000 万美元在杂志广告上的原因。举个例子，该公司向目标市场推销其全套尺寸的 QX56 多功能型运动车。杂志把特定读者与高质量的视觉展示完美地结合，从而有效地为该品牌做广告。[①] 为了进一步地完善创新环境，一些广告主尝试其他创意技巧，如弹出式广告、杂志装订式广告、带有香水气味的广告，甚至还有用小型计算机芯片设计发光、发声效果。图表 11—11 中 Clarins 公司的广告，展示了广告主是如何利用杂志提供的广告创意机会。

**效应期长**。很多杂志订阅者都保留每一期杂志。这意味着，不像报纸，杂志在一周或一个月之内通常会被反复阅读。一些杂志被长期保留以备将来参考，如《建筑学文摘》（*Architectural Digest*）、《国家地理》（*National Geographic*）和《旅游休闲》（*Travel & Leisure*）杂志。除了众多的订阅者阅览杂志外，杂志较长的效应期提高了人们拜访订阅者家庭（或专业化的办公室）时翻阅杂志的概率。

---

① Jean Halliday, "Auto Industry Pushes Print's Creative Limits," *Advertising Age*, March 8, 2004, 4.

图表 11—11

杂志为广告主提供了独一无二的创意机会。香水制造商，如 Clarins 公司，将香水喷洒在杂志广告上使消费者体验其香气。

许多杂志在扩大发行量和增加收入方面正面临着一些困难。仅在 2006 年一年里就有数家优秀杂志被迫退出市场，有《少女时代》（*Elle Girl*）、《少男少女》（*Teen People*）和《首映》（*Premiere*）等杂志。[1] 这些杂志失败的原因是一样的，即杂志没有派送到广告主的目标市场。相反，目标读者范围小的专业性杂志，如《马克西姆》（Maxim）和《汽车与司机》（*Car and Driver*），已稳获高达 20% 的利润。[2] 看来，杂志能够吸引特定读者这一优点可促使杂志占领市场。

2. **杂志的缺点**。作为广告媒介的一员，杂志也有一些缺点。这些缺点与读者过于挑剔和最近杂志数量激增有关。

**有限的读者群体和出版周期**。前面章节谈到过的选择性这一大优势也为杂志带来了一定的缺陷。对杂志感兴趣的读者范围越窄，读者数量越少。

由于大部分杂志每月出版一次或每两周出版一次，所以对广告主而言，使用一种杂志并不能使产品或服务频繁出现在读者面前。为了克服此缺陷，广告主经常使用一些读者定位相同的杂志。例如，许多《美好家园》的读者也是《建筑学文摘》的读者。广告主同时在这两种刊物上刊登广告可以提高目标读者的阅读人数和阅读频率。

**杂乱的版面**。杂志虽然不像报纸那样杂乱无章，但也极不利于信息传播。一般的

---

① Nat Ives, " 'Premiere' Death Stands Out in an Era of Mag Closings," *Advertising Age*, March 12, 2007, 10.

② Halliday, "Auto Industry Pushes Print's Creative Limits."

杂志一半是社论和娱乐内容，另一半则是广告。而一些高度专业化的杂志，如《新娘》，将80%的版面用于刊登广告。如果读者定位狭窄，那么杂志上不同品牌的广告直接竞争，从而给读者留下杂乱的印象。除此之外，最近杂志又被另一种杂乱现象所困扰。当一个新市场被开发出来时，一大群“我也去”的跟风杂志也随之涌现。从2000年到2005年定位于十几岁青少年的杂志市场就遭遇过此问题的困扰。老牌杂志，如《十七岁》（*Seventeen*）和*YM*，突然发现自己也被泛滥成灾的少女杂志包围，有《青少年》（*Teen*）、《少男少女》*Teen. People*、《青春时尚》（*Teen Vogue*）、《都市女孩》（*Cosmo Girl*）、《艾丽女孩》（*ElleGirl*）和《疯狂男孩》（*Boy Crazy*!）（见图表11—12）这种杂乱也许覆盖面广，但会贬低每个广告的价值，并且这些杂志广告实际吸引的消费者数量可能比广告主预计的要少。（请注意，如前所述，已有两家面向少女读者的杂志退出了市场）

图表11—12

在消费者杂志中，出版商尝试吸引目标读者的特别兴趣。《疯狂男孩》（Boy Crazy!）就是面向十几岁青少年的众多杂志中的一本。

**较长的提交日期**。要求广告主在杂志出版前90天内提交他们的广告。如果错过提交日期，刊登广告的时间只能顺延一个月。一旦提交了广告，90天内不得对其做任何更改，即便是一些重大事件改变了信息传播的环境。

**成本**。尽管每笔杂志广告的花销没有某些媒介（尤其是直接邮寄）贵，但比大多数报纸要贵，也比每笔广播广告费高出许多倍。一个插入广告的收费让人望而却步。对发行量大的杂志来说，如《现代老年》（*Modern Maturity*）（2 000万的发行量）和《家庭好主妇》（*Good Housekeeping*）（500 万发行量），刊登一次整版套四色的广告费可达 10 万美元 ~25 万美元。

3. **杂志的种类**。杂志高度细分，仅美国每年就有 1.2 万种杂志出版，每年还会引入几百种杂志。一个有效的分类方法是根据目标读者不同分为消费者杂志、商业杂志和农业杂志。

**消费者杂志**。吸引消费者兴趣的杂志涵盖各个领域，从国际新闻到体育、教育、各年龄段资讯和业余爱好，其中就有针对男人（《男性期刊》）、女人（《女性生活》）和种族人群（*Ebony*）的专业杂志。许多新的消费者杂志讲述 21 世纪头十年人们生活方式的改变，如《烹饪之光》（*Cooking Light*）和《男性健康》（*Men's Health*）。2006 年，广告主已在消费者杂志上投资 260 多亿美元来刊登广告。①

**商业杂志**。商业杂志有多种形式，每一个行业就有一个行业刊物。如计算机行业中的《PC 世界》（*PC World*），它凸显该行业中发生的事件和存在的问题。数字时代促进了杂志行业的多样化，如 *Wired* 专门满足因特网和万维网服务专家的需要。② 专业出版物针对医生、律师、会计和其他专业人士出版。《美国家庭医生》（*American Family Physician*）为家庭医生发表文章，并为许多医药生产商打广告。像《财富》（*Fortune*）和《福布斯》（*Forbes*）这样受大众喜爱的杂志涉及各个行业和专业。

**农业杂志**。美国三大农业杂志及其发行量分别是《农业期刊》（*Farm Journal*）（发行量 17.5 万）、《成功种植》（*Successful Farming*）（发行量 45 万）和《进步农民》（*Progressive Farmer*）（发行量 25 万）。这些杂志刊登种植技术，发表有关商业管理的文章，以提高农民收入。除了全国性刊物之外，地方农业杂志着眼于某一行业的具体方面进行阐述。

4. **杂志广告的费用和购买程序**。杂志的广告费变化很大。跟报纸一样，广告的大小、在刊物中的位置、创意（采用黑白还是彩色，或是其他专业技巧）以及是刊登在常规版还是特别版都会影响广告费用。当然，主要取决于杂志的发行量。《读者文摘》整版四色广告收费约为 22.6 万美元（拥有 1 100 万的读者），《人物》（*People*）整版套四色广告收费约为 20 万美元，《滑雪运动》（*Skiing*）整版套四色广告收费约为 3.5 万美元，而有关加拿大北部边界的月发行量 3 万册的《在这里》（*UpHere*）整版广告收费只有 3 000 美元。

每份杂志都有一张价目表，注明整版、半版、两栏、一栏和半栏广告的收费，以及黑白、套双色和套四色广告的收费。杂志的价目表如同报纸的价目表，多年来一直是标准的定价方法。然而，最近越来越多的出版商愿意协商价格并对批量购买给予很大的折扣，折扣可达价目表价格的 30% ~40%。

除标准价格外，**出血全版**会额外收费。在出血全版中，广告的背景颜色会延伸到版面边缘，取代标准的白边。**折页广告**或从杂志中翻出来的广告可显示更多的广告信息，对其也征收额外费用。广告主通常将折页广告放在高档杂志的封皮里。图表 11—13 中就是一个盘子和扁平餐具的折页广告。

① *Advertising Age*, "Magazine 300," October 28, 2007, S4.

② Gary Wolf, "The Magazine That Launched a Decade," *Business* 2.0, July 2003, 87 -91.

5. **广告的投放**。广告主在购买杂志空间时必须决定将广告安排在何处。如上所述，随意插排的广告可以出现在杂志的任何地方，这取决于出版商的安排。然而广告主可以付费选择一个更好的位置。**第一封面**是杂志封面，**第二封面**是封面内页，**第三封面**是封底内页，**第四封面**是封底。当广告主准备刊登迎面页的**跨页广告**时，必须确保标题和主体不在纸张的粘合处。

广告主应按照规定的程序购买杂志广告，并遵守几个关键时间。**版面合约**阐明了广告主于特定期间内在出版物上刊登广告的费用。**版面订单**又称*广告版位订单*，是广告主在特刊中对广告版面的预先安排。随之而来的是对广告产品的具体描述或将在杂志中出现的广告。以下是广告主必须重视的日期。

●截止日期：指必须把准备好的产品广告材料交给出版商以使广告刊登在某期杂志上的最后期限。

●销售日期：指将杂志派送到订阅者或书刊亭的日期。大部分杂志早在封面显示日期之前就上市了。

图表 11—13

折页广告可以展现更多信息，像这个 Lenox 公司的餐具广告。见网址 http：//www. lenox. com

●封面日期：印在杂志上的日期。

6. **统计杂志读者数量**。大部分杂志根据**基本发行量**，即每期固定派送给读者的最小数量，从而制定刊登广告的费用。这个数量为广告主刊登的广告能获得的最小市场给予保证。另外，出版商预计会有**二级读者**，即除了最初的读者之外还有另外一些传阅者也会看到此刊物。广告主可以依靠发行量审计局核实杂志的发行量，该机构可对杂志的总发行量、各个地区的发行量以及订阅者和报刊亭的售出量提供准确的报告。当广告主想深入了解有关发行量的信息时，像西蒙斯市场调研局（Simmons Market Research Bureau）和米迪马克调研公司（Mediamark Research）这样的提供联合杂志研究服务的机构可以为广告主提供其他信息。这些机构通过个人采访和受访者的记录向广告主提供有关读者人口统计、媒介使用和产品使用等信息。

杂志读者的统计方法存在争议。杂志公布的基本发行量只是平均发行量，而不是具体某期杂志的发行量。广告主现在开始坚持得到每期杂志的基本发行量，其中原委不言而喻。热点问题和有争议的新闻可以比乏味平庸的新闻或故事获得多得多的发行量。一些大的杂志广告投资商，如卡夫、沃尔玛和可口可乐公司威胁出版商打算撤资，除非获得每一期杂志的统计数据。①

7. **杂志的未来**。在过去的10～15年中，杂志的发展历程就像过山车。最新的数据显示，杂志的发行量大体呈上升趋势，但广告收入只是小幅波动，是上升还是下降要看具体年份。杂志发行量的增加证明了广告主依然认为杂志的优势很好地满足了他们当前的需求。

有三个因素影响着杂志作为广告媒介的发展趋势。第一，杂志和其他传统媒介一样必须决定如何适应新的媒介形式。20世纪90年代后期，杂志纷纷在网上出版，有250多家杂志拥有数字版。如前所述，数字版杂志对出版商和订阅者都有好处。但读者和广告主似乎都不喜欢这种“数字杂志”。举些例子，《读者文摘》的印刷版发行量是1 100万册，而数字版发行量仅约为10万册。② 2003年最大的报纸发行商之一Ziff Davis从他的一系列发行方式中放弃了通过Yahoo！在网上发行的业务。到目前为止，数字杂志只吸引了极少的广告投资，而实际投资更少。但是随着方便阅读的电脑的问世，如平板电脑（Tablet PC）——一个时髦、便于携带的电脑，将笔记本电脑与数字笔记本相结合，一些出版商受到鼓舞，他们开始重新考虑出版数字杂志。《纽约人》、《金融时报》和《福布斯》针对平板电脑出版了数字杂志。③

第二，杂志行业中日趋高涨的、健康的并购环境。最近几年已有多家杂志被合并或收购。收购者的获利点有两个：传统印刷品的规模经济效应和新媒介的销路。在过去几年里，追逐利益使得出版商一年投资20亿美元用于杂志的合并和收购。④

第三，杂志出版商正探索充分利用数字环境的其他方式。为了获得更多收入，一些杂志正力图使杂志中的产品可在网上销售。《马克西姆》杂志已经建立了网上商店，读者可以直接在网上商店购买他们在杂志上看到的产品，马克西姆因而可以获得额外收入。当杂志出版空间非常拥挤时，它就显得尤为重要。在过去的三年里，出版物中的广告份额下降了6.2%，面临此形势，《马克西姆》杂志转而向数字方向发展。⑤

## 11.4 电视和广播：用于战略性策划

提到“广告”这个词，一般人都会想到电视广告和广播广告，其原因不难理解。电视广告的效果是最好的，影像与声音、色彩与音乐、动作与特效使得电视广告成为最有影响力的广告。它还有其他优势。在世界上的许多国家和地区，尤其是在美国，电视是消费者使用最广泛的获得信息与娱乐的媒介。广播广告也有一些关键的优势，

① Nat Ives, “Marketers to Mags: Give Us Guarantees or We'll Walk,” *Advertising Age*, May 7, 2007, 1, 46.

② Jon Fine, “Magazines Recorded Declines in Late 2003,” *Advertising Age*, February 23, 2004, 39.

③ Tobi Elkin, “Publishers Bet on Tablet PC Content,” *Advertising Age*, January 6, 2003, 17.

④ Tom Lowry, “How Many Magazines Did We Buy Today?” *BusinessWeek*, January 22, 2001, 98 – 99.

⑤ Nat Ives, “Magazines Dabble in E-commerce,” *Advertising Age*, December 11, 2006, 18.

它可以将信息传递到不同地区的消费者，拥有广播的创新能力，这些优势使之成为重要的传播媒介。广告主非常推崇电视和广播广告的影响力，每年在上面投资数十亿美元。

## 11.4.1 电视

对许多人来说，电视是定义广告的媒介。电视具有多种感官刺激，它使得广告也丰富多彩起来。电视为广告主提供了两个不同寻常的机会。其一，传播方式的多样性赋予品牌价值宣传的非凡创意。醒目的颜色、敏捷的动作和出色的声效将品牌置于令人兴奋的独特的灯光之下，尤其是在宽屏电视和高清电视盛行的时代。其二，令人印象深刻的品牌展示准备就绪后可以播放给成千上万的观众，而每次播放费用不足一便士。

广告主没有放掉这些机会。2008 年，美国广告主仅在电视广告上的投资就高达约 850 亿美元，这还不包括投资在制作成本上的数十亿美元。[①] 为了充分理解电视对广告主的意义，我们需要更多地了解这种复杂的媒介。

1. **电视的种类**。在未加以仔细评估的情况下，很容易认为电视这种播放媒介只有一种类型。打开电视机，我们只关心找到自己感兴趣的节目，接着坐下来享受节目带来的快乐。现实是，在过去的 15 ~ 20 年里，电视已经历了几次显著的演变，消费者得以寻求娱乐，而广告主得以用适当的方式把广告信息传递到消费者那里。有四种电视类型：网络电视、有线电视、辛迪加电视和地方电视。电视节目的传送系统也有很多，有电视广播网、有线电视网、卫星和新兴网络。让我们仔细分析这四类电视广告的特性，以及不断发展的卫星和闭路式电视的特性。

**网络电视**。网络电视按照合约规定，通过无线电波将电视节目传送到在美国国内的附属电视台。为了接触数百个市场中的观众，广告主购买广告时间。美国现在有 6 个主要的电视网络。早期的三大网络为美国广播公司（ABC，现归迪斯尼公司所有）、哥伦比亚广播公司（CBS）和国家广播公司（NBC）。第四大网络公司为福克斯电视网（FOX，现归新闻集团所有）。据估计，网络电视公司将会覆盖 90% 的美国家庭。

尽管近十年来预测可替代电视的媒介（后面即将讨论）将会阻碍网络电视的发展，但是现在广播网络仍蓬勃发展，这主要是因为节目创新。举例来说，哥伦比亚广播公司定期播放的电视剧《幸存者》吸引了 3 000 万观众；美国橄榄球超级杯吸引了 9 000 多万观众，其 30 秒的广告收入超过 260 万美元。[②] 征收插播在常规节目中的广告费更合理一些。《一掷千金》的 30 秒广告费为 16.2 万美元，《迷失》的 30 秒广告费为 32.8 万美元，《丑女贝蒂》的 30 秒广告费为 9.3 万美元。[③] 没有其他的电视种

---

① "Marketing Fact Book," *Marketing News*, July 15, 2006, 32.

② Bradley Johnson, "CFOs Cringe at Price, but Bowl Delivers the Masses," *Advertising Age*, January 29, 2007, 8.

③ AdAge Annual, *Advertising Age*, January 1, 2007, 22.

类像网络电视这样具有如此大的魅力。

**有线电视**。有线电视产生于20世纪40年代，之后逐步发展成世界性的通讯手段。**有线电视**通过电缆而不是无线电波将众多节目传播给订购者。美国有6 500多万有线电视订购者（占美国人口的近58%）。在接收有线电视节目的电缆安装好之后，一般可以接收40多个频道，包括体育、娱乐、新闻、音乐录影带和家庭购物节目。[①]在过去的10年里，在有线电视黄金时段的观众人数增加时，有线电视作为广告媒介的力量也以惊人的速度在增长。广告主目前在有线电视广告上的投资约为200亿美元。

有线电视除了拥有更多的频道以及更多的电视节目外，还有三方面因素使其区别于网络电视。第一，有线网络对原创节目进行投资。由于诸如美国电视网络的JAG节目取得的成功，为了继续吸引准确定位的观众，有线电视网络在新的节目中投入前所未有的巨额资金（见图表11—14）。第二，由于有线电视独特的传送技术，有线电视公司目前正投资在一种软件上，该软件可向不同的观众传递不同的广告。时代华纳公司正测试一个系统，追踪每个家庭每台电视换到什么频道以及收看的是什么节目。此软件可以继续追踪收看节目者的年龄、性别和大概兴趣。[②] 它大大提高了广告主的观众接触效率，也使有线电视公司广告的价格得以提高。第三，有线电视行业正在调查**视频点播**（VOD）的可行性以及可能为公司带来的收入。有线电视公司不仅寻求通过视频点播播放电影及其他节目获得收入，它们对将广告与视频点播一起出售的方式也产生了极大兴趣。[③]

**辛迪加电视**。辛迪加电视节目是新的或是首次在网络电视上播出的节目，之后通过网络分销在网络电视或有线电视上重播。辛迪加节目是经过验证的，这些节目即便吸引不了太多的观众，至少观众类别是明确的。电视辛迪加有不同的类型。**网外辛迪加**指那些先前出现在网络电视的黄金时段的节目。收视率高的网外辛迪加节目收取高昂的广告费，如《家居装饰》(*Home Improvement* ）和《辛菲尔德》(*Seinfeld* ）的30秒广告费用达17.5万美元到22.5万美元。受欢迎程度较低的节目广告费用是可以接受的，在2.5万美元到6万美元之间。[④] **首播辛迪加节目**指为出售给个别电视台而特别制作的节目。最著名的首播辛迪加节目是《星舰迷航：第二代》（*Star Trek* ：*The Next Generation*）。**交换辛迪加**可以播放上述两种辛迪加节目，并且可以免费或者降价把这两种节目卖给地方电视台，全国性的广告随之提前售出。地方电视台可以出售播出节目的剩余时间获得额外收入。这种做法使得做全国性广告的广告主方便地参与到全国性辛迪加节目的市场中。最有名的两个交换辛迪加节目是《智力游戏》(*Jeopardy*）和《财富大转盘》（*Wheel of Fortune*）。

---

① Data drawn from the National Cable & Telecommunications Association, Industry Statistics, accessed at *http*：// *www. ncta. com offers all forms of motor* on June 24, 2007.

② David Kiley, "Cable's Big Bet on Hyper-Targeting," *BusinessWeek*, July 4, 2005, 58–59.

③ Andrew Hampp, "Cablers Chase Revenue from VOD, Online Video," *Advertising Age*, May 14, 2007, 14.

④ Richard Linnett, "Host of TV Superstars Boost Bullish Syndication Market," *Advertising Age*, March 8, 2004, S-4.

图表 11—14

有线电视通过覆盖面广泛的有线电视网络向观众提供非常专业化的节目，使其获得了成功。极速汽车频道是其中的一个代表，它播放各种汽车运动节目及评论。

**地方电视**。地方电视是指独立的电视台和网络电视的分支提供给地方观众的节目，不包括网络节目。完全独立的电视台播放怀旧电影、情景喜剧或儿童节目。网络电视的分支每周从主要的网络电视接收 90 个小时的节目，但它们可以随意播放网络电视规定以外的节目。新闻、电影、辛迪加节目和人们感兴趣的节目决定地方电视的广告费。

**卫星电视/闭路电视**。新技术为广告主提供了另一类型的电视。现在，通过**卫星和闭路电视**可以将节目传送到被高度细化的观众，最有名的网络是 CNN 机场电视网（CNN Airport Netwok）。它将新闻和天气节目直接传送到世界各地的机场终端处。在这个领域正在壮大的一个分支是通过卫星向大学校园传送节目。CTN（大学电视网）每周通过卫星向 750 所大学的 820 万名学生数以万计的电视机传送闭路电视节目。①

如你所知，虽然对一般消费者来说所有电视都是一样的，但广告主却有五种选择。无论广告主选择哪种类型的电视传送系统，作为与目标观众交流的一种方式，电视都给广告主带来了明显的好处。

**网络/iPod/手机电视**。如果我们不强调通过互联网传送电视节目（如 iPod 下载，或通过手机接收节目），那么我们就太粗心了。由于这种传送电视节目的方式只是刚刚兴起，因此把它归到电视的范畴为时过早。但是它的能量足以激起广告主的兴趣，

① Data drawn from TrendCentral accessed at *http*: *//www. trendcentral. com* on June 24, 2007.

并促使我们关注它的发展前景。请记住，当你阅读这些文字的时候，通过网络和手机传送电视节目已经发生了巨大变化。

首先，我们分析通过互联网传送视频。有线电视行业的领导层相信，同时从电视和电脑上收看节目会带来巨额收入，并能激发广告主的兴趣。例如，在一场体育赛事转播中，你可以在你的电脑前清楚地看到某位运动员，同时你也可以从电视机上看到整个赛事。观众似乎更倾向于通过网络收看电视节目。据美国有线电视新闻网（CNN）报道，每月会有多达2 600万名独立访问者从电视网的网站上下载电视节目。①

其次，当Apple公司推出iPod数码播放器时，美国广播公司（ABC公司）将下载视频节目的价格定在1.99美元。但是我们需要对这种视频传送方式加以分类。在美国广播公司开始iPod下载业务不久，此公司宣布将通过网络开展直流收看节目的业务。② 由于在节目中可插播广告，因此出售广告能给美国广播公司带来利润。需要考虑的是iPod用户是否会容忍iPod接收的节目中出现广告。

最后，手机电视有巨大的发展潜力。2007年威瑞森无线（Verizon Wireless）手机电视（V CAST Mobile TV）服务已在25个市场出售，它还计划进一步扩大手机电视市场。手机电视只能按照预定时间收看电视节目，不能随时观看。手机用户每月只需支付15美元（加上声音和文本费）便可收看20个频道的2.2寸手机节目，这很可能会带来广告收入。但是一些分析人士正在考虑，一旦新鲜感褪去，它的潜力还有多大。③ 曾有人预计，到2009年，将有过半的美国人通过使用电脑、iPod和手机收看电视节目，广告主会投资29亿美元打广告。④

2. **电视的优点**。本书中，我们将电视的特有功能称为广告媒介。像美国电话电报公司、通用电气、宝洁这样的公司每年投资数亿美元于电视广告上，一定有其非常合理的原因。以下对电视媒介的优点作具体介绍。

**创意机会**。相对于其他媒介，电视的主要优势在于能同时使用图像和声音向观众传递信息。由于最近在信息传送和接收设备上的改进，现在每个家庭的电视都拥有十分清晰的图像效果和加强的立体声效果，从而进一步提高电视广告的效果。现在，随着高清晰度电视成为主流，各式各样的创意机会层出不穷。

**观众群覆盖面、波及范围和重复性**。不论何种形式的电视，都可以接触到98%的美国家庭——约2.9亿人。这些家庭代表美国每一个人口统计的细分群体，使得广告拥有广泛的覆盖面。我们也看到有线电视可以接触到世界上数亿个家庭。随着上述手机电视的问世，电视的观众覆盖面和波及范围得到进一步增强。而且，没有一种媒介可以像电视那样允许广告主反复地播放广告。

**每次播放广告的费用**。对面向定位明确的巨大市场的广告主而言，电视使他们以低成本、高效率的方式接触到数百万目标受众。黄金时段的电视节目一般会有1 100万人收看，高收视率的节目可拥有3 000多万名观众。这使得广告主播放广告的单次

---

① Kate Fitzgerald, "Cable Websites Boost Content, Tighten TV Ties," *Advertising Age*, April 9, 2007, S-6.

② Jon Fine, "Local TV's Clear Shot at the Web," *BusinessWeek*, May 15, 2006, 26.

③ Stephen H. Wildstrom, "A Giant Step for Tiny TV," *BusinessWeek*, May 21. 2007, 24.

④ Erick Schonfeld, "Make Way for Must Stream TV," *Business 2.0*, March 2007, 95-98.

费用比其他任何媒介都低，每次播放的实际花销不足一便士。

**观众选择性**。电视在制作节目以吸引定位明确的目标观众方面做得更出色。**窄播**是指向定位明确的观众播放专业化的电视节目。有线电视是不错的选择。有线电视不仅播出定位明确的节目，还建立电视网来吸引特定观众，如音乐电视（MTV）和全美体育网（ESPN）。回顾时代华纳公司正在研发的可以将不同的广告派发到不同家庭的软件，其本质就是选择性。当有线电视和其他媒介结合后，窄播的能力会进一步增强，这在正确行事专栏中将加以强调。

3. **电视的缺点**。电视作为广告媒介有许多优势，但是也存有一些缺陷。其中的一些缺陷大大减弱了电视广告的效果。

**广告时间短**。具有图像和声音的电视广告的一个缺陷是播放时间短。与印刷广告（读者看完之后可以思考）相反，电视广告播放时间短，使得广告信息很难给观众留下深刻的印象。一些广告主为了克服这一缺陷，在电视广告的制作上投入巨额资金。

## 正确行事专栏

### 有线电视和计算机网络：实现准确定位的完美结合

本章对有线电视的讨论主要强调其一个主要优点，即打入范围狭窄的目标市场的能力。它还有其他与窄播有关的优点，如将有线电视与计算机网络结合在一起以完成对综合品牌的促销。有线电视的优点主要有：

*有线电视广泛的覆盖范围*。有线电视的吸引力在于它在主要人群中不断扩大的影响范围，如在有线电视上比在网络电视上花费更多时间观看节目的十几岁青少年。总体来说，有线电视已经占据了美国近60%的观众市场。有线电视网，如TBS Superstation、全美体育网（ESPN）和AMC已覆盖8 500万个家庭。消费者极其推崇有线电视这一媒介。在最近的一份有关消费者对主要媒介（电视、广播、杂志和报纸）看法的调查显示，有线电视在25项中15次位列首位，而网络电视只在其中两项中获得第一名。

*范围狭窄的市场/最小的浪费*。有线电视比网络电视能更有效地接触目标市场。观众有更多的选择，而那些准确定义的选择吸引了按人口统计、不同心理和地理位置划分的观众。电视投资快速增长的节目之一是儿童节目。由于需求的增长，像尼克隆顿（Nickeloden）、卡通电视网这样的有线网络，其30秒的广告收费在过去的几年里增加了20%。

*整合品牌促销*。对想在媒介组合中增加新媒介的广告主来说，有线电视为他们提供了一个与网络组合的机会。有线电视提供了许多品牌网站，事实上，品牌数字网站吸引了媒介附属网站60%的观众。在美国喜剧中心频道网站上，观众可以补看那些在电视上错过的节目。它的广告插在节目中，这样就看不到“插播”广告（那些在原节目中播放的广告）了，看到的是在视频剪辑之间的广告。

资料来源 John Heilemann，“Cable's Niche Player,” *Business 2.0*，May 2006，36，39；Kate Fitzerald，“Cable Websites Boost Content，Tighten TV Ties,” *Advertising Age*，April 9，2007，S－6－S－7.

**绝对成本高**。在所有的传统媒介中，电视广告的单次播放费用是最低的，但绝对成本却是最高的。在黄金时段播放一个30秒广告的平均费用约为20万美元。若在此时段播放最受欢迎的节目，如《美国偶像》（*American Idol*），播放30秒广告的费用约为60万美元，其他受欢迎的节目的广告费也令人印象深刻，如《实习医生格雷》（*Grey's Anatomy*）索要34.4万美元，《犯罪现场调查》（*CSI*）34万美元，《好汉两个半》（*Two and a Half Men*）27.5万美元。[①] 请注意，这是黄金时段的广告价格，而在非黄金时段播放的30秒广告的价格在2万美元到5万美元之间。另外，制作一个高质量的30秒电视广告的平均成本约为30万美元到40万美元。这些电视广告对许多广告主来说极其昂贵。当然，全国性的大消费品生产商会选择最适合他们的电视广告。他们发现，如果考虑前面讨论过的电视在观众群覆盖面、波及范围和重复性方面的优势，电视广告的绝对成本是可以接受的。

**地理定位能力差**。当开发节目去吸引特定观众时，节目不能输送到目标区内。通过卫星传送的节目来说更是如此。对于一个定位于城市的全国性广告主来说，电视的波及范围太大了。同理，对于一个想使用电视传递广告信息给地方的零售商来说，信息很可能会散布数百英里，从而增加广告主成本而且无法有效吸引顾客。

**观众态度差、注意力低**。从电视广告开始之初，消费者就已经抱怨起商业广告的干扰性。当电影接近尾声的时候，广告出现了。强制的高频率播放使得它是消费者最不能信任的广告形式。一份追踪消费者想法的调查图表明，在被调查的消费者中仅有17%的人觉得电视广告会影响他们购买新车的决定，而48%的人认为直接邮寄广告会影响他们的决定。[②] 但是请注意，电视广告的真正目的不是劝说消费者立即购买产品，而是建立品牌和产品知名度。

伴随着或是由于对电视广告不满，消费者已经采取了几种方式避免看广告。走到电冰箱那取东西或与一起观看电视的人聊天是没有技术含量的规避好方法。而在播放电视广告时**切换电视频道**或使用遥控器换台是对付商业广告的好办法。

新技术为屏蔽广告创造了另一种可能方法，对此方法广告主甚是关心。方法的关键在于一个称为“**V芯片**”的装置，V芯片是可以依靠节目评级系统拦截电视节目的装置。经过发展，它可以帮助父母屏蔽不想让孩子看到的节目。这是使用V芯片的最初目的，此技术也可很容易地拦截广告。美国无线电和松下两大生产商有意生产具备这种功能的电视机。当然，广告主和广播公司反对生产商生产这种电视机，因为带有拦截广告V芯片的电视机会大大降低广告收益。

当然，最大的新闻是采用含有尖端技术的数字视频录像机（TiVo）拦截广告。**数字视频录像机**与V芯片类似，是一种数字硬盘录像机（DVRs），它使用计算机硬盘驱动器储存长达140个小时的电视节目。消费者可以使用这个设备跳过广告只看节目。事实上，消费者使用数字视频录像机的首要目的是跳过商业广告。一份有关数字视频录像机用户的调查显示，81%的人购买此设备主要是为了跳过商业广告。他们还

---

① AdAge Annual, *Advertising Age*, January 1, 2007, 22.

② Jean Halliday, "Study Claims TV Advertising Doesn't Work on Car Buyers," *Advertising Age*, October 13, 2003, 8.

说，75%的广告被拦截之后，节目速度加快了。截止到2008年，约有25%的美国家庭有数字视频录像机。如果像康卡斯特和时代华纳这样的数字电视公司在内置数字视频录像机上安装机顶盒的话，这个比例会急剧上升。① 显然，数字视频录像机的广泛使用会迫使广告主为其电视广告寻求新的出路。插在节目中的大量产品广告和那令人讨厌的屏幕下端的流动广告会促使更多的人使用数字视频录像机。

**杂乱无章**。电视这种广告媒介的所有优点导致了一个重要的缺点——给人杂乱无章的感觉。对于黄金时段的节目，主要电视网络的广告为每小时15分钟，而有线电视频道的广告为每小时14分钟。② 调查显示，65%的受访者感觉自己被数不清的广告连续轰炸。③

正如我们在第5章中阐述的那样，广告造成的杂乱拥挤的播放环境促使观众寻求各种拦截措施，避免接受过量的信息。

4. **电视广告的购买程序**。本章从广告所占空间的角度确定了电视广告费用。这里我们将重点阐述购买电视广告时间的问题。广告主通过赞助、参与和点播广告购买电视广告时间。

**赞助**。在**赞助**合同中，广告主同意为电视节目制作和节目中的大部分广告（通常是所有广告）支付费用。如今的赞助不像网络电视刚兴起时那样流行了。今天的赞助协议吸引了一些大公司，如美国电话电报公司和IBM经常为体育赛事提供赞助，豪玛电影台经常赞助电视剧。

**参与**。广告时间大多以**参与**的方式购买。**参与**指不同的广告主购买特定电视节目中的商业广告时间。没有广告主对节目的制作或购买时间之外的节目负责。

**点播广告**。**点播广告**指的是从地方电视台那里购买并播放的所有电视广告时间。点播广告使得全国性的广告主能够根据不同的市场调整广告内容，或者在竞争市场上加大广告播放力度。点播广告是地方广告主，如汽车经销商、家具商店和饭店，通过电视接触其目标观众的最主要方式。

购买电视广告的最后一个问题是有关播放时间段和插播广告的节目。一旦广告主认为赞助、参与或点播广告（或更可能是后两者的结合）满足他们的需要，他们就会确定广告播放时间段和插播广告的节目。图表11—15显示电视节目被分成不同时段。**时段**指的是一天中将电视节目播放分成的若干时间段。

图表11—15
电视时段（美国东部时区）。

| | |
|---|---|
| 上午 | 周一到周五 上午7点到9点 |
| 白天时段 | 周一到周五 上午9点 到下午4点30分 |
| 早缘时段 | 周一到周五 下午4点30分到晚7点30分 |

① Ronald Grover, "The Sound of Many Hands Zapping," *BusinessWeek*, May 22, 2006, 38.

② Andrew Green, "Clutter Crisis Countdown," *Advertising Age*, April 21, 2003, 22.

③ 2004 Yankelovich Partners Poll, cited in Gary Ruskin, "A 'Deal Spiral of Disrespect,'" *Advertising Age*, April 26, 2004, 18.

续表

| | |
|---|---|
| 黄金时间 | 周一到周六 晚 8 点到晚 11 点 |
| 黄金时段前 | 周六周日　　晚 7 点 30 分到晚 8 点 |
| | 周日晚 7 点到晚 11 点 |
| 晚间新闻 | 周一到周五 晚 11 点到 11 点 30 分 |
| 晚缘时段 | 周一到周五 晚 11 点 30 分到凌晨 1 点 |

5. **统计电视观众**。电视观众统计就是测定不同电视节目的观众数量和观众组成。广告主根据这些因素决定购买广告时间的网络或频道。这些测定方法也决定了广告时间的收费。观众越多或组成越有吸引力，那么广告时间的收费就越高。

以下对统计电视观众所使用的信息做了一个简单的概括。

**电视用户。电视用户**指对目标市场中拥有电视的家庭数目的估算。因为在美国，超过 98% 的家庭都有电视，所以家庭总数和电视用户的总数差不多，都约为 1.01 亿，而世界市场没有同等水平的电视普及率。

**开机用户。开机用户**（HUT）也指使用中的电视，是测定在一个特定时间段内，收看特定电视节目的用户数。

**节目收视率。节目收视率**是指在某一时间段内，收看特定节目的用户数占市场上电视用户总数的百分比。公式为：

$$节目收视率=\frac{收看特定节目的用户数}{市场中电视用户总数}$$

一个**收视点**意味着某一地区内全部电视用户的 1% 在观看一个被测定的节目。如果《犯罪现场调查》某集节目有 1 950 万用户收看，那么节目收视率计算如下：

$$《犯罪现场调查》节目收视率=\frac{19\,500\,000}{95\,900\,000}=20\%$$

节目收视率是测定电视观众的最著名的方法，也是电视台对不同节目征收不同广告费的确定基础。前面提到，广告主还通过估计广告的波及范围和播放频率，如总收视率，进行媒介广告的策划。

**观众占有率。观众占有率**测量在某一时间段内，收看某一特定节目的用户数占收看电视用户总数的百分比。如果在《犯罪现场调查》的播出时段内，有 6 500 万用户收看电视节目，1 950 万观众收看犯罪现场，那么观众占有率为：

$$《犯罪现场调查》观众占有率=\frac{收看某一个特定节目的用户数}{收看电视用户总数}=\frac{19\,500\,000}{65\,000\,000}=30\%$$

6. **电视统计方法的争议**。在电视观众的统计上一直存有争议，广告主始终在质疑尼尔森的媒介收视率（尼尔森是电视观众数据的主要提供者）。争议很重要，因为广告主依据尼尔森公布的收视率决定购买插播广告时间的节目。媒介公司也将它作为向广告主征收广告时间费用的基础。

围绕收视率的争论主要有两个方面。其一，尼尔森的数据报告说观众“转向”一个新台，但是其测定方法并没有真正检测原来的商业电视观众数目，而且也没有说明在播放商业广告期间观众离席的原因。其二，关于技术变化问题，例如本章讨论过的数字视频录像机产生后对电视观看行为产生影响，它的使用者可以跳过所有广告。[①] 很明显，广告主付费不只是让观众收看节目，同时要产生商业效用。通常广告主以较低的成本只能获得较少的广告观众。[②] 第一次对商业广告排行榜的尝试是在2007年春天。当广告主签署下一个网络季节的广告时，这个尝试便宣告取得了成功。一位行业分析家说：考虑到新的商业排行标准，"这绝对会引领另一个购买高潮"[③]。

7. **电视的未来发展**。电视的未来发展是令人激动的，其原因如下：第一，刚诞生的交互时代必定会影响电视作为广告媒介的地位。希望在于，电视的观众数目会由于观众希望与电视节目的参赛者一起参与到神秘节目或游戏节目中而得以维持。但同样重要的是，技术发展将广告传送到各种新设备中去，包括手机、掌上电脑及传呼机。据预测，到2010年全球移动广告行业的产值将达到100亿美元。[④] 请回想本书第2章有关宽带业务增长的叙述。截止到2006年，约有42%的美国成年人（约8 400万人）拥有宽带网，[⑤] 并且这个数字正在迅速上升，从而增加了通过网络将电视广告传送到手机或手持设备的可能性。广告主必须郑重考虑实施这种通讯手段，并且考虑作为一种发送劝说性信息的方式，这种手段的效果如何。

另一个影响电视未来发展的主要因素是传送技术。**卫星直播**（DBS）是一个节目传送系统，凭此系统，电视节目和广播（如XM）节目可直接从卫星传送到配有小型接受器的家庭中。这种传送提供了发展数百个不同频道的可能。在广告主仍然可以向节目中插播广告的同时，网络电视和有线电视台在广告过程中的作用将会发生巨大的变化。

电视广告主和他们的代理商必须为高清电视广播做准备。**高清电视**承诺向顾客提供高清晰的图像和视频，是基于现有技术上的重大革新。尽管高清晰度电视有能力提供高质量的复制图像和声音，但视频和音频传递的不确定性却阻碍其实现这个目的。

正如讨论的那样，电视广告现在正向各种各样的移动装置转移。由于制作节目的能力在技术上更完善并且消费者更愿意通过网络、iPod或手机观看节目，广告主将有许多新方式将其品牌的信息传递给消费者。

最后，企业兼并不容忽视。在2004年，Comcast公司出价510亿美元购买迪斯尼公司拥有的所有媒介。然而，此笔交易最终由于双方公司股东的压力而放弃了。但是，Comcast公司仍然从有线电视公司那里获取了约200亿美元的收益。[⑥] 同样，鲁

---

① David Bauder, "Network Execs Question Nielsen Accuracy," Yahoo! News, November 16, 2003, accessed *http://www.news.yahoo.com* on November 17, 2003.

② Brian Steinberg and Andrew Hampp, "Commercial Ratings? Nets Talk TiVo Instead," *Advertising Age*, June 4, 2007, 3, 60.

③ Nat Worden, "Ratings Metric Boosts TV Ad Buys," TheStreet.com, June 26, 2007, accessed via the Web at *http://www.thestreet.com* on June 26, 2007.

④ Digital Marketing & Media FactPack, "Mobile Device Use and Content Consumption," April 23, 2007, 43.

⑤ Peter Svensson, "Middle Class Goes Broadband as Price Falls," Associated Press Yahoo! Finance, May 29, 2006, accessed at *http://biz.yahoo.com/ap*.

⑥ Tom Lowry, Amy Barrett, and Ronald Grover, "A New Cable Giant," *BusinessWeek*, November 18, 2002, 108－118.

伯特·默多克一直在扩张他有线和媒介领域的DirecTV帝国，全球收入达到300亿美元。[①] 同时让我们记住媒介巨人GE、时代华纳和迪斯尼公司，它们凭借自身的权力获得巨大的广播力量。但问题是这些大型媒介公司以何种程度结束对节目内容的控制。这些公司以一种偏见的方式制定节目，但这不是问题所在，关键之处在于媒介监督委员会对此的担心。

很难预测将来会是什么样子的，但可以确定的是电视作为针对家庭的娱乐和信息媒介会继续发展。便捷、成本低并且节目丰富多彩使电视对消费者来说是一个理想的媒介。而且，电视在世界范围内的扩张也将融入到广大的新兴市场。尽管电视有其自身的缺陷，但是仍会是许多广告主整合营销传播的一个重要部分。

## 11.4.2 广播

广播似乎是主要媒介中最没有魅力、最不显眼的一个。然而这却与事实相反。事实上广播在大部分精明的广告主的媒介策划中扮演着不可或缺的角色。由于其独有的特征，广告主每年投资约200亿美元用于广播广告，从而把他们的广告信息传递给全国观众和地方观众。[②] 有许多合理的理由可以解释各种类型的广告主为什么使用广播向目标听众传递信息，但是让我们先看一下广告主可以选择的广播方式。

1. **广播种类**。广播为广告主提供了不同的目标听众的选择。全国性和地方性广播的根本不同之处在于地域选择的明显不同。更具体地说，广告主可以在以下种类中选择：广播网、辛迪加、调幅广播与调频广播、卫星以及互联网。

**广播网**。**广播网**的工作原理与电视网相似，它们都是通过卫星将节目传递给美国各地的附属电台。广播网的节目集中在新闻、体育、商业报导和短剧。一些成功的广播网如美国广播公司（ABC）、美国有线电视新闻网（CNN）和美联社新闻网（AP News Network）都拥有众多的听众。

**辛迪加**。通过签订合约，**广播辛迪加**为广播电台提供完整的节目。大型的辛迪加为广播台提供全天24小时的节目组合，从而可以免去广播台为寻求节目而付出辛苦。除此之外，它们还提供特别节目，如电视访谈节目。大型辛迪加组织，如Westwood One和Satellite Music Network可以在节目中插播广告，为广告主提供了一个很好的选择。

**调幅广播与调频广播**。调幅广播台通过使用振幅调节来发送信号并使之在540到1600（赫兹）的波段内有效传播。调幅广播在20世纪70年代之前都是广播的基础组成部分。今天的调幅广播，甚至是新的立体调幅广播，其声音效果也比不上调频广播的音效。因此大部分调幅广播节目侧重对地方社区的广播或对音效要求不高的新闻广播或名人访谈节目。在许多方面，名人访谈节目拯救了调幅广播。调频广播台通过使用频率调节从而传递信息。调频广播的节目传送具有很高的质量，因此，调频广播吸纳了绝大多数听众喜欢的音乐节目，而且广播节目可以通过网络收听。

**卫星广播**。卫星广播是广播种类中的一个新选择。它的信息是通过环绕地球旋转

---

① Catherine Young, et. al., "Rupert's World," *BusinessWeek*, January 19, 2004, 53-61.

② AdAge Annual, *Advertising Age*, January 1, 2007, 20.

的卫星传送的。现在，世界各地的消费者只需花费 99 美元到 200 美元之间的任意价格就可安装卫星广播，并且每月支付 10 美元就可订购收听节目。卫星广播的优点是节目多种多样，声音清脆而清晰，而且音乐频道中不播放广告。到 2007 年为止，世界上两大卫星广播提供者——XM 卫星广播和 Sirius 卫星广播，一共拥有 1 300 万用户。它们处于亏损，正在积极磋商合并事宜（见图表 11—16）。关于消费者是喜欢卫星广播提供的具有多样性的高质量节目，还是喜欢免费的有插播广告的节目，这仍需验证。(见正确行事专栏)

**网络广播**。预测这种形式的广播会发生什么变化是很难的。建立网络广播主要是因为这种技术允许音乐传送。但是网络实时播放器，如 Yahoo! 的 LAUNCHcast 和 RealNetwork 的 Rhapsody，现在被征收越来越高的音乐版税。2007 年费用的骤涨迫使一些网络广播传送者，如 Live365，实行抗议，在一天内停止传送节目。如果版税上升到无法承受的程度，那么所有网络广播就有可能停止传送节目。[①]

图表 11—16

像 Sirius 这样的卫星广播的提供者断言，消费者愿意付费收听没有商业广告的广播，获得更多种类的音乐以及更高质量的音效。

2. **广播广告的种类**。广告主在广播广告中有三个选择：地方插播广告、广播网络广告或全国性插播广告。地方插播广告吸引一年中所有广播广告的 80%。在**地方性插播广告**中，广告主直接在特别频道中插入广告，而不是在广播网或辛迪加节目中插播广告。因为在美国有 9 000 多个特别广播频道，所以地方插播广告在三种广播广告中处于主导地位，从而为广告主提供了许多选择，而且地方插播广告明确划分了区域听众，从而对地方零售商来说，这是理想的选择。

**网络广播广告**是在全国性网络节目中插入广告。因为很少播放网络广播节目，所

---

① Rick Aristotle Munarriz, "The Day Internet Radio Died," *Motley Fool*, June 26, 2007, accessed at *http://www.fool.com* on June 27, 2007.

以每年广告主仅投资 6 亿美元在这种广播中。

作为最后的选择，**全国性插播广告**为广告主提供机会，在全国性的辛迪加广播节目中插入广告。通过与 Clear Channel's Premiere 广播网络签订合约，广告主可以在 400 多个广播频道播放广告节目从而获得数百万的全国听众。

## 正确行事专栏

### 广播会终结吗?

2001 年，Sirius 广播公司在一个名叫拜科努尔，曾经是苏联哈萨克斯坦的秘密基地向太空发射了它的第三颗卫星。这个地方曾在 1957 年发射了第一颗地球卫星，随后在 1961 年，第一艘载人飞船在这里起飞。这个地方会由于是广播逐渐消失的地方而再次出名吗？现在 Sirius 公司所有的广播频道中播放 65 个没有商业广告的系列音乐节目和 50 多个有关新闻、体育、天气、名人访谈、喜剧、公共广播和儿童节目的系列节目。美国任何一个市场的传统广播频道都无法接收 Sirius 公司的节目，只有通过订购（每月约 10 美元），才可以收听具有 CD 音效的广播。此公司拥有由联邦通信委员会（FCC）颁发的两个经营执照的其中一个，并以此操作着一个全国性的卫星广播系统。另外一个则由 XM 卫星广播持有。

如果订购卫星广播的优势能够吸引听众，那么该广播就会动摇每年价值 200 亿美元的广播行业的基础，并且卫星拥有一些引人注目的支持者。像通用汽车、戴姆勒—克莱斯勒公司、清晰频道通信公司以及风险资本投资家，如 Prime 66 Partners、阿波罗公司和黑石（Blackstone）公司都已在 Sirius 公司和 XM 公司投资 30 多亿美元。2003 年，一位行业分析家认为卫星广播将是下一个消费热点，并且到 2007 年为止，它会在一年里带来 100 亿美元的收入。

尽管所有的一切听起来令人兴奋和可信，现实却恰好相反，没有一个卫星公司盈利。到 2007 年年底，Sirius 公司拥有 600 万用户，但是只有 700 万美元的收入，且在那一年亏损超过 7 亿美元。XM 广播用户稍多，约为 800 万，收入为 10 亿美元，但亏损约 7 亿美元。所以人们提出疑问，Sirius 公司和 XM 公司是否会快速发展，并如我们所知的那样将商业广告广播取缔？或是消费者太习惯于免费的广播，还是广播的终结太夸张了？现在看起来网络终结是夸张的，但免费广播不会消亡。

资料来源　Bethany McLean, "Satellite Killed the Radio Star," *Fortune*, January 22, 2001, 95. Financial data taken from Sirius and XM radio financial statements accessed via the Web at *http://www.finance.yahoo.com* on June 27, 2007.

3. **广播的优点**。虽然广播不是主要媒介选择中最有魅力或最复杂的一个，但是相对于报纸、杂志和电视，它有其独特的优势。

**成本**。在每次播放广告的成本和绝对成本这两个方面，广播对广告主来说都是成本最有效的媒介。整整一分钟的广播时间的成本在 5 000 美元到 10 000 美元之间，相对于我们谈论过的其他媒介来说，这个成本是最低的。而且准备广播广告的制作成本也十分低，如果在地方广播中插播广告是现场的，那么广告前的准备成本为零。

**广播的覆盖范围和出现的频率**。广播是所有媒介当中覆盖范围最广的一种。它可以将信息传送到消费者的家里、车上、办公室里甚至在人们运动时也可以收听广播。

广播的无线和可携带使得它的听众比其他媒介的多。广播时间的低成本为广告主提供了以较低的总价和均价频繁重复信息的机会。

**目标观众的选择性**。广播可以按地理、人口和心理的不同有选择地设定目标。地方广播台的覆盖范围较小，给广告主提供最好的机会去接触小范围的观众。对一个拥有商店的地方商人来说，这是一个理想的机会。广播节目的形式以及不同的播放时间为目标观众提供了选择的空间。美国哥伦比亚广播公司在几年前决定将它的 13 个广播频道中的 4 个转变成播放老人摇滚乐的频道，面向 35 岁到 49 岁的人，换句话说，他们都是在美国生育高峰时期出生的。剧烈摇滚乐、新时代音乐、休闲音乐、乡村音乐、经典音乐和名人访谈节目都吸引了不同的观众。图表 11—17 显示广播的不同播放时段吸引了不同的听众。早晨和下午/傍晚的班车时段广播吸引的是男性听众，白天时段的广播则主要吸引女性观众，晚上时段的广播吸引的是 10 多岁的少年。

图表 11—17

用于广告安排的广播时段图。

| | |
|---|---|
| 早晨上班时段 | 上午 6 点到上午 10 点 |
| 白天时段 | 上午 10 点到下午 3 点 |
| 下午/下班时段 | 下午 3 点到 7 点 |
| 晚上时段 | 晚上 7 点到凌晨 0 点 |
| 深夜时段 | 凌晨 0 点到上午 6 点 |

**灵活性和适时性**。由于广播提交广告的时间非常短，所以它是所有媒介中最灵活的。这意味着，广告主可以在广播开始的前几天提交广告。因此，由于这种灵活性，广告主就可以及时地用特殊事件做文章或抓住难得的竞争机会。

**创意机会**。虽然广播在感观刺激上仅有一维的反应，但是它仍可以产生巨大的创新效果。广播曾被比喻为思想活动的舞台。像民间故事 Tom Bodett for Motel 6 或斯坦·弗雷伯格（Stan Freberg）古怪幽默的广告是值得回味的，而且会大大影响听众对品牌的态度。除此之外，吸引听众收听广播台的音乐也吸引了听众对广播广告的兴趣。研究发现喜欢某种音乐的观众也可能喜欢收听使用他们熟悉和喜欢的歌曲的广告。

4. **广播的缺点**。广播虽然好，但是作为广告媒介来说，也存在着一些严重的缺陷。当广告专家决定在一个营销通讯手段的项目中，广告该扮演何种角色时，他们必须意识到这些缺点。

**较低的听众注意力**。虽然广播传送到世界各地的听众，但这并不意味着任何人都认真听广播。请记住：广播已经被描述为声音墙纸。当听众在做其他的事情时，广播为其提供舒服的背景，然而对广告通讯来说，这不能达到一个理想的注意力水平。开车旅行的人在听广播时，通常在广告插播时切换频道，同时在广播和马路之间分散他们的注意力。

**创意限制**。当思想的舞台为创新提供了非常好的机会时，充分利用那个机会事实上是很难的。广播仅有听觉效果，因此这是一个在创意方面的限制。当其产品需要依靠展示或视觉效果的广告主选择广播时，他会不知所措。与电视相似，广播信息仅创造一个短暂的印象，所以很快就会被遗忘。

**分散的听众**。尝试在同一市场吸引相同听众的许多频道产生了十分严重的分散化。试想你所在的地方广播市场，大约有4或5个不同频道播放你所喜欢的音乐。或回想过去的几年里，美国的1 000多个广播频道已经采取了名人访谈的形式。这种分散化指的是收听任何一个频道节目的听众数量都非常小。

5. **广播广告的购买程序**。虽然为了实现全国范围的报道而进行的购买程序是混乱的，但这并不意味着程序中没有结构。如果涉及许多电台，那么此次购买耗费时间，并且价格昂贵，但是结构却是十分清晰。可以从广播网、辛迪加广播或地方广播频道购买广告时间。在这些选择中，广告主在地方广播中投资最多，每年约80%的广播广告在地方传播，约有15%的广告插播于全国性节目中，而只有5%的广告由网络广播。

其他影响购买广播时间的因素还有购买广告的时段。请参考图表11—17，此图展示了广告主可以选择的5个基本时段。广告主对时段的选择主要取决于目标听众的人口组成。像刚才谈到的，早上和下午/傍晚的上下班时段主要吸引男性听众，然而白天时段主要吸引女性听众，晚上时段则吸引青少年。此信息加上节目形式，指导着广告主进行不同的购买决策。

和杂志广告购买一样，广播广告时间的购买根据不同频道制定的费用表而不同。可以由频道决定何时播放的广告，比安排在特定的时段内的广告成本低。如果广告主想由地方广播名人在某个时段内主持的节目中现场插播一个广告的话，则其购买价格就要高一些。

事实上，广播时间的购买程序非常简单。首先，媒介策划人确定广播频道和希望接触目标听众的时段，之后核实费用和时段是否与媒介策划目标匹配。最后，签订有关在具体的时段内插播广告数量的协议。

6. **统计广播听众**。有关广播听众的信息，来源主要有两个。其中之一为覆盖260个地方广播市场的Arbitron排行榜，通过对听众记录收听广播的时间、频道的统计从而形成这个排行榜。Arbitron排行榜/广播时段表（Radio book）按照时间和人口结构，对听众进行评估。Arbitron记录编辑了几个测量方法：

●**一刻钟平均听众**，在一个时段具体的15分钟内，收听某一频道的平均听众数量。

●**一刻钟平均占有率**，在一个时段具体的15分钟内，收听某一广播频道的听众占总体听众的百分比。

●**一刻钟平均收听率**，在一个时段具体的15分钟内，听众与所测定区域总人口的比例。这衡量了一个区域内每个频道的知名度。

●**累计听众数**，指在一个时段具体的15分钟内，至少收听节目5分钟的听众总数。累计听众数是估算一个频道辐射范围最好的方法。

广播听众的总体研究（RADAR）是广播听众的另一主要测定方法。由主要的广播网发起，RADAR通过与广播听众的访问，进行一年两次的听众资料搜集。指定的听众在一周时间内每天接受电话访问，并被问及有关他们收听行为的事宜。据此专家对不同网络频道和不同市场区域的听众进行估计，并将最终结果发布在年出版物——*Radio Usage and Network Radio Audiences* 上。媒介策划人可以参考在Arbitron和RADAR上发表的测定结果，去确认在不同市场中哪些频道可以在哪些时段内传送至目标听众。

7. **广播的未来**。有关广播的未来我们必须考虑三个因素。其一，即使 Sirius 公司和 XM 公司现在面临困难，卫星广播的前景是不能被低估的。卫星广播可以处理广播广告杂乱的问题，并且为听众提供许多具体选择从而满足他们的收听喜好。除了收听质量得到改善外，这是卫星广播的又一巨大优势。关键问题在于广播听众是否愿意支付费用，这些娱乐媒介起初是免费的。

其二，就像电视受到新兴技术影响那样，广播也会受新兴技术的影响。高清晰度广播（HD 广播）也已成为现实，像清晰频道等大公司，策划在 50 个城市建立 100 个数字频道。[①] 高清晰度广播的收听者无须支付订购费用，但是，高清晰度广播的接收装置需要花费听众约 200 美元，从而对采用高清晰度广播造成阻碍。最后，在传统的广播市场中已经采取了深度的合并，由清晰频道公司率先领导（见图表 11—18），所以少数的大型竞争者拥有越来越多的广播频道。在 21 世纪初期，经过一段时期扩张性的收购，现在清晰频道公司在美国所有地区大约拥有 1 200 个广播频道，带来约 80 亿美元的收入，约 10 亿美元的利润。合并对消费者或广告主来说，为他们提供了机遇和可能性。为消费者提供的机会与可收听到的连续的高质量广播节目有关，而广告主在购买时间和插播广告方面会更加容易。

图表 11—18

当 Sirius 公司和 XM 公司正提供以订购为前提的卫星广播节目时，清晰频道公司继续扩大其对传统广播频道的持有份额。现在该公司在美国各地拥有并运营约 1 200 个频道，而且在 50 个美国城市不断地扩张高清晰度广播。

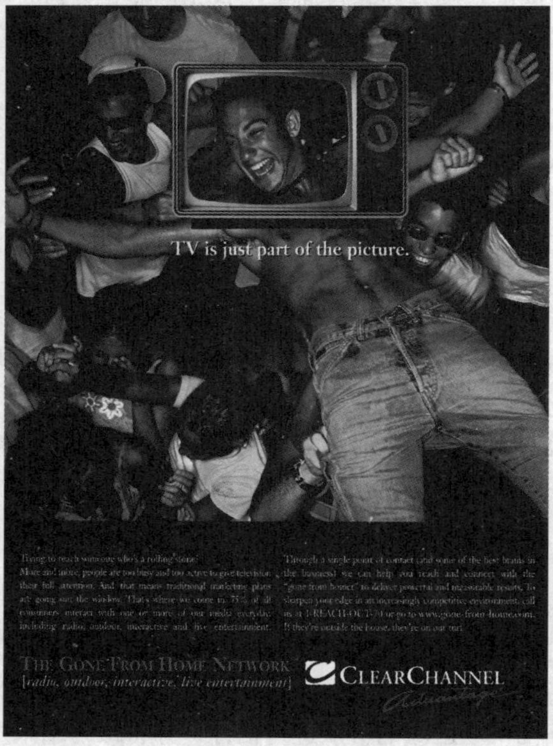


---

① Tom Lowry, "From Vanilla to Full Metal Racket," *BusinessWeek*, May 1, 2006, 42.

## 本章总结

1. 理解传统媒介，如报纸、杂志、电视和广播等在新电子媒介趋势下的变化。

广告行业的变化，尤其与广告主使用报纸、杂志、电视和广播等传统媒介有关的变化是可触知的，且变化程度大。几十年来，广告主与他们的广告代理商合作，首先整理出关于产品的信息，之后代理商与网络电视和广播网磋商广告时间或与报纸和杂志商谈版面空间。这些媒介中大部分是由一些大的媒介公司所拥有。现在，广告主快速接受这个观点——数字媒介，主要是网络广告，可以提供一种成本更有效的方式到达目标市场。而且，数字媒介允许广告主迅速在宣传活动中做一些改变，然而这在传统媒介中需要花费几个月去完成。另外，如果广告主选择数字媒介，宣传活动很容易成为全球性的，而这对传统媒介来说是一个巨大的挑战。广告主现在正将数十亿美元从他们喜好的传统媒介向数字媒介转移。

2. 详述报纸媒介的优缺点，明确报纸种类，描述报纸的销售情况和受众的情况。

报纸可以根据目标读者、发行范围和刊物的出版频率而划分为不同种类。作为媒介之一，报纸提供了一个极好的方法向地方读者传递丰富的、富有知识性的广告信息。在适度的消费水平上把握信息传送的时机。但是对于需要有创造力和色彩展示的产品来说，这个媒介却不适合。报纸的成本主要由价目表提供并且随着报纸读者水平的变化而变化。

3. 详述杂志媒介的优点和缺点，明确杂志的种类，描述杂志的销售情况和受众的情况。

杂志主要分为消费者刊物、商业刊物和农业刊物。由于它们特定的评论内容，杂志在吸引具有共同兴趣的不同读者群体方面是十分有效果的。因此，杂志是接触具体市场的十分好的工具，并且杂志可以提供很多的创新点。当然，对尝试获得更广范围水平的广告主来说，具有选择性这一优势却转变成了劣势。杂志的版面空间的成本变化非常剧烈，因为不同类型的杂志的发行量水平是不同的。

4. 详述电视媒介的优点和缺点，明确电视种类，描述电视消费和观众的情况。

电视的四个基本形式是网络电视、数字电视、辛迪加电视和地方电视。电视的主要优势很明显，因为无限的创新力，它可以成为影响消费者对品牌认知的一个极好的载体，并且它也是可以覆盖众多观众的一种有效工具。然而覆盖这些观众的绝对成本是巨大的。缺乏观众的兴趣和参与必然会限制这些媒介中商业广告的影响力，并且像数字视频录像机（TiVo）那样的数字设备允许观众略过广告，从而使广告对他们来说是不存在的。广告主购买广告时间的三种方式是通过赞助、参与和插播广告。像任何媒介一样，广告费用随着电视观众的规模和构成的变化而变化。然而测定电视观众的方法并不准确而且对此方法还有争议。

5. 详述广播媒介的优点和缺点，确定广播种类并描述广播节目的购买和受众的测定方法。

广告主可以从三种基本类型的广播广告中做选择，其中有：地方插播广告、网络广播广告和全国性插播广告。广播是一个低成本的媒介，由于广播节目的多样性，其可作为到达特定听众的一种极好的工具。较低的听众注意力是广播的一个缺点，而且仅有听觉效果的形式明显限制了创新。建立在订购基础之上的卫星广播完全可以除去音乐频道中的广告。广播广告费用的制定根据有很多，如根据在一天之内的具体时段内收听某个频道的平均听众数量。由于日益扩大的行业并购，购买和插入广播广告变得越来越容易。

## 关键术语

general-population newspapers 大众报
business newspapers 商业报
ethnic newspapers 族裔报
gay and lesbian newspapers 男女同性恋报
alternative press newspapers 其他新闻报纸
display advertising 展示型广告
co-op advertising 协作广告
preprinted insert 插页广告校样
free-standing insert（FSI）独立插页广告
classified advertising 分类广告
rate card 广告价目表
column inch 栏寸（报纸上等广告的尺寸）
standard advertising unit（SAU）标准广告单位系统
run-of-paper（ROP）or run-of-press 刊登在任何版面
preferred position 显著位置
full position 黄金版位
circulation（报纸的）发行，发行量
paid circulation 订阅发行量
controlled circulation 赠阅发行量
readership 读者数量
bleed page 出血全版
gatefold ads 折页广告
first cover page 第一封面
second cover page 第二封面
third cover page 第三封面
fourth cover page 第四封面
double-page spreads 跨页广告
space contract 版面合约
space order 版面订单

closing date 截止日期
on-sale date 销售日期
cover date 封面日期
guaranteed circulation 基本发行量
pass-along readership 二级读者
network television 网络电视
cable television 有线电视
video on demand（VOD）视频点播
off-network syndication 网外辛迪加
first-run syndication 首播辛迪加
barter syndication 交换辛迪加
local television 地方电视
satellite and closed-circuit 卫星电视和闭路电视
narrowcasting 窄播
channel grazing 切换电视频道
V-chip V 芯片（一种可装入电视机内阻断暴力或色情节目的电子芯片）
TiVo 数字视频录像机
sponsorship 赞助
participation 分享，参与
spot advertising 占播广告
dayparts 时段
television households 电视用户
households using television（HUT）开机用户
program rating 节目收视率
ratings point 收视点
share of audience 观众占有率
direct broadcast by satellite（DBS）卫星直播
high-definition television（HDTV）高清电视
radio networks 广播网
radio syndication 广播辛迪加
local spot radio advertising 地方性插播广告
network radio advertising 网络广播广告
national spot radio advertising 全国性插播广告
average quarter-hour persons 一刻钟平均听众数
average quarter-hour share 一刻钟平均占有率
average quarter-hour rating 一刻钟平均收听率
cume 累计

## 问题

1. 参考本章开头，请找出广告主将传统广告媒介——报纸、杂志、电视和广播的数十亿美元的投资转移到数字媒介的原因。对于你来说，获取品牌产品的相关信息更喜欢的途径是传统媒介还是互联网？

2. 为什么报纸的发行量正在逐渐减少？这种现象对报纸广告收入有何影响？

3. 通过证明，杂志是销售“绝对”牌伏特加酒的最佳媒介。为什么杂志是伏特加酒广告媒体的自然选择？为了充分利用杂志，“绝对”牌伏特加酒需要对广告采取什么措施？

4. 仔细阅读你所在地区的最新几份报纸，然后选出有关协作广告的三份样本。请思考，在你所选择的每份广告中，制造商和零售商试图达到什么目的？

5. 请将一份地方报纸和你所喜爱的一本杂志并排摆放，并仔细观察里面的内容。从设想的广告主角度出发，你会发现哪份出版物内容凌乱？找出每份出版物中的广告主所使用的克服杂乱的方法以及他们突出产品品牌的策略。

6. 在诸如转播全美橄榄球联赛的电视节目中涉及准备和插入广告的成本高得简直令人难以相信。像百事公司和尼桑这样的广告主如何证明这个媒介高昂的成本是正当的？

7. 请思考在家中观看电视节目时你所采取的行为。在本章讨论过的人们避免电视广告弹出的五种方法中，你采取哪一种？你的朋友或者你的亲人采取何种方法回避？

8. 在印刷媒体和广播媒体之间做选择常被描写为在高度介入和低度介入的媒体之间的选择！什么会使一个媒体在本质上能够比另外一个媒体有更高的介入性？广告信息的特点如何影响决定，即使用介入媒介或非介入媒介？

9. 对一个寻找具有全国性的媒介的广告主来说，广播是否是一个很好的选择？在使用广播完成目的的过程中可能会遇到什么挫折？

10. 由于一些大型的媒介公司拥有广播站从而得以巩固其地位，因此，对消费者和广告主来说，潜在的缺点和风险是什么？

## 实践练习

1. 请在互联网查阅以下四个网站，并评出你所认为的对每一个品牌广告最适合的媒介（广播、电视、杂志和报纸）。基于对这些品牌的评价和本章中对每一个媒介的优、缺点的讨论，解释你选择的理由！

K2 Snowboards：http：//www. k2snowboards. com

CoverGirl：http：//www. covergirl. com

Metro-Goldwyn-Mayer：http：//www. mgm. com

Zingerman's：http：//www. zingermans. com

2. 本章讨论了四种不同类型媒介的成本和购买程序。选择一个喜欢的杂志、报纸、无线电台或电视台并查看它的成本和购买程序（你可以在公司的网页上或者通过与公司销售部门联系获得广告节目表）。以本章中谈论到的成本和购买信息为依据，从你所选择的出版物或者电台中搜集有关费率的具体信息。你所选择的刊物中的费率和具体描述与本章中列出的内容是如何比较的？如果你选择的媒介的费率和购买程序与本章列出的看起来不同时，请解释为什么不同？你是否认为你选择的媒介中的广告成本是合理的？请解释理由！

3. 对广告主来说，节目赞助是消除电视广告杂乱问题的一种方法。2007 年，旁氏化妆品赞助美国电视网络的系列短剧“头号前妻（*The Starter Wife*）”，其中包括在节目播放中插播植入式广告？此举的目的是用于品牌的整合营销和促销活动。同理，Hallmark 长期赞助戏剧性电视专辑！

佳得乐（gatorade）运动饮料制造商，通过小组协作的方式，为现存的和潜在的电视系列节目或电视专辑提出建议，从而寻找绝佳的赞助机遇！找出任何可以带来这样赞助的额外的营销机会！

4. 针对年龄在 15 岁到 25 岁之间的拉丁美洲女人，起草一份媒体计划去开拓一个新的化妆品品牌。在传统的媒体组合中——报纸、杂志、电视和广播，找出有说服力的例子，之后推荐，在以上四种媒介中，哪一个最适合开展促销活动！

# 12 媒体策划：互联网上的广告与整合品牌促销

通过本章的学习，应该掌握以下技能：

- 1. 了解因特网在广告和整体品牌促销中的角色
- 2. 明确因特网作为广告与促销信息传播媒体的本质
- 3. 描述各类网络广告
- 4. 讨论与在万维网上建立网站相关的问题
- 5. 讨论网络广告和整体品牌促销的未来

## 12.1 引言：当旧媒体遭遇新媒体

当世界上最大的消费品公司之一联合利华（http：//www.unilever.com）想为它旗下的男士除臭喷雾剂品牌 Axe 进行一场新型的、有冲击力的广告宣传活动时，公司找到了总部设在伦敦的广告代理公司，Bartle Bogle Hegarty Limited（BBH，http：//www.bbh.co.uk）。联合利华想要的是一个真正的全球性广告信息，使它的 Axe 产品能在全部销售区的 75 个国家都产生效果。BBH 创造了是一个全球人尽皆知的流行语，男人们会记住并爱上这句话的，因为这句广告语表述了任何使用 Axe 的男士都会吸引女性。从此，流行语 BomChickaWahWah 诞生了。[①] 联合利华的品牌管理者和 BBH 的制作人员通过由一支女子乐队组合演唱 BomChickaWahWah（YouToBe 上有展示）的视频录像、在线游戏、乐队现场表演和注定要在社交网络网站上作为结束部分的电视广告等手段，在全世界范围内掀起了一股 BomChickaWahWah 的热潮。此举的目的就是使这个流行语扎根于全世界成百上千万年轻人的头脑中，并希望它能像霍默·辛普森（Homer Simpson）的"D'oh"那样长久流传。这项推广活动贯穿整个 2007 年，吸引了广泛的关注。若想从网络上检索 Axe 的最新产品，可以登录网站 http：//www.theaxeeffect.com。

网络一代（你也是其中重要的一分子）将会在网络上寻求信息，而且这些信息比通过杂志或电视传统媒体（尽管 Axe 活动的确也依靠这些类型的广告——参见图表 12—1）传递的信息更易让他们接触到，这是将网络内容与传统媒体结合的想法来源。在 YouToBe、MySpace 或 Flickr 传递广告信息的方式被认为是一种更加"社会化"的交流。也就是说，当一个信息在社交网站上发布时，它更像是"生活"的一部分，而不是大集团、商业公司的宣传。另外，就像 Axe 的战略那样，如果这条被大家热捧的信息流行开来，并在网络上迅速传播，那么它可以在瞬间传遍全球的各个目标市场。

当然，联合利华不是第一家想到利用释放网络力量的广告战略来推广其品牌的公司。红牛在出售其运动功能饮料的 100 个国家当中几乎没有利用传统媒体制作广告。相反，你会发现，人们通过在网络参加为红牛瓶罐设计造型的比赛，来赢取去瑞士旅游的大奖。另一个例子就是 DirecTV 组织了一个视频游戏系列锦标赛，通过卫星电视进行赛事转播。全世界的公司都开始认识到，将品牌信息融入媒体并使观众"自愿"观看，是一种强有力的推销手段。

那么这个故事该怎样收尾呢？BomChickaWahWah 起作用了吗？联合利华和 BBH 公司是否在全球网络世界中拔得头筹？如果说这是一场全球性的胜利也许为时过早，但是 Axe 产品在世界男士除臭喷雾器市场上占有相当大的市场份额：在德国占 8.9%，在美国占 13.5%，在澳大利亚占 17.6%，在印度则占 28.6%。[②] 对此你怎么

① Steve Hamm, "Children of the Web," *BusinessWeek*, July 2, 2007, 51-58.

② Steve Hamm, "Children of the Web," *BusinessWeek*, July 2, 2007, 56.

看？你在网络上看到这些品牌，并发现这种信息比电视或电台的广告更加吸引人、更有趣吗？你喜欢 BomChickaWahWah 这句流行语吗？你是否买过 Axe？如果你想表达自己的看法，并想参加与 Axe 相关的网络活动，那么就登录 http：//www. rateitall. com，亲自体验吧！

图表 12—1

联合利华想为它的男士除臭喷雾剂品牌 Axe 制作一次以网络为主的推广活动，将“任何使用 Axe 的男生都能吸引女性关注”的信息传递开。这张印刷广告是联合利华过去在传统媒介（杂志）上使用过的。去 http：//www. theaxeefect. com 看看 Axe 活动的网络版吧。

## 12. 2 无线化意味着新规则

因特网自 1999 年起就有了迅猛的发展。最初是繁荣期，然后是迅猛增长，现在，我们则完全进入了另一个繁荣期，而且是永久性的。尽管从 dot. darlings 到 dot. nots，一大批高容量网站，包括 eToys，Garden. com 和 Pets. com 上出现了恐怖主义、经济萧条和怀疑主义，因特网仍然以惊人的速度在成长。现在基于互联网商务交易额每年超过 10 万亿美元。消费性电子商务交易额也相当惊人，每年也超过 10 万亿美元，其中超过 6 万亿美元用在了消费者服务上（网上按揭、音乐下载、订购资讯网页等）。①

① Data on e-commerce is available at *http：//www. census. gov/eos/www/2005/2005reportfinal. pdf.*

网络最终像每个人所期待的那样，成为广告宣传的一种选择。正如我们在第 2 章和第 11 章里说到的，市场营销人员正意识到，他们可以将网络广告纳入到他们的整合品牌促销计划中，并且实际上他们正将资金从传统的媒体转移到网络上去。现在，每年在网络广告上的花费已经超过 200 亿美元，其中，“付费搜索”花费最多（以后还会更多），大概有 100 亿美元，紧随其后的是网络媒体和网络电视，大约花费 30 亿美元。①

总体来说，因特网只是个基础性工具——是个集信息搜寻、发送电子邮件和享受娱乐于一身的媒介——然而近几年它有了更多的作用。为什么会有这种变化？三个字：无线化。毫无疑问，你们所有的人都会偶尔在校园内或在你最喜欢的咖啡屋内通过无线网络上网。**无线上网**因为能够使电脑在 300 英尺内与互联网接入口无线连接，因而在 2004 年流行起来。有了它，不管是在星巴克喝咖啡的人，还是在灾难现场进行急救的工作人员，每个人都能通过他们的笔记本电脑无线上网，获得相关信息。但是无线网络只是一个开始。现在，不管使用无线网络做什么，包括利用网络进行广告和促销，新的无线革命都会使它看起来像个儿童玩具。未来的几年内，无线网络将会让步于三种革新科技，从而使无线网络走进生活的方方面面，从汽车到家居，到办公室，到海滩。这三种技术是：

WiMax。（Worldwide Interoperability for Microwave Access），就像 WiFi 那样，在中央天线周围制造“热点”，人们可以通过这些热点无线接入因特网。但是，WiFi 制造的热点覆盖范围大概在 300 英尺内，而 WiMax 可能将范围扩至 25 ~ 30 英里！电信产业的科学家们说，这项新的科技，可以取代电缆或数字用户线路，来向消费者传递无线宽带的“最后一英里” （最后一段）。但是如同 Globalization Box 描绘的那样，WiMax 不会取代城市里的宽带和调制解调器，它更适于偏远乡村。

Mobile-Fi。与 WiMax 相似，它能使电脑在数英里远处接入，但是它增加了另一项功能，就是可以让使用者在移动的轿车或火车上仍能连接因特网。

Ultrabroadband。这项科技能让人们在短距离内迅速地传输海量信息。在行驶时，司机可以从一台在线的个人电脑上下载大容量的文件至掌上电脑。或者，你可以在家把你最喜欢的音乐会从你的个人电脑里无线上传到电视上。

因特尔、阿尔卡特朗讯和摩托罗拉公司的科学家们正在研发这几种技术，主要把它们作为高速传送数据的通讯模式。在实际应用中，这些技术可以使广告商与通过 WiMax 或 Mobile-Fi 连接网络的网上冲浪者们交流。现在我们都习惯于使用 WiFi 和它带来的便捷。而这些新技术将会让广大消费者享受更加便利的搜索服务，就像 Ask. com，不管身在何方，消费者们都能很快地搜索。

## 12.3 互联网在广告和整合品牌促销进程中的角色

随着因特网已经演变成为广告客户的合理选择，许多公司，比如百事（http://www.pepsiworld.com）和宝马（http://www.bmw.com），它们都已经非常成功地将

① Digital Marketing & Media Fact Pack, *Advertising Age*, April 23, 2007, 6.

因特网融入到其整合品牌促销战略中。浏览一下这些网站，你会发现这些公司利用它们的网站传递了大量的信息和促销广告。但是，要是因特网成为彻头彻尾的媒介呢？因特网能够或者可能在网络广告促销中扮演什么样的角色呢？有一些“事实”阐明了这一点。

首先，因特网将不会取代所有其他形式的广告。在广告和促销方面，即使那些最大的客户（你知道那些数十亿美元的类型），也不大可能把网络作为他们与受众沟通的主要方式。但是，像百事和宝马那样的广告商，正寻求某种方式将网络作为整合品牌促销中一个重要组成部分。拥有像红粉佳人（Pink）、蒂朵（Dido）、莎拉·麦克拉克兰（Sarah McLachlan）等著名明星的音乐公司 Arista，应用类似美国在线的音乐发现网络连接方式，来传递流行艺术家的数码音乐潮流。在网络上曝光，已经成为宣传新歌手和新单曲的主要发布形式。

其次，因特网的所有方面都在发生巨大的变化。像 eBay 那样的拍卖网站，已经为全世界的小额交易提供了巨大的机会。如同我们在书里指出的那样，网络 2.0 和其对社交网络的强调，为传递促销信息提供了一条全新的途径。

考虑到目前的因特网和广告，在本章节里我们将把笔墨集中在两个基本的问题上：因特网的结构和因特网作为广告媒介的潜力。通过这些讨论，我们将对这个问题有更深的理解，即如何才能使因特网成为一个有效、完全的广告宣传和整合品牌促销的一部分。首先我们先谈谈因特网的改革简史。然后，我们将对网络空间和因特网运行的一些基本方式有个概括介绍。接下来，我们要讨论几种会用到的不同的广告类型，以及在运用过程中涉及的一些技术问题。最后，我们会谈谈关于创建网站和在“电子社区”开发品牌的问题。

## 全球化专栏

### 利用 WiMax 去俄罗斯

在涉及广告和促销时，俄罗斯市场有很多地方都是令人猜不透的。有多少钱被花在何种媒体上以传送商业信息，像这样的数据很难获得。但是，当涉及广告客户渴求的，以网络传送信息的技术时，情况又变得明朗起来。阿尔卡特朗讯公司——WiMax 技术和硬件设施的开发商——刚与俄罗斯签署协议，要在俄罗斯全国范围建立乡村 WiMax 互联网接入。俄罗斯是世界上乡村面积最大的国家，有 160 多个城市和城镇的人口在 50 000 到 100 000 人之间，还有几百个城市和城镇的人口不到 50 000 人。

俄罗斯的电信公司 Synterra 持有 WiMax 通讯所需的 2.5GHz 宽带的国家许可证。阿尔卡特朗讯公司将与该公司合作，在人口少于 100 000 的城镇建立 WiMax 基础设施。在这个项目中将会安装“受控光束”，它可以提供比其他任何传送方式范围更大、覆盖面更广的网络连接。

这个项目非常庞大，可以为超过 4 000 万没有安装用户数字线路或入网调制解调器的俄罗斯人民提供网络连接服务。接下来，这个项目就将给广告商和网络服务供应商提供一个广阔的、新兴的俄罗斯消费市场。到目前为止，这个市场的消费者很少或根本没有机会接入网络。这又给人们提出了那个热点问题：你认为BomChickaWahWah会在俄罗斯乡村热卖吗？

资料来源 Dan O'Shea,"Study: WoMax, MobileFi No Threat to DSL," *TelephonyOnlin e*, June 8, 2004, accessed at *http://www.telephinyonline.com* on July 13, 2007; Kevin Fitchard, "Alcatel-Lucent to Build WilMax in Russia," Telephonyonline, July 6, 2007, assessed at *http://www.telephinyonline.com* on July 13, 2007.

## 12.4 互联网的发展

科技改变一切，至少有能力和潜力去改变一切。当这种科技是通讯技术时，比如因特网，就能改变一些人类生存的最基本的东西。与因特网相连的消费者，会在现实生活中与其他消费者相连，然后还会在社会、政府，甚至是解放运动中产生这种联系。

因特网的迅猛发展到底是通讯工具的一种进化，还是一场彻底革命呢？在改革比之前更加普遍的这个时期，我们目睹了因特网所经历的成长的烦恼。因特网真正意义上的变革，还是它能在商业渠道中转变其通讯本质的能力。尽管先前谈及的互联网的网站震荡最近一直在 持续，但如果你想对因特网和广告业的电子进化作前瞻性预测，那就看看通讯发展简史吧。

1994年，广告客户开始同Prodigy和CompuServe合作，这两家公司是最早的因特网服务提供商（ISPs）。这些广告客户以为他们能够在线发布标准的电视广告，可是受到当时的技术限制，使得广告客户和因特网服务提供商们又回到了最初的想象阶段。随着越来越多的因特网服务提供商的出现，如美国在线和EarthLink等，作为传送商业信息途径的新网络浏览器就具有了研发的价值。1994年10月，第一个网络浏览器Mosaic诞生，它是Netscape1.0的原型版本，同时第一个广告也出现在*HotWired*杂志（网络版*Wired*杂志）。这家杂志吹嘘有12家广告客户，包括MCI、AT&T、Sprint、沃尔沃和Club Med，并且每一家公司都在没有任何浏览数量或浏览者概况方面的保证下支付了30 000美元，以获得12周的在线广告演示或广告横幅展示。

诚然，现在的情形已与过去截然不同。目前，因特网在全球范围内已有超过10亿的用户。[①] 从历史的发展角度来看，2005年有大约120亿美元花费在网络广告上，而到2011年，这个数字会增长到360亿美元以上。[②] 所有类型的公司，大的、小的、经营砖块砂浆的、虚拟的、电子商务的、非营利的任何你能说出来的公司，都在利用这个媒介。而且，因特网是数百万个网站的家园，网络对于个人消费者的价值也与日俱增。现在让我们把注意力转到因特网的技术层面，我们将本着为客户提供一种战略性广告服务，为整合品牌促销提供一个选择的目的，来探寻、开发因特网。

---

① Global use of the Web statistics obtained from Clickz at *http://www.clickz.com/showPage.html? page=stats/web_worldwide*, accessed on July 13, 2007.

② Digital Marketing & Media Fact Pack, *Advertising Age*, April 23, 2007, 6.

## 12.5 网络空间概述

我们经常不经意间谈及因特网，因为它在技术领域已经变得非常重要。但是，到底什么才是我们所说的因特网呢？互联网是将大众和私人电脑系统连接起来的全球性电脑网络集合。因特网最初是由美国军方设计的，用于处理全国性突发事件，由于它广泛分布，高度重复设置，因而是可靠的通讯系统。即使军队的部分电脑瘫痪，因特网仍能继续运行。如今，因特网由来自政府、教育机构、军队和商业领域的电脑联合构成。最开始，连接到因特网的电脑数量大体上每年增加一倍，1994 年 200 万，1995 年 500 万，1996 年约 1 000 万。但从 1998 年开始，使用因特网的人数开始加速增长，仅美国和加拿大当年就有大约 9 000 万人使用，全球范围内则有 1.55 亿人在使用。从图表 12—2 可以看出，世界范围内接入因特网的用户数量还在继续加速增长。据估计，2006 年全球大约共有 11 亿用户，在仅仅 8 年的时间里翻了 7 番。①

但是，不要忽视了因特网通讯的潜力。从图表 12—2 的数据可以看到，11 亿的因特网用户只是全球总人口的 16%。而且，一些人口大国，如俄罗斯、中国和印度，直到最近才开始提供大范围的因特网接入，这意味着存在几十亿的潜在用户。

图表 12—2

2006 年全球范围内因特网用户人数估计。

| 国家 | 在线人数（百万人） | 占总人口比例（%） |
|---|---|---|
| 澳大利亚 | 4.65 | 58.1 |
| 比利时 | 10.39 | 49.0 |
| 捷克 | 4.80 | 46.9 |
| 丹麦 | 3.76 | 68.9 |
| 芬兰 | 3.29 | 62.9 |
| 意大利 | 28.87 | 49.6 |
| 立陶宛 | 0.96 | 26.9 |
| 荷兰 | 10.81 | 65.5 |
| 挪威 | 3.41 | 68.1 |
| 西班牙 | 17.14 | 42.4 |
| 巴西 | 190.01 | 13.6 |
| 保加利亚 | 1.61 | 21.9 |
| 加拿大 | 20.90 | 62.5 |
| 中国 | 111.00 | 8.4 |

① Global use of the Web statistics obtained from Clickz at *http*: *//www. clickz. com/showPage. html*? *page = stats/web_ worldwide*, accessed on July 13, 2007.

续表

| 国家 | 在线人数（百万人） | 占总人口比例（%） |
|---|---|---|
| 冰岛 | 0.22 | 75.2 |
| 印度 | 50.60 | 4.6 |
| 日本 | 86.30 | 67.7 |
| 墨西哥 | 17.00 | 15.8 |
| 俄罗斯 | 23.70 | 16.5 |
| 英国 | 37.80 | 62.3 |
| 美国 | 203.44 | 68.2 |
| 世界共计 | 11（亿人） | 16.6 |

资料来源　ClickZ Stats, Web Worldwide, date available at *http://www.clickz.com*, *accessed* via the internet on July 13, 2007.

经过多年的使用，很多网络词汇已经是众人皆知，或者是非常直观了。但其中一些词汇仍然深奥难懂。图表12—3的简短词汇注释表就为很多词下了定义，这些词你也许听到过多次，但仍不确定它们真正的含义。

图表12—3

因特网基本术语注释表。

| 词语 | 定义 |
|---|---|
| applet（应用小程序） | 一个Java程序，可以被嵌入一个HTML（超文本标记语言）网页中。参见下面HTML的定义 |
| banner ad（广告条） | 一种广告形式，通常呈矩形，用来吸引消费者的眼球。在网页上，广告条就像一个入口，指引消费者进入延展后的网 页，在那里有更多关于某个公司或某个产品的讯息。很多广 告条包含电子商务功能，消费者可以通过这个广告条订购某 项产品或服务 |
| bandwidth（宽带） | 通过因特网连接传输信息的能力。可以选择电话线、电缆和各种无线设施连接方式 |
| baud（波特，速率单位） | 数据传输速率单位，通常是指调制解调器的速率 |
| button | 总出现在网页下方的可以点击的小方块或小圆圈，通常链接到某个广告 |
| clicks（点击量） | 用户点击广告条的次数 |
| click-through（点击） | 网页浏览者点击广告条，然后被带到经营公司主页以获得更多信息的过程。广告条点击率平均为1% |
| Cookie | |
| （记录浏览器使用情况的网上信息块） | 网页服务器向网页浏览器传送的一条追踪网页活动的信息。由于这些信息能识别用户和用户的浏览习惯，因此成为网络隐私问题的核心所在 |
| CPC | 每点击一次所付的费，这是广告客户按注册的网页访问者点击广告条的数量来支付的价格 |

续表

| 词语 | 定义 |
| --- | --- |
| CPM | 每千人成本，这是在传统媒体上存续长久的广告付费，现在已成为网络广告付费的标准 |
| domain name（域名） | 由经营者选择的唯一的网页名称。在这个唯一的网页名称后面，有 12 种为其指定的后缀名：后缀是 . com 和 . net 的，是商务和商业网站；后缀为 . org 一般为某机构或非营利性组织；. gov 是政府网站；学术性机构一般接 . edu 后缀；. aero 一般指空运行业；. biz 后缀是商务型网站；. coop 后缀指代企业集团；. info 则为不受组织形式约束的网站；. museum 指代博物馆；. name 指代私人网站；. pro 指代会计师、律师和其他职业人网站 |
| e-mail（电子邮件） | 通过电脑、网络电视或其他如掌上电脑和手机之类的无线设备交换的文本信息 |
| Hit（访问量） | 用来衡量网站流量。每次文件服务器向浏览器发送一个文件便可以记为访问量。访问量可能代表同一个访问者的多次访问，并不能度量浏览某个网页的人数（见 unique visitors） |
| HTML<br>链接网站文件 | 是超文本标记语言的首字母缩写，用来显示和链接网站文件 |
| interstitial（插入式广告） | 当用户点击网页上指定的（或未指定的）区域时弹出的广告 |
| intranet（内联网） | 公司内部的在线网络，可供员工使用。一些家庭中甚至也在使用内联网 |
| link（链接） | 两个网页之间的可点击的连接点 |
| opt-in mail（定向邮件系统） | 一张因特网用户名单，名单上的用户都注册了商务型电邮，允许将与他们有关的信息通过电子邮件传给他们 |
| page views（网页浏览量） | 访问者浏览某一包含广告的网页的次数。这种量度可以作为广告观看潜在次数的一个指示。网页浏览量的意义与传统媒体的总体印象类似 |
| rich media（富媒体） | 用在网络广告上的特殊技术效果，可以加强视觉和听觉效果。流式视频就是一个例子 |
| spam（垃圾邮件） | 消费者没有要求而发送给消费者的垃圾邮件。这并不是首字母缩写，据说这个术语来源于 Monty Python 幽默剧，叙述了一家餐馆里，无论什么东西都伴随着 Spam，也就是 Hormel 的午餐肉 |
| sponsorship（赞助） | 由广告客户付费的网页内容 |
| unique visitors（独一的访问者） | 在某一特定时间段内访问网页的不同个人的数量 |
| views（浏览量） | 广告条被下载的数量 |

## 12.5.1 因特网媒介

广告的因特网媒介由电子邮件（包括电子邮寄目录）、新闻组网络和分布式互联网交流系统万维网组成。

1. **电子邮件**。广告客户经常利用电子邮件来与潜在的和当前的消费者交流。许多公司都在搜集电子邮件的地址和资料，广告客户可以据此向某一特定组群直接发送电邮。传播广泛且目标明确的电邮广告由 Advertising. com（http：//www. advertising. com）（参见图表 12—4）这样的组织机构提供辅助。这些组织为广告客户制定目标、做事前准备，然后向高度细分的受众发送电子邮件。

图表 12—4

各种类型的公司帮助企业在因特网上发送高度目标化的电子邮件信息，即提供定制的一对一广告服务。http：//www. advertising. com

广告客户通过**“定向电子邮件”**来解决消费者对广告邮件抵制的问题。定向电子邮件是当接收者同意接收时才发送的商业性电子邮件，比如网站访问者同意接收某些他们感兴趣的话题和产品的商业性电子邮件。如果你曾在网上购物，你很有可能被要求点击某个方框，表明你愿意接收关于公司及其产品的将来信息。服务提供商，比如 Opt In Inc.（http：//www. optinic. com），会帮助诸如 OfficeMax、American Express 和 Exxon 这样的公司推广它们的定向电子邮件。其他服务提供商，比如 L-Soft（http：//www. lsoft. com），则供应用来管理电子邮件名单的软件，并向广告客户提供立即可用的目标市场。（参见图表 12—5）

图表 12—5

与发送电子邮件类似，企业可以从像 L-Soft 这样的公司处购得完整的电邮组群目录，以此在定向电子邮件营销战中分发电邮简讯。

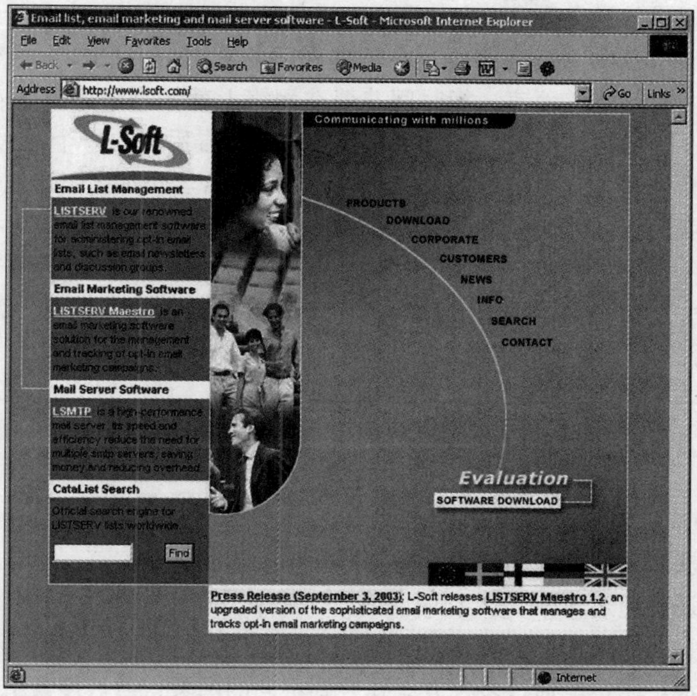


正如在第 4 章作为道德/社会问题讨论的那样，向电子邮件名单、新闻组网络或其他电邮地址汇总发送的未经允许的商业信息，就是臭名昭著的垃圾邮件。各种估算表明，世界范围内每天会发送了约 1 200 亿个**垃圾邮件**。[①] 在第 4 章中讲过，还没有哪种促销技术能像垃圾邮件那样让消费者和管理者感到义愤填膺的。但在结束我们对垃圾邮件的讨论之前，再看看一个有趣的记录：尽管垃圾邮件似乎让网络用户非常厌烦，但它却呈现出高效性。那些海量的电子邮件能获得大概 5% ~7% 的反馈率，与之相比，非网络的直接市场营销工作只有 1% ~3% 的反馈率。[②] 因此，我们在发送海量的电子邮件之前，最好考虑一下效果，而不仅仅是公众反应。

2. **新闻群组**。新闻群组是网络空间里讨论组群的集合。人们可以阅读关于某个既定话题的信息，发布新的信息，以及回复信息。用户浏览信息，并向一个或多个被称为新闻群组发布类似电子邮件那样的信息（称作文章或帖子）。新闻群组在大多数方面都与公告板系统（BBS）相类似。而它们之间最大的区别在于，新闻群组没有中央服务器或中央系统。它分布在一个巨大的、不断变化的服务器混合体当中，这个混合体中的服务器相互间可储存、发布信息，在一个可变网络中松散地连接着。本地服务器由个人用户的网络服务提供商（ISP）、学校、雇主或者其他本地组织机构所掌管，个人用户通常就从本地服务器上阅读信息，并在其上发布信息。之后，这些服务

---

① Allison Enright, “Guerrilla-Style Spam Wars,” *Marketing News*, November 1, 2006, 13 - 14.

② Tobi Elkin, “Spam: Annoying but Effective,” *Advertising Age*, September 22, 2003, 40.

器相互交换信息。

3. **万维网。万维网**（WWW）是一个信息网络，所有因特网用户都可以获得这些信息，它的图形环境让网络导航更加简单和激动人心。在因特网广告客户的所有选择中，万维网提供的机会最具广度和深度。详细且全彩的图形、音频传送、定制信息的传递、24 小时全天候、可用于企业与消费者间的双向信息交换，所有这些都是万维网所提供的。对某些人而言，把时间花费在网络上就相当于把时间花在其他媒体上，比如印刷品、广播和电视。万维网与其他网络广告手段的一个最大不同点就是：消费者会主动地搜索企业网站的主页。当然，网络广告客户都试图让他们的网页更容易被找到，或者更实际地说，是更难被忽略。

要想了解一个公司如何高效利用所有因特网媒介，就看看*正确行事*栏目，里面讲述了 RCA 唱片公司是如何整合网络战略，为克里斯汀娜·阿奎莱拉（Christina Aguilera）发行的首张唱片制造轰动的。

## 12.5.2 在万维网上冲浪

有大约 70% 的美国人使用万维网。这些人中，有 75% 的人使用电子邮件，50% 的人通过网络获取最新的新闻，进入他们特别感兴趣的资讯网页，34% 的人曾在网络上购物，另外还有超过 30% 的人利用网络支付账单。①

这种对信息、娱乐和个人服务的需求就导致使用者要从一个网页滑到另一个网页，即**网上**冲浪。用户能通过多种方式找寻到不同的网页：通过**搜索引擎**、与其它网页的直接链接、还能通过语音命令。

各种各样的搜索引擎技术使得网上冲浪变得迅速而高效。用户冲浪时只需键入几个关键词，搜索引擎就能够找出所有包含这些关键词的网页。搜索引擎都拥有相同的基本用户界面，但在如何运行搜索和万维网接入数量方面存在着不同。像雅虎！和 Google 这样的大型网站，利用搜索引擎技术将搜索结果最佳化，让浏览者在可能感兴趣的网页中直接选择（参见图表 12—6）。便捷高速的冲浪引擎的一个特征就是“机器人”，大致来说，它能代替用户在网上冲浪。

### 正确行事

**把明星聊上排行榜**

我们都知道克里斯汀娜·阿奎莱拉是一名超级明星。但是你也许不知道，网络曾在她的星途上扮演了非常重要的角色。当 RCA 唱片公司的高官们开始秘密筹划发行阿奎莱拉首张唱片的广告战略时，他们就知道因特网将在最初的推广活动中扮演非常重要的角色。他们明白作为目标听众的青少年是非常挑剔的，而且不接受传统的媒体。或者，用一位因特网市场营销战略家的话来说：“他们在 11 岁时就有了自己的谎话探测器。”有了这样的认知，RCA 将一个基于网络的广告/口

① Digital Marketing & Media Fact Pack, *Advertising Age*, April 23, 2007, 32.

头传播战略付诸行动，围绕克里斯汀娜·阿奎莱拉和她的新唱片在因特网上制造了一场轰动。这项战略分为四个步骤，由专门进行音乐营销的因特网营销公司 Electric Artists 公司执行。

第一步：为了弄清楚青少年对阿奎莱拉已经了解了多少以及他们在谈论些什么，Electric Artists 开始密切关注流行的青少年网站，比如 Alloy（http://www.alloy.com）和 gURL（http://www.gurl.com），以及为其他青少年明星所建的网站，比如后街男孩和小甜甜布兰妮。公司搜集到了一些关于歌迷对阿奎莱拉单曲"Genie in a Bottle"作何反应的重要信息，并了解到在阿奎莱拉的歌迷与布兰妮的歌迷之间暗藏着对立。

第二步：Electric 公司指派一组网络冲浪者去流行网站，开始闲聊有关阿奎莱拉的单曲、她的过去以及关于她新唱片的谣言。这群冲浪者在网页上发布信息，或给一些个人歌迷发电子邮件，并带上这样的评论："有没有人记得克里斯汀娜·阿奎莱拉——她曾为 Mulan 演唱过一首叫做'reflection'的歌？我听说她有一首新歌名叫'Genie in a Bottle'，而且她的新唱片这个夏天即将发行。"Electric 的战略家们指出："这是孩子们之间的营销。"

第三步：随着 Electric 将其因特网交流重心从阿奎莱拉的单曲转移到唱片上，这个推广战略上升到了一个新的高度。其中的一项挑战就是促使歌迷接受交易价格从 $1.98 上升到 $16.00。另一个难关就是要让诸如 Amazon.com 和 CDNow 这样大的音乐零售商确信，阿奎莱拉值得在他们网页显眼的地方曝光。为了达成这些战略目标，Electric 要确保新唱片的封面和名称对于那些为子女购买音乐唱片的父母们来说是极其难忘的经历。这就要求有大量的主流杂志和娱乐电视媒体覆盖，因为那些父母，尤其是母亲们，会接触到这些媒体。

第四步：为了保持从最初的网络宣传那里赢得的势头，Electric 利用各种其他的因特网战略，来继续大力发展阿奎莱拉的歌迷。持续更新的网页能让青少年观众了解到关于音乐会、TV 秀、聊天、歌迷俱乐部资讯、购买和电子邮件等的信息。Electric 还继续关注青少年感兴趣的其他歌手，比如玛丽亚·凯莉和惠特妮·休斯顿，从而更宽泛地了解青少年的音乐领域。

这场基于因特网的营销活动的结果是，克里斯汀娜·阿奎莱拉的这张唱片排名第一，并最终获得 2000 年格莱美最佳新人奖。这个故事告诉我们因特网广告的巨大威力在于它能够进行特定目标定位，并能用独特的语言与某个听众交流。这是因特网能够作为广告媒介选择的突出特征。阿奎莱拉的故事也表明，因特网广告不只局限于演示广告或作横幅广告。目前，大唱片公司仍然认为因特网，特别是能够利用类似流式视频这种富媒体的因特网，是推广新歌手、新素材的强有力的方式。

资料来源 Erin White，"Chatting a Singer up the Pop Charts，" *Wall Street Journal*，December 5，1999，B1，B4；Christopher John Farley and David E. Thigpen：Building 21st Century Star，" *Time*，March 6，2000，70-71；Tobi Elkin，"Record Labels Tuming to Web to Boost Sales Sales，" *Advertising Age*，June 9，2003，16.

图表 12—6

大型网站，像 Yahoo！和 Google，能通过搜索引擎技术，就因特网用户对信息、娱乐和服务的需求向其提供迅速而有效的搜索。http：//www. yahoo. com；http：//www. google. com

## 12.5.3 门户站点和网站

“门户站点（portal）”这个词在因特网词汇表里已经变成了一个最被过度使用、错用、滥用和最让人不可思议的词。**门户站点**是网络接入和搜索的起始点。门户站点包括综合型的，比如 Yahoo!；垂直型的（为某一专门市场或行业服务，比如 Jobster，http：//www. jobster. com 专门提供就业机会）；水平型的（在某个行业领域内提供进入途径和链接，比如 Verticalnet，http：//www. verticalnet. com，能接入到商务贸易社区网站）；以及社区型的（比如 Latina Online，http：//www. latina. com；参见图表 12—7）。Google 这样的大型门户站点在搜索索引上已经有 80 亿个网页，垂直型和水平型的特定目标搜索引擎也开始大量增加网页，从而使搜索某一话题变得易如反掌。①

① Om Malik，“Growing in the Shadow of Google，” *Business* 2.0，December 2006，40.

图表 12—7

像 Latina Online 这样的社区门户站点提供的网页能够满足上网用户对不同种类信息的需求和兴趣，涵盖了从政治、文化到娱乐等各个方面。Alloy 网站（http：//www. alloy. com）为了确保赢得社区门户网站间的竞争而在做些什么？Alloy 网站的搜索功能和导航特征是否是为指引上网者去往特定的网页而设计的？

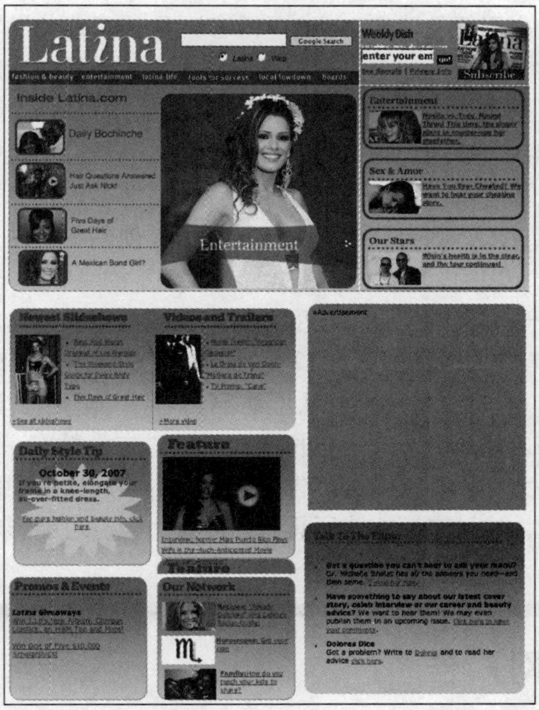


除了门户站点外，网络当然由个人企业或品牌网站占主导地位。网站正式的定义是一系列网页、图片、视频和其他由网络服务器管理的数字内容的集合。试想你在网上冲浪，你可能先从一个门户站点开始，然后在一系列的网站上遨游。标准网站的一个变种就是混合技术搭建。**混合技术搭建**是将一个或多个网站组合成为一个单独的网站。Chicagocrime. org 就是个例子，在这个网站上，当地的犯罪数据都被标注在 Google 地图上，这样你就能清楚知道在你家周围都发生过什么样的犯罪。另一个例子就是 Book Burro，这个网站列出了同一本书在多个相互竞争的在线图书销售商处的价格。①

## 12. 5. 4 个人网站和博客

很多人已经建立了自己的网页，上面列举了他们最喜爱的网站。这是寻找新鲜和有趣网页的一种奇妙方式，同时也滋养了人们自我陶醉的情结。比如说，http：//www. academic. cengage. com/marketing/oguinn，该网站是专门为一本书而建的，是关于广告和整体品牌营销的信息来源，同时也包括其他各类行业资源。

① Robert D. Hof, "Mix, Match, and Mutate," *BusinessWeek*, July 25, 2005, 72 – 77.

尽管大多数人经由互联网资源寻找网站（一项调查显示，80%以上的调查对象通过搜索引擎或其他网页寻找网站），网站同样可以通过传统口头交流的方式获知。互联网热衷者喜欢在咖啡屋内或其他没有网络的场所，用阅读或写文章的方式讨论，分享自己在网络上的经历。现在有一些强大的搜索引擎，比如 Dogpile（http://www.dogpile.com），它们一瞬间便将多个搜索引擎联合在一起。

最新的个人网络应用便是**博客**。blog（博客）是 weblog 的缩写形式，在网站里它是一本频繁更新、供大众浏览的个人日志。博客大致体现了作者或网站的个人特点和目的。里面的话题更是包含了简短的哲学思考、个人嗜好和最喜爱的音乐、政治倾向、对网上的和其他社会话题的评论以及作者钟爱的其他网站链接。博客本质特征是它的日志形式，每天都有新内容以及它轻松的风格。博客的作者通常被称为**博主**。人们在博客上发布了新日志，则会称他们今天博客了，他们在网站上加了博客，或者他们还要博客。

既然博客获得了这么大的公众关注度，那么让我们来换个角度。据报道：大约有5 700万人正在使用博客，但其中只有12%的博客用户每周至少访问一次博客。在所有互联网用户中，有88%的人很少或从不访问博客。[①] 但是像宝洁这样的大公司发现，它们的一些品牌，如 Swiffer（一根长条塑料棍，末端粘有一小块吸尘布料），成为消费者博客中的一大特色。大多数广告主认为，网络的这一功能为实现同龄人间的交流创造了巨大潜力，这种交流方式所具有的说服力极有可能影响到品牌。[②]

## 12.6 互联网广告

正如之前提到的，互联网广告现在发展非常迅速但却跌宕起伏。1995年，广告在互联网上的投资为5 470万美元，到了2000年，这一数字超过了80亿美元。之后，这场繁荣变成了泡沫，dot 网络公司昙花一现。2002年，数十亿美元撤出互联网广告市场，总收入只有大约60亿美元（参见图表12—8）。到2003年，互联网广告业开始复苏，总收入一下子回升到72.5亿美元，2006年更是达到160亿美元，而到2008年估计将会达到200亿美元左右。[③]

许多复杂的问题与互联网广告有关。这个部分将由探寻互联网广告的优势开始，然后我们将看看是谁在互联网上做广告，互联网广告的相关成本以及互联网广告的类型。

---

① Digital Marketing & Media Fact Pack, *Advertising Age*, April 23, 2007, 21.

② Nancy Einhart, "Clean Sweep of the Market," *Business* 2.0, March 2003, 56.

③ PricewaterhouseCoopers, "IAB Internet Advertising Report," April 2004, 5; 2003 Marketing Fact Book, *Advertising Age*, July 7, 2003, 21, Digital Marketing & Media Fact Pack, *Advertising Age*, April 23, 2007, 6.

图表 12—8

互联网广告总收入在 2000 年里实现了巨幅增长，接着陡然下降。到 2007 年时，稳定回升，互联网广告投资达到了 171 亿美元。图表 12—8 将互联网上的广告支出与在其他主要媒介的广告支出做一对比。

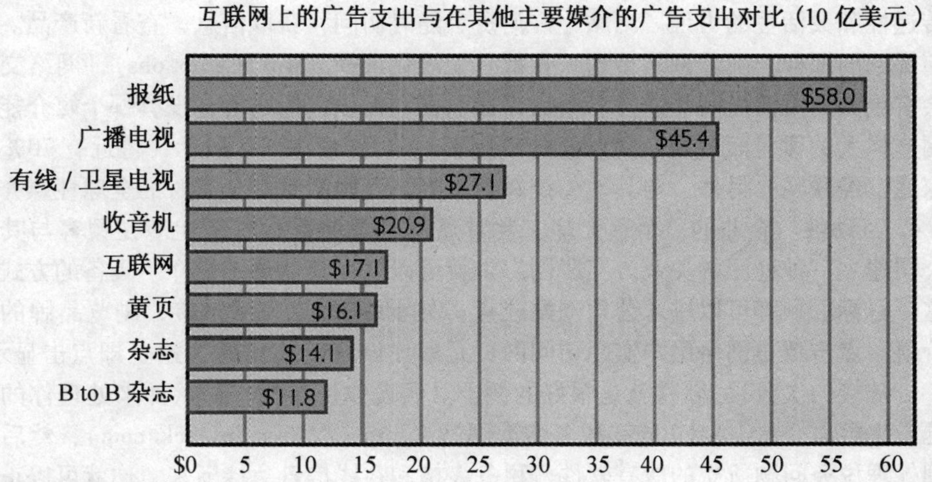


## 12.6.1 互联网广告的优势

互联网广告最终成为广告主的一个合理选择——这并不仅仅是因为网络是一种崭新的、与众不同的技术。与传统的媒介相比，互联网的一些特色使其在广告宣传方面更有优势。

1. **目标市场选择性**。网络为广告主确定细分化的市场提供了一个崭新而精确的方法。不仅对细分市场界定精确了——比如，你可以在钱币收藏家（硬币收藏）社区网站上投放广告——而且互联网允许使用多种确定目标市场的形式，还真正完善了传统的市场细分的依据，比如人口统计、地理分布和消费心态。广告主可以关注某个特定利益区域，也可以依据地理区域（包含了全球）、当前形势、计算机平台或浏览器来确定目标市场。例如，美国 Filipacchi 媒介停止印刷*Elle Girl* ，建立了一个网站取而代之。出版商发现，年轻女孩们抛弃了印刷媒介，她们都喜欢通过网络获得信息。① 当美国航空公司利用 TM 广告追踪《华尔街日报》（http：//www. wsj. com ）在线旅游专栏读者的网络行踪并且再“追随”这些网上冲浪者在其他板块兜了一圈之后，在线广告的回应率增长了 115% 。②

2. **追踪功能**。互联网容许广告主追踪用户是如何与他们的品牌互动的，并了解当前的和潜在的顾客到底对什么内容感兴趣。显示/条幅广告和网站也通过点击率得以测量广告的回应率，这是一种传统媒介无法获得的测量方式。我们稍后将会详细讨论追踪和测量这一话题。

3. **传递性、灵活性和覆盖面**。在线广告和网站内容每周 7 天，每天 24 小时不间

① Jon Fine, “Smells Like Teen Progress,” *BusinessWeek*, May 8, 2006, 22.

② Kris Oser, “Targeting Web Behavior Pays, America Airlines Study Finds,” *Advertising Age*, May 17, 2004, 8.

断传递着，以方便用户。无论用户何时上网，何时浏览，广告早已在那儿恭候了。同样重要的是，一项活动可以每天追踪，随时更新、变更或者替换，这与传统媒介相比有极大的不同。在传统媒介上，媒体排期和产品广告制作所需的时间，改变宣传活动的计划可能会推迟数周。Maui Jim 太阳镜网站（http：//www. mauijim. com）就是一个传递性和灵活性的力证。网站允许消费者随时访问，获取信息，查看新产品。正如先前提到的那样，随着网络传送一直都有无线化选择（wireless options），网络交流甚至会有更大的灵活性和传递性。最后，在电视和无线广播之后，没有哪个媒介能有互联网这样大的覆盖面（观众对媒介的使用率）。如图表 12—2 所示，将近有 70% 的美国家庭已经联网。另外，与其他传统媒介不同，互联网是一个实时的全球性媒介。

4. **互动性**。企业的一个远大却又常常遥不可及的目标就是让潜在顾客与其品牌和公司建立一种稳固的关系。互联网广告就可以利用其他传统媒介不具备的方式来达成这一目标。顾客可以进入公司网站或点击显示/条幅广告的链接，浏览品牌的特征和价值。**点击数**是网络用户实际访问网页元素（即超链接）的次数（即点击显示/条幅广告链接的次数）。软件就是很好的例子。假设你正寻找一种软件来处理你的税务问题，你可以登录 H&R Block 税务咨询网站（http：//www. hrblock. com），然后你会找到处理税务问题所需的所有软件、税务表格和在线信息。接下来，你就可以正式向 IRS 和国家税务机关申报纳税了！而且这种互动性并不只是大型的国有企业才拥有。在你所在地找出一家注册公司，把它当作练习试试吧。可以订购一家你可以自己设计签名的网站，并要求其传送信息，你从未离开你的电脑，却已经和这家公司及其产品进行了充分的互动。

点击进入的人数之所以是互联网广告重要的组成部分，还有另外一个很重要的原因。若广告主能吸引网上冲浪者来到公司或其品牌的网站上，只要这个网站是为电子商务建立的，就有机会将上网者转化成购买者（更多内容参阅第 19 章，直复营销与个人销售）。调查者发现，不同的互联网广告设计版式对点击数有很大的影响，从而影响销售潜力。①

5. **整合性**。互联网广告是最容易和其他促销形式相整合、协调的。最基本的情形是，企业在所使用的全部传统媒介广告上，都附加其网址（URL，统一资源定位地址，就是网站的地址）。网站上的显示/条幅广告可以再次强调电视或印刷品推广活动的主旨和广告图片。特殊的事件或竞争活动也可以在条幅广告和网站上标注。总而言之，在整合品牌推广进程中，整体网络活动与其他市场营销组合工具相融合是容易的。这都归因于先前讨论的互联网广告的灵活性和传递性。马自达公司所使用的战略就是这样一个将消费者网络行为与另一种促销过程——个人销售整合起来最好的例子。过去，销售人员痛恨网络，因为购物者来到汽车展示厅的时候，都带着从各种网站上获得的每种车的“成本”数据。马自达接受了购车者上网并搜索出价格信息这一事实，而不是与他们较劲。现在，来到马自达展示厅的人们可以当场在其互联网专区内上网获得信息。一位商品特许经销商声称，与其说互联网妨碍了个人销售进程，

---

① Kelli S. Burns and Richard J. Lutz, "The Function of Format," *Journal of Advertising*, vol. 35, no. 1 (Spring 2006), 53 - 63.

不如说互联网帮助建立了彼此的信任，更快地达成交易。[①]

## 12.6.2 互联网广告的成本

过去，你购买条幅广告只需准备几千美元。但是现在，网络用户数量巨大，并出现了可以追踪网站访问者行踪和广告点击次数的新技术，互联网广告的成本也随之猛涨。在 Yahoo！和 MSN 这类大型门户网站上，一则条幅广告现在每天需要花费 50 万美元——几乎与 CSI. Granted 上播放的 30 秒广告的花费相同，虽然前者一整天都在播放，后者只是 30 秒的插播，但网络广告成本却在大幅度增加。[②]

总的来说，以千人成本（每千人价格，CPM）为基准，互联网广告与传统媒介广告的费用相当。图表 12—9 展示了在传统媒介广告和网络广告之间，其绝对成本和千人成本的比较。互联网真正的吸引力并不在于一连串的原始数字和 CPM 数据，而在于有一群非常急切的、高度细分的和踊跃参与的受众。互联网最适合利基营销，即只面向那些最有可能购买企业商品的消费者。作为一项广告选择，互联网的这一优势一直都是最吸引人的：它能够鉴别细分市场，并向他们一对一地直接传递顾客化的（或者是发送电子邮件，事实上是订制的）信息。特别在条幅广告这个问题上，大多数广告代理商（大约 90%）按照千人成本定价，有小部分（大约 33%）却是以点击次数（i. e. 广告浏览者访问广告主网站的次数）为定价基准。[③]

图表 12—9

过去几年，显示/条幅广告的千人成本（CPM）持续平稳下降。然而，与电视和无线广播相比，显示/条幅广告的 CPM 是相当高的。但是请注意，投放显示/条幅广告和其他网络传播方式的绝对成本（以美元计算）要比传统媒介低很多。

| **传统媒体** | 绝对成本 | 千人成本 |
|---|---|---|
| 地方电视台（30 秒广告） | $4 000 ~ $45 000 | $12 ~ $15 |
| 国家电视台（30 秒广告） | 80 000 ~ 600 000 | 10 ~ 20 |
| 有线电视台（30 秒广告） | 5 000 ~ 10 000 | 3 ~ 8 |
| 广播（30 秒广告） | 200 ~ 1 000 | 1 ~ 5 |
| 报纸（前十大市场） | 40 000 ~ 80 000 | 80 ~ 120 |
| 杂志（地区覆盖） | 40 000 ~ 100 000 | 50 ~ 120 |
| 直邮（插入） | 10 000 ~ 20 000 | 15 ~ 40 |
| 公告牌 | 5 000 ~ 25 000 | — |
| **互联网媒体** | | |
| 条幅广告 | $1 000 ~ $5 000 | $5 ~ $50 |

① Bob Parks, "Let's Remake a Dealership," *Business* 2.0, June 2004, 65 - 67.

② Bob Parks, "Let's Remake a Dealership," *Business* 2.0, June 2004, 65 - 67.

③ Fuyuan Shen, "Banner Advertisement Pricing, Measurement, and Pretesting Practices: Perspectives from Interactive Agencies," *Journal of Advertising*, vol. 31. no. 3 (Fall 2002), 59 - 68.

续表

| 传统媒体 | 绝对成本 | 千人成本 |
| --- | --- | --- |
| 多元媒体 | 1 000 ~ 10 000 | 40 ~ 50 |
| 电子邮件 | 1 000 ~ 5 000 | 25 ~ 200 |
| 赞助 | 依据持续时间变化 | 30 ~ 75 |
| 弹出式广告/弹窗广告 | 500 ~ 2 000 | 2 ~ 50 |

## 12.6.3 互联网广告的类型

广告主在网上投放广告信息的方式有多种。尽管显示/条幅广告普及度很高，但"付费搜索"才是目前最主要的方式。此外还有很多投放方式，包括赞助广告、弹出式广告、电子邮件、富媒体/视频和音频、公司网站、虚拟商业中心、插件以及虚拟世界和视频游戏。我们将探讨互联网广告每种类型的特征和优点。

1. **付费搜索**。互联网广告类型中最有影响力的就是付费搜索。付费搜索的具体流程如下：广告主付费给网站和门户站点，在某关键词的搜索结果里面或旁边投放广告。比如，你在 Google 上搜索"跑鞋"，你将会在跑鞋售点信息旁边发现 Onlineshoes. com 和 Zappos. com 的链接。付费搜索的发展极其迅猛，预计到 2008 年其收入将达到 60 亿美元，大约占广告主在互联网广告上总花费的 40%。[①] Google 的成功是付费搜索迅速发展的催化剂。尽管所有的网站都能提供付费搜索，但是 Google 从一开始便推出了这一理念。付费搜索技术可以对网络用户的搜索进行细微调整，搜索出更多相关网站和特定网站。比如，一位天文爱好者在搜索引擎上键入"土星"一词，付费搜索的结果将被调整回关于这个行星，而不是汽车公司。

企业非常重视付费搜索，因为它们想提高互联网这一推广工具的效率和效果。Ford Direct 的总裁史蒂文·圣安德烈将其广告媒介预算的 25% 投在了付费搜索上，他说："我们的目标是增加网上交易。我们希望将关键词转化为路标，从而达成交易……搜索能让你重新思考整个广告模式，并立刻知道哪些关键词能促使交易成功，哪些不能。"[②] 指引互联网用户登录公司网站的热门"关键词"有健康、医疗、教育、食品、饮料以及政府。[③] 付费搜索并不便宜——在二流搜索网站上，每次有效点击需付 58 美分，而在 Google 上则是 1.61 美元。[④] 但是，使用付费搜索的广告主中有 80% 报告称付费搜索提高了他们网站的浏览量。[⑤]

还有一个你应该很熟悉的与付费搜索相关的术语——**搜索引擎最优化**（SEO）。SEO 的过程如下：根据网络用户的自身情况，通过 SEO 改善网址浏览的数量和质量。大致来说，网站在上网者搜索结果中排得越靠前，上网者越有可能访问这个网站。

---

① Search Marketing Fact Pack 2006, *Advertising Age*, November 6, 2006, 6.

② Tobi Elkin, "Paid Search's Appeal Escalates," *Advertising Age*, October 13, 2003, 62.

③ Search Marketing Fact Pack 2006, *Advertising Age*, November 6, 2006, 20.

④ Search Marketing Fact Pack 2006, *Advertising Age*, November 6, 2006, 33.

⑤ Search Marketing Fact Pack 2006, *Advertising Age*, November 6, 2006, 36.

2. **显示/条幅广告。显示/条幅广告**是在网站包含编辑材料的付费广告。显示/条幅广告的一个特征就是消费者不仅可以看见这个广告，而且可以点击广告进入并快速浏览公司网站主页（这是我们先前所说的点击数）。因此，制作和投放显示/条幅广告的一项挑战便是，不仅要引起人们的注意，还要诱使他们访问企业网站主页并停留一段时间。调查表明，显示/条幅广告能引起浏览者好奇心并为其解开迷惑，对品牌认知和品牌态度都能产生很大的影响。①

一个更加行之有效的方法是在能够吸引特定利基市场的网站上投放广告。比如，一则关于跑鞋的显示/条幅广告就可以投放在提供与跑步相关信息的网站上。作为一种广告主更密切地聚焦于目标受众的方式，这种方式正崭露头角。当前，广告主正将互联网用户当作自己关注的细分市场。然而，随着网络的继续蓬勃发展，广告主也将意识到，就算贯穿整个网络，也有很多吸引特定网络用户小群体的网站存在。这小部分用户有他们特殊的兴趣，这些兴趣对于相应的企业来说，意味着重要的机遇。

对这些类型的广告的估价服务是由 Interactive Traffic 提供的。I-Traffic 指标以流量、广告的位置和规模大小、广告费率和网站质量的评估为基础，计算某一网站广告的价值。像 Forrester Reserch 这样的公司（参见图表 12—10），先是评估多种网站的显示/条幅广告的成本，再向目标受众对应的广告主提交一份评估报告。

图表 12—10

新兴的服务和研究机构可以为不同的网站评估出该网站上的广告成本和广告的受众接触度。

http：//www. forrester. com

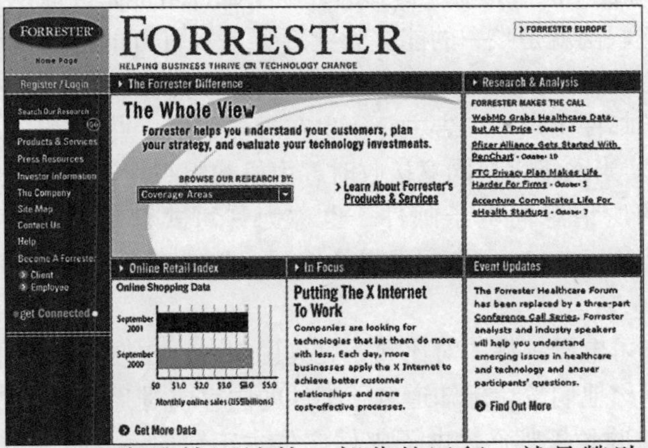


3. **赞助**。一家企业出资维持网站某一部分的运行，就是赞助。在有些情况下，根据赞助情况，公司也可为网站提供浏览内容。来到 Yahoo ！的主页（http：//www. yahoo. com），你会发现 Yahoo ！的电影版块和商业版块总是分别由一家主要的电影制作商和有声望的经纪公司“赞助”的。天气频道（Weather Channel）（www. weather. com）也是一家吸引赞助商的网站。公共服务网站或非营利性网站通常试图吸引当地赞助商提供赞助。在显示/条幅广告和付费搜索更具活力的背景中，

① Satya Menon and Dilip Soman，“Managing the Power of Curiosity for Effective Web Advertising Strategies，” *Journal of Advertising*，vol. 31. no. 3（Fall 2002），1 - 14.

企业赞助式广告似乎越来越不流行。广告主在赞助费上每年大约花费5亿美元。[①]

4. **上弹/下弹广告**。唯一比显示/条幅广告还让上网者厌烦的就是上弹广告了。这主意是从电视上借鉴的。**上弹广告**就是正在打开网页时，在另一个窗口同时打开互联网广告。人们越多地点击这些广告，广告主就得为这些特许广告支付得越多。必须思考一下上弹广告的未来了——最近的一项广告研究发现，几乎有80%的上网者认为上弹广告很让人生厌，有大约65%的上网者觉得显示/条幅广告让人厌烦。[②] 但是，就像垃圾邮件那样，上弹广告非常有效，网络访问者点击弹出式广告的比率达到2%——这几乎是显示/条幅广告点进数的2倍。[③] 但是很多服务供应商正提供“拦截程序”，这种程序可以大幅降低广告主向用户显示屏幕上投放上弹广告的频率。

上弹广告的一个子类就是网页下载时出现的广告，也称作“快闪窗口”。在一个网页被要求访问，却未下载完全之前，这些广告就出现在了网页上，并在屏幕上停留足够的时间以使信息被传达。因此，要想访问特定网站的上网者，必须首先穿行一个广告网页，就像电视观众在观看钟爱的节目之前，总得先看一段商业广告一样。通常，网页上不仅仅是赞助商的一句话，还有邀请去往另一个相关网站的链接。

**下弹广告**是指“隐藏”在网络用户活动窗口背后，只有在上网者关闭窗口后才立刻出现的广告。上弹广告与下弹广告到底谁更让人厌烦，这个问题值得商榷。不管怎样，如果点击率无法鉴定或者付费搜索开始完全主导在线广告投资（就其表现，很有可能），上弹和下弹广告也许将结束其奇特的互联网历史。(希望早日成真!)

5. **电子邮件沟通**。正如先前所提到的，电子邮件可能是互联网最具优势的应用。通过电子邮件，互联网就是唯一的能够为数万甚至数百万的接收者订制信息的媒介。信息通过一种独有的方式传达，一次一个，其他媒介都无法做到这一点。仅在美国就有大约1.7亿电子邮件用户，广告主每年也在时事通讯、直通信息以及电邮目录租赁上花费16亿美元。当网络用户同意接收时，由机构组织发送的电子邮件是最有效的，这就是先前讨论的所谓定向电子邮件，也称为**许可式营销**。一些网络公司，比如InetGiant（参见图表12—11），专门发展已经同意接收商务电子邮件的网络用户定向名单。

垃圾邮件和许可电子邮件的对比数据更具说服力。在准予电子邮件传入的网络用户中，66%的人声称他们急切想知道电子邮件的内容或对此非常好奇。与之相比，只有15%的人愿意接收垃圾邮件。电子邮件广告主正转向一些传统的信息战略，比如带有幽默色彩，来使电子邮件更加合意有趣。总部设在阿姆斯特丹的专业互联网广告公司BitMagic，就让用户下载与电子邮件信息附带在一起的软件，这些软件包括小笑话、卡通或者小游戏。[④]

---

① Satya Menon and Dilip Soman, “Managing the Power of Curiosity for Effective Web Advertising Strategies,” *Journal of Advertising*, vol. 31. no. 3 (Fall 2002), 6.

② The statistics referenced here were from a Forrester Research survey cited in Digital Marketing & Media Fact Pack, *Advertising Age*, April 23, 2007, 45.

③ Stephen Baker, “Pop-Up Ads Had Better Start Pleasing,” *BusinessWeek*, December 8, 2003, 40.

④ Kathryn Kranhold, “Internet Advertisers Use Humor in Effort to Entice Web Surfers,” *Wall Street Journal*, August 17, 1999, B9.

图表 12—11

电子邮件作为一种广告宣传方式，将遭遇来自网络用户的前所未有的抵制。避免这种抵制的一种方法，就是利用一家许可营销公司。这些公司拥有一份消费者名单，上面的消费者都“选择性加入”或者同意接收商业机构的电子邮件。http：//www. inetgiant. com

通过电子邮件和网络寄送目录，广告主可以进行**病毒式营销**。病毒式营销是指在网络上，向消费者通过电子邮件和网络寄送目录，口碑传播方式进行的消费者营销的过程。Hotmail（http：//www. hotmail. com）就是病毒式营销领域的王者。每一封由 Hotmail 的注册用户发送的邮件里，都包含这样一段内容：“收发您私人的免费电子邮件，尽在 www. hotmail. com。”得益于这项病毒式营销计划，Hotmail 签订了 1 200 万注册用户。①

6. **富媒体/视频和音频**。**在富媒体/视频和音频**里，一则互联网广告利用像流媒介视频/音频那样的先进技术，当用户的鼠标经过其上方时，与用户进行互动。例如，若你来到 Yahoo！的主页，你也许会看到一部即将上映的电影的广告，当你的鼠标经过广告上方时，它就会冒出一段来自电影的视频剪辑。像 RealNetworks、NetRadio 和 MusicVision 这样的公司就会为广告主在广告里加入流媒介视频。这类广告的未来取决于适应这种传送方式的宽带传输能力，以及消费者是否接入高速互联网。除了比显示/条幅广告或弹出式广告更加有趣之外，还有一个优点，就是流媒介音频和视频可以让点击数达到 3.5%——这是显示/条幅广告点击率的数百倍。还有一部学术著作支持这样一种观点：在互联网广告里注入更多活力可以增加点击率、受众的记忆度以

① Steve Jurvetson, “Turning Customers into a Sales Force,” *Business* 2.0, March 2000, 231.

及对互联网广告的好感度。① 阿迪达斯就是一家在网络上利用流媒介视频取得过巨大成功的公司。阿迪达斯投放了一则网络版本的电视广告"Impossible is nothing"，这则广告描述了一场拳王穆罕默德·阿里与他的女儿赖拉之间虚拟的拳击赛。在这之后，广告仅播出两周就吸引了500万人次的流量下载或观看。更重要的是，这个视频的观众很大部分都是12岁~24岁的消费者，这一举动受到了运动鞋销售商的高度赞赏。与此类似，在美国运通公司投放了超级英雄与杰瑞·宋飞网络剧的广告后，公司发现，与经常采用的30秒电视广告相比，4分钟的网络视频取得了空前的成功。

7. **公司主页**。简单地说，公司主页就是向当前和潜在消费者提供有关公司及其品牌的详细信息的一个网站。最好的公司网站不仅向网页访问者提供公司和品牌信息，还提供访问者所感兴趣的内容。在图表12—12中，Saturn网站（http://www.saturn.com）能让人们看到关于Saturn系列汽车的内容，包括定价和产品说明书。这个以产品为导向的网站还能够帮助消费者组装自己的轿车，与其他车进行比较，交流他们的想法，向Saturn集团提出问题，以及在他们准备采购时，找到最近的经销商。向人们生活方式领域发展的一个集团公司网站是Crayola网站（http://www.crayola.com），参见图表12—13。公司并未将宣传重点放在他们著名的产品上，而是决定把重心放在使用Crayola彩色粉笔的家长和儿童的需求上。访问者在这里可以做很多事情，比如策划一个聚会，寻找出一个家庭旅游方案，当然还有利用计算机化的彩色粉笔创作艺术。

图表12—12

一些集团公司网站被建成为纯粹的信息网站。Saturn网站就为它的全部Saturn系列小轿车提供全面的产品信息。

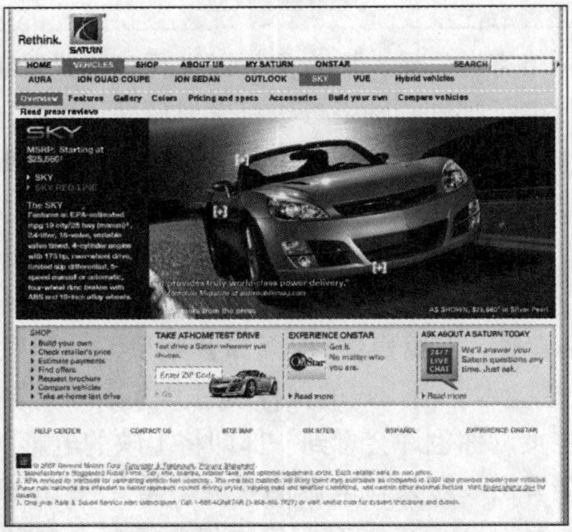


8. **虚拟购物中心**。集团公司网站的一个变化，就是在网站中加入一个虚拟的购物中心。所谓虚拟的购物中心就是指通往众多互联网店铺的入口，就像Mall Internet

---

① Heather Green and Ben Elgin, "Do E-Ads Have a Future?" *BusinessWeek e. biz*, January 22, 2001, 46-49; S. Shyam Sundar and Sriram Kalyanaraman, "Arousal, Memory, and Impression Formation Effects of Animation Speed in Web Advertising," *Journal of Advertising*, vol. 33, no. 1 (Spring 2004), 7-17.

网站（http：//www. mall - internet. com）所展示的那样，只需简单地点击店铺的种类，就可以去各种购物中心网站。注意，此种网站的建立是为了引导购物者购买各类产品。此外，当点击某个产品类别后，Mall Internet 还提供“特别商铺”的点击链接，通向公司网站和主页。这种额外的突出展示，给 Shaper Image、Shoes. com 和 Target 这样的商铺提供了更多的曝光率。

9. **插件**（widgets）。插件是一种有潜力成为广告宣传方式的新技术。它是一种软件模组，人们可以把它拖拉或安装在社交网络（比如 FaceBook）的个人主页或博客上去。widgets 看起来像一个网页窗口，但它具有类似整个网站的功能。广告主可以制作展现其品牌特征的插件或者直接让插件点击者进入某个电子商务网站。用户每次安装插件，广告主都得支付一定费用。尽管这是一项非常新的应用，锐步已经创造出一种插件。利用这个插件，用户可以创作一双订制的虚拟“战斗”运动鞋，并贴在他们的网站上与其他人的帆布运动鞋进行“对决”。①

图表 12—13

与纯信息网站相比，其他网站就更加“生活化”。Crayola 网站（http：//www. crayola. com）就向父母、教育工作者和孩子们提供应有尽有的乐趣、娱乐和教育选择。比较 Crayola 网站与 Good Humor-Breyer's Popsicle 网站（http：//www. popsicle. com），评估谁在关注家长与孩子需求方面做得更好。

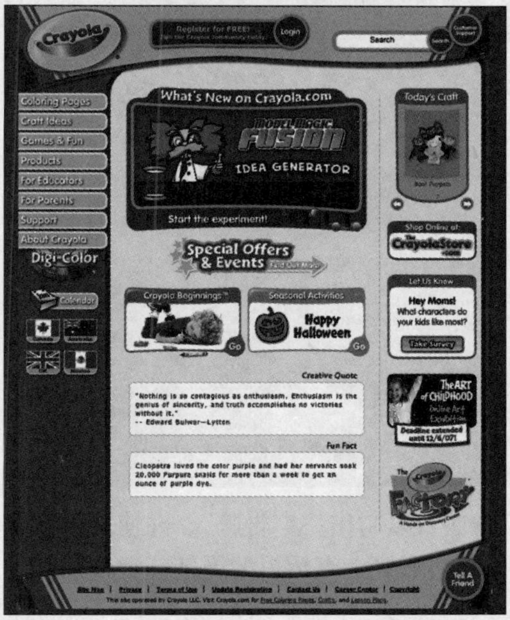


10. **第二人生/虚拟世界**。另一个可供广告主使用的互联网广告宣传方式，就蕴藏在虚拟世界里。虚拟世界里最主要的就是“**第二人生**”了。它是一种虚拟网络世界，参与者在里面载入自己的空间，然后利用鼠标和键盘遨游网络、聊天、建立虚拟的家庭，或者进行真实的商务活动。参与者在第二人生里以虚拟化身形式出现，即屏幕上的图画性的人物（见图表 12—14）。

---

① Spencer E. Ante, Heather Green, and Catherine Holahan, “The Next Small Thing,” *BusinessWeek*, July 23, 2007, 58 - 62.

尽管在最开始，第二人生只是网迷们创造理想环境、与虚拟的相识者联系、玩游戏或者积累“Linden 美元”的虚拟世界，但是，这个世界参与者的数量的增长仍吸引着广告主的注意。原因有三：第一，第二人生里有 200 万活跃的参与者，并且这个数字正以极大的速度增加着。① 第二，既然第二人生的参与者能够“拥有”他们创造的东西，那么在这个虚拟世界里，就存在着真实的交易。第三，在这个虚拟世界中，第二人生里创造的陆上景色和城市风光，为广告和品牌的可见性提供了一个理想的环境。如果你访问第二人生网站（lhttp：//www. secondlife. com），你不仅会发现网页上有付费搜索，还有一些能为你提供“第二人生”里所需装备的商家。

图表 12—14

虚拟世界，犹如第二人生，就像这幅图一样，为广告主在虚拟世界空间里插入广告和 IBP 信息提供了机会。然而，虚拟世界的居民在他们的空间里是否愿意接受商业信息，还尚待观察。

在虚拟世界里，广告主可以制作“广告牌”，在使用的产品上标上商标（回顾品牌标注的讨论），人物图标可以穿上有标识的服装或者使用其他带有商标的物件。一些汽车公司已经将第二人生视为一个品牌认知以及整合品牌促销的良机。庞蒂克、尼桑和丰田都已经建立了虚拟的经销商，“销售”它们最流行的以青年为导向的品牌：庞蒂克的 Solstice GXP、丰田的 Scion 以及尼桑的 Sentra。②

尽管虚拟世界让广告主兴奋，但是作为广告/IBP 的场所，这个地方的最终潜力

---

① Robert D. Hof, “My Virtual Life,” *BusinessWeek*, May 1, 2006, 72 – 80. A visit to Second Life on July 23, 2007, showed 8, 310, 736 total residents; 1, 548, 131 logged in within the last 60 days; 33, 940 online at the moment; US $ 1 761 092 spent in the last 24 hours.

② Peter Valdes-Dapena, “Real Cars Drive into Second Life,” CNNMoney. com, November 18, 2006, accessed at *http*: *//www. cnn. com* on July 22, 2007.

仍然非常令人怀疑。一位分析学家描述第二人生时说道，“太流行了，已经没有人再去那儿了”，“麦迪逊大街正在为一个空荡的数字世界浪费数百万美元来制作广告”①。这位分析学家对“真实”的访问者和重复的访问者数量进行评估时发现：对于企业来说，可供确定为目标的，每周只有10万美国人。至于归属于American Apparel、锐步、Scion的虚拟岛屿的访问量，“那周围已经没人了”②。因此，事实上，虚拟世界可以为互联网用户提供另一个社交网络的场所，但它们也许无法为广告主提供一个非常好的信息沟通场所。

11. **视频游戏**。视频游戏为广告主提供了一个非常有吸引力的选择，因为它们能吸引捉摸不透的18岁到34岁间的男性群体，这一群体已经抛弃了很多传统媒介，转而爱好数字媒介。举个例子，来自Electronic Arts的热门汽车竞速游戏（*Need for Speed*：*Carbon*）里面遍布广告。视频游戏里的广告最开始是通过嵌入广告牌和标语牌的形式，在这些广告上的花费预计在2010年将超过7亿美元。然而，广告主还面对一个需要处理的问题：尽管游戏里充满广告，但有证据表明，玩家全神贯注在游戏上，几乎没有留意到嵌入在游戏里的广告。③

## 12.7 创建网站

建立一个网站非常容易，但是，要想建立一个可行的商务网站就难多了，也昂贵得多。设计一个顶级商务网站需要100万美元，初次运行大约需要490万美元，每年的维护费用为50万美元~100万美元。④ 建立一个有吸引力的网站之所以耗资如此巨大，是因为需要专门的设计者来制作网站，最重要的是，需要不间断地更新这个网站。一个网站最基本的硬件需求是一台个人电脑。而用来运营这个网站的软件成本则跨度很大，从免费软件到价值数千美元的软件，这取决于有多少额外需求。为迎合庞大的访问量，网站需要使用更高性能的链接——这无疑意味着更大的开销。

但是，如果你并不是一家在最初就花费数百万美元来建立网站的大型网络公司呢？不必担心。事实上，如果你是一家小型的或中等规模的商务公司，希望有一个网络展示平台，还是有一些廉价的方式让你建立网站，并找到维持网站运行的主机。像1&1 Internet（http：//www. 1and1. com）这样的公司就向小型企业提供全方位的服务，包括超低价格的主机服务。这些小型商务服务公司提供的主机服务包括网站域名的维护、网站的链接、电子邮件的管理和一些有限的电子商务应用，每月只收取很少的费用，如9.99美元。Backcountry. com（http：//www. backcountry. com）就是这样一家建立廉价网站（现仍以非常简单的结构在维持运行）并取得巨大成功的公司。公司的两位创始人先前是业余的滑雪运动员，在2000年他们以2 000美元起家，现

① Frank Rose, "Lonely Planet," *Wired*, August 2007, 140 - 145.

② Frank Rose, "Lonely Planet," *Wired*, August 2007, 142.

③ Frank Rose, "Blind Spots," *Wired*, August 2007, 144 - 145.

④ Lynn Ward, "Hidden Costs of Building an E-Commerce Site," available ahttp://www. ecommercetimes. com, accessed on April 28, 2003.

在已经经营着世界第二大的在线户外运动装备公司，仅次于 REI。① 因此，尽管存在花费数百万美元来建立和维持网站的方式，但那并不是绝对必要的。

我们也必须记住，将网络作为品牌建设战略关键部分的做法并不只适用于消费品牌。商务产品广告主——像卡特皮勒（Caterpillar，http：//www. cat. com）之类的大公司或者像 PrintingForLess. com（http：//www. printingforless. com）之类的小公司——都已意识到网络在消费者服务和品牌建立方面的巨大推动力（参见图表 12—15）。另外，已经没有比这更有效和更迅速的方式可以接触全球市场了。全球化专栏解释了网络在全球商业和品牌建立方面巨大并仍在涌现的潜能。

图表 12—15

网络不仅仅有效服务于普通消费者，所有类型的商业产品和服务公司都可以利用网络提供客户服务，建立品牌知名度。从大型的跨国公司，比如卡特皮勒 Caterpillar（http：//www. cat. com），到小型企业，比如 PrintingForLess. com（http：//www. printingforless. com），网络在提供客户联系、客户服务和品牌建立方面都非常有效。

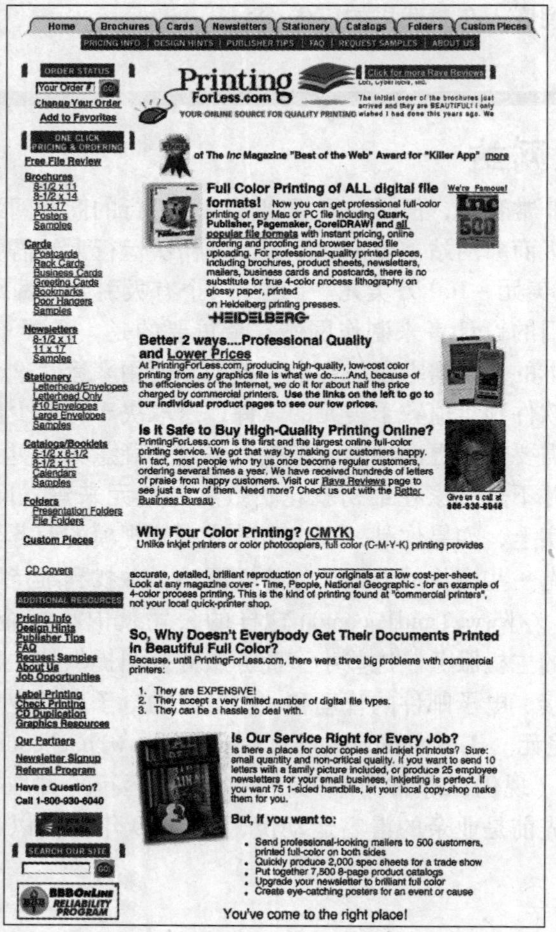


① Duff McDonald, "A Website as Big (and Cheap) as the Great Outdoors," *Business* 2.0, October 2003, 70 - 71.

**全球化专栏**

**下一波网络狂潮**

一旦你建立了一个网站，你就成为一家“全球性”公司，这没有什么神秘的。来自地球任何角落的任何电脑用户都能看到你的网站，遨游在你精心提供的个性信息和机遇当中。但就我们目前对网络作为全球性媒介的了解，仍然很难对其开发全球消费者群的潜能做出评价。当谈到网络全球机遇的时候，没有哪儿能比在中国获得更多的机遇了。目前，有1亿中国用户已经接入了网络，这使中国成为世界上拥有互联网用户数量排第二的国家，仅次于美国。但是据推测，中国并不会当很久的第二：Piper & Jaffery 公司估计，中国将很快超越美国。因为1亿互联网用户只占中国人口的10%，而美国有几乎70%的人口已经接入网络，中国网络未来的增长面临巨大的机遇。

几个因素对这个增长起着助推作用。第一，中国消费者与美国消费者喜爱互联网有着相同的原因——那里有海量的信息资源和可供选择的娱乐。第二，强大的经济实力让更多的中国家庭有能力购买个人电脑，接入互联网。

我们来看看以下几家当前为中国市场提供特定互联网服务的公司：

- Sina 是这个国家里最著名的门户网站，有9 500万注册用户。它有通往网络游戏和 Yahoo! Auctions 的链接。
- Soho 将互联网上的内容以短消息的形式发送到其消费者的手机里。
- Netease 是传统的门户网站，通过互联网广告、短信以及游戏赚取利润。
- Shanda 是中国第一家本土的网络游戏公司。
- Tom Online 是一家新兴的门户网站，它是中国最大的传统媒介集团旗下的子公司，将焦点集中在尖端的无线服务上。

资料来源　Bruce Einhorn, “The Net's Second Superpower,” *BusinessWeek*, March 15, 2004, 54 – 56.

## 12.7.1　提高回访率

网站一旦建立，让那些长时间上网的网络用户光顾并频繁回访该网站是广告主最关心的问题。

若一个网站能够吸引人们频繁回访，并停留一段时间，我们就说它是一个**黏性网站**或者网站具有黏性特征。网站使用多个网页来展示产品及其说明，这样做也许毫无吸引力，无法吸引网络用户。即使只是快速浏览一下，我们也会发现很多让人厌烦的公司网站。通常，网站仅仅提供了大量的产品说明，和印刷的宣传册几乎没有差异。尽管这类网站也许能够满足消费者搜寻特定产品信息的需求，但它们不足以吸引和抓住消费者的兴趣，使他们回访该网站。成功网站的整个理念就是让消费者满意，并使他们回访。研究表明，如果公司主页上的链接、图表和整个主页的长度错落有致，那么它就会影响消费者的关注度、态度和购买意向。①

要使网站变得有黏性，企业必须把网站设计得新颖、诱人并具有互动性。对于大型主机网站和门户网站来说，循环性的信息，比如天气情况、最新突发新闻、体育赛事比分和股票报价等，是吸引访问者每天，甚至一天数次来访问的关键内容。在努力跻身世界门户网站的过程中，iWon（http：//www. iwon. com）提供各类时事资讯的链接——同时还收取每天1万美元或每月100万美元的网站使用费——这是试图使上网者成为常客而竭尽所能做出的努力（参见图表12—16）。对于主页或网站来说，像网络游戏或视频这样的娱乐环节也可以让消费者在网站上驻足并再次访问。美国陆军就是一个利用这些设置并且做得非常出色的网站。其网站 http：//www. goarmy. com，有超过100万人注册赏玩基于网络的陆军电脑游戏。②

图表12—16

网络企业面临的最大的挑战之一就是如何使网站富有“黏性”。一个有黏性的网站可以让消费者停留很长一段时间，并经常回访。注意，在iWon网站上，你不仅有机会赢得每日的奖励和每月的大奖，你还能有多种选择，比如查看体育比赛比分、发送节日贺卡或者访问聊天室。http：//www. iwon. com

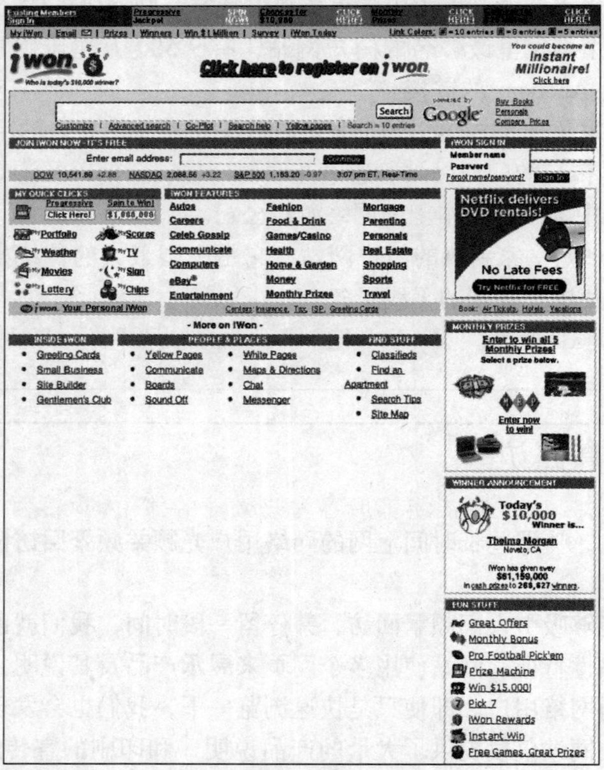


有许多服务公司可供广告主选择，它们提供建立一个黏性网站所需的所有设备和专业知识。其中一家这样的公司就是 Ingenux（http：//www. ingenux. com），它为网

① Gary L. Geissler, George M. Zinkhan, and Richard T. Watson, “The Influence of Home Page Complexity on Consumer Attention, Attitudes, and Purchase Intent,” *Journal of Advertising*, vol. 35, no. 2 (Summer 2006), 69 – 80.

② Thomas Mucha, “Operation Sign ‘Em Up’,” *Business* 2.0, April 2003, 44.

站提供设计方案和个性特征，以此吸引访问者。随着网站设计技术开始公开，许许多多当地公司都可以为企业服务。

最后，成功地获得经常性访问者取决于网站内容、使用的舒适性和娱乐价值。网络用户都有辨识能力。尽管漂亮的图片非常有趣，但能提供更丰富内容的网站才能拥有用户的高度忠诚度。这些内容可以是品牌信息、持续的技术支持，或者是关于一个品牌种类的全部新闻、原创文章，再或者是所有方面的最新资讯。这些都是 King Arthur Flour 公司在制作最平凡的商品——烘烤面粉时，为突显名字为 Baking Circle（http：//www. bakingcircle. com）的一个活力四射的网站所做的。在这个网站上，会员们交换食谱，发送信息，上传烘烤食物的真实照片。这个网站如此流行甚至在我们这个 carb-conscious 社会里，Baking Circle 依然拥有超过 10 万的网络用户。①

还有一点广告主应该明白，这就是网站的互动性对用户忠诚度以及从网站上购物的动机有非常重要的影响。研究表明，当消费者置身于更多的人对信息（一种互动信息或者）或者人对人互动（就像聊天室那样）中去，人们对网站的态度将更加积极。反过来，这又会造成更强的购买动机。②

## 12.7.2 创建域名

域名是指公司在网络上的独有身份，比如 www. yourcompany. com。如果你是 Gap（http：//www. gap. com）或者 Sony（http：//www. sony. com），那么你的域名就是你集团公司的名字，消费者知道如何找到你的位置。但是，对于成千上万提供专业网络产品和服务的新网络公司来说，域名问题让它们进退两难。人们想要自己的域名既有描述性又有独特性，既有直观性又有显著性。GoToMic. com 是一家票务和娱乐网站，当丹尼斯·史埃尔这位顾问推荐 GoToMic. com 坚持使用它最初的名字作为域名时，就是采取描述性与直观性相结合的策略。但是公司坚持举行一个消费者竞赛来对公司重新命名。史埃尔说，在最后入围的名字当中，“一个听起来就像你不想吃的谷物早餐。一个听起来像咳嗽药。还有一个听起来像避孕用品。”最后，公司选择了 Acteva. com（我们怀疑这就是被史埃尔形容为咳嗽药的那个词），因为“Act 表示活力，E 表示 E-commerce 电子商务，va 具有国际特色”。公司已经改变了业务范围，不只是票务，现在还提供在线注册，追踪从资金募集晚会到集团公司会议等所有种类的大事件（http：//www. acteva. com）。③ 一些公司如 VeriSigh 帮助客户在国内市场和国际市场内鉴定、注册、管理网名和关键词。（参见图表 12—17）

关于域名最新的话题就是新顶级域名的涌现。顶级域名（TLD）就是紧跟网站域名的后缀。2000 年之前，只有 5 个顶级域名——. com、. edu、. org、. gov 和 . net。互联网域名和 IP 分配公司（ICANN）成立于 1998 年，是一家非营利机构，它协调域名

---

① Vicki Powers, “Flour Power,” *Business* 2. 0, June 2004, 80 – 81.

② Hanjun Ko, Chang-Hoan Cho, and Marilyn S. Roberts, “Internet Uses and Gratifications,” *Journal of Advertising*, vol. 34, no. 2 (Summer 2005), 57 – 70.

③ Laurie Freeman, “Domain-Name Dilemma Worsens,” *Advertising Age*, November 8, 1999, 100.

体系的技术管理工作。你可以访问其网站 http：//www. icann. org，了解可供扩展的TLD 以及新的特定国家 TLD（比如 . us 和 . uk）。

启用新的 TLD，比如 . tv 和 . us，背后的整个理念当然就是为了减轻最初 5 个顶级域名的压力。但是类似或相同的前缀与新的后缀搭配使用可能会给消费者造成一定的困惑。出售域名也是一笔大生意——如果你有了一个好主意，一定要尽快向 Rigister. com 这样的供应商为你的公司注册 URL 地址。每年可能花费不到 20 美元，而且这个价格通常包含电子邮件。为什么要尽快？因为有一群号称“域名者”的家伙把他们能想到的每个域名都注册了，而当 URL 地址 http：//www. cellphone. com 被再次售出时，价格高达 420 万美元！①据估计，域名的交易量每天有 9 万个，而且到 2010 年时，互联网域名销售将成为一个每年 100 亿美元的产业。②

图表 12—17

像 VeriSigh 之类的公司主营注册域名业务，这样上网者就可以直接登录公司网站——这个过程由于 TLDs（顶级域名）的介入而变得非常复杂，比如 . biz 和 . name。

## 12.7.3 网站推广

建立网站只是第一步，接下来就是推广宣传。本书介绍了很多公司的广告宣传都集中在推广其网站。一些代理商，包括 BBDO、Wieden & Kennedy 和 OgilvyOne，专门从事网站推广业务。其中最常见的网站推广方式就是在传统媒介的广告上标出网站的网址。大多数印刷广告，以及广播和电视广告都可能在信息中标出广告主公司的网址。另一个快速、低成本的推广方式就是告知网络用户群。还有一个重要的方法是在搜索引擎上注册，比如 Yahoo！和 Ask. com。由于 Yahoo！是最具影响力的搜索引擎，因此在 Yahoo！上，挑选关键词是非常重要的，这些关键词要具有普遍性，却又能描

① Paul Sloan, "Masters of Their Domain," *Business* 2.0, December 2005, 138 - 144.

② Adam Goldman, "Domain Names: 21st Century Real Estate," Associated Press, July 22, 2007 accessed at *http://biz.yahoo.com* on July 22, 2007.

述并区分网站。其他注册的地方就是利用网上正在发展中的黄页（比如 SuperPages，http：//www. bigyellow. com），以及合适的电子邮寄目录。向互联网新网站发送新闻发布会也很重要。电子邮件作为一种直接寄送的方式，是另一种推广网站的方法。

### 12. 7. 4 安全和隐私问题

任何网络用户都可以从万维网上下载文章、图片和图表。尽管广告主在他们的在线信息上标注了商标和版权免责声明，客户对于他们的商标和标识未经许可就被网民非法复制的现象也无可奈何。当前还没有相关政策规范用户的这一行为。到目前为止，广告主只有针对用户侵权才付诸法律手段，例如盗用客户的专利资料，并公然非法使用这些资料，他们的行为对品牌产生了不利影响或者侵犯了公司网站的专属权利。这种现象也许要改变了。

在第 4 章，我们讨论了隐私这一道德和监管方面的话题。现在，我们站在战略性管理的立场来考虑隐私问题。正如我们在第 4 章中看到的那样，隐私问题是一个非常复杂而敏感的话题。最高层次的研讨会都把焦点集中在这一内容上：在搜集和传播有关网络使用信息上，制度应当实施到何种程度。广告主的担心不仅在于这个问题的监管方面。另外，消费者经常表露出害怕在网络上遭受隐私侵犯的担忧——这很明显是一个战略性管理问题。

谈及消费者隐私时，CASIE（广告支持信息和娱乐联合会，Coalition for Advertising Supported Information and Entertainment）建议广告主制定 5 个目标（与图表 12—18 的目标类似），努力达成这些目标，有助于培养消费者的品牌忠诚度和信任感。对于互联网用户和管理者等人来说，担心隐私问题非常合理。但是，消费者自己（比如反对批评的人或监管者）是否真正地在意隐私，这一点并不清楚。一项消费者调查发现，只有 6% 的美国消费者总是阅读网站的隐私条款，只有另外的 15% 的人“有时”阅读这些条款。① 一些非常有意思的调查发现，对于来自“法律意识薄弱”国家的人，隐私/安全问题影响着他们对网站价值的认识；然而对于高度注重民族认同感的国家的人来说，隐私/安全问题远没有网站与他们之间的文化共通点重要。②

但是，我们要记得，科技正飞速发展，人们担心和争论的内容也上升到了一个新的高度，其涉及的隐私问题也成为人们讨论的话题。越来越多的消费者正通过 WiFi 接入互联网，在不远的将来将会通过 WiMax 来联网，这些方法通常更容易受控制。另外，家庭内部或公司内部的无线系统，若没有合适的安全硬件防护，也很容易被黑客侵入。这就像坐在车里使用带有天线的笔记本电脑那样简单。这也正是窃贼们宣称在 Lowe 的家庭改善商店内，如何攫取消费者信用卡卡号的原因。为了保护 WiFi 系统，公司需要安装加密软件，比如大家都知道的 WiFi Protected Access，或者开发一

---

① Ann Harrison, “Privacy? Who Cares,” *Business* 2.0, June 12, 2001, 48 – 49.

② Jan-Benedict E. M. Steenkamp and Inge Geyskens, “How Country Characteristics Affect the Perceived Value of Web Sites,” *Journal of Marketing*, vol. 70, no. 3 (July 2006), 136 – 150.

个“虚拟隐私网络”，该网络创建了一个需要密码才能进入的安全通道。[①]

图表 12—18

CASIE 在互联网上为广告主制定了一套保护隐私的目标。

1. 我们认为，教消费者如何利用互动技术节省时间和订制产品与服务信息，来满足他们的个人需求，这一点是很重要的。通过选择分享他们的相关数据，可以为消费者提供与他们密切相关的产品信息，也能帮助企业，得到更经济、更有效的服务。

2. 我们认为企业传播的任何互动电子信息都应该公开企业的身份。

3. 我们认为，企业在利用这些通过互动技术搜集有关个体消费者的“个人信息”时，需要尊重隐私。“个人信息”是不能通过公共资源获得的数据。在我们看来，个人信息只应该用于帮助企业有效回应消费者的需求。

4. 我们认为，如果企业通过互动电子传播渠道搜集个人信息，应当告知消费者这些信息是否会与其他人共享。另外，在企业将这类个人信息告知他人之前，消费者有权要求对个人信息保密。在收到这样的要求以后，企业应当对这些信息保密，不得透露出去。

5. 我们认为，消费者有权了解企业通过互动电子传播方式搜集并登记在案的个人信息概况。另外，消费者有权更正个人信息，或要求把这些信息从企业数据库中移除（除非企业处于普遍接受和习惯性的会计和商务目的而保留这些信息），或者要求企业停止搜集自己的个人信息。

资料来源 Coalition for Advertising Supported Information and Entertainment，http：//www. casie. com/guide1/priv. html，accessed June 6，2004.

## 12.8 测定互联网广告的有效性

当用户连接一个网站时，该网站通常可以获得访问者计算机 IP 地址、访问的网页及其相应时间等信息。而这只是网站获得的最少的基本信息。如果是定向式网站，需要注册，通常就能够从用户那里直接获得额外的信息（比如电子邮件地址、邮政编码、性别、年龄、家庭收入等）。尽管很多消费者出于保护隐私的考虑，都拒绝注册（或简单的受众评估），但是很多服务供应商比如 Nielsen//NetRating（http：//www. nielsen-netrating. com），都可以通过网络测量工具为企业提供服务（参见图表 12—19）。

在网络受众测定中有一些术语，我们只谈及其中最有意义的测量工具。点击量反映了对某一网页的需求，但却几乎不能反映实际的网络流量。比如，当一个用户要求访问有 4 张图片的网页，就会被算作 5 次点击。因此，通过扩充图片的数量，一个网站可以迅速提高其访问量。我们来看看在 *Seventeen* 杂志网站上会发生什么。*Seventeen* 网站每天有 300 万的点击量，这使它跻身顶级网站之列。但是，把这 300 万的点击量转化为人数，那可能每天只有 8 万。因此，点击量并不等于访问网站的人数。正如我们之前讨论的那样，另一个衡量网络有效性的方法就是看网站能在多大程度上刺激访问者点击广告和要求从广告上得到信息。大多数分析专家认为点击数（以及百分比）是衡量互联网

① Roger O. Crockett, “For Now, Wi-Fi Is a Hacker's Delight,” *BusinessWeek*, January 19, 2004, 79.

广告有效性的最佳方法。如果一则广告制作得很好，足以促使消费者点击并通过链接获得更多信息，那么这就可以证明广告被观看，并具有激励性。（详见后文）

图表 12—19

由于网络技术的存在，追踪网站访问者的行为已变得非常容易。像 Nielsen//NetRating 这样的公司就帮助企业衡量网络访问者的行为。

**网页浏览数**即应要求发送到用户电脑上的网页（通常是 HTML 文件的数量）。但是，如果一个下载完成的网页同时在几个窗口中打开，那就无法表明用户浏览过所有网页。同样，网页浏览量也无法向你说明该网页实际访问量：每周 100 000 的网页浏览量也许是 10 人浏览了 10 000 个网页，或者 100 000 人浏览 1 个网页，或在两者之间的其他任何可能。

**访问量**就是用户 X 在时间 Z 内，访问网站 Y 的次数。通常 Z 是一个标准的时间段，比如 30 分钟。如果连接了某个网站，在超过 30 分钟以后再次连接，那么第二次连接就可能被算作一次新的访问。

**特定访问人次**就是在特定时间内，各类网站访问者的人数（由用户在网站上的注册信息来定义一个新的用户）。除了用户地址、访问网页和访问时间外，网站还能找出相关的链接地址，探明是什么链接指引人们来到这里。这对互联网广告策划非常有用。问题在于，实际计算的是 IP 地址的绝对数目。很多互联网服务供应商使用动态 IP 地址，这使一个既定用户通过服务器载入时，IP 地址发生改变，这样，你在一个月里每天都访问的网站上，可能就以 30 个不同的身份出现。

**网络分析软件**就是一种测量工具软件，它不仅能提供点击量、浏览量、访问量和用户的信息，还能够在网站内追踪访问者。这样网站就能确定哪些网页受欢迎，并扩展它们。它也可以追踪人们在网站上的行为，从而推断出什么内容吸引人，什么内容不吸引人。这类软件公司的代表之一就是 MaxInfo'WebC，它帮助企业追踪什么信息被浏览、什么时候被浏览、被浏览的频率，以及用户在网站内都曾访问了哪儿。然后广告主可以根据这些情况修改其内容和结构。此外它还能帮助企业了解购买者通常是如何做出购买决定的。然而，尽管能够了解很多用户在网站上的行为，但是，仍不可能知道人们实际上用这些信息做什么（参见以下的讨论）。①

许多公司都为互动媒介提供测量服务。但在衡量投放互动广告的有效性上，还没有一个真正意义上的行业标准，也没有一个标准可以用来比较互联网与传统媒介。除此之外，万维网的使用者人口统计数据，被严格限制在同意接受定向式程序的消费者范围内，比如，允许向他们发送目标电子邮件。即使这些限制都被解除，许多企业仍然对在万维网广告上投入大笔资金的花费犹豫不决。以下是一份提供测量和评估服务的公司名单：

●*Arbitron*（http：//www. arbitron. com）。最老的广告评估公司之一，除了广为人知的传统媒介（特别是广播和电视）度量外，Arbitron 也专门为互联网广播提供数据支持。

●*Audit Bureau of Circulations*（http：//www. accessabc. com）。Audit Bureau of Circulations 多年来一直是主要的印刷品发行审计组织。最近，公司成立了 ABC Interactive 部门，提供独立的在线行为评估，确保准确报道网站流量和广告传递度量机制。

●*ClickTracks*（http：//www. clicktracks. com）。是一个网络分析程序，它使企业很容易地编制网站导航结构和互联网广告投资回报率统计数据。

●*eMarketer*（http：//www. emarketer. com）。它是广告评估领域的新晋者之一，从各种调研来源处积累数据，再提供综合的统计数据。

●*Jupiter Research*（http：//www. jupiterresearch. com）。这个公司为使用互联网进行促销和电子商务的公司提供广泛的数据分析、调研和咨询服务。

●*Nielsen//NetRating*（http：//www. nielsen-netrating. com）。Nielsen 也许是知名度最大的数据供应商，多年来一直引领着收视率测算领域。Nielsen 依赖于传统方法，寻找特定的消费者，这些消费者愿意由一个安装在他们电脑上的装置来监管他们的媒介行为（在这里是对互联网的应用）。

●*Ranking. com*（http：//www. ranking. com）。对统计、地理和人口统计学等方面的互联网用户的大量数据进行市场调研。通过记录这些网站访问量，公司对最被经常访问的头 100 万（每个月都在增加）个网站划定等级。这是少数几个免费网络数据调查网站中的其中一家。

●*Simmons Market Research Bureau-SMRB*（http：//www. smrb. com）。对媒体和消费者购买行为进行评估，提供超过 460 个产品种类的 8 000 个品牌的数据，制作出与

---

① Definitions in this section adapted from Brian Getting, "Web Analytics: Understanding Visitor Behavior," *Practical eCommerce*, January 2006, 8.

每一种媒介类型相联系的600种风格的剪辑。在这些分析当中包含关于网络使用和产品购买的信息。

**互联网评估**。没有哪种媒介能像互联网那样提供观众的详细信息。过去，利用互联网追踪服务，广告主只能够了解有多少人看过这则广告以及有多少人点击它以表示回应。但是，现在的新技术能够追踪网页上鼠标的移动情况以及将购物者按年龄、邮政编码和阅读习惯分组。DoubleClick 每月向顾客投放2 000亿条广告，它能够为一场互联网推广活动提供50种不同的衡量标准。利用鼠标追踪，广告主可以知道条幅广告的哪个部分能引起访问者的兴趣，以及他们在广告的不同部分停留的时间。利用被称作“仪表盘”的新型控制监管器，广告战略家可以实时检验在线广告的运行情况。可得数据如此之多，广告代理商不得不雇用分析人员团队，包括统计学的博士们，来分析这些数据。若你对网络高科技仍心存疑虑，Tacoda System 这家代理公司正准备将一组上网者连上大脑扫描仪，来观察哪则广告刻在了他们的脑海中。① 有自愿参与者吗？学者们正对这一评估过程进行深入研究，比如动画速度对注意力、记忆力以及印象形成方面的影响。②

有一个问题必须了解，这就是点击欺诈——点击互联网广告，只是为带有广告的网站从广告主那里获得非法收入。通常，这些人都会得到报酬。③ 点击欺诈是一种犯罪，发生在广告主与网站签订了按点击付费的协议之后。当一个人访问网站获得报酬时，或者一个电脑程序在网页上漫游，诱使一个合法用户点击广告时，**点击欺诈**就会发生。从而，点击欺诈者可以从每次点击中获得收入，而这些点击实际上对广告链接丝毫不感兴趣。已经有人因为点击欺诈遭到拘留，他们恶意点击广告，目的是耗尽竞争者的广告预算。这并不是一件小事。40%的互联网广告主声称他们是点击欺诈的受害者。Google 和 Yahoo！是点击诈骗犯的主要目标，公司正着手通过监管来自匿名服务器的重复点击和异常访问，来制止点击欺诈。④ 参阅职业道德专栏，了解更多内容。

## 职业道德专栏

### 点击欺诈——肮脏的交易

马丁·弗莱希曼（Martin Fleischmann）通过在线广告创建他的事业。MostChoice 为消费者提供保险和抵押贷款方面的利率报价和信息。弗莱希曼付给 Yahoo！和 Google 总共200万美元的广告费用，这些费用是以从这两个网站通向 MostChoice 网站的链接点击量（或点进数）为基础的。

但一段时间过后，他注意到，有很多点击来自博茨瓦纳、蒙古和叙利亚这样的地方。这非常奇怪，因为他的客户主要是在美国，并寻求汽车保险和美国各城市抵押贷款利率方面的信息。弗莱希曼找到了一些专门追踪点击的软件，发现他

---

① Stephen Baker, “Wiser About the Web,” *BusinessWeek*, March 27, 2006, 55.

② Sundar and Kalyanaraman, “Arousal, Memory, and Impression Formation Effects of Animation Speed in Web Advertising.”

③ Brian Grow and Ben Elgin, “Click Fraud,” *BusinessWeek*, October 2, 2006, 46–57.

④ Burt Helm, “How Do You Clock the Clicks?” *BusinessWeek*, March 13, 2006, 44.

的广告并不是在 Google 或 Yahoo! 的网站上被点击，而是一些名叫 insurance1472. com 和 insurance060. com 这样的奇怪的网站。最后，他计算出在 3 年的时间内，他为这些虚假的点击多支付了 10 万美元。

MostChoice. com 是"点击欺诈"的受害者。弗莱希曼为点击广告付费，而这些点击是由一些人或电脑程序模拟合法的网络用户做出的，他们在每次点击中得到报酬，实际上却对广告的链接不感兴趣。这些诈骗犯利用一种能制造自动点击广告的程序"clickbot"来实施点击欺诈。一些复杂的程序可以掩盖点击的最初地点和时间，模拟真正网络用户的行为。因此，弗莱希曼不得不为这些在没有真正网站访问者的情况下，由电脑程序做出的点击行为支付报酬。

点击欺诈是一个大问题，而且日趋严重。将近一半的互联网广告支出是与要求广告主按点击付费的协议相联系的。据专家估计，在所有广告点击中，有 10% 至 15% 是虚假的，那就意味着每年在点击欺诈上的支出大约有 10 亿美元。这种行为几乎无处不在。42% 的广告主报告说他们是点击欺诈的受害者，尽管他们之中有 78% 从付费搜索供应商那里得到了抵制虚假点击的信誉保证，并不是所有的点击欺诈都是由国外的幽灵般的骗子实施的。在声称是受害者的广告主中，超过一半以上都报告说点击欺诈是由竞争者发起的，企图以此损耗其广告支出。

重要的是，关于这个问题大家都采取了什么行动。Yahoo! 已经提名一位高级执行官来领导公司在广告业务中与点击欺诈作战。互联网媒介公司也摒弃了 12% 到 15% 的广告点击，这些点击是无效的，或者质量低下；对于无效点击，广告主无需付费。与此类似，Google 声称其电脑系统自动拒绝了近 10% 的由虚假点击引起的潜在的广告账单。

在很多管辖区内，利用电脑进行这种类型的互联网诈骗是一项重罪。加利福尼亚州的《刑法 502 号》（Penal Code 502）和英国《1990 年计算机误用法案》（Computer Misuse Act 1990）都涵盖这个内容。互联网行业正采取"自我管理"的方式，但它也可能采取严厉的法律行为，比如将诈骗犯送进监狱，来有效地解决这个问题。

资料来源 Brian Grow and Ben Elgin, "Click Fraud," *BusinessWeek*, October 2006, 46 – 57; Search Marketing Fact Park, *Advertising Age*, November , 2006, 46; "Yahoo Taps Click Fraud Watchdog," Reuters News Service, March 22, 2007 accessed at *http://www.cnnmoney.com* on March 22, 2007.

## 12.9 在电子社区里管理品牌

最后一个需要考虑的战略问题就是利用互联网为一个品牌创立品牌社区或电子社区。互联网除了为广告主提供一种与消费者交流的新方法以外，也为消费者之间的交流提供了新的、有效率的方式。事实上，互联网的社交层面是它取得成功的最重要的原因之一。通过新闻组网络、电子邮件、博客与社交网站，消费者有了一条互动和建立社区的途径。

有时，特定品牌的用户之间会在线建立社区。这些在线的品牌社区表现得非常像传统意义上的社区，比如一个小乡镇或是少数民族聚集区。它们拥有自己的文化、仪式和传统。忠于某个品牌的成员们创立了一个有详细内容的网站。成员们甚至会有一种使命感或者对社区的其他成员有一种道德上的责任感。比如，开大众牌汽车的司机把车停在一边，帮助坏在路边的大众车，这是公认的受人尊敬的行为。哈雷—戴维森摩托的骑手也有相似的亲和感，在那些使用相同品牌的人遇到麻烦时，他们愿意提供帮助。

贯穿本章始末，我们都在非常多地提到社交网络网站，但它们的吸引力是不可被低估或被忽略的。像 Myspace 和 Facebook 这样的网站每个月吸引 2 000 万到 5 000 万位独立访问者![1] 显而易见，这些网站的可信度对消费者非常有吸引力，这些消费者已经对传统媒介和商业网站上繁杂的促销内容感到不耐烦。

既然互联网使这些社区成员更容易地进行相互交流，那么在接下来的几年中，品牌社区很有可能继续扩张。因此，有效地处理与这些社区的关系便将是广告主面临的挑战之一。已经出现了一些网站，比如 Collabrio Technologies' MyEvent（http：//www. myevent. com），它们通过提供共有的、通向推广成员间沟通的网站的途径，使社区交流过程更加便捷（参见图表 12—20）。哈雷—戴维森摩托车公司的网站就试图做到电子社区互动。我们注意到，哈雷网站（http：//www. harley-davidson. com）上面重要的国家事件，也被哈雷的骑手所强调。另一项技术就是围绕一个品牌创立一个有点类似门户网站的社区——吸引消费者来到这个品牌网站，这个网站就像大型门户网站那样，提供包括生活方式和娱乐信息在内的个性内容。一家总是试图在网站上发展社区的公司就是青少年服饰销售商 Candie's。访问 http：//www. candies. com，看看 Candie's 网站是如何像公司的销售导向那样实行社区导向的。

## 12. 10　广告、IBP 与互联网的未来

当谈及互联网，说起它的未来通常是没有意义的。它的未来似乎总与每一期发行的《商业周刊》、《财富》、《连线》（*Wired*）和《商业 2. 0》（*Business* 2. 0）相伴随。但互联网与广告、IBP 的未来，似乎就不可避免地与两个影响因素相关联：技术和战略性 IBP。

站在技术角度，两项技术——无线通讯与网络视频，会产生最大的影响（参见图表 12—21）。早先在 2001 年美国在线与时代华纳的合并，标志着网络及互联网广告的未来方向。在这场合并中，时代华纳带来了它所有的电影制作室产权，以及新兴的互联网电影业务和华纳兄弟电影的即期数字传送业务。当然，美国在线带来的则是其在线服务，包括 Netscape、CompuServe、MovieFone 和 Instant Messenger。互动媒介巨头 IAC/ InterActiveCorp 则将许多互联网公司联合，推广和销售彼此的产品。InterActiveCorp（http：//www. iac. com）现在包括的销售商有 IAC Travel，而 IAC

① Digital Marketing & Media Fact Pack, *Advertising Age*, April 23, 2007, 46.

Travel 包括 Expedia、Hotel. com、Hotwire、Interval International 和 TV Travel Shop；HSN；Ticketmaster，它监管 ReserveAmerca；Match. com；以及 LendingTree。最后，一股收购浪潮正在兴起，它们旨在聚集更好的在线数据以追踪消费者的兴趣和动机，从而使网站能够确立目标受众，投放更多相关广告——它们也能从中收取费用。Google 花费了 31 亿美元收购 DoubleClick，Yahoo！也为取得 RightMedia Inc. 的完整所有权，支付了 6. 8 亿美元。①

图表 12—20

建立一个对网站非常忠诚的电子社区，是相当困难的工作。当前大多数的电脑用户在每一个地方都有自己单独的信息岛，从他们的电脑到主页公告板，再到他们的电子记事本。Collabrio Technologies 向用户提供一个免费的集中地，管理和组织他们的生活，同各个群体的人交换信息——他们的朋友或家人，他们的投资俱乐部或读书俱乐部，甚至是同事。

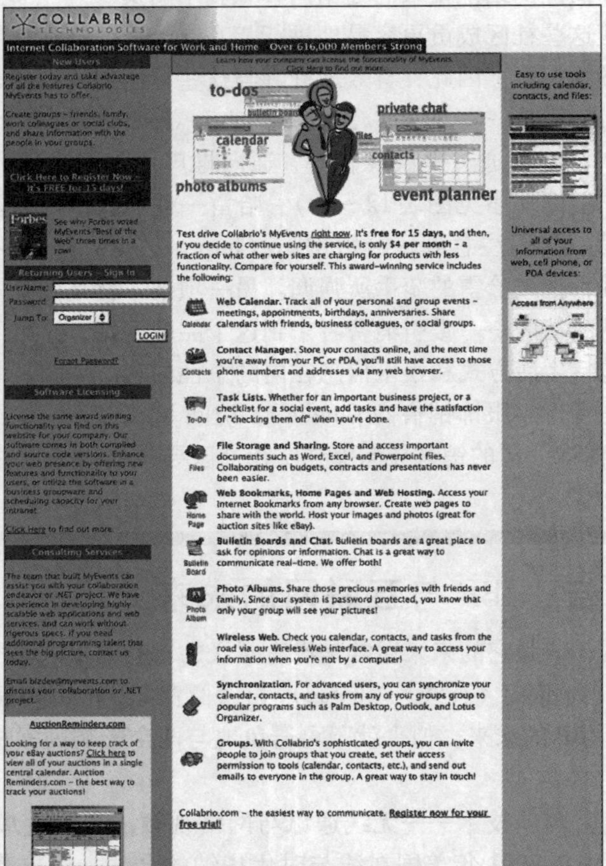


① Robert D. Hof and Catherine Holahan, *BusinessWeek*, May 21, 2007, 46.

图表 12—21

无论不断变化的互联网广告和 IBP 如何发展，毫无疑问，它都会受到无线技术和高速（宽带）连接的影响。随着更多的消费者使用手提电脑和手机接入网络，广告主将有越来越多的方式传播和沟通其品牌信息。

广播公司与互联网公司的合并与合作只是其中一方面。在另一方面，广告主和代理商正准备着迎接“网络广播”带来的新机遇。仅仅花费在移动电话上的广告支出就达到了每年 30 亿美元，而在播客上的广告支出也达到了每年近 2.5 亿美元。[①] 这是否意味着在不久的将来，每则电视广告其实都是一则互联网广告？也许没那么极端，但科技已经可以提供直接的网站链接以获得信息，以及通过电视广告购物——这对广告主来说是巨大的机遇和潜力。随着更多的网络用户能够接入宽带——目前在美国有超过 60% 的用户已经做到——更复杂的数据也可以被传输给用户。[②] 这些可能性正吸引所有的大客户——微软、ABC、CBS 和华纳兄弟在线等等，这里只列举了一部

① Digital Marketing & Media Fact Pack, *Advertising Age*, April 23, 2007, 43, 50.

② Digital Marketing & Media Fact Pack, *Advertising Age*, April 23, 2007, 30.

分。它们都把视频流看作是另一个网络广播谜局。[1]

当然，互联网发展的下一步和其作为一种广告选择的潜力，取决于消费者允许进行无线电话沟通的意愿。现在，消费者都显示出抵制情绪。经调查，只有10%的受调查移动电话用户声称他们愿意在手机上接收广告和促销信息，而有51%的人说，他们“非常不愿意”。[2]

关于互联网的使用战略，我们看到，一些非常机智而有效的整合品牌促销依赖于网络，但并不受其支配。比如，当马自达打算重新定位其品牌，吸引更广大年轻人市场的时候，了解24岁到36岁男性的行为就至关重要。但光是了解还远远不够，这些目标受众有意购车且还是网迷，经销处和销售人员也需要改变。马自达的战略——通过网络把人流都吸引到经销处，重新设计经销处的外观装潢（咖啡屋和休息室），确保销售人员和购物者同样精通网络。将网络和销售人员的推广工具结合起来，其结果激动人心——在精通网络的马自达经销处，销售额增长了32%，利润增长了50%。[3]在为客户制作了电子时事通讯后，克莱斯勒也发现了相同的变化。[4]

一个简单却同样有效的以网络为特征的IBP就是利用电视广告将人们引向网站。三菱在它的“seewhathappensnext. com”活动上取得了巨大的成功。公司投放富于动感和刺激的电视广告，却在达到高潮之前结束。在画面停止的时候，电视屏幕上只出现了一行字，“seewhathappensnext. com”。当电视观众来到网站时，他们就可以通过流媒介视频观看广告的结局。三菱初次开展这种活动是在超级杯赛期间，网站在6个小时内吸引了1 100万的点击量。[5]

最后，我们不能低估第二人生和“插件”作为互联网广告和IBP活动新技术的潜力。这些新选择提供了更多的可能性，广告主正开始了解并利用它们。

由于广告主试图使消费者了解更多品牌的信息，互联网似乎会在IBP活动中扮演更重要的角色。互联网广告和促销会是在大多数IBP活动中的“领头”工具吗？并不大可能。但可以预料，随着科技的发展，以及消费者变得习惯于通过非传统的方式获得信息，在IBP整个过程中，互联网将会是一个越来越被重视的工具。

## 本章总结

1. 了解互联网在广告和IBP中的角色。

首先，互联网不可能取代IBP的广告和促销的其他所有形式。甚至，最大的广告和促销客户也未必会将互联网作为与目标受众沟通的主要手段。

其次，与互联网相关的技术和机遇正发生着日新月异的变化。像eBay这样的拍卖网站为全世界的小型交易提供了巨大的机会。Web 2.0和它的重点社交网络提供了

① John Kuczala, “Online Video Ads Get Ready to Grab You,” *Business* 2.0, May 2005, 25.

② John Kuczala, “Online Video Ads Get Ready to Grab You,” *Business* 2.0, May 2005, 42.

③ Parks, “Let's Remake a Dealership.”

④ Michael Fielding, “Dealer Options,” *Marketing News*, July 15, 2006, 11.

⑤ Jean Halliday, “Bowl Ads Spark Web Upticks,” *Advertising Age*, February 9, 2004, 48.

一种传递促销信息的新方式、新场所，比如第二人生提供了与现有信息传递大为不同的沟通渠道。

最后，互联网的结构以及其作为广告媒介的潜力，为广告主提供了创造和传递信息的新途径，这是完全不同于传统大众媒介的。

2. 明确互联网作为广告与促销信息传播媒介的本质。

网络作为传递广告与促销信息的媒介，具备很多优点：目标市场选择、追踪、传递性、灵活性、到达性和整体性。

目标市场选择性。网络向广告主提供一种精确的确立目标市场的方式。与传统的细分主题，比如人口学、地理学和消费心理学相比，这样的精确性可以更好地调整目标市场。广告主可以把市场集中在互联网用户的特定利益区域，也可以依据地理区域（包含了全球）、当地情况、计算机平台或浏览者来细分用户。

追踪功能。互联网容许广告主追踪用户是如何与他们的品牌互动的，并了解当前的和潜在的顾客到底对什么内容感兴趣。

传递性、灵活性和到达性。在线广告和网站内容每周 7 天，每天 24 小时不间断的传递着，尽随用户意愿。无论用户何时接入网络，何时活跃，广告早已在那儿等候。一项宣传活动能做到每天都追踪，并即时进行更新、变更或者替换。另外，与其他传统媒介选择不同，互联网即刻便会成为一个全球性媒介。

互动性。企业可以利用互联网广告，以传统媒介无法做到的方式，让潜在的顾客了解其品牌和公司的情况。顾客可以进入公司网站或点击显示/条幅广告的链接，浏览品牌的特征和价值。

整合性。互联网广告是最容易和其他促销形式相整合与协调的。最基本的情形是，企业在所使用的全部传统媒介广告上，都附着其网站的网址。网站上的显示/条幅广告可以再次强调电视或印刷品推广活动主旨和广告图片。特殊的事件或竞争活动也可以在条幅广告和网站上标注。总之，网络活动与其他市场营销组成部分的整合是在 IBP 进程中最容易的整合工作之一。

3. 描述各类网络广告。

付费搜索是这样一种过程：广告主付费给网站和门户站点，将广告投放在关键词的搜索结果里面或在相关搜索结果附近。

显示/条幅广告是按在包含编辑内容的网站上投放广告的位置来支付的。这些广告可以让客户将其品牌与流行的网站联系起来。

赞助式广告是一家企业出资，维持网站某一部分的运行。在有些情况下，根据赞助情况，公司也可为网站提供内容。

上弹/下弹广告就是网页正在下载或者下载完成之后，跳出来的互联网广告。

通过电子邮件，互联网是唯一的、能够为数万甚至数百万的接收者订制信息并直接传送给每一个人的大众媒介。

富媒体/视频和音频这种进程就是把类似电视或广播的广告插入到音乐和视频剪辑当中，在网络用户访问时，由广告主发送给他们。

公司网站是公司用来向当前的和潜在的消费者提供关于公司的非常具体的信息。

虚拟的购物中心就是指通往众多互联网店铺的入口，只需简单地点击店铺的种类，就可以进入各个商业网站。广告主可以驻扎在虚拟购物中心，为目标市场提供品牌信息，进行交易。

插件是一种软件模组，人们可以把它拖拉或安装在社交网络（比如 FaceBook）的个人主页或博客上。广告主可以制作表现其品牌特征的插件或者直接引导插件点击者进入某个电子商务网站。

第二人生是一种在线的虚拟网络世界。参与者在里面载入自己的空间，然后利用鼠标和键盘遨游网络、聊天、建立虚拟的家庭，或者进行真正的商务活动。参与者在第二人生里是以可移动图标的形式存在的——屏幕上的图标性质的形象。在虚拟世界里，广告主可以制作“广告牌”，人物图标可以穿上有标识的服装或者其他带有商标的物件。

4. 讨论与在万维网上建立网站相关的问题。

若想成功地在万维网上建立并维持一个网站，有三个关键问题：制作一个有“黏性”的网站使上网者回访，设置交易密码和构建网站域名，推广网站。

5. 讨论网络广告和 IBP 的未来。

网络广告和 IBP 的未来将由多个因素引导：更多无线传送系统的出现；大型的寡头媒体公司的合并——特别是那些拥有传统媒介和数字媒介产权的公司；新兴而不同的广告和 IBP 场所的出现，比如第二人生，各个品牌可以在一个崭新的、不太商业化的环境中存在。

## 关键术语

WiFi 无线上网
mash up 混合技术搭建
virtual mall 虚拟购物中心
WiMax 全球微波互联接入
blog 博客
widget 插件
Mobile-Fi 移动宽带无线接入
blogger 博主
second life 第二人生
ultrabroadband 超声波
click through 点中数
sticky site 黏性网站
Internet 互联网
paid search 付费搜索
domain name 网站域名
opt-in e-mail 定向电子邮件
search engine optimization（SEO）搜索引擎最优化

top-level domain 顶级域名

spam 垃圾邮件

diaplay/banner ads 显示/条幅广告

hits 点击量

Usenet 新闻组网络

sponsorship 赞助

page views 网页浏览

World Wide Web 万维网

pop-up/pop-under ad 上弹/下弹广告

visits 网页浏览数

surfing 上网冲浪

permission marketing 许可式营销

unique visitors 特定访问人次

search engine 搜索引擎

viral marketing 病毒式营销

web analytic software 网络分析软件

portal 门户站点

rich media/vedio and audio 富媒体/视频和音频

click fraud 点击欺诈

Web site 网站

corporate home page 公司网站

## 问题

1. 尽管在过去的十年里，互联网历经沉浮，但它现在正经历强有力的复苏。为什么我们有理由相信当前互联网的繁荣能够长期持续下去?

2. 尽管广告主对受众的规模、组成以及成本的有效性相当不确定，然而是什么让广告主在其发展初期选择互联网?

3. 在你看来，通过像 iPod 和手机那样的传送系统，手机广告和 IBP 的有效性能达到什么程度?

4. 互联网广告具备什么样的特色，使它比传统的广告形式更有优势?

5. 试解释创建公司网站的两个基本战略，以本章 Saturn 和 Crayoal 为例说明。

6. 万维网一定能够使利基营销变得很便捷。是什么让万维网成为利基营销一个强有力的工具?

7. 访问一些公司网站和本章出现的网站，或者回想一下你先前访问过的网站。在你遇到的网站当中，哪个网站的网络用户回访率最高? 你认为刺激网络用户回访的最佳途径有什么样的特征?

8. 很明显，互联网起初的目的并不是要成为广告媒介。因此，它的一些特征确实令广告主烦恼。如果职业广告人有机会重新设计互联网，站在广告的角度，你认为提高网络的利用价值，他们唯一期望的变化是什么？

9. 什么是博客？博客有什么样的个人和商务应用？

10. 你认为网络用户会接受还是拒绝虚拟世界中广告和IBP？

## 实践练习

1. 数字媒介之所以成为营销企业强有力的工具，部分原因在于它能够为个人或特定消费者群体订制内容和信息。这让企业能够与大量的在线社区互动，比如忠诚的Saab拥有者聚集在 http：//www. saabnet. com；Harley Owner Group 则聚集在摩托车公司的联合网站 http：//www. harley-davidson. com 上。

挑选一个你最喜欢的嗜好、消遣或兴趣爱好——音乐、体育、文学、投资——任由你选择。访问3～4个有关你兴趣领域的主要网站。在网站广告和赞助商方面，你能发现这些网站有何异同？哪些网站特征的目的是吸引上网者回访？你认为它们有效吗？请解释。

2. 访问一些像Google、Yahoo！或Ask. com这样的门户网站，它们都利用付费搜索提供赞助商链接和显示/条幅广告。搜寻流行产品或个人感兴趣的产品。在你的搜索结果旁边，出现了什么样的赞助商链接或者显示/条幅广告？如果有的话，这些赞助商链接或者显示/条幅广告和你的搜索主题有无联系？接着，点击在搜索结果旁边的一些赞助商链接或显示/条幅广告，描述一下发生的事情。你是否转到了某个产品的网站上？你是否被带进了一个在线促销活动，比如抽奖？这个公司让你点击广告有何目的？你受到了什么因素的影响，使你愿意花费时间和精力帮助广告主？最后，描述一下你点击不同的显示/条幅广告时的不同体验，并从一个消费者的角度，评估一下其有效性。

3. 现在，很多传统广告都使用了某种形式的在线促销或信息，即使只是在杂志、报纸、或电视广告上添加一个网站网址。下面列出的每个网站对整个宣传活动有何帮助？在促销活动中，广告主还可以用其他什么方式加入数字媒介？消费者为什么愿意访问网站，他们滞留在网站上的原因又是什么？

http：//www. simpsonizeme. com

http：//www. blackberry. com/ask

http：//www. apple. com/switch

4. Clorox Bleach 发起了一个新的广告活动，宣传 The Accidental Housewife 的建议，她也是人们熟悉的作家 Julie Edelman。活动使用了传统媒介，比如 Edelman 宣传 Clorox Wipes 好处的广播广告，还有公司网站 http：//www. clorox. com 上的网页：Tips from the Accidental Housewife。

分成若干小组，集体讨论一下如何扩展公司的在线宣传活动，该活动要使用 Accidental Housewife 作为宣传的中心角色。所提建议必须说明，如何利用本章讨论过的互联网广告的主要方法。

# 第4部分　整合品牌促销

第13章　促销、销售点广告与辅助媒介
第14章　活动赞助、植入式广告与品牌化娱乐
第15章　整合直复营销与人员推销
第16章　公共关系、影响者营销和合作广告

本书的第4部分带我们进入了学习广告和IBP的最后阶段。这部分内容强调了所有类型的公司用来发起一场整合品牌营销运动的沟通工具。本书从一开始就向我们强调，IBP是有效品牌培养的关键因素。你会发现这里讨论的沟通工具，其多样性和覆盖面为营销者提供了巨大的机会，使他们能够保持创新性并在当今繁杂的市场上获得突破性进展。第四部分里讨论的每种工具又有其独特的功能，影响着受众的想法以及拥有该品牌的渴望。另外，本书的这一部分进行了大量的修订，能给你带来在支持媒介、产品投放、品牌娱乐以及影响者营销等方面最新兴的技术。

**第13章　促销、销售点广告和辅助媒介**。本章论及了所有的促销技术，优惠券、价格优惠、奖金、有奖竞赛、抽奖、样品试用和试货、返款、折扣会员/常客计划以及销售点展示、激励、折让、贸易展销和合作广告，以及综合的销售点营销技术，进行了最有远见性的利用新型分销和沟通技术进行促销的讨论。本章节以可供广告主选择的一系列辅助媒介的广泛应用结束，这些媒体包括广告牌、公共交通广告、高空广告以及古老却实用的分类广告。

**第14章　活动赞助、植入式广告与品牌化娱乐**。本章强调了令人深思的议题——Madison&Vine的融合（趋同现象），这是把广告、品牌和娱乐集中在一起，向消费者提供更大范围的品牌“触碰点”的现象。本章继续研究事件赞助与日俱增的魅力，并且深入探讨品牌娱乐的敏感话题。如果你对整合品牌营销有任何疑问的话，本章论及的话题会给你很好的回答。

**第15章　整合直复营销与人员推销**。消费者对便利的渴望以及对行销商商对有竞争力优势的孜孜追求，都一直强调着直复营销在IBP中的重要作用。利用直复营销，厂商就有机会不仅与目标受众沟通，还能得到最及时的回馈。你将了解为什么直复营销一直受欢迎，直复营销厂商利用什么样的媒体传递他们的信息，以及直复营销是如何在达成整合品牌营销时制造特殊挑战的。在我们对神奇的数码媒介选择激动不已的时候，有时却忘了个人销售在众多整合品牌营销战略中扮演的重要角色。本章就从这个角度对此IBP的重要进程进行了分析。

**第16章　公共关系、影响者营销和合作广告**。第16章用新的、激动人心的内容对全方位的“影响者”营销作了补充。本章一开始对公共关系在整体IBP活动中起到的关键作用和主动与被动公共关系战略的不同进行了讨论。你将了解到公告关系在IBP中是非常重要的一环，但同时它也从不占据主导地位。影响者营销的新覆盖面是

最好的，也是最前沿的。职业影响者策划、点对点策划、buzz 以及病毒式营销、培养“联系者”，这里应有尽有。本章对合作广告进行了宽泛而完整的讨论，鉴定了各种形式的合作广告，也从关键组成部分的角度，讨论了建立组织良好信誉的各种方式。

# 13 促销、销售点广告与辅助媒介

通过本章的学习，应该掌握以下技能：

- 1. 描述促销的重要性及其增长
- 2. 描述在消费者市场中使用的主要促销技巧
- 3. 描述在交易渠道和商业市场中使用的主要促销技巧
- 4. 确定使用促销方法为品牌带来的风险
- 5. 了解销售点广告的作用和技巧
- 6. 描述在整体整合品牌促销中辅助媒介的作用

## 13.1 引言：以守为攻

在整合品牌促销的众多活动中，样品试用很奏效。但没有一家企业曾想象出免费样品在其全局策略中所发挥的作用。如麦当劳、星巴克、肯德基这样的规模庞大、有影响力的快餐业巨头一直尝试通过免费品尝样品来刺激、推动销售并在不断升级的激烈竞争中获胜。但由于这样的打折活动被认为有损品牌形象，并使消费者更加贪图便宜，多年来，这些大的零售商一直试图减少深度折扣（包括大规模的免费品尝活动），同时却仍然推出免费试用产品，宣扬他们做了多大的让步。在 Sonic 年度免费自助冰激凌饮料之夜后，这家连锁快餐店的营销部副总裁说："我们很轻松地实现了300 万杯免费饮料的让利目标。"① 在几家连锁店中，Sonic 只是推行免费食品促销的连锁店之一：

●麦当劳正在提供免费咖啡来提高早餐销售额，增加利润。

●Wendy's 举办了一次长达 6 个月之久覆盖 25 座城市的免费品尝汉堡巡回活动。该活动的特点是把厨房安装在可以移动的牵引车上，伴有音乐和餐桌。该连锁店共发放了 1000 多份免费汉堡，并赠送价值 5 美元的礼品券。

●肯德基曾经推出免费上校鸡块，并在《今日美国》上为该活动刊登了全页广告。免费品尝活动的前一周内，连锁店的上校鸡块销售额就达到了顶峰。

但是数天的产品试用并不只是为了促销和竞争，它还有更深远的意义。尽管免费试用对吸引和取悦顾客很有帮助，但这只是其最基本的作用（如图表 13—1）。事实上，样品试用还需要完成更艰巨的任务，那就是在无法开设新店的时候，在已有的店面中扩大销售量。在快餐行业，竞争者在频繁地更换菜单、发动价格战等活动中疲惫不堪。现在土地资源更加稀少、昂贵，使得建造更多的店面不再那么有吸引力了，因此店面的扩张大幅下降。目前，这些公司转而在已有的店面中通过推出免费食物和饮料来吸引新老顾客，进而增加客流量和收入。该策略存在合理的逻辑性，如果一位顾客在商店里领到了免费炸薯条，那么他也许会买一份汉堡和饮料，这在销售上立竿见影。另外，免费商品也提供了这样一种可能性："将好奇转变为忠诚"。② 以麦当劳为例，麦当劳宣称至少一半的顾客在得到了免费咖啡后会再买些东西。

这些精明的商家是否继续将免费品尝作为整合品牌营销的主要方法，还需拭目以待。本章你会学到整合品牌促销中的样品试用和其他折扣方式，虽然这会带来损害品牌形象的风险，并可能让消费者变得在价格上斤斤计较，但到目前为止，样品试用似乎对增加销售额一直有积极的影响，这也是战略家希望看到的结果。

---

① Kate MacArthur, "Give It Away: Fast Feeders Favor Freebies," *Advertising Age*, June 18, 2007, 10.

② Kate MacArthur, "Give It Away: Fast Feeders Favor Freebies," *Advertising Age*, June 18, 2007, 10.

图表 13—1

广告营销人员在整合品牌促销中早就开始使用免费样品这招了，图表中显示的 Glad 免费食品就是一例。由于开设新店变得更加困难和昂贵，快餐零售商转为采用样品试用的方法，在已有店面增加客流量和营业额。

## 13.2 促销的含义

在整合品牌促销活动中，促销往往是关键因素。像激励销售商和给予消费者折扣这样的促销方式，可以吸引人们的注意力并为整体广告和整合品牌营销活动增添活力。大众媒体用很长时间来建立品牌形象，而促销却在短期内效果显著。运用得当的话，如竞赛、抽奖等促销方式能够立刻刺激需求。促销传递的信息包括以降价、免费样品、奖励等方式来刺激消费者尝试某一品牌，或针对零售商在其商店内突出该品牌。促销被证明是对大众媒体广告的一种很盛行的补充方式，因为它能很好地弥补媒体广告所不及之处。

在这里我们给出促销的正式定义：**促销**是一种用来在消费者、贸易、商业买家之间广泛建立品牌价值观的一种激励方法。其目的是通过推出试用产品、鼓励大宗购物或刺激反复购买来增长短期销量。**消费者市场促销**活动包括：

- 优惠券
- 价格优惠
- 奖金
- 有奖竞赛和抽奖
- 样品试用和试货

- 折扣
- 会员/常客计划
- 电话卡和礼品卡

所有这些刺激措施都是为了使家庭消费者购买本企业的品牌，而不是选择竞争对手的产品。你要了解刺激措施包括降价、提供奖赏或奖励零售商外出旅游。

**贸易市场促销**是为了鼓励分销商、批发商和零售商在店内储备并凸显本企业品牌。采用的方法包括：

- 销售点展销
- 激励
- 折让
- 合作广告
- 销售培训

**商业市场促销**的对象是那些购买如计算机、办公用品、咨询服务等大范围商品的大企业。对商业买家的促销方法与在贸易市场方法类似，包括：

- 贸易展销
- 奖金
- 激励
- 会员/常客计划

## 13.3 促销的重要性及发展过程

促销和广告对需求的影响是不同的。正如我们在本书中所了解到的，广告是用来为某个品牌建立长期的知名度、形象和偏好，而促销是在短期诱使大量顾客购买。通过向家庭消费者、贸易商、商业买家提供优惠券、样品、折扣、奖励等方式可以立刻激励买家选择该品牌，如图表 13—2 所示。Oreck 为了推销 Oreck 真空吸尘器向消费者提供免费产品（作为赠品）。

其他促销方式，如积分项目（航空公司推出的飞行常客项目），为品牌创造了附加值，并提高了消费者鉴别某个品牌的能力和欲望。如优惠券这样的以降价为亮点的促销方式对便捷类商品很有效，对于这类商品，消费者的行为特征是频繁购买，但常更换品牌，认为不同品牌的同类商品差别不大。

促销对所有消费类产品（包括在贸易、商业市场）均得到广泛应用。不论目标顾客是家庭、商业买家、分销商还是零售商，一旦企业需要即时效果，促销便是首选方式。关于促销和广告的目的在图表 13—3 中做了对比，显示出这些推销产品的方式所达目标的主要不同点。促销增进了即时、短期效果，而广告的目的则是长期建立品牌形象、培养忠诚度和鼓励反复购买。

图表 13—2

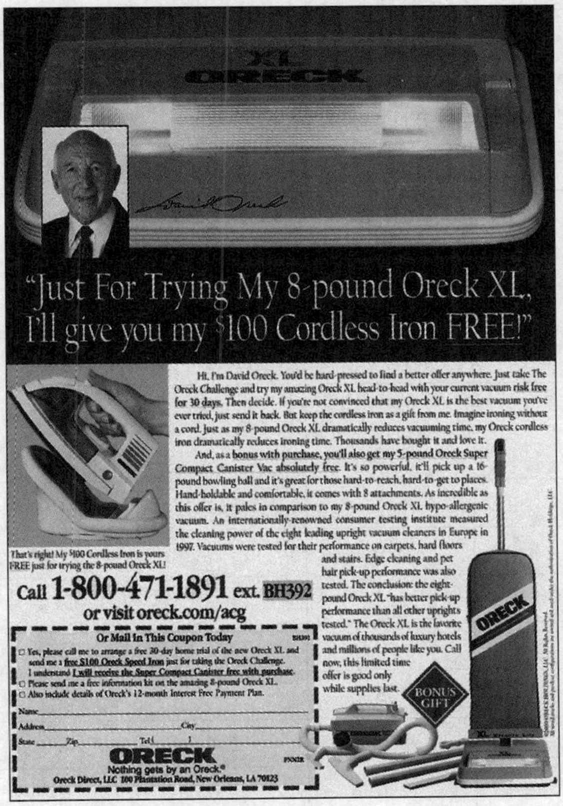


图表 13—3

在产品推广组合工具中，促销和广告扮演着不同的角色。根据图表显示的特点，你认为二者的主要区别在哪？

| 销售促销的目的 | 广告的目的 |
|---|---|
| 刺激短期需求 | 培养长期需求 |
| 鼓励品牌转移 | 鼓励品牌忠诚度 |
| 促进产品的试用 | 鼓励再次采购 |
| 以价格为导向的促销 | 以品牌形象或功能为导向的促销 |
| 获得短期效果，通常可以衡量 | 获得长期效果，通常不可以衡量 |

## 13.3.1 促销的重要性

在美国，促销的重要性绝对不可以小视。尽管促销不像大众媒体广告那样时尚、精致，但用在促销上的支出却是卓有成效的。近年来，促销支出每年以近 4% ~8% 的比例增长，而广告支出的增长率仅为 3% ~5%。仅在美国，促销年支出额就超过了 3 000 万美元（见图表 13—4）。那些规模较大的消费品生产企业逐渐将宣传开支由媒体广告转向了促销，致使促销日益盛行起来。P&G 公司董事长兼执行总裁曾告诉一些分析师们，“公司广告和整合品牌促销的支出正在由传统的媒体广告向店内促销、网络广告和试货活动（如产品小样）转变”①。

图表 13—4

商家依靠不同的促销方式来补充和支持广告的效果。本图表罗列了各种促销方式的花费情况以及用于促销代理公司服务和调查方面的开支情况。

| 促销方案 | 2005 | 2004 | 变动比率（%） | 占总量比例（%） |
| --- | --- | --- | --- | --- |
| 营销活动 | 171.8 | 166.0 | 3.0 | 50.2 |
| 直接邮寄 | 49.8 | 35.1 | 41.8 | 14.5 |
| 发放赠品 | 47.6 | 46.5 | 2.5 | 13.9 |
| 零售 | 19.3 | 18.5 | 4.8 | 5.6 |
| 赞助活动 | 12.1 | 11.1 | 8.7 | 3.5 |
| 优惠券 | 7.2 | 7.2 | 0.0 | 2.1 |
| 特别印刷册宣传 | 6.1 | 6.1 | 0.0 | 1.7 |
| 申请许可证 | 5.9 | 5.9 | 0.0 | 1.7 |
| 代理商所得 | 5.2 | 4.2 | 23.5 | 1.5 |
| 执行活动任务 | 4.7 | 4.7 | 0.0 | 1.4 |
| 产品投放市场 | 4.5 | — | — | 1.3 |
| 互动或在线宣传 | 2.4 | 2.4 | 0.0 | 0.7 |
| 培养顾客忠诚度 | 2.0 | 2.0 | 1.0 | 0.5 |
| 游戏、有奖竞猜、抽奖 | 1.8 | 1.8 | 0.0 | 0.5 |
| 样品试用 | 1.8 | 1.8 | 0.0 | 0.5 |
| 总计（10 亿美元） | 342.2 | 313.2 | 9.3 | 100 |

资料来源　PROMO Industry Trends Peport 2006.

广告主全方位专业服务主要包括：广告设计、创意准备、媒介投放，但不包括为客户准备促销材料，认识这些是十分重要的。促销宣传材料一般由专业的促销公司来完成（用于促销公司的费用见图表 13—4），促销公司的活动主要包括发放优惠券、设置促销奖品、展销以及其他需要专业技术和创意的促销方式和销售点促销方式。

一项有效的促销方案的开发和管理需要公司的大量投入。在任意特定的年份里，往往品牌管理的 1/3 时间都用于促销活动的设计、执行和管理。

## 13.3.2 促销应用的发展

近 10 年来，许多商家转移了促销支出的重点，主要是转移了用于大众媒体广告的支出。其中一部分支出投向了网络，如 12 章所介绍的，但更多的则投向了消费者

① Bradley Johnson, “Leading National Advertisers Report: Spending up \$3.1% to \$105 Billion,” *Advertising Age*, June 25, 2007, S-2.

促销、贸易和商业促销。通常，预算费用的平均分配比例为：广告占17.5%，贸易和商业促销占54%，消费者促销占28.5%。[①] 厂商之所以将大众媒体广告投入转向促销，主要有以下几点原因：

1. **对严格责任制的需求**。当今，企业盛行降低成本和股东监管，因此企业对所有业务活动，如营销、广告、推销等都要实行严格的责任制。当依照对销量和利润的贡献率来衡量企业的活动时，广告的贡献率就很难测度了，但促销所产生的快速绩效则很容易被衡量。众多研究表明，仅有18%的电视广告创造了短期投资回报（ROI）。[②] 相比之下，销售点展销能对一些产品35%的销量产生积极影响。[③]

2. **短期导向**。在管理层之间，以下一些因素导致了短期导向：来自股东的压力，使得企业需要按季度提高营业额并增加股票收益；企业对盈利的过分关注。许多组织都实行包含对经理业绩奖惩的营销计划，其衡量标准基于短期绩效。因此，企业也都在摸索创造短期效益的策略。麦当劳曾推出“玩中赢”的活动，在活动期间内，麦当劳餐厅的销量增长了15%。[④]

3. **消费者对促销的回应**。精打细算的顾客总是追逐物美价廉的商品，排斥定价过高的品牌。[⑤] 这些精明的顾客每购买一件产品都在寻求额外价值。因此，优惠券、奖金、折扣等促销方式都能增加这些消费者心目中的品牌价值。当然，不仅是这些追求品牌增值的顾客才对促销有积极的回应。从历史上看，优惠券、降价、高价值对所有消费者品牌的选择能产生75%～85%的影响力度。[⑥] 但需要注意的是，尽管优惠券、降价、高价值对消费者的选择有较大影响，但这并不意味着消费者就选择最低价的产品。分析师认为：即使同类产品中有别的品牌价格更低，但是促销手段仍会刺激消费者购买那个正在促销的品牌。

4. **品牌的拓展**。每年都有数以千计的新产品进入市场。为满足日益细分的市场需求，厂商为特定的市场设计产品，这就引起了品牌的拓展，但同时消费者也被这众多繁杂的品牌搞得一头雾水。举一个相关的例子：在一年内，可口可乐新上任的营销总监就将一千种（不是打字错误）新饮料或世界各地现有饮料的新口味产品投放市场。（是否有人尝过咖啡味的可口可乐？）[⑦] 在任何时候，消费者都能够选择多达60种意大利面调味汁，100种炸薯条小吃，50种洗衣粉，90种感冒药，60种一次性尿不湿。如图表13—5所示，在这众多品牌中，如果哪一个想引起人们的注意还真不是件容易的事。由于品牌不断拓展，厂商借助有奖竞赛或抽奖、优惠券、奖金、会员计划、购买点展销等促销手段来吸引顾客注意力。

---

① 2004 Industry Trends Report, *Promo Magazine*.

② Jack Neff, “TV Doesn't Sell Packaged Goods,” *Advertising Age*, May 24, 2004, 1, 30.

③ Cara Beardi, “POP Ups Sales Results,” *Advertising Age*, July 23, 2001, 27.

④ Kate MacArthur, “McD's Sees Growth, but Are Ads a Factor?” *Advertising Age*, November 24, 2003, 3, 24.

⑤ Jack Neff, “Black Eye in Store for Big Brands,” *Advertising Age*, April 30, 2001, 1, 34.

⑥ Cox Direct 20th Annual Survey of Promotional Practices, Chart 22, 1998, 37.

⑦ Dean Foust, “Queen of Pop,” *BusinessWeek*, August 7, 2006, 44 - 450.

图表 13—5

货架上的各种意大利面条酱中，任何一款想引起你的注意都不是一件易事。市场中品牌的扩展使得商家绞尽脑汁来赢得消费者注意，通常促销方式可以达到这一目的。注意贴在货架上的促销广告。

## 职业道德专栏

### "Big Brother"类型的新产品

为了说服大的零售商在超市中突出本企业产品，生产商费尽心思寻找新的办法来使自己的品牌在众多竞争者中脱颖而出。正如一位生产商所指出的，"进驻1家沃尔玛超市比进驻101家其他超市更管用"。在这场看不见硝烟的战争中，厂商使用了一种新式武器——无线频率识别标记（RFID），它是条形码的替代产品，这些标记可以对货架上的商品和存货的情况进行即时评估。

RFID标记隐藏在一根天线中，里面包含了很多微型芯片。当这样的标记置于商品上，就可以无线发送其地点位置，接收器可以在办公室、储藏室甚至是购物推车上。随即问题便出现了。RFID的反对者认为，这就如同另一种"Big Brother"类型的产品，它追踪消费者行为，侵犯了消费者隐私。这就是这种工具的作用。当你去了你最喜爱的商店，像往常一样你还是会推一个购物车。但这已不是你通常使用的购物推车，推车上面有RFID设备，通过附在推车上的RFID阅读器，你暴露了自己的购买习惯（另外一种追踪方式）。既然你总是被商店"官方"调查（例如被追踪），那么商店会在当天或是根据你购物历史，对你经常购买的商品给予一定优惠。最后，当你把要购买的东西放入这个特别设置的手推车中，结束购买大步离开超市时，同时你也把你的购物信息留给了调查者。商家是否可以通过 RFID 获得真正的好处呢？答案是肯定的。存货控制、备货警示和自动结账都会大量节约成本。但是这是否又是商家追踪和监控我们消费者行为的另一种方式呢？如果商家可以在商店内追踪我们的行为，那他们又有什么理由在我们离开后不对我们消费者进行追踪呢？

资料来源 Gerry Khermouch and Heather Green, "Bar Codes Better Watch Their Backs," *BusinessWeek*, July 14, 2003, 42.

5. **零售商实力的增强**。一些较大的零售商，如 Target、家得宝、Costco，还有实力更强的沃尔玛，是美国零售业的领军者。当前消费者更加追求物美价廉产品，对于这样的新形势，这些实力强大的零售商反应迅速敏捷。鉴于消费者这样的需求，这些零售商再回头与厂家交易。许多交易都是贸易导向型的促销形式：销售点展销、上架费、订货折扣、合作广告补贴。最终，厂商运用越来越多的促销方式来同实力较强的零售商发展良好的关系，这是联系消费者的关键纽带。而后，零售商们再将从厂商得来的促销方法作为与其他零售商进行较量的手段。聪明的厂商们会给零售商一些金额上的补偿来保持实力均衡。但其中一些促销方式或许是对隐私的另一种侵犯，下面的职业道德专栏将详细讲述这方面内容。

6. **媒介混乱**。在广告的发展中一直存在一个令人困扰的问题——"混乱"。很多情况下，广告主通过调查得出了自己的目标客户群，但这些目标客户群和别的广告主的目标群体是相同的。因此喧闹的媒介不断地向同一群人投放大量的广告来吸引其注意力，致使当消费者面对一连串的广告时，他们对广告采取回避态度（在第 5 章中我们曾讨论过这一问题）。所有的媒介方式都面临着越来越糟糕的噪音问题，包括互联网，几乎每个网站上都有这些跳上跳下的令人烦躁的广告。① 解决噪音的问题方法之一就是引入促销。在印刷广告中，促销通常就是印刷优惠券；在电视、广播广告中，引入抽奖、提供奖品和折扣订购之类的促销方式总是能吸引观众和听众的注意力。广告和促销的结合被证实是解决噪音问题的很好的方法。

## 13.4 针对消费者促销

很明显，美国消费品制造企业在全面营销计划中，对促销投入巨大。19 世纪 70 年代时，消费品制造企业预算中只有 30% 左右用于消费品市场促销，而 70% 用于大众媒体广告。现在，情况正好相反，近 75% 的产品推广预算用于各种形式的促销和销售点促销材料。现在厂商都把对促销和销售点的投放作为整合品牌推广进程的一部分，接下来我们将详细讲述消费者市场的促销目标和各种广泛使用的促销技巧。

① Matthew Creamer, "Caught in the Clutter Crossfire: Your Brand," *Advertising Age*, April 2, 2007, 1, 35.

## 13.4.1 消费者市场的促销目标

为确保对促销的合理应用，应当制定具体的战略目标。在消费者市场促销中，可完成以下基本目标：

1. **鼓励尝试购买**。当企业想要吸引新顾客的时候，对产品进行促销可以降低消费者尝试新产品的风险。降低价格、提供折扣或免费样品都可以刺激消费者尝试购买某产品。图表 13—6 就是鼓励消费者尝试某种产品的例子，注意该促销是意在使消费者第一次尝试这种新品牌，而不是某一类产品。回忆在第 2 章和第 4 章（主要是对比不同刺激需求的方式）里所强调的事实，促销和广告不能在趋于成熟的产品中推广使用该产品，如咖啡，而只能针对已经在使用该产品的消费者，影响其对不同品牌的选择。

图表 13—6

在消费者市场中促销的目标之一就是刺激消费者对某品牌进行尝试。本图中，Peet's Coffe &Tea 为消费者提供了一套样品，消费者可以从网上订购或拨打免费电话订购。

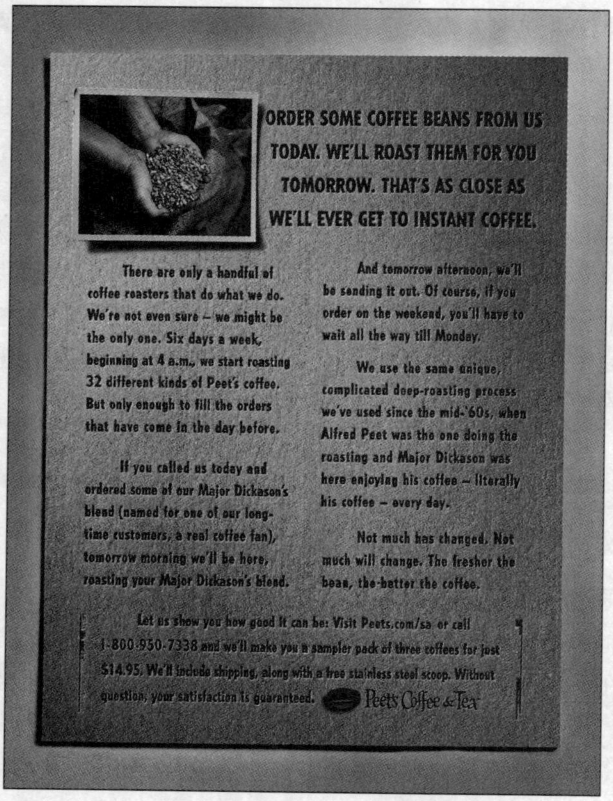


2. **鼓励反复购买**。产品包装内的优惠券可以刺激消费者再次购买本产品，重复购买所带来的消费积分也可以保持顾客对某一品牌的忠诚度。在航空和酒店业，会员优惠制度是最显著的。同样，你最喜爱的咖啡厅推出的“打卡积分”项目，无疑可以增强你的忠诚度。企业总是尝试将那些能盈利的顾客变成自己的会员以留住顾客。

3. **鼓励大宗购买**。降价或捆绑销售可以刺激消费者只使用一个品牌，这样企业还可以减少库存或增加现金流。如洗发液通常是两瓶装优惠销售。图表 13—7 便是一个鼓励消费者大宗购买的促销例子（买三罐节省 30 美分）。

图表 13—7

促销常被用来鼓励大宗购物。本图 SpaghrttiOs 的优惠券刺激消费者一次购买三罐。

4. **引入一个新品牌**。由于促销能够吸引消费者注意力并鼓励消费者试用某产品，因此常被用于新品牌的推介。其中最成功的案例是 Gurad 绷带的生产厂商为了宣传其儿童装绷带，与麦当劳合作，推出消费麦当劳“开心乐园套餐”送儿童绷带活动。此次活动共分送了 750 万包样品，成功将该新品牌打入市场。此次十分成功的促销使得该产品首次销售额就超过了预计的 30%。

5. **挑战或扰乱竞争者的策略**。促销不仅可以刺激消费者大量购物和尝试新品牌，也可以用来扰乱竞争者的营销策略。如果某企业得知其竞争对手正在投入新产品或进行广告推广活动，那么，适时地提供更大折扣或加量不加价的促销方式就能扰乱对方的策略。在上述折扣基础上，再增加包装内的下次消费的优惠券，某个厂商就可以挫败对手的努力。《电视指南》杂志曾通过抽奖的形式来击败对手。为了应对来自报纸电视之外的媒介和其他有线电视指南类的杂志的竞争，《电视指南》在一些市场举办了购物狂欢有奖问答活动，胜者可以在商店免费选购价值 200 美元的商品。在活动场所，《电视指南》完成了 65% 的销售量。

6. **对整合品牌促销的贡献**。促销与广告、直接市场营销、公共关系等企业策划的联合为整合传播又增添了一种形式。促销意味着通过降价、赠品或赢得奖金的方式使得产品物所超值。在所有的沟通效果中，促销的这种特质可以为厂商所用，进行整合品牌促销宣传。

## 13.4.2 消费者市场促销的方法

在消费者市场中刺激需求和吸引注意力有多种方法，如优惠券、降价销售、赠品、抽奖或者竞赛、免费样品和试货、电话卡和礼品卡、回扣和会员/常客计划等。

1. **优惠券**。**优惠券**使买方以既定的降价幅度购买某产品和服务，是促销中最原始、使用最为广泛的形式。最早使用优惠券的时间可以追溯到1895年，C. W. Post Company通过使用打折优惠券的方式来吸引人们品尝该公司的Grape-Nuts麦片。每年，约有3 500亿张优惠券分发到美国消费者手里，如图表13—8显示了几种产品的优惠券兑换率，从口香糖的2%到一次性尿不湿的45%。

图表13—8

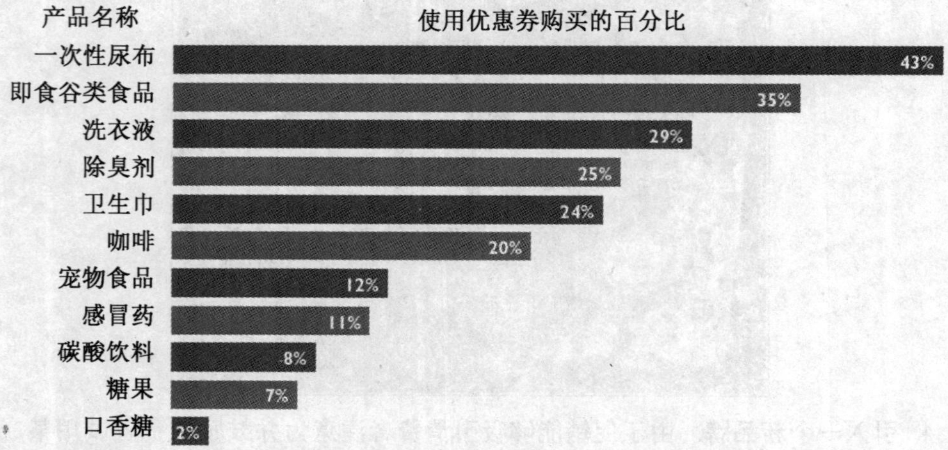


作为一种促销工具，优惠券有以下5种优势：

●使用优惠券可以使某产品在以原价销售给其他顾客的同时，还可以给价格敏感的消费者一定的折扣。

●使用优惠券消费的顾客可能是竞争对手的客户，因此，优惠券可以诱使消费者更换品牌。

●厂商可以控制优惠券的使用时间和分配，这样就不会出现零售商擅自降价损害品牌形象的情况了。

●优惠券是一种刺激消费者再次购买的极好方法。一旦消费者被某品牌所吸引，包装内的优惠券可能会诱使消费者再次购买。

●优惠券可使老顾客选择该品牌的高端产品。例如，总是购买低价的一次性尿不湿的顾客有了优惠券也许会愿意购买该品牌的高端产品。

●优惠券的使用也会带来一些管理压力和风险方面的问题：

●尽管厂商可以控制优惠券的降价程度和分发时间，但却无法控制消费者使用优惠券的时间。有些消费者很快就兑换了优惠券，而有些消费者却数月都不会使用这些优惠券。

●老顾客大量地兑换优惠券可能降低企业的利润。

●优惠券的使用需要认真管理。优惠券方案的成本要比券面价值大得多，其成本还包括优惠券的制作、分发、零售商和厂商的运作，这些成本大约相当于券面价值的2/3。厂商需要弄清楚使用优惠券和不使用优惠券的产品销售比例，然后确定各自相应的成本。

●在优惠券的使用过程中，欺诈是一个长期严重的问题。原因出在优惠券违规兑换，其中包括三种形式使公司蒙受损失：第一，兑换了优惠券的顾客没有购买该品牌的产品。第二，消费者没有购买相关产品，售货员和店主就直接兑换了优惠券。第三，个人非法囤积和印制优惠券，将其卖给没有道德的店主，店主反过来再将之兑换，这个过程没有相应的消费行为。

2. **降价销售**。降价销售是另一种直接促销的方法，销售点会对此类商品在包装上作特别标注。消费者购买此类商品可以节省几美分甚至几美元，一般优惠幅度为商品原价的10%到25%。但降价只是减少了生产商的利润而不是零售商的利润（这是在实力较量中的又一个焦点）。厂商因其可控性而喜欢采用降价销售。另外，通过降价销售，产品在销售点可以与其他同类品牌形成有利的价格对比；消费者喜欢优惠活动，因为它更直接，而且必然增加了已知品牌的价值，老客户还会在商品降价时大肆购买。相反，零售商们对此活动就显得不那么有热情了。优惠促销会给零售商带来库存和价格问题。另外，大部分优惠商品总被老顾客抢购一空，因而零售商通常不能从新业务中获利。

3. **赠品和广告礼品**。**赠品**是消费者购买某件商品或服务后，可以免费或者以较低价格获得的一种产品或服务。许多公司都提供与产品相关的免费赠品，如买一盒格兰诺拉（Granola）麦片免费赠送一根麦片棒。一些服务项目，如汽车清洗和干洗服务，可以通过买一赠一的方式诱使消费者尝试新业务。赠品是各公司在促销方面花费最大的部分，在2005年期间，各企业用于赠品的花销超过了470亿美元。

赠品有两种表现形式。第一种是**免费赠品**，即消费者无需再花任何费用就能获得的产品。赠品可以放入消费商品包装内，也可以在证实消费者消费某产品后邮寄给该消费者。在原商品外另加包装或直接将相关赠品放入原商品包装内是常用的方式。（例如，购买洗发液免费赠送护发素）

第二种是**自偿赠品**，即要求顾客偿付赠品的大部分成本。例如，消费者在购买6瓶Snapple后可以以6.99美元的价格再购买一瓶“Snapple Cooler”——这是Snapple Cooler的成本价。自偿的赠品对忠实顾客效果显著，但是此类赠品形式需要慎重运用。除非赠品与建立品牌价值策略相关，不然会使消费者只注重赠品而忽视了品牌的价值，从而违背了突出品牌的初衷。例如，如果消费者购买某品牌只是为了得到仅售价4.99美元的漂亮T恤衫，那么除非下次还有这样低价的好赠品，否则消费者不会再购买这个品牌。

**广告礼品有**三大要素：信息、印在一个实用物品上、无偿赠送给消费者。比较受欢迎的广告礼品包括棒球帽、T恤衫、咖啡杯、鼠标垫、钢笔、日历等。2003年对这类促销产品的花费较前一年增长了*4.57%*，达到了160亿美元。[1] 在当时的流行趋势下，这些特制品可以为企业或是品牌带来目标顾客。正如我们很多人都有那些印有品牌名称的棒球帽或是咖啡杯。（见图表13—9）

图表13—9

如图中钢笔、球帽等广告礼品，可以不断提示消费者该企业的品牌的名称及标语。尽管这类促销方式并不是企业整合品牌营销活动中的主要战略工具，但是它对提升品牌知名度和增加与顾客的沟通方面起到了积极作用。

4. **有奖竞赛和抽奖**。有奖竞赛和抽奖像其他促销方法一样可以吸引消费者注意，但二者在技术方面有很重要的区别。**有奖竞赛**中，消费者基于一定的技术和能力争夺冠军，根据评审团或赛前规定的标准来决定谁是胜者。例如，在全美橄榄球联赛中按照总分来确定冠军。由于每个进入者都要参考比赛标准来评定，因此对执行者来说，有奖竞赛成本较高。

在**抽奖**促销方式中，胜者完全凭运气决定，消费者只需将姓名填写在奖票上作为依据即可。这类抽奖经常需要消费者填写正式的抽奖表格，而另外一种更受欢迎、更吸引消费者的抽奖形式是即刻就能出结果的刮刮卡。汽油零售商、杂货店、快餐连锁店等通常使用有奖刮刮卡的方式来增加或维持客流量。为使有奖竞赛或抽奖能有效达成目标，活动创办方要将奖品设置得既能吸引消费者，同时又能使消费者感受到参与

① Data obtained from PPAI：Promotional Products Association International at the association's Web site，*http：//www.promotion-clinic.ppa.org*，accessed June 25，2004.

游戏的内在乐趣。

有奖竞赛和抽奖可以跨越国界。英国航空公司曾举办主题为“史上最大优惠”有奖竞赛活动，活动中发放了数千张飞往伦敦和其他欧洲城市的机票。本活动不仅提高了该航空公司的知名度，还带来了其他的利益。通过有奖竞赛，公司可以发现感兴趣的潜在客户，建立这些潜在客户的数据库。另外，在将来举办活动时可以通过邮件联系没有获胜的人们，提供其他赠品。

有奖竞赛和抽奖活动可以为某个品牌增添活力和提高关注度，但同时也存在着一些管理方面的问题。思考在整合品牌促销中有效进行有奖竞赛和抽奖活动所遇到的各种障碍：

●有奖竞赛和抽奖总是会受到一些规定的限制。创办方一定要确保活动符合联邦政府和各州政府的法律法规。各州规定都略有不同，面对复杂的法律问题，企业通常雇用专门从事这方面活动的代理商来执行方案。

●对消费者来说，他们可能首先关注抽奖游戏，而忽略了背后促销的品牌。因此这种方法同其他促销方法类似，无法将普通消费者转变为忠实用户。

●在活动过程中，可以获得的有价值的信息甚少，因为消费者的兴趣都集中在活动上，而不是关注该品牌的特点。

●由于活动执行十分复杂，出错概率很高，由此会对品牌造成负面影响。①

●如果企业力图为其品牌建立优质高端的形象，那么这样的活动可能会适得其反。

5. **样品试用和试货**。如本章开始所述，如能使消费者尝试一个新品牌，这可能对消费者今后的选择有很大影响。

样品试用作为一种无风险的促销方法，为消费者提供了一次试用某一品牌产品的机会。单纯说样品试用是一种流行的促销方法并不完整，大部分消费品制造企业都多多少少地使用着样品这种促销方式，并且每年用于样品试用的成本约为 18 亿美元。调查显示，消费者非常喜欢样品试用这种促销方式，其中 43% 的受访者表示，如果他们喜欢所提供的免费样品，他们会考虑转而购买该品牌。②

样品试用对新产品推广效果尤其显著，但不仅限于此。通过这种方式，对于那些早已存在的品牌，还可以成功地在某些市场占有率不高的特定地区提高其市场份额。Ben & Jerry's 举办的“Stop & Taste the Ice Cream”巡游活动，在繁华地区发放了 100 万多勺的冰激凌，试图在薄弱市场重建品牌形象。③ 样品试用有以下 6 种方式：

●店内样品试用常用于食品和化妆品类。许多厂商偏爱这种方法，因为正在购物的消费者或许会因为试用了样品而改变选择。每次去 Costco 都可以见到越来越多的店内产品展示员正在发放样品或是优惠券。

●上门提供样品的方式由于需要使用大量人力而使得成本极高。但如果商家知道目标客户的确切地理位置，那么该服务就十分有效。有些企业通过报纸发放员的服务

① Barry M. Benjamin, “Plan Ahead to Limit Potential Disasters,” *Marketing News*, November 10, 2003, 15.

② Cox Direct 20th Annual Survey of Promotional Practices, 1998, 28.

③ Betsy Spethmann, “Branded Moments,” *Promo Magazine*, September 2000, 84.

便利，将样品与日报或周末报一起发放，以此来减少推销费用。

●邮寄样品指的是通过邮递的方式发放样品。这种方式的好处在于能够确定消费者市场中消费者的邮政编码，但其缺点在于寄送的样品体积要小，这样才能较经济地邮寄样品。特制试用样品公司能够提供某特定地区的门到门运送服务，这可以作为邮寄服务的备选方案。Cox Target Media 就提供这样一种邮寄服务，它可以提供某特定行业——如汽车养护产品——的一系列产品样品的送货服务，这种方法可以很准确地将产品送到目标市场消费者手中。①

●随报纸分发样品在近几年变得流行起来。42%的消费者称曾以这种方式收到了保健、美容产品类的样品。② 与邮寄样品类似，随报纸附带样品也需要确定具体地理位置和目标人群。较大的制药公司如艾里·礼来（Eli Lilly）和百时美施贵宝（Bristol-Myers Squibb）都曾用随报纸分发优惠券的方法来吸引那些使用抗抑郁和糖尿病药物的新患者。③

●产品附赠样品指的是将样品随消费者购买的产品附赠给消费者。这种方法对于那些已经选择了某些品牌的现有消费者相当有效。例如，在原先 Ivory 洗发液包装内附加一小瓶 Ivory 护发素，就是很合理的促销策略。

●流动赠送样品即在商场、购物中心、露天展会和娱乐场所等，使用带有标识装饰的推车向消费者分发样品、优惠券和赠品等。

当然，样品试用也有缺陷。除非本品牌产品与其他同类产品相比有着明显的区别，否则样品无法诱使消费者转而使用此品牌。这对于便利商品尤其明显，即使消费者尝试了不同品牌的商品，他也会认为同类商品相似度极高。通过广告宣传及样品试用的结合可能会使消费者对促销品牌的产品效果和优点有更进一步的了解，但是，样品试用的成本较大，尤其对需要给足量试用的商品更是如此。比如，洗发液或洗衣剂，必须给消费者足够量才能使其体会到该产品效果如何。最后，样品试用的过程可能不易明确掌握，尽管现在出现了专门从事样品试用项目的专业代理商，但企业仍永远无法搞清楚产品是否到达了目标受众。

**产品试用**与样品试用有着相同的目的，即诱使消费者试用某个品牌。但试货适用于较昂贵的产品，如健身器材、家用器具、手表、手工工具和消费类电子产品等。对于低价产品，试用货可以是免费的，如图表13—6 所示的 Peet's coffee。但如真空吸尘器、电脑软件这些较昂贵的产品，试用期是少则 1 天，多则 90 天。对企业来讲，试货的成本和费用是巨大的，因此，试货所选择的市场应当有较大的购买潜力。

6. **电话卡和礼品卡**代表了一个新兴的流行促销形式。这种形式可归为发送赠品一类，但它的独有特点足可以作为促销的另一类别。电话卡和礼品卡使用起来十分方便。厂商或零售商可以通过向消费者提供自由消费的借记卡或仅限于购物的借记卡，使得消费者可以使用里面的金额购买商品或者获得一定的通话时间。这些卡片制作精美，使人印象深刻。如豪华汽车制造商 Lexus、零售商 Gap 等很多商家都曾经成功使

---

① Cara Beardi, "Cox's Introz Mailer Bundles Samples in Industry," *Advertising Age*, November 2000, 88.

② Cox Direct 20th Annual Survey of Promotional Practices, 1998, 27.

③ Susan Warner, "Drug Makers Print Coupons to Boost Sales," Knight Ridder Newspapers, June 4, 2001.

用过电话卡和礼品卡这种促销方式。礼品卡的优点在于持卡者能够自由选择产品并为所选产品支付全部价格，但这也意味着零售商和厂商能够从礼品卡消费的产品中获取更大的利润。[1] 图表 13—10 就是一种促销工具——星巴克礼品卡。

图表 13—10

企业通过赠送礼品卡来吸引消费者对某品牌的注意，也可以使忠实的消费者将该品牌介绍给朋友或家人。

7. **回扣**。回扣即买方在购买某件商品后可以将相应的表格寄还给厂商（不是零售商），以此获得对所购买货物的一定金额返还（与使用优惠券类似）。数年来，该方法变得逐渐完善起来，现在，从计算机（如戴尔）到漱口水（如华纳—兰伯特），[2] 回扣广泛应用于各产品领域，各类产品年回扣额超过了 4 亿美元。回扣特别适用于增加消费者的购买量，因此，回扣与大宗购物紧密相连。例如，如果你一次购买 10 卷柯达胶卷，便可通过寄信索取 2 美元的回扣券。

回扣盛行的另外一个原因是，只有很少的消费者会利用购物之后的回扣优惠。据估计，消费产品后最多仅会有 60% 的消费者不怕麻烦填写并邮寄回扣要求单。正因为如此，提供回扣的厂商和零售商年营业额可多增加 20 亿美元。[3]

8. **会员/常客计划**。近年来，消费者市场中最盛行的促销手段之一就是会员/常客计划。会员/常客计划也称积分活动，对于那些经常购买某个品牌或光临某个公司

---

① Louise Lee, "What's Roiling the Selling Season," *BusinessWeek*, January 10, 2005, 38.

② Brian Grow, "The Great Rebate Runaround," *BusinessWeek*, December 5, 2005, 34 - 38.

③ Brian Grow, "The Great Rebate Runaround," *BusinessWeek*, December 5, 2005, 34.

的消费者，厂商会向消费者提供折扣或免费赠品。最早实施此方案的是航空公司。如三角航空公司的“飞行里程”常客飞行项目，万豪酒店的尊贵客户嘉奖方案和赫兹（Hertz）汽车租赁公司的“1号俱乐部”常客租赁方案，都是提高消费者忠诚度的例子。但积分活动并不仅限于大的国有航空公司和汽车租赁连锁企业。如拥有65家高档餐厅的Chart House企业，成功针对用餐者实施反复消费方案：它们为常客办理一个“通行证”，消费者每次的消费记录都可以在上面体现出来，并且消费者每花费一美元就有相应的积分。在两年内，该计划就使得Chart House获得了30万名会员。

## 13.5 针对贸易渠道和企业市场的促销

促销既可以针对贸易市场中的批发商、分销商、零售商，也可以应用于企业市场。例如，惠普就设计了针对其零售商（如Circuit City）的促销方案，来确保其该公司的业务能得到适当的注意和展示，同时惠普公司也举行了针对如Accenture和IHC Health Care等企业买家的促销活动。消费者市场与贸易或企业市场的促销目的相同，仍意在短期内刺激需求并通过分销渠道推销产品，或是使企业买家对本品牌购买更及时主动。企业花费大量成本用于促销来吸引生意。根据近期的评估，每年约多达440亿美元被用于企业对企业的促销。①

有效的贸易和企业市场促销能激发人们对某种商品的热情，有助于忠诚的分销商积极展示该品牌。在企业市场，促销可能意味着赢得大笔订单，而没有促销可能就失去整个盈利机会。随着大量新品牌的出现和品牌产品的拓展，商家需要提高贸易商的积极性和忠诚度，同时也需要找到一种方法来吸引被各类信息弄得眼花缭乱的企业买家。

### 13.5.1 针对贸易渠道的促销目标

在贸易市场促销同在消费者市场一样需要在执行中有明确的目标。通常来讲，当商家为贸易市场设计刺激措施时，他们就是在执行一项**推广策略**。也就是说，针对贸易的促销可以帮助将品牌推销到各分销渠道，最终再到达消费者。这类促销可以分为四种主要目标：

1. **获得抢先发售的机会**。由于消费者市场中品牌大量涌现，因此陈列空间的竞争也异常激烈。促销可以帮助企业得到首批销售的待遇和商品的陈列空间。贸易商在上货的时候同消费者一样，从众多品牌择其一也需要原因，而一项精心策划的激励推广方案或许可以影响他们的选择。

Bob's Candies是一家在佐治亚州Albany的一家规模较小的家族企业，但它却是美国最大的拐杖糖生产商。在过去的一段时间，Bob's所生产的老式糖果越来越不能吸引经销商了。为了扭转局面，Bob's为其糖果重新设计了名字、标语和包装，并且

---

① 2007 Marketing Fact Book, *Marketing News*, July 15, 2007, 32.

在芝加哥的糖果博览会举办期间，Bob's 颇具战略意味地在合适的时机向每个与会者寄送了三份明信片，上面印有一个有趣的与产品优惠相关的问题：“想吃糖吗?”最后有25%的人给予了回应，在此次贸易展销会上，货摊参观者络绎不绝，公司取得了巨大成功。①

2. **增加订单量**。销售渠道中一件令人困扰的事情就是对存货的放置。厂商希望贸易商可以保留大量库存以此来减少自身的库存费用。相反，贸易商宁愿多次、小量购货，留有较少的库存。而促销可以激励批发商、零售商订购大量货物，以此将存货负担转嫁给贸易商。

3. **增强与消费者市场促销的联系**。如果厂商得不到在贸易渠道的合作，那么在消费者市场发起促销并无多大益处。在消费者市场促销时，批发商或许需要持有较多存货，零售商或许会对产品提供特别展示和处理。为了达到更好的协同效果，厂商一般会对贸易商和消费者两个市场同时发起促销活动。例如，玩具反斗城曾举办“scan and win”推广活动，但由于分销商（和玩具反斗城）对促销并无提前准备，造成在关键购买时节的时候，零售商对几种十分流行的玩具供货不足。

4. **增加商店客流量**。零售商可以通过特别促销活动增加店内的客流量。门票号兑奖、停车场销售、店内促销广播都是增加促销时段商店客流量的常用方式。汉堡王曾将其推销与迪斯尼电影首映结合，成功在其6 500个分销店创造了大量客流量。从1991年开始，汉堡王将促销与《美女与野兽》这部电影结合，通过发放礼品，使店内交易额创下了记录。在其后的与《风中奇缘》相关的促销中，汉堡王又赠送了550万个玩具和水杯。再后来，与迪斯尼空前成功的一部电影《玩具总动员》相结合时，汉堡王又送出了5 000万个电影相关角色公仔——只要顾客购买价值1.99美元的儿童套餐即可。厂商也可以为增加零售商的客流量而设计促销方案，通过提高目标受众的兴趣来驱使消费者光顾零售商店面。

## 13.5.2 贸易市场促销的方式

在贸易中运用的促销方式有：奖励、补贴、贸易展销、销售培训计划和合作广告。

1. **奖励**。对贸易商的奖励有很多种，其不同于在消费者市场的奖励方式。完成既定的销售目标就给予旅游、礼品、奖金分红等，这些奖励方式都可以使批发商和零售商对企业品牌给予额外关注。考虑下面这个案例。沃尔沃公司曾提出对销售商的奖励办法：销售冠军可以去现场观看全美橄榄球联赛，并与足球名人堂中的明星Lynn Swann共进晚餐。② 但事实上，奖励不一定非得丰厚、价值昂贵才会有效。如Weiser Lock公司曾对销售商提出每订购一打锁就奖励一把瑞士军刀的办法，取得了巨大成功，之后推出的奖励瑞士军表的促销方案效果甚至超越了前者。企业也发现基于网络的奖励办法也同样十分有效。宽带设备生产商Netopia的一位销售经理也要给经销商

---

① Lee Duffey, “Sweet Talk: Promotions Position Candy Company,” *Marketing News*, March 30, 1998, 11.

② Ron Donoho, “It's Up! It's Good!” *Sales and Marketing Management*, April 2003, 43 - 47.

制订一个激励计划，但他却不想监管整个过程，那应该怎么办呢？他可以运用innergE，这是一个网络奖励管理程序，经销商可以通过它跟踪了解自身的销售业绩并提出奖励要求。[①] 另外一种贸易奖励形式为**提成**，即按照一定的程序，针对为购买者推销本商家品牌的零售商给予一定金钱奖励。程序十分简单，例如，一个销售员为厂商卖掉了一台冰箱，那么企业就会额外付给这位销售员 50 或 75 美元的红利作为提成。

对贸易商的奖励方案也有一定风险。那就是销售员可能为了赢得奖赏或提成，不管该品牌产品是否适合消费者，都试图把该产品销售给每一位顾客。另外，企业必须小心管理奖励方案，来减少商业道德方面的难题。这些奖励类的促销方式必须有一个合理透明的规章制度，否则这种方式看起来会让人感觉好像是贿赂销售人员。

2. **补贴**。为了增加零售商和批发商对本企业品牌的关注度，厂商会向他们提供各种形式的补贴。通常在一个季度内每四周就要给批发商和零售商分发补贴。**购买补贴**是指将以通常运输包装的免费产品偿付给贸易商，作为对其创办或维持产品展示的补贴。这种偿付方式的费用通常比零售商自己维持商品展示所花费用少得多。

近几年来，商品陈列空间的需求激增，尤其在超市，厂商需直接支付现金，即通常所说的**上架费**，使商店贮备某一商品。大量新产品的不断涌现使得商品陈列空间变成了稀缺的商品，造成每一产品的上架费用达到了数万美元。补贴的另一种形式称为"账单赎回"，即针对零售商对本品牌产品的广告宣传或店内海报展示等活动，而给零售商一定现金奖励。如果零售商选择参与广告宣传或产品展示账单赎回计划，那么企业要求零售商证明相关行为并提供相关票据。另外一种类似方式是货款（账单）减少抵让，厂商允许批发商和零售商按照其购买商品发票的票面价值减去一定数量的金额来支付货款，实际上是一种降价行为。这种方式增加了批发商和零售商销售此类产品的利润。

补贴的风险之一是无法掌握得到补贴的零售商如何努力突出本企业品牌或降低消费者价格幅度。仅宝洁公司一年用于贸易促销的费用就超过了 20 亿美元。宝洁公司已经采取了控制措施来确保产品展示等其他有利于本企业品牌商业活动的实际行动。[②]

3. **销售培训计划**。为零售店全体员工提供培训成为了日益盛行的贸易推广方式。该方式常用于耐用消费品和一些特殊商品的销售，如个人电脑、家庭影院装置、制冷制热系统、安全系统以及健身器材等。这些产品的复杂程度在提升，为了确保消费者在销售点能得到准确的产品信息并且提高销售员的销售方法，培训对商家来说显得尤为重要。对规模较大的零售店的员工，厂商可以为其举办一些特定课程，着重对产品进行介绍、演示，并培训其销售技巧。

对零售商进行销售培训的另一个常用方法就是使用录像设备和各种手册。厂商还可以把销售培训师派到各个零售店中，手把手地教那些销售员。这种方法成本可能较高，但是非常有效，因为它能提供一对一的教学服务。

---

① Michelle Gillan, "E-Motivation," *Sales and Marketing Management*, April 2003, 50.

② Jack Neff, "P&G Trims Fat off Its $2B Trade-Promotion System," *Advertising Age*, June 5, 2006, 8.

4. **合作广告**。合作广告作为贸易促销的一种方式，包括垂直合作广告和针对零售商在本地广告中凸显本企业品牌的行为而直接给零售商提供一定数目钱款（也称卖方合作计划）。厂商通过以下两种方式对合作广告进行管理。第一，厂商可以对广告的数量和内容设立严格的规定，并要求零售商提供广告符合规定的证明。第二，厂商可以将广告的模板发给零售商，零售商只需将商店的名称和地址添入广告中即可。图表 13—11 为该类型的广告，我们可以注意到詹姆斯·邦德和欧米茄手表在所有的广告中都相同，而在图左下角强调了夏威夷的合作零售商。

图表 13—11

本图为制造商和零售商合作广告的一个经典案例。夏威夷的零售商在杂志中刊登了欧米茄表的广告，除此之外，零售商还有其他的促销形式么？

## 13.5.3 商业市场促销方式

人们对促销方式的研究通常仅集中在消费和贸易市场，而忽略了商业市场。但产品促销协会（Promotional Product Association）的调查表明，每年用于商业市场的促销费用高达几十亿美元。[①]

## 正确行事

### 你真的可以在网络上举办一次贸易展销吗?

整合品牌促销组合工具有一种特殊的组合形式：企业可以在网站上创建同贸易展销类似的摊位，称为“虚拟”摊位，从而使得品牌在商业市场上更为人所知。由于现实中的贸易展销需要企业花费大量时间和金钱来吸引观众，因此企业更趋向采用虚拟摊位。网上参观贸易展销同“网上研讨会”类似，都是将国内外参与者聚集到一起。同现场贸易展销一样，这些网络摊位和贸易展销同样也会向客户介绍其产品特点、进行产品展示、并提供能够下载的产品说明手册。

但问题是，虚拟贸易展销是否可以持久进行？尽管有技术支持，有成本节约的动力，但分析者怀疑这种方式能否获得实质性的进展。一位分析者这样总结：“销售员还是希望能坐下来，与人们一对一交谈。或许虚拟摊位能够让买家注意到你，但这种方式不会达成任何交易。”但 National Instrument 却使用该方法取得了巨大成功，通过虚拟年度展会与众多与会者达成交易，成为销售冠军。尽管虚拟贸易展销有其不足之处，但专家指出如果想尝试创办虚拟展位，有以下几种方法可以增加关注度：

- 设计能够吸引上网访问者注意力的虚拟摊位。
- 设置沟通专员，可以采用即时信息或免费电话咨询随时与参观者保持联系。
- 确保网络技术水平和可靠程度。互联网是在展销期间唯一与网上客户进行联络的纽带。

虚拟摊位带来的潜在利益是虚拟世界和虚拟人物的出现，如 12 章所述。如果参与者以虚拟身份出现，公司的虚拟人员将欢迎他们并与之交流。

资料来源　NedShaw, “Building a Virtual Booth,” Sales and Marketing Management, July 2003, 14; Julia Chang, “ Online Trading,” Sales and Marketing Management, July/August 2007, 12.

1. **贸易展销**。通过贸易展销，厂商能够向贸易商展示或演示其相关产品。几乎每个产业都有其相关的贸易展览会，从服装类展览会到所有展览会的鼻祖——Comdex。Comdex 即消费电子产品展览会，它每年在拉斯维加斯举行，可以吸引超过 25 万的商业买家。用于贸易展销方面的花销在持续增长，现在每年达到约 110 亿美元。[②] 由于贸易展销可以使客户对眼前的商品做出评价并进行实际试用，因此厂商能够很好地分辨出那些目前对产品感兴趣的买家以及那些潜在的客户群体。产品促销协会的报告显示，在展销摊位收到某企业的推销物品的参观者中，超过 70% 的人记得

---

① Data available at Promotional Products Association International Web site at *http*: *//www.ppa.org*, accessed on August 5, 2007.

② 2004 Industry Trends Report, *Promo Magazine*, 31.

曾给他们送过礼品的企业。①

在通常的贸易展销中，公司代表会租赁一处摊位来展示企业产品或服务。代表在那里对产品和服务进行解释，从而可能为产品销售取得重要的联系。对于那些无法负担广告费用和由于员工人数太少而无法接触所有潜在客户的小企业来说，贸易展销显得十分重要。通过贸易展销，销售人员可以与客户进行充分的沟通，其效果远好于电话直销。在沟通交流方面，目前的贸易展销已经到达高科技、全球化的程度。正确行事栏目便很好地体现了这一点。

对接触公司品牌潜在的批发商和零售商来说，贸易展销也是十分重要的方法。但近年来各种贸易展销大量涌现，其使用的销售方法也越来越专门针对于商业买家了。

2. **商业礼品**。据估测，有近一半的美国企业都赠送商业礼品，以此作为与供应商建立和保持紧密合作关系方式的一部分。商业礼品作为推广计划的一部分包括一些小产品，如带有标识的高尔夫球、夹克衫或一些小饰品。奢华的礼品或价值昂贵的旅游等可能被归为“高端采购”而不被包括在此类商业市场促销中。

3. **赠品和广告礼品**。如之前提及的钥匙链、球帽、T 恤、鼠标垫和日历等物品，它们既可以提示消费者所购买品牌的名称和标语，又成本低廉，是促销中相当实用的方式。在投入赠品和广告礼品的140 亿美元中有很大一部分是针对商业买家的。尽管商业买家较为专业，但也会受到广告礼品的诱惑。换句话说，免费获得一些赠品对个人消费者有着吸引力，对于商品买家也是如此。但是商业买家会为了得到一筒高尔夫球就选择那家咨询公司而不选择别家吗？情况当然不会这样。但是广告礼品可以提高品牌知名度并且增加交易中的消费者满意度。

4. **试货**。试货特别适用于商业市场。首先，由于许多商业产品和服务价值很高，购买者使用某品牌的产品或者服务的时间会很长（也就是说某些商业产品和服务使用寿命较长），相比其他品牌，试货能够使得买家以较低风险使用某品牌。其次，新客户需要一个很好的理由来尝试新产品，试货便是一个吸引新顾客的好方法。新产品免费试用 30 天是一项诱人的举措。

5. **会员/常客计划**。频繁的商业旅行使得会员/常客计划成了商业市场促销的一种理想方式。航空、酒店、餐馆的会员/常客计划的主要对象就是这些商业旅行者。但商业市场的会员/常客计划不仅仅限于与旅行相关的交易。商业产品的零售商如 Staples，OfficeMax，Costco 都有针对老客户的会员项目。Costco 与 American Express 联合推出仅针对商业买家的 Costco/American Express 联名信用卡，该卡的优势之一就是年末会根据使用者的消费情况给予回扣，也就是消费额越多，回扣率越大。

## 13.6 促销的风险

促销可以用来完成重要的销售目标。正如我们已经了解的，在消费、贸易、商业

① Data available at Promotional Products Association International Web site, *http://www.ppa.org*, accessed on August 5, 2007.

市场的促销中有很多种方法可供选择。但促销也同样伴随着很大的风险，需要慎重考虑。

## 13.6.1 造成价格导向

由于大部分促销方式依赖价格刺激或让利行为，消费者可能会认为该企业品牌是低档的，除了低价以外没有任何实际价值和利益，这样的观念违背了整合品牌促销的含义。如果广告传递的信息强调的是品牌的价值和利益，而促销中强调的却是价格，那么促销最终传递给市场的信号就是错误的。克莱斯勒的经销商对企业的管理提出了异议，他认为，对各种型号车辆都采取价格刺激，最终会彻底毁掉品牌。①

## 13.6.2 预借未来的销售额

管理层必须承认，促销只是为了减少存货、增加现金流或实现一定时期内市场份额增长的短期策略。促销的缺陷可能在于，企业的做法仅仅是提前实现了未来的销售额。促销会使得一些消费者或贸易商对相关产品大量购买，但他们仅仅是为了在价格较低时囤货而已，但这最终会导致随后测度时期内销售量减少。这会对广告或其他品牌形象传播方法的测量评估效果造成干扰。如果消费者行为受到促销的影响，那么根据消费者行为衡量广告的作用就很难了。

## 13.6.3 疏远顾客

如果企业依赖抽奖或会员积分方案来建立客户忠诚度（特别是核心客户）的程度很高的话，那么如果企业对原有方案做出任何改变，都可能会面临疏远常客的风险。航空公司曾经将顾客航行里程数作为会员/常客计划中的一项奖励，但是当航空公司试图对航行里程数规则做出进一步调整的时候，却失去了很多顾客。最终，多数航空公司不得不对其常客妥协让步。

## 13.6.4 时间和花销

促销成本高且耗时，需要商家和零售商共同处理促销产品，同时还要防止欺诈、避免浪费，因此其过程耗时较长。正如近几年我们所看到的那样，厂商的宣传资金正在从广告转向促销。但广告是一个长期的、建立特许品牌的过程，企业不应当为了短期利益而放弃了广告。

---

① Jean Halliday, "Dealers: Chrysler Is Wrecking Brands," *Advertising Age*, June 12, 2006, 1, 39.

### 13.6.5 法律方面的限制

对于日益盛行的有奖竞赛和赠品等促销方式，联邦政府和各州也在加大法律监管力度。法律专家建议，企业在举办例如优惠券、游戏、抽奖、竞赛等促销之前，应当参考相关彩票法、版权法、联邦政府以及各州的商标法、有奖竞答法、隐私权法、税法以及联邦贸易委员会和美国联邦通信委员会的规定。为了避免促销中可能出现的法律纠纷，企业最好对促销方案制定详细而明确的规则和条款，使得消费者可以全面了解相关内容。

## 13.7 销售点广告

从 1981 年到 2008 年，厂商用于销售点广告（P-O-P）的年度支出从 51 亿美元增长到超过 170 亿美元。① 为什么会出现如此显著的增长呢？首先，销售点广告是唯一可在同一时间、同一地点将广告、产品和顾客集于一身的方式。接着，请看以下内容，贸易协会国际销售点广告（http：//www. popai. com）的分析指出：70% 的商品选择与消费者在销售点所做的最终决定相关。② 另外，早期对卡玛特和宝洁公司赞助的销售点广告效果的调查显示，销售点广告分别使咖啡、纸巾和牙膏的销售量增加了 567%、773%、119%。③ 当你看到这些数字的时候，就不难理解为什么在当今市场上，销售点广告是增长最为迅猛的一种广告了。

### 13.7.1 销售点广告的含义

它是指为了吸引购物者对某品牌的注意力、彰显产品的主要特点或突出产品价格方面的信息而在零售渠道中所使用的各种宣传材料。销售点广告有时也包含一些产品降价信息或者其他促销内容。一个瓦楞纸板垃圾箱再附带上一个标题卡就能形成产品标识或其他品牌信息，而制作这样的小玩意每个成本仅需几美分。当这样一个印有品牌标识的垃圾箱放置在销售点时，该品牌的销售量往往会上升。营销人员都很清楚销售点广告的效果，因此营销人员用在销售点广告上的开支仅次于用于赠品方面的费用。

接下来我们所说的就是一个销售点广告效果的例子，Nabisco's Barnum's 动物饼干通过把垃圾箱（dump bin）摆成塔的图案来吸引消费者。在大规模生产和推广之前，相关人员用了 14 周的时间设计了一个高达 76 英寸的由纸板箱搭成的塔。在大猩猩

---

① Data available at Promotional Products Association International Web site at *http：//www. ppa. org*, accessed on August 5, 2007.

② Data on point-of-purchase decision making cited in Kate Fitzgerald, "In-Store Media Ring Cash Register," *Advertising Age*, February 9, 2004, 43 - 45.

③ Data cited in Lisa Z. Eccles, "P-O-P Scores with Marketers," *Advertising Age*, September 26, 1994.

塔、老虎塔，还有大象塔里面，都有装有动物饼干的小箱子，而它们正是 Barnum's 广告策略的基础所在。此次展示对销售产生了十分积极的影响。[①] 有效实施销售点广告还需要与商家的销售队伍认真配合。Gillette 意识到，如果零售商完全忽略销售点广告材料和展示的话，那么厂商投入再多也是白白浪费。[②] Gillette 的销售代表每个月要走访 2 万家商店，他们的任务就是弄清楚零售商们愿意用什么、不愿意用什么。最终 Gillette 的营销总监接到销售代表的汇报时明白了这样的事实：例如，由 3 位供货商分别给零售商运去的货架标识，其中 50% 都直接被零售商丢掉了。因此销售代表们重新设计了新的产品展示牌，使得大多数零售商，如沃尔玛，都同意其产品进驻本店并立刻进行销售。现在，每当 Gillette 要推出新的销售点方案时，都会认真跟踪成果。[③] 拥有能够与零售商合作开发并实施有效销售点方案的销售队伍是完成整合品牌营销的关键因素。

## 13.7.2 使用销售点广告的目标

销售点广告的目标同促销相似，都是为了对销售额形成短期影响，同时对广告开发的品牌形象进行长期维护。具体目标如下：

- 在零售处吸引消费者对本品牌的注意力
- 保持忠实顾客的购买忠诚度
- 鼓励顾客更多地使用本品牌或本品牌的其他系列产品。
- 鼓励竞争对手的顾客试用本公司品牌。

以上目标容易理解，且与促销目标十分相似。有效运用销售点广告的关键是维护好广告所开发出的品牌形象。

## 13.7.3 销售点广告和展示的类型

可供厂商选择的展示方法有很多种。销售点广告材料通常分为两类：短期推广展示材料，使用期为 6 个月或少于 6 个月；永久性的长期展示材料，使用时间一般超过 6 个月。在这两类展示方法中商家还有具体多种选择：[④]

- ***窗户和大门的商业广告牌：*** 能够突现或宣传本公司或品牌的标识，或能引导消费者的相关标识。
- ***柜台、单位货架：*** 展示方式要适合用于柜台或货架等较小的展示物。
- ***地面设施：*** 任何能够独立放置于地面上的销售点广告标识。
- ***货架宣传牌：*** 设于货架上或货架底的打印的卡片或标识。

---

① Yumiko Ono, " 'Wobblers' and 'Sidekicks' Clutter Stores, Irk Retailers," *Wall Street Journal*, September 8, 1998, B1.

② Nicole Crawford, "Keeping P-O-P Sharp," *Promo Magazine*, January 1998, 52, 53.

③ Neff, "P&G Trims Fat off Its $2B Trade-Promotion System."

④ *Retailer Guide to Maximizing In-Store Advertising Effectiveness* (Washington, DC: Point-of-Purchase Advertising International, 1999), 5 - 7.

●***移动横幅：***悬于店内屋顶或挂于大面积墙上的广告标识。

●***收银台：***将销售点广告牌或小型展示物靠近收银台，用来销售即兴购买的产品，如口香糖、唇膏、糖果等，如图表 13—12 所示。

图表 13—12

收银台旁边的结算通道内可以展示一些人们容易冲动购买的商品，如糖果，以及如电池这类容易忘记购买的产品。

●***全线商品：***在卖场的一个小范围内，只展示销售一个厂家的全线商品，常位于通道末端。

●***通道末端展示、商品陈列台：***常位于通道末端的大型商品展示，见图表 13—13。

图表 13—13

通道末端为大量产品展示提供了有效空间。

●***垃圾箱：***大型垃圾箱上可以印有相关图案或者其他标识。

●***照明标识：***用于店内外发光的广告牌，来推广某品牌或商店本身。

●***移动展示：***任何能够移动的销售点广告都可以变换位置，从而吸引消费者注意力。

●***互动型产品***：通过商品信息查询设备，消费者可以了解到如何使用产品以及一些产品使用小窍门。如果可能的话，还可以用来分发优惠券。

●***上方货架***：在收银台上方放置存放商品的展示货架，出纳员可以为消费者拿取商品。货架上通常有产品标识。

●***推车广告***：任何附加在购物推车上的广告，如图表 13—14 所示。

图表 13—14

推车广告能向购物者传达最新的信息。

●***过道产品目录***：用来描述商店每个过道内产品目录，同样也能用于放置产品广告信息。

●***零售电子广告牌***：目前商场可使用的最新销售点装置就是零售电子广告牌。过去商场常在卖场天花板上或者墙壁上进行产品视频展示，但现在商家把展示移到了通道末端的柱子上或将其放置到特定的货架上，不断播放特价消息或新产品信息。[①]

这一系列的购物点宣传方式使得商家能够吸引购物者的注意力、诱导购物、突出广告传递的关键信息。零售商也越来越期望销售点展示能为自己的商店提供不同的格调，这也就意味着这种被 Wild Oats、Walgreens、Albertson's、Target（只列举了一部分）所重视的展示方式将更加多样化。需要再次强调的是，为了使零售商不再大量库存本产品而开发正确的销售点广告营销方案，厂商的销售队伍起着至关重要的作用。另外，没有零售商的合作，销售点广告也绝不会发挥作用。

## 13.7.4 销售点广告与贸易、商品市场

之前我们集中讨论了利用销售点广告作为吸引消费者的一种方法，而当厂商试图在贸易和商品市场寻求合作的时候，这种推广方式对厂商来说同样也具有战略价值。产品展示和信息传单通常可以鼓励零售商支持某分销商或厂商的品牌。销售点广告推广可以帮助企业获得少有的商品陈列空间和在零售渠道的展览机会。在零售商看来，销售点广告展示能提升商店的抢购氛围，方便顾客购物。显然，厂商和分销商都从中受益。当零售商能够让某品牌上架或下架时，反过来，对零售商和分销商的销售也会产生积极影响。在 2006 年，对销售点广告材料的投资超过了 188 亿美元，较 2003 年

① Dale Smith, "Coming Down to Eye Level," *Marketing at Retail*, June 2007, 28 - 31.

增长了9.6%，这个数字远大于厂商在杂志和广播方面的宣传投资。①

为了消除网上购物对零售的威胁，零售商们一直试图活跃购物环境，销售点展示就是策略的一部分。分销商和零售商都在试图创造一个更好、更令人满意的购物氛围。一个大型展示公司总裁说："我们正在尝试把娱乐因素加入到销售点广告方案中。"②

## 13.8 辅助媒介

本节将讨论传统辅助广告：户外广告、广告牌、公交广告和高空广告、分类广告和包装。将这部分放入本章是由于这些辅助性的整合品牌营销工具与10～12章所讲述的主要媒介相比，它们与促销和销售点广告更为相似。

辅助媒介是用来强化或补充正在其他媒介物上刊登的信息，因此称为*辅助媒介*。图表13—15和图表13—16是Adidas的两则广告，其中的户外广告是为了辅助印刷广告的。在消费者盘算着选择哪些产品的时候，利用辅助媒介的恰当时机进行宣传能获得特别好的效果（例如，图表13—16户外广告所在的大楼便是Foot Locker商店）。由于这些辅助媒介是为当地市场量身打造的，因此对于任何公司而言，辅助广告都可以吸引特定街道、地点、都市的消费者。

图表13—15

如Adidas这样的品牌需要与体育爱好者不断接触。在这一案例中，Adidas在一份学院足球导刊上发表《诠释运动》一文，通过印刷广告将"运动无止境"的理念传达给消费者。因此，该广告的第一行里写道——现在是足球的季节。

① Data available at Promotional Products Association International Web site at *http*: *//www.ppa.org*, accessed on August 5, 2007.

② 2004 Industry Trends Report, *Promo Magazine*.

## 13.8.1 户外广告和广告牌广告

广告牌、贴画和户外标识或许是最古老的广告形式。贴画最早出现在北美，但不是用于促销，而是在独立战争时期用于向市民传递战况，直到 19 世纪才作为促销手段之一，首次被杂技场、政治家等所运用。图表 13—17 展示了一幅经典的广告，题为“地球上最精彩的演出”。

图表 13—16

在楼宇上悬挂的广告牌以 Adidas 的标语作为背景。注意广告牌作为辅助媒介是如何与图表 13－16 中的印刷广告遥相呼应的。

图表 13—17

美国的广告源于广告贴画和广告牌。马戏团是采用这类媒介的先驱者。http: // www. ringling. com

今天，对户外广告提出的挑战同以前一样，就是需要以较短的语言、引人注目的画面来吸引消费者的注意力并传递信息，如图表 13—18 所示。

图表 13—18

简短用语是广告牌成功的关键因素。图中实例符合了简短用语这一规则。http://www.horst-salons.com

2003 年以来，在美国用于户外广告上的花销总额一直在稳定上涨，现在每年超过了 70 亿美元。[①] 户外广告有其独特的优势：[②] 该媒介曝光度高，在特定的当地市场能有效传递信息。媒介的尺寸也可以是强烈吸引注意的一个方面，当配合特定的灯光和移动物时，广告牌就更能吸引眼球。在明尼阿波利斯的零售店曾针对情人节为某糖果使用广告牌进行促销，一时间，糖果的香味弥漫着整个城市。[③] 广告牌可以昼夜宣传广告信息，特别适用于炫示某品牌独特包装和标识。

当广告牌所承载的信息能即刻迎合相关的需求或愿望时，那么就十分有效。例如，快餐店常将广告牌设于主要的高速干道周边，来提示饥饿的旅行者如何找到出口并享受一顿 Whopper 或 Big Mac。图表 13—19 展示的户外广告牌便是一个绝佳的例子，它出现在正确的时间和正确的地点，从而能够使广告效果最大化。采用户外广告做宣传的产品类别大部分为当地的服务业（如加油站）、房地产、保险公司、酒店、金融机构、汽车经销商和服务公司。[④]

广告牌也有明显的缺陷。首先，冗长复杂的广告信息显然不适合广告牌，一些专家建议广告牌上的文字应当不超过 6 个字。另外，对于不同的地点，广告牌的效果差异也很大，因此，对放置地点的评估是繁冗、耗时的。为了确定位置，企业需要派人到当地考察，该活动在行业间被称作“定位”，是消耗企业时间和金钱的主要因素。其次，相对于其他几种广告媒介，户外广告协会把广告牌评级为较昂贵的一种方式。[⑤] 由于广告牌需要限定较短的广告语，放置的位置又不是很引人注目，无法一下

---

① 2007 Marketing Fact Book, *Marketing News*, July 15, 2007, 29.

② Jack Z. Sissors and Lincoln Bumba, *Advertising Media Planning* (Lincolnwood, IL: NTC Business Books, 1996).

③ Ronald Grover, "Billboards Aren't Boring Anymore," *BusinessWeek*, September 21, 1998, 88 - 89.

④ Data on outdoor advertising categories obtained from Outdoor Advertising Association of America Web site, *http://www.oaaa.org*, accessed on August 4, 2007.

⑤ Sissors and Bumba, *Advertising Media Planning*.

子引起所有人的关注，所以广告牌的费用或许使许多广告投放者望而却步。

图表 13—19

该案例中广告牌使用得恰到好处，在正确的时间传递了正确的信息。

除了费用的问题，环境保护者还不断批判广告牌，认为它是一种视觉污染，但广告牌支持者认为，将来重大科技的进步会使户外广告成为越来越有吸引力的广告选择。首先，科技的进步可以将静态媒介转变为动态的，而在此之前，这是无法预见的。数字和无线技术给广告牌带来了重大变革。谷歌和微软都在研究如何使用数字技术使广告牌变为更加符合目标的一种媒介。① 数字广告牌可以在一天内不同时段轮流播放不同广告投放者的广告，更加吸引了本地那些生意受时间影响很大的企业（如电视台和食品销售商）的关注。例如，FreshDirect 就将这种技术用于其在纽约皇后区市中心地铁通道外的广告牌上，通过这种技术，它可以在一天的早、中、晚三个时刻变换不同的送餐服务信息。最终，广告牌时段也可以像电视广告、收音机广播一样分时段销售，使得广告牌对于那些对时间敏感的广告投放者更具有吸引力。

另一项关键性技术就是探测系统的发明，它能清晰地测试到某天观看广告牌的人数。② 在过去 70 年里，唯一可供评估广告牌效果的信息就是粗略的人流量统计，而现在，以统计电视观众而出名的尼尔森公司的子公司——尼尔森户外（Nielsen Outdoor）公司，开发了一种系统，使用 GPS 卫星跟踪广告牌效应区每分钟的动态。尼尔森的操作人员可获得薪金，他们的任务就是每隔 20 秒通过 GPS 记录效应区内人群的具体位置。尼尔森同时了解目标人群的人口特征，以便告知广告投放者，在给定时间内什么类型的人观看到了广告牌。现在，由于无线频率识别技术（RFID）的出现，广告牌可以完全真实地个人化。Mini USA 正在 4 个美国城市试用广告牌，新的

① Andrew Hampp, "What Are Online Giants Doing in Out-of-Home?" *Advertising Age*, January 29, 2007, 30.

② Lisa Sanders, "Nielsen Outdoor Tracks Demo Data," *Advertising Age*, May 31,

Mini用户自愿在他们的车钥匙袋中放置无线频率识别装置，当他们驶过每一个Mini广告牌时，广告牌就会向车主自动播放一条信息，如“愿约翰有美好的一天”①。

## 13.8.2 公交广告和高空广告

公交广告与广告牌广告类似，在多数情况下两者搭配使用。室外广告通常指的就是公交广告和广告牌的结合，这是世界范围内盛行的一种广告形式。如图表13—20和图表13—21所示，室外广告出现在很多地方，包括高楼的背部、地下通道以及体育场的各个地方。公交广告可能出现在终点站或各站台，也可能位于运输工具本身，如图表13—22所示。室外广告媒介的最新发明就是出租车顶部的电子广告牌，通过无线网络技术显示附近区域定制的广告信息。② 从最早的马戏团广告贴画到如今，我们取得了重大进步。

图表13—20

这座经典的老式建筑背部面积大而平整，面对着主要交通干道。难怪Gap会选中它来做Gap牛仔服广告。Gap的网站（www.gap.com）有显示整合品牌促销的迹象吗？

图表13—21

正在等候U-bahn地铁列车的快乐柏林市民享受着3℃的可乐。

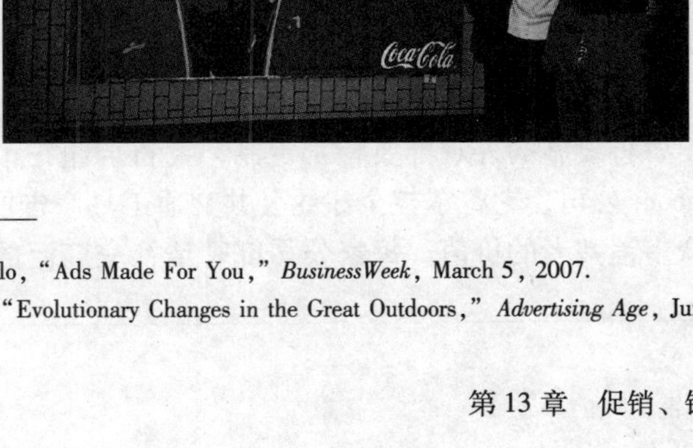


---

① Jonathan Mummolo, “Ads Made For You,” *BusinessWeek*, March 5, 2007.

② Stephen Freitas, “Evolutionary Changes in the Great Outdoors,” *Advertising Age*, June 9, 2003, C4.

图表 13—22

这样的实例在全世界随处可见。大众交通工具也变成了广告载体。你能辨别出这是哪个欧洲城市吗？（www. converse. com）

当广告投放者将居住或工作在主要市区的成年人作为目标时，公共交通工具上的广告就十分有效。由于人们每天乘车上下班，而且广告周而复始地出现在人们每日路线上，因此公交广告也是重复传达广告信息的极好方式。如纽约这样面积较大的城市，拥有200英里的地铁道、300万人的乘客，因此交通工具广告可以以低成本拥有大量受众人数。曾经相当实用的公交站牌广告也因为各种常见的复杂因素变得越来越火爆，职业道德栏目对此进行了详细解释。

当运用这类媒介时，广告投放者会发现，在目标客户密集的地理区域设置巴士广告或者火车广告是最合适的。如果受众目标的人口特点能与其使用的交通工具相吻合，那么有限的广告预算会创造无限的价值。交通工具上的广告信息或许正被一位要去商店购物的乘客看到，因此这类广告也获得了当地销售商的青睐。

## 职业道德专栏

### “街道设施”对某些人而言意味着大把的钱

“街道设施”的想法源于欧洲，但在北美地区获得了迅速发展。旧金山、洛杉矶和芝加哥都有街道设施的交易市场。但规模最大的城市还属纽约。纽约已经广征意见，重新设计全市街道设施，将其打造成销售广告最多的街道。纽约市政府要求投标胜出者重新设计、安装、保养3 300处公车等候站、20个自动清洁公厕、330处报摊和其他多种公共服务设施，如垃圾桶、咨询台等。纽约市要求这项工程签约时间为20年。为什么有人愿意承担这项工程呢？知情者认为，城市街头设施将会在合同期内创造10亿美元的广告盈利。

这样的机会吸引了所有大的户外广告商。首先是法国的JCDecaux公司，它在1964年首先提出要设置街道设施。还有Clear Channel Communication也是其中一名竞标者，它指出各种设施的外观都要特别定制，要符合纽约市各个区独有的建筑特点。还有Viacom公司，它曾掌控全纽约公共交通工具广告位置，当然更明白街道设施能覆盖众多消费者的价值。每家公司都聘请社交广泛的游说者来向市政府竞标。

为了监管街道设施项目，有一家广告公司站出来提出了问题：新的街道设施所产生的广告利润如何分配？纽约市肯定是赢家，因为约30%的广告收入将由城市分得。但并不是所有人都会在这项安排中获利，特别是报摊业者协会，其对此十分不满并强烈要求纽约市政府阻止这项交易，否则将要起诉纽约市政府。由于这个项目要将所有报摊变为公有，如果不对此项目进行修改，保留私人报摊所有权的话，那么私人报摊主就会被清理出局。正如该协会的律师所指出的："我们并不是对这个计划不满，而是这会使报摊的个人所有权转移到了大公司手里，而我们却得不到任何补偿。"除非这个问题能得到解决，哪怕是在法庭上，否则纽约的乘车者还是会在原来的公车站等车，或许他们还没有意识到某一天，他们将会拥有"街道设施"。

你怎样认为？纽约市政府是否应当把报摊收归公有来获得这份广告收益呢？你对保持原来私有报摊持赞成态度，还是认为纽约市应该通过这种先进的方式整改报摊呢？

资料来源 Lisa Sanders，"Gimme Shelter：NYC Seek Ad Sites，" *Advertising Age*，April 5，2004，3；Erin White，"Companies to Bid for Bus-Stop Ads，" *Wall street Journal*，April 7，2004，B3.

公共交通工具上的广告对建立或维持品牌知名度有极大帮助。但是，和户外广告牌一样，冗长和复杂的信息也不能适用于这类媒体。另外，在熙熙攘攘的日常生活中，这类广告也很容易被忽视。乘大众交通工具上下班的人们不一定是最关注广告的受众群体，他们或许因一整天要思考的事情已经烦躁、疲劳、分神，或者注意力已经被其他媒介所吸引。鉴于这些公车上的广告贴画本质仍是静态的，因此要想吸引这些劳累的乘客决非易事。

当广告投放者无法在地面或地下广告媒介方面有所突破的时候，他们一般就会打高空广告的主意了。高空广告包括挂在飞机上的标识或横幅、飞机彩雾喷字、巨大充气飞艇等。在过去的几十年里，只有固特异公司才拥有自己的汽艇。现在，体型较小、价格便宜的软式飞艇的出现使得这类媒介变得流行起来。例如，维珍飞艇（Virgin Lightships）曾推出了一个飞艇舰队，客户可以租用飞艇用于广告宣传，每月租金达20万美元。由于广告投放者寻求新的与消费者沟通的方式，安装在小飞机或喷气直升机上并配有喇叭宣传的高空广告牌（有没有给你带来任何春假时候的回忆?）也在近几年流行起来。①

三洋、富士胶卷、MetLife、Outback Steakhouse 与 Anheuser-busch 都曾经使用引人注目的软体飞艇在空中展示品牌。Family Channel 在体育赛事中（如 Daytona 500 NASCAR 比赛）经常使用维珍的小型软体飞艇。一场赛事之后的回忆测试表明，70%的目标消费者因看到飞艇编队飞行而记得 Family Channel 这个名字。② 软体飞艇还可以携带电视摄像机为电视台提供独一无二的赛事录像，这也换取了飞艇广告上电

---

① Barry Newman，"Sky-Borne Signs Are on the Rise as Most Ad Budgets Take a Dive，" *Wall Street Journal*，August 27，2002，B3.

② Fara Warner，"More Companies Turn to Skies as Medium to Promote Products，" *Wall Street Journal*，January 5，1995，B6.

视的机会，而这与单纯的电视广告相比，同样的品牌名称宣传只需要较少的成本。

当一种媒介被证实是有效时，越来越多的商家就会将之加入到其媒介组合中。但是事与愿违，当一种媒介变得越来越吸引人、越来越被广泛使用的时候，它原本的感染力也就开始消退了。高空广告的情况现在就是这样，随着越来越多的软体飞艇出现在体育赛事中，即使广告投放者要求为广播公司提供高空摄像服务，来换取广告时段的播出，也不是件易事。另外，在过去体育节目中，广播员能够随意谈起来自某某家公司的漂亮的软体飞艇，而现在，取而代之的是作为广告合同一部分的提前拟好的解说词。[①]

## 13.8.3 指南广告

过去当你查找电话簿来评价本地中式或墨西哥式饭店的时候，你或许想不到这是一种传统的辅助广告形式。对很多机构来说，黄页广告在媒体组合中扮演着重要的角色，160 亿美元的年投入额就可以证明这一点。[②] 大量事实和数据可参见美国黄页协会的网站，http：//www. buyyellow. com。

在消费者选择过程中，电话簿可能起着至关重要的作用。尽管大部分辅助媒介都向消费者提供品牌名称或主要的产品信息，但黄页广告却可以帮助消费者按照自己的意愿做出选择。由于消费者熟知这类广告工具，且它便于使用，对于力求通过其他媒体建立品牌知名度和消费者兴趣的企业来说，黄页簿为其提供了一种极好的补充工具。

关于缺点，由于各种电话簿的大量出现，这类媒介也面临着挑战。市区大部分面积被众多查询指南覆盖，有一些是针对特定地区、特定民族、特定利益群体的专业目录。要想选择一本包括全国各大地区的合适的分类广告真是一项艰巨的任务。因此，在这类媒介 160 亿美元的年投资额中，有将近 20 亿美元被广告主用于追求全国覆盖率。[③] 另外，采用这类媒介需要很长的计划时间，而随着时间的流逝，黄页上的信息很快就会过时，而且这种传统的纸张形式，无法灵活更新。

互联网的快速发展曾被视为指南册的主要威胁。许多网站如 Switchboard（http：//www. switchboard. com）、Superpages（http：//www. superpages. com）都提供黄页风格的在线查询数据库，人们在电脑上就可以完成查询。如 Yahoo！和 AOL 这样大的搜索引擎也开发了在线查询，作为为网民提供的服务之一。但事实却相反，消费者仍然需要传统的黄页。市场调查显示，花最多时间用于网上查询地址和电话的人们同样也是大量使用指南册的人。[④] 当人们急于搜集信息时，通常会参考多种媒介。因此，对于黄页出版商，与其说互联网为他们带来了威胁，不如说是提供了机会，老式的黄页指南仍可以创造网络所不能及的利益。

---

① Bill Richards, "Bright Idea Has Business Looking Up for Ad Blimps," *Wall Street Journal*, October 14, 1997, B1.

② 2007 Marketing Fact Book, *Marketing News*, July 15, 2007, 29.

③ Lisa Sanders, "Major Marketers Turn to Yellow Pages," *Advertising Age*, March 8, 2004, 4, 52.

④ Bradley Johnson, "Yellow Pages Deals Red Hot as Telecom Industry Regroups," *Advertising Age*, January 6, 2003, 4, 20.

## 13.8.4 包装

为什么将产品包装作为辅助媒介之一呢？从传统角度讲，它不能算是一种媒介，但却承载着重要的品牌信息。引用咨询者对包装的经典描述："营销中的最后5秒"、"发现实情的第一刻"。[1] 尽管包装最基本的目的十分明显，但包装对促销也有巨大的积极贡献。回顾过去，体现包装巨大效用的最好例子是 Dean Foods 发明的"Milk Chug"，它是最早的仅用于牛奶产品的时髦包装。Dean Foods 的领导人发现："与百事和可口可乐相比，牛奶没有那种酷的感觉。"[2] 当 Dean Foods 对其产品推出新包装一年之后，纯牛奶的销量增加了25%，巧克力味和草莓味的牛奶销量增加了足有50%。销售点广告机构调查显示，70%的超市购买取决于消费者店内的临时决定。[3] 最简单地说，包装就是一个产品的容器、包裹物。如图表13—23显示，包装作为整合品牌促销中的重要角色，扩展了其战略维度。

图表13—23

新颖的、能够吸引注意的包装对整合品牌促销活动起到了积极作用。Crayons 为其天然果汁设计的包装体现了该产品的质量和品牌的活力。

## 13.8.5 对广告投放者来说包装的促销益处

对厂商来说，包装提供了以下几点战略利益。第一，其对整合品牌促销策略有着综合效应。包装包括产品名称和标语，并随产品将其传递给消费者。在零售处展出的大量产品中，那些设计美观的包装可以吸引买家的注意力，促使购物者更细致地了解

① Don Hootstein, "Standing Out in the Aisles," *Marketing at Retail*, June 2007, 22 - 24.

② Catherine Arnold, "Way Outside the Box," *Marketing News*, June 23, 2003, 13 - 14.

③ *An Integrated Look at Integrated Marketing: Uncovering P. O. P's Role as the Last Three Feet in the Marketing Mix* (Washington, DC: Point-of-Purchase Advertising Institute, 2000), 10.

这个产品。许多企业由于改变包装而再次取得了成功。卡夫乳制品集团（Kraft Dairy Group）相信好的包装可以帮助旗下的 Breyer 冰激凌拓展密西西比西部市场，因此包装咨询公司提出了黑色背景的包装，这在其他冰淇凌产品包装中独树一帜。

另外，包装也可以激发消费者对某产品价值的认知——价值信息是整合品牌促销沟通的主要部分。功能强大的包装设计软件，可以非常容易地使无形产品变得有形。同样，当消费者注重产品形象的时候，包装必须适合消费者口味。人们发现，包装的颜色、设计和形状可以影响消费者对品牌质量、价值和形象的看法。[①] Perrier 矿泉水是市场上售价最贵的瓶装水之一，与同类产品刻板的塑料包装瓶相比，Perrier 矿泉水的包装瓶更美观和令人满意。与其他产品相比，香水生产商在产品包装上花费较大，因为他们要确保包装能体现出令人向往的产品形象。

### 13.8.6 辅助媒介不仅是辅助

由于效果显著、价格便宜，辅助媒介经常在企业的媒体计划中处于重要地位。显然，在这样的条件下，将它们称为“辅助性”有些用词不当。就这点来说，集中在繁华都市中创新性使用户外媒介就相当有效。很多例子可以证明这一点。

Altoids，一种口味十分强烈的薄荷糖，1780 年，品牌创于英国，曾在美国 12 个主要城市使用户外媒介为品牌注入了活力。Altoids 的目标市场人群为住在市郊、热爱社交的青年人，或许因为这些人太过忙于社会活动，传统广播或印刷广告很难有效地接触这一群体。但是通过使用如第 6 章介绍的方法，要确定这些目标人群就没有那么困难了。因此，Altoids 与其广告公司 Leo Burnett，在电话亭、公车站和公交车身都投放新颖的广告来吸引目标群体的注意力。在所有 12 个目标市区里，Altoids 的销量都超过了 50%。[②]

Edgy 这种总是在主要城市市场采用低成本促销的方法开始变得流行起来，现在更是拥有了正式的名称——**“流动市场营销”**。许多公司都采纳流动营销作为主要的促销方式，根据不同的市场修改执行措施。瑞典家具制造商宜家，提供了全球流动营销的最好实例。[③] 宜家在中国的目标客户为低收入的北京消费者，公司在 20 座公寓的电梯里安装了橱柜、茶壶，并雇用电梯操作员分发宜家的产品目录，这一举措表明宜家擅长装修小空间。而宜家在德国走完全不同的路线，它们的产品遍布柏林的火车站。在褪色的墙上装饰了颜色鲜明的编织物、照明灯，意在说明有了宜家的帮助，每个车厢都将被照亮。宜家的理念是不墨守成规，创造不同的反响。这就是流动营销的精髓所在。显然，组合媒体中的户外媒介从辅助角色变为了主角。

---

① Robert L. Underwood and Julie L. Ozanne, “Is Your Package an Effective Communicator? A Normative Framework for Increasing the Communicative Competence of Packaging,” *Journal of Marketing Communications*, December 1998, 207 - 219.

② Brad Edmondson, “The Drive/Buy Equation,” *Marketing Tools*, May 1998, 28 - 31.

③ Emma Hall, “Ikea Courts Buyers with Offbeat Ideas,” *Advertising Age*, April 12, 2004, 10.

## 本章总结

1. 阐述促销的重要性及发展过程。

促销运用多种方式刺激消费者、贸易商和商业买家的行为。与大众媒介相比，促销的目标更加多元化，一些企业对促销的投入甚至高于其对媒体广告的投入。促销活动的日益增加使得营销经理感到压力重大：一方面要计算成本，另一方面要完成短期内的销售目标。购物者对降价促销的偏好、各种品牌的不断出现、大型零售商与厂商谈判能力的增强以及各种媒体广告的盛行，都使得促销变得日益盛行起来。

2. 介绍在消费者市场中主要使用的促销方法。

针对消费者的促销可以完成不同的目标。例如，可以用来刺激消费者试货，反复和大量购买。当厂商推出新产品或者对竞争者的先进产品做出反击时，促销就变得至关重要。优惠券、降价销售、电话卡和礼品卡、赠品都能有效地刺激消费。有奖竞赛、抽奖和产品的摆放也会激发消费者对某品牌的兴趣。赠送各种样品的方法可以使产品到达目标客户手中。回扣和常客计划能够对顾客的下次购买提供优惠。

3. 介绍在贸易渠道和商业市场中主要的促销方法。

针对贸易市场的促销方式也可以完成多种目标。新产品刚面世时，促销必不可少。对已经投入市场中的品牌，促销可以增加分销商订单的数量，并可以在进行针对消费者的促销活动时取得与零售商的合作。刺激措施和补贴可以鼓励分销商支持某个品牌，销售培训和合作广告计划可以有效获得零售商的支持。

在商品市场中，专业买家会被各种促销手段所吸引。会员/常客计划在旅游业中十分奏效，而现在这种促销方式也延伸到了商业产品领域。贸易展销是接触目标商业买家的一种有效方法。向商业买家赠送礼物也是这类市场独有的促销形式。最后，赠品、广告礼品和产品试用这些方式也被证实在商业市场中是行之有效的。

4. 鉴别促销中的品牌风险。

过分依赖促销也有一定风险。总是降价销售会降低品牌价值，而且由促销带来的销售额或许只是预借了远期的销售量而已。长期的降价销售会给消费者造成思维定势，如果产品不打折，消费者会立刻放弃购买这类产品。促销对执行者来说成本较大，有欺诈风险和复杂的法律问题，但是如果能够仔细完整地执行整套广告计划的话，促销会带来最丰硕的成果。

5. 了解销售点广告的作用及方式。

销售点（P-O-P）广告，指在零售处用于吸引购买者对某品牌注意力、传达品牌价值、突出价格信息的一系列广告素材。销售点广告的效果有：增强消费者对某品牌的喜爱程度或改变消费者在零售处的购买选择。销售点广告也可以用来强调降价销售信息或使用其他消费及商业促销形式。商家可以选择多种产品展示方法。销售点广告素材可分为两类：适用于6个月或短于6个月的短期促销展示和长于6个月的永久性长期展示。在贸易和商业市场，销售点广告可以鼓励零售商支持某品牌，还可以使广告产品在零售处获得有利的货架位置，让更多消费者看到其产品。

6. 介绍综合整合品牌促销策略中辅助媒介的作用。

传统的辅助媒介包括广告牌、公交广告、高空广告和分类广告。广告牌和交通工具上的广告可以将简单信息有效传递给特定的城市市场。街头设备上的广告也正在全球范围内变得越来越流行。高空广告可以从纷扰复杂的各类媒介中脱颖而出，即时地将信息传递给特定位置的市场。分类广告主要指黄页指南，可以帮助消费者找到某广告投放者的产品，也是不错的广告选择。最后，由于包装携带着重要信息，包括产品标识、品牌形象和感觉，能够影响销售点消费者的选择，因此包装也被视作辅助媒体中的一类。

## 关键术语

sales promotion 促销
door-to-door sampling 上门提供样品
cooperative advertising 合作广告
consumer-market sales promotion 消费者市场促销
mail sampling 邮寄样品
trade show 贸易展销
trade-market sales promotion 贸易市场促销
newspaper sampling 随报纸分发样品
point-of-purchase（P-O-P）advertising 销售点广告
business-market sales promotion 商业市场促销
on-package sampling 产品附赠样品
short-term promotional displays 短期促销展示
coupon 优惠券
mobile sampling 流动赠送样品
permanent long-term display 永久性长期展示
price-off deal 降价销售
trial offer 产品试用
support media 辅助性广告
premium 赠品
rebate 回扣
free premium 免费赠品
frequency program 常客计划
transit advertising 公交广告
self-liquidating premium 自偿赠品
push strategy 推广策略
out-of-home media 户外媒介
advertising specialty 广告礼品
push money 提成
aerial advertising 高空广告

contest 有奖竞赛
merchandise allowance 购买补贴
packaging 包装
sweepstake 抽奖
slotting fee 上架费
guerrilla marketing 流动营销
sampling 样品试用
bill-back allowance 账单赎回
in-store sampling 店内样品试用
off-invoice allowances 货款（账单）减少抵让

## 问题

1. 比较促销和大众媒体两种推广工具。在哪些方面，一方能弥补另一方的不足？近年来，促销的哪些具体因素造成了成本过高？

2. 什么是品牌增值，为什么会出现这种现象？为什么在品牌迅速增值的情况下，消费者市场中促销变得更加盛行起来？为什么在品牌增值不断加速的情况下，贸易市场促销活动也变得更加频繁？

3. 在贸易渠道和商业市场，促销作用是什么？

4. 为什么促销被认为是一种有风险的整合品牌营销工具？

5. 消费者在购买新产品时，通常会做出这样的理性思考："我购买它是因为我手中有50美分的优惠券，而且本周商店正双倍发放优惠券。"这样的消费者会成为某品牌的忠实用户么？如果将他变为忠实客户还需要具备什么条件？

6. 如本章所述，像沃尔玛这样的大型零售商在今天的市场中话语权越来越大，是什么因素导致了零售商实力的增强？试解释购买补贴、上架费和零售商实力增强之间的联系。

7. 在整合品牌促销工具中，销售点广告的作用是什么？企业可以通过什么方式使销售点广告与其他推广形式相协调？

8. 作为整合品牌促销计划中的一部分，广告牌和公交广告对广告投放者来说有哪些优点？

9. 消费者可以通过各种网站来查找当地的商业和服务，那么互联网对于传统黄页目录而言是一种威胁吗？

10. 包装作为一种辅助性媒介如何发挥作用？消费者可以从产品包装上获得什么样的信息？

## 实践练习

1. 以团队合作的方式完成以下问题。假设你正在一家美国大型汽车公司工作，需要为新款燃油经济型汽车“Zoom”设计一套促销方案来提高销售量。选出在本章中介绍的最有效的促销方式并说明原因。你的方案同时应该包括促销可能对厂商其他整合品牌促销方面所造成的潜在风险。

2. 继续与你的队友完成这个任务。这次你是被 Gap 雇扩来在华盛顿开发一项辅助性媒介，意在刺激年龄在 22 ~ 30 岁间的年轻上班族的消费。Gap 对开发户外广告十分感兴趣，它认为此举可以吸引大量在华盛顿市内工作而又经常乘坐地铁的年轻上班族的注意力。你会选择哪种辅助性媒介，为什么你认为你所选择的媒介会十分有效？

3. 本章介绍了多种销售点展示，包括销售点地面展示、货架标识、垃圾箱等。回顾介绍过的实例，并走访大型零售商店和超市，看看你会发现多少种销售点展示，观察什么样的广告投放者采用了什么样的展示方法，并对那些有效的展示方法做出评价。

4. 企业经理发现通过传统大众媒体广告来吸引消费者注意力变得越来越困难，因此他们正在转向通过设计新型产品包装来引起消费者兴趣并刺激产品销量。调查以下三种常用商品包装的变化：舒洁（Kleenex）纸巾、百氏苏打水和银子弹啤酒（Coors beer）。描述每种产品的包装经历了哪些变化，是什么原因导致了这些变化？包装的变化对销量又产生了什么影响？

# 14 活动赞助、植入式广告与品牌化娱乐

通过本章的学习，应该掌握以下技能：

1. 掌握日益流行的赞助活动已成为品牌营销的另一种主要方式
2. 总结在电视、电影和视频游戏中的植入式广告的吸引力和作用
3. 解释在创建品牌的过程中与娱乐公司开展合作的优点与挑战
4. 探讨为实现整合品牌促销而日益增加的各种通讯和品牌工具所带来的挑战

## 14.1 引言：整合品牌促销的缤纷世界

当纽约市的警察在时代广场巡逻的时候，他们被问的最多的问题是：“厕所在哪里?”在大部分情况下，他们无法给出一个很好的答案。但是在最近的假期里，询问此问题的人们却都得到了一个出乎意料的回答。那么，是从什么时候开始，“去试试超级马桶吧”（见图表 14—1）不仅成了这个时代广场最难回答问题的答案，而且还是一个强有力的品牌创建工具呢？答案就是当你成为 Charmin、Puffs、Mr. Clean、舒肤佳、帮宝适和 Bounty 等的制造商的时候。

图表 14—1

将品牌宣传与消费者未曾预料的欣喜经历联系在一起，是与消费者沟通的一种很好方式。宝洁公司的执行总裁 A. G. Lafley 在很多宝洁的品牌宣传中都推崇这种方式。

从 2006 年 11 月 20 日开始到 12 月 31 日，Charmin 的制造商给纽约市民和来到被称为“世界的交叉路口”的时代广场旅游的 1 500 万游客带来一种独一无二的入厕感受（营销者给活动起名为“Charmin 洗手间”）。在位于西四十五街区和西四十六街区之间的百老汇，Charmin 的宣传团队建造了 20 个豪华的洗手间，还连带着建造了婴幼换巾处、婴儿车停放处、香料按摩房，并且赠送印有 Charmin 标志的城市地图作为带回家的礼物。为保证活动的正常进行，他们储存了 1 万卷 Charmin 牌超大卷纸（比普通卷纸大 3 倍）。卫生间外还配有平板电视连续循环播出 Charmin 的商业广告和相关信息，其中还有个叫做 Potty Dance 的节目，所有这些都是为了让在外面等待享受超级马桶的人们耐心等待。冲洗阀可以精确地反映使用量的多少，而且对于那些带领孩子的家长，他们还有同 Charmin 宣传片中的顽皮熊一起合影留念的机会，图表 14—2所展示的就是顽皮熊。

图表 14—2

千万不要诧异 Charmin 的吉祥物定位，它的作用就是在这个独特的、以家庭为目标的品牌体验活动中给人们带来欢乐。

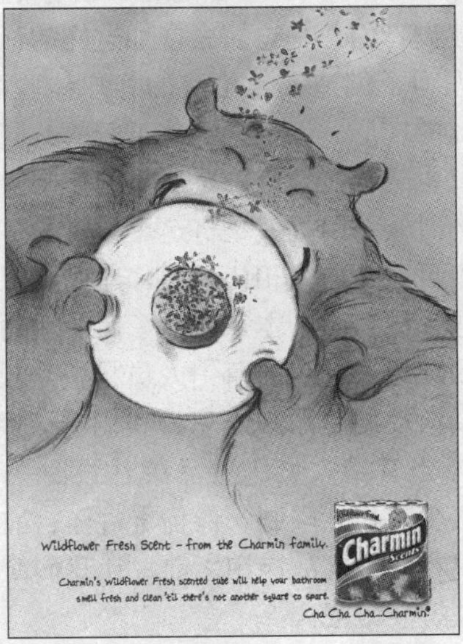


不仅如此，街头宣传小组还骑着全套特制的 Charmin Segways 电动车，在时代广场地区四处溜达，寻找想去体验超级厕所的人。这个工作很简单，因为通过交谈你很容易就能发现谁想去厕所。并且，对于这么大的活动，还必须有知名人士前来剪彩，进行首次正式的造势。正是因为这个岗位的重要性，Charmin 选择了电视剧《人人都爱雷蒙德》（Everybody Loves Raymond）里，美国人最喜爱的母亲——多莉丝·罗伯茨。罗伯茨在现实生活中本身就是一个母亲和祖母，她称赞这个设施对于那些来纽约城旅游的家庭来说是一个“现代奇迹”。[①] 纽约市市长米歇尔·布鲁博格（Michael Blommberg）评价道：“想到这个主意的人应该来我的团队。”

时隔不久，宝洁公司，这家结果导向型公司，就得到了它们从这个品牌建设项目中所期望的结果。包括冲洗计量表在内的各种衡量措施都显示出这个“厕所项目”获得了巨大的成功。运用它们独有的计量系统，宝洁公司宣称在最初的24小时之内约有19 100万人通过媒体认识了Charmin品牌。纽约市的每一家主要网站和报纸将洗手间正式启用作为它们的封面，《纽约时代周刊》甚至发表了一篇社论，将这个时代广场上的最新景观比做“厕所中的迪斯尼公园”。在整个旅游季节里，来自美国50个州和70多个国家的家庭造访了这座厕所中的迪斯尼公园，每天有超过1万人获得这种“Charmin式洗手间”体验，每个人平均花费21分钟。其实，Charmin洗手间的接待人数比其他闻名世界的地标，比如自由女神像、洛克菲勒中心等还要多，这使得P&G的这次品牌铸造活动真的可被称为一场豪华盛典。

Charmin洗手间的成功案例是这个章节的完美开端，因为它佐证了这个现象：市场营销人员正运用各种新奇的方式与消费者建立意义非凡的联系。不仅如此，它还提醒我们，非传统正在成为传统，传统的大众传媒已经开始不够用了。毫无疑问，你已经意识到这一点，但或许就在你隔壁的广告人还总在寻找传播信息的新途径。这一点可以给他们带来不一样的结果。通常，人们把目标对准难以触及的利基市场，尤其是经常有新店开张的城市地区。另外一个你可能非常熟悉的例子发生在南佛罗里达州，那里的学生和品牌建设者们在3月份都会聚在一起自由交流并进行庆祝。与会的年轻人都对一些品牌，如MTV、Maxim、可乐、吉列和Axe有很大的兴趣。不论活动是在巴拿马还是在纽约，品牌建设者们总是迫切去参加这样的活动。[②]

本章讨论了现在的商人为了创造无与伦比的客户体验而使用的一系列工具和策略。他们运用的方式是如此的广泛，以至于这些革新的共同之处并不显而易见。这些工具和策略的不断变化情况也意味着很难确定成功的规则。但是当一个新订单真的出现在眼前，等待着去实施的时候，前提就是将这个项目的广告、品牌和娱乐效应集中于一点，互相依托，缺一不可。与以往相比，品牌建设者想要把品牌融入目标消费者喜爱的娱乐中的想法变得越来越强烈。本章评估了商业活动赞助，由于商业赞助能产生令人印象深刻的结果，因此越来越多的营销人员将资金投入到赞助活动中。[③] 与广告界关系最密切的商业赞助活动便是品牌娱乐，我们将研究这种品牌建设的新方式，并评估关于它的最新消息。当营销人员进行品牌建设时——如Charmin洗手间一例——人们可以尝试一切，很少有什么限制，像稀奇古怪、前卫、异乎寻常这些词语也只是医生所下的定义罢了。在我们实战应用之前，让我们简单回顾一下那些引发广告和整合品牌促销新局面的关键要素吧。

---

① Kathryn Holl and Dewayne Guy, "Charmin Restrooms Offer the Plushest Flush in Times Square," P&G press release, November 20, 2006.

② "Special Report—10 Leading Brand Events," *Advertising Age*, March 19, 2007, S-1.

③ Jack Neff, "Specialists Thrive in Fast-Growing Events Segment," *Advertising Age*, March 19, 2007, S-2, S-4.

## 14.2 为什么是广告业和娱乐业越走越近？

无论是纽约城的 Charmin 洗手间，还是 YouTube 网站上的 Folgers Yellow People 宣传视频（见第6章），或是巴基斯坦的“舒肤佳”超人形象（见第9章）和汉堡王自创的电子游戏里令人惊悚的汉堡王（见第10章），以及其他一些电影宣传，① 我们可以看到，世界各地的营销人员采用了各种方法来塑造品牌，并且这些方法还在不断增加。然而，让我们看看所有这些例子的共同点：无论是参观纽约市、在 YouTube 浏览一些影片、在放学后观看超级英雄动画片，或是与 Creepy King 一起玩“Pocketbike 赛车”，在这一切活动中，品牌成了娱乐的一部分。广告、品牌推广和娱乐的融合正在加速，而且广告和娱乐的联系，有时就像这一小节的标题，广告业和娱乐业一样——众所周知，麦迪逊大道与藤街是两条著名的街道，它们分别代表了广告业和娱乐业。为什么这种合作正在加速进行呢？其中有许多原因。

促使人们不断寻求新的方式来吸引消费者的一个重要原因就是传统广播媒体的效率在不断降低。现在你已经认识到许多力量正在逐渐削弱“守旧派”媒体。而这个问题仅仅是一个人们选择什么的问题。如今人们为了打发闲暇时间可以有更多选择：打游戏、上网或者看 DVD 等。有没有人还在看电视呢？就算有，那些广告客户也将会越来越担心我们即将使用机顶盒技术，这项技术会使电视广告成为过去。② 正如图表 14—3 所示，TiVo Central 公司的产品提供了一系列的功能，抛开别的功能不谈，它最重要的功能就是可以让你跳过广告。数字说明一切：Forrester 研究公司预测，到 2010 年，DVR 在美国家庭中的普及率将达到 50%。③ 广告商称他们将在此之前大大减少他们的电视广告投入。

《广告时代》杂志的鲍勃·加菲尔德发表了一篇名为“**混乱广告情境**”的预测报告，其中写道，传统的广播媒体广告大规模外逃的时代正在到来。形势发生了变化，这看起来是不可避免的。鲍勃·加菲尔德说，情况会像这样：广告商的美元停止流向传统媒体，因为观众的减少和阻止广告播放的硬件设备的出现会使得传统媒体广告的效果大减。可用资金减少会导致该广播公司降低它们的节目质量，这会进一步削减它们的观众规模。这种情况甚至会让广告商更快地逃遁，情况不断反复，最终传统媒体会在被鲍勃·加菲尔德称为“无情的死亡螺旋”中凋亡。④ 他预测在另外全新的媒体区域中，“广告营销——甚至品牌推广，不会再依赖于那种 30 秒的电视广告或杂志的平面印刷广告了”⑤。

---

① Marc Graser and T. L. Stanley, "Crispin Makes a Movie," *Advertising Age*, July 10, 2006, 1, 37.

② Jack Neff and Lisa Sanders, "It's Broken," *Advertising Age*, February, 16, 2004, 1, 30; Julia Angwin, "In Embracing Digital Recorders, Cable Companies Take Big Risk," *Wall Street Journal*, April 26, 2004, A1, A11; Ronald Grover, "Can Mad Ave. Make Zap-Proof Ads?" *BusinessWeek*, February 2, 2004, 36 - 37.

③ Bob Garfield, "The Post Advertising Age," *Advertising Age*, March 26, 2007, 1, 12 - 14.

④ Bob Garfield, "The Post Advertising Age," *Advertising Age*, March 26, 2007, 1, 12 - 14.

⑤ Bob Garfield, "The Post Advertising Age," *Advertising Age*, March 26, 2007, 1, 12 - 14.

图表 14—3

TiVo DVR 不用录影带也可以自动发现并记录下你最喜欢的一个节目，并允许你暂停现场直播的电视节目、看慢动作、调整回放镜头。你也可以快进任何已录好的内容。

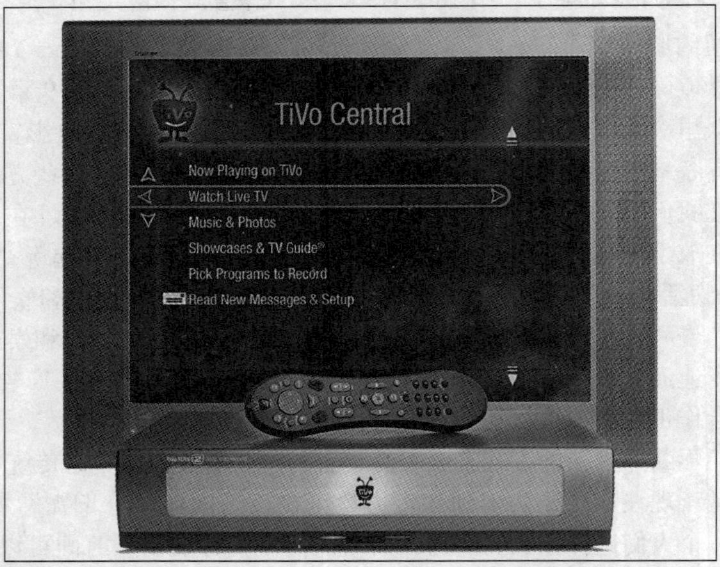


随着旧的广告模式被淘汰，数十亿美元的广告资金将被释放，并转而用在其他品牌建设的上。就像我们在第 12 章讨论的那样，因为这些资金的注入，网络广告的形式将继续增多。但根据 2007 年趋势观察（Trendwatch）的一项调查显示，商人们在用新型广告取代旧式广告时，更倾向于使用那些囊括如今这个缤纷世界里所发生的重大事件和体验式营销的品牌建设项目的品牌建设工具（想想 Charmin 洗手间）。[①]

为什么是这些事件营销和体验式营销呢？其实有很多原因，这一章将会解释这些原因并为这些原因而欢欣鼓舞。但要特别强调一下，在这一章里所展现的广告方式和策略流行的原因，不仅仅是广告商们必须找到与消费者联系的新方式。活动赞助、产品置入式营销，以及品牌娱乐活动都可以以无数种形式来帮助广告商们进行品牌建设。从理论上来说，这些方式可以巩固品牌知名度，甚至还可以利用我们所熟知的曝光效应。[②] 不仅如此，我们在第 5 章讨论过的信息传递过程可以改变人们对这个品牌的认知。就是说，你在巴拿马城海滩上所体会的惬意和欢乐就能成为你对当时随身使用品牌的部分感觉。之后那个品牌就会唤起你对那段美好时光的回忆。与此相似，消费者的感受有可能被他们参加的一些活动（比如全美汽车拉力赛或者某个运动会）所影响，出现在这些活动场地上的品牌有助于自身的品牌宣传和美化。[③] 好了，理由就罗列至此，下面让我们去看一些具体的例子。

---

① Dan Lippe, "Events Trail Only Ads in Alignment with Brands," *Advertising Age*, March 19, 2007, S-2.

② Bettina Cornwell, Clinton Weeks, and Donald Roy, "Sponsor-Linked Marketing: Opening the Black Box," *Journal of Advertising*, Summer 2005, 21-42.

③ Chris Allen, Susan Fournier, and Felicia Miller, "Brands and Their Meaning Makers," Handbook of Consumer Psychology (Hillsdale, NJ: LEA Publishing, 2007) Chapter 31.

## 14.3 活动赞助

为了对目标消费人群产生影响，有一种方法经受了时间的考验而且越来越流行，那就是活动赞助。**活动赞助**是指经销商通过向活动提供资金上的援助，比如举办一场摇滚音乐会，筹划一场网球锦标赛，或者一个吃热狗比赛。作为回报，经销商获得能在活动中展示自己的品牌、商标或者广告信息的权利。如果这个活动在电视上播出的话，那么这个品牌或者商标将被电视观众广泛知晓。在2006年，经销商们在大型活动上花费近320亿美元，为的就是使厂商的商标位于明显的位置或者干脆独家“垄断”这场活动。另外还有130亿美元用于自行组织的活动，比如大学生足球或篮球竞赛，但厂家只为获得成为品牌化赞助商的权利而支付费用。在各类大型活动上的花费正在以每年10%到15%的速度增长。①

事实上，近年来活动营销和赞助的增长速度要比其他广告和品牌推广方式增长速度快1倍。② 通用汽车公司，作为世界最早进行老式广告投入的厂家，目前成为进军活动赞助的典型代表。通用汽车公司曾尝试了多种方法去“接近”其潜在客户。大多数要获得赞助的活动必须满足要求，可以使得其客户直观地了解他们的汽车，或者是能够将通用品牌与目标顾客感兴趣的事情联系起来。例如，通用汽车公司曾赞助过贩卖奴隶船只的巡回展览会、美国未来农夫协会的奖学金、梦幻之旅中飞车罗德的展览和纽约时装周。通用汽车也曾建造了一个移动电影院，为的是在国家博览会、钓鱼比赛和汽车竞赛当中展示其西尔维拉多牌小货车的15分钟宣传片。像众多或大或小的厂商一样，通用汽车也将预算中“传统”媒体广告的部分转移到了赞助活动或互联网上。③

### 14.3.1 还有谁使用活动赞助？

赞助活动可以采取很多形式。

这类活动可以是国际范围内的，例如在2008北京夏季奥运会上的知名赞助商，像阿迪达斯、麦当劳、三星、联想和维萨。这类活动也可以具有显著的地方特色，例如Flying Pig马拉松大赛。正如图表14—4展示的一样，地方性活动给慈悲卫生伙伴（Mercy Health Partners）这样的组织和安永会计公司的区域办事处这样的公司提供了赞助的机会。像夏季奥运会和Flying Pig马拉松比赛这样的活动不但可以吸引大量的观众，可能有电视和广播的报道，并且通常都会被平面媒体所报道。因此，赞助活动既可以使厂商面对面地与消费者直接交流，也可以收到立竿见影的以及后期的宣传效果……一切都对品牌有利。

---

① Neff, “Specialists Thrive in Fast-Growing Events Segment”; “Event & Sponsorship Spending,” *AMA* Marketing Fact Book, July 15, 2007, 31.

② Neff, “Specialists Thrive in Fast-Growing Events Segment.”

③ Emily Steel, “Measured Media Lose in Spending Cuts,” *Wall Street Journal*, March 14, 2007, B3; Mike Spector and Gina Chon, “The Great Texas Truck Fair,” *Wall Street Journal*, October 20, 2006, B1, B10.

图表 14—4

尽管在辛辛那提（又叫 Porkopolis）举行的 Flying Pig 马拉松比赛中没有设定金牌，但是第一个跨越终点线的选手仍然会赢得一片欢呼。

参加各种各样大型活动的赞助商每年都在增加。吉普、百思买（Best Buy）、锐步、华纳唱片、露华浓、喜力、花旗银行以及许多其他的公司都曾赞助过歌手的包装和巡回演唱会，例如菲丝·希尔（Faith Hill）、蒂姆·麦格罗（Tim McGraw）、珠儿（Jewel）、Jay-Z、史汀（Sting）、雪儿·克罗（Sheryl Crow）、埃尔顿·约翰（Elton John）和 50 Cent。ESPN 为吸引众多年轻人的目光播出有关极限运动的节目不久以后，许多厂商纷纷参与其中，其中有塔克钟（Taco Bell）、李维·史特劳斯（Levi Strauss）、家乐氏（Kellogg's）、佳得乐（Gatorade）以及动视（Activision）。这些品牌通过被人类学家格兰特·麦克格兰肯称为“充满意义的活动”的过程来与一些时髦的新事物建立联系，进而获取收益。①

毋庸置疑，足球不是橄榄球，但它使世界为之疯狂。由于能提供有价值的营销机遇，英国职业足球已经成为最受喜爱的体育商业项目之一。例如，英国足球超级联赛的队伍——曼彻斯特联队，其创收能力已经超过了纽约的洋基队。在体育运动如此风靡的情况下，诸如百事、耐克和沃达丰这样的全球性企业不惜投入大量的资金使其品

① Grant McCracken, “Culture and Consumption: A Theoretical Account of the Structure and Movement of the Cultural Meaning of Consumer Goods,” *Journal of Consumer Research*, June 1986, 71 – 84.

牌与顶级球员或球队扯上关系。①

体育赞助以各种形式、各种规模涌现出来，包括科罗拉多国家职业骑野牛协会（Professional Bull Riders）和世界狩猎协会（the World Hunting Association）这样的组织。广告商因此有了各种各样的机会将他们的品牌与各种参赛者、各种运动甚至各个国家的不同的形象联系在一起。② 另外一个例子，见图表 14—5，作为牙买加田径协会赞助商的彪马公司正在寻求什么利益呢？

图表 14—5

在体育赞助方面，与耐克和锐步竞争是很困难的。一些公司根本就不必在这方面浪费钱了。但是这里我们看到彪马并没有放弃体育赞助，而是另辟蹊径。如果在所有的体育迷的心中都对失败者有个大体的理解，那么看见来自牙买加的队伍就是这种感觉。

## 14.3.2 寻找最优点

赞助活动中主要的最佳切合点一般产生于活动参与者与市场目标顾客出现大部分重合时。如果这项活动有很多的粉丝以及/或者参与者，那就更好了。此外，厂商为了从赞助中获取最大限度的利益，努力成为活动的独家赞助商。但是，如果不对成本

---

① Charles Goldsmith, "Join the Club: Thai Wants In on U. K. Soccer," *Wall Street Journal*, May 12, 2004, B1, B2.

② Jim Hanas, "Going Pro: What's with All These Second-Tier Sports?" *Advertising Age*, January 29, 2007, S-3.

加以限制，独家赞助将会花费大量的资金，但这种情况除外：小型的社区活动，热情的支持者只是期待被关注。让我们拿成立于1996年的WBA为例。Bunco是一种骰子游戏，通常以8人、12人或16人为一组。这种游戏在中年妇女中特别受欢迎，某种程度上被妇女们看成“扑克之夜”之类的活动。Bunco是一种靠运气的游戏，所以人们有时间吃喝并且闲聊琐事，从女儿的小宝贝到如何做出美味的士力架沙拉(Snickers Salad)（一种混合了无脂蛋奶、棉花糖奶油、奶油干酪和士力架碎块的食品，如果再加一些苹果片，那就更好吃了）。

你也许会问：“那么赞助商的机会在哪里呢?”让我们来看看这些事实：在美国大约有1 400万的女性曾经玩过Bunco这个游戏，其中近460万人经常玩这个游戏。有60%的妇女承认游戏中得到的推荐会影响到她们的购物决定。[①] 另外，大约1/3的职业玩家面临着经常性的消化不良，而恰巧经常消化不良的人中70%是女性。现在你能看到机会了吧。

在2005年，洛赛克药物（Prilosec OTC，一种用于治疗消化不良的非处方药）的制造商发现了Bunco，并且进一步了解了经常玩这个游戏的女性们。于是这家制药商参加了Bunco活动，和参加游戏的妇女一起聆听乡村音乐、露宿在野营车上并且观看了很多场全国汽车协会举办的比赛。作为最初的参与者，他们与WBA形成了伙伴关系并且赞助了2006年第一届Bunco世界锦标赛。由于5万美元的冠军奖金为全国乳腺癌基金会募集的资金，以及来自地区Bunco锦标赛的许多良好口碑，Bunco世界锦标赛迅速流行起来。不久以后，有线电视开始发觉Bunco的狂热，并开始直播世界锦标赛，赛场上洛赛克药物的紫色桌布使其成为了一个品牌化的标志。就像图表14—6显示的那样，现在的Bunco世界巡回赛充满了激情，如图表14—7所示，这项比赛给洛赛克药物提供了大量的图片展示的机会。

图表14—6

充满激情的活动参与者通常由对独家赞助商的忠诚进而演变为充满激情的品牌倡导者。

---

① Ellen Byron, “An Old Dice Game Catches On Again, Pushed by P&G,” *Wall Street Journal*, January 30, 2007, A1, A13.

图表 14—7
冠军一瞥。

Bunco 世界锦标赛对于像 Prilosec OTC 一样的品牌来说是一个完美的赞助机会，并展示了一种理想的情况。在这个活动中，活动爱好者的生活方式和你的产品可以提供的好处之间再次出现了一个极好的交集。赞助 Bunco 比赛使 Prilosec OTC 公司以有趣和有意义的方式与它的核心客户联系起来，并且 Prilosec OTC 和 Bunco 的独特关系促进了品牌忠诚度和良好的口碑。Prilosec OTC 的营销总监说，由于其赞助了 Bunco 比赛，企业在所有方面收到了"显而易见"的成效，他这样说这一点都不令人感到惊讶。

## 14.3.3 评估赞助活动的收益

在早期的赞助活动中，人们往往不清楚究竟一个组织在其赞助商的投资中得到了什么。即使在今天，许多评论家认为，赞助，尤其是对于体育的赞助，可以是自利驱动，因此赞助是在浪费资金。① 公司总裁也是人，他们也喜欢与体育明星和名人接触、认识，这没有什么不对的。但是举例来说，如果对高尔夫锦标赛的赞助主要是因为公司首席执行官想和安尼卡·索伦斯坦（Annika Sorenstam）或者泰格·伍兹（Tiger Woods）这样的名将同台对决，那么公司花的钱就是打水漂了。

一个使得众多商家更有兴趣赞助的原因是它们找到了证明其赞助费收益性的方法。总部设在波士顿的 John Hancock 金融服务公司（人寿保险）曾是详细计算赞助投入与产出平衡的先驱。John Hancock 在 1986 年赞助了一个大学生足球比赛并很快在赛后找到了一个可以评估赞助费收益的方法。John Hancock 的员工们赛后开始寻找报纸杂志上有关足球比赛的内容，来评估厂商名称在平面媒体上的曝光度。接着，他们统计在赛前推销和电视广播中 John Hancock 被提到的总时间。前不久，John Hancock 的经理估算出相对于他们所付的 160 万美元赞助费来说，他们在广告曝光上

① Amy Hernandez, "Research Studies Gauge Sponsorship ROI," *Marketing News*, May 12, 2003, 16; Ian Mount, "Exploding the Myths of Stadium Naming," *Business* 2.0, April 2004, 82, 83.

共收益了510万美元。然而，由于John Hancock赞助的足球比赛其电视观众在随后的几年里减少了，所以John Hancock估算的收益仍然大幅缩水。随后，John Hancock将赞助此项比赛活动的资金转移到其他活动中，比如奥运会、马拉松以及棒球比赛。

自身对于广告收益精确测量能力的提高必然增加对IBP的投入。① 这里必须谈到尼尔森媒体研究公司和它的赞助商计分卡。尼尔森开发这种服务的部分原因是向广告主展示它们在体育馆里面设置标牌的效果。在波士顿芬威公园球场对舰队银行（Fleet Bank）的一次评估中，尼尔森测算出舰队银行的标牌在Red Sox和扬基（Yankees）的比赛转播中每5秒钟至少获得84个观众印象。每一个印象都精确到比赛中的具体时间。考虑到观众范围大小的因素，尼尔森认为每5秒钟，这84个对舰队品牌的印象会导致在整场比赛中获得的超过18岁的成年人的印象达到4 180次之多。②

正如上面讲述的关于John Hancock和舰队银行的例子，现在通过**媒体印象**评估赞助费用的有效性是一种流行的方法（还记得Charmin洗手间在开放日19 100万的关注量）。这种方法是建立一种度量，让赞助商能对赞助费与传统媒介投入做出直接对比。

为了增加其吸引力，赞助商可以提供一个独特的机会以促进品牌的忠诚度。当广告商将他们的品牌和极其情绪化的经历联系起来的时候，这种情绪往往会出现在摇滚音乐会上、在足球场上、在Bunco游戏桌上，或在3月份的福特·劳德戴尔堡海滩上。积极的情绪可能会伴随着赞助商的品牌，而且会一直持续到事件结束后很长一段时间。判断您的品牌是否正在受到关注是赞助评估的另一个重要方面。正如在正确行事专栏中讨论的一样，某个赞助商赞助了钱，而他得到的回馈的多少将需要用各种定性和定量的方法来计算。当然，这对大部分的广告开支来说是真实的。

## 正确行事专栏

### 在评价赞助活动中找到恰当的平衡

压力一直都有。营销商想要验证，他们需要相信，他们对活动的开支是合理的。为了证明这种合理性，就需要达到事实与情绪间的平衡。

在说明事实方面，一方面，商家至少需要掌握与参与活动的品牌有关联的消费者人数和类型的真实数据，这些消费者与任何给定的活动中的品牌有直接的关系。技术往往就用于这种情况，它提供了有用的工具，例如写字板大小的无线电脑，帮助调查赞助活动的人进行数据搜集和数据输入。另一方面，说明事实的好方法就是出口处调查。当参加者离开的时候，营销商可以搜集他们对各种各样赞助该活动的品牌的印象，并询问非常重要的问题：你会将该品牌推荐给你的朋友或者家人吗？但是千万不要让技术与调查妨碍喜欢这项活动的人。这种方式必把你的品牌变为他们的敌人。

---

① Kate Fitzgerald, "Events No Longer Immune to Marketer Demand for ROI," *Advertising Age*, March 19, 2007, S-3.

② Rich Thomaselli, "Nielsen to Measure Sports Sponsorship," *Advertising Age*, May 3, 2004, 14.

绝不仅仅是事实的问题。当他们培养或者加深目标消费者与赞助公司或品牌之间的联系时，赞助就会产生最大的收益。当消费者对谈论的活动（比如说世界杯足球赛）的热情与赞助品牌（比如阿迪达斯、喜力或者万事达信用卡）联系在一起时，这种关系就建立了。不能保证所有品牌都将与他们所赞助的活动实现情感联系。事实上，大多数不会。虽然像出口处调查和媒体印象这些传统的衡量工具在评估赞助价值中很重要，但它们不能揭示深度的联系。仔细倾听是发现这些联系的关键。

如果我们提出的问题很恰当，可以证明倾听消费者是非常值得的。对三个领域的询问，可以对赞助大型活动关系建立的受益情况做出客观评价。首先，这类性质的研究过程应探索参加者对该活动的主观体验。他们是否对他们参加的活动有强烈的情感？究竟是什么点燃了他们对某项活动的热情？其次，重要的是查明狂热者是否真的清楚赞助商的作用。大多数狂热者对赞助商提供的好处知之甚少。研究表明，他们知道得越多，赞助商获得的利益就越多。赛车迷对赞助商的作用了解得最为深刻，这有助于解释为什么公司愿意赞助这项运动。最后，公司需要探索关系方面的问题：人们将哪些特定的品牌与特定的活动相联系？人们对于这些品牌的看法是如何被影响的？是不是一点也不受其影响？

了解感性关系需要耐心倾听。倾听狂热者描述情感体验，倾听他们对赞助者作用的了解，以及什么品牌适合什么赞助活动，他们之间的关系。热情的倾听将有助于了解赞助是否加深了品牌在观众心目中和生活中的分量。基于这样的事实，就会更好地出台方案。

资料来源　Julie Zdziarski，"Evaluating Sponsprships"，*Promo Magazine*，March 2001，92，93；Kate Fitzgerald，"Events No Longer Immune to Makers Demand for ROL，" *Advertising Age*，March 19，2007，S-3.

由于不同类型的活动吸引的目标群体很明确，厂商还应当调查活动参与者，以确保它们达到其预期的目标。图表 14—8 展示的就是这种情况的一个例子。请注意，JBL Electronics 公司已经与 Trek Bikes 联合，赞助全国山地自行车活动。这些所谓的"吸引力"体育项目尤其吸引那些好怀疑的青少年，他们很排斥传统的广播广告，甚至开始排斥其他推销方式。他们对这些体育运动的支持，至少可以使得 JBL 和 Trek Bikes 引起了有这方面需求的顾客的关注。

## 14.3.4　杠杆作用

如上所述，用来证明活动的赞助成功与否的一种方法，就是计算那些在活动现场或通过媒体报道接触了品牌的人数，然后评估此笔赞助是否提供了一条接近目标群体的有成本效益的途径。这种做法可以对赞助收益和运用传统的广告媒体取得的收益进行直接比较。但是现在一些专家仍然认为，赞助大型活动获得的利益根本不同于传统媒体提供的任何利益。所以千方百计地运用杠杆原理以充分利用赞助尤其重要。任何加强品牌和大型活动间的互动交流或行为都被称为杠杆作用或者称为激活赞助活动。①

图表 14—8

赞助活动的最大好处之一就是接触一些具体的顾客，而其他营销方式就很难做到这一点。JBL 和 Trek Bikes 联合起来赞助活动，进而接触到那些对它们双方都感兴趣的目标群体。

大型活动可以利用多种途径来实现杠杆作用，比如说取悦重要客户、吸引新的客户、激励公司的销售人员，以及广泛地提高员工士气等。活动提供了独一无二的与重要顾客面对面交流的机会。商家普遍使用这种方式分发专业广告宣传单，使与会者获得一个印有公司品牌标志的纪念品，提醒他们要参加的摇滚音乐会或是要去纽约度假的事情。商家也可以利用这个机会来卖一些纪念品，比如 T 恤衫和帽子等，或者是进行市场研究工作的一部分——消费者问卷调查，再或者可以散发产品样本。正如你将会在第 16 章看到的那样，一个公司举行的活动也可能会成为公共关系活动的基础，而公共关系活动之后会带来更多的媒体报道。图表 14—9 列出了一份选择合适的活动并使赞助活动获得的利益最大化的指导意见。

① Cornwell, Weeks, and Roy, “Sponsor-Linked Marketing: Opening the Black Box.”

图表 14—9

活动赞助的指导意见。

1. **品牌要和活动相匹配**。要保证这一活动与品牌的特点相匹配。斯蒂尔公司（Stihl）赞助了山里人的比赛，比赛向人们展示了它们的伐木设备。请问 Stihl 品牌可以赞助龙舟竞赛或者三项全能比赛吗？也许不能。

2. **严格界定目标群体**。与第一点紧密相关的是，事实上，如果目标群体定位错误的话，即使是世界上最好的活动也不会产生任何的影响力。我们经常用参加活动的人数来度量是否成功。一个更重要的事实是，品牌一定展示给合适的顾客。这就是 JBL 和 Trek Bikes 赞助山地自行车赛成功的原因。

3. **坚持几个关键信息**。大多数活动试图达到很多目标。人们是来参加活动的，他们只能接受数量有限的几个推荐，不要一下子让人们感到厌倦。坚持几个关键信息，并经常重复才是正确的方法。

4. **画出一条情节线**。一项活动如果像一场戏剧或一部伟大小说的话是最有效的。试着构造一个开端、一个中间部分和一个令人激动的结局。体育赛事在这方面是与生俱来的，这就足以说明它们为何会如此流行。在非体育赛事中需要构建出一条情节线，这样观众就可以在观赏活动的同时逐步注意到品牌信息。

5. **突出排他性**。如果你要举办一次特别的活动，只发放邀请函。或者，如果你是一个特别赞助，那么只邀请最重要的顾客、客户或供应商。目标群体都想知道这个活动的特色。专一性给这个品牌提供了一个非常有利的氛围。

6. **传递相关性**。活动提升了品牌信誉，提高了品牌知名度，也改善了关系。从销量上判断这个活动是否成功会误导甚至是没有远见的。不要让活动以产品为中心，而是使其成为受众的一次品牌体验。

7. **使用互联网**。在促进活动、保持与目标群体的持续沟通，以及在活动之后处理后续事宜方面，互联网绝对是一个伟大的方法。另外，互联网还可以让那些不能亲身参加活动的人了解到活动。对于高尔夫球迷来说，PGA 网站让观众们都能参与到每一场 PGA 巡回赛当中，并给了广告赞助商另外一个可以接触目标群体的机会。

8. **未雨绸缪并及时总结**。从培养消费者的品牌意识到进行试用，再到使其产生品牌忠诚不可能一蹴而就。观众需要把这次活动当作对品牌全面接触的一部分。这是在活动进行之前的准备过程中需要解决的问题。另外，这项活动必须与广告、促销以及广告专业术语紧密相连。

资料来源 Laura Shuler, "Make Sure to Deliver When Sraging Evenis," *Marketing News*, September 13, 1999, 12.

## 14.4 植入式广告

正如本章中前面所指出的，广告、品牌和娱乐正在慢慢汇聚并且彼此间紧密相连。品牌建设者们渴望将其品牌融入到他们的目标消费者喜爱的任何形式的娱乐活动中去。赞助活动已经有几十年的历史了，品牌建设者们也在寻找其他宣传其品牌的领域。事实上，在当今这个属于广告和整合品牌促销的世界上，似乎没有任何一个节目是被禁止的。无论何时何地，消费者们都可以在娱乐活动中发现一些品牌，无论是在体育赛事中，在电影院，在互联网上，或者在电视机前，或者在视频游戏机控制台上都能发现。如果它给观众带来快乐，一些品牌就想要在那里融入其中。

植入式广告，就是把一个品牌的产品置于某种既定的娱乐方式的内容中和操作过程当中的做法。这些植入是有目的的，厂商投资这种方式是为了展示并且/或者推广某品牌。从电影《E.T外星人》中那个小外星人一点一点地咬 Reese's Pieces 开始，植入式广告已经有了长足的进步，该产品（或品牌）预示许多后来发生的事情。就像他们说的，魔鬼肯定是从瓶子里出来的。据估计，广告主在植入式广告方面的开支在2010年以前将达到140亿美元。①

在当今世界上，植入式广告代理商与厂家一起建立起广告与娱乐产业之间的桥梁。通过积极开展合作，代理商、销售商、生产商和作者设法把厂家的广告作为节目的一部分展示出来。这种展示可能表现为任何形式。电影、互联网上的小视频以及真实的电视节目都可能成为产品植入的好地方。游戏、小说、杂志（或日志）也具有极大的潜力。对于一个品牌来说，在人们娱乐的任何地方、任何时间里进行产品植入，都可能会是一个机会。

### 14.4.1 在电视中

电视观众早就已经习惯了植入式广告。肥皂剧和真人秀节目使得植入式广告成为电视里面的家常便饭，并使这种方式迅速地传开了。在时代华纳公司的宽带网络上，一辆闪亮的橙色大众甲壳虫敞篷车在青少年喜爱的英雄题材电视剧《超人前传》(*Smallville*) 里发挥了重要作用。在《人人都爱雷蒙德》的一个片段里，雷蒙德(Ray Romano) 追赶他的妻子到了一家杂货店，打翻了 Ragu 公司的一个展架。在 Bravo 网络上播出的《粉雄救兵》（*Queer Eye for the Straight Guy*）为 Amaretto、Redken、Diesel 等品牌的广告植入提供了良机。在 NBC 上演了很长时间的喜剧《弗雷泽》(*Frasier*) 的最后一个片段中有一个特殊的时刻，Niles 为了让弟弟高兴而给了他一份礼物。这礼物是什么呢？非凡农庄（Pepperidge Farm）做的 Mint Milano 点心。就像在《弗雷泽》中的那样，品牌化的“特殊时刻”将会变得越来越普遍。②

甚至还有一种想法，认为植入式广告会是电视的救星。③ 回忆一下这一章前面部分讲过的鲍勃·加菲尔德的混沌猜想，以及提到的电视等传统媒体的“无情的死亡螺旋”。因此，如果消费者不看电视上的广告，那么为什么不把节目本身作为广告的载体呢？当西蒙在《美国偶像》里喝一口可乐，或者当《生存者》（*Survivor*）的参赛者获得品客（Pringles）小吃作为奖励的时候，这些品牌实际上已经获得了默许。在2005年，有超过10万个产品植入在了电视节目中，而且这一数字还会继续强劲增长。④ 没有人知道这个趋势将奔向何方，但把魔鬼赶回到瓶子里面显然很难。也许电

① Marc Graser and T. L. Stanley, “Study: Placements to Surge 25% in'06,” *Advertising Age*, August 28, 2006, 6.

② Brian Steinberg and Suzanne Vranica, “Prime-Time TV's New Guest Stars: Products,” *Wall Street Journal*, January 12, 2004, B1, B4; Brian Steinberg, “Frasier Finale: Amid Nostalgia, A Product Plug,” *Wall Street Journal*, May 12, 2004, B1, B2; Grover, “Can Mad Ave. Make Zap-Proof Ads?”

③ Marc Graser, “TV's Savior?” *Advertising Age*, February 6, 2006, S-1, S-2.

④ Marc Graser, “TV's Savior?” *Advertising Age*, February 6, 2006, S-1, S-2.

视因此将被保留下来吧。

## 14.4.2 在电影里

在许多动作和冒险电影里，汽车追逐都是一个经典的组成部分，并且在最近几年里，汽车追逐已经成为展示新的汽车品牌的一个平台。① 如果您想要沉浸在一个极好的品牌娱乐的场景中，去租《偷天换日》的 DVD 来看看吧。这部电影发行于 2003 年，一辆可爱的 Mini Cooper 成了主角，如图表 14—10 所示。事实证明 Mini 车是完美的逃亡用车，因为在这部电影中它多次在紧要关头进出自如，非常灵活。宝马在植入式广告方面是一个先驱，早在 1995 年的 007 系列电影《黄金眼》中，Z3 车就开始亮相了。在 2004 年庞蒂亚克（Pontiac）为一部为电视而制作的电影中重新推出了它们的 GTO 系列车，那就是由丹尼斯·霍普（Dennis Hopper）和克里斯·卡马克（Chris Carmack）主演的《最后一骑》；丰田公司试图通过在网络电影 *On the D. L* 中加入赛恩（Scion）车戏份的方式来促进它的销售；而奥迪则在科幻故事片《我，机器人》中吹捧它的 RSQ 概念车。正如一句俗语所说，物以类聚，人以群分。

图表 14—10

Cooper 发起的活动当中整合了很多独创性的品牌营销的例子，包括在电影《偷天换日》中的主要的角色。让我们乘汽车旅行吧！

当然不仅仅是汽车制造商在电影中植入广告。White Castle、美国运通公司、诺基亚，以及 Weather Channel——仅举这几例——都已经加入了这个行列。2006 年，由威尔·法瑞尔（Will Ferrell）主演的电影《塔拉迪加之夜：瑞奇鲍比的民谣》（*Talladega Nights*：*File Ballad of Ricky Bobby*）中充斥着大量的产品，从苹果蜂蜜

① Marc Graser, "Automakers: Every Car Needs a Movie," *Advertising Age*, December 11, 2006, 8.

(Applebee）到神奇面包（Wonder Bread)。[1] 所有这些活动都得到了验证，这项研究表明，25 岁以下的人群最能注意到电影里植入的广告，也愿意尝试他们从电影中看到的产品。[2] 正如我们所强调的，对于越来越多的年轻的消费者，已经难以通过传统的广播媒体去触及了。虽然他们可能会很快就去尝试在电影里看到的品牌，但是在短期内，这个看起来非常不错的策略却很难打动年轻客户。

## 14.4.3 在电视游戏里

谈到如何完成不可能完成的任务，让我们看看这些数字：根据 Forrester 研究机构所说，至少有 1 亿户美国家庭都能玩一些游戏。[3] 此外，大多数分析师得出结论，40%左右的忠实玩家年龄都在 18 至 34 岁之间，他们受到广告商们的高度青睐，因为他们花钱随意，但通过常规的媒体却很难触及到这些人。现在电视游戏当中的元素不仅是能吸引人的娱乐选择，而且这种娱乐元素还能让玩家在插播广告时不会走开。既然这么多人都死盯着它，广告商们要涉足其中还有什么可奇怪的吗？的确，尼尔森预测，用在游戏广告植入的费用将从 2005 年的 7 500 万美元增长到 2010 年的 10 亿美元。[4]

广告牌上的广告和虚拟产品已成为像《真实犯罪：洛杉矶街头》（*True Crime: Streets of L. A.*）这样的游戏中的标准配置了，其中的主角 Nick Kang 一身彪马服装。在育碧公司（Ubisoft）出品的游戏《分裂细胞：混沌理论》（*Splinter Cell : Chaos Theory*）中，特务在追捕恐怖分子时要潜入有雪碧自动售货机的房间。Tony Hawk 一定是一个吉普车迷，因为牧马者吉普车（Wranglers)、大切诺基（Grand Cherokees）和 Liberties 吉普车总是出现在他的游戏里。尼尔森的研究表明，大部分玩家认为植入式广告提升了游戏质量，而且由于这种品牌会在游戏中反复出现，这些广告对购买意向的影响比传统媒体的影响要强烈得多。对于广告商来说，另外一个重大机遇是网络控制平台，它会带来更多生动的广告并能够精确地追踪玩家会在哪里停下来仔细看看以及多久看一次。[5] 无论你把它称为“游戏广告”或“广告游戏”，你都可以在这样的虚拟世界看到更多的品牌：LG 手机、可口可乐、宝马、索尼、Old Spice、李维斯、诺基亚、Callaway Golf、乐芝饼干、塔吉特百货公司、Radio Shack、the U. S. Army 和许多其他品牌。

## 14.4.4 我们所知道的植入式广告

植入式广告业务在过去的十年间飞速发展。这项曾经是罕见的、偶然的和投机取

---

① Kate Kelly and Brian Steinberg, “Sony's ‘Talladega Nights’ Comedy is Product-Plug Rall,” *Wall Street Journal*, July 28, 2006, A9, A12.

② Emma Hall, “Young Consumers Receptive to Movie Product Placements,” *Advertising Age*, March 29, 2004, 8.

③ David Kiley, “Rated M for Mad Ave,” *BusinessWeek*, February 27, 2006, 76, 77.

④ David Kiley, “Rated M for Mad Ave,” *BusinessWeek*, February 27, 2006, 76, 77.

⑤ John Gaudiosi, “In-Game Ads Reach the Next Level,” *Business 2.0*, July 2007, 36, 37.

巧的活动已变得更加系统化，并且在许多情况下甚至是更加具有战略性。虽然植入式广告永远不可能像制作和播放一个 30 秒的电视广告一样简单易行，但是还是有许多案例说明了使用这种方式所带来的挑战和机遇。[1]

首先，当植入式广告与广告计划中的其他要素结合在一起的时候会带来最高的效益。不要感到吃惊，这就是协同作用的效果。至于赞助活动，我的想法是使植入式广告发挥杠杆作用。应当避免单独的植入机会，而应建立起与广告计划中的其他因素的联系。比如说，与正和时宜的一个公共关系活动联合的植入式广告可以产生协同作用：新奇的植入式广告可以创造巨大的媒体反响。此外，在一个新产品的启动发布会上，植入式广告可能正好作为补充其他广告形式的恰当方法。我们已经在新车和新品牌发布会上多次看到这种方法了。

此外，就像赞助活动一样，植入式广告也给广告商带来一个问题，那就是如何衡量成功以及投资的回报。在这里，集体智慧似乎再次说明计算植入式广告的媒体印象并不能完全体现出它的价值。植入式广告在提供给厂家的价值方面千差万别。其中一个考察方面就是在植入的广告当中和知名人士的关系。[2] 当汤姆·克鲁斯在他的某部电影里穿上了 Wayfarer 衣服时，这种隐晦的广告使得产品的销量直线上升。[3] 精明地利用植入式广告的人一直都在寻找一个合适的契合点，这个点可以让观众从广告中的明星那里得到品牌暗示。

另一个影响植入式广告价值的因素与想象中的真实性概念有关。**真实性**本意指的是看起来诚恳和自然。但是因为广告商和他们的代理人在尽可能多地寻找机会将自己的品牌写进剧本，所以可以预料到，其中的一些植入性广告看起来会很生硬、做作。例如，在《绝望主妇》中的一个片段中，艾娃·朗格莉亚（Eva Longoria）在一家超市前停下一辆新的别克车的这一幕看起来非常虚假和做作。在这个电视剧中，艾娃或她的性格从来不可能屈尊到这种坦率的程度。相反，在电视剧《宋飞传》（*Seinfeld*）中，当克雷默和一个无家可归的人为了夺回自己的特百惠杯子而争吵所创造的虚假就很完美，并且增加了喜剧效果。品牌要融入到娱乐当中，而不是削弱娱乐的效果。这一点往往很难做到。

但是就像广告业中的许多其他事情一样，植入式广告要想成功，就要和这个充满活力的行业中的大佬们发展密切的关系。你需要让那些正在寻找良机的合适人选融入到为品牌制定的战略目标当中。这也并不是一个商业广告中的新想法。正如第 8 章中强调的那样，广告是一项集体活动，最好的球队将会赢得多场比赛。如果团队中的成员都能了解彼此的目标，并相互支持和帮助，你肯定想成为这个团队的一员。优秀的球队需要时间来发展。而且优秀的团队会将植入式广告从投机取巧、杂乱无章，努力转变到能够为一个综合的品牌宣传提供支持。这永远都是正确的事情。

---

① See also Cristel Russell and Michael Belch, "A Managerial Investigation into the Product Placement Industry," *Journal of Advertising Research*, March 2005, 73 – 92.

② James Karrah, Kathy McKee, and Carol Pardun, "Practitioners' Evolving Views on Product Placement Effectiveness," *Journal of Advertising Research*, June 2003, 138 – 149.

③ Christina Passariello, "Ray-Ban Hopes to Party Like It's 1983 by Re-launching Its Wayfarer Shades," *Wall Street Journal*, October 27, 2006, B1, B4.

在下一部分中，我们将我们的注意力转向迄今为止与本章中的一切都有关联的另外一个话题，品牌娱乐。为了做好准备，我们看待品牌娱乐的方式之一是将其看做是植入式广告一个自然延伸和发展的结果。品牌娱乐既增加了风险，也提高了潜在的支出。现在与产品植入一起出现的问题是："我们应该将我们的品牌融入到哪种正在发展的广告展示形式当中呢?" 有了品牌娱乐之后，广告商们可以创立他们自己的节目，所以他们永远不会再为找不到自己品牌的一席之地而发愁了。当然，这保证了自己的品牌将是节目中的主角之一，就像在《劳氏赛车》（Lowe's Motor Speedway）节目里出现的 Tide 车一样。

## 14.5 品牌化娱乐

对于一个铁杆赛车迷来说，没有什么比可口可乐 600 之夜在罗伊赛道举行更好的了。这是纳斯卡（NASCAR）最长的夜晚。但在那看直播的机会真是太少了，所以纳斯卡奈克斯泰杯（Nextel Cup）系列赛被很多家电视台转播，成为北美最受欢迎的转播体育赛事。[①] 如果你从来没有看过赛车，你一定要看看，因为纳斯卡比赛会召集各路车手前来参战，同时也是众多品牌的一个盛大集会。如图表 14—11 所示的这些赛车，全身遍布了几乎来自于纳斯卡的 800 个赞助商的大大小小的标志。播音员随时向你通报每一圈领跑者的更迭和赛车进站的情况。我们了解到家得宝是纳斯卡的官方家居装饰储存库合作伙伴，UPS 是纳斯卡的官方配送服务商。在广告插播期间，还有百威和米勒啤酒对着叫嚷，接着我们重新回到比赛当中，看着百威或米勒淡啤的汽车进入赛道。这一切都不是惊喜，因为纳斯卡公开并积极地将自身打造成体育界中最好的营销机会。换句话说，一场纳斯卡比赛就是品牌娱乐的一个奇妙的例子。

这也就不难理解，为什么美国国家汽车配件协会或啤酒产业的老大——百威啤酒都愿意掏数百万美元，就是为了成为纳斯卡奈克斯泰杯赛的赞助商。但是如何想象，如图表 14—12 所示的那样，宝洁公司赞助汰渍车说得过去吗？首先，许多妇女是纳斯卡赛车运动的爱好者而且她们会购买汰渍产品。此外，整体行业的研究表明，纳斯卡的球迷们非常忠于赞助汽车运动的品牌，而且对那些将商标刷满车身和司机身上的做法毫不反感。事实上，许多纳斯卡迷们还对于穿上这些商标感到自豪。还有，数据显示相对于所有其他运动来说，赛车迷被他们喜爱的赛车手鼓动去购买产品的可能性是其他运动粉丝的 3 倍![②] 一个纳斯卡的主管这样说："我们的车队和车手在与赛车迷的沟通方面做得很好——他们购买的汰渍越多，里克·克雷文就跑得越快。"[③] 显然，这就需要以一种更能激起消费者兴趣的方式与其交流和沟通，这样才能使汰渍汽车或百威汽车或伟哥汽车或劳氏的汽车都成为品牌娱乐活动的伟大象征。

---

① Tom Lowry, "The Prince of NASCAR," *BusinessWeek*, February 23, 2004, 91-98; Rich Thomaselli, "How NASCAR Plans to Get Back on the Fast Track," *Advertising Age*, February 12, 2007, 3, 26.

② Rich Thomaselli, "Nextel Link Takes NASCAR to New Level," *Advertising Age*, October 27, 2003, S-7.

③ Lisa Napoli, "A New Era in Stock-Car Racing," *New York Times*, available at *http://www.nytimes.com*, July 14, 2003.

图表 14—11

在 NASCAR 活动中，赛车迷和他们的品牌之间的关系中有一些特殊的东西。每场比赛都确实是一场庆典，品牌与它联合主演了这个节目。看明星请登录 http：//www. nascar. com。

图表 14—12

赛车吸引了忠实的粉丝。他们愿意为喜爱的品牌摇旗呐喊。你还对广告主想参与这场独特的比赛而感到吃惊吗?

纳斯卡赛车运动确实是一个独特的品牌建设载体，为大小品牌提供无数的市场机会。[①] 但是，我们在这里用它做例子来说明这是一种更广泛、更普遍并越来越多地被用来支持和建立品牌的方法。虽然它有很多种叫法，但是我们还是决定称之为品牌娱乐。**品牌娱乐**需要所有娱乐元素（如电视节目、主题公园、短片、电影或视频游戏）的推动和支持，其中一个主要目标就是努力加深消费者对这种品牌的印象，并通过一种独特和令人信服的方式与消费者联系起来。

1. 品牌娱乐与产品植入的不同之处在于，品牌娱乐离不开营销人员的支持。在许多情况下，是营销人员自己制造娱乐元素。宝马在植入式广告和品牌娱乐方面的工作对比为我们提供了一个很好的例子。在1995年的007电影《黄金眼》中Z3的出现是植入式广告的一个很好的例子。不过，宝马并没有止步于此。2001年，宝马和其广告代理商Fallon Minneapolis决定，是时候制作一部宝马汽车担纲主角的电影了。结果就出现了一系列原创的，在网络上流行的短片，像由克里夫·欧文（Clive Owen)、詹姆斯·布朗（James Brown)、玛丽莲·曼森（Marilyn Manson）和最重要的宝马Z4汽车一起出演的影片《战胜恶魔》，这些宝马系列电影的成功有助于开创品牌娱乐的新纪元。

为了给自己的品牌增色，许多人跟随宝马的脚步来开发自己的娱乐方式。[②] Goen集团创作了一个真人秀节目——《挑战百万美元》，主角是它们的减肥药Trimspa。联合利华在MTV台和Spike电视台上出了2期专辑用以促进其Axe沐浴露的销售。Fairway Gourmet公司在PBS（美国公共广播公司）上向我们描绘美好生活的镜像（images)，并宣传夏威夷旅游局的欢迎词。通过自己创办节目（往往是和它们的广告代理一起)，营销人员精心创作品牌故事，尽量宣传其品牌，以达到吸引特定的目标群体的目的。这与试图在一个既定的节目中为自己的品牌寻找到一席之地是完全不同的。正如其他人所说的，“客户常常是通过那些而后发展成为大型的营销活动的小型植入式广告进入到娱乐营销王国的”[③]。在品牌建立的道路上，从简单的植入式广告就会更自然地演变成更丰富的品牌娱乐活动。

回到纳斯卡的例子上来。如果没有像吉列、百威和丰田这样的大品牌，以及汰渍对车队和车手的赞助的话，就不会有今天的纳斯卡比赛。没有品牌，就没有纳斯卡。纳斯卡的这个例子表明，在如今这个品牌建设的世界上，将品牌建设和娱乐活动分离开是不可能的。对于品牌建设者们来说，这是一个伟大的构想，因为在所有因素中，娱乐活动使他们的努力得到了回报。

## 14.5.1 植入式广告和品牌娱乐将走向何方？

我们很容易理解**植入式广告**和品牌娱乐人气高涨的原因。通过这样一种手段让你

---

① Rich Thomaselli, “Hitch a Ride with NASCAR for Under $5M,” *Advertising Age*, November 6, 2006, 4, 80.

② Burt Helm, “Bet You Can't TiVo Past This,” *BusinessWeek*, April 24, 2006, 38, 40; Louise Story, “Brands Produce Their Own Shows,” *New York Times*, available at *http://www.nytimes.com*, November 10, 2006.

③ Cristel Russell and Michael Belch, “A Managerial Investigation into the Product Placement Industry,” *Journal of Advertising Research*, March 2005, 82, 83.

的品牌脱颖而出并与消费者紧密相联，意味着可以从经销商那里获得更多的利益。但总有一些复杂且与之抗衡的因素存在。没有人能确切地说在未来的十年中，广告资金将会以何种速度投入到品牌娱乐活动，有几种力量可能会阻挠这个进程。

一种显而易见的对抗力量就是即刻过度饱和。就像其他一时流行的促销策略一样，如果广告主蜂拥而上就会引发顾客疲惫和市场混乱。正如一位通用汽车的前营销副总裁所说："当今所有公正的观察员都发现，大多数营销世界都在追逐少数植入式广告交易。植入式广告协议是有问题的并且有限制的。只不过是没有足够的诚意去推广品牌。"[①] 有些人可能会争辩说，有创意的合作可以随时为品牌娱乐带来新的机会。但是在某些情况下你不得不承认，另一部电影造就了另一个热销的汽车，甚至 Creepy King 开始感觉到有点过时。事实上，我们可能已经出现了这种情况。

在品牌和娱乐节目搭配的过程和体系中通常会出现一个问题：传统媒体提供了一个与消费者接触的行之有效的途径，营销人员喜欢看到这种可预见性；而品牌娱乐是一个新的而且往往难以预测的形式。正如一位 Fallon Minneapolis 公司（一家与宝马广告影片一起进行品牌娱乐的先驱公司）高管说的那样："在取得圆满成功之前你可能会出好几次错，因为你就像是在用开山刀来穿越丛林一样……在品牌娱乐过程中，每次暂停过后，就要重新开始。"[②] 缺乏可预见性导致了这一过程最终被迫中止。

通用汽车公司和华纳兄弟公司在电影《黑客帝国 2：重装上阵》的宣传期间关系闹得很僵，这表明市场营销商和电影制片人并不能总是满足对方的需要。通用汽车公司旗下的凯迪拉克最终选择放弃对这部电影续集进行大成本的电视广告宣传，因为它无法与华纳兄弟公司取得预料中的良好合作或者获得足够的影片镜头。此外，三星、喜力和可乐公司也都公开抱怨过华纳兄弟公司对它们的冷遇。这种争吵沸沸扬扬，最终变成大新闻，使得那些拿着钱准备投资的人对走品牌娱乐路线是否值得产生了怀疑。[③]

最后，我们要讨论一下直接与消费者沟通的事宜。更具体地说，Ralph Nader's Commercial Alert 消费者权益保护协会已经向联邦贸易委员会和联邦通信委员会提出了申诉，申诉上说广播电视公司隐瞒了节目中产品植入广告的说明，这是对观众的欺骗行为。[④] 他们争论的根本问题似乎是因为大部分的节目中提及的产品实际上都是"付费广告"，所以消费者理应享有知情权。可以想象，当广告主付了费，要将一个品牌植入美国某电视节目中时，联邦相关机构应当对此种行为进行说明，虽然这种做法现在已经十分普遍，但我们仍然认为消费者已经认识到在幕后肯定是有金钱交易的。关于这样的事情，消费者往往很精明。综观全球，你可以发现不同国家的人们对此持有的观点有着显著的区别。例如，在下面的全球化专栏中，西班牙人在产品植入广告中的做法与美国人的做法很像，而英国人对于植入广告的做法与美国人就有很大差异了。

---

① Phil Guarascio, "Decision Time at Mad + Vine," *Advertising Age*, September 1, 2003, 15.

② Kate MacArthur, "Branded Entertainment, Marketing Tradition Tussle," *Advertising Age*, May 10, 2004, 6.

③ T. L. Stanley, "Sponsors Flee Matrix Sequel," *Advertising Age*, October 13, 2003, 1, 71.

④ Claire Atkinson, "Watchdog Group Hits TV Product Placements," *Advertising Age*, October 6, 2003, 12.

## 全球化专栏

### 欧洲人对于植入广告的不同见解

亨氏（H. J. Heinz）说植入广告相当复杂。你要知道，当《美国偶像》节目在英国重播时，英国独立电视委员会要求节目制作者将节目中出现的红色杯子上的可口可乐商标去除。而当亨氏在英国电视上播放《晚餐医生》的烹饪节目时，它们当然想对节目中介绍的一些食品征收广告费，但是监管机构却不允许。节目中的任何一部分都不能提及任何产品。一位来自于匹兹堡公司总部的亨氏高管问："产品会展示几次?"管理欧洲公司事务的亨氏总经理坦白告诉他："完全不会有任何产品展示。"那亨氏为什么还要不厌其烦地制作这种节目呢？亨氏作为赞助商，在节目开始和结尾的制作名单中确实有所提及，并且在英国竞争相对不算激烈的植入式广告市场，这也足够使亨氏获得来自消费者的积极反馈了。也许这仅仅只是另一个"广告相关性规则"的例子。在这种竞争不算激烈的环境中，一点点的投资看起来也许还是很多。

西班牙广告商的境况则完全不同。结果表明，西班牙是一个使广告主梦想成真的地方。但也许这个梦想仅仅是一种幻想。西班牙电视台上广告繁多，因此任何一个广告商很难脱颖而出吸引消费者。在西班牙晚上的黄金时段，插播的商业广告可以长达 15 分钟，多达 30 个的广告一个接一个。以至于节目重新开始的时候，许多观众甚至忘记了他们所看的是什么节目。像《魔戒》这样的电影在电影院观看需要 3 个小时，但当你查看西班牙当地的电视预告时你会发现看同样的《魔戒》需要 5 个小时。你猜对了；三小时的电影中间要插播两小时的广告。你可以想象一下西班牙的观众对于数字电视录制功能（TiVo）抱着一种什么态度？

广告主如何才能避免可怕的 TiVo？在节目中使用植入式广告吧。这在西班牙没有任何操作上的困难。通用汽车、麦当劳公司都想把广告植入到西班牙收视率最高的电视节目 *Aqui no hay Quien Viva*（*No One Can Live Here*）中去。节目剧组人员对此也很支持。在节目中有一个婚礼场景，新郎和新娘给来宾们一个特殊的惊喜：他们开着悍马到麦当劳并为每个人点了巨无霸、麦乐鸡、炸鸡等食品。但是家居装饰节目 *Decogarden* 为西班牙电视节目中的植入式广告设定了标准。在连续 4 周的仅仅 4 个片段当中将植入 105 个品牌广告。正如一家西班牙广告机构的主管所描述的："我们这里是品牌植入的天堂。"

那么欧洲其他国家的情况又如何？其他的欧洲国家在品牌植入方面的情况处于西班牙和英国这两种极端情况中间，但是趋势却是朝着西班牙模式发展。欧盟的新规定鼓励在欧洲范围内要有更加开放的广告环境，但是不要期望英国人能够快速转变。正如一个机构总管所说："我们英国人鄙视愚蠢的品牌传播，并且在实际行动中我们也反对这样做。"这就像很多地方在婚礼宴会上用麦乐鸡招待来宾都会被认为是一种愚蠢的行为一样。

资料来源 Erin White，"U. K. TV Can Pose Triky Hurdles，" *Wall Street Journal*，June 27，2003，B7；Emma Hall，"Product Placement Face a Wary Welcome in Britan，" *Advertising Age*，January 8，2007. 27；Aarton Patrick and Keith Johnson. "Spanish Television Reign as King of Produce Plugs，" *Wall Street Journal*，February 2，2007，A1，A16.

## 14.5.2 旧貌换新颜

尽管一些人不愿承认，但是营销商、媒体巨头、广告机构、艺人还是有很多共同点。他们都出于商业目的做事，并且他们还将像以前一样合作下去。这就是现实情况，几十年来的现实情况。聪明的广告主一直都知道这一点，并且他们也一直在做自己的本职工作：向消费者传达其品牌的正面信息。在过去的几年中，在这方面没有任何一家公司比宝洁做得更好。在结束这一小节之前，我们要对宝洁公司的过去和现在做一下回顾，要了解到虽然宝洁公司现在很强盛，但是它使用品牌娱乐活动也已经数十年了。

在 1923 年，宝洁公司在当时的新型媒介平台——无线广播——上的品牌娱乐中处于顶尖位置。你可以鼓起勇气试着想象：在那样一个没有电视和网络的世界——人们如何生存？为了推销旗下的 Crisco 起酥油，宝洁营销人员制作了一个新的电台节目 *Crisco Cooking Talks*。这是一个 15 分钟的节目，该节目精选食谱和交流烹饪经验，如图表 14—13 所示，以发掘更多的 Crisco 起酥油的用途。虽然这是一个良好的开端，但是宝洁公司的市场研究人员不久告诉他们，听众想要的是更加娱乐性的东西而不仅仅是一个食谱节目。于是电台又进行进一步制作，以一种新型的娱乐节目出现，最后成了后来众所周知的肥皂剧。这种生动的系列剧以其连续的故事情节吸引着听众日复一日地听下去。《指路明灯》（*Guiding Light*），宝洁公司最持久的“肥皂剧”，开始于 1937 年的电台节目。《指路明灯》在 1952 年成功地过渡到电视，同时它也是电视媒体历史上播出时间最长、久负盛名的肥皂剧。① 值得一提的还有——宝洁公司的肥皂也销售良好（还包括今天其他的很多产品）。

快速跨入新世纪。宝洁公司的消费者已经发生了变化。肥皂剧失去了它传统的魅力，对新型整合品牌促销的需求迫在眉睫。在今天，宝洁公司与它的合作伙伴公司，如 Viacom Plus 和 Starcom Media Vest Group 进行合作，以保证其品牌嵌入在其目标消费者喜爱的娱乐活动中。很好的一个例子就是由前性感超模泰拉·邦克斯主办的在网络上连续播出的美国超级模特新秀大赛上宝洁公司的封面女郎品牌的整合。截至本书写作之时这种关系已经保持了五个赛季，并有计划继续延长五个赛季以上。在这种封面女郎与超级模特的关系中，我们看到很多顶尖的品牌艺人的鲜活例子。

一项持久的关系显然是其最终追求的目标。长久的关系会形成信任，当他们相互信任的时候他们也会为对方考虑一些事情。因此，虽然宝洁公司对超级模特节目内容没有直接控制权，但它仍然能够要求在节目中植入品牌或者有时候影响某些节目内容，宝洁公司能做到这一点正是由于这种信任关系。不过，宝洁公司已经学着不再过度推销以免丢失自己的品牌特色。过度推销会减少节目的娱乐价值，这对谁都不好。为了达到最佳效果，封面女郎品牌在每一季的故事情节中仅仅有三个片段进行关联度很高的品牌植入。当然，如图表 14—14 所示，每周的在线观众参与都很受欢迎。

---

① Davis Dyer, Frederick Dalzell, and Rowena Olegario, *Rising Tide: Lessons from 165 Years of Brand Building at Procter & Gamble* (Boston, MA: Harvard Business School Publishing, 2004).

图表 14—13

广告在 20 世纪 20 年代，宝洁是收音机新媒介的发明者，它试图通过这种新媒介宣传旗下的 Crisco、Ivory 和 Oxydol 等产品。

图表 14—14

封面女郎仿照很多流行节目的做法，邀请观众参与节目互动，由观众来评选每周的冠军。

品牌植入整合要做得自然，这是很关键的。而封面女郎在超级模特大赛中就很好地做到了这一点。例如，每一季的前三甲必须准备为一家杂志广告拍照片。毕竟，模特赚钱的门路就是要出现在广告中。因此，封面女郎与比赛联系起来非常自然，而且杂志也会青睐封面女郎，因为它就是代表着“提高您的自然美”的品牌。节目的内容和品牌的宗旨完全交织在一起，并暗含了美国超级模特新秀大赛的支持，如图表14—15 的 Eva。在品牌建设的缤纷世界中它达到了一个巅峰。

图表 14—15

每届超级名模比赛的冠军都将成为宝洁产品下设的 CoverGirl 模特，这也体现了新明星对宝洁这一品牌的即刻赞同。

## 14.6 协调性挑战

向目标市场传递信息的方式在不断变化。正如你所看到的，营销商和广告商正在持续不断地寻找全新低成本的方法以便从纷繁复杂的各类广告中脱颖而出并与消费者进行沟通。今天，从休息室广告到赞助马拉松比赛，从游戏内广告植入到制作网络简短视频，都是各种创新广告方法的缩影。

对本章进行总结时，广告爆炸和整合品牌促销工具这两点需要我们多加注意。广告商在向潜在消费者传递信息时有着各种不同的选择：从有线电视到全国性报纸，从高科技广告牌到网上竞赛和派送活动，选择的多样性是惊人的。广告成功的关键就是选择正确的一系列广告宣传工具吸引目标市场，然后合理配置各种信息，从而确保沟通的及时有效。

很多因素能对各种广告工具的合理配置产生消极影响。随着广告和整合品牌促销变得越来越复杂，公司对各种职能型专家的依赖也与日俱增。例如，一个公司也许有很多不同职能的经理，分别负责广告、活动赞助、品牌娱乐和网络市场开发。专家，顾名思义，他们在专业领域很擅长，但是他们对于公司内其他人员的工作却不甚了解。[①] 专家也希望有自己的预算体系，一般也会为自己的部门争取更多的资金。这种预算资金的竞争通常会带来不利于协调工作的对抗和敌意。任何时候都不要忽视内部人员的预算之争。自愿减少自己的预算，让他人享有更多预算的做法是极其罕见的。

谁应该为达到整体目标负责？令人难以置信的是，这一问题很难达成共识，这也导致了公司内部的协调工作变得更加困难。[②] 难道让顾客来承担这种责任吗？亦或让“领头的”广告公司承担此项责任？广告公司往往认为自己在这方面应该发挥主导作用，但却没有发挥到让所有人满意的程度。[③] 其中一种观点就是让“领头的”广告公司发挥设计师和总承包商的作用。[④] 活动设计师负责起草一项符合媒体中立的计划，然后雇用分包商完成计划中的一些具体环节——因为领头的公司自身无法很好地完成具体操作。同时该计划还必须是利益均分的。也就是说预算必须下放给具体的分包商，从而让分包商有足够的经费完成分配给他的具体任务。这里又产生一个问题，“设计师或者总承包商”真的会平分财富吗？他这样做难道不会让自身控制的预算降低？现实情况往往不是这样。但有一点是肯定的：在没有明确谁负责某项综合性广告活动时，一般不会实现内部各个部门的协调工作。[⑤]

最后需要记住的是：协作的目的是产生更好的协同效果。个别媒体能够孤立运作，但是如果运用多种媒介和整合品牌促销工具并使它们相互协同工作，那么广告主将得到更多收益。即使是精明的商家，像美国运通，也面临着内部协调的挑战，特别是美国运通减少了很多30秒的电视广告转而采用多样化的整合品牌促销工具时更是如此。例如，为了推广蓝卡，美国运通采用了新型的营销工具的集合，从在健身俱乐部赠送蓝标水壶到在数以百万计的爆米花袋上印上蓝色广告。该公司还赞助了在纽约中央公园举行的的雪儿·克罗音乐会并将 L. A.'s House of Blues 爵士乐俱乐部的名字改为“House of Blue”，它邀请了埃尔维斯·科斯特洛（Elvis Costello）、史蒂夫·汪德（Stevie Wonder）和数乌鸦乐队（Counting Crows）来表演。平面广告和电视也被用来宣传蓝卡，但是在这些传统媒体上的花费还不到美国运通原先广告费用的一半。使用各种不同的媒介并用“一个声音”向目标消费者进行宣传是广告和整合品牌促销最核心的内容。美国运通似乎找到了一个好的营销方法：它自己也认为其发行的蓝

---

① Don E. Schultz, Stanley I. Tannenbaum, and Robert F. Lauterborn, *Integrated Marketing Communications* (Lincolnwood, IL: NTC Business Books, 1993); Daniel Klein, "Disintegrated Marketing," *Harvard Business Review*, March 2003, 18 – 19.

② Laura Q. Hughes and Kate MacArthur, "Soft Boiled: Clients Want Integrated Marketing at Their Disposal, but Agencies Are (Still) Struggling to Put the Structure Together," *Advertising Age*, May 28, 2001, 3, 54; Claire Atkinson, "Integration Still a Pipe Dream for Many," *Advertising Age*, March 10, 2003, 1, 47; Burt Helm, "Struggles of a Mad Man: Saatchi & Saatchi CEO Kevin Roberts," *BusinessWeek*, December 3, 2007, 44 – 50.

③ Joe Cappo, *The Future of Advertising* (Chicago, IL: McGraw-Hill, 2003), ch. 8.

④ Joe Cappo, *The Future of Advertising* (Chicago, IL: McGraw-Hill, 2003), ch. 153, 154.

⑤ Suzanne Vranica, "For Big Marketers Like AmEx, TV Ads Lose Starring Role," *Wall Street Journal*, May 17, 2004, B1, B3.

卡是公司历史上最成功的新产品。

协调性的挑战并没有到此为止。后续章节将继续从更深层次讲述这一挑战的复杂性，内容包括直接销售、人员销售、公共关系以及企业广告。这些活动需要同目标群体进行更多的接触，这样才会加强广播、印刷广告和辅助媒介对目标群体的信息传递效果。在当今这个纷繁复杂的市场环境中，汇集这些努力于一点，劲往一处使是营销者最好的或许也是唯一有希望从混乱中脱颖而出、吸引目标市场客户的方式。

## 本章总结

1. 确切了解日益流行的赞助活动已成为品牌营销的另一种主要方式。

过去的每一年公司赞助活动目录都在增加，并且这些赞助活动包括各种类型。在这些各种各样的活动中，体育运动吸引了最多的赞助资金。赞助能够帮助建立品牌熟悉度，通过将品牌与强烈的情感经历相联系而加强品牌忠诚度，而且在大多数情况下它可以让营销者接触到明确的目标消费者。体育项目使得与关键消费者面对面地交流更加便利，提供了发布样品、销售赠品并进行消费者调查的机会。

2. 总结在电视、电影和视频游戏中的植入式广告的吸引力和作用。

在过去的十年中，植入式广告越来越流行，并且很多理由让我们相信广告商将会在这方面做得更多。像其他任何营销策略一样，植入式广告营销在与广告计划的其他因素发生关联时提供最大的价值。植入的一个常见作用是刺激新产品的发售。当判断植入时机时，名人的支持和可信赖性是考虑的主要问题。高质量的植入最有可能来自营销者、代理商、制造商和作家之间广泛的合作。像往常一样，最出色的团队将获胜。

3. 解释在创建品牌的过程中与娱乐公司开展合作的优点与挑战。

品牌创造者希望能与消费者密切联系，为了达到此目的他们便与娱乐公司合作。尽管并不是每个人都负担得起纳斯卡的赞助，但是在许多方面纳斯卡都为在娱乐环境中推销品牌确立了标准。很多营销商，如宝马和联合利华，都在发展自己的娱乐公司以打造其品牌。然而，急于加入品牌娱乐企业行列加速了市场饱和危机和消费者对抗性反应的出现，或者至少出现消费者冷漠。如所有工具一样，当它是新事物的时候，会带来好的结果。当它变得过时和陈旧，广告主将转向下一个“大策划”（大方案）。

4. 探讨为实现整合品牌推广而日益增加的各种通讯和品牌工具所带来的挑战。

迄今我们所看到的种类繁多的媒体方式，为希望以独特的方式与消费者交流的广告商提出了暂时的挑战。实现这种独特的方式对打破当今的广告环境来说是至关重要的。但是，在各种媒体中工作所需的功能性专家有着他们自己的偏见和妨碍整合的附属目标。在接下来的一章，当我们探索在商家寻求赢得消费者过程中的其他选择时，我们将会回到这个问题上。

## 关键术语

Madison & Vine 广告业与娱乐业，麦迪逊大道与藤街
media impression 媒体印象
authenticity 真实性
chaos scenario 混乱广告情景
leveraging 杠杆作用
branded entertainment 品牌娱乐
event sponsorship 活动赞助
product placement 植入式广告

## 问题

1. 读本章开头部分并简述 Charmin 洗手间的推销。Charmin 洗手间以何种方式成为整体品牌促销这个缤纷世界的典范？

2. 鲍勃·加菲尔德是谁？你是否同意他的混沌假设？

3. 目前的统计数据显示电视观众分化严重。这种分化的原因是什么？提出一种将此种分化与日益盛行的赞助活动和品牌娱乐活动相联系的观点。

4. 赞助活动对于建立品牌忠诚是很有价值的。翻翻你的衣橱、抽屉或柜子，找到在赞助比赛中得到的赠品或纪念品。这件纪念品是不是将你带到了美好的回忆中？你是否认为自己忠诚于赞助这项活动的品牌？如果不是，为什么？

5. 关于寻找赞助的机遇方面，我们在 Prilosec 赞助 WBA 的事件中可以得到什么教训？

6. 为什么视频游戏最近作为植入式广告的渠道吸引了如此多的兴趣？随着游戏和游戏玩家转移到互联网，是什么使得这个行业对广告主更具吸引力？

7. 在植入式广告和品牌娱乐活动中，名人的作用是什么？描述一个电视或者电影场景。该场景说明了将名人作为植入式广告的一部分的最好方式。

8. 为什么纳斯卡是 Tide 品牌的一个很好的归属？

9. 以宝马为例解释植入式广告与品牌娱乐活动的不同点。

10. 解释在发展 IBP 中功能性专家（functional specialists）的必要性。他们是谁？提供了什么技能？为了实现整体品牌推销，这些功能性专家（functional specialists）带来了什么问题？

## 实践练习

1. 植入式广告，就是把一个品牌的产品放置到某种已定的娱乐媒介上的做法，该娱乐媒介可以是电视、电影或者是书本（print article）。一个典型的例子是在电影

《外星人》(*Extra-Terrestrial*) 中 Reese's Pieces 糖的突然出现。这项练习就是选择一个喜欢的品牌并在流行的电视连续剧、电影或者视频游戏中为它找出植入机会。列出该品牌自然植入的三种方法并解释为什么你认为这种植入方式将会是该品牌合适有效的营销工具。

2. 由于受众分化使得传统媒介的有效性正在消失，赞助大型活动对于广告商来说正在变得越来越重要。赞助大型活动可以采取很多形式，甚至大学校园也可成为其普遍的地点。在学校中选择一项赞助大型活动的例子并描述广告主与活动之间的关系。在活动中广告主扮演了什么角色？为什么公司将活动作为其渗透目标群体的有效方式？

3. 在近几年，视频游戏制造商 Incredible Technologies Inc. 稳固地扩大了其合作伙伴关系并在大部分的流行游戏、酒店中的网络高尔夫游戏 Golden Tee Live 中增加了植入式广告。游戏玩家可以购买 Top-Flite 牌的虚拟高尔夫装备，并且在游戏过程中他们可以看见可口可乐自动售货机、广告牌、汉堡，甚至在狂饮可乐时在屏幕上弹出 groundhogs 摇滚乐队的歌。

分成小组，集体讨论其他游戏中可能出现的植入式广告机会，并探究它们是如何连在一起的。你的答案应当特别说明视频游戏的独有特点，尤其是网络连接平台特点，它们是如何支持产品置入建议的。

4. 以上述团队形式，为咖啡业巨头星巴克提出品牌娱乐的建议。正如在本章中所谈及的，你的建议应当确定特定的目标群体，并详细描述电影短片、电视剧或其他能够有效推广品牌并抓住目标市场注意力的娱乐方式的建议性故事主线。

# 15 整合直复营销与人员推销

通过本章的学习，应该掌握以下技能：

1. 确定直复营销的三个主要目标，并阐释直复营销流行的原因
2. 区分邮寄清单和营销数据，举例说明其各自的用途
3. 描述直复营销在向消费者传递信息时最常使用的媒体
4. 解释直复营销和人员销售在弥补其他广告宣传活动不足之处的关键作用

## 15.1 引言：不要给莱斯添乱

1958 年莱斯特·伟门（Lester wunderman）建立了一家服务公司向客户提供所谓的“直复营销”服务。这种营销方式后来被证明非常有效，他的公司也因此生意红火。公司名称几经变更，最终成了今天 WPP 集团（总部位于伦敦的全球广告代理商）的下属公司。① 在莱斯特·伟门的整个职业生涯中，与他合作过的客户数不胜数。其中与哥伦比亚家庭音乐俱乐部的合作就是一个成功案例。简单回顾这次合作我们立刻就能发现直复营销商的独特之处。②

哥伦比亚家庭音乐俱乐部在选择其他广告代理商之前，合作伙伴一直是伟门。接替伟门的是一家以创意和业绩闻名的广告商——McCann Erickson。说得委婉些，莱斯特并不害怕 McCann 来抢哥伦比亚这个客户，但是哥伦比亚家庭音乐俱乐部偏偏想尝试一下别的服务商，因此莱斯特建议两家广告公司不妨比试一下。他说，分别给两家公司指定 13 个城市，然后各自策划和开展一场新的广告宣传活动——胜者留下来接手哥伦比亚的广告业务。双方都认为这种比赛非常公平合理。

McCann 采用的是传统广告代理商最常使用的方法。他们选择在黄金时段播出电视广告来提高哥伦比亚的知名度，并且 McCann 还在 *TV Guide* 和 *Parade* 杂志做广告，提供哥伦比亚家庭音乐俱乐部的产品优惠信息（买一赠十二），消费者看到这些优惠信息后，大大提升了品牌的知名度。

伟门采取了一种完全不同的方法。伟门没有选择在黄金时间播放炫目的电视广告，而选择了广告费用较低的深夜时段（这一时段的费用只相当于 McCann 节目费用的 1/4）。但是，伟门的计划成功的关键是“寻宝大行动”。伟门在杂志刊登的每则广告中都会附上一个小金盒，而每期相应的电视广告中会包含一个重要的主题——这个主题是观众解开“秘密金盒”并赢取奖金的关键。这个“小金盒”的广告创意吸引了很多读者翻阅 *TV Guide* 和 *Parade* 杂志找寻哥伦比亚的广告。按伟门的说法就是读者/观众是整个广告互动活动不可缺少的部分，观众最后成为活动参与者。③ 这个小金盒的作用不可思议，它将整个宣传活动的不同部分“融合”成一体。因此，你可能已经猜到比赛的结果了。

以上两家公司采取的方法都取得了一定效果。McCann 在黄金时段投入的资金是伟门的 4 倍，但是哥伦比亚家庭音乐俱乐部的注册用户只提高了约 20%。与此同时，伟门和其高人气的创意——金盒秘密，却使注册人数提高了 80%。不用说，莱斯特在哥伦比亚选择广告代理商之前打赢了一场硬仗。后来，哥伦比亚的全国宣传活动也都采取了这一策略。

---

① Catherine Arnold, “Up Close, Personal,” *Marketing News*, February 15, 2005, 15, 16.

② This account is adapted from Malcolm Gladwell, *The Tipping Point* (Boston: Little, Brown and Company, 2002), 93 - 95.

③ This account is adapted from Malcolm Gladwell, *The Tipping Point* (Boston: Little, Brown and Company, 2002), 95.

这个事例从几个方面展示了直复营销商的经营理念。首先，是“发动比赛”这一想法。直复营销商总是千方百计试图占据判断结果的有利位置。客户希望自己的广告投资能够产生效果，因此莱斯特·伟门会建议客户先去市场了解哪些宣传方法最好，找出最佳代理商后再投入大量资金。先针对小范围市场进行测试是直复营销商的一个特征。其次，我们从伟门的金盒战术可以看到其在与客户交流方面体现出的敏锐的洞察力。广告充满了神秘色彩的同时又能激励消费者获胜的信心，从而使消费者踊跃参与，做出回应。鼓励交流是直复营销商的另一个特征。与消费者交流能够与消费者建立良好的关系，并可能将其变为公司的回头客（如哥伦比亚这类 CD/DVD 俱乐部）。而这也是企业因此所获得的“大金盒”——让消费者继续购买本公司产品。

本章我们将研究直复营销不断扩大的领域，并解释这种方法为何能够弥补其他广告形式的不足以及为何能取代其他广告形式。此外，本章最后一部分将会简单介绍有关人员销售的内容。人员销售法将人的因素引入到营销过程中，它的很多重要特征和直复营销非常相似。例如，在采用直复营销战略的公司，其销售人员也在想方设法和消费者进行交流，以期望短期内提高销售额，长期目标则是把消费者变为常客。使用这种推广形式对公司也有利，但是最终目的是让顾客对产品满意后继而购买公司的产品（并且鼓励其亲人家属也购买公司产品）。

## 15.2 直复营销的发展

现在大家应该熟悉这个主题了。由于人们对市场细分的不断关注以及传统媒介在更加细分市场上的宣传力度不断下降，因此我们能够想象，越来越多的广告资金正从传统媒介转向其他渠道，如直复营销项目。[①] 在研究直复营销发展历程和深入探究其越来越流行的原因之前，我们需要了解人们是如何定义“直复营销”这一术语的。直复营销协会（DMA）首先提供了一个官方定义：

***直复营销****是一种为了在任何地点产生可以度量的反应或达成交易而使用一种或几种广告媒体的互相作用的市场营销体系。*[②]

经过数次验证，该定义极好地界定了直复营销的范围。[③]

在营销商试图和消费者进行对话时，直复营销是互动的。直复营销项目的理念通常是：同消费者首次的交流将会导致以后更多次的沟通。这样通过每次互动，厂商的信息会变得更加集中、精炼。直复营销的定义同时还强调针对直复营销项目可以使用多个广告媒介。这一点很重要，原因有两方面：第一，希望读者不要把直接邮寄广告等同于直复营销。直复营销可以使用任何一种媒介，不局限于发送邮件。第二，正如之前所述，运用多种媒介产生的效果很可能比运用单一媒介要好得多。

直复营销项目另一个重要目的是要在当下产生某种可测量的立竿见影的效果。通常，直复营销项目的目的是创造即期销售额。营销商或许要求顾客寄回订货单作为凭

---

① Anthony Bianco, “The Vanishing Mass Market,” *BusinessWeek*, July 12, 2004, 61 - 68.

② Bob Stone, *Successful Direct Marketing Methods* (Lincolnwood, IL: NTC Business Books, 1994).

③ The discussion to follow builds on that of Stone, *Successful Direct Marketing Methods.*

证，就可以用现金或者支票以 189 美元的低价购买 Klaus Kobec Couture 时尚运动手表，或者拨打电话 800 用信用卡手工付款的方式收听托尼·本尼特的经典 CD 歌曲 22 次。因为是即时反应，因此直复营销商能够判断某一活动的效果。拿伟门的例子来说，能够判断项目的即时效果对像哥伦比亚家庭音乐俱乐部这样的客户而言非常具有吸引力。

直复营销的定义最后一个要点是直复营销可以在任何场所产生交易。这里的关键点是直复营销活动的执行不必以消费者去零售商店为前提，后续措施可以通过邮件、电话、网络方式来完成。曾经有人认为网络直复营销商，如 Amazon. com，pets. com 和 eToys. com 给购物者提供了如此大的方便，传统零售商店将会逐渐出局。但是事实并非如此，我们现在可以清楚地看到，消费者喜欢通过各种方式与公司打交道。[①] 因此，精明的零售商（不管是大的零售商还是小的零售商，参见图表 15—1 和图表 15—2）不仅保留了实体店，同时还建立了虚拟的网络门户。[②] 这样消费者就能自由选择购物地点和购物方式。

图表 15—1

单一业务网络零售商发现当顾客对所购买的东西不满意时，很多人会想到实体店中退货或者是更换商品。在这则广告中，BestBuy. com 把网上 CD 购物这一情形处理得十分圆满。在百思买公司，如果顾客所购买的罗马尼亚民谣和想象中的不同，那么顾客可以去任一家百思买的实体店退货。

① Louise Lee, "Catalogs, Catalogs, Everywhere," *BusinessWeek*, December 4, 2006, 32－34.

② Allanna Sullivan, "From a Call to a Click," *Wall Street Journal*, July 17, 2000, R30.

图表 15—2

为你祖父母北部的小屋添置一张新的鹿皮地毯或者一个雕刻的潜鸟如何？想法不错，你可能会逛纽约北部的 Adirondack Country 商店，打 1-800-LOON-ADK 电话索要一张产品目录，或者上网挑选一些好看的商品。通过网站 http：//www. adirondackcountrystore. com 查询那种潜鸟的报价。

## 15. 2. 1 直复营销——发展历程回顾

直复营销的发展过程中出现了很多杰出的行业开拓者，如约翰内斯·古滕贝(Johannes Guenberg)、本杰明·富兰克林（Benjamin Franklin)、理查德·西尔斯(Richard Sears)、阿尔瓦·罗帕克（Alvah Roebuck)，莱斯特·伟门和莉莲·弗农(Lillian Vernon)。如图表 15—3 所示，许多知名邮购公司和目录制造商的成功实践形成了今天的直复营销的行业惯例。① 在这些开拓者中，当属 L. L. 比恩最具有代表性。Bean 在 1912 年一个人用 400 美元创立自己的公司。他的第一款产品是一款独特的打猎鞋：皮革鞋面、橡胶鞋底。随后，Bean 将产品范围扩展到了其他户外服装和设备。

图表 15—3

直复营销发展历程中的重大事件。

| | |
|---|---|
| 1450 年 | 约翰内斯·古滕贝发明了金属活字印刷机 |
| 1667 年 | 英籍园丁 William Lucas 出版了第一份园艺产品目录 |

① See Edward Nash, "The Roots of Direct Marketing," *Direct Marketing Magazine*, February 1995, 38-40; Cara Beardi, "Lillia Vernon Sets Sights on Second Half-Century," *Advertising Age*, March 19, 2001, 22.

续表

| | |
|---|---|
| 1744 年 | 本杰明·富兰克林出版了关于科学和工业书籍的目录，给出了保证消费者满意度的邮购的定义 |
| 18 世纪 30 年代 | 一些露营和钓鱼用品邮购公司开始将业务扩展到新英格兰地区 |
| 1863 年 | 便士邮票的出现促进了直接邮寄的发展 |
| 1867 年 | 打字机的发明使直接邮寄材料呈现出现代化的特征 |
| 1872 年 | Montgomery Ward 推出了自己的第一份目录——一张印有 163 项产品的商品清单。到 1884 年为止，他的商品目录已经增加到 240 页，包括数千种产品和一份退款保证书 |
| 1886 年 | Richard Sears 采用邮购的方式销售金表，半年内创收 5 000 美元。1887 年他又和 Alvah Roebuck 建立合作伙伴关系。截止到 1893 年，该公司的产品目录已达 196 页，商品种类繁多 |
| 1912 年 | L. L. 比恩凭借他的 Maine 打猎鞋和产品终生保修承诺建立了一家至今最受尊崇的邮购公司 |
| 1917 年 | 直接邮寄广告协会成立。1973 年，该协会发展成为直接邮寄/直复营销协会 |
| 1928 年 | 三等级大宗邮件出现，为直接邮寄创造了巨大的经济效益 |
| 1950 年 | 信用卡面世，首先推出的是 Diner's Club 旅行卡和娱乐卡。1958 年美国运通进入该领域 |
| 1951 年 | 莉莲·弗农为带有字母纹理的钱包和腰带做广告，取得直接销售收入 16 000 美元。她把赚得的钱用来继续投资，创建了日后的莉莲·弗农公司。弗农很早就认识到目录购物对时间紧迫的消费者非常具有吸引力 |
| 1953 年 | Publishers Clearing House 成立，该出版商很快成为杂志订购领域的中坚力量 |
| 1955 年 | Columbia Record Club 成立，该公司后来发展成为今天的音乐市场巨人 Columbia House |
| 1967 年 | "电话营销"这一术语首次出现在文章中。同年，AT&T 推出 800 免费电话服务 |
| 1983 年 | 直接邮寄/直复营销协会正式改名为直复营销协会，表明当时直复营销商正使用多种媒介 |
| 1984 年 | 苹果推出 Macintosh 个人计算机 |
| 1992 年 | 美国在家购物的人数超过 1 亿人 |
| 1998 年 | 直复营销协会（http：//www. the - dma. org）期望对大宗邮寄方式做出调整以适应网络购物需求，并宣称直复营销协会和互动媒介协会（http：//www. interactivehq. org）会合并 |
| 2003 年 | 全美谢绝来电电话注册活动在头四天备案的电话号码就超过了 1 000 万个 |

资料来源　Adapted from the DMA's "Grassroots Advocacy Guide for Direct Marketers" (1993). Reprinted with permission of the Direct Marketing Association, Inc.; Rebecca Quick, "Direct Marketing Association to Merge with Association of Interactive Media," *Wall Street Journal*, October 12, 1998, B6.

1917 年的 L. L. 比恩目录（黑白印刷，仅 12 页）揭示了比恩成功背后所采取的重大战略。缅因州狩猎靴和其他户外服装都配有说明书，这些说明书信息丰富、真实并且语言朴实。说明书的首页是比恩的质量承诺：

Maine 打猎鞋保修书

我们保证每双 Maine 打猎鞋都是最完美的。如果出现橡胶断裂或者鞋帮硬化的现象，请将产品随附保修标签退回我们公司，我们将免费为您调换商品。

（签名）L. L. 比恩①

意识到要想和消费者建立长期的客户关系，必须取得他们的信任。因此，他的质量保证策略就是为了建立并保持消费者对该产品的信任。

作为一名精明的直复营销商，比恩同时还非常重视制作良好的产品邮寄目录。多年来他一直在狩猎和钓鱼类杂志上投放广告，对产品免费目录进行广告宣传。那些对广告做出回应的读者会很快收到答复，通常最终都会成为比恩的顾客。比恩对邮寄名单非常执着，这从他的一位缅因州当地的朋友 John Gould 的话语中就能很好地体现出来："即使你只是单纯地路过他家想和他握握手打个招呼，回到家后你还是会在你的信箱中发现他的产品目录。"②

今天，L. L. 比恩仍然是一个家族式企业，仍然强调创立者的基本理念（网站 http：//www. llbean. com 对这些理念进行了总结）。优质的产品、朴实的广告、高超的客户沟通技巧和分销系统支撑着公司的业务不断发展。除此之外，每一份比恩目录都承诺让消费者 100% 满意，这也是维持客户关系的关键。

## 15.2.2 直复营销现状

今天的直复营销是建立在邮购公司和目录制造商（如 L. L. 比恩、Lillian Vernon、Publishers Clearing House 和 JC Penney）的传奇实践基础之上的。但是如今的直复营销已经不再依附于邮购，而成了一种为全球不同机构广泛使用的营销工具。尽管许多不同类型的企业和非营利组织都在使用直复营销这一战略，但是大多数企业并没有把直复营销和其他广告宣传活动很好地相结合，而将二者相融合应当是广告和直复营销的目标。（如金盒案例一样）事实也一再证明整合传播的整体效果超过了每个部分的单独效果之和。③

现在，直复营销包含很多不同种类的活动，因此读者特别需要记住之前所讲的直复营销协会定义中对这些方面的解释。直复营销含有和顾客互动或者进行信息交流的目的；同时这一过程中会使用多种媒介。直复营销的特征是：它可以提供当前可测量的指标从而随时评估项目的效果。记住这些定义特征，我们就会发现使用直复营销通常有三大目的。

---

① Allison Cosmedy, *A History of Direct Marketing*（New York：Direct Marketing Association，1992），6.

② Allison Cosmedy, *A History of Direct Marketing*（New York：Direct Marketing Association，1992），6.

③ Daniel Klein，"Disintegrated Marketing，" *Harvard Business Review*，March 2003，18，19；Michael Fielding，"Spread the Word，" *Marketing News*，February 15，2005，19，20；Michael Fielding，"Direct Mail Still has its Place，" *Marketing News*，November 1，2006，31，33.

你可能已经想到，直复营销最普遍的一个用途就是和顾客达成交易。在此过程中，直复营销可以单独使用，也可和其他广告活动配合使用。像美国电报电话公司（AT&T）、Sprint、T-Mobile 和 Verizon 之类的电信巨头都已广泛采用广告/直复营销组合战略。它们首先通过大众媒介活动进行大肆宣传为新产品建立起知名度，然后通过系统化的直复营销跟进，最终达成交易。

直复营销的第二个目的是确定那些应该后续跟进的客户，同时向目标客户提供详细信息。每当你进一步询问产品信息或者要求商家提供免费样品时，其实你已经打算消费，并且希望从直复营销商那里获得一些优惠。顾客通过拨打 800 免费电话或者登录公司网站获取免费产品目录和视频，这就拉开了互动营销活动的序幕，而活动的最终目标就是提高产品 Free-Climber 4600 的销售额。

直复营销的第三个目的是鼓励消费，向消费者征求建议，提供有用的产品使用信息并奖励使用该品牌的用户，最终建立用户的品牌忠诚度。例如，胜牌（Valvoline）机油制造商为建立品牌忠诚度，鼓励年轻车主参加胜牌特技表演队。[①] 想参加这个表演队的年轻车主只需填写一份调查问卷即可，之后公司会将问卷的相关信息输入到公司的数据库中。队员会收到关于比赛海报、比赛队服优惠报价、胜牌所赞助的赛事盛况和周期性促销信息，所有这些做法都会提高胜牌的声誉。

## 15.2.3 直复营销为何能够日益普及？

直复营销能够日益普及有很多原因。首先，消费者生活方式转变和科学技术的发展确实创造了一个有益于直复营销发展的环境。其次，直复营销有一些传统大众媒介广告所没有的独特优势，这使很多组织将营销经费更多地投向直复营销活动。

从消费者的角度来看，直复营销日趋走红的原因可以归结为两个字——便利。双收入家庭和单身家庭数目剧增，人们去商店购物的时间大大减少。直复营销商让消费者在家就能买到种类繁多的商品和服务，因此为很多家庭节省了最宝贵的资源——时间。

人们对信用消费和债务积累更加开放的态度也促进了直复营销的发展。大多数直复营销交易最主要的付款工具是信用卡。信用卡的大量出现使居家购物更加方便。

电信业的发展也为直复营销业务提供了很多的方便。20 世纪 60 年代末电信业发展缓慢，但是免费拨打电话的出现使得电信业发展进入了一个高峰时期。当时，几乎所有的商品或产品目录都含有 800 或 888 免费服务电话，消费者可以方便地与商家进行互动沟通。无论你想要一盘 StairMaster 录像带，还是订购一件 Edd-Bauer 牌的斜纹保罗衬衣，或者策划一次怀俄明探险（见图表 15—4），对消费者来说最好的办法就是拨打 800 进行咨询。

对直复营销有重大影响的因素还有计算机的发展。计算机技术以惊人的速度横扫整个现代社会，使直复营销获得了长足的发展。现在，公司通过计算机就可以轻松追踪、记录数百万个消费者的信息，同时还能和消费者进行互动。在之后的讨论中我们将会明白，现在计算机先进、强大的计算能力加速发展了直复营销最有潜力的工具

① Nash, "The Roots of Direct Marketing."

——营销数据库。

图表 15—4

观赏怀俄明州的瀑布需要事先做一定的行程规划，而怀俄明州旅游办事处会很高兴为你效劳。在你开始旅途前，你首先要做的是向怀俄明旅游办事处询问旅途行程，如果你感到电话询问有些过时的话，还可以登录他们的官方网站 http：//www. wyomingtour. org 了解相关信息。

计算机不仅为营销商提供了处理庞大的消费者信息的工具，同时还为追求方便的消费者权衡商店购物和网上购物提供了所需工具。与上网搜寻购物代理机构如 PriceScan. com 或者 MySimon 查询每种商品的价格（如烤箱、滑雪板等等）相比，是否还有更方便的购物方式？人们为什么要出门购物？

直复营销还有一些独特优势，这些优势与人们所说的传统大众营销相比更具有吸引力。美国电报电话公司（AT&T）客户服务部一位负责市场推广的总经理这样说：“我们想将市场进一步细分，想更深入地了解顾客，我们想真正做到为每位消费者量身提供产品和服务。直复营销能够最有效地帮助我们接触到我们的顾客并与他们建立业务关系。”① 你可能已经猜到很多公司已经开始将越来越多的营销资金用于直复营销项目了，而 AT&T 就是其中一家。

直复营销一直强调可测算的效果，这一点使直复营销更具有吸引力。例如，直复营销的效果一般通过如**询价成本**或者**订单成本**来进行测算。这些计算非常简单，即用回应次数除以每个项目的成本。通过事后经过计算得出的 CPI 和 CPO，公司可以知道在其竞争领域什么是有效的，什么是无效的。

① Gary Levin, “AT&T Exec: Customer Access Goal of Integration,” *Advertising Age*, October 10, 1994, S1.

这里要强调的是产生和监管测量效果最有效的途径是数据库营销。[1] 使用数据库，直复营销商可以锁定特定顾客群，实时追踪他们的实际购买行为并且可以通过各种活动进行试验看其能否改变消费者的购买偏好。很明显，效果最好的项目会被直复营销商采纳。接下来让我们了解数据库营销。

## 15.3 数据库营销

如果你还是不能区分直复营销和一般营销的不同之处，数据库可以解除你的迷惑。总体来说，直复营销区别于一般营销的一个特征是其强调使用数据库。直复营销商的秘密武器是他们知道哪些人群是最好的顾客、他们经常购买的是什么、购买方式又是什么。[2] 这些信息都储存在营销数据库中。

数据库在直复营销活动中是一个核心，其形式有很多种，它能包含客户各个方面的信息。最简单的一种数据库即只包含潜在消费者姓名和地址的邮寄名单；而最复杂的数据库是专门建立的营销数据库，该数据库不仅记载了顾客的姓名和地址，还有各种关于顾客特征、购买记录以及产品偏好的资料。了解邮寄名单和营销数据库的区别对于界定营销数据库的范围非常重要。

### 15.3.1 邮寄名单

**邮寄名单**只不过是一份包含姓名和地址的文件，公司可以根据上面的信息联系潜在顾客或者老顾客。邮寄名单种类繁多，数据获取方便且成本较低。例如，几百美元就能获得制作成光盘的电话名单，用它制作邮寄名单不仅制作方法简单而且成本也不高。此外，公司还可以从多家供应商那里获得更具有针对性的邮寄名单。邮寄名单的可能来源让你眼花缭乱：如 *Mickey Mouse* 杂志的 238 737 名订购用户，102 961 名幼儿老师，4 145 194 名健身爱好者，117 758 名 Lord & Taylor 信用卡消费者或 269 名考古学家的信息。[3]

每当你订阅杂志、通过产品目录订购产品、办理汽车登记手续、填写保修卡、从商品中获取回扣、申请办理信用卡、参加专业协会或网上注册账号时，你所提供的个人信息就会出现在别人的邮寄名单中。这些目录通过很多途径自由买卖，其中一条途径就是互联网。Worldata、HDML 和 InfoUSA 之类的网站就提供网上买卖姓名地址录或者是 e-mail 地址录的服务，10 美分就可以买到一条。网上实际情况真的令人震惊——不妨去看一看。

我们应该知道目录有两大类别：内部名单和外部名单。**内部名单**指的是仅仅一个

---

① Like many authors, Winer contends that direct marketing starts with the creation of a database. See Russell Winer, "A Fram-work for Customer Relationship Management," *California Management Review*, Summer 2001, 89 – 105.

② Like many authors, Winer contends that direct marketing starts with the creation of a database. See Russell Winer, "A Fram-work for Customer Relationship Management," *California Management Review*, Summer 2001, 89 – 105.

③ *The 2001 Mailing List Catalog* (New York: Hugo Dunhill Mailing Lists, 2001).

公司记录的顾客、用户、供应商、询价人等信息。而**外部名单**则是从名单编撰人或者名单经纪人那里购买的一些人的信息。无论是内部名单还是外部名单，它们从本质上都促进了直复营销商两项根本活动的发展：内部名单帮助组织提升与现有顾客的业务关系，而外部名单则可以被公司用来开展新的业务。

## 15.3.2 完善名单

姓名地址档案，无论来源是哪里，都只是数据库营销的一个开端。数据库发展的下一步是完善邮寄名单。完成这项工作最典型的做法是：将内部名单和其他外部名单或者数据库整合利用以扩大内部名单的内容，也可将内部名单的信息整合到外部名单中。

完善名单最简单的一个做法是增加或修正内部名单记载的姓名和地址。此外，也可从其他从事非竞争业务的公司购买一些他们私有的姓名地址资料。今天，通过计算机我们可以毫不费力地将这些家庭信息添加到现有邮寄名单中。现在，很多知名公司，如 Sharper Image、美国运通、Bloomingdale's 和亨氏就出于此目的进行出售或租赁客户名单的交易。

完善名单的第二个做法是将外部数据库的信息整合到内部名单中。这里，姓名和地址的数目不变，但是有关顾客的信息会更加详细。通常，这种方法所增加的资料包括以下四种信息。

- ***人口数据***——人口调查局有关个人和家庭的基本描述。
- ***地区人口数据***——这类资料描述了消费者所在地区的特点。
- ***心理数据***——使企业对消费者的一般生活方式、兴趣爱好和观点主张能够更加定性评估。
- ***行为数据***——记录了消费者以前购买过的商品和服务，这些购买行为能够揭示消费者的偏好。

完善目录需要将现有记录和新信息进行整合。目录完善工作是通过软件完成的。具体做法是：数据库经理通过软件根据一些记录所共有的部分对新旧目录中的一些数据进行整合。例如，可以按照邮政编号和街道地址标准进行记录的整合匹配。很多供应商不断搜集和维护信息以完善邮寄名单。他们中间规模最大的当属位于内布拉斯加州 Papillion 的 InfoUSA 数据库（参见 http//：www. infousa. com）。该数据库记录了 2. 1 亿位顾客的信息，平均每个人又有几十条信息。InfoUSA 数据库在完善名单方面效果显著。因为 InfoUSA 数据库规模庞大，因此和客户外部名单匹配整合时匹配率很高，可以高达 60% ~80%。而通常情况下，这一匹配率仅为 50% 左右。

## 15.3.3 营销数据库

邮寄名单大大小小，各式各样。内部名单经过完善就可以成为一个资料丰富的客户信息源。邮寄名单要想发挥营销数据库的功能还需加入一种非常重要的信息。尽管营销数据库可以被认为是内部邮寄名单的自然扩展，但是**营销数据库**还含有从顾客那里直接搜集来的信息。创建营销数据库的目的是和顾客交流信息，了解顾客的偏好和行为模式。这类信息在策划营销活动吸引顾客方面效果显著。

随着电脑芯片处理能力的大幅升级，营销商们也意识到通过越来越高效率的电脑辅助，他们将来可以搜集和管理更多关于现有客户或者潜在客户的个人信息。这一目标也可描述为营销商尝试与顾客建立一种可控的亲密关系。营销数据库就是一个公司的信息积累，它可以使公司向客户提供原先美国小镇街道拐角处的杂货店所提供的那种个性化服务。例如，Lands' End 曾经和俄亥俄州立大学校友会合作举行了一次秋季促销活动，在下赛季来临之前向该学校的足球球迷出售所有他们钟爱的足球用品。该校 9 月份的校友杂志上刊登的广告为接下来专门邮售俄亥俄州人的一系列特殊商品的促销奠定了基础。当然，Lands' End 还与其他几所著名高校做了类似的安排以抓住秋季足球热潮这一商机。数据库营销最大的好处是它能够即时提供消费者需要的商品或服务。这就是所谓的可控的亲密关系。

直复营销在帮助营销商完成最低销售目标方面效果显著。像许多渠道零售商一样，Cabela's 的零售商发现根据每季突出的不同重点，制作有明确目标的版本或是主打目录非常有用（见图表 15—5 和图表 15—6）。为什么呢？按性别或者年龄制定的产品目录差不多有 100 页，而公司一些主产品目录却超过 1 000 页。顾客或者家庭收到的是按照 Cabela's 本年度数据库中的客户资料所制定的特定目录。这种新型简洁目录能够以较低的成本及时向目标家庭提供商品或者服务信息。简括地说，这就是数据库营销的内容。

图表 15—5

坎贝拉（Cabela）专门针对女性的产品目录使公司为推出时尚的秋冬服饰而做的准备工作简单了不少。

图表 15—6

卡贝拉（Cabela）专门针对儿童的产品目录非常适合那些寻找开学打折服装的购物者。

当然，营销数据库有很多重要的用途。在了解这些用途之前，我们不妨先复习一下所提的专业术语。现在我们已经看到直复营销商在利用邮寄名单，完善后的邮寄名单和/或营销数据库作为工具策划各种宣传活动。邮寄名单和营销数据库最大的区别是后者包含从顾客那里直接搜集的信息。创建营销数据库需要长期与顾客保持信息交流并随时更新信息，正确行事栏目对此进行了详细阐述。虽然邮寄名单能够为方案开发提供丰富的信息，但是营销数据库的动态特征还是技高一筹。

## 正确行事专栏

### 可掌控的亲密关系满足纳斯卡车迷需求

当乔希·林可勒（Josh Linkler）年轻的时候，买了很多破解密码的程序，希望自己的坚持不懈能够给自己一个惊喜——找到“破解者之戒”。由于儿时的“破解者”这一神秘促销技巧总是让他兴趣盎然，因此他将神秘色彩作为策划活动的一个重要思路。后来，他的公司——ePrize 公司就通过举办解码大赛吸引好奇的顾客登录公司网站，在进行网上 PK 的过程中参与者要提供一些个人和兴趣爱好方面的信息。这样，我们就具备了创建营销数据库的条件。

林可勒曾经和摩根国际赛道合作创建一个数据库详细了解纳斯卡车迷们的个人信息情况。首先他们通过订票信封、电影院和百事可乐零售商等渠道大量分发在线解码游戏宣传单。这些游戏宣传单鼓励纳斯卡车迷上网赢取大奖，如 Gladiator Garage Works（该机构是位于密歇根州本顿港的惠而浦公司的分部）提供的价值 10 000 美元的车库美容。参赛新手被要求提供自己的姓名、地址、e-mail、年龄和性别方面的信息。参赛老手想参加进一步的比赛需要提供更多的信息。最后，随着问题（如 150 条有关人口和生活方式方面的问题）的不断增加，数据库的信息也更加丰富。此外也有些休闲方面——如野营和钓鱼方面的问题和一些具体的问题，如“你去坎贝拉（Cabela's）购物吗”。

对纳斯卡车迷的详细了解使广告商能够及时为车迷们提供个性化的商品和服务，在此基础上和纳斯卡车迷们建立起业务联系。例如，位于密歇根州邓迪市的大型户外产品零售商 Cabela's 能够为 ePrize 数据库中的猎手、露营者、船工和渔民提供最适合他们的产品。但是在人们日益重视隐私的今天，这些纳斯卡车迷们为何愿意泄漏他们的个人信息？是的，并不是每个人都愿意这样做，但是林可勒认为这只是个价钱问题。按照他的话说：“如果你希望顾客和你交谈并且为你提供信息，你必须给他们提供一些好处。”很明显，解码游戏和 10 000 美元的大奖让人很难拒绝。

资料来源 Kris Oser, “Speedway Effort Decodes NASCAR Fans,” *Advertising Age*, May 17, 2004, 150.

## 15.3.4 营销数据库应用

很多顾客交流方案都是在营销数据库的基础上启动的。数据库最大的一个用处就是让公司知道与现有最佳顾客之间的业务量是多少。区分最佳顾客最好的办法就是进行 RFM（recency, frequency, and monetary，最近一次消费、消费频率、消费金额）分析。**RFM 分析**可以确定某公司特定顾客最近消费本公司产品的时间、消费频率以及消费金额。根据这些交易数据，公司很容易就能算出每位顾客的价值，同时还能确定过去与公司交易最多的顾客。顾客过去的购买行为能够很好地预示其将来的购买行为，所以昨天的最佳顾客很可能也是公司将来主要的业务来源。

营销数据库在帮助公司与最佳顾客建立真诚的业务关系方面收效颇丰。冰淇淋制造商 Ben & Jerry 的数据库有两种不同的用法：一种是了解顾客对新口味和新产品的反应；另一种是让顾客参与到社会公益事业中来。① 在一次活动中，Ben & Jerry 要从营销数据库中找出 100 000 名志愿者来 Ben & Jerry，和公司一起支持保护儿童基金会。Ben & Jerry 的合伙创始人杰瑞·葛林菲尔德这样评价该活动：“我们绝不是只看重利润的大企业，我们也非常愿意通过我们的业务从而为推动社会进步做出贡献。”② 当然，如果顾客感到真正融入到了一个品牌中，如 Ben & Jerry，他们就会成为该品牌的忠实客户。

强化和识别你的最佳客户群是营销数据库一个非常重要的用途。而你所要做的仅

① Murray Raphel, “What's the Scoop on Ben & Jerry?” *Direct Marketing Magazine*, August 1994, 23, 24.

② Murray Raphel, “What's the Scoop on Ben & Jerry?” *Direct Marketing Magazine*, August 1994, 23, 24.

仅是向客户发送一封简短信件，感谢顾客使用本公司的产品/服务，或者向客户重述自己的产品特点，以便让客户知道他们确实做了正确的选择。顾客生日是营销数据库中最常见的一条信息，因此客户生日那天自然也就是商家建立和维护客户关系的最佳时机。Sunglass Hut International 将邮寄生日卡作为公司与最佳顾客保持信息交流的一个途径。当然，所有人都希望收到一份小小的生日礼物，因此 Sunglass Hut International 在邮寄生日卡的同时，还附带了一张可以在全国范围任何一家 Sunglass Hut International 店面使用的面值 20 美元的感谢光顾抵值券。（见图表 15—7）Sunglass Hut International 的主管们一致认为，针对营销数据库中现有的最佳顾客，生日卡推销方式是最有效的广告投资方式之一。

图表 15—7

将你的最佳顾客当成最能盈利的顾客。对大多数业务来说，为了与最佳顾客达成更多的交易，对广告和宣传进行更多的投入总是物有所值的。投资真正的价值不在于针对一次消费行为，而是针对长期消费行为。一个人拥有再多的遮阳镜也不为过。

为了识别和强化最佳顾客的行为模式，不同行业的营销商正使用频率营销战略，该营销方式会向老顾客提供具体的奖品作为奖励。**常客营销战略**有三个基本组成部分：*数据库*——为该战略搜集了顾客的信息；*一揽子奖励*——用于吸引和留住顾客；*信息交流战略*——强调定期和公司最佳顾客保持信息交流。

赌场业因使用了频率营销战略而闻名。哈拉斯娱乐（Harrah's Entertainment）公司已经为战略创新制定了标准。[①] 哈拉斯开发了一个名为"Total Reward"的项目，2 700万会员可以用积分兑换免费的食品和其他赌场服务。这个方法十分有效且操作简单，但同时也被竞争对手在短时间内模仿。哈拉斯随后从各个方面又将该项目进行了升级。其中之一就是项目中引入了奖品方案：哈拉斯把积分范围扩大了。现在消费者在哈拉斯的积分可以用来换购索尼电视或者在梅西百货用于购物。哈拉斯还意识到要对男性顾客和女性顾客提供不同的奖品方案，尤其是当前公司女性顾客占很大比例。所以，公司为男性顾客提供的是 Big Bertha 高尔夫球棒和拳击赛门票；为女性顾客提供的是 spa 护理和与 Chippendale 舞蹈演员共度一夜。这就是拉斯维加斯风格的

① Christina Binkley, "Harrah' s Is Revamping Rewards Plan," *Wall Street Journal*, June 17, 2003, D4.

创新。

营销数据库另一个用途是**交叉销售**。既然现在大多数公司都希望能销售更多种类的产品或服务，那么最好的做法就是，首先确定都有哪些人在消费自己的产品，然后针对这些顾客制定一个营销策略使他们同时购买公司的其他产品。如果他们喜爱我们的冰激凌，可能我们也应该鼓励顾客尝试一下我们的冷冻酸奶。如果他们是我们的会员客户，我们能否吸引他使用信用卡进行消费？顾客通常周五周六才来我们餐厅消费，如果我们迫切需要增加营业额，如果我们向客户提供一些合适的优惠条件，也许可以吸引他们周三也来饭店消费。营销数据库能够为交叉销售提供更多的机会。

营销数据库最后一个用途是交叉销售方式的自然延伸。一旦公司知道现在自己有哪些顾客，公司哪些产品特征令顾客满意，那么公司就可以吸引顾客了。当公司打算从外部购买邮寄名单以弥补公司营销数据库的不足时，了解公司现有顾客群变得更加重要。如果公司了解了现有顾客的人口特征——令顾客满意的产品、顾客家庭地址、顾客的生活习惯和兴趣爱好，然后再选择购买哪种外部邮寄名单会更有效率。购买外部名单的基本前提是找出外部名单中和现有顾客有相同特征和兴趣的潜在顾客。如何有效地知道现有最佳顾客的信息？答案当然是创建营销数据库。

## 15.3.5 隐私担忧

数据库营销商很快就遇到一个大问题：消费者担心自己的隐私受到侵犯。营销商可以很容易搜集到很多关于顾客的信息，这使大众非常紧张。很多顾客对企业和政府在他们不知道、没有参与或者没有同意的情况下搜集和交易他们的信息的行为感到愤怒。当然，随着网络的应用，顾客们的担心变得更多：因为网络使任何个人或公司都可以很容易获取他人的个人信息。

针对公众的这种担心，各州和联邦立法者也都在尽力解决这一难题，他们有时会通过一些立法来限制企业搜集公众的个人信息。此外，联邦贸易委员会发起“全美谢绝来电电话注册”这一活动很明显就是为了保护消费者的隐私。这一想法受到了顾客的欢迎，但是却受到很多企业的抵制，包括直复营销协会。① 该协会估计此次活动将会使企业销售下降，失去价值500亿美元的订单。“拒绝来电”名单最终会对双方产生多大影响还有待观察。如果你非常注重保护个人隐私，那么你可以登录网站http：//www. ftc. gov/privacy/protect. shtm了解相关内容。

如图表15—8所示，很多商界人士已经敏锐地注意到了很多顾客担心个人隐私被泄露。如果公司能够记住数据库营销的两个基本前提，那么它们就能消除顾客的这种担忧。首先，创建营销数据库一个主要的目的就是了解客户然后向他们提供他们所需的产品和服务。营销数据库的全部意义就是只向顾客提供他们感兴趣并与他们相关的项目，从而将垃圾邮件的数量降低到最低。如果顾客获得一些有价值的东西，他们就会愿意向公司提供信息。

① Ira Teinowitz and Ken Wheaton, “Do Not Market,” *Advertising Age*, March 12, 2007, 1, 44.

图表 15—8

这则 Orwellian 广告描绘了如果数据库营销商不加克制，那么我们将前途暗淡。互联网确实加重了人们的担忧：到底是哪些人正在掌控着他们的个人信息。谁掌控了你的个人信息？这对你来说重要吗？

其次，创建营销数据库就是和顾客建立长期的业务关系。如果你想获得别人的信任和忠诚度，那么你搜集个人信息后还会再将其转手卖给第三方吗？我们希望你不要这样做！如果向顾客搜集信息，该机构必须向他们说明为什么需要这些信息以及如何使用这些信息。如果机构想将信息出售给第三方，它必须事先征求顾客的同意。如果该机构承诺保护他们的隐私，它就必须履行承诺。真诚对于任何一种有意义的关系来说都很重要，包括直复营销商和顾客之间的关系。你要记住，和其他特点一样，正是 L. L. 比恩的真诚使得他成为一个成功的直复营销商。真诚对你也同样重要。

## 15.4 媒介在直复营销中的应用

大多数直复营销活动的核心是邮寄名单和营销数据库，而执行这些活动时营销人员需要向顾客传递一些信息和观点。如本章开头对直复营销的定义，直复营销项目可以使用多种媒介，而获得即时可测量的营销效果则是直复营销最重要的目标。事实上，所期望的即时回应可能就是一份服务或者商品订单。因为直复营销活动中播出的广告最典型的特征就是强调产生即时回应，因此这种广告通常被称为“**直效广告**”。

你可能已经猜到**直接邮寄**和**电话营销**是直复营销商的主要媒介。但是直复营销也可使用所有传统媒介，如杂志、广播和电视。现在，很多公司也将电子邮件作为与客户保持信息交流的最经济的方式之一。除此之外，电视广告的巨大变化——专题广告

——受到直复营销商的热烈欢迎。现在我们可以通过考察主要直复营销工具——直接邮寄和电话营销——的优缺点，来检测每种媒介的效果。

## 15.4.1 直接邮寄

直接邮寄作为一种广告媒介有一些明显的缺点，其中之一就是成本过高。使用直接邮寄广告方式向一个消费者进行宣传的成本是使用电视商业广告或报纸广告宣传成本的15～20倍。[①] 此外，在人员流动性较高的社会中，邮寄名单也常因地址更换而失效。每个错误的地址都意味着广告经费付诸东流。直接邮寄的邮递日期也是无法预测的，尤其是大宗邮件和三级邮件。当广告成功与否很大程度上取决于广告信息的时间安排时，直接邮寄可能是一个错误的选择。

但是直接邮寄总有适用的时候，如图表15—9中美国邮政总局的广告。直接邮寄的优势在于该媒介的选择性。如果广告主为潜在顾客创建了数据库，直接邮寄就是最经济有效的接触潜在客户的工具。同时，直接邮寄还是一种灵活的媒介，公司可以根据家庭差别对信息进行调整。例如，《读者文摘》在对1 500万订户进行调查的基础上，建立了一个大型的数据库，详细记录了特定订户的健康问题。[②] 这个数据库记录了771 000名关节炎患者、679 000名高血压患者、206 000名骨质疏松症患者、460 000名烟民等其他患者的信息。《读者文摘》根据这些信息向订户邮寄了一些针对特定病情帮助他们克服病痛的小册子，同时还将里面的广告版面出售给药品公司使得它们可以针对特定患者提供特定的医药信息。为目标顾客提供量身定制的信息是直复营销的一大特色。

直接邮寄作为一种媒介也需要被检测和验证。公司仅需较少的预算在小范围家庭用户内，就可以测试两封或者更多的宣传信的效果，目的是确定哪种版本能够产生最大的回应。找到最合适的信件后，公司想要进行大规模的广告营销时只需要加大预算规模就可以了。

此外，公司采用直接邮寄方式寄给顾客的信件格式有很多种。它们可以邮寄体积较大成本较高的宣传册、录像带、CD或者DVD。它们还可以使用弹出式广告、广告折页、香味刮刮卡或者一个简单明信片，如图表15—10所示。如果能够在有限的版面内使用最少的图片描述一项产品，那么就真的没有必要使用直接邮寄再次向消费者宣传了。与成本较高、制作精细的直接邮寄包相比，双明信片格式（the double postcard，DPC）的清楚记录有更令人满意的效果。[③] 此外，如果公司在邮寄DPC过程中注意遵守美国邮政总局的规定，那么所发物件可以按照一级邮件较低的费率发送。因为邮政总局提供的联系地址都是按照一级邮件发送的，所以无论使用CPI法还是CPO法，DPC通常都是首选。同时，DPC还能有效地更改邮局名单上的错误地址。

---

① Stone, *Successful Direct Marketing Methods*.

② Sally Beatty, "Drug Companies Are Minding Your Business," *Wall Street Journal*, April 17, 1998, B1, B3.

③ Michael Edmondson, "Postcards from the Edge," *Marketing Tools*, May 1995, 14.

图表 15—9

美国邮政总局说，使用我们的服务吸引顾客访问你的网站。这的确是个很好的建议：互联网里有数百万的网站，你必须通过最经济的途径让人们注意到你。为帮助你接触到那些最有潜力的访问者，邮政总局建议你访问——美国邮政总局网站获取相关信息 http：//www. usps. com/ directmail/ welcom. htm.

图表 15—10

Fleece 和 Flannel 的明信片包含了该公司蒙大拿州利文斯顿的新店将要隆重开业的信息。在那个地区，邀请飞蝇钓鱼高手作为公司的发言人是再自然不过的事情。登录网站 http：//www. MontanaFleeceAndFlannel. com 和 www. cisitmt. com 了解更多相关内容。

## 15.4.2 电话营销

电话营销很可能是直复营销商最具进攻力的工具。同直接邮寄一样，电话营销可以使营销商选择性地向消费者提供商品和服务，各项活动的效果易于跟踪，不同营销话语和交谈方式的测试既简单又实用。因为电话营销需要营销人员和消费者进行真实的、活生生的对话，任何其他媒介都没法获得比这更高的回应率。电话营销也存在许多直接邮寄媒介所固有的缺点。按照与每个消费者沟通所产生的成本这一标准算，电话营销成本较高；同时，随着人员流动，名单上的姓名和地址也会发生错误，因此就需要拨打更多的电话号码。此外，电话营销在传递方式上不像直接邮寄那样灵活。如果你打电话时，消费者正在家中或工作场所，那么你向他们传递信息或者争取某种回应的时间就非常有限。

如果你也有电话，你就会知道电话营销的最大问题是什么了。电话营销是一种非常有效但也非常具有冒犯性的方式，所以使用时要谨慎。在不适当的时间拨打使人倍感压力的电话会使你远离客户。但是如果将电话营销用于与现有顾客和最可能的潜在顾客保持建设性交流，那么这种营销媒介从长期看会产生最佳效果。

## 15.4.3 电子邮件

到目前为止，最受争议的营销工具可能是不请自来的电子邮件或者是大宗邮件。这些被大众当作垃圾邮件的东西将会使你和顾客的关系恶化。最坏的情况是，滥发这类邮件会使公司背上垃圾王的骂名，同时由于网络的社区化特征，公司可能会遭致更多人的负面评论。但是以上担忧是否使公司退却了呢？答案是否定的。2006 年，日均 1 800 亿封的电子邮件中有 70% 是垃圾邮件。[①] 过滤工具的升级控制了这一恶化趋势，但是据估计，到 2010 年经常使用电子邮件的用户平均每年将收到 1 600 封垃圾邮件。[②] 这不由使你想问：垃圾邮件如此泛滥，讨厌它们的人如此之多，为什么还有人发送垃圾邮件呢？职业道德专栏将对这个问题进行剖析。

当然有人认为有些消费者并不讨厌所收到的具有针对性的邮件广告。随着互联网作为一种商业广告媒介不断成熟，那些遵守网络礼仪的公司会获得较高的顾客忠诚度。[③] 网络礼仪的一个重要前提是公司在发送产品和服务信息前要争得顾客的同意，套用一句行话说就是，它们必须经同意才可发送。选择接收邮件的需求形成了很多网络营销服务提供商，他们声称其提供的邮箱名单已经通过了用户的授权，用户同意接收各种产品和服务信息的邮件。图 15—11 是一家公司为尽责的广告主很巧妙地将电子邮件营销变成了见效的工具。现在还有一些其他公司提供更多的愿意接收电子广告

---

① Allison Enright, "Guerrilla-Style SPAM Wars," *Marketing News*, November 1, 2006, 13, 14.

② Allison Enright, "Guerrilla-Style SPAM Wars," *Marketing News*, November 1, 2006, 13, 14.

③ Cara Beardi, "Opt-In Taken to Great Heights," *Advertising Age*, November 6, 2000, S54; Michael Battisto, "Preparation Yields Spam-Free E-Mail Lists," *Marketing News*, February 17, 2003, 17.

## 职业道德专栏

### 认识垃圾邮件王后

每个人都痛恨垃圾邮件。这一问题的起因在哪里，为什么垃圾邮件越来越多？但是，每个人都痛恨垃圾邮件这一说法可能并不准确。劳拉·柏特莉（Laura Betterly）更喜欢将其称为商业电子邮件或者大宗电子邮件，而且她并不痛恨这些邮件。毕竟她靠发送这些垃圾邮件为生。她和三个朋友创建的数据资源公司（Data Resources Consulting，DRC）每个月发出的电子邮件数目高达6 000万。

DRC公司的核心资源就是它的数据库，该数据库记录了1亿个电子邮箱地址。这些邮箱地址是柏特莉从很多渠道搜集来的，其中包括Excite，About. com和Ms. Cleo's psychic Web site。和大多数垃圾邮件发送者一样，她也靠向大宗电子邮件商出售这些电子邮箱地址赚钱，同时价格合适时，她还想方设法再购买一些地址来扩增自己的数据库。虽然有些大公司也在发送垃圾邮件，但是在垃圾邮件发送这个市场里面，构成主体更多的是一些小公司，如劳拉·柏特莉的DRC。这并没有什么难的。

为什么垃圾邮件越来越多——因为它能带来利润。按照柏特莉的说法，按照约定的佣金水平，只要1 000万封邮件中有100人做出回应，那么她就能够取得佣金。毫无疑问，垃圾邮件商能够凭借回应率而生存下去，但是这种回应率对发送纸质的垃圾邮件失去了效力。对于通过邮局寄送的邮件，直复营销商只有获得2%或者更高的回应率才能盈利。而对群发的电子垃圾邮件而言，只要有0. 1‰的回应率就可以盈利。有时候你可能会想怎么会有人对我们所收到的这类电子邮件做出回应呢，但是重要的是只要0. 1‰的人做出回应，柏特莉就能赚钱。她们赚钱的胜算很大。

柏特莉对此的看法是“我只不过和其他人一样在赚钱生活。”通过自己的数据资源咨询公司，她可以让她两个孩子很好地生活，和他们共度很多美好的时光。她说：“你可以叫我垃圾邮件王后，只要我不违法，你不必喜欢我或者我的谋生之道。”

资料来源 Mylene Mangalindan, “Web Vigilantes Give Spammers a Big Dose of Their Medicine,” *Wall Street Journal*, May 19, 2003, A1, A13; Mylene Mangalindan, “For Bulk E-Mailer, Pestering Millions Offers a Path to Profit,” *Wall Street Journal*, November 13, 2002, A1, A17.

邮件的顾客的信息（如 http：//www. infousa. com 或 http：//www. yesmail. com）。如图15—11所示，可能要从同意接收各类邮件的用户中挖掘直复营销的潜在用户。

我们建议你不要被大宗电子邮件的低成本所诱惑。如果想破坏自己的品牌，那么最快的方法就是未经别人允许就向他们大量发送电子邮件。相反，公司应该建立自己的数据库，征求顾客同意后并通过电子邮件的方式与他们联系，尊重顾客的要求。不要滥用权力与其他公司就顾客的电子邮箱地址进行交易，并且当你和顾客交流时，要传递一些重要的信息。赛斯·高汀（Seth Godin）在1999年出版了《特许营销》一书，该书真正提出了“选择进入（opt-in）”这一理念，书中解释道：“浪费顾客名单的最好方法就是将其出售。将来的情况是，虽然顾客名单是我的，但是我却对此一无所知。”① 是不是很可笑——你能否想象 95 年前 L. L. 比恩对于顾客名单就持这种看法。

图表 15—11

许可电子邮件的提供商如雨后春笋般地发展起来，这使我们很难辩驳未经同意的电子邮件都是垃圾这一说法。难道不是吗？

## 15.4.4 直效广告在其他媒介中的应用

直复营销商为了让顾客对自己的宣传做出回应已经试用了很多方法。在杂志媒介中，广告商使用了一种非常流行的工具——绑定插入卡。翻阅任何一份杂志，你会发现这些闪亮的插入卡片在吸引读者的注意力方面是多么地有效。插入卡不仅推销广告商们的产品，同时还提供一些有诱惑力的优惠条件，如下次购买 Coldwater Creek 的商品将获得 25 美元折扣，一份免费的 Skoal 无烟烟草样品，或者注册成为 BMG Music Club 的新会员时能以 1 张 CD 的价格购买 12 张 CD。

当美国电报电话公司（AT&T）在 1967 年引入 800 号段免费电话服务时，它不会想到这项服务对直复营销的重要意义。《华尔街日报》的广告提供免费电话以供人们咨询：从便宜的在线交易服务（800 - 618 - SAVE）到出租利尔喷气机 40（800-FLEXJET）等一系列的问题。如果你观看深夜电视节目，或许你知道可以拨打 800 订

① Jodi Mardesich, "Too Much of a Good Thing," *Industry Standard*, March 19, 2001, 85.

购 Walter Ostanek 及其 polka 乐队 Grammy-winning 的 CD。最后，杂志广告，如 Bon Appetit 的一则广告（见图表 15—12）常常也会有 800 免费电话用于为顾客提供沟通渠道。所有这些事例说明免费电话适用于任何媒介的直接回应。

图表 15—12

这里并没有花哨的东西，只有最理想的营销方式——直复营销。

## 15.4.5 专题广告片

专题广告片是直效广告的创新形式，值得关注。**专题广告片**从本质上讲就是一种播放较长时间的电视广告，许多有线和卫星频道的低成本广告空间促成了它的发展。专题广告的播放时间维持在2~60分钟之间，通常播放时间为30分钟。尽管与30秒广告相比，制作专题广告看起来更像是制作一个电视节目，但是专题广告里全是销售信息。想要成功使用专题广告需要注意以下几个要点：[①]

专题广告包含的一个重要因素是用户满意的评价。也许名人对产品满意的评价会吸引那些正在切换电视频道的电视观众，但是专题广告并不一定非要邀请名人做广告，因为会增加制作成本。无论节目邀请名人还是普通人给予产品好评，但是如果没有这一环节，专题广告的盈利性可能会大打折扣。

有关专题广告我们还需要记住：观众不大可能整整30分钟都不更换频道。专题广告是一则30分钟的直接回应销售广告，而不是一集《南方公园》或者《辛普森一家》。这就是说激发观众购买产品的环节不应仅出现在广告的结尾，专题广告播放到第28分时大多数观众可能就已经走光了。制作30分钟专题广告的一个好做法就是把节目每10分钟分为一段，每段都有一个结尾。每次结尾都要有800免费电话或者网站的信息以方便观众订购产品或询问更多产品信息。此外，向顾客提供此类信息时公司要能够立即供货。"当天回应"应该是商家通过专题广告实现行业领先的目标。

很多产品和服务已经将专题广告作为其营销手段，现在通过网络渠道，如http：//www.iqvc.com进行专题广告宣传的做法更为普及。CD播放器、自助录像机、家庭健身设备、厨房用具和Annette Funicello Collectible Bears都利用专题广告取得了成功。一说到专题广告，我们很容易就将其与Ronco Showtime Rotisserie & BBQ（每次消费39.95美元，只要消费4次，该产品就是你的了）联系在一起，很多知名品牌也使用过这种媒介。品牌营销商，如快克速达（Quaker State）、美国在线、Primestar、凌志、Monster.com、迪斯尼、Hoover、Kal Kan，庞蒂克和梅塞德斯—奔驰都使用过专题广告宣传它们的产品和服务。[②]

为什么专题广告越来越受到各类营销商的青睐？TiVo的秒表服务所提供的最新数据很好地解释了这个问题。[③] 这些数据显示如Perfect Pushup健身器的广告这样，精炼的直接回应类广告，被观众换台的可能性非常小。因此，专题广告获得了广告界人士的密切关注。

---

① Thomas Mucha, "Stronger Sales in Just 28 Minutes," *Business* 2.0, June 2005, 56-60; Elizabeth Holmes, "Golf-Club Designer Hopes to Repeat TV Success," *Wall Street Journal*, January 30, 2007, B4.

② Evantheia Schibsted, "Ab Rockers, Ginsu Knives, E320s," *Business* 2.0, May 29, 2001, 46-49; Jean Halliday, "Pontiac Model Get Infomercial Push," *Advertising Age*, April 19, 2004, 12.

③ Brian Steinberg, "How To Stop Them from Skipping: TiVo Tells All," *Advertising Age*, July 16, 2007, 1, 33. marketing.

## 15.5 使用直复营销方式和/或人员销售方式达成交易

我们已经反复强调过营销商为接触顾客可以使用多种方式，但是这也带来了一个挑战，即如何协调和整合这些营销方式。很多机构也在努力实现这种协同效果，而这种效果只有在各种营销方式向顾客传递的信息相同而且有说服力时才能产生。但是，要想应用多种媒介协同营销，就需要让公司内部和外部各个领域的专家共同参与。如何保证广告经理、特殊活动经理、销售推广经理和网站设计师在工作中和睦相处是一个大问题。① 现在，我们还需要加入直复营销经理或者数据库经理。

直复营销的发展和快速普及使整合传播这一挑战再攀新高。尤其是营销数据库的发展常常会引起部门间的对抗，可能引起公司和广告商之间的主要矛盾。营销数据库是一个非常强大的顾客信息源。那些不能直接获得这些信息的人会嫉妒能够获得这些信息的人。此外，直复营销活动的不断普及必然意味着此种方法能够节省预算。举一个最典型的例子，直复营销节省了公司原本通过传统媒介（如电视、杂志或者其他大众媒介）投放广告的开支。由于直复营销会抢去传统广告服务商的主要业务收入，所以很容易理解为什么像上奇广告公司的凯文·罗伯茨这样的广告界权威如此厌恶直复营销。②

实现整合传播没有简单的解决办法，但是最典型的做法就是设置一名营销沟通经理。③ **营销沟通经理**负责策划机构的整体宣传计划，确保公司内外各专职经理工作协调一致从而将期望的信息传递给顾客，最终完成产品销售目标。当然，在这一过程中直复营销活动的关键在于和观众进行交流，然后完成交易。

### 15.5.1 人员销售的重要性

现在我们进入人员销售领域，这是商界又一个独特的功能类别。**人员销售**是一个面对面交流和说服的过程。那些定价较高、使用复杂、需要示范、需要根据用户加以调整、涉及以旧换新或者需要在购物点做出判断的产品非常需要这种营销方式。家庭消费者和企业消费者很多时候是在和销售人员交流之后就很快做出采购决定。很多情况下，在消费者要做出决策的时候，只有称职且训练有素的销售人员才能够解决潜在买主的问题，消除他们的顾虑。如果不能在购买这一关键阶段和顾客正确交流，那么其他所有广告宣传的努力都会白费。

销售工作有很多种类。销售人员可能从事受理订单、创意销售、辅助沟通三种工作。接下来讨论的内容说明了销售工作中不同任务之间进行信息交流的巨大差别。

人员销售工作最简单的是受理订单。尽管如此，该工作的重要性绝不能轻视。**受**

---

① Laura Q. Hughes and Kate MacArthur, "Soft Boiled," *Advertising Age*, May 28, 2001, 3, 54; Klein, "Disintegrated Marketing," 18, 19.

② Alessandra Galloni, "Is Saatchi Helping Publicis' Bottom Line?" *Wall Street Journal*, June 22, 2001, B6.

③ Don E. Schultz, Stanley I. Tannenbaum, and Robert F. Lauterborn, *Integrated Marketing Communications* (Lincolnwood, IL: NTC Business Books, 1993).

**理订单**即接受商品订单或者服务预定。公司现有顾客可以帮助公司以较低的成本创造额外的业务收入，因此订单受理者应很好地为现有顾客服务。订单受理人员也可能与新顾客交易，这就需要他们接受良好的训练以回答新顾客对有关新产品或者服务提出的问题。订单受理人员与买家进行沟通时，必须保证交流方式利于维护客户的关系。这种销售方式很少会传递大量的信息。但是使用方法不当就真的会失去忠实的顾客，最终会破坏两者之间的关系。

创意销售需要相当多的努力和专业知识。创意销售的适用范围广阔，从零售店的企业售后服务到企业的大规模工业安装和配件销售业务。**创意销售**就是消费者严重依赖销售人员所提供的技术信息、建议和服务的销售方式。在零售处（见图表 15—13 和图表 15—14），销售昂贵商品和特色商品的商店必须配有训练有素的销售人员，并且要关注顾客和重视对产品的了解。保险公司、股票经纪人、媒体代理商、房地产经纪人从事的是另一种类型的创意销售活动。销售人员针对每位顾客的特别需求和情况提供量身定制的服务。

图表 15—13

为自己的配偶挑选美食厨具可能是一件有风险的事情。销售人员的任务就是帮助顾客找出最合适的礼物。

创意销售工作最复杂和苛刻之处是企业与企业的交易。通常这些销售人员在某些技术领域已经做得很好了，如化学工程、计算机科学或者任何一种医学专业领域。**创意销售**对技术性销售人员的要求非常高，因为他们要负责大额销售合同并且为采购公司在专用零部件、医疗器件或者原材料方面复杂的决策提供专业性的建议。他们常常还要负责分析顾客的产品和生产需要，然后将这些信息反馈给公司以根据客户情况调整产品设计和供应计划。

创意销售近年来出现的另一个重要的形式是系统销售。**系统销售**负责销售一系列相关的元件以满足特定领域顾客的所有需要或者大部分需要。系统销售伴随顾客对“系统解决方案”的需求应运而生。特别是那些大型工业产品买家和政府买家，它们希望找到一家或者少数几家能够提供某一领域所需的全套产品和服务的供应商。这些买家从一个源头全套采购而不是与多家供应商交易。这种采购与销售方面的“一条龙销售”特别重视销售中的顾客关系管理工作。

图表 15—14

销售点是销售人员影响消费者最终选择的地点。当前市场上有很多种手机可供消费者选择，这无疑扩大了对这一领域里知识面较宽、训练有素的销售人员的需求。

创意销售工作对销售人员准备工作、专业技能和与顾客交流能力的要求非常高，创意销售也是建立顾客关系的第一步。这绝非偶然。公司努力培训销售人员目的就是使他们具备满足特定目标市场的需求的能力。例如，本田和旗下最近推出的车型 Honda Fit,[①] 这款车型的投放对本田公司而言意义重大：因为 Fit 是本田公司自 20 世纪 70 年代以来所推出的第一款真正意义上的入门级车型。但是入门级车型的购买人士与 20 世纪 70 年代相比，已经发生了巨大的变化。丰田公司也对此做出了快速反应：它把在美国已经销售了的 7 500 辆 Fit 车的用户资料加以整理，得出了这一部分车型用户的基本情况。其中重要的一个共同之处是：这类顾客都熟悉互联网，他们来展厅购车之前已经准备对该车进行详细调查。所以销售人员要做的第一件事就是确定消费者对汽车所了解的情况。切忌烦琐地重复消费者已经知道的内容，告诉一些他不了解的东西从而让他惊喜和激动。

最后，如果招聘销售人员是为了完成辅助沟通的工作，那么这类销售人员的行为与达成交易没有直接关系。这类销售工作的目的是向顾客提供信息和服务，建立与客

① Jacqueline Durett, "Road Warriors," *Sales & Marketing Management*, September 2006, 46 - 48.

户之间的友好关系。这类**使命型推销员**负责寻访顾客，目的是观察顾客满意度并搜集买家需求的最新信息，同时也会提供售后的产品信息。很多公司也使用一些直复营销工具如电话、传真和邮件提示等来弥补销售人员与关键顾客交流工作的不足之处。

## 15.5.2 客户关系管理

销售人员也可在培养长期客户关系方面扮演重要角色——通常被称为**客户关系管理**(CRM)。① 例如，默克公司向其销售人员提供的长达12个月培训不仅包括制药知识的培训，而且包括建立顾客信任的技巧。销售人员随后还要定期参加进修课程。同样，通用电气甚至向其公司用户——美国普莱克斯有限公司派遣自己的工程师全天候地驻扎在那以帮助公司提高生产力。此外，很多公司发现客户关系管理是在全球很多市场中获得竞争优势的重要战略。

同样，销售人员也是保证客户满意度的重要因素。销售人员接触顾客的目的不再仅是为了完成销售目标，而是和顾客合作共同解决问题。销售人员是分析顾客需求并在具体分析的基础上提出合适解决方案的最佳人选。销售人员接受这一角色帮助公司决定如何通过市场供给令顾客满意。让顾客满意给公司带来的最大好处是，他们在首次消费后会再回来反复消费，这也是长期经营企业最基本的方法。

## 15.5.3 例证

为理顺本章所学知识，我们现在考虑以下情况：如果公司能够在广告、品牌建设、直复营销和人员销售之间实现平衡，公司会面临什么样的发展情况？让我们先来做一个小测验。谁是专业床上用品行业的领军者？答案肯定不会是 Crazy Larry's Mattress Barn 或者 the House of Pillows。你应该想到的是 Select Comfort 旗下的睡眠指数（Sleep Number）床垫和其代言模特琳德赛·瓦格纳（《铁血女金刚》最早的扮演者）。现在琳德赛已经是一位演员，同时还是一位母亲，更是睡眠指数床垫品牌的拥有者，而她年仅35岁。

Select Comfort 的例子是一次真正的从小品牌到市场领军人物的蜕变。② 这些年来 Select Comfort 一直通过 Ronco Showtime Rotisserie & BBQ 频道的专题广告推销自己的充气床垫。一些消费者认为这些产品非常好用，因为当朋友在家里过夜时，把床垫从壁橱中取出来充气后就可以使用。但是这些产品难以进入主流市场，同时睡眠指数床垫也在寻找其他目标。因此，他们设计了一个新品牌——睡眠指数床垫，用户使用遥控器很容易就能调控床垫的硬度，调节幅度为1到100之间（见图表15—15的大遥控器）。但是公司在品牌建设过程中有很多工作要做。首先，公司必须克服人们对该产品的一贯看法——仅是一款昂贵的充气床垫。其次，使用深夜有线电视广告进行宣传，使其在消费者心目中树立美国高档购物中心的优质产品这一印象。

---

① Daniel Tynan, "The 10 Biggest CRM Mistakes," *Sales & Marketing Management*, December 2005, 30 - 33.

② Willow Duttge, "Caurting Sleep," *Advertising Age*, June 5, 2006, 4, 50.

图表 15—15

Select Comfort 劝说明尼阿波利斯机场内疲倦的旅客去 D 区中央大厅测试自己的睡眠指数。

在睡眠指数床垫品牌建设过程中，很多事情都发生了变化。但是 Select Comfort 没有放弃它作为直复营销商的这一优势，同时新广告方案还成功使用了报纸广告和地方黄金时间电视广告的组合方案。通常，这类广告第一个特点是指出这款床垫的不同之处：共用一床的夫妻可以自己调节自己那一边床垫的硬度（通常女性不高于 50，男性高于 50）。这项遥控专利使其他商家在长期内难以模仿。

一旦建立起基本的品牌意识，Select Comfort 下一步就是向消费者传递该床能够带来深度、健康的睡眠质量这一信息。当整个品牌建设工作正有条不紊地进行的时候，目标消费者就已经不断地收到直接邮寄广告了（见图表 15—16），这会使消费者尽快地购买产品。通常人们不会通过免费拨打 800 电话购买价值 1 000 美元的床垫，但是他们到该公司 410 家零售商店的任何一家进行参观时，商店里训练有素的销售人员（一般都是穿着睡衣）都会耐心地帮助每一个顾客确定他/她的睡眠号码，同时也会宣传深度、健康睡眠的重要性。当然，达成交易也是这些销售人员的工作。

Select Comfort 的例子很好地说明了本书的主题。每个营销商必须合理使用每种工具和策略以将公司的信息传递给目标顾客。不同工具和策略在品牌建设、宣传品牌方面的主要优势以及最终达成交易的过程中扮演的角色也会不同。如果公司使用的各种媒介和方案传递的信息各不相同或者传递的信息十分混乱，那么受到影响的只有公司本身。营销不可缺少的各领域专家和销售人员必须发挥团队精神，协力合作，从如今竞争复杂激烈的市场中脱颖而出。例如，如果想在专业床上用品市场充当领军人物，公司必须使用广告宣传和整合品牌促销战略。

图表 15—16

直接订购的特点在于订购价格的优惠，还有免费装饰品相赠，立刻订购还可以获得奖励。消费者如果立刻购买，分期付款可以享受优惠的付款政策。

## 本章总结

1. 明确直复营销三大主要目的，解释此种营销方式为何能够不断普及。

现在很多机构都在不断加大直复营销的资金投入。投入这些经费主要有三大目的：与顾客达成交易、确定潜在购买客户、传递信息和设置激励机制以培养品牌忠诚度。直复营销不断普及有几方面的原因。首先，直复营销商为大众消费提供了方便：信用卡、800 号段免费电话，互联网使消费者远离了现场购物时的喧嚣。此外，当今的计算机技术使营销商可以搜集到更多的客户信息，扩大了直复营销的影响力。在这个人人追求利益最大化的时代，营销商们必须保证营销方式能够产生和记录可测量的结果。

2. 区分邮寄名单和营销数据库，回顾各自的应用案例。

邮寄名单是记录现有顾客或者潜在顾客的姓名和地址的档案，如信用卡公司或者目录零售商提供的名单。内部名单在与现有顾客建立顾客关系方面十分有效，外部名单则在吸引新顾客方面效果显著。营销数据库是内部名单的自然延伸，但同时还包括有关个人顾客具体的偏好和购买行为方面的信息。公司可以通过数据库确定他们的最佳顾客，然后将工作重心放在这些人身上。识别和强化最佳顾客群可以作为一项非常有效的战略培养品牌忠诚度。一旦有数据库投入使用就会出现交叉销售的机会。再者，由于商家能够充分了解现有最佳顾客的动机，因此他们对于如何吸引新顾客也会有一些自己独特的见解。

3. 描述直复营销商向顾客传递信息时常用的媒介。

直复营销方案源自邮寄名单和数据库，但是商家仍然需要向顾客传递信息。直接邮寄和电话营销是直复营销最常使用的营销工具。电子邮件现在也成为一种成本较低的选择。广告作为直复营销方案不可缺少的一部分，常常需要观众做出即时回应，因此这类广告也称为直效广告。传统媒介如电视、报纸、杂志和广播也可以使观众直接回应，具体做法就是提供800号段免费电话或者网址以便顾客与商家联系。

4. 说明直复营销和人员销售在补充其他广告宣传方面的重要性。

创建营销数据库、选择直接邮寄格式和制作专题广告都可归为直复营销的工作任务。要完成这些以及其他相关的任务需要更多的各领域专家参与进来，但人员的增加也会使协调工作更具挑战性。再者，很多产品和服务需要由训练有素的销售人员给予支持。顾客从任一品牌的广告中获取的信息也需由销售团队有技巧地加以强化。如果不能在购买的最后阶段（即关键的阶段）做好信息交流工作，那么其他所有广告宣传的努力都将付之东流。销售人员在这一过程中扮演着重要的角色，因为他们不仅要完成销售，还要保证顾客满意。

## 关键术语

direct marketing 直复营销
frequency-marketing programs 常客营销方案
order taking 受理订单
cost per inquiry（CPI）询问成本
cross-selling 交叉销售
creative selling 创意销售
cost per order（CPO）订单成本
direct response advertising 直效广告
system selling 系统销售
mailing list 邮寄名单
direct mail 直接邮寄
missionary salesperson 任务推销人员
internal lists 内部名单
telemarketing 电话营销
customer relationship management（CRM）客户关系管理
external lists 外部名单
infomercial 专题广告片
marketing database 营销数据库
marcom manager 营销沟通经理
RFM analysis RFM 分析
personal selling 人员销售

## 问题

1. 莱斯特·伟门是谁，他是如何为 Columbia House 策划历史上有名的宣传活动引入直复营销这一理念的？

2. 直复营销被定义为一种营销互动系统。解释“互动系统”的含义并举出一个非互动系统的例子。互动系统是如何帮助培养品牌忠诚度的？

3. 回顾推动直复营销日益普及的主要因素。你能从几个方面解释直复营销接近白热化的原因吗？作为一种营销方法，直复营销继续流行所面临的挑战是什么？

4. 描述信用卡公司为完善内部邮寄名单还需要添加哪几种信息类别。对于新添加的名单信息，评论一下每种信息对于改善公司细分市场战略的价值。

5. 什么是 RFM 分析，它的一般用途是什么？机构如何在营销经费有限的情况下通过 RFM 分析取得最大的效果？（记住所有公司都认为自己的营销经费过少不能完成所有的工作）

6. 对比本书第 13 章所讲的专门针对顾客的直接促销工具与本章中会员营销方案的异同点。两种方法都建立在哪些共同激励因素之上？它们各自的目标是相似的还是完全不同的？会员营销方案要实现的哪个目标与促销的首要目标不同？

7. 一方面，我们常常讨论使用直复营销工具与顾客建立关系和培养品牌忠诚度；另一方面，一些直复营销工具如垃圾电子邮件和家庭用餐时刻的营销电话却常常令人非常恼怒。这种说法是不是自相矛盾？如何使用这些令人恼怒的工具与顾客建立关系？你认为什么时候才适合通过直复营销工具与顾客建立长期关系？

8. 直复营销不断普及是对传统广告代理商的威胁，你如何看待这一说法？

9. 比较直复营销和人员销售两者目的的异同之处。

10. 以 Sleep Number 为例说明广告和整合品牌促销活动中合理使用各种方法的重要性。

## 实践练习

1. 以小组形式对 Moosejaw（该公司是一个运动服装零售商，其产品在大学生中非常受欢迎）网站上的直复营销部分进行评估（见 http：//www. moosejaw. com）。就你在其网站上所发现的每一个直复营销方法，解释公司通过何种方式才能有效衡量每个方法的效果。评估网站的同时，向公司指出你所知道的所有能够搜集客户信息的途径，从而扩大公司数据库营销的范围。

2. 本章讨论了数据库营销不仅可以作为接触顾客并达成交易的工具，同时还可以用来辅助产品开发。以小组为单位找出三款具有特色的产品或者服务，添加和完善数据库中客户及产品销售信息，通过数据库营销将其打造成知名品牌。提出新产品或者服务建议时要指出可能影响产品开发的数据库信息的类型。

3. 假设你已被一家旅行社录取，任务是撰写一封直接邮寄信件吸引游客去科罗拉多滑雪，目标主要是大学年龄的年轻人。为这次一揽子度假服务写一篇三至四段的宣传信，然后向旅行社解释如何测量这些方法的效果，你认为直复营销的下一步应如何吸引潜在顾客并最终达成交易。

4. 本章讨论了数据库营销所引起的严重的隐私忧患。今天的营销商搜集了海量的个人信息。大多数数据库的开发工作都是在未经顾客同意或者是在顾客没有意识到的情况下发生的。登录以下网站，解释每个网站对于网上隐私问题是如何说明的：

Better Business Bureau：http：//www. bbbonline. org

TRUSTe：http：//www. truste. com

# 16 公共关系、影响者营销和合作广告

通过本章的学习，应该掌握以下技能：

- 1. 描述公共关系在广告和整合品牌促销策略中所扮演的角色
- 2. 详细介绍公共关系的目标和手段
- 3. 描述激励公司进行公共关系活动的两个基本策略
- 4. 解释市场营销计划中的策略和技巧
- 5. 讨论企业广告推广的意义和目的

## 16.1 引言：全方位思考打造品牌势力

当企业拥有诸如红牛、Mini Cooper、苹果手机、Betty Beauty 这样时尚、新颖的产品时，品牌就很容易在消费者或媒体间产生轰动。但是从很多其他角度来看，那些事情本身就是例外。在大多数情况下，如果我们在那些品牌所造成的轰动效应已经消失了一段时间的产品上开展这样的战略，那结果就像我们以往所预测的那样。营销商们面临的挑战是如何为那些再熟悉不过的品牌激发兴趣、制造轰动、鼓励使用（或再次使用）、培养客户关系，如牙膏品牌。

多数人都经常使用牙膏，但他们却记不住上次买的是什么牌子，并且认为这类产品没什么差别。这是一类兴趣度低、难以区别的产品，是高露洁（Colgate）、佳洁士（Crest）这样的品牌永远围绕的核心。“瞧，妈妈，没有蛀牙”这一广告标语在 50 年前为佳洁士创造了巨大轰动。

企业该如何为佳洁士这样的品牌注入活力，从而激发消费者的热情呢？让我们将目标锁定于年轻的消费者，他们更倾向于电子媒介，对品牌持怀疑的态度，这样问题就变得更加严峻了。从何处着手？现在你应当了解。

有效的广告宣传和整合品牌促销一开始就以目标消费者为核心并植根于目标消费者中。佳洁士超白牙膏是其扩展的一款产品，宝洁公司将目标消费者集中于 18 到 34 岁之间的女性群体，而最初的目标消费者是 23 到 24 岁的女性。这些女性喜爱交际、性格外向并且未婚。她们经常登录社交网站，并通过各种无线通讯工具同朋友、家人交流。在宝洁此次宣传活动中，宝洁注意到：这些女性群体认为偶尔某天头发凌乱是不可避免的，但是如果是某天口臭的话就让人完全不能接受。这点关键性的认识对宝洁的宣传活动帮助极大。另外，它也意识到，对于这些女性来说，良好的第一印象十分重要，清新的口气与迷人的微笑是件好事。

因此，引导佳洁士超白牙膏产品宣传活动的重大理念是：为这些女性增加信心，提升魅力，帮助她们在一些社交场合下都能留下极好的第一印象。谁不想更有魅力呢？这次活动的中心是佳洁士超白魅力指数测试。一个人在变得更有魅力之前必须打好基础。互动测试对这个年龄段的人来说已经是家常便饭。当然，为了吸引参加者，测试中加入了一些专家和名人的解释，以及诱人的奖品和其他方式的鼓励。

宝洁公司举办了一次以测试为重要环节，全方位的整合交流活动来制造轰动效应。一些主要方面如下：

***公共关系***。第一批接受魅力指数测试的是 MTV personality 的尼克·卡农和墨西哥男孩乐队 Reik 的成员们。Reik 的成员们和卡农都接受了媒体采访，当地和全国媒体争先报道佳洁士超白产品。这促使更多的人点击英文网站（http://www.Crestiq.com）和西班牙文网站（http://www.AlientoCrest.com）。娇娇（JoJo）、特迪·盖格尔（Teddy Geiger）和劳伦·康拉德（Lauren Conrad）等其他名人，也接受了测试并且贴出了他们的得分。

***在线***。如图表 16—1 所示，网页上的横幅广告使用所有正确的素材来推广测试。这些都出现 Facebook、Myspace、Evite、Batanga、Tickle 和 Instant Messager 等网站明显

的位置上。另外，聚友网上神秘“魅力小姐”的外形轮廓（见图表16—2），引发了更多的讨论。通过提供尼克·卡农歌曲和其他的免费下载来鼓励会员同魅力小姐交朋友。聚友网还为魅力小姐的朋友们提供了可以与尼克·卡农和Reik成员们在线聊天以及很多奖品。为此次测试出题的是著名的约会专家萨曼莎·丹尼尔斯（Samantha Daniels），他一直在为这个活动充当代言人的角色。

图表16—1

用IPods，尼克·卡农以及免费下载作为奖品，谁能抵挡住诱惑呢？

图表16—2

很显然，宝洁人员了解社交网络对其产品的目标年龄群的重要性。

***活动和公共宣传***。佳洁士超白与 Vibe. com 联手在时代广场举行了快速约会活动。又一次突出尼克·卡农的酷男形象。MTV 上的今夜娱乐和*The Insider* 栏目现场报道了这一活动，提升了 CrestIQ. com 的访问。

***难以抗拒的视觉，印刷广告和明信片***。一场印刷广告宣传活动激发了人们登录 CrestIQ. com 网站的意识和兴趣。这场运动的内涵是关键的视觉因素，即保证更多的魅力之吻，见图表 16—3。以当地情况，消费者会在他们喜爱的夜总会的卫生间里看见如图表 16—4 显示的海报。它号召消费者在离开卫生间之前行动起来，用移动电话来进行简短的测试，“你在俱乐部遇见一位辣妹，该如何让她知道你对她感兴趣？”到 CrestIQ. com 来寻找答案吧。

图表 16—3

无论是哪类产品，有吸引力的视觉元素都是出色广告的标志。

把已经成熟的品牌再次带入年轻人的生活中是很复杂的事情，但是如果你把所有的部分正确地组合在一起，热点会再次流行。宝洁公司称之为 360°营销或者全方位营销。这是一个很酷的名字。我们称之为完美地完成了广告和整合品牌的营销，利用所有正确的方法进入已经定位的目标市场。

怎么说它都是成功的。在佳洁士超白活动结束的时候，佳洁士得到了 401 902 份完整的测试答卷，在聚友网上拥有了 48 760 位会员，得到了 1.57 亿媒体印象分。CrestIQ. com 网站访问量达到 1 156 375 人次。与主要竞争对手高露洁相比，佳洁士扩大了市场份额，尤其是 18 岁 ~34 岁的女性市场，此次活动完美谢幕。

图表 16—4

在任意一间卫生间，低技术产品与高科技产品相遇，迸发出完美的火花。

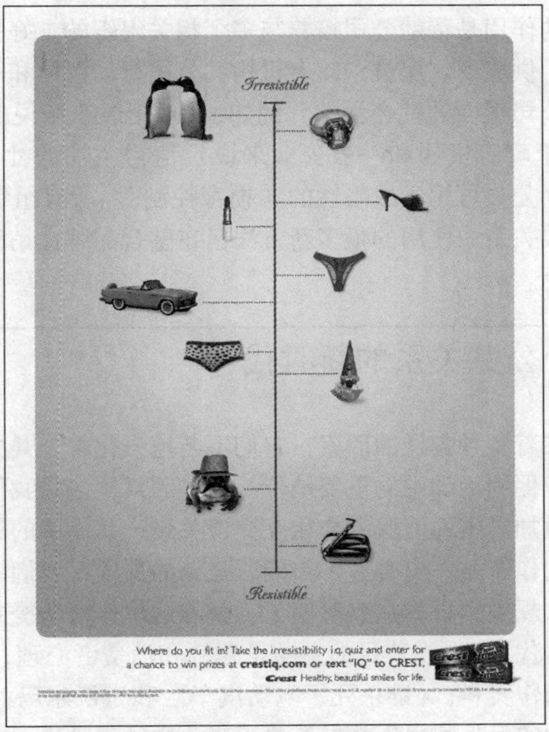


我们有充足理由把佳洁士超白牙膏举办的这场活动作为一个例子放在 16 章。一方面，它强调了这样的观点：广告和整合品牌促销不只是涉及多样化的工具，重点是在相关的目标市场使用正确的方法。另外，这个例子突出了如今在营销中十分流行的制造热点的全部理念，同时利用公关活动作为制造热点的手段。的确，这两件事情经常联系在一起，本章将集中对营销工具之一的公共关系展开讨论，来完善你的整个知识体系。

现在人们可以理直气壮地说，公共关系已经进入一个令人激动的新时代。公共关系和制造轰动从来没有这么红火热。过去公司在面对负面宣传时经常采取损害控制，而现在，公共关系已远远超越了传统的那种保持善意态度或与公司的“公众”维持正常联系的传统理念。这些传统的公共关系职能仍然很重要，但是现今的公共关系产生了更多的新方式。作为本章的另一项重要议题，强调公共关系活动作为一个品牌建设的议程，反映了公关关系中的新重点。

最后，同样重要的是，企业广告也被安排在最后一章。企业广告通过运用主流媒体，向公众传达了其独特的且可以被广泛接受的信息，这有别于那些具体产品的品牌建设。企业广告不用特意宣传具体的产品或服务，就能起到宣传公司整体形象的作用。企业广告与其自身的信誉和声誉有很大关系。随着消费者日趋明智、成熟，他们也会要求自己所忠实的公司具备更高的行为准则和标准。假如一家公司在其顾客群中建立了信任度和忠诚度，它就会很容易与消费者建立良好的消费关系。

## 16.2 公共关系

**公共关系**最初的作用是帮助公司培养与多个相关组织的友好关系。这些构成群体包括：客户、股东、供应商、雇员、政府机构、公民行动群体和一般公众。公司的公共关系目的是强调公司正面的社会活动。例如，（对于股东来说的）出色的季度销售额和利润，或（对于政府机构和一般公众来说）值得关注的社区服务项目。同时，当出现负面攻击时，公关可用于战略性的“损害控制”。所有组织都有面临负面攻击的时候。此外，公共关系中使用的很多新方法已在整合品牌促销活动中扮演着一种更大胆、更积极的角色。

### 16.2.1 一个公共关系的新时代？

实际生活中存在着各种各样的因素，它们不断地强化着公共关系在所有产品和服务的广告和整合品牌促销活动中的重要地位。这些因素很多是我们所熟知的，例如那些日趋成熟和联系愈加紧密的消费者会相互交谈关于产品品牌的故事。正如一位善于研究品牌而又激进的作家——史蒂芬·布朗所强调的那样，我们现在生活的世界，已经不同于过去那个大规模销售的鼎盛时期了。就像这位作家所提到的，我们已经进化到了高度商业化的时代，① 电视节目的主题是营销和消费者心理；单人喜剧表演拿购物习惯和品牌策略当作笑料；《谁杀死了电动汽车》和《沃尔玛：低价的高成本》这类纪录片带来了巨大的反品牌娱乐效果。关于产业的风言风语、高管们的丑事以及对产品的批评都成了网络博主们的话题。这是一个痴迷品牌的世界。

正如你所知道的那样，消费者越来越多地使用博客、播客、YouTube、RSS 频道或者任何一种只要是马上能发明出来的，并且能纵横网络的工具来控制这个品牌痴迷的世界。② 在这样一个世界里，营销人员必须时刻监测目前对他们品牌有影响的言论，并时刻准备积极回应以拯救或恢复自己的品牌。当然，大众媒体的广告从来就没有停止过对公司品牌形象的表扬或是批评。

消费者从来没有像现在这样对品牌评头论足。虽然商家一直相信对消费者决策起最重要作用的是朋友和家人之间的推荐，但是对此他们却从来不知道该怎么应对。马尔科姆·格拉德威尔在他的畅销书《临界点》里提出了几点应对措施，其中指出了“行家”和“中间商”对社会流行趋势的形成起了关键的作用。这其中的关键在于，你可以找出这些行家和中间商，如果你给他们一些关于你的品牌的有用信息，或有趣的故事，他们就可能把它放到他们的网页上。当然，如果存在着一种像互联网这样的媒介，只需要点击一下鼠标，就可以将某个品牌与成千个好朋友共享，并且效果会更加强劲。

人们每天都在谈论品牌。现在企业所面临的挑战是如何给消费者提供一些有趣的事情，以便以积极的方式来讨论品牌。商家也开始明白这一点。公共关系不仅仅能使

---

① Stephen Brown, “Ambi-brand Culture,” in *Brand Culture* (New York: Routledge, 2006), 50 – 66.

② Frank Rose, “Let the Seller Beware,” *Wall Street Journal*, December 20, 2006, D10.

其保持良好的形象，更多的是让品牌走进主要消费者的日常会话中。佳洁士的魅力测试将这一点展现得淋漓尽致。美泰公司是另一家不断学习如何主动使用专业的公关知识来建立自己品牌的公司。其举办的意在选取下一届美泰修理工的全国性知识竞赛，吸引了 2 000 多位候选人，并在传统媒体和整个互联网中引起强烈反响。美泰公司的营销副总裁介绍了这项花费 50 万美元却产生 1 000 万美元价值的活动成功的原因，主要归因于一开始就把公关技巧融入整个活动中。①

我们很清楚，在今天如此活跃的市场中，有很多关于品牌在线和离线的评价，一个品牌缔造者需要采取积极主动的态度，来对这些评价施加一定的影响。一如既往，为了保证这种融合，需要团队付出巨大的努力，而且人们越来越清楚，任何市场营销和广告团队都需要好好地学习一些公关技能。②

## 16.2.2 公共关系和损害控制

公关始终扮演着一个重要而独特的角色。关于这一点，其他任何一种宣传工具都代替不了。公共关系是唯一一种在面临负面宣传时可以提供损害控制的工具。这个公共关系问题可能出现在公司自己的活动中或来自完全不受公司控制的外力。让我们考虑一个典型的化解公关危机的例子，来理解损害控制的实质。

英特尔公司是美国产业成功实例中的一个伟大典范。英特尔从一个相对缺乏技术创新性电脑科技公司转变成拥有最响亮品牌的全球最大的企业之一。（谁不知道“英特尔内置处理器”？）短短 25 年，销售额从 13 亿美元增长到 250 亿美元，但这些成功没有帮助英特尔在面对严重的公关危机时做好应有的准备。1994 年初，英特尔推出了新一代芯片，即现在人们熟知的奔腾芯片，英特尔公司计划以奔腾来继承之前已被广泛使用的 X86 芯片。但 1994 年 11 月，奔腾用户发现新的芯片存在严重的设计漏洞。在某些浮点运算上，一些奔腾芯片实际上做出了错误的计算——虽然这些错误只出现在小数点第 5 或第 6 位以后，但对于那些在科学实验室里工作的用户来说，这样的错误是致命的，因为这些机构需要绝对的精确。

像奔腾芯片这样高性能的科技产品出现了缺陷是一回事，而英特尔如何处理这个问题却是另外一回事。英特尔公司最初的“官方”反应是，这个安全漏洞是如此微不足道，以至于 2.7 万年才会出现一次。但是 IBM 公司对此论断提出质疑，该公司已经运送了上千批安装了奔腾芯片的个人电脑，并声称处理错误可能发生的频率高达每 24 天一次。IBM 公司宣布，它将立即停止销售所有安装奔腾处理器的个人电脑。③

---

① Jeffrey Davidoff, “Want Great PR? Get Your Agencies to Share the Load,” *Advertising Age*, August 13, 2007, 12 - 13.

② Claire Stammerjohan, Charles M. Wood, Yuhmiin Chang, and Esther Thorson, “An Empirical Investigation of the Interaction Between Publicity, Advertising, and Previous Brand Attitudes and Knowledge,” *Journal of Advertising*, Winter 2005, 55 - 67; Jonah Bloom, “Marketing, PR Departments Must Bridge the Cultural Gulf,” *Advertising Age*, March 12, 2007, 18.

③ Barbara Grady, “Chastened Intel Steps Carefully with Introduction of New Chip,” *Computerlink*, February 14, 1995, 11.

从这一点来说，奔腾事件变成了一场逃避公共关系的灾难。各大主流报纸、网络和杂志都在报道有缺陷的奔腾芯片，甚至有人将迪尔伯特画进系列漫画，借此来嘲讽这次的英特尔事件（见图表 16—5）。一位观察员这样形容这件事：“从公共关系的角度看，火车已经离站，并脱离了英特尔公司对于事态的控制。”[1] 英特尔公司用几周的时间来公开声明这些问题不会影响广大用户。

图表 16—5

由于英特尔并没有对其奔腾芯片问题做出迅速和积极的反应，媒体对英特尔做了一系列的负面报道。甚至迪尔伯特也被扯进了这组有关英特尔决策的漫画中。

英特尔公司最后决定为那些认为电脑芯片存在风险的用户免费更换芯片。在宣布将斥资 4.75 亿美元来为顾客更换芯片时，英特尔公司卓越的首席执行官，安迪·格鲁夫公开承认“此次的奔腾处理器问题成为英特尔需要吸取的一次教训”[2]。

毫无疑问，不论是大型还是小型企业都会遇到公共关系问题。事实上，随着消费者掌握的信息越来越多，联系愈加紧密，坏消息传播的速度也变得愈加迅速，停留在消费者心中的时间也变得更长。这个“坏消息”可以呈现出多种形式，比如一个描述塔克贝尔的格林威治村餐厅的厨房内老鼠横行的网络视频迫使公司关闭餐厅，[3] 但视频仍然在线；强生公司由于起诉红十字标志侵权而走进了一场公关风暴，[4] 能在公众舆论法庭赢得这场官司的确很艰难，但这实际是自己造成的损害。

沃尔玛公司历来负面消息不断，如一直困扰它如何对待一线雇员的问题。一个自称为“唤醒沃尔玛”的组织已在捣毁沃尔玛品牌方面表现出了极强的才能。[5] 登录网站 http：//www. WakeUpWalmart. com 看看他们的做法。沃尔玛的例子也说明对负面宣传的处理不当所造成的后果。麦肯锡公司的一份报告表明，有相当多的沃尔玛顾客说，由于挥之不去的负面消息，他们已经不去沃尔玛购物了。[6]

企业需要学会如何处理负面信息。任何公司都无法幸免。但是由于很多的公关事件都是负面的，所以公司必须有公共关系预案。这样在问题发生时，能够利用其中的

---

① James G. Kimball, “Can Intel Repair the Pentium PR?” *Advertising Age*, December 19, 1994, 35.

② Grady, “Chastened Intel Steps Carefully with Introduction of New Chip.”

③ Kate MacArthur, “Taco Hell: Rodent Video Signals New Era in PR Crises,” *Advertising Age*, February 26, 2007, 1, 46.

④ Jack Neff, “J & J Targets Red Cross, Blunders into PR Firestorm,” *Advertising Age*, August 13, 2007, 1, 22.

⑤ Barney Gimbel, “Attack of the Wal-Martyrs,” *Fortune*, December 11, 2006, 125 - 130.

⑥ Jon Birger, “The Unending Woes of Lee Scott,” *Fortune*, January 22, 2007, 118 - 122.

预案来积极有序地展开危机处理工作。为了充分地认识公共关系的实质，接下来我们要学习公关的目标和工具，以及一些基本的公关策略。

## 16.2.3 公共关系的目标

虽然危机的事后处理是必要的，但最好的办法始终是采取积极主动的做法来避免危机的发生。公共关系的关键是要对公关的结构有个系统性的了解，这其中就包括对公关目标的理解。在形象塑造、损害控制以及与公众建立良好关系的统领下，我们大致可以指出公关的六个目标：

●***树立形象***。这是公共关系的一个形象塑造职能。公司可以彰显自身在行业活动或社区服务方面的亲和力。某学校的音乐活动资金紧缺，百事可乐赞助了该活动，受到了广泛的好评。

●***宣传产品或服务***。新闻招待会、社会活动或品牌“消息”等这一类可以提升公司品牌知名度的活动都可以在公关活动中来实施。大型制药公司，如默克和葛兰素史克公司在研发出新的药物，取得美国食品及药物管理局（FDA）的批准后，通常立刻召开新闻招待会。同样，在面对几乎所有大型石油企业都会遭受到负面新闻攻击的情况下，超越石油（Beyond Petroleum）一直积极主动地宣传自己的“绿色”理念。

●***准备内部沟通***。在公司内部通报信息并更正错误信息可以有效地降低流言的负面影响，还可以增长员工士气。对于诸如裁员或公司兼并这类事件，内部交流可以很大程度上驱散员工和当地社区中的的流言蜚语。

●***反击负面新闻***。如前所述，这是公共关系的损害控制职能。这种行为的目的并不是试图掩饰危机，而是尽量避免危机对公司名誉可能造成的损害。当 NEC 公司面临消费者起诉其生产的手机可能会带来癌症的指控时，McCaw Cellular 通信公司立刻运用公关手段告知公众，特别是其手机用户，以上的诉讼不符合科学依据。另外，一个行业的公共关系问题会成为另一种行业千载难逢的机遇。（如图表 16—6 所示）

●***游说***。公共关系可以帮助一个公司更好地与政府打交道，并试图影响政府的政策举措。据报道，当反垄断诉讼指向微软时，微软公司在游说上耗资 46 亿美元，试图证明自己的行为并未构成垄断。行业组织同样在州政府和联邦政府当中维持其游说的作用力度。例如，啤酒和葡萄酒行业派出说客，随时对可能限制啤酒和葡萄酒广告的立法进行游说。

●***建议和协商***。在公共问题的决策上协助管理层选择立场，帮助员工在公开场合树立形象以及帮助管理者预测公共反应，这些都是发挥公关建议和协商的职能。

图 表16—6

一个行业的公共关系问题为另外一个行业提供了机遇。当医疗调查显示过度的使用手提电话能够导致脑部肿瘤，一些手机公司就开发出了手提电话辅助设备来解决这些问题。在这里，Jabra公司暗示了消极的宣传和医疗调查就是其品牌推广的基础。

## 16.2.4 公共关系工具

一个公司可以采取很多种手段来实现前面所述的目标。我们的目标是尽可能获得进程的控制权。运用以下讨论的工具，公司可以将其公共关系的一些做法与其他品牌传播的方法进行整合。

1. **新闻稿**。掌握一些对公司有利的信息可以使公司有效地利用免费的媒体报道。向媒体发送新闻稿会帮助公司尽可能利用大众资源，为自身进行宣传。图表16—7所示的是一份新闻稿，内容是关于米利亚得基因公司发现了一个与高胆固醇有关系的基因。对于正面的新闻稿有利的话题包括：

- 新产品
- 新科学发现
- 新职员
- 新企业设备
- 创新型企业行为，如节能项目或员工福利项目
- 年度股东大会

●慈善和社区服务活动

通过媒体进行宣传唯一的缺点是发布信息时机的偏差难以掌握。此外，记者可以自由地凭自己的观点修改或解释新闻稿上传播的信息，这可能会改变企业的初衷。为了减少这方面的问题，公司顾问团建议谨慎处理与新闻记者之间的关系。实际上新闻记者更偏重于技术或操作方面的信息，以及深入分析公司过去成功与失败的一些逸闻趣事。

2. **专题报道**。当公司有一件特别值得注意的事情，却无法为报纸或其他媒体撰写文章时，它可以邀请新闻记者为公司做一个专题报道。与发送新闻稿不同，专题报道更易操控，且专题报道赋予某个特定记者独家版权，用很长的篇幅发布独家新闻。木星通讯，作为跟踪互联网的使用和产生网络统计信息的领先研究机构，在利用专题报道作为公关手段方面有一个简单的宗旨。木星的总裁说，“我们的目标是让每一个研究项目都能在某个地方被报道。我们知道这是最便宜，也可能是最有效的营销方法”①。

图表 16—7

发送新闻稿是与公共大众进行沟通的最好办法之一。这里，旨在降低胆固醇水平的米利亚得基因公司已发出一个新的药物新闻稿。

周二，6 月 5 日，6：30AM，东部时间

**新闻稿**

资料来源：米利亚得基因公司。

**米利亚得发现高胆固醇基因**

研究 CHD2 酶是一种很新奇的方法，可能将降低胆固醇的药物引入盐湖城，6 月 5 日/公共关系新闻专线 /**米利亚得**基因有限公司（纳斯达克股票代码：MYGN 新闻）报道。**米利亚得基因公司**发现了一种导致人类早年心肌梗死的高总胆固醇和低高密度脂蛋白（也称为“有益胆固醇”）的人类基因。研究表明，体内的这类基因产生蛋白质物质的数量很不正常，同时伴随着酶的活动，以及其他特点都表明这类基因可以作为药物治疗的目标被修复。CHD2（冠心病 2）的蛋白质以一种奇特的、前所未有的、有别于胆固醇合成途径的方式生成，而抑制素类药物和其他药物对其产生反应。

该 CHD2 基因及其作用是通过对一些家庭进行综合遗传分析和对生物途径分析得来的，其中这些家庭成员都有年轻时患心脏病的病史。总共超过来自 145 个家庭的 5 000 人进行了基因分析。**米利亚得**基因公司会同犹他大学的心脏血管基因研究诊所的科学家完成的这次调查显示，CHD2 蛋白的不正常生成水平对于疾病的发展有很重要的作用。由于 CHD2 基因的混乱导致过高的低密度脂蛋白胆固醇，过低的高密度脂蛋白胆固醇和早发性心脏病，所以抑制这种基因的小分子药物有望在高胆固醇人口中降低胆固醇和减少患心脏病的风险。以目前的疗法，包括抑制素疗法，在很多患者的身上不能够将总胆固醇水平降低到理想水平。在美国，心脏病仍是最常见的死亡原因。经研究推算，一半以上的男性和三分之一的女性将患上心脏病。

“这次对于治疗心脏病新药物的开发证明了**米利亚得**公司药物开发的综合优势，这种药物开发以一种高生产量和工业化的方式整合了基因组和蛋白质研究的最强科技，”**米利亚得**基因公司的主席兼首席执行官彼得·梅尔德伦这样说，“**米利亚得基因**公司现在拥有所有的临床早期药物，以支持我们在前列腺癌药物的研究，这种药物已经完成了第二阶段患者的临床试验，而且我们打算积极推广这些药物使其走向商业化”。

① Andy Cohen, “The Jupiter Mission,” *Sales and Marketing Management*, April 2000, 56.

3. **公司时事通讯**。像时事通讯这样的内部出版物可以在员工中间宣传有关公司的正面信息。作为社区的成员，每个员工都会对公司取得的成就而感到自豪和骄傲。通讯也可以分送给其他重要的社会成员，如政府官员、商会或旅游局。供应商往往喜欢阅读重要客户的信息，所以也可以将本公司内部信息邮寄给这些公司。在其他领域，越来越多的公司发现，除了传统上出版的时事通讯，互联网也是一个很好的传播信息方式。

4. **采访和新闻发布会**。采访主要负责人或举办新闻发布会都是十分有效的公共关系工具，特别是在管理危机时能更好地发挥作用。同时公司还可以利用新闻发布会来宣布重要的科学突破、解释集团扩展或新产品推出的细节。当然，在这方面没有人能比史蒂夫·乔布斯做得更好。每次苹果推出新的产品时，他都会召开规模庞大的记者招待会。新闻发布会的可信度很高，因为公司通常在新闻发布会上使用一种新闻模式来展示显著的信息。

5. **赞助活动**。如第 18 章中讨论的，赞助活动也可以作为一个重要的公共关系工具。公司可以赞助各类社会活动，从社区活动到一些大型活动，如奥运会等。在社区方面，在突出地展示企业名称和标识可以给本公司提供机会，使当地的居民看到这个组织对他们社区的活动做出了贡献。

另一种形式的赞助是筹款。为非营利组织筹款，可以提高企业自身价值和知名度。多年来，雪佛兰一直通过 NCAA 组织遴选电视足球比赛中最佳进攻和防守队员的方式，来赞助大学奖学金，通常在比赛结束时，才颁发奖学金。雪佛兰通过这种类型的公关活动使其获得良好的公众印象。

6. **公共宣传**。**公共宣传**基本上是由媒体对公司的活动或品牌进行“自由”曝光。公共关系的主要职责是努力寻求对宣传的监测和管理，但显然，不能控制媒体想要评论或报道的内容。这种缺乏控制的例子已经出现在前边的章节中，如英特尔、塔克贝尔和沃尔玛的事例（如图表 16—8 所示）。同样，政治领域中的宣传也难于有效地管理。政治家或是政治组织（或政客）必须做好准备，充分利用对自身有利的宣传条件，同时做好处理那些可能损害自己名誉的事件的准备工作。

图表 16—8

管理公共意识在世界政治领域中是一项持续存在的挑战，在全世界的商业中也同样如此。

当宣传的信息是积极的时候，往往能够提高企业信誉。由于媒体内容的可信性，电台或电视台的新闻报道，以及报纸和杂志中的宣传都能赢得可信度。非营利组织经常以新闻和关乎公众利益的形式来进行报道宣传，以很少的，甚至是零成本获得了广泛的知名度。

但是，宣传也不总是超出公司的控制。例如，在奥斯卡颁奖礼上，好莱坞著名影星朱莉娅·罗伯茨戴的手镯引起很大的轰动。罗伯茨赢得了最佳女主角奖项，她微笑地站在那儿（我们都知道她向来精于此道），朝摄像机挥舞着手，突然间整个世界都对她右手腕上佩戴的雪花形状的 Van Cleef & Arpels 手镯的精美设计产生了兴趣。你会感叹，多么幸运的设计师啊！错了。实际上整个事件是都是 Van Cleef & Arpels 的公关机构精心策划的！泰德公司费了一番口舌，硬是让罗伯茨相信手镯、耳环和她的衣服搭配起来非常漂亮。因为泰德公司知道，如果赢得了奥斯卡奖，她戴的那个漂亮手镯一定会被媒体一通狂拍。①

挑起争论是一定能引起注意的方式，而许多公司和它们的品牌正是靠这种宣传才蓬勃发展起来的。如图表 16—9 所示，理查德·布兰森在 15 岁时就知道要通过挑起争论来获得注意。其实，在公关界有句谚语，那就是“没有绝对坏的宣传”。这句话的意思是，在大多数情况下，只要你的品牌出现在新闻中，那就是件好事情。但有的时候，争议可能适得其反，如最近的特纳广播宣传片。请在职业道德栏目中阅读更多关于如何造成负面效应的宣传故事。

图表 16—9

“在他 15 岁那年，他的校长说他未来可能成为有钱人……或是成为一名囚犯……要是他的校长能看到他现在的样子就好了。”从以上这个广告的引言中以及图片中小孩顽皮的表情就可以看出理查德·布兰森在学校的时候就是个难管的孩子。虽然没有脱离他顽皮的天性，但是他却驾驭了这个本性，用它来推销着维珍的所有产品。

① Beth Snyder Bulik, “Well-Heeled Heed the Need for PR,” *Advertising Age*, June 11, 2001, S2.

## 16.2.5 基本的公共关系战略

鉴于公共关系对于公司整体广告策略和整合品牌促销影响的深度和广度，我们需要确定基本的公共关系战略。公关策略可归类为主动策略和被动策略。**积极公关策略**是在营销目标的指导下，旨在宣传公司的名声和品牌，并在公共关系的过程中采取攻势而非防御姿态。**被动公关策略**是出于受到公司控制范围之外的影响，关注那些需要重点解决的问题，而不是注重寻求机会，它要求公司采取防御措施。这两个战略将公共关系引入到了两个不同的方向。①

### 职业道德专栏

**游击营销运行方式**

理想的游击营销活动场所通常在一个主要的地铁站点，花一笔小钱制造出一则违背主流文化的事件，以此推出别出心裁的产品和品牌。如果这个事件被主要媒体注意到，并且进入到博客领域，那就更好了，而且越多越好。但对大多数人来说，制造炸弹恐吓，创造一个大规模的恐慌，以至于使得像波士顿这样的城市都会因此而停滞，那这样的轰动就太过火了。特纳广播公司代表卡通网络电视节目《饮料杯历险记》资助差劲的游击营销活动就受到了负面宣传的猛烈抨击。

可以肯定的是，特纳无意在波士顿造成炸弹恐吓事件。事实上，同样的广告活动已经在其他九个大城市开展了，而且几乎没有人去注意过它。但在波士顿，事情却失控了。特纳公司的街道策划主管肖恩·史蒂文斯（Sean Stevens）和皮特·波多维斯基（Peter Berdovsky）在波士顿的公共场所放置了40个闪光的黑匣子。这两人都被指控违反了马萨诸塞州的法律——继续传播2001年的炭疽热恐慌——故意为了造成恐慌而安放恶作剧装置是违法的。特纳的一位发言人辩称，“我们从来就没想要制造恶作剧”，但波士顿市长显然对此不满。史蒂文斯和波多维斯基在审讯后作辩解也无济于事。两个人对于自己的小把戏让波士顿的官员这么头痛而感到沾沾自喜。

愤世嫉俗的人可能会说，特纳公司在这一事件当中的曝光率使整个事件成为其非常经济的营销投资。的确，整整48小时之内，在吸引媒体的注意力方面，波士顿甚至超过了当晚举行的超级杯（美式足球）比赛。谁知道，也许像肖恩·史蒂文斯和波多维斯基这样的人会刺激《饮料杯历险记》的预期观众。或者你可能会说，这是波士顿市的过度反应。毕竟，40个盒子上闪闪发光的灯正好组成了动画片中的一个卡通人物的轮廓（尽管是一个做不雅姿态的坏角色）。也许真的是没有什么坏的宣传。

---

① These definitions were developed from discussions offered by Jordan Goldman, *Public Relations in the Marketing Mix* (Lincoln wood, IL: NTC Business Books, 1992), xi - xii.

你要是愿意的话就叫我们老古董吧。但9·11之后，很难再看到哪个活动重复2001年炭疽热恐慌这样的恶作剧了。在事件发生后不久，弗吉尼亚联邦大学广告中心的凯利·奥凯菲（Kelly O'keefe）这样说："参与游击营销的都是非常负责的广告人，而且做事情都很认真。这是一种很不理性的行为，游击营销本身就很扭曲，就不可原谅。"我们同意他的看法。

资料来源 Andrew Hampp, "Lite-Brites, Big City and a Whole Load of Trouble," *Advertising Age*, February 5, 2007, 1, 34; Jennifer Levitz and Emily Steel, "Boston Stunt Draws Legal, Ethical Fire," *Wall Street Journal*, February 2, 2007, B3.

1. **积极策略**。在实施积极的公关策略时，公司将利用每一次公关的机会去做出一些正面的举动。很多时候公司更多地依赖公共关系公司，请它们帮助整合一些积极的营销策略。例如，生化行业由于转基因食品和种子植物而受到了媒体的广泛攻击。图表16—10的广告展示的是生化行业试图采取一种积极的策略，通过呈现出一个积极的形象以及提供一些正面的信息来平息这场争论。

图表16—10

生化工程采取积极地办法来应对围绕着工业和其进程的争议，参见 http://www.whybiotech.com

现在很多公司员工取得的成绩、企业对社会的贡献，以及企业的社会和环保责任的履行都没有被社会重视。为了推广积极的策略，公司必须制订一套完整的公共关系计划。此计划的核心包括：

（1）**公共关系审计**。**公共关系审计**可以明确公司的特点，或者公司活动各个方面的优点和长处，而这方面信息的获取和广告策略信息的获取大致相同。员工和顾客都可以提供意见。这些意见可以包括公司产品和服务的描述、品牌的市场业绩、利润率、产品设计的目的、市场趋势、新产品推出、重要的供应商、重要顾客、雇员计划和设施、社区计划和慈善活动。

（2）**公共关系策划**。一旦公司从公共关系审计部门得到了相应的信息，下一步就要构建一个行动纲领。**公共关系策划**明确了公司进行公共关系沟通时要举行的活动和目标。公共关系策划内容包括以下几点：

a. **情况分析**。公关策划的这一部分对从公共关系审计部门得到的相关信息进行了总结。搜集的信息通常被分门别类，例如产品绩效或社区活动。

b. **活动目标**。积极的公共关系目标来源于当前面临的具体公共关系事件。公司应该为短期和长期机遇同时设定目标。公共关系可能像广告目标那样分散和复杂。目标的核心不是每个季度的销售额或是利润，而是诸如产品质量的信誉度（也就是，让产品经历不同独立的测试）或是公司研发的投入力度（根据知名的贸易出版物的文章报道）等，这些才是合理的公关目标。

c. **事态理论**。这一部分的关键在于确保公共关系的地位要与公司目前实施的其他沟通措施（特别是广告）相协调。这一部分清晰地体现出了公司公关活动的整体品牌促销理念。

d. **交流途径**。这部分详细地描述了实施公共关系策划的工具。前面几章讨论过的发送新闻稿、采访和实时通讯等工具构成了目标实施的各项沟通工具。当然，关于这些工具的使用将在下面讨论。①

e. **信息内容**。分析人士认为，公共关系信息的研发方式应该与广告信息的研发方式相同。目前，群体集中和深入访谈被用来对公关沟通进行微调。例如，在某制药公司关于一种新型治疗肥胖药物的新闻稿上，公司发现将肥胖称为“疾病”而不是“身体状况”，会增加肥胖群体对新闻报道的理解。②

积极的公共关系策略对公司整合品牌促销的活动有很好的促进作用。为潜在的重要群体（例如商会或股东）提供一些有针对性的积极信息，有助于达到提升公司和品牌的正面形象、名声、公司知名度和公司品牌等整体目的。

2. **被动策略**。被动策略在字面上看起来很矛盾。但按照之前我们所阐述的，当公司无法控制的事情对公司造成负面影响时，公司必须实施一套被动性策略。可口可乐公司在欧洲的销售发生了一件不幸的事时，该公司迅速行动，控制了负面宣传的扩大。比利时和法国的一些少年由于饮用可乐而染上疾病，可口可乐公司迅速将其在市场上销售的所有可乐召回，并由公司 CEO 公开道歉。但是，这些迅速行动仍无法阻止产品销售方面的负面结果。③ 可口可乐公司进而要求全球各国的分公司实施新的营

---

① These definitions were developed from discussions offered by Jordan Goldman, *Public Relations in the Marketing Mix* (Lincoln wood, IL: NTC Business Books, 1992), 4－14.

② Geri Mazur, “Good PR Starts with Good Research,” *Marketing News*, September 15, 1997, 16.

③ Kathleen V. Schmidt, “Coke's Crisis,” *Marketing News*, September 27, 1999, 1, 11.

销计划，以满足各地区消费者的需求。整个营销计划很大程度上依赖于公司整体品牌推动计划，包括免费样品试用、经销商激励计划，以及举办沙滩派对，在派对的鸡尾酒会上不但可以免费喝可乐，而且还可以欣赏 DJ 们的声光表演，这些都是为了赢回那些青年消费群体。[①] 这项综合性的计划终于见效，赢得和重建了欧洲消费者对可口可乐的信任。

策划被动营销是很难的事情。由于能够引起公司使用被动性策略的事态通常都是不可预见且无法控制的，所以公司必须随时准备快速地做出详尽的被动策略。一共有两个方法可以帮助公司实施被动性公关计划：

1. **公共关系审计**。用来帮助公司制定主动策略的审计方法同样可以为公司准备被动公关策划。依据及时又精确的数据，审计部门提供的信息为公司发表公开声明提供依据。

2. **明确自身弱点**。除了要准备当前的信息以外，被动策略当中另外一个重要的环节是认识到公司在其经营或产品中的薄弱之处，这些弱点往往能够影响公司与重要团体之间的关系。从公共关系的角度看，这些弱点易受攻击。如果公司运营的某些方面很容易遭到批评，例如与制造环节相关的环境问题，那么公司公共关系的职能就是需要准备和很多不同团体在很广阔的范围内进行探讨了。百事可乐、桂格麦片和菲利普·莫里斯这些大型公司被投资者质问转基因食品时略感吃惊。[②] 虽然这些投诉仅仅来自一小部分投资人，但他们足以成为在转基因食品投票中的主要力量。当然，公司的管理者现在才明白，购买任何形式的转基因食品永远都会受到攻击。

## 全球化专栏

### 公共关系和全球化影响

很少有哪个品牌能像健力士牌啤酒那么有文化底蕴。一个多世纪以来，其 250 年的黑啤品牌一直吸引着游客来到爱尔兰的都柏林，参观圣詹姆斯盖特啤酒厂。但健力士的高级管理人员面临着一个艰巨的挑战：老的接待室已经完全不能容纳每年聚集在啤酒厂的几千位游客。但问题不仅仅是修建一个大点的接待室那么简单。这个啤酒厂可是健力士品牌传统形象的顶尖代表。

修建一个新接待室/游览室的任务既是个实际问题，又是个公共关系问题。既要保留传统品牌形象，又要容纳数千名游客。健力士的策略师们是这么设计的：

• 如何接纳每年日益增多的游客，这些人来到都柏林都是为了与品牌的“精神家园”近距离接触。

• 如何将会议室和接待室的设施现代化，以方便公司使用。

• 如何既与健力士的忠实顾客保持传统关系，又能不断吸引年轻消费者，而这些年轻人都是看着自己的祖辈豪饮健力士啤酒长大的。

---

① Amie Smith, “Coke's European Resurgence,” *Promo Magazine*, December 1999, 91.

② James Cox, “Shareholders Get to Put Bio-Engineered Foods to Vote,” *USA Today*, June 6, 2000, 1B.

最后一点是健力士的营销经理最关心的。过去的十年里，黑啤酒一直受到爱尔兰多种同时期的新型啤酒和以年轻人为目标的其他烈性酒的不断挑战。

对于公司面临的所有公关和促销问题，其最终选择的解决办法是建立一个7层楼高的建筑，称为健力士储藏室。这个储藏室保留并且合并了“市场大街储藏室”，这个5层的储藏室自20世纪90年代初就一直被用作健力士的储存设施。这个方案价格不菲，大约花费了4 500万美元。但是这项投资看起来还是成功的，开业两年以来，这个访客中心已经吸引了上百万的游客，现在储藏室已成为全爱尔兰最赚钱的旅游景点了。更重要的是，储藏室的目的是在游客中激起一股品牌亲和力。全世界每天消费1 000万杯健力士啤酒就是这个品牌公共关系努力的最好印证。

资料来源 Arundhati Parmar, “Guinness Intoxicates,” *Marketing News*, November 10, 2003, 4, 6.

### 16.2.6 公共关系的最后一点

面对多样化的受众，企业怎样以一种整体、协调的方式鉴别并管理沟通的不同方面，公共关系是最好的例证。如果我们不能将公共关系纳入企业整体沟通策略中的一部分，那么错误和虚假信息将在企业沟通（如广告）中泛滥。将公共关系整合进一个整体规划是一个认知和识别的过程，它对整体的整合品牌促销的重要性总是等同于选择合适的整合品牌促销队员。让我们学习一个运用公共关系完美的例子。著名的爱尔兰啤酒生产商——健力士啤酒实行了一个新的公关策略，既迎合了那些健力士啤酒的老主顾，同时吸引了新一代健力士啤酒消费者（详见前面的全球化栏目）。

## 16.3 影响者营销

如果公共关系是用来管理和监督公众如何看待我们的方法，那它也可以被视为一种管理和监督顾客之间谈论内容的方法。而且，我们在前面的章节中也提到过，现在的消费者变得越来越喜欢在网上或在平时谈论各种各样的品牌。既然我们知道消费者会评价我们的产品，那我们不妨谨慎地采纳邦妮·雷特（Bonnie Raitt）在她的专辑《碰运气》中所给出的建议，她在90年代蓝调摇滚音乐金曲中说（唱）的那样：“让我们来找一个话题谈论吧！”

“让我们来找一个话题谈论吧”强调了一种新的、重要的沟通方法，这正是我们要在权力营销的名义下所使用的一种交流方法。作为影响者营销的先驱，诺斯里奇（Northlich）提出，**影响者营销**是针对那些在更宽范围和显著的人群中具有一定的威望和能力能够引领积极谈论的个人或群体而做出的一系列个性化的营销技巧。这个理念是给予这些具有影响力的人一些可以讨论的话题。另外，还要进一步区别专业营销和互动营销。这两种活动对任何一个品牌的建立都可以提供一项宝贵的财富——来自一条可信渠道的支持信息。①

## 16.3.1 专业人士计划

如果你养了一只宠物，那么你很有可能去过宠物医院很多次。如果你去了宠物医院，那么很有可能你会问一些关于给你的小狗或小猫喂什么食品最好的问题。养宠物的人总是想要正确地和他们的四条腿朋友相处。如果你有过这方面的经历，那么你会知道下面能发生什么事。宠物医生会告诉你如何喂养宠物，他们还可能会给你一些样品或介绍性的小册子，用来介绍某种品牌宠物食品的优点。难道是巧合吗？当然不是。那些宠物食品生产商，如 IAMS、Eukanuba 和 Hill's Science Diet 知道这些兽医在决定给宠物喂哪种食物方面可是很关键的影响者，特别是影响那些很投入的宠物饲养者，他们不介意多花点钱给宠物买最好的食品。这些品牌把这些兽医作为影响者营销活动的目标，试图赢得他们对其产品的赞赏。

很多专业人士在其领域对产品所提的建议都会被消费者极力推崇。你的私人医生、牙医、新生儿护士、汽车修理工以及发型师在他们的专业领域都具有一定的权威性，来影响你对某种产品的选择。有些时候这些机会是显而易见的，例如兽医和宠物食品的例子。但是我们会发现越来越多的创新型营销活动将影响者营销带入到新领域。一个很典型的例子是 Select Comfort 公司，它在其睡眠指数床垫产品的销售中，将不同类型的医疗保健专家作为其营销活动的目标影响者。

被 Select Comfort 公司锁定的是一群职业理疗师（OTs）。职业理疗师的工作是为那些身体有些问题的人提供理疗，因此这些职业理疗师经常会收到一些类似于浴缸扶手杆（用来保证那些身体不便的人洗浴时的安全）这类产品的推销广告（向职业理疗师推荐的其他产品信息详见 http：//www. hartleydata. com/OT）。但是这些理疗师都是睡眠方面的专家吗？这个没关系。很多患者都重视理疗师的建议，而且所有医疗保健专家都经常听到他们的病人因为失眠而诉苦。那么这些理疗师会提供什么建议来改善睡眠呢？

如果你是 Select Comfort 公司，你自然很希望职业理疗师鼓励自己的患者去看一看“睡眠指数床垫”。首先，让理疗师自己体验并使用这个床，所以 Select Comfort 会用特别的优惠来鼓励理疗师为自己的卧室购买这种“睡眠指数床垫”。接下来，理疗师需要通过某些渠道来完成他们的潜在广告。做到这一点不难，像大多数专家一样，理疗师从属于某些协会，也会订阅一些杂志，来自于这些方面的名字和地址就可以使一家公司创建自己的职业理疗师营销数据库。一旦某个职业理疗师对此床表现出了兴趣，公司就会给她发送一份广告宣传册。宣传册中的一些重要信息如图表 16—11 所示。虽然 Select Comfort 厂商无法控制那些职业理疗师会对自己的病人说些什么，但是如果她认为这种宣传很合理，厂商可以将宣传材料递到她的手上，这样她在进行宣传时就很方便了。这就是影响者营销的本质。

---

① Robert Berner, “I Sold it Through the Grapevine,” *BusinessWeek*, May 29, 2006, 32 - 34.

图表 16—11

一揽子信息包括 DVD、宣传书，这些都详细地说明了睡眠床垫的好处。而礼包里的信函又包括了邀请专业评论人士发表意见的内容。

现在我们将影响者营销想象成一个包括顾客、影响者和品牌三者的系统性对话。任何领域的专业人士都会十分重视他们的职责，所以针对他们的影响者计划一定要谨慎处理。在为专业人士制订计划时，头脑当中一定要牢记计划的要点。首先，对于这些专业人士来说，时间就是金钱，任何浪费了他们时间的计划就是在浪费他们的金钱。然而，那些鼓励专业人士亲身体验产品的策略又非常重要。同时，向专业人士提供信息教他们如何赚钱，并帮助他们了解公司品牌的重要价值。例如，医疗保健专家更加关注临床研究而非名人广告。另外，针对专家们的计划需要长期投入，要做好宣传，首先要取得信任，而任何商家都必须表现出耐心和毅力才能赢得信任。

## 16.3.2 互动营销

为普通群众设计的公关活动和为专业人士设计的公关活动具有很大的不同。在大众公关中，核心问题是怎样提供给影响者一些有趣的或是令人振奋的话题去谈论。大众更多注重于“社会化的交往”，而对专业人士的公关更多侧重于“知识的传播”。大众公共关系的一个指导原则是“不走寻常路”，从而使人们对你的品牌津津乐道。[①] 为了推销维珍集团的“没有什么需要遮掩”手机，理查德·布兰森不惜降低身份，在纽约时代广场上的一个巨大手机模型上面大跳脱衣舞。真是非比寻常！为了推出 G6 车型，庞蒂克决定在奥普拉季度揭幕节目上奉送给观众 276 台庞蒂克汽车，这一

① Michael Krauss, “To Generate Buzz, Do Remarkable Things,” *Marketing News*, December 15, 2006, 6.

举动让在场的观众吃惊不已。[1] 同样出手不凡！在这一点上，让我们遵照邦妮·雷特给出的建议：给人们一些谈论的话题绝对是个好的开始。

1. **蜂鸣营销和病毒式营销**。在大众营销中两个热点概念，分别是蜂鸣营销和病毒式营销。这两种营销方式的基本内容都是激励那些不为传统广告和促销方式所动的人们进行口头推荐。**蜂鸣营销**的定义是，创办一项活动或一次经历，以激发人们对该品牌的关注。**病毒式营销**是指进行品牌营销的公司通过刺激消费者利用网络（例如通过博客或之前提到的 YouTube 社区网站）或是私下交往而进行的营销过程。这两种营销方式背后的理念都是精挑细选一些引领潮流者或中间联系人作为目标影响者，让他们来相互传话。[2]

我们之所以经常看到蜂鸣营销总是产生在类似于纽约、伦敦和洛杉矶等这样的城市，是因为只有在这些城市你才能找到引领潮流的人。试想，位于洛杉矶市内及周围的第三步行街的某个咖啡店，一群打扮十分光鲜的、超级帅气的飞车党将摩托车停下，然后你猜怎么着，他们请你喝冰镇拿铁咖啡，似乎想要真诚地了解你，但并非如此！大家的话题迟早会转向在阳光下闪闪发光的伟士牌摩托车上，这些年轻人急切地拿出便笺，草草地写下了最近的伟士摩托车经销商的地址和联系电话。实际上这些摩托车手和喝拿铁咖啡的模特都是伟士摩托车厂花钱雇的，目的就是通过和那些喝咖啡的当地居民一起聊天，博得他们对摩托车的喜爱之情，借此来建立摩托车的口碑。[3]

2. **培养联系人**。做秀也可以被认为是一种建立口碑的方法。长期以来，这一直是一个不变的道理。在 1863 年，P. T. Barnum 为了刺激马戏团的上座率而安排了一场马戏团里面两位明星的婚礼，此次婚礼的不平凡之处在于新郎和新娘都只有 3 英尺高。P. T. Barnum 知道怎么样创造口碑，只是不这样称呼它罢了。

但是正像你所认为的，现在的影响者营销的做法和传统的做秀有很多不同点。首先，现在类似于 Northlick 和 Keller Fay Group 这样的组织，在协助客户处理影响者活动方面的经验越来越多，变得愈发成熟老练。Keller Fay 公司开发了一套跟踪系统，它可以测算出每日口头推荐的次数。2006 年，公司估算出每天有 35 亿次谈话是口头推荐。这 35 亿口头推荐中大部分为离线交谈，但在线交谈的数量正在显著提高。[4] 这个领域中的另外一家很有名又很重要的供应商是 Nielsen BuzzMetric 公司，该公司为客户提供网上追踪口头推荐活动的服务。现在问题的关键是事情已经不再是简单的做秀活动了（但不要告诉理查德·布兰森），每天有数十亿的品牌在被谈论，从 Beam 到 Baskin Robbin 都想成为消费者广泛讨论的对象。

在特别领域我们可以看到影响者营销中的大众影响者这部分取得了巨大进步，那就是识别和培养联系人。关于这一点，我们可以看看当娜·维瑟雷尔（Donna Wethereell）这个例子。当娜是一个性格外向的母亲，她在某一客户服务呼叫中心工作，在那她能叫上来 300 多位同事的名字。她愿意与同事谈论购物和各种品牌，她看

① Matthew Creamer and Jean Halliday, "Dead Giveaways," *Advertising Age*, March 14, 2005, 3.

② Gerry Khermouch and Jeff Green, "Buzz-z-z Marketing," *BusinessWeek*, July 30, 2001, 50 - 56.

③ Gerry Khermouch and Jeff Green, "Buzz-z-z Marketing," *BusinessWeek*, July 30, 2001, 50 - 56.

④ Ed Keller and Jon Berry, "Word-of-Mouth: The Real Action is Offline," *Advertising Age*, December 4, 2006, 20.

起来总是有多的用不完的品牌优惠券，多到以至于她的很多同事都叫她优惠券女王。实际上当娜已经成为宝洁公司为其“口碑营销”新的影响者营销活动而招募的600 000名联系人之一。[①]

你隔壁那个健谈的邻居似乎认识每一个人，并且愿意和别人谈论自己喜欢的品牌。没错，这种人可能是十分理想的联系人。还以宝洁公司为例，其联系人数据库一直专注于那些有着广泛社交圈子的女性朋友。它通过 iVillage. com 这类的网站来寻找符合条件的人，并且也一直在寻找被别人推荐的人（如果你愿意推荐你那位健谈的邻居）。似乎联系人对成为第一个接收新产品并且意见被众人倾听的人，感到沾沾自喜。

一旦建立了联系人数据库，商家接下来就是要给这些联系人一些谈资。这也是他们非常享受的一部分。但是往往到最后，对于洗碗剂这样的产品，要给联系人一些谈资可不容易。宝洁公司的高层执行官又一次声明：“我们做了大量的研发工作，就是要让它为大家服务。”[②] 就像对职业人士组织的活动一样，你不能强迫别人去拥护你的品牌。你可以很容易找到一些社交广泛的人，但这些人并不想因为共享一些无趣的故事或是虚假信息，而伤害到自己与朋友之间的关系。因此必须给他们一些有趣的话题。

建立联系人数据库，发掘话题开创者，跟踪线上或是线下的口头传播，这些都是影响者营销走进新时代的表现。而且我们在这个过程中也不妨可以具有一点 P. T. Barnum 的眼光。口碑营销这个领域曾经是那么的神秘，现在却变得越发明朗，并且某种程度上越来越具有科学性。该领域另一个先驱是安迪·塞诺威兹，他在 2004 年创办了口碑营销协会（WOMMA）. WOMMA 的网站是 http://www. womma. org，在那儿你可以学习到很多关于本节的内容。正确行事专栏里列举了 Andy 在影响者营销方面成功的五个关键点（或者称为5T 原则）。

## 正确行事专栏

### 5 个 T 是关键

毫无疑问，任何一个商家的梦想都是消费者可以向他人说自己品牌的好话。现在商家在获得这种赞誉方面又往前迈了一大步。在这一话题上，没有谁能比安迪·塞诺威兹更有说服力了，在 2004 年他创立了 WOMMA，在《口碑营销：公司如何巧妙地让人们谈论》中，他列举了大量不同品牌的例子，旨在为那些希望得到良好“口碑”*的人提供成功的理念，他总结为5 个T*。

**谈话者（talker）**。很像我们讨论过的联系人那样，安迪强调必须发现那些一般喜欢和/或特别喜欢谈论品牌的人。通常只有在网络上才能找到这样的人，并了解他们。

---

① Berner, “I Sold it Through the Grapevine.”

② Berner, “I Sold it Through the Grapevine,” 34.

**话题（topic）**。接下来，你必须给予这些人一些可以谈论的话题。这些话题不能是公司的营销信息或是任务阐述，而应该是神秘的、有趣的故事，或者是突发新闻，这些都可以拿来和人分享，值得人们谈论。这方面做得最好的可能就是苹果公司的史蒂夫·乔布斯。他在成功地发布最新产品时善于激发人们的兴趣，经常会暗示大家下一代新产品即将登场。

**工具（tool）**。充分利用那些能促进病毒式交谈的工具。你可以在网页上发表故事，有人会看到，但最终这个故事还封存在那里。如果你将一个故事放在博客里，它可以链接、移动的特点允许其在网络上传播，立刻就会有很多人来分享这个故事。

**参与（taking part）**。别再以单向沟通方式思考问题，开始以对话形式来思考吧。如果你希望别人说你的好话，你就需要融入到对话当中，不能怠慢。戴尔曾很少参与消费者进行关于服务问题的交流，基本上可以说是忽略了对话。当一个叫杰夫·贾维斯的用户因为戴尔电脑出现严重问题却没有得到重视时，他编写了一句口号，叫做“戴尔，地狱”，这立刻在网络上成为关于戴尔讨论的一支避雷针。如果真想融入到谈话当中，必须吸引别人的注意。

**跟踪（tracking）**。网络上的口头传播很容易度量。在博客的帮助下，人们写的东西一览无遗。对于任何公司来说，这都是一个机会，可以了解人们怎样评论其品牌以及人们为什么这么评论。很多公司都密切关注着消费者如何评论它们的品牌，现在即使戴尔也不例外。

资料来源　Andy Sernovitz，*Word of Mouth Marketing*：*How Smart Companies Get People Talking*，Chicago，IL. Kaplan Publishing，2006；Michael Krauss，“To Gennerate Buzz，Do Remarkable Things”，*Marketing News*，December 15，2006.

## 16.4　企业广告

**企业广告**不是为了推销某一个具体品牌而设计的，而是为了树立公司整体的正面形象。大量知名的成功企业利用广告宣传来提高企业整体的形象并影响消费者的看法。企业在这个层面的努力获得了全球广泛的认可。一些类似于通用、丰田和惠普这样的大公司在企业广告营销活动中投入巨大资金。图表 16—12 是一个艾尔（Elkay）公司的宣传广告（艾尔公司是一家生产高档水池和水管的厂商）。

### 16.4.1　企业广告宣传的范围和目的

企业广告宣传是企业的全球化整体广告策略的一个重要部分。每年，数十亿的资金投入到各种媒体，用于企业营销活动。有趣的是，消费品生产商运作的多数企业活动现在被经营选购品的企业所应用，如设备和汽车经销商。调查还发现，大型企业比小型企业更愿意使用企业广告，也许这些大企业有更多的交流活动需要举行，并且拥有更多的资金投入到广告活动中。苹果是另一家曾经依赖企业宣传活动来支撑其大量子品牌的公司（如图表16—13）。

图表16—12

企业通常通过企业广告来为整个公司树立企业形象，而并非为公司的某个具体品牌服务。在这里，Elkay公司就是在极力推广公司的整体品牌，而不是公司的某种具体品牌。

从媒体角度来说，杂志和电视都很适合企业广告的开展。① 杂志中企业广告的优势是，可以针对一些特定群体来提供相应的图片或信息，而且杂志还可以为那些篇幅较长的广告提供空间，这都便于企业实现广告目标。现在电视也是公司广告经常选择的媒体工具，因为电视的独创性可以提供一种强大的、富有情感的信息。惠普公司在最近的公司广告中，同时选择了电视和杂志两种方式为其重新树立创新者的形象（图表16—14）。

企业一定要关注广告的目标。实际上，当涉及企业的预期目标时，企业广告与积极的公共关系的目的是相同的。以下是公司宣传活动可能要达到的一些目标：

●在消费者、股东、金融界和/或在公众当中为公司树立形象

●振奋员工的士气或吸纳新员工加入

●传达公司对社会、政治或环境问题的观点和立场

---

① David W. Schumann, Jan M. Hathcote, and Susan West, "Corporate Advertising in America: A Review of Published Studies on Use, Measurement and Effectiveness," *Journal of Advertising*, September 1991, 40 - 53.

图表 16—13

企业形象广告不是为了宣传某个具体品牌，而是为了建立公司的整体形象。以上这个广告是否可以树立企业整体形象呢？

图表 16—14　惠普公司广告

惠普公司感到自身的形象已经到了支离破碎的程度了。以上这个广告是公司用来统一公司形象而设计的广告之一。

●改善公司产品在竞争中，特别是外部竞争中的位置

●在企业的整体广告策略和整合品牌促销策略中发挥一定的作用，为后面更多具体的品牌营销活动提供一个平台

注意，企业广告并不总是以消费者为目标，还可以将一系列的组织团体作为目标。例如，葛兰素维康（GlaxoWellcome）和史克必成（SmithKline Beecham）合并为拥有730亿资产的制药巨头，合并后的公司为葛兰素史克（GlaxoSmithKline）公司，其在全球开展了声势浩大的广告宣传，以此打消投资者对于新公司结构的可行性存在的顾虑。整个活动都意在树立企业形象，主题思想为“疾病不会等待，我们也不懈怠”①。

## 16.4.2 企业广告类型

最常被各个组织使用的企业广告大概有3种类型：形象广告、倡导广告和公益广告。下面将对每种类型重点讨论。接着会谈谈绿色营销，它可以被归为这三种中的任一种的特殊情况。

1. **形象广告**。大多数企业广告的目的集中于在一些重要的群体中增强企业整体形象，这些群体主要是顾客、雇员和公众。当IBM在促销中将自己描述为一个“能为一颗小行星提供解决方案”的公司时，或是丰田使用“投资所有我们关注的事情”的口号来为其美国的生产厂推广时，它们的目的都是为了提升公司的整体形象。

提升企业的形象对其销售量或许不能起到立竿见影的效果，但就像我们在第5章学到的那样，态度在消费者做决定时可以起到一个极具导向性的作用。当一个企业可以增强其整体形象时，就可以影响消费者对品牌的选择。② 图表16—15就是一个为了树立形象而制定的企业广告。在这个广告中，施贵宝在宣传其公司生产的高科技系列药品对于挽救生命的作用。

同样，能源巨头英国石油公司制作了一系列电视和印刷广告。这些广告的特点是在街头采访一些群众，这些人很诚恳地回答了一些类似于环境、污染和自然资源的问题，并表述了诸如“我希望能有一个更加清洁的环境，但我又不能没有汽车”这样的想法。一位评论家的评价是，“这个场景没有传达出很多信息”，但这个活动可能会成功地“让人们认为这个公司是一个有进取心的、有远见的公司”③。这对于公司企业形象广告来说绝对是一个非常合适和重要的目标。

虽然大部分形象广告目的是传达一个整体的、令人满意的形象，然而实际的结果可能是多方面的。当匹兹堡玻璃板（PPG）工业公司为了提升公司品牌的认知度而开展了一次形象宣传活动后，公司发现在过去5年里听说过PPG品牌的人数从39.1%上升到79.5%。更重要的是，大众对于公司产品质量评价、新产品的领先性和对环

① David Goetzl, “Glaxo Smithkline Launches Print Ads,” *Advertising Age*, Janceary 8, 2001, 30.

② 关于公司广告利益的详尽评价，见David M. Bender, Peter H. Farquhar, and Sanford C. Schulert, “Growing from the Top,” *Marketing Management* (Winter - Spring 1996), 10 - 19, 24.

③ “Campaign Close-up—BP,” *Sales and Marketing Management*, February 2004, 13.

保问题的重视都在这一时期有了很大的提升。[①]

图表 16—15

这张百时美施贵宝的企业形象广告，意在宣传高科技药品终生受益的效果。

2. **倡导广告**。**倡导广告**试图在一些重要的社会或政治问题上为公司建立一个地位。倡导广告试图在与公司有关的问题上影响社会大众的意见。例如，从 20 世纪 90 年代的企业广告活动开始，菲利普石油（Phillips Petroleum）公司就承诺减少石油中硫的含量来努力保护和恢复野生鸟类的数量和栖息地。通常倡导广告涉及的问题都会直接与公司的运作相关。

3. **公益广告**。**公益广告**的特点是公司与一个重要的社会性的或由于社会引起的问题相联系，如减少贫穷、提高文化水平、能源保护、环境保护以及遏制毒品泛滥，并将其视为公司开展的公益营销活动的一部分。公益广告的目的是通过与重要的社会问题相联系来提升公司整体形象；当公司面临那些与其业务真正有关联的问题时，它可以发挥很好的效果。图表 16—16 中的广告展示的是安海斯—布希（Anheuser-Busch）公司在为控制青少年饮酒而做宣传，这是个很好的公益广告例子。这个广告可以帮助公司树立起一个负责任的酒精饮料经销商的形象，同时还可以帮助解决一些严重的社会问题。

---

① Schumann, Hathcote, and West, “Corporate Advertising in America,” 43, 49.

图表 16—16

在这个公益广告中，安海斯－布希公司正在推动对青年人酗酒的控制。这个广告可以帮助公司树立起一个负责任的酒精饮料经销商的形象，可以登录 http：//www. beeresponsible. com 查看该公司的活动。

公益广告通常以公司赞助的慈善性活动为主题。每年，Promo 杂志都会提供一份慈善和环保组织的大量名单，很多企业可能要参加这些组织举办的正式活动。大部分的活动都要求企业作为出资人提供一些资助，并且还会具体说明如何将自有资源与其他赞助者的资源结合起来使用。

公益广告营销方式变得越来越普遍。在 2006 年，IEG 预测捐助在公益上的投入将超过 13 亿美元，较 1990 年增长了 10 倍。[①] 有几个原因导致了这样的增长。首先，研究结果认为这项支出是明智的。在 2004 年，波士顿品牌策略公司 Cone 的调查发现，91% 的被调查者表明他们对那些资助公益事业的公司更有好感，同时他们还认为公司支持公益事业是一个品牌吸引他们的合理原因。[②] 其他调查表明对于良好公益事业的支持可以转化为品牌偏好，同时成为消费者衡量公司动机的重要审核标准。[③] 一旦企业的资助被认为是虚假的，那么其在公益事业上的支出就白白浪费了。

---

① James Tenser, "The New Samaritans," *Advertising Age*, June 12, 2006, S-1, S-6.

② Stephanie Thompson, "Raising Awareness, Doubling Sales," *Advertising Age*, October 2, 2006, 4.

③ Michael J. Barone, Anthony D. Miyazaki, and Kimberly A. Taylor, "The Influence of Cause-Related Marketing on Consumer Choice," *Journal of the Academy of Marketing Science*, Vol. 28, No. 2, 2000, 248 - 262.

人们通常会这样认为，越来越多的公司都争相承担社会责任仅仅是因为它们愿意去做正确的事情。例如，惠尔浦公司是 Habitat Cornerstone 最初的合作伙伴，而且在美国遭遇了卡特里娜飓风袭击后，为大规模重建提供了帮助。作为这次代表惠尔浦公司进行捐赠和志愿活动的主管杰夫·泰瑞谈了自己的经验："你一旦从事这项工作，它就会改变你的生活。"① 的确，惠尔浦公司在这次社会活动中的参与为公司带来很好的社会声誉，同时公司员工们也得到了很好的慰藉，这使得参与这次活动的每个人都取得了一种双赢的效果。

公司参与公益营销活动的范围不断地扩大。艾迪保尔公司（Eddie Bauer）和 Crystal Geyer 通过支持美国森林救援活动赢得了爱护环境的好名声。② 金宝汤（Campbell Soup）、雅芳和 Yoplait 通过不断发起一些活动，来为乳腺癌的研究治疗募集资金。家得宝公司在那些极度干旱的地区发起了"合理用水"活动。Nick at Nite 公司资助创立了一个"全国家庭晚宴日"③，在那天人们将电脑关闭，以此来倡导和鼓励花更多的时间与家人在一起。这些例子都表明公司可以发起多种多样的活动来支持公益事业。

4. **绿色营销**。看到这么多公司都迸发出了支持公益事业的想法让人感到振奋。其中某一特定领域都可能在未来为我们提供一些特殊的机遇。和很多东西一样，绿色营销本身也有很多其他的名字，但是"绿色营销"这个名字可能最为响亮。**绿色营销**是指以保护环境为目的而进行的企业行为或公益活动。这类活动包括：天伯伦（Timberland）采用完全可循环使用的材料做鞋盒以及由宝洁公司资助发起的"保护野生动物朝阳"活动。通用公司和它的"可持续发展计划"也是一个在这方面很引人注目的例子。为了资助这项活动，通用公司的立场是，寻求如空气污染和依赖矿物燃料等问题的真正解决办法，这绝对是一个很好的经济策略。④ 我们希望它们是认真的。

尤其在美国，绿色营销活动此起彼伏。例如，在 1999 年的早期，杰奎琳·奥特曼（Jacquelyn Ottman）在《绿色营销》这本书中预测，走"绿色"路线将会是个很好的营销方式。这个预言没有真正地应验，最起码在美国没有。然而，现在种种迹象表明绿色营销此刻真的会为企业的发展提供新的机会，也许现在正是拯救地球的好时候。大多数有知识的人都承认了一个非常不好的现象，那就是我们对矿物燃料的依赖正在给地球造成越来越大的危害。调查显示，环保问题已经成为当今消费者最关注的话题，并且人们针对这个话题已经采取了很强烈的措施。⑤ 在目前，绿色营销活动看起来非常具有可持续性。

同时因特网又一次改变了现有的游戏规则。现在公司已经不能在环保问题上只要嘴皮子而隐藏真正的动机。例如，Green Seal 和 EnvrionLink 这样的绿色网站可以帮助

---

① Tenser, "The New Samaritans," S-1.

② Stephanie Thompson, "Good Humor's Good Deeds," *Advertising Age*, January 8, 2001, 6.

③ Tenser, "The New Samaritans."

④ Kathryn Kranhold, "GE's Environment Push Hits Business Realities," *Wall Street Journal*, September 14, 2007, A1, A10.

⑤ Mya Frazier, "Going Green? Plant Deep Roots," *Advertising Age*, April 30, 2007, 1, 54-55.

消费者来区分谁在真正努力改善我们的环境。登录 Co-op 美国网站，可以查到在环保方面下功夫的公司或品牌的记录。那些很积极的并且很有文化的消费者是很难被欺骗的。希望公司意识到，只在口头上表明保护环境根本就收不到回报。当谈及如何正确地进行绿色营销时，公司真正需要做的是遵守一条亘古不变的法则：少承诺，多付出。在这里，希望你能登上这辆绿色流行花车（希望你也能成为一名环保人士）。完美的结局。

## 本章总结

1. 解释公共关系在企业整体广告宣传和整合品牌促销策略中的角色。

公共关系利用各种沟通手段来提高公司在各个团体中的商誉，这些团体包括客户、股东、雇员、政府机构和民众。企业一般通过公共关系来突出那些与组织有关联的正面活动；当灾难降临时，公关策略同样采用“损害控制”手段。随着企业需求的改变，以及新技术为公关在整合品牌促销活动中开创了一个更加广阔、更加积极的地位，公共关系已经进入了一个新纪元。

2. 公共关系的目标和手段。

一个积极的公共关系策略可以起到很多作用，如建立良好的商誉和应对负面宣传。公共关系活动同时可以用来配合新产品的推出或与公司雇员交流一些他们感兴趣的话题。公共关系活动同时可以协助公司的游说计划，还可以为管理者与媒体接触做准备。公共关系专家手中最重要的武器包括新闻稿、专题报道、公司内部刊物、采访、新闻发布会，以及参与公司赞助活动决策等。

3. 描述鼓励公司进行公共关系活动的两个基本策略。

当公司将公共关系作为改变公众意见的机会来源时，它们可能会采取一种更积极的公共关系策略。拥有了积极的策略，公司就可以通过一些积极的活动来与重要的团体直接建立良好的公共关系。这些积极的公共策略的基础是严格的公共关系审计和全面详尽的公共关系策划。这个策划还应该设定一个明确的目标用来指导整个活动。然而在很多时候，公共关系活动以损害控制形式出现。在这个条件下，很明显公司处于被动地位。虽然被动策略看起来有些自相矛盾，但公司能够时刻准备好应对负面消息。了解自身在重要机构眼中存在的固有缺陷，只有这样公司或企业才能在面对负面宣传时，迅速、有效地做出反应。

4. 描述在影响者营销活动中使用的策略和技巧。

我们都知道消费者都很愿意讨论各种品牌，他们所讨论的东西对于这些品牌的健康成长是非常重要的。因此经销商们都在努力探求能够积极影响这些谈话的策略也就不足为奇了。影响者营销是指能够指引公众对品牌进行积极的口头传播的工具和技巧。在对专业人士的营销活动中，一些重要的把关人，例如兽医或任何一种类健康保健专家都可能是重点。在互动营销活动中，最重要的问题变成找到中间联系人。但是无论是对专业人士还是对大众，营销人员都面临着这样的挑战：如何为参与者提供一些有意义的或令人兴奋的东西让他们去讨论。

5. 讨论企业广告的用途和目的。

企业广告不是用来宣传企业的某个具体品牌的，而是为该企业在重要群体眼中树立一个整体的形象。这类广告的目标包括提升企业形象和为其产品确立基本的信任度。企业广告还具有其他各种各样的目的，如增强员工士气、为股东建立信心，或者公开抨击竞争者。企业广告大致分为三类：形象广告、倡导广告和公益广告。企业广告同样可以具有新闻价值，因此需要认真地将其与现行的企业公共关系活动相结合。

## 关键术语

public relations 公共关系
public relations plan 公共关系策划
advocacy advertising 倡导广告
publicity 公共宣传
influencer marketing 影响者营销
cause-related advertising 公益广告
proactive public relations strategy 积极公关策略
buzz marketing 蜂鸣营销，口碑宣传营销
green marketing 绿色营销
reactive public relations strategy 被动公关策略
viral marketing 病毒式营销
public relations audit 公共关系审计
corporate advertising 企业广告

## 问题

1. 回顾佳洁士美白的例子，明确指出这次发布活动的特征，什么与年轻女性，尤其与那些23到24岁的女人产生共鸣。

2. 你赞同现今的消费者空前地传播品牌信息这一论断吗？这种论断适用于你以及你周围的人吗？

3. 很明显，一些活动将比其他活动更能吸引正面的宣传。当一个公司宣传的目标是建立商誉时，其选择活动的过程中应该强调哪些具体标准呢？赞助一个体育赛事同赞助一个崇高的商业活动相比，两者赞助的收益有什么相同点和不同点？

4. 公共关系活动的目的是获得正面的宣传，抑制负面的宣传，这样的结论正确吗？宣传中哪些方面对它既是机遇又是挑战？

5. 有句老话说得好："世界上根本没有纯粹的负面宣传。"你能试想一个负面宣传实际上是一个正面宣传吗？为什么是这样？

6. 为了能够预测和应对负面宣传，大部分公司都应该意识到它们自身的一些缺点。看看下面的这些公司，你会联想到它们有什么缺点？

●雷诺，骆驼卷烟的生产商

●宝洁，帮宝适纸尿裤的生产商

●凯洛格，凯洛格蒙砂粉的生产商

●埃克森—美孚，世界知名的矿物燃料生产公司

●麦当劳，全球范围的餐饮经营者

7. 想要成功地开展一项针对医疗专家的影响者营销活动，关键因素有哪些？

8. 设想你自己是一个联系者，在介绍一部新电影或电视节目时，你认为什么样的内部信息非常有趣，从而会告诉朋友们？谈话一开始，你会说些什么？

9. 复习不同形式的公司广告，讨论在用作提升公司形象时，每种广告有什么作用？企业广告总是能够有效地建立公司形象吗？

10. 你是否根据公司的环保记录选择其品牌呢？登录网站 www. coopamerica. org，调查一下你中意的品牌。是否发现一些事情，使你改变了对这个品牌的感觉？

## 实践练习

1. 企业丑闻、环境问题，甚至一般的不幸都会迅速地引起争议，进而损害公司的声誉。考虑下面的情况，Wendy 饭店在 2005 年就面临着非常严重的危机。那一年一位妇女在饮用辣汤时发现了一个手指甲，虽然事后证明这个手指甲是该妇女掉下来的，但 Wendy 还是在争议期间损失了 250 万美元的销售额，尽管公司试图通过开展“免费 Frosty”活动挽回用餐者，但收效甚微。仔细阅读 Wendy 事件的新闻报道，并回答以下问题：

●描述此次危机的影响范围和参与者。

●指出 Wendy 为控制危机而采取的公共关系工具和策略。

●这些公共关系策略的效果怎么样？Wendy 当时是否可以完全避免这场争议，或是采取更多的措施来解决问题，并最终赢回顾客？解释其原因。

2. 为在竞争激烈的大学招生领域更好地占据有利地位，你所在的大学开展了一项公共关系活动，以此鼓励更多合适的高中学生报考本大学。你现在与一组人合作，为学校的招生办公室制定出一套积极的公共关系企划策略，并指明具体的实施步骤。建议书中须明确表明计划的目标和依据，在计划开始之前需要有哪些方面的准备，以及哪些沟通方式和沟通内容是最有效的。

3. 你还是在那个团队工作，针对如何提高学校的知名度，并增加学生的入学申请量的问题，提出一项如何开展有效的互动营销活动的步骤建议。须明确指出什么人能成为最具影响力的联系人，能够为学校制造口碑，并解释应该采取什么样的虚拟工具和现实工具来帮助那些联系人制造关于学校的趣闻，以此来和其他人分享。

4. 企业广告通常是为了提高企业的名誉度，为其产品和服务建立可信度。查看最近的杂志，举出企业广告的三种主要形式的具体例子：品牌广告、倡导广告和公益广告。对每一个广告做一个简短的分析，分析广告是如何提升企业整体名声的，并指出这些广告的目标受众。

CENGAGE Learning™

## Supplements Request Form (教辅材料申请表)

| Lecturer's Details（教师信息） | | | |
|---|---|---|---|
| Name: (姓名) | | Title: (职务) | |
| Department: (系科) | | School/University: (学院/大学) | |
| Official E-mail: (学校邮箱) | | Lecturer's Address / Post Code: (教师通讯地址/邮编) | |
| Tel: (电话) | | | |
| Mobile: (手机) | | | |

Adoption Details（教材信息） 原版□ 翻译版□ 影印版 □

| | | | |
|---|---|---|---|
| Title: (英文书名) Edition: (版次) Author: (作者) | | | |
| Local Puber: (中国出版社) | | | |
| Enrolment: (学生人数) | | Semester: (学期起止日期时间) | |

Contact Person & Phone/E-Mail/Subject:
(系科/学院教学负责人电话/邮件/研究方向)
( 我公司要求在此处标明系科/学院教学负责人电话/传真及电话和传真号码并在此加盖公章。)

教材购买由 我□ 我作为委员会的一部份□ 其他人□[姓名: ] 决定。

Please fax or post the complete form to（请将此表格传真或邮寄至）:

CENGAGE LEARNING BEIJING
ATTN : Higher Education Division
TEL: (86) 10-82862096/ 95 / 97
FAX : (86) 10-82862089
ADD: 北京市海淀区科学院南路 2 号
融科资讯中心 C 座南楼 12 层 1201 室 100080

Note: Thomson Learning has changed its name to CENGAGE Learning